Varia / Feltrinelli

LUCIA ANNUNZIATA

L'INQUILINO

Da Monti a Meloni: indagine sulla crisi del sistema politico

Feltrinelli

Prima edizione in "Varia" novembre 2022

Stampa Grafica Veneta S.p.A. di Trebaseleghe - PD

ISBN 978-88-07-49347-8

FSC
www.fsc.org
MISTO
Carta
da fonti gestite in
maniera responsabile
FSC® C021883

A Mafalda e Raffaele

Introduzione
Il fantasma di Catilina

Roma, piazza Madama, Senato
"Inquilinus civis urbis Romae"

Il dipinto è all'ingresso della sala. Imperdibile nonostante le boiserie, le tappezzerie in raso verde, e altre opere d'arte di dimenticabile valore. Arte educativa.

La Sala Maccari è un solenne spazio al primo piano di Palazzo Madama. Senatori, giornalisti, portavoce vi tirano il fiato e si mischiano negli intervalli delle sedute. È intitolata all'artista senese Cesare Maccari (1840-1919), che nel 1880 vinse un concorso bandito appositamente dal ministero della Pubblica istruzione "per la pittura a buon fresco", con "l'obiettivo di richiamare i fatti più rappresentativi dell'antico Senato di Roma". Memento e gloria dell'antica Roma con i suoi eroi a indicare le virtù ai senatori della nuova Roma risorgimentale: rispetto della parola data, oratoria, coraggio, onestà, eloquenza.

C'è Appio Claudio il Censore, cieco, condotto in Senato per esortare i Romani a non accettare le umilianti condizioni di pace imposte da Pirro attraverso il suo ambasciatore Cinea. Tra le finestre si racconta del senatore Marco Papirio, che rimase ad aspettare, con altri settantanove patrizi che non avevano voluto abbandonare il Senato, i Galli di Brenno che avevano invaso Roma nel 390 a.C. – i senatori vennero tutti uccisi. Curio Dentato console, che ha sconfitto i Sanniti, immobile respinge ogni tentativo di corruzione, perché convinca il Senato romano a fare la pace. Attilio Regolo, prigioniero di Cartagine e liberato e inviato a Roma per persuadere la Curia Romana ad avviare una trattativa di pace, interviene a favore dell'argomento contrario: convince la Curia a non trattare; poi ritorna al suo destino a Cartagine. Il dipinto lo coglie nel momento della sua partenza mentre getta un ultimo sguardo alla sua Roma. La folla lo osserva, il cielo è di un azzurro luminoso e vira verso il tramonto.

Infine, l'affresco che rappresenta la storia più famosa di sempre della lotta politica: Cicerone che pronuncia la sua requisitoria contro Catilina, il quale, lasciato dagli altri senatori solo sul suo scranno, ascolta piegato, nervoso, le accuse contro di lui.

Palazzo Madama, un imponente edificio cinquecentesco, quasi una fortezza passata per molti interventi architettonici, e altrettanti padroni, è un altro monumento al cattivo gusto e al provincialismo che la monarchia sabauda diede alla Roma in cui si trasferì quando divenne capitale del Regno. Punteggiando la capitale di lavori di ampliamento e ridecorazioni, conosciute più per le dimensioni che per l'eleganza.

Gli interni dei Palazzi del Potere a Roma ancora oggi fioriscono di tappezzerie in raso, ordinate probabilmente a metri, tutte uguali con una stampa a gigli, diverse solo nel colore: a Montecitorio e a Palazzo Madama domina il rosso, a Palazzo Chigi trionfa il giallo oro, come al Quirinale, reggia dei papi e ancora oggi il più fastoso Palazzo d'Italia. Modanature a tripla fascia su ogni porta, e dipinti con tema il racconto morale che appassionava l'Europa di era vittoriana.

È d'obbligo perciò che il nostro viaggio dentro gli ultimi dieci anni della storia repubblicana inizi da qui, da questa Sala Maccari. Con un interrogativo: qual è la virtù repubblicana che il dipinto di Cicerone e Catilina celebra? Secondo la versione ufficiale, l'artista Maccari esalta qui l'oratoria. Ma è proprio così?

La scena è il Senato romano: Cicerone, console di Roma, pronuncia la prima delle sue quattro "catilinarie". È la seduta dell'8 novembre del 63 a.C., indetta perché la congiura, scoperta proprio da Cicerone, alimenta il timore di un attacco ai luoghi istituzionali. Marco Tullio è ritratto nel gesto eloquente delle braccia alzate – il riferimento è alla "posa" dell'*adlocutio*, il discorso dei generali Romani alle truppe prima della battaglia, pronunciato appunto nell'eroica posa di un braccio alzato. Quel braccio alzato che diverrà la modalità estetica di molte statue dell'epoca, arriverà fino all'arte classica italiana, si infilerà in alcuni ritratti celebri della Rivoluzione americana, e, strano destino, sarà scimmiottato dai grandi dittatori moderni, fascisti, nazisti e comunisti.

Cicerone esordisce con una delle più celebri frasi della storia romana: "*Quousque tandem abutere, Catilina, patientia nostra?*", "Fino a quando, Catilina, abuserai della nostra pazienza?".

Davanti a lui siede un giovane Catilina, bruno di capelli. In effetti, nel 63, Catilina aveva quarantacinque anni, dunque come Cicerone, ma l'enfasi del pittore sulla differenza di età appare come una licenza poetica per esaltare la diversità dei loro ruoli. Cicerone, calmo, Catilina, un fascio di nervi, ripiegato in posizione di difesa mentre ascolta l'oratore. Il Senato ha fatto il vuoto intorno a lui, la maggior parte dei senatori ha lasciato gli scranni e si è ritirata verso il muro laterale, su cui spiccano le toghe bianche.

È la resa dei conti. Cicerone, eretto, è certo del suo successo. Catilina è già piegato dalla sentenza che arriverà. Contro di lui, del resto, il console non esita a ricorrere alle espressioni più forti e godibili per il pubblico che nei secoli a venire continuerà ad apprezzare ogni parola di quelle quattro orazioni di accusa.

Catilina è un congiurato che ha complottato contro Roma, dice, ma è anche un patrizio che ha abbandonato il proprio ruolo – il peggior crimine per un "uomo nuovo" quale Cicerone, ma anche per l'élite romana di cui è parte. È ladro, corruttore, assassino e forse incestuoso, dissacratore di ogni regola e virtù della Repubblica. O, almeno, così lo descrive l'oratore.

C'è una passione sottostante a queste accuse, che sa molto di conflitto di classe alla rovescia.

Cicerone *homus novus*, figlio di agiata, provinciale famiglia dell'ordine equestre, riesce a conseguire il più alto titolo della Repubblica, quello di console, proprio ergendosi a difensore dell'ordine degli *optimates*. Catilina, il suo accusato, discendente della *gens Sergia*, antichissima famiglia romana, ha, agli occhi dell'oratore, la colpa di essersi alleato, nonostante il suo status di aristocratico, con il popolo di Roma, la plebe. Catilina, infatti, è parte di un ampio movimento la cui rivolta all'ordine esistente attraversa gli ultimi decenni della Repubblica e ne segna la fine. Lo stesso Cesare è in parte espressione del progressivo sgranarsi di questo ordine, anche se fra i due non ci sarà mai una vera alleanza – forse il leggendario acume politico di Cesare aveva funzionato.

Catilina ha fascino, passione, e disprezzo delle regole. Piace alla plebe, e a molti dei giovani suoi pari, rabbiosi e disincantati. Ma decisamente non sembra avere grandi capacità di manovra politica. Nella sua vita non riuscirà appieno in nessuno dei suoi disegni. Primo fra tutti, il più facile per uno con la sua discendenza: diventare console. Persino Cicerone, grande oratore ma non un fior di politico, è riuscito a prevalere su di lui in quell'anno 63 in cui pronuncia il discorso che stiamo ascoltando nel quadro di Maccari.

Tuttavia, nel dipinto, mentre Cicerone parla e i senatori

lo ascoltano, la rovina di Catilina non si è ancora consumata. Tra le parole di Marco Tullio, la fuga da Roma e l'abisso c'è per l'aristocratico un altro momento, che diverrà uno dei passaggi definitori della *res publica* romana. Di questo Maccari non dà nessun segno. Ma cosa succede quando la catilinaria finisce? Cosa accade in quella sala senatoria che vediamo congelata in un singolo istante?

Facciamo allora noi quel passo avanti. Immaginiamolo, aiutati dal racconto dello storico Sallustio, che – anni dopo la vicenda – presenta una versione più sfumata di quegli eventi che rimarranno scolpiti nella memoria ufficiale di Roma come la distanza fra i traditori e i difensori della Repubblica.

Il Catilina di Sallustio è personaggio più complesso di quello di Cicerone; le sue armi meno condannabili, e lui stesso uomo più dannato che traditore.

Nella sua versione, appena Cicerone finisce di parlare, Catilina rompe il silenzio: "a capo chino e voce supplicante" si rivolge non all'accusatore ma ai propri pari, i senatori. Ricorda loro la sua nobile discendenza, e pone una domanda in forma di dubbio. Chiede loro come possano mai pensare che lui un patrizio, "i benefici del quale e dei cui antenati verso la plebe Romana erano moltissimi", persegua la rovina dello Stato, e si affidino invece per la salvezza di questo Stato a Marco Tullio Cicerone, che definisce "*inquilinus civis urbis Romae*". Un inquilino, un mero affittuario di un posto nella città che rappresenta la civiltà di Roma. Un commento arrogante, classista, sprezzante, eppure quell'*inquilinus civis urbis Romae* è rimasto nella nostra storia non meno delle parole di Cicerone.

Catilina in effetti poneva una domanda che ancora oggi si ripropone: a chi appartiene Roma? Cioè: chi è che ha costruito quel governo che, pur fondato sul censo e sulle classi, per secoli giurò a se stesso di essere l'espressione collettiva di una società di cittadini?

Oggi si tradurrebbe: nelle mani di chi è la democrazia?

Non è una domanda azzardata. Quelli erano gli anni del tramonto della Repubblica, gli anni finali di una guerra civile che si giocò all'interno dello stesso potere, fra *optimates* e *populares*. Una spaccatura che attraversò l'élite Romana, nel Primo secolo a.C., quando l'espansione di Roma nel Mediterraneo rese impraticabile il modello originario della città-stato, di fronte agli interessi di un'enorme nuova cittadinanza che chiedeva riforme e partecipazione: accogliere o no queste richieste, integrarle o no nel governo di Roma?

Gli *optimates*, che si rivendicavano eredi della tradizione, auspicavano come soluzione il ritorno ai buoni princìpi della fondazione di Roma, salvaguardata dalla piena autorità del Senato. Importante per loro era il limite alla cittadinanza romana, peraltro applicata solo dentro i territori italici. Leggendaria per dignità e autorevolezza è la loro difesa dello spirito romano: Lucio Cornelio Silla, Marco Licinio Crasso, Marco Porcio Catone, il Censore e Catone Uticense, Marco Tullio Cicerone, Marco Giunio Bruto, Gneo Pompeo detto Magno.

I *populares* sostenevano invece ampie riforme in campo politico e sociale – dai Gracchi a Gaio Mario, Lucio Apuleio Saturnino, Quinto Sertorio, Marco Emilio Lepido, Lucio Sergio Catilina, fino a Gaio Giulio Cesare, che non appartenne mai del tutto a questa area, ma la cui morte tragica suonò l'inizio della fine della Repubblica.

Anche questi uomini erano parte dell'aristocrazia Romana. Infatti qui non si parla di rivoluzione, ma della definizione di un diverso assetto di potere. L'espansione di Roma aveva creato scontento e disorientamento anche presso l'élite e nelle classi medie, specie nei giovani, i cui ruoli erano stati svuotati dai nuovi rapporti economici. Il richiamo al patto fondatore fra élite e popolo era dunque un tema di bandiera, ma la battaglia fu sempre fra i diversi interessi dentro lo stesso ceto. Come rivendicò Catilina di fronte a Cicerone, la sua rivolta non era un tradimento, ma la prova del suo rispetto di questo principio. Quel patto era il fondamento della Repubblica di Roma, ed era stato rotto. La ribellione della *gens* romana non era un attacco alla Repubblica, ma il tentativo di riformarla.

La fine della Repubblica e la creazione dell'Impero potevano avvenire infatti, come accadde, soltanto dall'interno, perché il potere è di chi l'ha costruito e di chi è legittimato dalla sua costruzione a esercitarlo.

Entrambi gli uomini soccombettero, parte essi stessi del tramonto del mondo repubblicano. Catilina andò via subito, per unirsi ai ribelli contro Roma, e morì due mesi dopo quella seduta del Senato, a Pistoia; una morte degna, per i valori Romani: a viso aperto, e al termine di un discorso ai suoi seguaci in cui celebrò le virtù del coraggio, difendendo l'aquila contro la stessa aquila che imbracciavano i suoi nemici, difensori di Roma.

Cicerone morì invece dopo l'assassinio di Cesare, schiacciato dal suo non appartenere davvero alla società romana (come gli aveva detto Catilina). Nessuna delle molte fazioni fra cui aveva navigato con la sua intelligenza e con il potere delle sue parole lo difese da quella morte. Il potere non lo aveva mai considerato un suo uomo.

Finì triturato dall'ingranaggio che la morte di Cesare mise in moto. Perse la vita mentre fuggiva, raggiunto nei pressi della sua villa a Formia, a pochi metri dal mare. Un *inquilinus*, allora, per tutti.

Ancora oggi un viaggiatore che si affaccia dal treno locale Roma-Napoli, può vedere un piccolo cumulo di pietre, proprio prima che spunti la vista del mare. Cicerone morì senza raggiungerlo. Quelle pietre, che nella leggenda rappresentano il punto in cui fu ucciso, sono tutto quello che ricorda le sue spoglie mortali.

Il tramonto della Repubblica Romana non segnò solo l'inizio dell'Impero, ma anche fu un bagno di sangue, esili, malattie, suicidi. Le guerre in democrazia terminano così. Spesso non hanno sopravvissuti. La democrazia, quando muore, finisce definitivamente.

Roma, piazza Montecitorio, Camera
Novembre 2011

Non era tardi, ma era molto buio. Buio di novembre. La città esausta.

Silvio Berlusconi, pressato dall'opinione pubblica nazionale e internazionale, tra scandali privati e pubbliche inadeguatezze, era stato alla fine "licenziato", in una conferenza stampa in diretta mondiale, da uno scambio di sorrisini fra i due leader europei Merkel e Sarkozy. Il Cavaliere stavolta non aveva trovato né i mezzi né la forza per resistere all'ennesimo inciampo e il 12 novembre 2011, in un'auto dai vetri oscurati, era salito al Quirinale, per dimettersi. Alle 21.42 finì il suo governo. Una folla inneggiò alla sua caduta, nella piazza antistante.

Per giorni il quadrato del potere della capitale, tra Palazzo Montecitorio, Palazzo Madama, Palazzo Chigi e il Quirinale, aveva tremato di insulti, canti, birre, e festeggiamenti – manifestazioni contro, ma anche a favore. Le dimissioni furono accompagnate dall'acre sospetto del "complotto" europeo contro il leader – una storia, questa del complotto, che allungherà la sua ombra per tutto il decennio, e sarà l'inizio di una teoria politica evocata da molti altri leader dopo di lui per giustificare il proprio fallimento. Poi, come erano arrivate, le manifestazioni si dileguarono.

La piazza davanti al Parlamento, male illuminata come buona parte di Roma, poche sere dopo le dimissioni era deserta. Una macchina nera senza scorta entrò negli aloni di luce dei lampioni, procedette lentamente, si fermò al centro del grande spazio fra il portone di Montecitorio e le porte a vetri dell'Hotel Colonna, sede di un gruppo di nervosi giornalisti stanchi. Ci fermammo tutti, sorpresi da quell'arrivo non anticipato da nessuna agenzia. L'inconfondibile allampanato profilo di Mario Monti era riconoscibile anche da lontano. Il nuovo Presidente del Consiglio, che giurò nel giro di due giorni dalle dimissioni di Berlusconi, scese dalla macchina solo. Nessuno gli venne incontro, nessuno era con lui. Attraversò i pochi metri di distanza senza fretta e si infilò nel portone di Montecitorio. Il portone era illuminato, le finestre del Palazzo buie.

Una scena dominata dall'assenza.

Anni di lussi, chiasso e polemiche erano finiti. Il nuovo nasceva nel segno del silenzio. Il passaggio di testimone era così stridente che tirammo tutti un sospiro di sollievo – non foss'altro per quell'abbassamento di toni.

Ma lo stimato economista, l'autorevole professore, "asciutto, obiettivo, minuzioso, ligio alle regole e un po' rigido, Monti ha tutte le qualità che mancano a Berlusconi", come lo aveva descritto con (troppa) enfasi il "Financial Times" già il 3 agosto 2011 (uno dei tanti indizi del "complotto"), scelto proprio perché era fuori dalle sceneggiate e dai ricatti della politica, portava con sé un alto prezzo da pagare: avrebbe introdotto, suo malgrado, nel sistema italiano un altro tipo di virus – l'idea che il premier non dovesse più necessariamente essere una figura nata e legittimata dalla politica. L'arrivo di Monti immetteva nella testa dei cittadini la possibilità di essere nominati senza avere partiti e senza vincere nessuna elezione. La politica, un agone che tanto ha definito la storia del Paese, ne usciva perfettamente delegittimata. Così come il valore del voto dei cittadini – che senso ha votare, se gli eletti poi non guidano il Paese? Sono i cardini intorno a cui si sviluppa il crollo dei partiti esistenti e l'affermarsi di un ritorno del populismo in Italia.

Nella piazza sotto il Quirinale la sera delle dimissioni di Berlusconi la parola più gridata era "buffone", il cartello più popolare era "Fate schifo tutti".

La crisi del sistema politico italiano non nasce certo con Monti. La sfiducia nella politica era già tutta lì, appena appena sottopelle. La scelta di un tecnico, di un uomo fuori dalla politica può essere oggi letta come la prima resa della classe dirigente a questa sfiducia.

La scelta del professore invece di nuove elezioni venne allora giustificata dalla difficile situazione economica, dopo la crisi del 2008. In realtà si aveva paura, in quelle condizioni, di quel che sarebbe potuto succedere se si fosse tornati alle urne. Nel Paese soffiava un vento di rivolta contro la politica, a destra come a sinistra. I partiti perdevano voti e i politici erano accusati del fallimento della gestione dello Stato. L'Europa stessa, che aveva forzato la mano all'Italia su Berlusconi, chiedendo una serie di riforme per evitare il default economico, diventava sempre più impopolare, matrigna più che amica.

L'unica idea che la classe dirigente del Paese riuscì a proporre per risolvere il problema, per fermare la disaffezione popolare nei confronti di partiti e istituzioni, fu certamente ironica, oltre che audace: sospendere per un po' la politica.

Sono queste le radici del premier "terzo", idea che dominerà il decennio 2011/2021, chiuso dall'arrivo a Chigi di un altro tecnico. Il tecnico è tale non solo perché è un esperto ma anche perché non appartiene a nessun partito. È dunque un uomo per definizione libero dalla "politica", salvo per la fiducia in Parlamento. È un presidente del Consiglio che ha "mano libera", come se la "politica" fosse un laccio. Non a caso si riscopre in quel periodo un'espressione di sapore ottocentesco, i “lacci e lacciuoli”, spesso usata proprio per indicare il peso dei partiti sulla gestione dello Stato.

I partiti, infatti, come vedremo nel capitolo seguente dedicato al suo governo, non prendono proprio bene il “tecnico” Monti, ma lo appoggiano. E questo appoggio contiene uno squarcio di verità che vale per gli anni a venire: nessuno dei vari dirigenti di queste organizzazioni voleva accollarsi l’impopolare compito delle riforme da fare, secondo le richieste europee, e tutti decidono così di salvare la pelle rifugiandosi alle spalle del “tecnico”, nell’illusione di poi riprendere il potere una volta che questi avesse fatto le pulizie generali.

Un’illusione, appunto.

Ma che cambia profondamente l’uso e il destino delle nostre istituzioni.

Non è un caso che un anno e cinque mesi dopo quella sera del 2011, alle prime elezioni politiche nazionali nel 2013, il sistema politico, invece di tornare riformato e ordinato al suo posto, viene terremotato dall’affermazione di un terzo partito, che nasce con un numero impressionante di voti, il 25 per cento, e un’impressionante piattaforma antisistema: è la rivoluzione giacobina del Movimento 5 Stelle che porta al potere uomini e donne giovanissimi e fino ad allora del tutto fuori dalla politica. Appunto.

Dopo il 12 novembre 2011, a Palazzo Chigi, in dieci anni, si rincorreranno sette governi e sei premier (più un quasi premier abortito all’ultimo momento, nel 2013). In termini di durata, in un Paese in cui i governi hanno una media di 1,3 anni, non è delle peggiori. Nuova è invece la modalità del percorso di arrivo alla presidenza del Consiglio. Nessuno di questi sei premier sale infatti le scale di Palazzo Chigi indicato dal risultato di un’elezione generale. Alcuni di loro non l’hanno mai nemmeno vinta un’elezione, dal momento che non si sono mai presentati.

Non sono premier illegittimi perché in Italia il presidente del Consiglio non viene votato direttamente, ma è eletto dal Parlamento. I presidenti del Consiglio dell'ultimo decennio sono certo figli della maggioranza espressa dal voto, ma i loro nomi non sono più diretta espressione di questa maggioranza bensì di meccanismi di stabilizzazione del sistema, tutti interni al sistema stesso. Il ruolo dei partiti nella scelta di questi meccanismi recede di fronte ad accordi di autorità di maggiore influenza – una presidenza della Repubblica e un'Europa che accrescono in questi anni il loro diretto o indiretto peso decisionale.

***

L'ultima vittoria per voto alle elezioni generali la coglie Pier Luigi Bersani, segretario del Pd, nel 2013. Ma Bersani, che pure ottiene l'incarico di formare il governo, viene bruciato nel corso delle consultazioni, proprio per l'impossibilità di assorbire nel governo il nuovo Movimento 5 Stelle. Il primo governo Pd di quella maggioranza viene alla fine affidato a Enrico Letta, politico colto e da sempre parte della classe dirigente del Paese, ma non certo una star del voto popolare. La sua scelta è, come profilo, quella in maggiore continuità con Mario Monti.

Dopo appena undici mesi Letta viene bruciato da Matteo Renzi. Il quale arriva a Roma direttamente dal suo ufficio di sindaco di Firenze, perché ha stravinto le primarie del Pd, ma in vita sua non ha mai partecipato a nessuna elezione nazionale, e non ha infatti un posto in Parlamento.

Anche Renzi (che ha comunque 1024 giorni a Palazzo Chigi, risultando terzo nella storia della Repubblica per longevità) finisce col dare le dimissioni, e presidente del Consiglio viene nominato il ministro degli Esteri del suo governo, Paolo Gentiloni. Deputato di lungo corso, eletto per la prima volta nel 2001 e sempre rieletto, il cui voto popolare è però irrilevante. Alle primarie Pd per la scelta del candidato a sindaco della capitale nelle elezioni del 2013 si classifica terzo con il 15 per cento, preceduto da David Sassoli (27 per cento) e dall'"ignoto" Ignazio Marino. Insomma, all'intelligente, garbato e competente Gentiloni viene dato l'incarico per portare in ordine alla fine della legislatura. Un ruolo a ben guardare da "tecnico", un affidabile competente cui fare guidare Chigi mentre sotto le sue finestre fischia il vento populista e popolare dei 5 Stelle e della Lega.

Un vento che però non si ferma. Al contrario. Cinque anni dopo, nelle elezioni del 2018, i 5 Stelle raggiungono l'impressionante cifra del 32 per cento dei voti, mentre il centrodestra conquista la posizione di prima coalizione con il 35 per cento. La maggioranza non va a nessuno. Grazie all'accordo con la Lega, che ha il 17 per cento, si forma, però, il primo governo populista/giacobino della nostra storia, nonché di quella europea.

Ma, grande sorpresa, proprio questi populisti che sono stati ingrassati dalla retorica anti-governi tecnici, dell'"andiamo a votare" a ogni passaggio di crisi a Palazzo Chigi, ricorrono anche loro alla stessa, strepitosa, scelta: chiamano un tecnico, anzi un avvocato che regoli il contratto fra loro, a Palazzo Chigi. Giuseppe Conte, il prescelto, è di proposito un uomo che non ha mai visto un'urna nemmeno col cannocchiale. La legittimazione dell'operazione viene fatta con un'esile imitazione del voto popolare, cioè con il voto sulla piattaforma Rousseau per i militanti 5 Stelle, in cui arriva l'ok di 42.274 clic favorevoli, 2522 contrari. È il 94 per cento dei votanti.

È una costruzione davvero molto, molto lontana dalle indicazioni del voto dei cittadini, ma la costruzione diventa ancora più meravigliosa quando alla crisi di quella coalizione che ha dato vita a un governo con un segno di destra si sostituisce una coalizione di segno opposto, di sinistra, fra Pd e 5 Stelle. Alla guida della quale si mantiene ineffabile lo stesso avvocato come premier. Giuseppe Conte diventa così l'unico leader di questo Paese che ha guidato, senza mai essere eletto, un governo di centrodestra e poi uno di centrosinistra. Se un'immagine c'è di un sistema politico istituzionale profondamente in crisi, potremmo dire che questa è la migliore.

Ma quel che arriva dopo Conte è ancora più preoccupante. Dopo la crisi del Conte 2, a Palazzo Chigi viene chiamato Mario Draghi, l'italiano più titolato e più apprezzato nel mondo, indicato per salvare un Paese che annaspa sotto il peso del default dello Stato e di decine di migliaia di morti in un'insormontabile pandemia. Dopo Monti si fa ricorso a un altro tecnico puro. Un paradosso e un *morality tale* sul fallimento dei dieci anni passati.

Nemmeno stavolta, con tutta la competenza di Mario Draghi, la formula funziona. La politica nazionale oscilla da troppo tempo tra paura e rabbia per la sua irrilevanza. La distanza fra i cittadini, di tutte le convinzioni politiche, e le istituzioni è ormai enorme. Finisce anticipatamente anche il governo Draghi, e questa volta si va infine a nuove elezioni. Troppo drammatico lo stato dell'Europa e dell'Italia per perdere altro tempo.

Non meraviglia che questo percorso abbia scavato sempre più nei cittadini il senso che il proprio voto, e i propri bisogni, non decidano più niente, tantomeno il proprio leader. È forse il danno maggiore procurato dall'aver reso una carica centrale come la presidenza del Consiglio, legame essenziale fra Parlamento e Quirinale, nonché guida effettiva del governo, un incarico sempre meno credibile e sempre meno autorevole. Occupato da uomini ridotti a essere, più che una guida, inquilini occasionali e transeunti di Palazzo Chigi.

"*Inquilinus civis urbis Romae.*" Appunto. Rieccoci al fantasma di Catilina.

Questo grande serbatoio di sfiducia accumulatasi in dieci anni di disfunzione istituzionale diventa motore di un altro grande cambio. Dalle elezioni del 25 settembre 2022 arriva un risultato che sembra invertire il percorso della politica italiana. Per la prima volta l'elettorato indica con indiscutibile chiarezza una maggioranza di governo. E questa maggioranza sposta l'asse della politica italiana sul centro-destra trainato dal partito Fratelli d'Italia di Giorgia Meloni, un'organizzazione con solide radici ideologiche nel fascismo del dopoguerra (quello precedente è stato cestinato dall'abiura di Fini) e caratteristiche peroniste. Inoltre, la combinazione fra la legge elettorale e il taglio dei parlamentari a seicento fra senatori e deputati dà al partito di Meloni, Fratelli d'Italia, e alla coalizione di cui è parte, una maggioranza solida quanto mai nessuna nel decennio di cui parliamo.

Risultato anche questo significativo del fallimento complessivo delle istituzioni nel decennio 2011-2022. Se l'obiettivo dei molti aggiustamenti fatti intorno alla presidenza del Consiglio era quello di contenere il pericolo del populismo e della destra, tutti gli sforzi fatti hanno ottenuto solo il risultato opposto.

La destra è stata nutrita, come non si stanca di ripetere Giorgia Meloni, l'attuale presidente del Consiglio, dalla sfiducia dei cittadini in un sistema da cui non si sentono più rappresentati. La rottura del filo tra istituzioni e cittadini diviene una bandiera politica. Un punto che, al di là di quali saranno i risultati del governo in carica, rischia di essere il più pericoloso per il futuro del Paese: la sfiducia dei cittadini che diventa base, non ostacolo, della pratica politica.

Vedremo dunque. È troppo presto per dire qualunque altra cosa.

***

Questo libro nasce con l'intenzione di ricostruire il decennio passato, di offrire materiale per una riflessione su quello che è stato, e le sue conseguenze.

L'attenzione è posta sugli accordi su cui sono nati i sette governi, sul percorso e l'identità della loro azione amministrativa e, infine, sulle ragioni per cui sono falliti. Per questa ricostruzione ho utilizzato, oltre alle mie esperienze di testimone diretta di molti degli eventi descritti, la consultazione di documenti e dei calendari politici del Parlamento, e una serie di interviste con i protagonisti di molte di queste esperienze. Queste interviste in parte sono attribuite, in parte lasciate anonime per richiesta di chi parlava. Sono tuttavia tutte registrate, di comune accordo con chi veniva intervistato, e tutte fatte loro rivedere. Hanno dunque tutte ricevuto il consenso a essere stampate. Il mio editore, come da regole, conosce i personaggi che hanno parlato, e gli originali delle interviste sono depositati presso la Fondazione Feltrinelli.

Questi dialoghi sono, soprattutto, la parte che aggiungono alla ricostruzione "politica" le voci da dentro di quella esperienza. Un aspetto che ho trovato emozionante perché la storia dei governi è anche e soprattutto la storia degli uomini e delle donne che li fanno, quell'elemento personale di leadership che funziona o meno, ma alla fine costituisce sempre il fattore umano imprescindibile per capire e spiegare i percorsi politici.

Il decennio è un affascinante caso narrativo di molti destini creati e bruciati, la vita e le ambizioni di uomini e donne che hanno provato la forza della vittoria e lo sgomento della sconfitta. Perché, in fondo, la politica è la più grande e la più irrealistica ambizione umana: il desiderio di cambiare il corso degli eventi. Fonte permanente di sorprese e invenzione e distruzione di destini.

Da questo punto di vista, raccontare le contorsioni politiche del nostro sistema e dei nostri politici è stata per me anche occasione per capire tante cose di quel che siamo diventati.

E se fossimo tutti Inquilini della nostra civiltà?

Roma, 26 ottobre 2022

1.
Governo Monti. L'esecutivo che doveva salvare l'Italia e invece la consegnò al populismo

Parte 1
Il primo premier concordato con l'Europa

Complotto?

"Non lo so, la differenza tra il partecipare e il rimanere impigliati mi sfugge. Però sì, effettivamente io ho delle informazioni." Un uomo del Pd, dirigente di prima fila, ha ricordi chiari su quei giorni.

"Per esempio, so che fu Massimo D'Alema a incontrare Mario Monti da parte di Napolitano, inviato per rassicurare sull'appoggio del Pd. D'Alema andò a Milano e si videro a casa di Guido Rossi."

Sono sorpresa. Continuo ad ascoltare. Monti andò all'incontro con la moglie, "perché la moglie prendeva con lui tutte le decisioni più importanti".

Siamo sicuri che non fosse a titolo personale, quell'incontro? "No, non era a titolo personale. Ci muovevamo tutti dentro l'idea di cercare una via d'uscita da una situazione molto difficile. Poi, il modo in cui le cose procedettero fu discutibile. Però insomma, in quel momento la via d'uscita dal collasso finanziario si trovò. Noi eravamo arrivati."

Che cosa si dissero in quell'incontro non è difficile da immaginare – dopotutto non si trattava di questioni personali – né da sapere. "D'Alema disse più o meno: 'Professore, qui la situazione è come vede: siamo sull'orlo del collasso. Mi pare di capire che dobbiamo cercare di uscirne con una personalità che sia riconosciuta in Europa, e che in Italia sia tale da poter essere sostenuta da un arco di forze politiche molto ampio. Presumo che lei abbia queste caratteristiche'."

Monti se la sentiva? "Fece le obiezioni giuste: 'Sì naturalmente, ma io qui ho il mio lavoro…'. La moglie, anche, interloquì, e varie volte."

Ma era sorpreso dalla visita, dalla proposta? "No, lui non era sorpreso. Non era per nulla sorpreso di questa conversazione. Al punto che D'Alema ebbe l'impressione che l'incontro fosse più che altro una verifica…"

La data? "Ai primi di settembre. D'Alema fece probabilmente coincidere la visita con qualche suo impegno pubblico nella città."

Settembre, dunque. Ma di quale anno, 2011 o 2010?

La domanda nasce da un punto non chiaro: la nostra fonte si riferisce al 2011 ma la conferma dell'incontro a Milano da parte di Mario Monti che arriva più tardi, nel corso di un'intervista nel 2012 al settimanale "Tempi", fa riferimento al 2010 (numero del 19 agosto).

Questa è la domanda, con risposta di Monti, del direttore Luigi Amicone: "Un'ultima curiosità: intende smentire o no la notizia del settimanale 'L'Espresso' secondo la quale lei, nell'autunno del 2010, venne contattato dall'onorevole Massimo D'Alema, che a Milano, in una cena a casa di un noto professionista, le propose con altri l'assunzione di responsabilità politiche e di governo nel caso di una caduta anticipata del governo Berlusconi?".

"Non smentisco quell'occasione e posso solo dire che nel mondo politico ci furono diverse persone che, intorno a quell'epoca, nelle loro previsioni o scenari sul futuro politico italiano di breve termine, mi prospettarono ipotesi che mi coinvolgessero. E io sono sempre stato ad ascoltare pensando che si sbagliassero."

Si tratta di due appuntamenti, o di uno solo con un errore di mezzo? La domanda cui non ho trovato risposta è solo la prova che le speculazioni intorno all'ascesa di Monti sono strettamente legate al calendario. È a partire da come certi eventi si fissano nel tempo, infatti, che si può dare risposta alla domanda che ancora ci si fa sulla nascita di quel governo: fu figlio di un complotto?

Da questa domanda partiamo anche noi, ma vi anticipo che è un percorso che non porta da nessuna parte.

La maledizione del calendario

Mario Monti – presidente della Bocconi, commissario europeo per il Mercato interno tra il 1995 e il 1999 e, durante la Commissione Ue guidata da Prodi, commissario europeo per la Concorrenza fino al 2004 – viene nominato da Napolitano senatore a vita il 9 novembre 2011, il 12 dello stesso mese si dimette Silvio Berlusconi, il 16 giura il nuovo governo Monti. Una sequenza di date perfettamente scadenzate. Ma non c'è grande sorpresa: il nome dell'ex commissario gira da mesi fra Roma e Milano, rimbalza nelle redazioni, sulla rete, ed esonda molto presto dai luoghi chiusi del potere per diventare oggetto di discussione pubblica.

Tuttavia una cosa è immaginare che qualcosa sia possibile, altra è lavorare per renderla vera. Quali furono i passaggi di quell'investitura?

Il primo punto fermo conosciuto nelle negoziazioni dell'epoca lo segna il giornalista americano Alan Friedman che, nel suo libro uscito nel 2014, fissa all'estate del 2011, il primo contatto fra Monti e il presidente della Repubblica. Il titolo dell'anticipazione del "Corriere della Sera", il 12 febbraio 2014, del libro *Ammazziamo il Gattopardo*, edito da Rizzoli, è esplicito: RIVELAZIONI: *Già nell'estate del 2011 Napolitano sondò Monti come premier*. Ecco il testo dell'articolo:

> La torrida estate del 2011 è un momento molto importante e storico per l'Italia.
> Il capo dello Stato è preoccupato per le sorti del Paese. La crisi della zona euro è in pieno svolgimento. Le conseguenze del salvataggio della Grecia portano la speculazione a puntare sui debiti sovrani dei Paesi in difficoltà: inizia a essere minacciata anche l'Italia. In agosto arriverà la famosa lettera della Banca centrale europea che chiede – ma assomiglia più a un'imposizione – misure drastiche di finanza pubblica. La Germania della Merkel non ama il primo ministro in carica, Silvio Berlusconi. Lo spread tra i titoli di Stato italiani e quelli tedeschi punta pericolosamente verso l'alto. Sui mercati finanziari le operazioni spregiudicate si moltiplicano.
> Ma tra giugno e settembre di quella drammatica estate accadono molte cose che finora non sono state rivelate. E questo riguarda soprattutto le conversazioni tra il presidente della Repubblica Giorgio Napolitano e Mario Monti, che precedono di quattro o cinque mesi la nomina dell'allora presidente della Bocconi a Palazzo Chigi il 13 novembre 2011. [...] Stando alle parole di Carlo De Benedetti e Romano Prodi, entrambi amici di Monti, e per ammissione dello stesso ex premier [...] le cose sono andate diversamente. De Benedetti dice che in quell'estate del 2011 Monti, in vacanza vicino casa sua a St. Moritz, è andato a chiedergli un consiglio, se accettare o meno la proposta di Napolitano sulla sua disponibilità a sostituire Berlusconi a Palazzo Chigi, in caso fosse stato necessario. Romano Prodi ricorda una lunga conversazione con Monti sullo stesso tema, ben due mesi prima, a giugno 2011. "Il succo della mia posizione è stato molto semplice: 'Mario, non puoi fare nulla per diventare presidente del Consiglio, ma se te lo offrono non puoi dire di no. Quindi non ci può essere al mondo una persona più felice di te'."
> Durante oltre un'ora di domande e risposte [...] Monti conferma di aver parlato con Prodi (nel suo ufficio alla Bocconi a fine

giugno 2011) e con De Benedetti (nella sua casa di St. Moritz nell'agosto 2011) della sua possibile nomina. Ammette anche di aver discusso con Napolitano un documento programmatico per il rilancio dell'economia, preparato per il capo dello Stato dall'allora banchiere Corrado Passera tra l'estate e l'autunno del 2011. E quando chiedo e insisto: "Con rispetto, e per la cronaca, lei non smentisce che, nel giugno-luglio 2011, il presidente della Repubblica le ha fatto capire o le ha chiesto esplicitamente di essere disponibile se fosse stato necessario?", Monti: [...] "Sì, mi ha dato segnali in quel senso" [...].

Fin qui Friedman.

Ma quella che è una normale anticipazione diventa un caso politico: il presidente della Repubblica Giorgio Napolitano risponde con una sua lettera al "Corriere". Una modalità eccezionale, che segnala l'importanza che il presidente attribuisce ancora a quella discussione.

Riproduciamo qui il testo della lettera.

Monti era una risorsa. Complotto? Solo fumo

Gentile Direttore,
posso comprendere che l'idea di "riscrivere", o di contribuire a riscrivere, "la storia recente del nostro Paese" possa sedurre grandemente un brillante pubblicista come Alan Friedman. Ma mi sembra sia davvero troppo poco per potervi riuscire l'aver raccolto le confidenze di alcune personalità (Carlo De Benedetti, Romano Prodi) sui colloqui avuti dall'uno e dall'altro – nell'estate 2011 – con Mario Monti, ed egualmente l'avere intervistato, chiedendo conferma, lo stesso Monti.

Naturalmente non poteva abbandonarsi ad analoghe confidenze (anche se sollecitate dal signor Friedman) il presidente della Repubblica, che "deve poter contare sulla riservatezza assoluta" delle sue attività formali ed egualmente di quelle informali, "contatti", "colloqui con le forze politiche" e "con altri soggetti, esponenti della società civile e delle istituzioni" (vedi la sentenza n. 1 del 2013 della Corte costituzionale).

Nessuna difficoltà, certo, a ricordare di aver ricevuto nel mio studio il professor Monti più volte nel corso del 2011, e non solo in estate: conoscendolo da molti anni (già prima che nell'autunno 1994 egli fosse nominato Commissario europeo su designazione del governo Berlusconi), e apprezzando in particolare il suo impegno europeistico che seguii da vicino quando fui deputato al Parlamento di Strasburgo. Nel corso del così difficile – per l'Italia e per l'Europa – anno 2011, Monti era inoltre un prezioso punto di riferimento per le sue analisi e i suoi commenti di politica economico-finanziaria sulle colonne del "Corriere della Sera". Egli appariva allora – e di certo non solo a me – una risorsa da tener presente e, se necessario, da acquisire al governo del Paese.

Ma i veri fatti, i soli della storia reale del Paese nel 2011, sono noti e incontrovertibili. Ed essi si riassumono in un sempre più evidente logoramento della maggioranza di governo uscita vincente dalle elezioni del 2008. Basti ricordare innanzitutto la rottura intervenuta tra il Pdl e il suo cofondatore, già leader di Alleanza nazionale, il successivo distacco dal partito di maggioranza di numerosi parlamentari, il manifestarsi di dissensi e tensioni nel governo (tra il presidente del Consiglio, il ministro dell'Economia ed altri ministri), le dure sollecitazioni critiche delle autorità europee verso il governo Berlusconi che culminarono dell'agosto 2011 nella lettera inviata al governo dal presidente della Banca Centrale Europea Trichet e dal governatore di Bankitalia Draghi.

L'8 novembre la Camera, nella votazione sul rendiconto generale dell'Amministrazione dello Stato, registrò il venir meno della maggioranza di governo, e la sera stessa il presidente del Consiglio da me ricevuto al Quirinale convenne sulla necessità di rassegnare il suo mandato una volta approvata in Parlamento la legge di stabilità. Fu nelle consultazioni successive a quelle dimissioni annunciate che potei riscontrare una larga convergenza sul conferimento a Mario Monti – da me già nominato, senza alcuna obiezione, senatore a vita – dell'incarico di formare il nuovo governo. Mi scuso per aver assorbito spazio prezioso sul giornale da lei diretto per richiamare quel che tutti dovrebbero ricordare circa i fatti reali che costituiscono la sostanza della storia di un anno tormentato, mentre le confidenze personali e l'interpretazione che si pretende di darne in termini di "complotto" sono fumo, soltanto fumo.

Con un cordiale saluto.

La data è il 10 febbraio 2014.

Giorgio Napolitano dunque non nega di aver incontrato Mario Monti durante l'estate del 2011, diverse settimane prima dell'effettiva caduta del governo Berlusconi. Anzi sottolinea di avere avuto con lui più incontri ("e non solo in estate").

Il "Corriere" ricorda una serie di circostanze che servono a inquadrare i movimenti del Quirinale in quel periodo, "nel luglio di quel difficile 2011, contrassegnato dalla scissione dei finiani dal Pdl, che a febbraio diedero vita a Futuro e libertà dopo che già dal luglio dell'anno prima si erano costituiti in gruppo parlamentare autonomo, facendo venire meno una fetta considerevole della maggioranza a sostegno del governo Berlusconi; e dalla drammatica congiuntura economica poi fotografata dall'escalation dello spread fra i titoli di Stato italiani e quelli tedeschi".

Napolitano, nella sua missiva, cita espressamente il "logoramento della maggioranza di governo", i "dissensi" tra il presidente del Consiglio, il ministro dell'Economia [vale a dire Giulio Tremonti, *N.d.A.*] e altri ministri", "le dure sollecitazioni critiche delle autorità europee verso il governo Berlusconi" e, infine, la lettera inviata al premier ad agosto dall'allora presidente della Bce, Jean-Claude Trichet, e dal governatore di Bankitalia, Mario Draghi.

Nella sua ricostruzione dei fatti Napolitano si sofferma sulla data dell'8 novembre, giorno in cui Montecitorio respinse il rendiconto generale dell'Amministrazione dello Stato. Quella stessa sera Berlusconi salì al Colle e decise di rassegnare il mandato una volta approvata la legge di stabilità. Solo nelle consultazioni successive alle dimissioni del Cavaliere, sottolinea il capo dello Stato, il Quirinale riscontrò "una larga convergenza" sul conferimento dell'incarico a Mario Monti, da pochi giorni nominato ("senza alcuna obiezione") senatore a vita.

Sono questi i "fatti reali" "noti e incontrovertibili", i soli che “costituiscono la sostanza della storia di un anno tormentato”.

Il quotidiano riporta anche i dettagli di un piano segreto di Corrado Passera per il rilancio dell’economia. In verità, il piano non fu mai davvero segreto, anche perché Passera divenne poi ministro dello Sviluppo economico, Infrastrutture e Trasporti con Monti. Napolitano parla di un piano per il rilancio dell’economia, che comprende “un vero shock strutturale positivo”, che viene infatti intitolato: “Un Grande Piano di Rilancio”. Monti, nella sua videointervista per il libro *Ammazziamo il Gattopardo*, conferma che conosceva bene il documento del banchiere e che “una volta con il presidente Napolitano mi è capitato, tra lui e me, di fare riferimento a questo lavoro di Passera”.

Tenete in mente questo piano e questo nome, Corrado Passera, perché del superministro parleremo molto.

Per ora riattraversiamo insieme quest’anno turbolento e decisivo, che cambia il corso della storia politica italiana.

Spread, che?

Mario Monti si insedia a Palazzo Chigi il 16 novembre 2011, dà le dimissioni il 21 dicembre 2012 e rimane in carica fino al 27 aprile 2013, per un totale di 530 giorni, ovvero 1 anno, 5 mesi e 13 giorni.

Non è il primo tecnico alle cui capacità in un momento di passaggio o di difficoltà l’Italia abbia fatto ricorso. Il primo fu Carlo Azeglio Ciampi sul finire della XI legislatura. Ciampi, chiamato dal presidente della Repubblica Scalfaro, era allora il governatore della Banca d’Italia. Giurò il 29 aprile 1993 e si dimise il 13 gennaio 1994, dopo l’approvazione della nuova legge elettorale maggioritaria, il *Mattarellum*.

Lamberto Dini fu incaricato sempre da Scalfaro, dopo la

caduta del Berlusconi 1, di cui Dini era stato il ministro del Tesoro. Anche Dini era stato in Banca d'Italia, come direttore generale. Giurò il 17 gennaio 1995 e l'11 gennaio 1996 rassegnò le dimissioni.

I profili di questi due "inquilini" tecnici di Chigi si somigliano, nel senso che entrambi hanno una forte visione europea, in quanto cresciuti in Bankitalia. Ciampi, infatti, quando sarà presidente della Repubblica, sarà l'architetto e il garante dell'entrata dell'Italia nella moneta unica dell'euro. È utile qui ricordare che anche Draghi viene dallo stesso mondo.

Ma quello che succede nel 2011 è solo in apparenza una ripetizione di questo percorso. Mario Monti e più tardi Mario Draghi (ma tra i due ci sono grandi differenze per cui per il momento ci concentriamo solo su Monti) arrivano entrambi per "sanare" una profonda disfunzionalità del processo politico. Ciampi e Dini in qualche modo accompagnano invece un cambiamento di fase politica. Nel 1993 Ciampi garantisce così il Paese in una fase di transizione, quella tra la Prima e la Seconda Repubblica, e lo fa presiedendo la scrittura della nuova legge elettorale. Il governo Dini accompagna invece un ribaltamento del quadro politico, facendo da levatrice a una svolta abilmente preparata dalle forze di opposizione, in virtù della quale il nuovo protagonista di quegli anni, Silvio Berlusconi, perse per sei anni la guida del Paese. Di fatto, è un governo che facilitò l'affermazione politica della sinistra, "ristrutturata" come fronte largo, l'Ulivo, che vinse con Romano Prodi.

Nel 2011, quando la crisi dello spread spinge alle dimissioni il governo Berlusconi 4, è di nuovo un tecnico, Mario Monti, a essere incaricato. Stavolta il suo incarico non è solo di accompagnare il Cavaliere fuori da Palazzo Chigi ma anche di "risanare" un intero sistema politico bloccato. Come vedremo più avanti, l'arrivo del presidente della Bocconi in qualche modo mette in mora anche la sinistra, che non è stata in grado di affrontare le riforme.

Questi tre tecnici operano dunque in condizioni molto diverse, ma la differenza vera di Monti è il suo percorso politicamente tutto "interno" all'Europa.

Il suo nome nasce in Europa, e l'Europa lo indica perché in quel momento tutto il Vecchio Continente si trova in uno stato di necessità inedito nella sua storia.

Dopo la crisi dei sub-prime del 2008 scoppiata oltreatlantico, anche l'Europa è entrata in una fase di destabilizzazione. Nell'autunno del 2009 la crisi greca cambia la storia del continente. Il premier socialista George Papandreou, appena arrivato al potere, rivela che il suo Paese ha truccato le carte per entrare nella moneta unica.

Il deficit pubblico – dichiara – ammonta al 12,7 per cento, più del doppio rispetto alle stime precedenti. Schiacciata da un debito di 300 miliardi di euro, con i titoli classificati al livello di "spazzatura", la Grecia rischia l'uscita dalla zona euro. L'economia ellenica, il premier lo dice senza giri di parole, potrebbe crollare.

Inizia così ufficialmente la crisi greca. E cambia anche la storia dell'Europa, che trema. Tanti economisti mettono sul tavolo l'ipotesi dell'uscita di Atene dall'euro per non trascinare tutti a fondo. Il possibile default è il primo atto di una rottura degli equilibri, e apre uno scenario fino ad allora nemmeno mai concepito: la possibilità che la Grecia sia l'inizio della caduta della costruzione europea.

Per la prima volta l'Europa si sente vulnerabile, e scopre di avere al suo interno divari economici insostenibili fra i Paesi, che ne minacciano l'intera architettura.

Vista da Bruxelles, la minaccia non è solo economica. Il timore sono, come già accade in Grecia, l'insoddisfazione sociale, le tensioni politiche. E in Italia, Paese fondatore, dove per la sua storia queste tensioni hanno più peso, c'è una classe dirigente inadeguata al suo ruolo. Emerge, sempre agli occhi dell'Ue, tutta la debolezza delle classi dirigenti del Sud Europa: un miscuglio di impotenza e irresponsabilità.

Gli Stati Uniti, a loro volta, sia pur da lontano, temono il ripresentarsi dopo la crisi del 2008 di un'onda di ritorno della destabilizzazione europea.

Obama (ricordiamolo), che ha pagato di "tasca sua" – cioè ha salvato con denaro pubblico – la crisi delle banche del 2008, è proiettato già sulla impegnativa campagna per la sua rielezione, nel 2012. Anche lui conosce bene Monti, e sull'Europa avrà con lui frequenti contatti.

***

In questo senso, se una data c'è per identificare l'idea di Monti premier, questa è la stessa in cui nasce e cresce la corsa vertiginosa dello spread: il 4 gennaio 2011 è a 173 punti; il 30 dicembre del 2011 è a quota 528. Un incremento di 355 punti. Spread, come impareremo con enormi sforzi, è il differenziale tra i Btp e gli omologhi Bund tedeschi, termometro della fragilità non solo economica italiana. I primi sei mesi dell'anno trascorreranno con un'altalena continua di questo indicatore. A fine maggio, nel voto amministrativo, il Pdl prende una forte batosta elettorale. E il Rubygate incalza il premier.

L'inchiesta per cui Silvio Berlusconi viene giudicato è quella nata nella famosa notte in Questura tra il 27 e il 28 maggio 2010, quando Karima El Marough, in arte "Ruby Rubacuori", venne fermata per un furto. L'ex Cavaliere, che si trovava a Parigi, telefonò al capo di gabinetto della Questura di Milano, Pietro Ostuni, spiegandogli che la ragazza gli era stata indicata come nipote del presidente egiziano Mubarak e che sarebbe arrivata Nicole Minetti, all'epoca consigliere regionale, per prenderla in affido. Cosa che avvenne nonostante il pm dei minori Annamaria Fiorillo avesse disposto il suo collocamento in una comunità.

Si sussegue la scoperta di fatti incredibili, mai associati prima a un inquilino di Palazzo Chigi, quali le famose "cene eleganti".

Dall'opposizione si chiede un suo passo indietro.

Nel governo, arrivato ansimando a un caldissimo giugno, si aprono crepe importanti: Giulio Tremonti, potente ministro dell'Economia, è attaccato dalla stessa compagine governativa che cerca così di scaricare su di lui tutte le responsabilità.

Il 1° luglio, a mercati aperti – mentre la crisi del debito esplode in tutti i Paesi in difficoltà, i Piigs (Portogallo, Italia, Irlanda, Grecia e Spagna) –, viene diffuso il bollettino di Standard & Poor's sulla manovra. Una bocciatura: "Restano sostanziali rischi per il piano di riduzione del debito, principalmente a causa della debole crescita," scrive l'agenzia di rating, in parte riprendendo i concetti espressi già a maggio, quando l'outlook dell'Italia era stato rivisto da "stabile" a "negativo". L'Italia torna sotto attacco e l'impatto sui titoli pubblici è immediato: lo spread si allarga oltre quota 226, il record dalla nascita dell'euro, come del resto accade ai titoli di Stato dei Paesi esposti: Spagna, Portogallo, Grecia e Irlanda, i Paesi fragili e sotto osservazione in Europa.

La crisi di governo è all'ordine del giorno. Si parla di dimissioni di Tremonti, Umberto Bossi rompe con Berlusconi. Si ripropone la stessa sceneggiatura dei primi anni novanta, con il Pd che sonda gli umori del Carroccio, e si affaccia l'ipotesi di un governo tecnico con dentro la Lega.

Il nome di Monti esce pubblicamente in quella circostanza come il candidato a guidare questo governo. Monti viene contattato da molti alti dirigenti democratici, da Rosy Bindi a Enrico Letta, allora vicesegretario del partito. Ormai è solo una questione di tempo. Le probabilità di una sua discesa in campo, auspicata dai sostenitori più influenti, crescono in maniera direttamente proporzionale alla crescita dello spread. Il differenziale supera il 3 agosto la soglia dei 300 punti, mentre dal "Financial Times", edizione londinese, arriva una nota di biasimo nei confronti di Tremonti che viene definito "un povero esempio per gli italiani, non indispensabile". In compenso l'edizione tedesca del "Financial Times" va dritto al punto stampando un panegirico di Monti: "Asciutto, obiettivo, minuzioso, ligio alle regole e un po' rigido, Monti ha tutte le qualità che mancano a Berlusconi". Quando, tra il 4 e il 5 agosto, lo spread arriva a sfiorare i 390 punti, al governo italiano arriva anche la lettera durissima della Bce, inviata dal presidente Jean-Claude Trichet e dal successore in pectore, Draghi. Il messaggio della Troika fischia la fine della partita per Silvio Berlusconi.

Sotto l'intestazione "strettamente confidenziale", il 5 agosto 2011, firmata dall'allora presidente della Bce Jean-Claude Trichet e dal governatore della Banca d'Italia, Mario Draghi, che nemmeno tre mesi dopo sarebbe succeduto allo stesso Trichet, la missiva si apre con un "Caro Primo ministro". Il contenuto è riservato ma lo sarà per poco: il 29 settembre, grazie a uno scoop di Mario Sensini, è stampato sul "Corriere della Sera". Nel messaggio si chiede, indicandone addirittura la forma, un decreto legge per anticipare il pareggio di bilancio al 2013, anziché al 2014.

Si capì, quando si lesse la missiva, che il governo era già al lavoro per obbedire alle richieste, preparando, con un decreto legge nel Consiglio dei ministri del 13 agosto, una manovra bis da 65 miliardi, che si sommava a quella da 80, decisa appena un mese prima.

Altre misure straordinarie richieste dalla lettera si sarebbero ritrovate poi nella legge di stabilità e nel decreto legge 201, il "Salva Italia", che Mario Monti, nuovo presidente del Consiglio, fece approvare appena insediato.

Va aggiunto, per fare ancora più chiarezza, che la stragrande maggioranza degli interventi correttivi "imputati" al governo Monti e arrivati addosso agli italiani nel 2012 e negli anni successivi in realtà erano interventi che avrebbe dovuto decidere e deliberare il governo precedente Berlusconi-Tremonti. Che però non ebbe l'autorevolezza o la funzionalità politica per applicarli. Questo fu il vero fallimento del governo Berlusconi. Altro che complotti.

La lettera squaderna di fatto il default, incendiando il dibattito politico per settimane. Qui succede un fatto curioso: il molto nominato Monti, invece di tenersi fuori dal dibattito, scrive per il "Corriere della Sera" un editoriale proprio sulla situazione italiana. Editoriale per me ancora oggi incomprensibile. Monti descrive l'azione politica del presidente del Consiglio come svuotata di sovranità. È un'Italia governata da un "podestà forestiero" e da misure urgenti di politica economica imposte da un "governo tecnico sopranazionale" che non abita a Palazzo Chigi, ma ha "sedi sparse tra Bruxelles, Francoforte, Berlino, Londra e New York". Se si trattava di annunciare una discesa in campo, gli argomenti furono piuttosto brutali.

Questo è il periodo in cui Napolitano e il professore intensificano i loro colloqui.

A settembre risale lo spread, e non sembra fermarsi. Anche perché da Standard & Poor's arriva per l'Italia il temuto *downgrade*. La reazione dei mercati sui titoli italiani è durissima. Ottobre passa fra gli scossoni, fino a che la leadership dell'Europa scende apertamente in campo. Il 23 ottobre Francia e Germania lanciano l'ultimatum a Berlusconi: "Attui subito le misure per debito e crescita". È questo il vertice europeo del 23 ottobre 2011, quello del sorrisino tra la cancelliera e il presidente francese. Durante la conferenza stampa congiunta a Bruxelles, ad Angela Merkel e Nicolas Sarkozy viene chiesto se Berlusconi li ha rassicurati sui provvedimenti che il governo italiano prenderà contro la crisi. I due sorridono già durante la domanda, poi si guardano e il sorriso diventa una risata collettiva della sala stampa. Sarkozy risponde e dice di avere fiducia "nel senso di responsabilità di tutte le istituzioni italiane, politiche, finanziarie ed economiche". Ma il sorriso rimane un'imperdonabile offesa a tutti gli italiani, non solo a chi votava a destra. La verità rimasta di quei giorni è la conferma che gli italiani venivano considerati "non degni" da alcuni ambienti europei in quanto incapaci di scegliersi la giusta classe dirigente.

La situazione precipita al vertice di Cannes del 3 novembre 2011. Merkel e Sarkozy cercano di costringere il premier italiano ad accettare un prestito da 60 miliardi del Fmi, Berlusconi rifiuta sdegnosamente provocando l'ira del duo. La neutralità del presidente Usa Obama è l'unico sostegno. Ma Napolitano non aveva firmato il decreto "Sviluppo" (raccontò Renato Brunetta in *Berlusconi deve cadere. Cronaca di un complotto*) e Berlusconi si presentò a mani vuote di riforme a quell'appuntamento. L'allora presidente della Commissione Ue, José Barroso, ricevette una telefonata da Napolitano. "Signor presidente, voglio assicurarla che il governo rispetterà tutti gli impegni," disse il capo dello Stato. Di lì a una settimana, racconta Friedman, Napolitano spiegò a Berlusconi che "per lui sarebbe stato più conveniente dare le dimissioni", vista la risicata maggioranza parlamentare.

Nel mese fatale per il cambio di inquilino a Palazzo Chigi, il differenziale Btp-Bund tocca il suo record storico a quota 574 punti. È il 9 novembre e Napolitano nomina Monti senatore a vita. Soltanto il giorno prima, con il voto sul rendiconto alla Camera, il premier capisce di non avere più la maggioranza assoluta. Tre giorni dopo, Silvio Berlusconi sale al Colle per dimettersi: il 12 novembre il Cavaliere getta la spugna al termine di una giornata tesissima.

È stata una lunga giornata anche per il neosenatore Monti,

la cui nomina, annunciata dallo stesso presidente della Repubblica, viene considerata un segnale del fatto che Berlusconi abbia dato il via libera alla sua discesa in campo. Il Cavaliere ha sentito nel pomeriggio Napolitano per analizzare la situazione. Chiede che non ci sia alcuna soluzione che escluda chi ha vinto le elezioni (cioè lui stesso), e che in ogni caso la soluzione è a tempo e con un programma preciso. Il premier in attesa, Monti, ha avuto anche lui un lungo colloquio – due ore – a Palazzo Chigi con Silvio Berlusconi, per fare il punto su programma e lista dei ministri. Per un po' di ore l'accordo è in bilico perché il premier in carica vuole la riconferma a sottosegretario alla Presidenza del Consiglio di Gianni Letta. Alla fine è proprio Letta a fare un passo indietro.

In mattinata Monti ha avuto un colloquio a Palazzo Giustiniani anche con il segretario e il vicesegretario del Pd, Pier Luigi Bersani ed Enrico Letta, e ha visto per un'ora Mario Draghi, presidente della Bce. La presenza di Draghi è la significativa rappresentanza dell'Europa al battesimo del nuovo governo italiano.

Altro che complotto. Come si vede, tutto avviene alla luce del sole. Lo stesso Berlusconi, che poi ha sempre ripetuto di sapere del complotto, quel giorno non si muove certo come se fosse vittima di chissà quale congiura. E lo stesso succederà con le sue decisioni di quel periodo. Per esempio, non denunciò mai, mentre era a Palazzo Chigi, il complotto contro di lui. Sostenne il governo Monti, insieme al Pd. E arrivò persino a offrire nel 2013 allo stesso Monti la guida di una federazione di moderati alle politiche.

Complotto no, trauma sì

Il fatto è che la parola "complotto" è servita soprattutto a rendere inefficace la comprensione della novità che Monti rappresentò a Chigi. Il suo arrivo costituì un trauma, la fine forzata di un quindicennio di bipolarismo.

Se si guarda bene dentro le dinamiche del governo che nasce, l'arrivo di Mario Monti è molto più sobrio delle celebrazioni per la "fuga" di Berlusconi da Chigi. Se la destra è stata di fatto spinta fuori dal palazzo, la sinistra che festeggia non è a sua volta del tutto contenta dell'arrivo del professore/senatore a vita. E lo vedremo nelle pagine seguenti. La sinistra avrebbe voluto elezioni subito.

La scelta di Monti è dunque un altro modo per dire pubblicamente che, se la destra ha rovinato il Paese, nelle istituzioni europee e italiane manca di fatto fiducia anche nelle forze che le si erano opposte. Dopo vent'anni di imperfetta ma vitale alternanza bipolare, l'uscita di scena del Cavaliere non premia il centrosinistra, che pure l'ha combattuto a lungo.

Il governo tecnico viene a "riparare" il danno fatto dal governo Berlusconi, ma anche a sanzionare le carenze della sinistra. Certo, a quest'ultima viene riconosciuto il lauro della forza "responsabile", un ruolo che si è scelta da tempo, cioè fin dall'inizio della Seconda repubblica nel 1994 – dopo la caduta del Muro di Berlino, il cambio di nome e la consapevolezza di poter essere forza di governo solo se "ibridata" da forze moderate. Da quegli anni novanta, il senso di "responsabilità" nei confronti del Paese è diventata l'unica vera identità del centrosinistra. Una responsabilità talvolta accompagnata dalla paura di raccogliere una patata troppo bollente. Come quella che dovrà maneggiare Mario Monti. Lo vedremo dai racconti dei protagonisti di allora. È un'operazione, dicevamo, che nasce alla luce del sole, d'accordo. L'Europa ha bisogno di un nuovo governo che salvi l'Italia, stabilizzandola. Comprensibile. E fa tutto quello che è in suo potere per costruire l'operazione.

Per titoli, esperienze e familiarità con le istituzioni e i leader europei, Monti è il primo presidente del Consiglio più europeo che italiano.

Da allora in avanti l'Europa diventa, indirettamente ma non meno efficacemente, partner fisso di ogni nuova decisione sui vertici dei governi italiani.

È qui da ricordare che solo pochi mesi prima dell'arrivo a Palazzo Chigi di Mario Monti, il 24 giugno, l'Europa ha scelto a capo della Bce un altro italiano, Mario Draghi, voluto fortemente dall'iniziativa del duo che in quel momento guida, dentro la crisi, con un po' di strafottenza e molta determinazione, Merkel e Sarkozy.

Mario Draghi viene preferito a un francese, che sostituisce però Lorenzo Bini Smaghi nel board. Il nuovo governatore di Francoforte è figura di profilo internazionale anche più consolidata di quella di Monti. Fra le nomine non c'è correlazione, e i due faranno alla fine percorsi con esiti molto diversi, ma insieme sono il segno di quanto attivamente l'Europa in quel momento cerchi di rafforzare il partner italiano.

Nonostante la benedizione europea, l'esperimento per Monti non funzionerà.

La politica è infatti una scienza esatta, e anche molto trasparente. È definita dai rapporti di forza – il consenso, il denaro, il potere di influenza di gruppi che si formano dentro l'opinione pubblica. E i governi tecnici, per definizione, non hanno un consenso popolare su cui poggiarsi. Così, lo strappo del governo Monti, che doveva essere il rimedio temporaneo al fallimento della politica, dà vita a una lunga deriva che porta a sette governi e sei premier in dieci anni, nessuno dei quali espressi da elezioni politiche nazionali. Tutti governi deboli, spendibili, come si è visto, e come vogliamo raccontare.

L'arrivo di Draghi, dieci anni dopo quel primo passaggio di Monti, assume, in questa luce, il valore di un *morality tale*, una storia che ci insegna cosa sia giusto e cosa sbagliato.

In questo caso, il fatto che dieci anni dopo l'arrivo del professore della Bocconi debba essere convocato di nuovo un altro tecnico, di grande statura internazionale, per salvare le sorti d'Italia, è il cerchio che si chiude. L'arrivo di Draghi è la presa d'atto che, a dieci anni da quel primo esperimento, il sistema politico è ancora troppo fragile per esprimere figure in cui il Paese possa riconoscersi nei momenti di crisi.

Per parlare di questi dieci anni, che intendiamo rivisitare con questo libro, ci affideremo alle testimonianze di chi queste stagioni le ha vissute in prima persona.

Parte 2
L'inizio visto da chi ne fece parte

Napolitano esamina progetti

Un ex ministro del governo Monti, che ho sentito per questo lavoro, alla domanda "complotto o meno" risponde: "Fu il risultato della legge di gravità". L'inevitabilità cioè dell'allinearsi di una serie di condizioni. Il risultato combinato di una serie di emergenze e di volontà. Per varie ragioni, nessuno voleva più quel gruppo dirigente – peraltro regolarmente eletto con fior fior di voti – al comando.

"La legge di gravità ha funzionato in questo modo. La non credibilità del governo Berlusconi, che si è andata accumulando nel tempo, nel 2011 diventa una diga che crolla. Perché io entro in gioco? Perché sono il capo della principale banca italiana e in quei mesi – giugno, luglio, ma soprattutto agosto – ogni giorno sento crescere la pressione sul mercato dei nostri titoli pubblici. A ogni asta ci consultiamo tra le principali banche italiane e ci suddividiamo i titoli da sottoscrivere per evitare il collasso: se dovesse passare che l'Italia non riesce a collocare il suo debito pubblico sarebbe Grecia 2. Grecia 2 e Troika vorrebbero dire gestione commissariale del Paese, vorrebbe dire che nessuno più al mondo compra i titoli italiani perché i mercati si aspettano una seconda Grecia. Questo è il contesto di emergenza quotidiana. A quel punto chiedo di parlare con Napolitano. Gli dico 'presidente...'."

Sono i ricordi di Corrado Passera che ci vengono riportati da persone che lavorano con lui da molti anni. È il percorso attraverso cui il manager, allora consigliere delegato e Ceo di Banca Intesa, entrerà nell'area di governo. Ma la sua è una vasta esperienza di gestione: a capo delle Poste e, prima ancora, di Olivetti, Mondadori, L'Espresso.

"Avevo conosciuto Napolitano ai tempi della Olivetti," racconta Passera, "e c'eravamo piaciuti perché credevamo entrambi nella ricerca. Lui era venuto a visitare i laboratori di Pozzuoli, e avevamo parlato a fondo di investimenti pubblici e privati per avviare il rilancio del Sud. Gli telefono dunque, e chiedo di incontrarlo. Quando ci vediamo gli dico: 'Guardi, presidente, siamo al capolinea. Se non succede qualcosa di molto convincente non arriviamo neanche a Natale, così non possiamo andare avanti'. Le banche italiane in quel periodo stavano facendo quello che poi ha fatto la Bce. 'Compriamo debito pubblico italiano e teniamo in vita il sistema,' dico, 'ma le risorse disponibili a un certo punto finiscono. Non possiamo andare avanti per molto a comprare tutto il debito pubblico italiano.'"

L'incontro avviene, come Passera racconta anche nei due libri che ha scritto negli ultimi anni, nel mese di agosto.

E abbiamo un'altra data certa: agosto 2011.

Ma la parte forse più interessante di questi ricordi sono le risposte di Napolitano: "'Sapevo che era grave, non pensavo così grave.' Il presidente esita, poi chiede ancora: 'Passera, che si fa? Che si fa in una situazione del genere?'. Il manager risponde: 'Si prende in mano la situazione e si convince il mondo che noi da questa situazione possiamo uscirne presentando un piano – ma non un pianino, non una finanziaria, ma un grande progetto per il Paese in grado di dimostrare che l'Italia può rimettersi in moto, può far fronte al suo debito, può darsi un sistema pensionistico sostenibile ecc.'. Napolitano ascolta e gli risponde: 'Potrebbe buttar giù qualcosa'."

Il colloquio avviene nello studio del presidente, quello grande, con il divano da una parte e la scrivania dall'altra. Non certo la sede per un incontro fra congiurati.

Alla fine del colloquio, il manager, preoccupato ma anche motivato dalle parole del capo dello Stato, va a Sabaudia e alla sua seconda moglie, Giovanna, una donna molto più giovane e molto amata da lui, racconta del documento che gli è stato chiesto di preparare. Coinvolge nel lavoro solo uno strettissimo collaboratore, ma fa molte telefonate ad amici esperti di vari settori per raccogliere proposte. Il documento nasce velocissimo.

Atmosfera surreale, quella di quel momento: una casa di vacanza dove improvvisamente le vacanze scompaiono. Il manager non è un gran dattilografo né ha mai imparato a comporre da solo le presentazioni in Power Point. Mentre lui macina analisi e combina ipotesi di intervento, il piano viene materialmente scritto al computer da Giovanna. È annunciato al Colle da una nuova telefonata: "Presidente, se vuole torno con una bozza".

Il piano è lasciato sul tavolo del capo dello Stato. Parlano a lungo. Il presidente fa molte domande: "Ah, ma questo non capisco, che cosa intende qua? Che cosa intende là?". Conclusione asciutta: "Ok, me lo faccia leggere, così le dico qualcosa". Lo scambio si conclude dopo pochi giorni, "Caspita, convincente," dice Napolitano al telefono. Poi aggiunge: "Lo faccia vedere a Monti".

Passera sostiene dunque che è la prima volta che ha sentito parlare di Monti dal presidente della Repubblica. Siamo a metà settembre 2011.

Sicuramente il banchiere lascia trapelare una certa sorpresa, nella esitazione della risposta: "Siccome è l'unico nome che lui mi fa, un po' mi chiedo che cosa ci sia sotto".

Un pranzo alla Bocconi

I due si conoscono, fanno dopotutto parte dello stesso mondo. Passera è consigliere di amministrazione della Università Bocconi della quale Monti è presidente, ha incontrato il professor Monti quando faceva il commissario europeo. Conoscenza non profonda e certamente non c'è confidenza tra i due, "però per me è in quel momento uno dei grandi personaggi italiani," dice il manager. Passera va in Bocconi, i due mangiano insieme, e gli consegna il documento "nel frattempo diventato, anche per i molti contributi ricevuti, un testo piuttosto corposo".

Dopo qualche settimana, Monti lo chiama e dice con il suo tono calmo che non sempre denuncia il suo vero stato d'animo: "L'allievo ha superato il maestro".

Nel frattempo si è fatto ottobre. Un mese circa prima che agli italiani venga annunciato il nuovo premier.

Per un po' non succede più nulla. Passera è anche "un po' dispiaciuto, visto che si comincia a parlare di Monti e lui non si è fatto più sentire". Fino a quando, la mattina del giorno prima dell'avvio della "macchina del buongoverno" Monti lo chiama alle sette e mezza e gli dice: "Mi è stato dato l'incarico di formare il governo e ti chiedo di farne parte con un ruolo molto rilevante".

Non so se le cose siano state davvero così asciutte e veloci, ma la versione di Passera è questa: nessuna telefonata di merito sul documento, da inizio settembre fino a quando Monti telefona quella mattina, con una vera e propria chiamata alle armi: "Senti, siamo in emergenza assoluta. Io devo confermare immediatamente la lista dei ministri. Ho bisogno di una persona come te: se mi dici di no, potrei addirittura considerare di non accettare io stesso". La trattativa parte subito.

Monti anticipa al manager che vorrebbe tenere ad interim il Mef, il ministero dell'Economia, "per dare l'impronta al governo". Ma la proposta per Passera è generosa: "Ti farei superministro, con la responsabilità dell'economia reale". Dunque, gli propone il Mise (lo sviluppo economico) e l'Ambiente. Passera la pensa un po' diversamente: "Se vuoi che ci sia davvero il ministro dell'Economia reale dobbiamo fare Sviluppo Economico e Infrastrutture". Ma dalla conversazione capisce che le Infrastrutture sono già state promesse a qualcun altro, però alla fine Monti dice: "Ok, capisco. Va bene. Adesso devo cercare di far passare il pacchetto". La conversazione si allarga. Monti chiede: "Sei d'accordo se facciamo la Fornero alle pensioni?". Passera: "Non solo sono d'accordo, ma nella proposta del documento di cui abbiamo discusso insieme e che ha letto anche Napolitano, il capitolo sulla previdenza l'ho fatto proprio con la Fornero. Quindi sono totalmente d'accordo". Più o meno è tutto. Passera chiede un momento di tempo per parlarne con la moglie e i figli grandi. Rinunciare alla posizione in Intesa Sanpaolo comporta indubbi svantaggi: ma la famiglia è con lui. "Nessuna sorpresa, papà, che tu lo faccia."

Poi Passera richiama e dà la sua disponibilità. La prima sorpresa delle molte che il manager incontrerà a Palazzo Chigi si rivela però subito. Monti dice: "Ci sono problemi perché la posizione di superministro a certi partiti non piace, per cui...". Risposta: "Guarda, sono felice a casa mia. Anzi credo di avere, in Italia, la posizione più bella che ci sia. Essere a capo di Intesa Sanpaolo, non c'è niente di più bello. Se è possibile fare quello che abbiamo deciso insieme, vengo volentieri. Se non è possibile creare quell'incarico, ti aiuto da fuori, ma amici come prima". Siamo al giorno prima della nomina del governo.

Passera non sentirà poi né Monti né Napolitano fino al giorno successivo mentre i due stanno predisponendo la lista definitiva nello studio del presidente con le telecamere fuori dalla porta.

***

Intanto Passera va, come ogni giorno, in banca, ma questa volta si ferma direttamente nell'ufficio del presidente Giovanni Bazoli. Tra i due c'è grande confidenza e comunanza di valori rafforzata da dieci anni di strettissima collaborazione. Passera racconta della telefonata e della disponibilità data a Monti e a Napolitano. Bazoli non nasconde le difficoltà che nasceranno in banca da un'uscita non preparata dell'amministratore delegato, senza nemmeno il tempo per un passaggio di consegne. Bazoli, per quanto preoccupato, conclude: "Capisco le ragioni e non posso dirmi sorpreso della tua decisione".

Torniamo alla legge di gravità. Si poteva fare solo quello, a quel punto, secondo Passera. "Avevamo bisogno di un primo ministro che nelle capitali europee, tra gli investitori istituzionali di tutto il mondo, fosse una garanzia. In mancanza di una scelta del genere sarebbe arrivata la Troika sicuramente. E altri oltre Monti non ce n'erano. Un ex commissario europeo, rettore della Bocconi, cioè… non ce n'era un altro. Perciò dico che il nostro governo era quello o nessun altro. I tempi, la possibilità, la disponibilità." Grandi idee, ma intanto, e anche questo è un po' un presagio, a Roma le decisioni sugli incarichi di governo non si sbloccano. Chiama anche Napolitano, dicendo a Passera: "Ma lei non verrebbe magari con un incarico minore, poi...". "No, guardi, non riusciremmo a fare il lavoro che ci aspetta."

Il blocco si trascina fino all'ultimo minuto, cioè fino alla approvazione della lista dei ministri, a governo praticamente fatto.

In tv l'Italia segue, come sempre, in diretta dalle doratissime sale del Quirinale, fuori dalla porta guardata dai corazzieri nel corridoio della vetrata, e aspetta l'uscita del nuovo premier e la lista dei ministri del nuovo governo. Ma il tempo passa e non succede nulla. Voci insistenti dicono che è tutto fermo perché non c'è accordo sulla lista.

In quel momento, il governo speciale dei tecnici comincia già a sembrare un po' come un governo dei politici. E non era una affinità errata.

In quelle ore le telefonate dal Quirinale arrivano a Passera nell'austero ufficio milanese di Bazoli, dove i due guardano anche loro la tv. "Nello studio ad angolo di Bazoli c'era un salottino adiacente con un televisore che non veniva mai acceso. Quel giorno invece mettiamo due poltroncine davanti allo schermo e l'accendiamo perché stanno per annunciare qualcosa che riguarda noi e non sappiamo né cosa verrà alla fine annunciato, né cosa augurarci."

Restiamo davanti al televisore, "e non succede nulla. Chiamano Monti e Napolitano, ancora: 'Le passo il presidente', dice Monti, e mi passa Napolitano. A un certo punto, mi sembra che sia Napolitano a dire: 'Poi ce la faremo'. Io credo che lui fosse convinto della mia tesi".

Passa un'altra ora, un'ora e mezza. Monti esce e a quel punto Passera viene a sapere dalla diretta televisiva che non è più banchiere. Firma le dimissioni subito, lasciando la buonuscita e le stock option. Cioè, cambia vita.

Va a casa, Corrado e Giovanna fanno le valigie e partono per Roma, per il giuramento.

A Roma sono per l'ultima volta ospiti della casa di servizio della banca: “ci eravamo molto affezionati a quella casa ma chiaramente ci diciamo: questa finisce qui”.

La mattina dopo arrivano la scorta e la macchina di servizio dello Stato. Il banchiere viene portato al Mise, dove viene salutato con un “Buongiorno, signor ministro”.

I tecnici sono diventati politici. Un abito è stato dismesso, un altro indossato. Ma l’abito del politico si rivelerà essere meno resistente dell’abito di manager.

È il momento delle grandi speranze. Giovanna a gennaio avrà un bambino. Il più piccolo della nidiata in quel momento. L’abbinata Monti-Passera: fantastica, dicono tutti. Poi lui va a fare il presidente della Repubblica, l’altro quello del Consiglio. Grande entusiasmo. Quella sera Passera è persino felice di aver buttato via tutte le sue fonti di guadagno.

Nel frattempo, nel Pd. Tutto bene con Monti?

Nella tarda serata del 9 novembre 2011, data in cui Napolitano nomina Monti senatore a vita, il Pd convocò una riunione del suo coordinamento. “Mi ricordo una riunione notturna abbastanza difficile,” racconta uno dei dirigenti che partecipò all’appuntamento.

Era a quel punto chiaro che il capo dello Stato avrebbe conferito a breve l’incarico di formare un nuovo governo, come avvenne appunto il 16 novembre. Quando nella notte si riunì il coordinamento Pd, Berlusconi era ancora a Palazzo Chigi, da cui sarebbe uscito nella sua macchina per andare a dare le dimissioni al Quirinale, il 12.

Il coordinamento del Pd era un organo abbastanza ristretto. Era sera, si va verso la notte. Discussione. Clima teso. “La situazione era tale per cui se si andava avanti così nel giro di un mese non c’erano più i soldi per le pensioni e per gli stipendi. Bisogna contestualizzare bene altrimenti si direbbe che eravamo matti. Ma l'Italia era sull'orlo del baratro. Il Pd non poteva sottrarsi perché, ripeto, eravamo sull'orlo del baratro. Quindi all'interno del Pd non ci fu un dissenso sul sostegno al governo."

Nel coordinamento sedevano una ventina di persone, tutti i massimi dirigenti, non solo i membri della segreteria: da D'Alema a Veltroni, da Franceschini a Marini. E nessuno di loro mise in discussione il sostegno al governo, proprio sulla base del fatto che l'Italia era sull'orlo del baratro.

La discussione fu tra l'entrare e il non entrare a far parte di questo governo. Perché c'era l'ipotesi di un governo Monti con presenze politiche, e come vicepresidenti del Consiglio Giuliano Amato e Gianni Letta. Un'ipotesi che circolava autorevolmente. Una sorta di grandi intese supreme e storiche. Era questo il cerchio del ragionamento che circolava nel Pd in quelle ore: la legittimazione, i due poli, una patria in comune.

Nella discussione, Bersani si disse contrario alla partecipazione. "Non per le persone, ma perché secondo lui avrebbe significato un eccessivo coinvolgimento del Pd. Un totale sdoganamento del Pdl, e nei fatti un governo insieme a Berlusconi. Lo ricorderai anche te," mi dice il dirigente Pd, "che Berlusconi veniva fischiato ovunque andasse in quel periodo. E c'era il popolo del Pd che, quando parlavi di Berlusconi, gli si rizzavano i capelli. Quindi l'idea di fare un governo in cui ci fosse una presenza politica del Pd e una presenza politica del Pdl a Bersani non andava giù."

"C'erano altri invece più possibilisti, tipo D'Alema e Marini insomma. Non ricordo Veltroni, non te lo saprei dire. Ma la discussione non andò mai fino in fondo perché a un certo punto Bersani disse che non era d'accordo e si capì che c'era una maggioranza che era non favorevole. Quindi la riunione si concluse con l'ok a stare in maggioranza ma non dentro il governo. Sostegno, ma non fino al punto di entrare."

Il governo Monti si insedia il 16 novembre 2011, il Senato dà la fiducia con 281 voti favorevoli, 25 contrari e nessun astenuto, la Camera con 556 voti favorevoli, 61 contrari e nessun astenuto.

La maggioranza ottenuta ha il suo nucleo nel contributo di voti del Pd. Il partito vota, ma la presa di distanza dalla partecipazione diretta è rivelatrice della consapevolezza del costo che l'operazione del consenso a Monti avrebbe fatto pagare al centrosinistra.

Ma è possibile che alla decisione se partecipare o meno al governo il Pd arrivi così tardi? Quando ha saputo e quanto ha partecipato alla preparazione del governo tecnico?

Impossibile che il Pd non sapesse? Sappiamo, a questo punto, che ai primi di settembre c'è la missione di Massimo D'Alema che, "su richiesta di Napolitano", va a offrire il suo appoggio a Monti per il futuro governo. Sappiamo, anche dall'impressione di D'Alema, che la visita "fu piuttosto una conferma", e che il futuro premier non era per nulla sorpreso.

Dall'entourage dell'allora segretario, Bersani, arrivano però ricordi che spostano a molto prima di quella visita l'ascolto sull'operazione che stava maturando.

Maurizio Migliavacca, all'epoca coordinatore della segreteria del Pd, un uomo molto vicino a Bersani, ha un ricordo chiaro: "Il nome di Monti aveva cominciato a circolare alla fine del 2010, ai tempi della prima crisi del governo Berlusconi poi risolta con dei transfughi. Sia in ambienti parlamentari sia sui principali quotidiani si ipotizzava un governo di transizione, e tra i possibili presidenti, non l'unico, circolava anche il nome di Monti".

Il calendario scivola decisamente all'indietro.

***

In effetti la strada che porta a Monti, cioè a un evento traumatico per quel partito che era in attesa di sconfiggere Berlusconi alle non lontane elezioni, inizia molto, molto tempo prima dell'estate del 2011.

"Ti do la mia interpretazione," dice Migliavacca. "Tutto quello che è successo tra il 2010 e il 2013 ruotava attorno al seguente nodo: se dopo la crisi del berlusconismo si dovesse tornare all'alternanza fisiologica del bipolarismo che l'Italia aveva conosciuto dal 1994, oppure se l'Italia avesse bisogno, per gestire sia l'emergenza economico-finanziaria sia il nodo irrisolto delle riforme istituzionali, di un periodo di larghe intese. Questo è, secondo me, il dubbio che attraversava le élite del Paese e anche una parte del Pd.

"Che all'origine della scelta di Monti e dei passati dieci anni che arrivano fino a noi ci sia la crisi del bipolarismo è chiaro dal fatto che da allora non si sono più avuti presidenti del Consiglio indicati dalle elezioni, fossero forti o meno, comunque legittimati da un voto popolare come fu per Berlusconi e Prodi nelle varie tornate."

Tutto dunque, secondo l'analisi di uno dei più stretti collaboratori di Bersani, inizia nel 2010. L'anno in cui Berlusconi ottiene un buon risultato alle elezioni regionali e raggiunge forse l'apice della sua popolarità.

La vittoria alle regionali del Pdl è un risultato abbastanza insolito perché in genere queste elezioni sono più o meno come le *mid-term* negli Stati Uniti, dove chi governa fa un po' fatica a vincere. Tutto appare andare per il meglio per il fondatore del Pdl e invece all'apice segue un rapidissimo declino, che si materializza nella rottura con Gianfranco Fini. La rottura ha sicuramente anche origini personali, di tensioni per la leadership, ma rivela anche un chiaro dissenso politico. Fini pensava che bisognasse costruire in Italia una destra moderata e conservatrice. Il sodalizio si rompe a primavera del 2010. Comincia un lungo declino, per il Pdl, e il governo Berlusconi va in crisi nel 2011, in piena sessione di bilancio.

Napolitano, comprensibilmente dal suo punto di vista perché l'Italia non poteva permettersi una crisi di governo in piena finanziaria, concede – cosa piuttosto insolita – più o meno quaranta giorni a Berlusconi per presentarsi alle Camere. Già allora comincia il "perché lo fa, Napolitano?" – il lasso di tempo così lungo diventa uno dei primi atti del presidente della Repubblica a essere messo sotto scrutinio.

I trenta-quaranta giorni sono un tempo che Berlusconi sa utilizzare abilmente per, si dice, la "compravendita" di tot parlamentari. Alla fine di questo periodo ritorna alle Camere e per un pelo si salva e va avanti. Ma da lì comincia a sbandare.

Migliavacca fa risalire ad allora il primo ricordo di Monti: "Non ci furono chiacchierate formali. Ricordo che chiesi a Bersani da dove saltasse fuori quel nome, a dire il vero insieme ad altri, in quei mesi. Mi pare che fece riferimento ad ambienti economici, politici e anche istituzionali. Monti era un nome che girava. Non escludo, ma ripeto non ho prove certe, che potesse essere già da allora uno dei possibili piani B in caso di crisi del governo. Quando, nel 2011, la crisi si palesò in modo evidente, la soluzione Monti si impose perché rispondeva alla convinzione profonda – che non aveva solo il presidente Napolitano ma diversi ambienti politici ed economici, nazionali ed europei – che alla crisi del berlusconismo non dovesse succedere l'alternanza ma un periodo di larghe intese. A maggior ragione in un'emergenza finanziaria come quella che l'Italia stava vivendo in quei mesi".

Continua il dirigente della segreteria Pd: "Partiamo dal presidente Napolitano: dobbiamo aver presente che era il principale attore ma non il solo. Coerentemente con la sua significativa storia politica riteneva che l'Italia avesse bisogno di riforme istituzionali e di una fase di larghe intese in cui i due poli dovessero legittimarsi reciprocamente. Non era un mistero, era scritto in molti discorsi. Per questa ragione affidò a Monti non solo il mandato necessario a evitare il dissesto finanziario ma anche il compito di favorire i primi passi di alcune riforme istituzionali, a cominciare dalla legge elettorale. Questo ulteriore mandato allungava necessariamente l'orizzonte del governo fino alla fine della legislatura nel 2013".

Fin dall'inizio dunque il governo tecnico prende una coloritura ma anche un'identità politica forte. Questo intreccio fra profilo tecnico e legittimazione politica è forse la traccia più significativa che Napolitano lascia al governo: che lui vuole, in tutti i sensi, con pieni poteri politici.

"A questa convinzione del presidente, forse, non era estraneo un certo scetticismo verso un'alternativa al centrodestra che comprendesse anche Di Pietro. C'erano segnali evidenti. Dal 2009 il leader di Italia dei valori aveva, infatti, ingaggiato più di una polemica con il Quirinale. E il Colle aveva risposto spesso in modo sdegnato."

Nel linguaggio un po' complesso tipico della sinistra, questo dirigente dice una cosa dolorosa, e che a sinistra non era un mistero per nessuno: Giorgio Napolitano non aveva un giudizio entusiasta dei venti anni del bipolarismo.

"Certamente nutriva delle riserve sul funzionamento del bipolarismo italiano in quegli anni, certamente fondate anche su un giudizio da parte sua di inadeguatezza del centrosinistra – per come si configurava allora e per la sua capacità di gestire un'emergenza così difficile.

"Quindi al governo Monti viene affidato un compito più ampio della gestione della drammatica crisi finanziaria: la maturazione del bipolarismo italiano. Le 'larghe intese' dovevano servire anche a fare le riforme istituzionali, in primis quella elettorale, per avviare una fase di reciproca legittimazione delle parti, favorire una riflessione e una riorganizzazione dei campi contrapposti. Compreso il centrosinistra."

Napolitano, vedremo, farà di tutto per facilitare questo

schema – affondando, per esempio, la candidatura di Bersani a Palazzo Chigi e l'elezione di Prodi al Quirinale, dopo la fine del governo Monti e le elezioni, pur vinte dal centrosinistra.

"Sappiamo, poi, come è finita nel 2013: con una disarticolazione del bipolarismo e con l'irruzione del Movimento 5 Stelle sulla scena politica."

***

Il ricordo di Migliavacca incrocia, e verifica, una storia che abbiamo già raccontato, quella della trattativa difficile fra Monti e Passera.

"Nella formazione del governo era chiaro fin dall'inizio che a occuparsi di sviluppo economico dovesse essere Corrado Passera. Era l'esponente più rappresentativo del mondo della finanza e dirigeva la principale banca italiana. Poi so che ci fu al Quirinale una discussione piuttosto lunga perché Passera voleva guidare più ministeri ma non ne conosco i particolari. Qui, però, c'è una domanda da farsi: il Pd poteva agire diversamente?"

Domanda giusta, che ci porta a un elemento squisitamente umano che vive in questa vicenda: il massacro di uomini che in questa svolta, in questi anni, hanno scommesso e hanno perso. Alcuni di più, alcuni di meno. Al centro c'è la figura di Pier Luigi Bersani, che a quel punto inizia il suo difficile percorso da uomo che tira il carro quando questo diventa a tre ruote.

Governo tecnico con pieni poteri politici. Un Bersani perplesso?

Fu d'accordo Bersani con la formazione di un governo tecnico, quello di Monti, con tale forte legittimazione? Siamo sicuri che a un governo tecnico non fosse stato posto nessun limite di tempo?

Migliavacca è in merito molto chiaro: "Bersani non solo non si oppose alla nascita del governo Monti ma lo considerò un passaggio necessario. Dichiarò più volte che non si poteva costruire l'alternativa sulle macerie dell'Italia. Non so se abbia discusso con Napolitano dell'ipotesi di un governo a termine. So che a chi, come me, faceva questa domanda rispondeva che non era possibile. In effetti, come abbiamo visto, il presidente della Repubblica aveva l'intenzione di affidare a Monti un compito più ampio, non solo affrontare l'emergenza economica ma riformare il bipolarismo. Monti poi aveva dichiarato pubblicamente che non avrebbe accettato un incarico di governo che non avesse un orizzonte di legislatura, fino al 2013. Ripeto, non so se Bersani abbia verificato l'ipotesi di un governo a termine. Certamente sapeva che non era possibile.

"È stato, invece, piuttosto fermo su due cose. Una è il no alla partecipazione diretta al governo perché una compagine con ministri del centrodestra e del Pd sarebbe stata indigesta a buona parte del nostro elettorato; l'altra riguardava le politiche sociali del governo.

"Famoso è l'episodio dell'articolo 18: il leader del Pd si oppose, con successo, a una riforma radicale perché convinto che non fosse quello il problema del lavoro e poi perché era sempre attento al legame con i sindacati, a cominciare dalla Cgil. L'altro aspetto era che nella testa del Pd c'era sempre l'alternanza e il ritorno al bipolarismo. Berlusconi e Forza Italia uscirono fortemente ridimensionati dalla crisi del loro governo. Dopo un iniziale sbandamento maturarono l'idea che avevano bisogno di tempo per provare a recuperare. Anche per questo l'ipotesi di un governo a termine non appariva praticabile".

Al momento, tuttavia, ci furono, dentro il Pd, molti dubbi sul fatto che Bersani non avesse richiesto un governo a termine. Basta parlare con alcuni dei dirigenti di allora, ancora oggi dentro il partito. Il ricordo di uno di loro è molto chiaro: "Lo capisco che bisognava salvare l'Italia però da qui a immolarsi... anche perché pur venendo dal Pci tutte le volte ho sempre avuto questo chiodo fisso che la responsabilità verso il Paese non potesse essere mai disgiunta dalla responsabilità verso chi rappresenti. Ok, sì, sosteniamo il governo Monti, portiamo l'Italia fuori dall'emergenza. Ma in primavera si vota. La questione non arrivò mai su nessun tavolo".

***

"Però sarebbe sbagliato," così spiega Migliavacca, "pensare che il Pd e il suo segretario vedessero nel governo Monti solo uno stato di necessità. Buona parte del Pd veniva da una tradizione, quella comunista, che anteponeva l'interesse del Paese a quello di una parte, anche della propria. A volte, l'ho sempre pensato, con un eccesso di generosità. Ma chi guidava allora il Pd vedeva anche un'opportunità: quella di costruire un campo di centrosinistra più largo, di fare maturare una alleanza con componenti liberali e cattoliche di centro. Una ipotesi che a un certo punto sembrava camminare, ma che fu spezzata dalla decisione di Monti di presentarsi alle elezioni con una propria lista. Questo disegno serviva anche a ricompattare il Pd, a quell'epoca abbastanza diviso sulle prospettive."

Molto interessante, in questi ricordi, l'urgenza che si avverte sulle elezioni. È un discorso che nasce ancor prima che venga dato il via libera a Monti. Ed è, a mio parere, la prova del retropensiero con cui il Pd si appresta a sostenere il nuovo governo. Il governo Monti, che in pubblico raccoglie un delirio di complimenti, in realtà nasce azzoppato.

Un Pd fragile. La foto di Vasto

Ma, attenzione, il rovescio della medaglia di tutte queste perplessità è la fragilità del Pd di cui ci parlano. Fragilità che è la maledizione di questa organizzazione dalla sua nascita, nel 2007.

Fin qui abbiamo parlato della voglia di andare alle urne al più presto. Ma all'interno era anche molto forte l'opinione che non si potesse andare alle elezioni con uno schieramento Pd, Italia dei valori e Sinistra ecologia libertà.

Migliavacca: "L'opinione secondo la quale non si potesse andare alle elezioni con uno schieramento Pd, Italia dei valori e Sinistra ecologia libertà era presente nel Pd. C'era, dunque, anche un fronte interno. Basta ricordare le reazioni alla cosiddetta 'foto di Vasto'. Era la foto che immortalava Bersani con Di Pietro e Vendola alla festa di Italia dei valori in Abruzzo nel settembre 2011. Fu oggetto di una polemica aspra nel Pd. Cominciarono Tonini, Ceccanti e Vassallo in una riunione dei cosiddetti 'veltroniani' alla quale però Veltroni non era presente".

Quindi chi era contrario dentro il Pd? Con questa mia domanda si arriva dritto al convitato di pietra che già da allora sedeva al tavolo della segreteria.

"Sullo sfondo c'era Renzi, allora sindaco di Firenze, che in quel periodo cominciava la scalata al partito. Ricordo che Gentiloni era molto attivo nella critica alla foto di Vasto. Veltroni poi, nelle settimane successive, fece un pressing perché il Pd dichiarasse subito, in caso di crisi di governo, il sostegno a una soluzione istituzionale rinunciando a chiedere le elezioni anticipate. Una posizione che interpretava un'opinione ampia tra le fila di coloro che provenivano dalla Margherita, ma non solo. Prodi, che aveva sostenuto Bersani nelle primarie, era defilato dalla politica attiva. Le sue uscite pubbliche avevano riguardato soprattutto la critica al correntismo nel Pd. Letta era preoccupato per la deriva dell'Italia. Guardava con favore a un governo di emergenza. Ha sempre avuto una grande attenzione all'Europa, tanto è vero che si vociferava di un suo interesse a un impegno continentale, e aveva una consuetudine personale con il presidente della Repubblica. Ma Letta era il vicesegretario del Pd, era leale a Bersani, si stimavano."

Nessun complotto dunque? "Non credo quindi che ci sia stato alcun complotto. Era un confronto serio su cosa fosse meglio per il Pd e per il Paese. Certamente, però, l'incarico a novembre a Monti aveva già avuto una sponda nei mesi precedenti con la richiesta di un governo di transizione e con le polemiche sulla foto di Vasto," è sempre Migliavacca che parla. "Su posizioni simili era l'establishment italiano con i principali organi di informazione. Consideravano la politica italiana non adeguata. Da tempo avevano avviato il discorso sulla casta con il libro di Stella, vedevano la crisi del berlusconismo ma non si fidavano di un'alternativa spostata a sinistra.

"Mi ripeto: il punto non era tanto la risposta emergenziale alla crisi finanziaria ma il mandato a fare le riforme. Ciò allungava l'orizzonte del governo senza alcuna certezza perché i due poli avevano opinioni molto diverse sulle riforme istituzionali e, come vedremo, inconciliabili."

Un populismo che nasce nell'élite e poi passa al popolo

Siamo a questo punto arrivati a focalizzare le ragioni del tutto endogene della sostituzione di un governo eletto con uno tecnico: la totale sfiducia nella classe politica italiana.

Questa sfiducia diverrà poi la bandiera del populismo italiano. L'elemento curioso è che, alla sua nascita, la sfiducia nella classe politica italiana ha un andamento rovesciato: dall'alto vero il basso. Le élite la anticipano, poi diventa un sentimento di popolo. Insomma, in quel passaggio da Berlusconi a Monti ci sono già tutti i semi di crisi e tendenze che fioriranno appieno nel decennio successivo portandoci fino a oggi.

Il sentimento anticasta è infatti alla radice di un nuovo approccio alla politica che cambierà il decennio dopo il 2011: la richiesta di ritorno a una rappresentanza diretta e dunque più forte del cittadino. Questa richiesta prenderà non una sola forma ma ben tre: la rottamazione renziana che entra nel Pd e lo disintegra nelle forme di allora; l'uno vale uno dei 5 Stelle che entrano in Parlamento e ne sconvolgono i riti; il nazionalismo antieuropeo di Salvini che riformula una nuova destra, disintegrando la vecchia.

Le tre nuove striature della politica al momento della nomina di Monti sono sottopelle, visibili solo nell'intensità della richiesta di liberarsi di Silvio Berlusconi che ormai, anche nelle sue storie finali di bugie e satrapismo, diventa il perfetto rappresentante di un ordine ormai "marcio". Le ubriacature di gioia sotto il Quirinale la sera delle sue dimissioni, al passaggio della sua auto, e la velocità con cui senza un secondo pensiero si affida la soluzione a un uomo mai votato, Monti, sono la prova che nessuno più all'epoca considerasse rilevante non solo la destra di Berlusconi, ma tutta la classe politica.

È in questo passaggio, fatto con piede leggero, con animo innocente, che deraglia, nella gioia delle celebrazioni di piazza, il bipolarismo, e il rito stesso della politica come passaggio di legittimazione, come prova della primarietà del rapporto fra cittadini e rappresentanza. Un passaggio da cui non siamo più tornati indietro. Nonostante molte volte gli stessi protagonisti di allora se ne siano pentiti.

È da quel cambio che inizia, come già detto, la lunga stagione di crisi in cui i premier sono nominati con procedimenti sempre più lontani dalle indicazioni delle urne. Nascono piuttosto da accordi di vertice in nome di una crisi che, paradossalmente, il procedimento stesso alimenta nel tempo. Inizia lì il lungo percorso che ci porta poi all'arrivo di Mario Draghi.

Parte 3
Il governo Monti si insedia, a sovranità dimezzata

Trionfo

Il primo atto pubblico del governo Monti è un viaggio a Berlino il 24 novembre 2011 per un vertice a tre con Merkel e Sarkozy, un viaggio che assume l'aspetto di una riparazione dei rapporti dopo Berlusconi, e di un tributo pagato ai veri referenti del nuovo governo. Visita che qualcuno definisce un bacio di pantofola e fa storcere il naso ai molti in Italia che interpretano l'arrivo del professore come una cessione di sovranità alla supremazia europea.

La cronaca, fin qui raccontata con i ricordi di coloro che parteciparono, rende chiaro che il governo Monti nasce a sovranità dimezzata. Nonostante gli sforzi del presidente Napolitano di dargli pieni poteri politici, assicurandogli un incarico senza limiti di scadenza né limitazioni di "scopo", i partiti tutti, e non solo il Pd di cui abbiamo parlato fin qua, considerano l'esperienza del governo tecnico problematica. E tutti mantengono profonde riserve e piattaforme proprie rispetto all'agenda dei tecnici.

Nonostante le lodi, le celebrazioni e la loden-follia, il nuovo esecutivo in realtà non ha un avvio facilissimo. Bagnato com'è dalle lacrime del suo ministro forse più rilevante, il ministro per la riforma delle pensioni Elsa Fornero. Episodio solo apparentemente di colore.

Ma vediamo come vanno quelle ore.

Una volta ricevuto l'incarico, Monti entra subito nel merito, non lasciando a nessuno dubbi sulle sue intenzioni e sulla sua collocazione sulla scacchiera delle questioni aperte. Si dichiara appieno governo politico e non tecnico, dicendo chiaramente di voler completare per intero il mandato, e nel discorso che fa al Senato e alla Camera parla di un "governo di impegno nazionale" che si sarebbe retto su tre pilastri: rigore di bilancio, crescita ed equità.

Ma in quelle ore/settimane il favore popolare, la luna di miele fra l'Italia e il professore in loden è inscalfibile. Il professore può fare quel che vuole. E lo fa. Con il tono di chi sta insegnando qualcosa agli italiani. Al punto che persino il suo amato "Foglio" lo ribattezza "il Preside".

I due primi provvedimenti chiave – l'inserimento del pareggio di bilancio in Costituzione e il decreto "Salva Italia" – pur annunciando altri sacrifici e restrizioni per il futuro, sono accolti con entusiasmo.

Il ddl che contiene il pareggio di bilancio in Costituzione diventa norma dopo le previste quattro letture: Camera, 30 novembre 2011, Senato, 15 dicembre 2011, e poi Camera, 6 marzo 2012, Senato, 17 aprile 2012.

Le prime due letture registrano l'unanimità: zero voti contrari.

Il 4 dicembre 2011 il Cdm vara il decreto "Salva Italia", di fatto una nuova manovra fiscale anticrisi che si articola in tre capitoli. Bilancio pubblico: gettito lordo di 30 miliardi in tre anni; Previdenza: riforma Fornero delle pensioni; Sviluppo. Il 5 dicembre 2011, il giorno dopo che il Cdm vara il "Salva Italia", lo spread scende a 379 punti.

Tuttavia, questa euforia è soprattutto delle classi dirigenti, fra cui i media, i giornali in particolare e i grandi tg. Nella realtà alcune crepe si rivelano immediatamente, qui e là. Crepe soltanto. Per il momento.

Il decreto "Salva Italia", per esempio, viene presentato

dopo soli diciannove giorni dall'insediamento. Con onestà il governo lo annuncia come una misura "lacrime e sangue" per salvare il Paese; lo stesso Monti sembra rendersi ben conto di quanto pesanti saranno i sacrifici per gli italiani. Ma i cittadini sanno che la situazione economica è vicina al baratro. La manovra ha un saldo totale da 30 miliardi di euro lordi (20 netti): 12-13 miliardi provengono da tagli alla spesa pubblica, 17-18 da nuove tasse. Di questa cifra, 20 vanno a ridurre il deficit, e 10 verranno usati per interventi di equità sociale. Tra le misure che colpiscono di più vi sono la tassa sui beni di lusso, l'aumento dell'Iva e, per combattere l'evasione, l'obbligo di tracciabilità del contante che scende da 2500 a 1000 euro.

Ma per la maggior parte dei cittadini è un colpo la reintroduzione dell'Imu, la temutissima tassa sulle abitazioni, anche sulla prima casa, al posto della vecchia Ici. Gli italiani sussultano, ma non c'è scelta. Monti stesso afferma: "Questo è il momento in cui il capo dello Stato e il Parlamento hanno chiesto a questo governo di aiutare a salvare l'Italia e a sviluppare l'Italia. Nel prendere questi provvedimenti abbiamo tenuto molto presente la necessità di creare al tempo stesso le condizioni per la crescita dell'Italia". Nasce la polemica sull'esenzione degli immobili della Chiesa, ma a fuochi spenti Monti annuncia che la tassa verrà introdotta anche su scuole, cliniche e alberghi appartenenti agli enti religiosi. Saranno esenti solo gli edifici non commerciali: chiese, parrocchie, sedi Caritas, oratori, mense per i poveri. In Europa, dove l'imposta sulla prima casa è da tempo in vigore, la notizia è accolta con un plauso.

Anche le misure sul versante della spesa, come la riforma delle pensioni, appaiono persino più punitive di quelle introdotte dalle nuove tasse.

Ed è proprio su questo versante che si rompe per la prima volta la levigata superficie del consenso al governo. Sono le lacrime che il ministro al Welfare, Elsa Fornero, non trattiene, mentre pronuncia la parola "sacrifici". Il pianto di un ministro, e di una donna. Mai visto niente di simile prima. L'attrazione mediatica per la vicenda è enorme, viene ripresa anche da media internazionali. La simpatia per la persona, per la donna, è grande, ma non più del danno che le lacrime procurano. Sono come la confessione di un boia, e non me ne voglia per queste parole il ministro, in quanto è solo la descrizione grossolana ma efficace del sentimento comune in quelle ore. Il danno rimane infatti indelebile, fino a oggi, a segnare il clima di quella stagione. La prima crepa in una corazza.

Lo capirono molto bene i ministri in carica allora, nessuno dei quali, stando ai nostri colloqui di oggi, pare aver dimenticato, o sottovalutato, quel giorno. "Una prova disastrosa." È l'aggettivo ripetuto più volte. Dice uno di loro: "Eravamo lì, e neppure tanto lontani. E non credo di aver nascosto il mio disappunto profondissimo. Perché se ti metti a piangere dimostri come minimo debolezza in un momento in cui se c'era da dare un messaggio agli italiani era quello della forza... ma soprattutto gli dici che abbiamo fatto una vaccata. Una cosa brutta".

"Cosa che era l'opposto, sia chiaro," argomenta un altro, "perché l'idea di passare al contributivo da quel momento in avanti non significava togliere nulla dei diritti acquisiti, mentre invece fare un pacchetto così equilibrato che salvava l'immagine dell'Italia era un miracolo. Quello è stato solo un crollo nervoso, ma ha avuto effetti molto gravi."

Qualcuno di loro, dopo la riunione, espresse questi malumori: "Tutti, glielo abbiamo detto tutti". Ma il danno era fatto. La Fornero, secondo queste testimonianze, parlò di "crollo nervoso... è venuto fuori così".

Ma la cosa che ancora resta, pare, imperdonabile per chi quel giorno c'era è il rovesciamento: "Le lacrime sono difensive, significano 'mi hanno costretto a fare una porcata', invece era interamente sua la proposta, e il senso era che in quel modo avevamo salvato le pensioni a tutti".

Nel momento in cui bisognava trasmettere il messaggio di determinazione, serenità, compattezza, l'attimo è rovinato. Qualcuno di questi ministri l'avrà mandata a quel paese? "Tra i passi falsi c'è stato sicuramente anche questo," è la non tanto diplomatica risposta.

Trattative per la riforma elettorale, eterna irrisolta

Subito dopo la formazione del governo, una seconda linea di attività si mette in moto. È quella che è stata affidata da Napolitano ai partiti che sostengono l'esecutivo: la riforma elettorale, il cui conseguimento è parte decisiva del ruolo pienamente politico dato al governo Monti dalla presidenza della Repubblica.

La trattativa finì delegata a Migliavacca per il Pd e a Verdini per il Pdl. La decisione di affidare l'incarico a loro avviene nel corso di un incontro tra i segretari dei due partiti, Alfano e Bersani, in una casa privata dalle parti del Gianicolo. Migliavacca dice di non ricordare di più.

Comunque, "il problema si svelò subito". La trattativa, come tante altre in precedenza sulla legge elettorale, era destinata al fallimento. I due emissari si incontrarono varie volte alternando le sedi, ma l'alternanza topografica non portò a nuove idee, per cui l'impasse arrivò molto presto.

"Si è palesato subito quale fosse il problema," racconta Migliavacca. "Nella nostra impostazione, che è stata sempre contraria al *Porcellum*, l'idea era di mantenere un impianto bipolare e maggioritario che però consentisse agli elettori di scegliere i parlamentari. Eravamo disposti a un compromesso, non sarà il 100 per cento, ci dicevamo, ma era necessario per noi superare le liste bloccate. Questo era il nostro mandato. Il mandato che aveva il Pdl era invece sostanzialmente quello di fare una legge elettorale che producesse un pareggio. E tornavamo così sempre da capo."

Per capire la "posizione" del Pdl, dobbiamo ricordare in che situazione si trovasse la politica italiana. Berlusconi era nei fatti scappato da Palazzo Chigi, e il centrodestra che diceva sì a Monti si trovava in un momento di estrema debolezza. "Quindi loro mettevano nel conto che potesse vincere il centrosinistra, che fosse uno sbocco probabile." Dunque, per impedire questa vittoria il Pdl si concentrò su una nuova legge elettorale che riducesse il premio di maggioranza, e li mettesse in grado perlomeno di avere un potere di alleanza o di condizionamento."

Di quanto era il premio? "Noi proponemmo all'inizio il 15 per cento. Ma eravamo disposti a scendere di qualche punto. Comunque, puntavamo a un premio di maggioranza robusto che consentisse a una coalizione che si avvicinasse al 40 per cento di avere una maggioranza abbastanza solida per governare. Questo era il nostro piano."

Si ragionava sul 40 per cento perché allora si immaginava che la cifra fosse alla portata del Pd e dei suoi alleati. Nell'equazione politica ancora non erano stati calcolati i pentastellati.

"Loro, il Pdl, erano partiti dal 5 per cento e non si sono mai schiodati dal 7 per cento. Adesso, al di là dei numeri, l'obiettivo che avevano era chiaro: non produrre un vincitore in modo tale da riavere un governo di larghe intese. È nota poi una cosa: Bersani avrebbe potuto fare tranquillamente il presidente del Consiglio stringendo un accordo con Berlusconi dopo le elezioni; è stato lui che ha detto di no. Insomma, l'obiettivo rimaneva quello. Comunque, restammo di fatto arenati su quanto dovesse essere ampio il premio di maggioranza."

Sintetizza il calmo Migliavacca: "Questo era un punto di discussione su cui andammo avanti per dei mesi e su cui fallì la trattativa. [...] Noi tenemmo il punto a difesa di un impianto maggioritario e bipolare, loro non cedettero sull'idea di un piccolo premio e quindi alla fine andammo a votare col *Porcellum* nel 2013".

"Lo stallo era evidente già nell'estate del 2012," conclude, "ma il governo continuò, a dire il vero stancamente, fino all'inverno quando le Camere furono sciolte con qualche settimana di anticipo rispetto alla scadenza naturale."

La sconfitta è un chiodo sul cammino del governo Monti. Non un incidente di percorso, ma un anticipatissimo presagio sul futuro del governo stesso.

Parte 4
Alle prese con la politica

Il governo Monti tra riforme e proteste

A dispetto di tutti questi segnali, il 2012 comincia per il governo Monti ancora con il vento in poppa. "Il pacchetto 'Salva Italia'. Quello lì, sì." Ancora oggi, nella memoria dei molti ministri di allora quel momento è il culmine del loro successo.

"Oggettivamente un pacchetto non male, che comunque permette alla Troika di ripensarci e dire: 'Vedi, ce la possono fare'." Monti in questo periodo è molto caloroso, con i "dai che ce la stiamo facendo", "questo è solo l'inizio". E gli imprenditori sono entusiasti: "Ma quali 4 miliardi, qui ce ne vogliono 400. Quali precari? Bisogna far subito tutto".

Questa fase 2 viene annunciata a canali tv unificati a ora di pranzo, il 29 dicembre. Durante la tradizionale conferenza stampa di fine anno, viene presentato il "Cresci Italia", che dovrebbe archiviare l'allarmista "Salva Italia". Monti spiega che la fase 2 dovrebbe puntare sullo sviluppo, dopo la manovra della fase 1 concentrata sul fronte del rigore. E se i sacrifici iniziali sono serviti al "consolidamento dei conti pubblici", nella fase 2 "non occorrerà un'altra manovra economica", ma si passerà direttamente alla "crescita", anche senza "larghezza finanziaria", cioè: "Non faremo molto uso del denaro pubblico".

L'alta audience televisiva per questo premier così colto e così distinto dimostra l'approvazione degli italiani. Un consenso che lui stesso non capisce. Durante la conferenza stampa dà prova infatti di un po' del suo humor nero dicendo: "Un governo come il nostro non dovrebbe avere nessun consenso...".

Gli italiani li capisce bene invece la Germania. La "Süddeutsche Zeitung" conia infatti una fulminante definizione per questo amore per il nuovo premier: "Monti è il perfetto genero, perché parla poco, veste in modo serio e banale, non fa rumore".

L'inquilino di Palazzo Chigi appare così popolare che non sembra ancora molto consapevole dei rischi su cui cammina. Il "Cresci Italia" si incentra intorno ai due più pericolosi terreni di gioco della politica italiana: liberalizzazioni e riforma del mercato del lavoro, da approvare peraltro con tempi "piuttosto veloci".

I tempi del programma sono piuttosto stretti: all'eurogruppo del 23 gennaio, Monti pensa di portare a Bruxelles una "prima tranche" di misure per lo sviluppo. Per la riforma del mercato del lavoro – che presuppone un confronto con le parti sociali – ci vorrà più tempo: per cui Monti prevede di portare questa seconda voce al Consiglio europeo di febbraio! Riguardo alla riforma del mercato del lavoro pensa al Nord Europa: "L'Italia non è la Danimarca, ma la direzione è quella". E pronuncia una di quelle frasi che resteranno indimenticabilmente legate alla sua politica: "Il lavoro sempre nello stesso posto sarà sempre più raro".

Incoscienza, imprudenza, sordità acquisita in troppe stanze senza rumore di vita reale? La sicurezza di Monti appare in questo momento misteriosa. Inspiegabile.

La sua idea principe, ampiamente ribadita agli alleati europei, è il binomio tagli e crescita. Il che va bene, è un'idea piuttosto conosciuta. Meno comprensibile per i cittadini è che questa crescita dovrebbe essere ottenuta non con nuova spesa, e dunque debito, bensì ricorrendo all'uso "dell'equità come leva". Equità che, nelle sue stesse parole, si dovrebbe ottenere così: "Attraverso liberalizzazioni, concorrenza e la riforma del mercato del lavoro limeremo i privilegi e le rendite che frenano i meccanismi economici a danno dei giovani". Laddove mi sembra che il termine significante sia "limeremo": basterà un'operazione di riequilibrio per far ripartire un Paese descritto come una potenziale "Grecia 2"?

Interessante che tutti questi interventi così critici – semplificazioni, provvedimenti per tagliare la spesa pubblica in eccesso, nuove regole sul mercato del lavoro – saranno ottenuti velocizzando al massimo l'iter parlamentare: cioè si parla di massiccio ricorso alla fiducia.

Richiamo la vostra attenzione su questo non piccolo dettaglio di prevedere a freddo l'uso del voto di fiducia – si vede da questo quanto il professore, che sembra assorto sui numeri, conosca molto bene l'uso degli strumenti politici. Sotto quei bellissimi completi grigi batte un ambizioso cuore politico, fin dall'inizio.

***

L'anno 2012 si apre così con uno scintillio di iniziative e decreti legge.

Il 20 gennaio 2012 il Consiglio dei ministri vara il decreto legge contenente misure volte a liberalizzare vari settori economici. Il 31 gennaio la Camera approva (con 449 sì, 78 no e 11 astenuti) il decreto "Milleproroghe". Il 3 febbraio il Consiglio dei ministri vara il decreto "Semplificazioni e sviluppo".

Le liberalizzazioni sono uno tsunami: mirate ad aprire i mercati del gas, dell'energia elettrica, delle assicurazioni, delle banche, del commercio, delle ferrovie e dei taxi; ad abbattere le barriere d'ingresso alle professioni di avvocati, notai, farmacisti. E nelle more di tanta attività si prepara la riforma che da tempo l'Europa ci chiede, nella vulgata popolare: "Quella dell'articolo 18".

Ma sospendiamo qui un attimo, per permettere al premier di prendere fiato e di godersi qualche ora di pura soddisfazione. È il momento del trionfo internazionale.

Mr Monti goes to Washington.
"Time magazine": Quest'uomo può salvare l'Europa?

Il 9 febbraio 2012 Monti va negli Usa. A incontrare Obama. È accolto da una ressa di italiani – professori, businessman e faccendieri, che si infilano in ogni sua tappa, gli incontri con i diplomatici sono tutti in overbooking (in questo caso parlo da testimone) e "Time" gli dedica la copertina: "Quest'uomo può salvare l'Europa?". Di questo incontro parleremo più avanti, nella parte che racconta l'operato internazionale di Monti.

Il viaggio fu un successo di consensi e di visibilità.

L'aereo che decolla per Washington si è tuttavia lasciato dietro un'onda di proteste. La prima era arrivata in verità quando il governo era insediato da un solo giorno, il 17 novembre. Studenti di superiori e università avevano sfilato in sessanta città italiane, in contemporanea con lo sciopero dei sindacati di base Cub e Cobas, contro la crisi economica, le carenze dell'istruzione, il potere delle banche e, ovviamente, il governo di Mario Monti. Era stata dunque una presa di posizione "ideologica", potremmo dire preventiva, mirata a svelare la natura del governo "tecnico".

Da gennaio però il malumore dilaga nel mondo reale. C'è un movimento radicale e un po' buffo, quello dei Forconi; ma contro le liberalizzazioni scioperano farmacisti, ferrovieri, camionisti, taxisti. Ed è solo l'inizio.

Il 14 febbraio 2012, al ritorno del premier dagli Usa, la Camera approva in via definitiva (con 385 sì, 105 no e 26 astenuti) il decreto Severino. Ma i numeri non sono già più gli stessi delle prime fiducie. È certo il risultato della "delicatezza" della materia, ma per la prima volta le opposizioni riescono a superare quota 100. Grazie ai deputati di partiti della maggioranza che si sono espressi in contrasto con i loro gruppi votando con i deputati della Lega Nord, dell'Italia dei valori, di Noi Sud e della Svp.

Il 24 febbraio 2012, il Consiglio dei ministri vara un decreto legge contenente misure per la semplificazione fiscale (decreto "Semplificazione fiscale").

Il 1° marzo 2012, il Senato approva (con 237 sì, 33 no e 2 astenuti) il decreto sulle liberalizzazioni, su cui il governo ha posto la questione di fiducia. Tra le misure più importanti il pagamento dell'Imu sulle attività commerciali della Chiesa.

Il segnale di un cambio di clima arriva però il 15 marzo 2012, quando Monti fa un vertice con la "strana maggioranza ABC" (Alfano-Bersani-Casini). Proprio Casini twitta: "Siamo tutti qui! Nessuna defezione!".

Il vertice è un'ammissione in sé: è infatti una pratica tutta politica, parte di percorsi consultivi tipici dei momenti di crisi. Lo stesso tweet di Casini, la più giovane-vecchia volpe erede della Prima Repubblica, è un'ironica rivendicazione dell'esser tornati ai vecchi riti. Nel mondo politico basta questo per capire che il governo Monti non è già più nella stratosfera, ma da tempo è tornato fra i comuni mortali.

Infatti, ne avremo presto un'altra indicazione: il 9 maggio, per evitare l'aumento di 2 punti delle aliquote Iva previsto dal ddl "Salva Italia", Monti nomina un commissario che affiancherà il ministro per i Rapporti col Parlamento Giarda nella revisione della spesa pubblica per reperire 4,2 miliardi del mancato gettito Iva. L'incarico viene affidato a Enrico Bondi, commissario straordinario per il risanamento Parmalat dopo il crac del 2003.

Ma questa ritrovata precauzione non aiuterà il governo dei tecnici a evitare la madre di tutti gli scontri: la riforma del mercato del lavoro, e quella delle pensioni.

La rivolta della politica. Articolo 18, ddl Esodati

Il 23 marzo, il Consiglio dei ministri approva, salvo intese, dopo numerosi tavoli di incontro con le parti sociali, il disegno di legge contenente la riforma del mercato del lavoro. Vi spicca la modifica, duramente criticata, dell'articolo 18 dello Statuto dei lavoratori, che in caso di licenziamento per motivi economici prevedeva per il lavoratore esclusivamente la possibilità di indennizzo, senza possibilità di reintegro. Ma il clima stavolta è girato: il 5 aprile il governo annulla la modifica come chiesto espressamente da Cgil, Cisl, Ugl e dal Partito democratico. La prima vera sconfitta da cui inizia la parabola discendente. Le tappe successive sono infatti incalzanti.

Il 23 maggio 2012, il Cdm approva il ddl Esodati che secondo i tecnici del ministero del Lavoro riguarderebbe 65.000 lavoratori, mentre secondo precedenti stime dell'Inps il numero sarebbe stato pari a 130.000 persone. Il ministro Fornero ribadisce che nonostante gli sforzi del governo la copertura non potrà essere per tutti.

Il 12 giugno 2012, a seguito delle polemiche scaturite dalla pubblicazione sui media di un rapporto dell'Inps contenente valutazioni relative al numero dei lavoratori esodati dopo la riforma pensionistica del dicembre 2011, difforme da quanto previsto dal decreto di copertura del governo, l'opposizione presenta una mozione di sfiducia individuale nei confronti del ministro del Lavoro Elsa Fornero.

Nello stesso giorno i mercati finanziari riaccendono l'attacco speculativo nei confronti dell'Italia. Monti decide di incontrare i tre leader della maggioranza Alfano (Pdl), Bersani (Pd) e Casini (Udc), che confermano pieno sostegno al governo ricevendo dallo stesso l'invito ad accelerare le riforme. Siamo già ormai nelle ritualità piene dei governi "politici" in crisi. Il governo tecnico è sceso dall'Olimpo.

Il 4 luglio 2012 la Camera respinge la mozione di sfiducia individuale nei confronti di Elsa Fornero. Il 12 luglio il Senato approva (con 191 sì, 21 no e 15 astenuti) la ratifica del Meccanismo europeo di stabilità (Mes).

Ma soprattutto il 26 luglio rimane nelle cronache politiche europee perché Draghi, governatore da non molto della Bce, pronuncia il discorso del *whatever it takes.* Una decisione che per ormai consenso generale "salva l'euro" e conseguentemente l'Italia. Quel giorno si incrociano i destini di due uomini espressione dell'élite europea. In che modo giocò fra i due questa decisione? Non fu forse Draghi a dare al governo Monti in difficoltà un altro po' di ossigeno?

Un governo sceso dall'Olimpo

Nel settembre del 2012 durante un nuovo viaggio, molto più *low key*, negli Usa, Monti pronuncia una quasi ammissione: "Non mi candido ma sono pronto a tornare al servizio del Paese".

Le voci sul futuro di Monti sono tantissime: da un futuro al Quirinale a quelle di una "discesa" in politica, con una lista Monti con i "centristi". Ma il punto è un altro: la politica italiana ha già seppellito il premier, scendendo in campo a destra e a sinistra, con strumenti diversi.

Il 2 dicembre Pier Luigi Bersani vince le primarie del centrosinistra con un altissimo livello di consensi e sarà "il candidato premier del centrosinistra".

La palla passa al centrodestra, dove si sta pensando alle primarie. Le vuole Alfano, che rappresenta la nuova leva di dirigenti che ha sostenuto il governo in prima persona, ma all'interno del partito sono tanti i dubbi. Il timore è quello di non riuscire a mobilitare tanti votanti quanti quelli mossi dalla sinistra.

La verità è come sempre legata al caso Berlusconi. Il Cdm delibera il decreto legislativo sull'incandidabilità: anche se fosse rieletto, Berlusconi, in caso di condanna definitiva nel processo per i diritti tv, potrebbe decadere dal suo incarico. Corrado Passera, nel corso di un'intervista televisiva, alla domanda su una possibile ricandidatura di Berlusconi risponde: "Tutto ciò che può solo fare immaginare al resto del mondo, ai nostri partner, che si torna indietro, non è un bene per l'Italia". Parte la rumba di una lunga giornata: Fabrizio Cicchitto annuncia l'astensione del Pdl in Senato sul dl Sviluppo, e alla Camera sul dl sui costi della politica. Alfano annuncia: "Silvio Berlusconi torna in campo. Le primarie sono annullate". E il Cavaliere dirà: "Torno per vincere". È il 6 dicembre. La crisi è ufficiale.

L'8 dicembre Monti, a Cannes per la World Policy Conference, si dice non preoccupato. Ma il Pdl alza il tiro e fa sapere: "Stiamo valutando una pregiudiziale di incostituzionalità sul riordino delle Province che preclude alla bocciatura della proposta di decreto del governo". Non c'è più niente da fare.

Il 21 dicembre, come promesso, avendo ottenuto la fiducia sulla legge di Stabilità, pochi minuti dopo le 19 il premier sale al Quirinale e, dopo due ore di colloquio con Napolitano, si dimette. Sono passati 402 giorni dal suo insediamento. Rimarrà in carica fino alle elezioni.

Il 22 dicembre, Napolitano decreta lo scioglimento delle Camere. Le elezioni si terranno il 24 e il 25 febbraio 2013, mentre il Parlamento eletto entrerà in carica il 15 marzo 2013.

Parte 5
Un lungo addio

Come è arrivato il governo a questa sorta di precipizio? Dalle date risulta ben chiaro che la barricata sul suo percorso l'ha messa la sinistra, cioè la Cgil e il Pd. E che il Pdl non ha retto le misure sulla giustizia. La politica insomma ha fatto il suo corso e ha domato il governo tecnico riprendendo in mano l'iniziativa.

Resta da capire invece cosa succede dentro la compagine del governo: come è percepita la crisi, e come e se sono stati fatti tentativi per risolverla. E qui ritroviamo il dualismo di cui abbiamo parlato all'inizio. Quello sotto il cui segno viene battezzato il governo: i ruoli e le opinioni di Mario Monti e dell'ex manager Corrado Passera, il ministro con il maggior peso, ben due ministeri economici.

Tensioni fra due uomini, e fra tagli e sviluppo

Raccontano alcuni dei ministri di allora che, salvo per il periodo della luna di miele iniziale, ci fu sempre tra i due una tensione fortissima. Un po', si può immaginare, è una buona sana dose di competizione. Dopotutto sono entrambi nati e cresciuti in ambienti dove affermarsi è un credo, non solo un'aspirazione. L'uno, il professore, vanta ampi meriti accademici e altrettanto ampi consensi nelle élite d'Europa. L'altro, il manager, non è da meno sul fronte europeo, e nemmeno su quello delle élite. A capo della più prestigiosa banca del Paese, e già "salvatore" delle Poste, ma anche, come dicevamo prima, con i piedi piantati in esperienze industriali: Olivetti, L'Espresso-Repubblica. A un'età ancora invidiabilmente giovane. Forse la giovinezza è una lontananza divisiva fra loro, forse no. La differenza forse affonda le radici proprio nelle diverse esperienze.

Sappiamo, come abbiamo scritto all'inizio, che il governo nasce con iniziative separate fra i due. Nel corso del tempo molto velocemente, ci raccontano, le loro differenze vengono al pettine. Diventano misurabili proprio dopo le prime misure sui tagli, la rimessa in ordine dei conti, insomma le misure di austerità. Il mantra di Passera è investire: "Abbiamo evitato che crolli la diga ma adesso dobbiamo costruire. Investiamo...".

La distanza fra i due si acuisce quasi fin da subito, cioè dopo il "Salva Italia" che grosso modo apre e chiude la prima fase del governo. Nel periodo di Natale, infatti, il governo mette a punto i passi successivi: "Guardate che abbiamo solo iniziato. Può ancora crollare tutto se non facciamo questo, questo e questo," ripete Passera. Con un certo, educato ma riconoscibile, fastidio di Monti.

Nei mesi di gennaio e febbraio cominciano divergenze, o forse sono solo cambi di umore, dentro la compagine di governo, da cui arriva un forte stimolo, dopo il taglio dei costi, "ad andare alla parte migliore del programma: esplosione degli investimenti, la tecnologia, la ricerca, l'istruzione, cose così". Monti resta sul suo piano, prudente, e certo non per trascuratezza o incomprensione. La sua è una convinzione profonda sul compito che è stato affidato al suo governo, e lo dice: "Abbiamo un solo compito: quello di ridurre. Poi da solo il mercato funzionerà, perché noi dobbiamo fermarci a questo, non dobbiamo andare oltre".

Sarebbe facile, mi fanno notare alcuni suoi ministri di allora, ridurre il tutto a uno scontro austerità/sviluppo. "No, qui c'è la sua ideologia. Lui è così: Stato piccolo, e il privato faccia il resto. Viene fuori qui una convinzione profonda non aggirabile." Secondo questi ricordi degli amici, lo stesso Passera avrebbe pronunciato in merito una frase sconsolata: "Se l'avessi conosciuto meglio, non avrei accettato. Lui viene fuori proprio come un neoliberista".

L'insofferenza reciproca fra i due cresce, anche con il complicarsi del rapporto con le parti sociali. Passera dice in un'intervista: "Ogni giorno mi sveglio con l'ansia di trovare un nuovo modo per creare occupazione". E Monti lo riprende formalmente: "Ma no, guarda, noi non abbiamo queste passioni. Noi siamo dei chirurghi d'emergenza, noi non dobbiamo neanche conoscere il nome del paziente. Il nostro ruolo è diverso".

La fatica dei due a parlarsi coinvolge inevitabilmente il Consiglio dei ministri. Alcuni, come Cancellieri, chiedono direttamente a Passera: "Ma perché ce l'ha con te?". Molti inclinano verso il non "fare solo lacrime e sangue". Una distanza che si allarga.

I due ministeri di Passera cominciano a marciare da soli: "Corrado decide di concentrarsi sulle cose che sono di sua competenza. Elabora il primo Piano energetico nazionale mettendo ordine negli incentivi. Si sbloccano decine di cantieri. Introduce una normativa a favore delle startup innovative che allinea l'Italia ai Paesi più all'avanguardia. Non so, interviene sulla liberalizzazione del mercato del credito, che incide, per la prima volta, sul monopolio del credito alle banche. Facciamo i minibond, facciamo i fondi di credito, liberalizziamo il mercato del gas, viene tolta all'Eni la Snam, che possedeva i tubi e rendeva la vita difficile ai concorrenti. Viene messa in Cassa depositi e prestiti, sul modello di Terna. Vengono tolte le frequenze a Berlusconi e alla Rai per fare spazio al 5G. Tutte cose che non ci si aspettava da quel governo. Inclusa una convocazione di Marchionne per sollecitare i piani di sviluppo, e gli si chiede: 'Ma quale cassa integrazione, dove sono i piani di sviluppo? Dove sono i tuoi 19 miliardi di investimento?'".

Interventi difficili come il taglio di 42 leggi di incentivi "vecchia maniera", la riallocazione delle frequenze, la liberalizzazione dei mercati protetti creano molta pressione da parte di lobby potenti su Passera, che pensa di ricevere ben poco supporto: "Se vuoi fare queste cose, fattele tu" o addirittura: "Ci stai creando dei bei problemi..." gli dice Monti.

A un certo punto Passera parla di dimissioni. Racconta un suo assistente: "'Adesso paghiamo il debito scaduto della pubblica amministrazione,' dice e Monti risponde 'Ah, sì, mettiamo 5 miliardi'. Passera rilancia: 40 miliardi, visto che il debito è di 90. Monti replica che non si può. E il ministro: 'Guarda, io finora ho fatto il bravo, diciamo che ci son motivi di salute se vuoi, ma io me ne vado. Non è possibile che noi siamo solo quelli che... Quelli che tagliano, insomma'".

Ottiene i 40 miliardi e si introduce anche la regola che le amministrazioni pubbliche in debito vengono costrette a pagare interessi di mora molto alti. Non ottiene però un grande piano orizzontale di incentivazione degli investimenti sull'innovazione che sarebbe stato finanziato con l'abolizione delle vecchie leggi di incentivazione discrezionali.

A un certo punto quasi non si parlano più. A Monti viene attribuita una opinione forte su cosa sia accaduto fra loro due: "...oltre alla storia della diversa concezione, della passione – poi comunque, insomma, lui [Passera, *N.d.A.*] in certi ambienti è controverso," avrebbe detto il presidente del Consiglio.

Passera, sempre secondo suoi collaboratori, ha sempre saputo che – come lui stesso ha dichiarato – "oggettivamente ho rotto i coglioni". Ma "eravamo lì per quello e avremmo potuto fare molto di più. Alcune buone idee già pronte per essere realizzate sono poi state fortunatamente raccolte e realizzate dai miei successori".

Però tant'è, proprio va male in quell'anno 2012. Passera dunque decide di non dimettersi e di fare il possibile. Ma la fine del governo arriva quatta quatta, come una sorta di inevitabilità. E lo scoglio è quello che all'epoca tutti gli osservatori avevano previsto. La riforma del mercato del lavoro, riassunta nel linguaggio popolare come "articolo 18".

"Gran parte della riforma dell'articolo 18 la facciamo noi," racconta un ex ministro. "Non arriviamo fino a impedire il reintegro, ma è proprio l'ultimo tratto che farà Renzi. Le trattative vengono condotte da persone non sempre esperte di rapporti sindacali. Monti stesso se ne rende conto e cambia successivamente squadra per la trattativa sulla produttività e i contratti aziendali, che arrivano invece felicemente in porto."

Bersani, che a quel punto, come sappiamo dalle vicende parallele della politica, ha già in cuor suo la convinzione di staccare la spina dell'appoggio del Pd, non interviene in via ufficiale sulla riforma del lavoro, dicono dall'ex governo. Ma segnalano il cambio di passo, "quando il premier comincia a consultare formalmente i partiti, nella prima metà del 2012". La data è quella delle riunioni di cui abbiamo parlato più su, il vertice con Casini, Alfano e Bersani.

"Riunioni che cominciano prima di fare le proposte, Monti riunisce nel suo appartamento alcuni ministri e i tre partiti e a questo punto diventiamo quasi un governo normale. Finisce la gestione di emergenza."

Esatto: i caminetti, le riunioni fra ministri e il premier, le miniconsultazioni, insomma, sono il segno della già mutata natura del governo tecnico che passa da essere un governo che viene a salvare la politica e la domina, a un governo fiaccato e infine domato dalla politica. E potremmo terminare qui.

Ma il governo Monti definisce un esempio sia nella sua formazione sia nella sua dissoluzione. Per cui la storia di questo esecutivo non finisce ancora.

Parte 6
Sorpresa! Una lista Monti

I ministri di allora continuano tutti a insistere che non si aspettavano quel finale. Non tanto le dimissioni, quanto la lista, il partito, le elezioni. "Perché lui per tutto questo periodo, comunque, per quel poco che ci possiamo parlare dice che assolutamente non farà il suo partito."

Ma alla fine quando la decisione è presa, non c'è molto disaccordo. Passera, secondo un paio di ministri suoi amici, non era proprio contro: "In effetti era dubbioso, perché comunque da molte parti veniva la richiesta di un partito liberale associato con il mondo di sinistra, con il centrosinistra, che fosse una struttura di governo per il lungo termine. E lo stesso Bersani ha avuto contatti con Passera e, dato il rapporto di reciproca stima, era arrivato persino a proporgli di impegnarsi anche politicamente: 'Senti, io tengo sotto controllo il centrosinistra più di sinistra, se tu riesci ad aggregare il centro liberale che parla e vuole governare con il centrosinistra e programmiamo le riforme dei prossimi anni'. Passera in realtà, alla possibilità di creare un partito che interpretasse il mondo liberale aperto alla sinistra e che buttasse fuori la Lega e tenesse un pezzo del Pdl, ci credeva".

Monti per un po' dice che non se ne parla neppure, poi

però vira su un "perché no?". La svolta diventa anche l'occasione di una nuova convergenza fra i due, dopo molti mesi che quasi non si parlano. Monti fa persino un'investitura a Passera, con sua gran sorpresa: "Guarda che l'unico che può organizzare questa cosa sei tu".

Non c'è mai stata in quel periodo la tentazione di prolungare la legislatura e spostare le elezioni? Su questo nessuno dei ministri di allora ha dubbi: "La nostra fine era chiara. Noi sapevamo, non abbiamo mai avuto dubbi". Piuttosto è una sorpresa per i più che Monti decida "che bisogna fare una cosa, che bisogna creare un partito, che bisogna organizzare questa area politica". Il coordinatore rimane, nella sua idea, Passera: "Solo se fai tu il coordinatore," gli dice. Passera non si fida: "Senti, tu mi hai già fregato una volta, per cui parliamoci chiaramente... Una volta io ti ho ceduto carta bianca ma adesso tu mi devi garantire due cose. Che il piano di sviluppo del Paese è quello che ti ho portato un anno fa, con le ovvie correzioni, e che se nasce una cosa nuova è una cosa nuova. Non è un'insalata russa di partiti e movimenti esistenti". Lui: "Certamente, hai ragione, vada così".

A un certo punto Monti riunisce le persone a lui più vicine, ministri e Palazzo Chigi, e dice: "Guardate, ho deciso di fare questo e ho chiesto a Corrado di essere il coordinatore". Alcuni entusiasti, altri silenti. In particolare silente con la mascella tesa pare fosse il ministro Riccardi.

In campo ritorna la bravissima Giovanna, cui Corrado (ma che farebbe senza di lei?) chiede di trovare una sede perché si prospetta questa nuova avventura. E con Monti si fa un patto chiaro: "Adesso tu metti intorno a un tavolo tutti quelli che vorresti mettere insieme. Gli diciamo quello che ci siamo detti noi due. Se è così, bene. Altrimenti nemici-amici come prima".

Nasce così una riunione rimasta famosa nei circuiti romani più che altro per la sede che viene scelta. Un monastero di clausura del Seicento, aggrappato al Gianicolo, progettato da Borromini, pavimenti di marmi in bianco e nero, tombe di cardinali in stile romano antico, fuga di corridoi per arrivare alla chiesa annessa, dall'evocativo nome di Santa Maria dei Sette Dolori. Oggi è in parte un albergo. Ma l'atmosfera claustrale sembra perfetta per gli umori e il destino del gruppo che vi si riunisce – dopotutto c'è davvero da affidarsi alla Divina Provvidenza di fronte al progetto folle di inventarsi in poche settimane un nuovo partito con l'ambizione di essere il perno della politica nazionale.

Varcano il cancello dell'entrata del monastero, un po' alla spicciolata, i più importanti esponenti di quella frammentazione politica in cui è esploso il bipolarismo proprio in quegli ultimi anni. C'è Calenda di Italia futura, c'è Fini, c'è Casini, c'è Riccardi, ci saranno una trentina di persone. C'è un grande tavolo. Monti comunica loro che "effettivamente c'è una grande possibilità, un grande piano di sviluppo, potrebbe essere una grande novità in politica". Dopo passa la parola a Passera, che dice: "Voi sapete che su alcune cose sono d'accordo e su altre no. Ma insomma, effettivamente se si crea una cosa nuovissima con un programma di grandissimo sviluppo del Paese, europeista, probabilmente c'è uno spazio politico per interpretare i desideri di un bel pezzo del Paese".

Casini e Fini non sono esattamente nuovi, faccio notare a chi mi sta raccontando.

E infatti è su questo che salta tutto. Passera chiede che "sparisca tutto e ci sia solo questa cosa nuova. Con delle liste che rappresentino la totale novità". Apriti cielo! Quelli di Italia futura avanzano una serie di distinguo ma sono disponibili. Fini capisce e dà disponibilità. Poi prende la parola Casini e dice: "Ma guarda, Corrado, tu hai perfettamente ragione, però non si possono perdere tradizioni centenarie, bisogna andare per gradi. Prima bisogna fare delle alleanze, poi in caso...". Dopo parla Riccardi che, secondo queste fonti era il controregista della riunione, "aveva organizzato tutto e aveva dato a ciascuno il suo compito", e dice: "Corrado ha ragione ma non si può fare perché noi non possiamo perdere il contributo di strutture che hanno un loro senso, una loro forza...". È evidente che non c'è accordo a fare tutti un passo indietro per creare nuove liste e un nuovo esperimento.

Passera si aspettava che, come d'accordo, Monti a quel punto dicesse: "Sentite, noi facciamo così. Chi ci sta, ci sta. Chi non ci sta, non ci sta". Invece Monti prende la parola e afferma: "Prendo atto che non c'è accordo sulla proposta che ho fatto e che Corrado ha commentato. Accetto di fare la federazione dei movimenti a patto che risulti che è la mia proposta".

Passera sa quando si trova di fronte a una conclusione. Si alza. "State facendo un errore colossale. Fate quello che volete, ma io non ci sto," dice, e se ne va, se ne va subito. E, se mi si permette una battuta (al femminile), fa quello che fa sempre nei momenti clou: arriva al cancello e chiama Giovanna. Le chiede di disdire la sede che aveva appena trovato per il futuro partito e gli abbonamenti appena firmati per i telefoni.

Monti è a sua volta piccato dal comportamento del suo ministro. Lo chiama più volte, nei giorni successivi: "Ma come è possibile? Tu mi stai creando un grande danno". Comunque lì definitivamente finisce la storia tra i due. L'opinione di Passera non è meno piccata: "Un pezzo di teatro, questo è quello che è stato. Proprio lui con la sua personalità. Con quel 'A patto che risulti che è la mia proposta'. L'opposto di quello che aveva proposto all'inizio".

Ma davvero Monti, che all'epoca consulta molte persone prima di iniziare la sua avventura, credeva di poter avere un gran successo, di raccogliere qualcosa di più di quello che ha poi effettivamente raccolto? I suoi ex ministri fanno notare che comunque ha raggiunto, malgrado tutto, l'11 per cento, un numero che ha impedito la vittoria secca della destra. Ma la risposta è discutibile, visto che alle elezioni si forma una parità quasi impossibile di tre partiti, ciascuno con il 25 per cento. È l'elezione che fa esplodere il vecchio Parlamento con l'arrivo dei 5 Stelle. Forse quell'11 per cento avrebbe avuto una funzione diversa se si fosse spalmato su uno dei tre partiti.

Passera rimarrà convinto, anche dopo il voto, che l'operazione non si sarebbe dovuta fare in quel modo e che si sarebbe presto rispaccata nelle sue componenti. Parla di eccesso di sicurezza per Monti. "Troppi adulatori intorno a lui e falsi amici che pensavano semplicemente di utilizzarlo."

Vero è che, da molte delle testimonianze raccolte, del Pd, dei montiani, e degli stessi ex alleati Pdl, Napolitano fu un altro sorpreso dall'avventura elettorale del premier. "Lui mi aveva dato la sua parola che non l'avrebbe fatto," disse il presidente a vari esponenti politici, "non ha rispettato la parola."

A guardarlo con il senno di poi, Monti non ha tanto errato per ambizione. Le ambizioni sono il sale del mondo. Il suo errore è stato forse nel non aver capito che era un'ambizione irragionevole. Il problema vero è che il suo governo, che pur ha fatto molto per tirar fuori l'Italia dal baratro, non è stato salvatore dell'Italia. Il doppio volto dell'intervento sulle pensioni, da una parte il salvataggio dei conti, dall'altra la prova di incapacità anche solo di calcolare bene le dimensioni del sacrificio imposto, è forse emblematico della sua storia.

Probabilmente, come svela la permanente frizione con Passera, fu un governo che si limitò a tagliare – e anche con una certa frettolosa e a volte improvvida mancanza di abilità nel prevedere i conflitti. Forse il governo avrebbe dovuto forzare il rapporto con l'Europa, fare investimenti massicci per compensare i sacrifici. Ma, ovviamente, tutto questo è facile a dirsi quando non si siede nell'aureo lucore dello studiolo giallo affacciato sia su piazza Colonna sia su via del Corso. Rispetto a quando Monti era premier, inoltre, è cambiata anche l'Europa, la sua durezza, il suo estremismo ideologico. Oggi si può dire, perché l'abbiamo visto accadere sotto i colpi del Covid, che l'Europa si è piegata, e nel farlo sembra aver trovato una sua radice nella realtà. Oggi si pronunciano opinioni che quando Monti era al governo erano eresia.

Il senso di questo cambiamento, e la sua nemesi, è nel fatto che, dieci anni dopo, un nuovo tecnico chiamato a salvare l'Italia, Mario Draghi, ha il compito di spendere, invece che di tagliare.

PS: È stato bruciato Monti dalla sconfitta elettorale? "Non l'ha bruciato. Gli è bruciato, dentro."

Conclusioni
Inappuntabile sul fronte tedesco

Fin qui la mia ricostruzione, che offre un racconto critico del governo Monti. Giudizio che credo non sia errato.

Ma una cosa è guardare il premier con l'ottica stretta di Palazzo Chigi, altra è misurarlo su un orizzonte più largo.

Perché se nella politica nazionale il professore dimostrò di non avere grandi strumenti e peccò, come ho provato a descrivere, di una rigidità di princìpi che non gli permise il contatto col Paese che gli serviva, viceversa è vero che nel palcoscenico globale agì in alcuni passaggi critici con molta visione. Come del resto ci si aspettava da lui.

È il caso del suo rapporto con il "fronte tedesco", in una fase in cui su Berlino pesava la diffidenza dell'opinione pubblica. Un interessante punto di vista, di cui sono debitrice a Tonia Mastrobuoni, formidabile corrispondente di "Repubblica" da Berlino.

Credo valga la pena passare direttamente a ciò che racconta nel suo libro, *L'inattesa. Angela Merkel. Una biografia politica*, pubblicato nel 2021 da Mondadori.

Il "Club Med" batte Merkel, secondo Tonia Mastrobuoni

> Quell'anno [il 2012, *N.d.A.*] è cruciale per gli equilibri europei, che per un momento felice sembrano spostare il loro baricentro verso sud. A maggio 2012 all'Eliseo viene eletto un nuovo presidente, François Hollande, un socialista che ha promesso in campagna elettorale di liberare l'Europa dal dominio assolutistico di Angela Merkel. Il segretario del Partito democratico italiano, Pier Luigi Bersani, collega nella famiglia europea dei socialisti del neoeletto capo dell'Eliseo, rivela a Monti: "Vedrai che vinceremo questa battaglia". Quella per la salvezza dell'Italia contro una riluttante Germania. All'inizio, Hollande mantiene la promessa. La situazione economica in Europa continua a peggiorare e l'Eliseo accetta nuovi alleati, per adeguare il direttorio franco-tedesco alle esigenze di altri, grandi Paesi. Incontra il premier spagnolo Mariano Rajoy e l'italiano Mario Monti e la convergenza tra Italia, Francia e Spagna salverà l'euro, qualche settimana dopo, dal baratro. È soprattutto l'ex commissario dell'Antitrust europeo Mario Monti a ritagliarsi in quei mesi un ruolo cruciale per il destino della moneta unica, in virtù di un rapporto privilegiato con Barack Obama, ma anche della stima di cui gode a Parigi e a Berlino. A novembre, subito dopo la sua nomina a presidente del Consiglio, Merkel e Sarkozy lo chiamano per invitarlo a Strasburgo, e gli anticipano di essere "molto felici" che a Roma si sia insediato un uomo "che conosce la finanza e l'economia meglio di noi e che può aiutarci a risolvere la crisi". Quando li incontra a Strasburgo, Monti concorda con loro quella che definisce "la dottrina del silenzio simmetrico": nessuno dei tre dovrà mai fare dichiarazioni pubbliche sulla Bce per non dare l'impressione di voler esercitare pressioni sulla Banca centrale. L'Italia spera che, con la cruciale riforma delle pensioni Fornero, l'impegno a rimodulare il mercato del lavoro, l'introduzione di un'imposta sulla casa e una robusta correzione dei conti pubblici, ogni accusa tedesca di *moral hazard* venga spazzata via. E che Draghi possa ricominciare a comprare titoli di Stato dei Paesi che non riescono a liberarsi dei tassi punitivi imposti

da un mercato ancora convinto che l'euro si possa sfasciare. Ma il presidente della Bce ha deciso altrimenti. In una riunione dell'inizio del 2012 a Roma, Draghi incontra il presidente del Consiglio, che è accompagnato dal viceministro dell'Economia Vittorio Grilli, dal governatore della Banca d'Italia, Ignazio Visco, e dal suo direttore generale, Fabrizio Saccomanni. La speranza è che il presidente della Bce si convinca ad aiutare un'Italia che, nonostante gli sforzi riformisti e di aggiustamento dei conti, continua a essere bastonata dai mercati. Ma secondo una fonte presente all'incontro, Draghi oppone un rifiuto alla richiesta di acquistare titoli italiani: i tedeschi e gli uffici legali della Bce la bloccherebbero subito. Il presidente dell'Eurotower continua ad aiutarli indirettamente, inondando le banche di liquidità perché comprino i bond sovrani dei Paesi in crisi. Ma non può e non vuole farlo direttamente. Non ancora. Monti, intanto, sente spesso Barack Obama. Il presidente americano lo chiama prima di ogni vertice Ue, sempre più angustiato dalla crisi europea senza fine, dal baratro che si è aperto dinanzi all'Italia e dalla testardaggine di Merkel. Obama teme che un terremoto sui mercati possa costargli la rielezione nel novembre 2012. E il presidente del Consiglio italiano diventa il suo referente principale in un'Europa ancora indecisa sulla traiettoria per uscire dalla crisi di fiducia che attanaglia la moneta unica. A febbraio, quando Monti viene ricevuto alla Casa Bianca nel corso della sua prima visita ufficiale, nella Sala ovale ha luogo un dialogo importante per rompere il fronte tedesco. "Dimenticati dei consigli dei tuoi consiglieri," dice Monti al presidente, "non insistere sul fatto che occorra sforare il disavanzo. In Germania l'economia è ancora una branca della filosofia morale, come ai tempi di Adam Smith. E la crescita è considerata il risultato del buon comportamento degli Stati e degli individui. Le politiche keynesiane sono considerate un male. L'unico, strettissimo margine per ottenere il via libera a una politica della spesa pubblica è convincere i tedeschi che sia per gli investimenti, per alimentare la crescita." Monti ha capito benissimo che la Germania è culturalmente accecata da una visione morale e legalistica dell'economia. Intanto la febbre dello spread non si raffredda. Al vertice europeo del 23 maggio, Monti e Rajoy chiedono gli eurobond e aiuti diretti per i Paesi in crisi, oltre alla possibilità di finanziamenti diretti dal fondo Efsf alle banche senza intermediazione dei governi. E secondo una fonte governativa presente alla riunione, pretendono anche di porre fine a una gigantesca ipocrisia: grazie alla *moral suasion* della Bce, le banche hanno cominciato da un pezzo a comprare titoli di Stato dei loro Paesi con la montagna di liquidità messa a disposizione dall'Eurotower. Stanno contribuendo indirettamente al salvataggio dei Paesi, ma senza dirlo. Anche in quell'occasione, l'italiano e lo spagnolo chiedono che la Bce compri direttamente i titoli di Stato senza passare per le banche – che incassano peraltro i colossali rendimenti garantiti in quel periodo soprattutto dai titoli dei Paesi periferici. Merkel si oppone a tutto. A quel punto, Monti coinvolge Rajoy e Hollande in una strategia d'attacco più articolata. Al G20 di Los Cabos, in Messico, Obama cerca ancora una volta di aumentare la pressione sulla cancelliera. E il presidente del Consiglio italiano tiene un discorso drammatico. Nonostante le riforme varate e le manovre correttive decise dall'Italia, i mercati continuano a bastonare il suo debito. "Abbiamo una settimana di tempo" prima del disastro, avverte i suoi interlocutori, secondo una fonte presente al summit. I mercati continuano anche ad attaccare la Spagna. Monti suggerisce che l'Efsf compri direttamente bond spagnoli e italiani per arginare la crisi. E Merkel, finalmente, cede. Il "Guardian" titola: *La Germania si arrende sul fondo salva-Stati.* A quel punto, vinta la prima battaglia, il "Club Med" affila le armi per quella, cruciale, del vertice europeo di fine giugno. Che si trasformerà, inevitabilmente, nel duello tra il Nord e il Sud dell'Europa. Complice, anche, una partita di calcio. La sera del 28 giugno 2012 si gioca una fantastica semifinale degli Europei. E nel racconto della corrispondente da Bruxelles della "Süddeutsche Zeitung", Cerstin Gammelin, nella sala stampa del Consiglio Ue "la stragrande maggioranza" dei colleghi europei tifa per gli azzurri. Quando segna l'Italia, dall'enorme sala del Justus Lipsius si leva un boato. Quando la Germania mette a segno il suo unico gol su rigore, nella sala riecheggia qualche timido applauso. Quella sera, Bum-Bum-Balotelli infrange ben due volte le difese dei tedeschi e l'Italia vola in finale. A Bruxelles, nelle stesse ore, l'Unione si spacca definitivamente in due fronti: Nord contro Sud. All'inizio della riunione, Monti gela il presidente del Consiglio europeo Herman Van Rompuy che vorrebbe, intanto, annunciare il via libera al "patto per la crescita e l'occupazione". "Mi dispiace, ma anche se l'Italia è favorevole al piano, sono costretto a bloccarlo. Il mercato ci punirà, se non daremo anche segnali sulla stabilizzazione finanziaria. Solo se dalla riunione di questa sera emergerà una soluzione plausibile, toglierò il veto dell'Italia sul piano per la crescita." Gli altri capi di Stato e di governo ammutoliscono. Nessuno si aspettava una reazione così dura. La premier danese Helle Thorning-Schmidt, lievemente irritata, commenta: "Cos'è, siamo tutti ostaggi adesso?". Ma lo spagnolo Rajoy appoggia subito l'obiezione di Monti: "Sono d'accordo con Mario". A quel punto, tutti gli occhi sono puntati su Hollande. Il presidente francese conta molto sul piano di stimolo europeo per incassare un trofeo da portare a Parigi. È seduto accanto ad Angela Merkel e in teoria potrebbe essere infuriato per il veto di Monti. Invece, appoggia l'Italia e la Spagna: "La Francia non pone il veto, ma condivide le ragioni di Mario," dice. Merkel impallidisce. L'asse franco-tedesco si è incrinato. Più tardi la cancelliera confesserà ai suoi di essere preoccupata per la forte convergenza tra Roma e Parigi e di essere rimasta "stupita" per la durezza di Monti. Per l'allora presidente del Consiglio italiano è chiaro che "Hollande condividesse le mie tesi, ma che avesse una capacità di incidere limitata, anche per il rapporto che lega la Francia e la Germania. Ma quella notte del 29 giugno 2012 ci fu effettivamente una rara convergenza felice tra Italia, Francia e Spagna, che favorì una conclusione positiva del vertice". Quella notte l'Italia, affiancata da Hollande e Rajoy, rompe le resistenze di Angela Merkel e di Paesi Bassi e Finlandia. Alla fine del vertice, l'asse Roma-Parigi-Madrid ha la meglio sul Nord. Ed è una benedizione per l'Europa, che vara una delle poche, importanti riforme del decennio: l'unione bancaria. La Ue si dota di un'Autorità di vigilanza sugli istituti di credito e programma un Fondo di risoluzione e un Deposito unico per le banche (quest'ultimo, però, a dieci anni di distanza è ancora un miraggio, anzitutto per le resistenze tedesche). In particolare, il comunicato contiene un impegno fondamentale. Comincia con la promessa di "spezzare il circolo vizioso tra banche e debiti sovrani", cioè di disincentivare l'azione tossica che sta creando una bomba a orologeria nei bilanci degli istituti di credito: il loro acquisto massiccio di bond sovrani. E, nell'ultimo capoverso, i capi di Stati e di governo riescono anche a menzionare la Bce come agente dei salvataggi europei. L'intesa è quella di rendere il fondo salva-Stati Efsf uno strumento "flessibile" ed "efficiente", che possa intervenire direttamente nelle aree in crisi. Anche le eventuali condizionalità legate agli aiuti sono meno soffocanti. I mercati festeggiano la decisione e la palese convergenza europea dopo anni di lacerazioni. Ma pure la sconfitta di Merkel. Una svolta che diventa una premessa politica importante anche per il colpo di reni decisivo che ha luogo da lì a poco. Il 26 luglio 2012 Mario Draghi si presenta davanti alla comunità finanziaria di Londra, il tempio europeo dei mercati. Il presidente della Bce è invitato a tenere una relazione sulle "sfide globali attuali". E Draghi pronuncia un paio di frasi che cambiano la storia. "Ho un messaggio chiaro da darvi: nell'ambito del nostro mandato, la Bce è pronta a fare tutto il necessario per salvaguardare l'euro. E credetemi: sarà abbastanza." La crisi dell'euro evapora all'istante. Il continente è salvo. Gli investitori conoscono l'antico adagio dei mercati: mai scommettere contro una banca centrale, contro un'istituzione in grado di stampare moneta all'infinito. Il *whatever it takes* entra nella storia. Sull'onda di quella promessa, la Bce appronta in estate uno scudo antispread, denominato Omt, pensato per proteggere qualsiasi Paese che finisca nei guai comprando titoli all'infinito a fronte di un rigoroso programma di aggiustamenti. Non sarà mai attivato: basterà il suo annuncio a tenere a bada i mercati. A settembre, il Consiglio direttivo approva la misura. L'unico a votare contro è il governatore della Bundesbank, Jens Weidmann. Ma Draghi ha le spalle coperte da Angela Merkel. La cancelliera non lo ammetterà mai ufficialmente, ma ha acconsentito all'Omt e ai bazooka della Bce perché Draghi le ha tolto le castagne dal fuoco. Se la Bce non avesse agito, senza il *whatever it takes* e la promessa di comprare bond all'infinito se i mercati avessero attaccato ancora, Angela Merkel sarebbe stata costretta, prima o poi, ad accettare gli eurobond per salvare l'euro dal collasso. Oltretutto, con il via libera alle conclusioni del vertice europeo del 29 giugno, la cancelliera aveva già acconsentito a una soluzione che coinvolgesse la Bce: non avrebbe potuto rimangiarsi quella concessione. Insomma, senza il *whatever it takes* che scongiurò gli eurobond, è difficile immaginare che i tedeschi l'avrebbero rieletta l'anno successivo per un terzo mandato con un travolgente 42 per cento dei voti. Un risultato che, per un momento, ha fatto sfiorare alla prima cancelliera donna il sogno di eguagliare Adenauer e di conquistare al Bundestag la maggioranza assoluta dei voti. In Germania, la strategia di Madame Non, la sua resistenza a oltranza contro gli eurobond e l'altissimo prezzo pagato da Paesi come la Grecia in cambio dei salvataggi hanno reso.

2.
Non governo Bersani. Omicidi, suicidi e altre piccole infamie

Parte 1
Diciotto settimane di caos

"Sarebbe stato un ritorno alla normalità. Cosa che secondo me avrebbe indotto anche la destra a cercare una soluzione post-Berlusconi per vie normali. Perché nel 2012 Berlusconi era finito, era andato via da Palazzo Chigi scappando. Si poteva avviare dunque una transizione speculare anche nel centrodestra che magari avrebbe cercato un nuovo capo. Non lo so, ecco, si poteva forse indirizzare in un senso normale, fisiologico, la democrazia. Come negli altri Paesi europei, dove appunto il segretario del partito, dopo le primarie, è anche il candidato premier. Io penso che in quelle circostanze, le nuove elezioni dopo Monti siano state l'occasione mancata dal sistema. E lo dico non solo perché sarei stata contenta di vedere Bersani a Palazzo Chigi, ma perché sarebbe stato un bene per il sistema."

Questo era il progetto del segretario del Pd, secondo una sua storica collaboratrice: un ritorno alla normalità.

Dopo il governo Monti, che non aveva prodotto il rilancio dell'economia e aveva travolto le identità dei partiti in una grande coalizione tradottasi in uno sbiadito patto di sindacato tra stati maggiori, di cui il Pd ha pagato il più alto prezzo, Pier Luigi Bersani guarda alle elezioni del 2013 come all'occasione per portare il sistema politico fuori dal commissariamento del governo "tecnico" e rendere di nuovo il suo partito – che immagina vincitore delle prossime elezioni – l'interprete della grande richiesta di cambiamento che si avverte nel Paese. Il tentativo fallirà, rivelando, al contrario delle speranze, una estrema crisi politica del Pd e del sistema italiano.

Ne parliamo in questo capitolo. Concentrandoci sul breve passaggio fra il 21 dicembre 2012 e il 28 aprile 2013, cioè dalle dimissioni di Mario Monti all'insediamento del governo di Enrico Letta, poche settimane, diciotto per l'esattezza.

***

Diciotto settimane di un interregno caotico e denso di trasformazioni, in cui il tempo accelera sotto il vorticoso avvicendarsi degli eventi. Ci saranno nuove elezioni politiche, il 24-25 febbraio, che si concludono con una nuova crisi, uno stallo totale: Bersani non consegue una vittoria piena e non riesce a formare un governo; il bipolarismo viene dinamitato definitivamente dall'inatteso exploit dei pentastellati, diventati il primo partito; il Pd, nel corso della scelta del candidato alla presidenza della Repubblica, uccide pubblicamente (ma nell'anonimato degli assassini) due dei suoi fondatori, Franco Marini e Romano Prodi, portando così alle dimissioni del segretario Bersani (di fatto, un suicidio assistito). Lo stallo porta alla rielezione di Napolitano e alla nascita del governo di Enrico Letta. Governo politico, ma nella sostanza, per modalità e missione, quanto di più in continuità con il governo tecnico di Monti.

Vicende che ora appaiono preistoria, ma che in realtà sono lo snodo che indirizza il futuro dei dieci anni a venire verso la crisi istituzionale in cui stiamo ancora vivendo. È stato quello infatti il momento in cui il sistema politico poteva uscire dalla cessione di sovranità a un governo tecnico e tornare, migliorato dall'esperienza e da una robusta dose di riforme, a governare.

Un'occasione persa.

Da quel fallimento di un risultato elettorale che potesse esprimere un nuovo governo deriva lo smottamento definitivo, che arriva fino a oggi, del nostro disfunzionale attuale modello politico: una progressiva irrilevanza dei partiti e la guida del governo affidata a una nuova figura, un premier simil-tecnico, cioè non indicato (in alcuni casi nemmeno indirettamente) dalle elezioni politiche generali ma da presidenti della Repubblica sempre più influenti, con un ruolo (indiretto, però sempre maggiore) da leader europei. Non sono premier incostituzionali – vengono votati dal Parlamento, come di regola –, ma la loro elezione non è il frutto di accordi che i partiti raggiungono in sede parlamentare. Questo svuota il ruolo dei partiti, ma rende nei fatti molto deboli anche le figure dei premier, in quanto prive dell'unica forza che c'è in politica: la forza della scelta degli elettori. Spesso esposti al peso di vicende più grandi di loro, si sono rivelati tutti passeggeri. E quasi tutti hanno lasciato Palazzo Chigi in maniera rovinosa.

Le diciotto settimane ebbero un alto prezzo umano per vari protagonisti di quel passaggio, primo fra tutti Bersani, poi Marini e Prodi, ma anche Berlusconi, e, non ultimo, lo stesso Napolitano, rieletto nonostante avesse pronti gli scatoloni, e che manifestò la sua scarsa considerazione per la classe politica nel suo discorso in Parlamento.

Lungi dal concludersi, tuttavia, la crisi istituzionale – che è poi crisi di rappresentanza e di guida del Paese – iniziata nel 2011 ha raggiunto nel 2021 un'ulteriore drammatizzazione, con l'arrivo a Palazzo Chigi di Mario Draghi, l'uomo che non a torto viene raccontato come "il più capace italiano" al mondo, il più competente possibile dei leader. Che ha avuto il compito di creare un governo di "salvezza" nazionale. Il mero uso della parola "salvezza" dice tutto.

Parte 2
La volpe sotto l'ascella

"Avere una volpe sotto l'ascella" è un modo di dire che indica un malcelato tentativo di porre in essere una "furbizia" a danno di qualcuno, perché la volpe "ha una lunga coda difficile da nascondere".

Bersani cita questo proverbio due volte nel corso del 2013. La prima è in un incontro con Silvio Berlusconi, il 10 aprile, in cui lo usa come apertura della riunione per rassicurare e "avvertire" il Cavaliere che non intende sottostare alle sue "furbate": "Vengo con la volpe sotto l'ascella," dice.

L'incontro avviene in una situazione difficile. Non è forse la narrazione della destra: "Berlusconi mette il Pd con le spalle al muro", ma il Cavaliere in quel momento, dopo le elezioni del 24 e 25 febbraio, si sente, ed è indubbiamente, più forte di Bersani, che in verità forte non lo è per nulla.

Il risultato elettorale ha in effetti portato a un cambiamento drastico dello scenario politico. I sondaggi del Pdl, e del leader in particolare, volano. Silvio è alla vigilia di una manifestazione a Bari, in cui cavalcherà una protesta antigiudici (ne parleremo più avanti). Il segretario del Pd è un leader azzoppato: alle elezioni del 25 febbraio il centrosinistra ha vinto di poco e il segretario, che ha ottenuto un incarico, o meglio un preincarico dal presidente Napolitano, non è riuscito a formare il governo. Voleva farlo con i pentastellati che lo hanno respinto. Silvio nell'incontro gli offre di nuovo un accordo per formare il governo.

Ma Bersani dice ancora di no. Anche contro le opinioni di molti alti dirigenti del suo stesso partito.

Quel partito che poi, in tv da Floris (ancora in Rai con *Ballarò*), accuserà, chiamando nuovamente in causa la nostra volpe, dicendo, a proposito della sconfitta elettorale, che molti lì dentro "la tenevano già sotto l'ascella".

Sono due momenti non in primo piano della vita politica di Bersani, ma forniscono un racconto efficace dell'oscillazione fra l'incertezza e il non detto tra cui si muove questo leader, nelle diciotto settimane che abbiamo scelto di narrare.

Due leader speranzosi

A differenza del 2011, stavolta, nel 2012, i due partiti principali, Pdl e Pd, non hanno esitazioni a puntare alle elezioni. Avendo peraltro staccato loro la spina a Monti, che continua a governare ma senza più spinta (come abbiamo raccontato), nel corso degli ultimi mesi, entrambi i leader hanno acquisito una sorta di sicurezza.

Berlusconi, fuggito da Palazzo Chigi in fretta nel 2011, sotto il peso della crisi economica e delle pressioni della leadership europea, ha cominciato a pensare che il governo tecnico gli abbia fatto scavallare il suo periodo peggiore. L'inguaribile ottimista sa bene che le sue grane giudiziarie sono tutte ancora sul tavolo, ma vede intorno a sé una ripresa di interesse – e di sondaggi.

Bersani a sua volta non aveva mai davvero voluto Monti, o perlomeno lo aveva voluto fino a un certo punto, come abbiamo visto nel capitolo precedente. Avrebbe preferito un governo breve, legato a un paio di riforme, e poi in primavera il ritorno alle urne. Come per il Cavaliere, anche per Bersani la scelta di Monti era stata obbligata. Dopotutto era stata una forte scelta istituzionale e una risposta necessaria all'emergenza economico-finanziaria.

Ma a differenza di Silvio, il tempo con Monti non era stato per lui un sollievo. Il Pd era, ben prima di Monti, un partito che aveva visto naufragare, insieme alla caduta di Berlusconi, anche il proprio importante ruolo che aveva avuto (nella forma dell'Ulivo) in venti anni di alternanza politica. Un partito che era sotto la pressione di richieste di rinnovamento interno – l'entrata in campo del fenomenale Renzi che ancora non aveva vinto nulla, ma sapeva dare calci a tutti e a tutto – eco di un forte sentimento anticasta nel Paese, rappresentato da un Movimento 5 Stelle, sotto sotto ancora relegato a fenomeno da circo nelle file del Pd, e che pure mostrava un forte mordente presso l'opinione pubblica. L'esperimento "tecnico" aveva acuito tutte queste tensioni e questi umori. A dispetto del cauto ottimismo, da parte sia del Pd sia del Pdl, la situazione rimaneva dunque instabile, gassosa, incendiaria. Il che rendeva una incognita il più rilevante appuntamento istituzionale della Repubblica italiana: l'elezione del successore di Napolitano, che sarebbe iniziata il 18 aprile.

Una scelta che si presentava come molto complessa, considerati la forte personalità e il decisionismo dell'uomo che lasciava il Quirinale. Giorgio Napolitano era stato il presidente per eccellenza: usando con precisione accurata, ma senza lacrime (o almeno così ci è sempre parso), i suoi poteri – il più grande esercizio dei quali era stato manovrare una via d'uscita per le dimissioni di Berlusconi, e introdurre con forza un governo tecnico, per mettere fine a un bipolarismo a suo parere ormai esausto e inadeguato alle sfide del Paese (giudizio che fece trasparire allora in molti discorsi). Insomma, Napolitano si apprestava ad andar via, lasciando come sua eredità l'aver messo all'ordine del giorno non solo l'inadeguatezza del centrodestra guidato da Silvio Berlusconi, ma anche quella del centrosinistra.

Bersani sa riconoscere, perché politico/amministratore di lungo corso, una crisi quando si presenta. Sapeva che arrivava alle elezioni un partito in crisi, che andava profondamente cambiato, non aggiustato. Sapeva che nel Paese (e fra gli elettori Pd) dilagava una profonda sfiducia anche nella propria classe politica. E che anche questa andava affrontata, non messa da parte. Sapeva insomma che, se la politica (cioè il Pd, e dunque anche se stesso) non fosse ritornata alla guida della nazione, il Pd, così com'era, era finito.

E tuttavia – e questo fu l'inganno – nel Pd tutti, incluso lui, pensavano che, se ci fossero state nuove elezioni, la vittoria sarebbe stata loro. O, perlomeno, così promettevano i sondaggi.

Le primarie. Per osare l'impresa

La storia delle diciotto settimane che abbiamo indicato comincia dunque un po' prima delle dimissioni di Monti.

La prima decisione che Pier Luigi Bersani prende, e che impone al partito (per una volta "con piglio che non sfoggiava da tempo," dicono alcuni dei contrari interni alla sua scelta), sono le primarie. La data in cui prende la decisione ci dice qualcosa della situazione in cui matura. Bersani le indice nel luglio del 2012: il primo turno è fissato per il 25 novembre, e il secondo il 2 dicembre. Cioè vengono decise e poi tenute mentre il governo Monti è ancora in piedi e lo sarà a lungo – si dimetterà nel dicembre del 2011 ma rimarrà a Palazzo Chigi fino al 27 aprile 2013, per quella che si definisce l'ordinaria amministrazione. Insomma, Monti era stracotto già a luglio: un vero metro di misura di quanto bloccata fosse la politica italiana. E Bersani sa molto bene che il voto non sarà una passeggiata.

Val la pena qui ricordare le previsioni e il clima del momento, usando uno strumento molto affidabile – il dossier Cise, il Centro italiano studi elettorali diretto dal professor Roberto D'Alimonte costituito dalla Luiss e dalla Università di Firenze. Le riserve del dossier sul voto erano sostanzialmente due. "La prima era la ragionevole previsione che il risultato avrebbe risentito della crisi economica, in coerenza con quanto avvenuto in tutti i Paesi europei che hanno votato finora. Nel caso italiano uno dei problemi era determinare – fra i vari partner del governo Monti – chi avrebbe pagato maggiormente il conto elettorale delle dure misure di austerità e in che misura i partiti critici verso il governo Monti se ne sarebbero avvantaggiati."

Fotografia perfetta. Dentro le incertezze di voto ci sono l'effetto dei 5 Stelle, ancora poco valutato, e il costo della partecipazione del Pd al governo – perché l'appoggio a politiche di austerità ha forzato la sua ispirazione sociale. Infine, nel report c'è anche Renzi. Agli albori, ma già valutato un fattore di "attrazione" di nuovi elettori. Pier Luigi Bersani ha un gruppo molto stretto di amici e collaboratori con cui condivide in parte le origini e che formano un gruppo molto omogeneo. Il gruppo ha fra le sue abitudini quella di festeggiare a novembre insieme il mese del maiale. Nella Antica Corte Pallavicina – detta anche Castello Pallavicino, o Palazzo delle Due Torri – in provincia di Parma, c'è un'azienda agricola il cui ristorante, l'Hosteria del Maiale, serve nella stagione della macellazione un pasto intero tutto fatto di maiale.

È questo gruppo che raccoglie le preoccupazioni per le incertezze che spingono il segretario a scendere in campo con le primarie, che ai suoi occhi dovranno rappresentare il ristabilirsi di un rapporto col Paese, ma soprattutto un bagno nel Gange della democrazia che ristori la limpidezza del percorso Pd, dopo la confusione creata dalla grande coalizione che ha sostenuto Monti. Il che spiega la piattaforma anti-Berlusconi e la critica nei confronti di Monti su cui si prepara il segretario.

Preparativi che cominciano da lontano. Racconta un altro esponente del gruppo che lavora con lui in quel periodo che questa è la risposta di Bersani alla richiesta dei suoi nemici interni di fare le primarie per decidere chi è il candidato premier del centrosinistra, "perché sa che Renzi chiede le primarie per logorarlo", ma sa anche, va aggiunto, che se lui non fa le primarie in verità non ci sarà alcun premier del centrosinistra.

"Bersani decide così di farle contro il parere di un pezzo del gruppo dirigente, perché temeva una rottura del Pd. Temeva Renzi. Renzi, Gentiloni e altri erano per l'agenda Monti contro l'ipotesi di un'alleanza a sinistra. Perché c'era sempre come sbocco Sel. Volevano dunque che andassimo alle elezioni ma sulla base dell'agenda Monti. Da qui la possibilità di una rottura." Ma Renzi e la situazione generale impongono, secondo Bersani, un altro tema ben più serio e grave delle tensioni interne: "L'esigenza di rilegittimazione democratica. Che era poi anche la necessità di riprendere forza dopo una fase difficile, no?".

Oltre ai "renziani", c'è anche un altro pezzo molto importante del gruppo dirigente del Pd che non è d'accordo a fare le primarie. "Sì, in questa scelta vedevano uno strappo istituzionale interno, perché lo statuto del Pd diceva che il segretario è automaticamente il candidato. In verità, la preoccupazione era che Renzi vincesse. Soprattutto all'inizio la vittoria sul sindaco di Firenze non era così scontata. Per Bersani, ti ripeto, quello era un po' come la mossa del cavallo, no? In un colpo solo lo rilegittimava e lo rafforzava sia all'interno che all'esterno."

Furono così convocate le "prime primarie per la premiership di un segretario ancora in carica dalla nascita del Pd". Prodi aveva fatto le primarie nel 2005 ma allora c'era l'Ulivo.

Poi c'è stato Veltroni che ha fatto le primarie a segretario automaticamente candidato premier. Poi le primarie di Bersani a segretario automaticamente candidato premier, per quanto molto lontane dalle elezioni politiche, con Franceschini come concorrente. E nel 2012, col Pd, per la prima volta le primarie di coalizione per la candidatura a premier. "Questa era soprattutto la prima volta che si trattava di primarie vere in cui non era scontato il vincitore. Intendiamoci, anche quella Bersani-Franceschini non fu scontata. Ma queste furono primarie combattute davvero."

Il segretario le fa per costruire la coalizione e per avere una legittimazione popolare come candidato alla guida del governo. "Questo è lui. Come segretario era già statutariamente il candidato premier ma sa benissimo che con i meccanismi di partito gli sarebbero tutti contro. Il primo ostacolo è che Renzi per statuto non si può candidare alle primarie ma Bersani cambia lo statuto. Il gruppo dirigente è contrario. D'Alema dice: 'È stato un errore', la Bindi è ancora incazzata con lui perché molti dicono: 'Avete dato a Renzi la ribalta per diventare un leader nazionale'. Ma Bersani pensa: 'Se io non avessi fatto questa deroga allo statuto, Renzi avrebbe strappato la tessera e si sarebbe candidato lo stesso però contro di noi. Accusandoci di non averlo voluto, e avrebbe spaccato il partito, e io non avrei portato il Pd al voto tutto intero'." Non si può davvero dare torto al segretario se si ricorda l'atmosfera di allora. L'assenso a un governo di sacrifici, la coalizione con Berlusconi, l'arrivo dei 5 Stelle, la salita alla ribalta mediaticamente e politicamente efficace del giovane sindaco di Firenze avevano costruito intorno alla classe dirigente del Pd un vasto senso di rifiuto. Al Pd piovevano addosso ogni giorno le critiche di chi lo giudicava vecchio, compromesso, o persino corrotto. Un clima di preoccupazione che forse all'epoca avvertimmo poco. Il Pd sotto tiro per le sue imperfezioni non raccoglieva le simpatie di molti dei suoi stessi iscritti.

"L'idea che ossessionava Bersani è quella della non autosufficienza del Pd, non solo rispetto a tutti gli alleati politici possibili ma anche rispetto al civismo, al movimentismo di quel momento. Le primarie erano anche un modo per tentare di coinvolgere forze che non si riconoscessero per forza nel partito. Mi ricordo che dopo le elezioni, durante la riunione per scegliere alcuni vertici della Rai, dove lui nominò, facendoli scegliere alle associazioni, Benedetta Tobagi e Gherardo Colombo, diceva alle associazioni: 'Non mi lascerete mica solo a fare le primarie!'. Intendeva 'solo con i politici'. Sperava che anche dalla società civile venisse qualche contributo. Non per trovare le figurine, ma per far partecipare a questo movimento delle primarie anche mondi che non si riconoscessero per forza nel Pd."

"Noi capivamo – cosa che invece Napolitano non capiva – quanto questa posizione pro Monti lasciasse spazio a tutta quella antipolitica che soprattutto dall'Emilia-Romagna aveva cominciato a formarsi. Prima con i Vaffa-Day, poi con il primo consigliere regionale eletto con i grillini nel Consiglio regionale dell'Emilia-Romagna. E quindi, sì. Questa cosa serviva a contrastare un po' questa tecnocrazia."

La tecnocrazia contro Bersani, o "il retropensiero"

Incontriamo qui una parola, "tecnocrazia", su cui val la pena soffermarsi.

Le divisioni del Pd sono sempre state profonde e lunghe. Ancora anni dopo, discutendo su quelle primarie, gli animi dentro il partito sono divisi. "La verità su quella scelta di Bersani," dice un intellettuale, dirigente del Pd, "è che fu lui a liberare la Bestia." La Bestia è, ma si tratta di allegoria, voglio rassicurare il senatore di cui si parla, Matteo Renzi. "Il tema vero lasciato aperto da allora è se Pier Luigi l'abbia fatto senza volerlo o lo abbia fatto apposta, pensando di poterlo assorbire, o utilizzare." Un sospetto non da poco.

Quello di cui parlano i bersaniani quando parlano di "tecnocrazia" è che nei confronti di Pier Luigi ci fosse allora (e oggi) un pregiudizio negativo, una sorta di "retropensiero" da parte delle élite – quelle interne del partito, quelle dei media, inclusi quelli "di area", che poi sarebbe "Repubblica", e da parte infine dello stesso Napolitano.

"Dal punto di vista dell'establishment non era considerato un leader adeguato a guidare la sinistra e il governo. Troppo autonomo da loro," dicono. Il retropensiero era? "Che non era lui la soluzione politica di quella crisi."

Può essere vero o falso, ma anni dopo si può dire con certezza che di sicuro Bersani, in quei mesi che cambiarono l'assetto del Paese, non ricevette aiuto da molti.

Sicuramente non lo ricevette da Napolitano.

Per il momento, comunque, Bersani le primarie le ha imposte e le vince, con uno straordinario 61,1 per cento, mentre Matteo Renzi è al 38,8 per cento. È uno dei (pochi) momenti in cui il Partito democratico festeggia senza paura di dirlo: "Dobbiamo aver fiducia nella nostra gente," è la prima dichiarazione del vincitore, che poi ringrazia le migliaia di volontari "che hanno reso possibile tutto questo e dopo questi giorni convulsi ora potranno riposarsi un po'". Il Pd, per un brevissimo momento, trova una sola voce. Romano Prodi commenta la vittoria di Bersani: "Ora il segretario è fortissimo", e anche il sindaco di Firenze chiama subito l'avversario: "Hai vinto, congratulazioni" e ammette: "Lui ha vinto, io ho perso e nessuna regola avrebbe potuto cambiare il risultato".

Ma qualcosa era cambiato per sempre. Il dirigente del Pd che abbiamo citato prima con l'accusa a Bersani di aver creato lui Renzi ancora oggi ricorda: "Quello fu il primo momento in cui il sindaco di Firenze assaggiò l'ebbrezza del 40 per cento. Una asticella che lo avrebbe poi accompagnato nella sua scalata al potere…" pausa "…e nella sua caduta". Sorride, come sanno sorridere gli ex comunisti.

Al voto, al voto

Le primarie, concluse il 2 dicembre, accelerano, alla fine, anche il calendario politico.

"Mi ricordo che l'8 dicembre ero a Parigi con la mia famiglia per passare un weekend dopo le primarie e ricevo una telefonata. Berlusconi ha staccato la spina al governo. Cioè Berlusconi a un certo punto, secondo me, guardando i sondaggi capisce che la botta che aveva avuto un anno prima si stava riassorbendo. Vedeva in difficoltà il governo Monti che scendeva nei sondaggi, e probabilmente avrà valutato anche che questa lotta intestina al Pd al di là del successo delle primarie… È Berlusconi che dà la spinta finale per le elezioni," dice un collaboratore del segretario. La decisione di Berlusconi di staccare la spina al governo "tecnico" per primo costringe anche il Pd ad accelerare. "Lì Bersani forse si è anche un po' pentito, Berlusconi ci ha spiazzati. Ci siamo schiacciati su Monti un po' troppo," è la franca valutazione di un ex membro della sua segreteria. "Silvio pensava che queste primarie avrebbero indebolito il Pd. Dà dunque lui il via alle danze. Poi c'è un altro motivo, ma magari sono mie idee. Col *Porcellum*, e quindi col premio di maggioranza su base nazionale alla Camera, lui metteva in conto che alla Camera vincesse il centrosinistra ma il *Porcellum* al Senato era una roulette russa. La nostra attenzione a sinistra è stata sempre concentrata sui nominati ma la vera porcheria fu fatta sul Senato. Perché al Senato furono introdotti 20 premi di maggioranza regionali. Quindi una roulette russa multipla. Infatti già nel 2006 la vittoria di Prodi ne fu azzoppata." Prodi cadde al Senato, dove aveva un margine di 1, pur vincendo alla Camera.

Presagio interessante perché è lo stesso destino che sarebbe toccato a Bersani di lì a qualche mese.

***

Quel po' di ottimismo che i due partiti sfoggiano si fa più cauto a mano a mano che le elezioni si avvicinano.

Quando Monti a gennaio del 2013 presenta una lista, la sua discesa in politica guasta l'atmosfera. Dal Pd la mossa viene considerata un atto ostile, circola anche insistentemente la voce che pure il Colle sia "sorpreso": "Il Colle era sconcertato. Era una ovvia rottura dei patti," conferma un senatore, vicino al presidente. E lo conferma anche Bersani a un suo collaboratore: "Mi ricordo che Bersani mi dice: 'No, guarda che Napolitano è rimasto pure lui sorpreso'. E tuttavia l'operazione Monti è chiara. Era un colpo a Berlusconi ma indirettamente era anche un condizionamento a Bersani, gli impediva di vincere. Questo è chiarissimo".

La lista Monti infatti rischia di impattare sul risultato finale.

I segnali negativi che vengono da lì fuori, nel Paese, continuano intanto ad accumularsi. "Ma l'altro sintomo che gli analisti non capirono – neanche io sul momento, poi dopo ho capito che invece era il sintomo di quello che sarebbe successo dieci mesi dopo [le elezioni del 2013, *N.d.A.*] – è Parma. Parma è una di quelle città che anticipano tutto. Ha una radice anarchica ma poi è una città importante, borghese, colta, ricca. È sempre stata un termometro. E i 5 Stelle che avevano avuto buoni risultati fino ad allora, ma da nessuna parte si erano avvicinati alla vittoria, a Parma vinsero proprio nelle amministrative del 2012. L'elettorato del centrosinistra cominciava ad andare in sofferenza. Lo vedevi già lì".

Quindi tu e Bersani arrivaste alle politiche con un po' di paura? "Non più di tanto, perché poi, sai, la politica ha anche degli strumenti: ci sono i sondaggi, le manifestazioni, le assemblee. Hai un po' di sensori, grosso modo capisci. No, più che paura c'era preoccupazione. C'era sì un po' di preoccupazione. Ad esempio bisogna tener conto che la riforma Fornero fu un trauma. Venne fatta in un modo tale che ebbe un effettaccio... anche io fui sommerso da compagni che mi telefonavano fuori dalla grazia di dio. Poi però Bersani bloccò l'operazione articolo 18, poi l'effetto primarie... Insomma, un po' di preoccupazione."

Il Pd va così all'appuntamento con il voto, fiducioso. Nessuno era preparato, dunque, ai risultati delle urne. Mancanza di realismo che divenne fattore politico nelle settimane successive.

Ma la sinistra "si mise in libertà"

Tutti a quel punto avrebbero dovuto essere contenti dentro il Pd. "Mica tutti però. Gran parte del mondo anche perfino della sinistra diffusa, dell'opinione pubblica di sinistra, non colse l'importanza di ogni singolo voto. Io mi ricordo che tanta gente si mise in libertà rispetto a quelle elezioni. Tanti dicevano che davano un voto tattico, magari votavano Pd alla Camera ma al Senato votavano un'altra cosa. De Gregori ha votato Monti al Senato. Molti votavano i grillini."

Però quello era il retaggio anche del fatto che da una parte avevi i grillini e dall'altra avevi un euro-burocrate. "L'euro-burocrate chi sarebbe, Monti? Eh, ma Bersani non era Monti. Invece è rimasto schiacciato su quella fotografia con Casini, Alfano e Monti. Quindi molta sinistra di quella – come dice Bersani – desiderante, un po' idealista, perché fuorviata dalla convinzione che comunque avrebbe vinto la sinistra, non ha valutato la posta. Tanto è vero che quando poi un minuto dopo il voto si accorgono che 'oddio forse Bersani non va a Palazzo Chigi' cominciano gli appelli di Saviano, di tutti i vari firmatari che dicono: 'No, date l'incarico a Bersani'. Però il giorno prima non erano impegnati. Io mi ricordo che quando l'ultimo giorno Bersani va all'Ambra Jovinelli alla chiusura della campagna elettorale di Zingaretti, il solo intellettuale presente è Nanni Moretti. E il giorno dopo 'Repubblica' lo prende anche in giro dicendo: 'Questa sinistra sta sempre con Nanni Moretti'. Io dico: 'Cavoli, è l'unico che ci ha messo la faccia perché stanno tutti a vedere se per caso Grillo...'.

"Molti dei nostri elettori presero la posizione 'vediamo quanto prende Grillo così ci divertiamo'. Non si pensava che davvero potesse mettere in discussione le percentuali del Pd. Quindi si faceva un po' il tifo per l'outsider. Un'altra cosa che mi ricordo di 'Repubblica' è che... ma te lo dico perché 'Repubblica' era di Ezio Mauro, un uomo che ha dato un grande aiuto a Bersani. Quella mattina lì, l'ultimo giorno, l'ultima settimana, il titolo di 'Repubblica' era *La sinistra si fa rubare la piazza dai 5 Stelle*."

Sì, è vero, ma fu una polemica fatta da tutti, quotidiani, politici, osservatori. "Ma io ho fatto un controllo, e non era mai successo che l'Ulivo, e neanche il Pci, avessero fatto chiusura della campagna elettorale a San Giovanni. Non è la piazza delle chiusure delle campagne elettorali. Prodi le ha chiuse a piazza del Popolo. È la piazza dei funerali di Berlinguer, la piazza degli scioperi, delle manifestazioni ma non c'è la tradizione di chiusura delle campagne elettorali a San Giovanni. Però ancora adesso io mi trovo gente che mi dice: 'Ma voi non avete fatto il comizio a San Giovanni'."

Lo scarso appoggio a Bersani trova molta eco nella testimonianza odierna di vari "senatori" del Pd. Uno di loro definisce la campagna elettorale di Pier Luigi "sconcertante".

"La campagna elettorale di Pier Luigi fu sconcertante." Cioè? "Non c'era la drammaticità della situazione, il malessere che si vedeva nel Paese. Una campagna fatua, 'smacchiamo il giaguaro'. Un partito che era convinto di aver già vinto le elezioni che condusse una campagna fatua mentre la situazione era drammatica. Feci un'intervista – che deve essere nei miei archivi – durante la campagna elettorale nella quale dissi che non ero convinto. Perché Bersani voleva dare il senso del rinnovamento, e quindi un gruppo di noi compì un gesto di carità."

Il riferimento è alla richiesta che i vecchi dirigenti lasciassero spazio ad altri (credo che questo fosse il giro di parole per mettere il tutto in un linguaggio meno crudo). Si fanno da parte, tra gli altri, D'Alema, Veltroni, Violante, che lo aveva già deciso, e Livia Turco. "Io feci un'intervista dicendo che vedevo un Paese in grande sofferenza. Parlavo della grande sofferenza sociale, la grande inquietudine. Cioè, noi non capimmo nulla di che cosa stesse succedendo. Ce ne accorgemmo l'ultimo giorno, vedendo piazza San Giovanni riempita da Grillo. Ricordo appelli disperati a Migliavacca. Il Pd concludeva la campagna elettorale all'Ambra Jovinelli. Era il simbolo della fine. Disperati. 'Ma facciamo una manifestazione', 'Ma no, i sondaggi sono positivi', 'Ma lascia perdere i sondaggi. Facciamoci vedere, andiamo in piazza, prendiamo le bandiere e facciamo qualcosa perché qui...', 'Ma no, no. È bene che tutti stiano nelle loro...'. Ma vaffanculo. La famosa teoria, sempre Gerardo [Chiaromonte, *N.d.A.*] disse: 'Gli emiliani non devono mai...'."

Ma non l'aveva detto Togliatti? "Cominciò Togliatti, sì. Mai. Loro [gli emiliani, *N.d.A.*] devono fare i tortellini, le salsicce... ma il partito deve essere diretto o da sabaudi o da meridionali. Gli voglio bene a Pier Luigi ecc., però... Voglio bene a tutti loro, a Migliavacca, agli altri, sono persone meravigliose. Ma quella campagna elettorale fu un suicidio, quella campagna elettorale rimane un suicidio assoluto."

"Affermazioni troppo semplici," precisano ancora oggi dalla parte di Bersani. "La verità è che le elezioni politiche coincidevano con quelle regionali del Lazio. E dunque furono i romani impegnati nelle elezioni regionali a volere ripiegare su una manifestazione al chiuso per non appiattire le due campagne elettorali in un'unica grande manifestazione." Va ricordato a questo punto che poi la corsa per la Regione Lazio fu vinta dal Pd romano con Nicola Zingaretti. "Comunque, Bersani fece manifestazioni in tutte le piazze principali nei giorni precedenti alle elezioni: da Bologna a Milano."

"Semplificazioni" vengono definiti anche i giudizi sulla inefficacia della campagna. "Le cose furono più complicate. Bersani, consapevole della crisi, non volle fare promesse che non poteva mantenere."

Anni dopo rimangono, come si vede, valutazioni diverse.

Risultati

A dispetto di tutti questi ragionamenti, alla fine i risultati restituiti dalle urne terremotano tutto il fronte politico. Sorprendendo tutti, inclusi i commentatori politici più sofisticati. Ma la sorpresa è solo il segno che nessuno, davvero nessuno, dell'establishment editoriale, politico, industriale e intellettuale del Paese ha capito. Il che la dice lunga su questa classe dirigente. L'esito delle elezioni finisce così con l'essere un momento rivelatorio circa i reali convincimenti dei cittadini, e prova della "ignoranza" in cui si muove la classe dirigente tutta del Paese, ma in particolare quella politica.

Alla vigilia della fine del settennato, con il presidente in carica impossibilitato a sciogliere le Camere, in quanto in pieno semestre bianco, con l'Italia osservata speciale dell'Europa, le elezioni invece che risolutorie ci portano allo scenario più radicale: l'ingovernabilità.

Parte 3
L'implosione

Abbiamo fin qui capito che i feeling tra i big del Pd e Bersani, e tra Napolitano e Bersani erano "complicati", densi di reticenza. Uno dei più stretti collaboratori dell'allora segretario del Pd ricorda invece il ruolo di Letta. "Letta era un montiano spinto, tant'è che c'è la storia del bigliettino che manda a Monti, durante la fiducia alla Camera. Un fotografo riesce a riprenderlo, mentre Monti lo legge. Nel biglietto Letta si metteva a disposizione parlando di miracolo, firmandolo 'tuo Enrico'. Letta era inoltre un fedelissimo di Napolitano, a oltranza... ma era anche e soprattutto vicesegretario Pd ed era leale a Bersani." In effetti, nel momento forse più difficile del Pd, Letta davvero onora la fiducia riposta in lui dall'uomo di cui è il vice. La sera dei risultati elettorali, il 25 febbraio 2013, Bersani scompare, si eclissa, non va al Nazareno, non lo si trova.

Letta rimane solo, e si fa carico delle prime ore di un inatteso disastro. Una sostituzione che pare nulla al momento, ma che, con gli occhi del poi, evoca il passaggio di mano che avverrà in tempi non lontani. Frutto proprio di quel disastro.

Lunedì 25 febbraio.

Ore 15 – urne chiuse, instant poll Sky – centrosinistra al 34,5 per cento; centrodestra al 29 per cento.

È la fine di un percorso a ostacoli. I primi poll confermano le attese di un'affermazione della sinistra. Un gigantesco apparato mediatico politico è in movimento.

Quattrocento le testate giornalistiche, di cui almeno cinquanta sono televisioni straniere, che si sono accreditate in via dell'Umiltà dove è stata allestita una tensostruttura all'interno della sede nazionale del Pdl. Berlusconi attende i risultati ad Arcore, Angelino Alfano presidierà via dell'Umiltà, con lo stato maggiore del partito. Sul tavolo del Cavaliere la mappa delle regioni chiave per la governabilità del Senato.

Tutto pronto nella sede della Lega, in via Bellerio a Milano, per seguire i risultati delle elezioni. Il presidente Umberto Bossi è arrivato con un anticipo di quattro minuti e si è chiuso nel suo ufficio.

Seicento i giornalisti accreditati alla sala stampa del Pd presso la Casa dell'Architettura di Roma, di cui circa trecento italiani e trecento stranieri. Dalla Spagna alla Norvegia, dalla Francia al Belgio, dalla Germania alla Finlandia. Numerose le televisioni e agenzie internazionali provenienti da quasi tutti i Paesi, tra cui Giappone, Cina, Vietnam, Russia, Stati Uniti, Canada, Cuba, Brasile.

L'Italia richiama un enorme interesse internazionale. L'esperimento Monti, che avrebbe dovuto sottrarla al destino della Grecia, ha ricevuto valutazioni variegate presso gli osservatori e le istituzioni internazionali. Per cui il risultato di questo appuntamento elettorale è vissuto come un bilancio fatto dai cittadini. Come scrive il premio Nobel per l'economia, Paul Krugman, sul "New York Times" in un editoriale dal titolo *Austerità in stile italiano*. "L'Italia con tutte le sue disfunzioni è un Paese che si è imposto in modo ligio una sostanziale austerità, e ha visto la propria economia contrarsi rapidamente come risultato," mette in evidenza Krugman, secondo il quale Mario Monti sembra avviato a chiudere quarto alle elezioni, decisamente dietro al leader Pdl, ma anche al comico genovese, "la cui mancanza di una piattaforma coerente non gli ha impedito" di dar vita a "una forza politica". L'editorialista azzarda una previsione, che non va molto lontana dal cogliere nel segno: "Gli osservatori sono terrorizzati dalle elezioni italiane e hanno ragione: anche se l'incubo di un ritorno di Berlusconi non si materializzasse, una buona performance di Berlusconi o Grillo o di tutti e due destabilizzerebbe non solo l'Italia ma tutta l'Europa".

Ma tutti gli altri, anche gli stranieri, contano su una vittoria del centrosinistra.

Ignorando alcuni segnali che arrivano immediatamente. Alle 15 l'affluenza, secondo i dati definitivi forniti dal Viminale (8091 seggi su 8092 comuni), si attesta al 75,16 per cento alla Camera e 75,23 per cento al Senato. Un calo del 5 per cento rispetto al 2008 e dell'8 per cento rispetto al 2006. Alle 15.21 vengono diffusi i dati di una ricerca del Censis secondo la quale il 40 per cento di chi vota M5S è di centrosinistra. Da solo il dato promette sorprese sul piano, se non altro, degli schieramenti.

Alle 3.23 del mattino del 26, esattamente dodici ore dopo, il risultato finale è il totale ribaltamento di ogni attesa: il Movimento 5 Stelle è il primo d'Italia con il 25,5 per cento dei voti alla Camera. Oltre 8 milioni e mezzo di voti.

Chi ha perso voti per strada? Tutti. A implodere è stato l'intero sistema dei partiti.

Il confronto con le elezioni del 2008 è impietoso, e fotografa un sistema che cessa di esistere in pochi anni. Il Pdl ha subìto un'emorragia, passando dal 37,4 per cento del 2008 al 21,5 per cento. La Lega ha dimezzato i voti passando dall'8,3 al 4 per cento. Il Pd perde in cinque anni l'8 per cento passando dal 33,2 al 25,43 per cento. Male anche l'Udc che passa dal 5,6 all'1,8 per cento. In caduta libera anche l'Idv che nel 2008 ottenne il 4,4 per cento dei voti. Nel 2013 Rivoluzione civile si ferma al 2,2 per cento. Scelta civica di Monti alla sua prima corsa ottiene l'8,3 per cento. La misura di quanto abbia pesato l'affermazione del M5S sui vecchi partiti è il Pd, che più ha risentito del flusso a favore del M5S: sconfitto nel 2008 con il 33,2 per cento raccolto da Veltroni, vince ora per un soffio con il 25,4 per cento. Una perdita netta, per il partito, di quasi 3 milioni e mezzo di voti, per una forza politica che per quattro anni è stata all'opposizione e poi ha sostenuto il governo tecnico.

Il passaggio fra le attese e il finale segna la giornata e la notte del 25 febbraio con una serie di scosse di assestamento, che si avvertono in tutti i quartier generali dei partiti.

Al Nazareno una zattera con un po' di naufraghi. I primi passi di Enrico verso l'ascesa

Per Enrico Letta sono "ore di incredulità e di grande fatica anche psicologica. Lo scenario che avevamo costruito improvvisamente si dissolve. Ed era stato costruito con molta cura. E il lunedì... io me lo ricordo benissimo perché il lunedì io mi trovo – tieni conto che ero il numero due di Bersani – ad andare alla trasmissione televisiva a fare le prime dichiarazioni. Si votava fino alle 15, quindi io vado alle 15. Era la trasmissione della Rai delle 15 dove si cominciano a vedere gli exit poll. E gli exit poll delle 15 davano il Pd davanti, cioè confermavano i sondaggi. Erano gli exit poll della domenica mattina. Comunque il Pd vinceva.

"E i sondaggi che avevamo fino al venerdì e al sabato del voto davano il Pd con almeno 5-6-7 punti di vantaggio su 5

Stelle e Berlusconi. Quindi andammo al voto tranquilli e con l'idea... siccome c'era il *Porcellum*, una legge elettorale che dà alla Camera una larga maggioranza e con un vantaggio del 5-6-7 per cento la possibilità di avere anche una maggioranza quasi autosufficiente al Senato. C'era da aggiungere poco, e quello sarebbe stato Monti. Quindi l'idea con cui arrivammo alle elezioni è un'idea del tipo 'si vince e si fa un governo Pd-Scelta civica'. Questa era l'idea di fondo".

L'idea di quel che è successo gli si fa subito chiara: "I sondaggisti lo individuano bene. Nella notte e nei giorni tra sabato e domenica del voto, scatta un meccanismo che secondo me è credibile. Siccome la vittoria è annunciata, un pezzo di elettorato di centrosinistra si dice: 'Dato che vincono, diamogli un segnale che non possono fare più le porcherie di prima, quindi voto 5 Stelle; tanto vincono loro, però un 5 Stelle forte punirà un pochino la classe politica; li obbliga a fare delle cose pulite ecc.'. Così nel giorno del voto un pezzo di elettorato si gira da una parte all'altra".

Pare una leggenda metropolitana, ma non lo è: "È chiaro, sì. La sera stessa viene fuori che è un pareggio a tre incredibile, cioè 25-25-25. E questo pareggio a tre vede un Pd che scende e che oggettivamente va male, ma che alla fine vince di un'incollatura e quindi ottiene, sulla base di una 'non-vittoria' e grazie a quella legge elettorale, la maggioranza assoluta della Camera. Questo è lo schema. Quindi totalmente stravolti da questo risultato, completamente disatteso. L'esito del giorno dopo qual è? È che i vincitori sono chiaramente i 5 Stelle. Tu ti ricorderai che per un mese era tutto sull'arrivo dei 5 Stelle in Parlamento, sul che cosa succede, su Grillo, il seminario ecc. Loro sono il centro di tutto. Il Pd è nel panico perché appunto la situazione è quella che è".

Lo staff monitora dal Nazareno le dichiarazioni di Letta: "Enrico era in televisione quando uscirono gli exit poll. Dalla Berlinguer allora direttrice del *Tg3*. E noi eravamo al partito, nella stanza del vicesegretario," racconta, con una punta di sconcerto che ancora ricorda, una del fidatissimo gruppo dei collaboratori di Enrico Letta. "La stanza del segretario era vuota, Bersani credo fosse a casa sua, e quindi c'eravamo sostanzialmente noi alla guida, e c'erano gli exit poll, quelli che derivavano dai sondaggi... In un lampo, credimi, il tempo in cui sono andata a fumare una sigaretta... fino alle 22.30 c'era una vittoria del Partito democratico, non clamorosa come poteva prefigurarsi sei mesi prima, ma c'era una vittoria, poi si è completamente sovvertito il risultato elettorale. Ricordo il pallore di Enrico in televisione, che fu costretto a commentare dei dati che facevano cadere dal pero praticamente tutti, e anche, ricordo, lo sconcerto, incredibile, dentro il partito, al secondo piano del Nazareno, da parte degli alti dirigenti..."

Letta comunica con i suoi via sms, "però si vedeva tutto dalla faccia, ma continua a commentare per un'altra ora dicendo le cose in cui ci si rifugia in questi casi, 'aspettiamo i definitivi'".

Al Nazareno la situazione si fa un po' surreale. "C'era anche D'Alema fra quei corridoi, c'era Latorre... mi ricordo che D'Alema si aggirava nei corridoi... veniva ad ascoltare le notizie; mi ricordo questo fatto che alcuni nostri collaboratori, tra cui un deputato, facevano le proiezioni con i dati che arrivavano, a mano! Evidentemente c'era una struttura del partito, ma non so perché non sembrava comunicare i dati. Ed erano dati francamente sconcertanti..." È ancora lo staff di Enrico che parla.

"Tuttavia la macchina del partito funzionò perfettamente," tiene a precisare un dirigente di allora. "L'ufficio elettorale a ora di cena fece una proiezione azzeccata, che avremmo avuto la maggioranza all'estero, e così fu."

***

Anche l'ufficio stampa di Bersani non riesce a trovare Bersani e rimane tagliato fuori con la sua assenza. Uno dei collaboratori se lo ricorda bene: "Devo dire che in quel momento lì, in quella giornata lì, Bersani sparisce. Perfino noi non sapevamo che cosa avrebbe detto". Sparisce in che senso? "Nel senso che chiamavamo e non avevamo risposte, neanche dagli altri suoi. Nel senso che io spero che abbiano passato la giornata a telefonare ai segretari regionali e ai big del partito in modo che si costruisse una solidarietà intorno a quest'uomo che presto avrebbe dovuto dire: 'Siamo arrivati primi ma non abbiamo vinto'. Però non lo so, non so dove fosse fisicamente. Noi non siamo stati 'briefati' prima che lui andasse sul palco a fare il discorso del post-voto. Non lo so che cosa sia successo in quelle ore. Migliavacca sicuramente sì. Ma effettivamente questo gruppo dirigente percepiva il gelo che aveva intorno e forse tese a isolarsi in quelle ore. La difficoltà è stata una botta anche per loro. Tutti si aspettavano che il Pd vincesse le elezioni. Così si sono messi, credo, sulla difensiva."

L'assenza di Bersani, tutti loro, a cominciare da Letta, sostengono che fosse "comprensibile". Tuttavia mette in moto un processo di sostituzione.

Lo staff di Letta prende in mano cose che esulavano dalla sua responsabilità: "Mi ricordo che a un certo punto io dovetti gestire le partecipazioni televisive – io che non avevo un ruolo nel partito, e formalmente non lo avevo neanche ancora con Enrico! Era ormai notte tarda, Enrico magari a quel punto aveva detto che non sarebbe andato – non mi ricordo – nella trasmissione del mattino, e così chiesi a Latorre se ci andava al posto suo, e per un'altra chiesi a Paola, alla De Micheli, se ci andava lei. Fino a che Enrico tornò, quella notte, arrivò molto velocemente al partito, dove c'eravamo io, la sua segreteria e qualche deputato a noi vicino, poi però comunque tutti confluivano nella sua stanza, perché Bersani non c'era".

Intanto i giornalisti aspettano tutti in sala stampa da ore che il Pd dica qualcosa. "L'organizzazione del partito aveva previsto una sala stampa all'Acquario [un edificio storico vicino alla Stazione Termini, conosciuto oggi anche come "Casa dell'Architettura, *N.d.A.*], dove sarebbe dovuto andare Bersani. E quindi si decise di andare noi, quindi Enrico mi disse 'andiamo' e andammo all'Acquario..."

Nel percorso Letta dice qualcosa, commenta la serata? "No. Disse solo a un certo punto: 'Mi si sono impolverati gli occhiali'."

Il sempre cauto Letta fa una dichiarazione che mette le mani avanti a qualunque dubbio. "Pier Luigi Bersani è il nostro candidato premier, sarà una crisi complessa da vivere e da gestire ed è una crisi da gestire un passo dopo l'altro. L'idea di affrettarla potrebbe portare a fare dei capitomboli. Visto che c'è di mezzo il Paese, è bene fare un passo dopo l'altro, ci assumeremo le responsabilità che saranno necessarie."

Cautela politica. Ma anche di relazioni personali e politiche.

Letta, come dice il suo staff, "si costruì tutto quella sera perché quella sera Enrico fu il volto del Pd che parlò all'Italia in qualità di massimo rappresentante in quel momento del Partito democratico, quindi nella mia percezione si avviò allora l'idea della supplenza, prese corpo diciamo l'idea della staffetta. [...] La sera del risultato elettorale in qualche modo si costruì il passaggio di testimone, che allora sembrava assolutamente temporaneo, ma certamente prefigurava una supplenza". E siccome i lettiani, e non solo Letta, sono molto cauti, il nostro interlocutore si affretta a spiegare: "Tieni conto che però stiamo parlando di un rapporto profondamente fraterno tra i due, fra Enrico e Bersani, che non può prestarsi a nessun tipo di lettura, men che, diciamo, basata sull'affetto reciproco e sulla lealtà totale, per cui io credo che in questo senso forse Bersani fosse anche tranquillizzato che c'era Enrico. E poi sono iniziate delle settimane molto confuse di grandi trattative".

Per dirla ancora con Letta: "Lui [Bersani, *N.d.A.*], sai com'è, lui è una persona molto... Ci ha messo ventiquattr'ore a razionalizzare, dopo di che ha subito elaborato questo concetto centrale: dire 'Abbiamo una responsabilità'".

Effettivamente ventiquattro ore dopo Bersani ritorna in scena. Alle 17 del 26 fa una conferenza stampa.

La sincerità come i gradi militari

L'uomo che si presenta davanti alla stampa è un uomo che porta la sua sincerità come un militare i gradi sul braccio: con orgoglio. "Chi non riesce a garantire la governabilità non può dire di aver vinto le elezioni," mormora.

E invece di rassicurare, come tutti i leader sciocchi quando sono in difficoltà, Bersani parla di "delusione". E parla di "responsabilità".

La conferenza stampa diverrà famosa come quella in cui dice la sua frase più memorabile: "Non abbiamo vinto anche se siamo arrivati primi". Ma il discorso testuale spiega meglio quello che Bersani pensa: "È chiaro che chi non riesce a garantire governabilità non può dire di aver vinto. Non abbiamo vinto anche se siamo arrivati primi e questa è la nostra delusione". Continua: "C'è stato un rifiuto della politica così come si è presentata in questi anni, di istituzioni inefficienti e di una politica apparsa moralmente non credibile. Per noi si tratta di prendere atto con semplicità, consapevolezza e umiltà di quello che viene fuori da questo appuntamento elettorale ribadendo la volontà di essere utili al nostro Paese".

È la delusione di chi ha capito di non aver capito.

Da un'analisi del genere è inevitabile che il segretario del Pd si rivolga, per ripartire, a coloro che il cambiamento lo hanno interpretato, i 5 Stelle. "Ci dica cosa vuole fare", "Il Movimento 5 Stelle fin qui ha detto 'tutti a casa'. Adesso ci sono anche loro e o 'vanno a casa' anche loro o dicono cosa vogliono fare per il loro Paese". Offre uno schema di lavoro, esso stesso innovativo, che non è l'accordo fra forze politiche ma su singole questioni: "I governi funzionano per temi ma anche con la fiducia. In base ai temi uno deve dare la fiducia o no". E apre ai 5 Stelle per l'assegnazione delle presidenze istituzionali: "Noi siamo favorevoli alla corresponsabilità per i livelli istituzionali. Il Movimento 5 Stelle è il primo partito".

Dura invece la frase diretta al Pdl: "Berlusconi? Ci confronteremo ma non penso che atteggiamenti diplomatici corrispondano al cambiamento che dicevo, dobbiamo ribaltare lo schema, non credo che il Paese tolleri balletti di diplomazia... si riposassero".

Insomma è, in forma più netta, la piattaforma che aveva già profilato per la campagna elettorale.

Tuttavia questa posizione non appare molto realistica. L'Italia è bloccata, spaccata in tre parti esatte. Quel martedì lo spread schizza da 300 a 347. Si rimaterializza l'incognita dei mercati internazionali che premono su un Paese che pare di nuovo destinato all'instabilità.

Tutti gli scenari politici sono aperti, anche la possibilità di un immediato ritorno al voto.

Dopo la conferenza stampa, a Bersani ora tocca parlare con il partito.

Intorno alle 20.30 inizia al Nazareno il coordinamento del Pd. I giornalisti hanno visto entrare Massimo D'Alema, Walter Veltroni, Franco Marini, Anna Finocchiaro, Dario Franceschini, Beppe Fioroni, David Sassoli, Debora Serracchiani, Enrico Morando, Cesare Damiano, Marina Sereni, e i componenti della segreteria. Fioroni, all'ingresso, si ferma e dichiara che occorre evitare "un dibattito in cui ci guardiamo l'ombelico, o una resa dei conti che la gente non capirebbe".

Quello che dice il segretario, che conosce bene gli umori e le opinioni dei suoi compagni, è riconducibile a un solo chiaro slogan: "No al governissimo", cioè no a Berlusconi. "Dico 'no' a un governissimo. Sappiamo qual è la nostra responsabilità, che significa saper cogliere l'esigenza di cambiamento, maggiore anche di quella espressa in campagna elettorale. Noi ci rivolgeremo alle Camere. Tocca a noi tirar fuori il Paese dall'impasse."

Contrariamente a quel che ci si aspetta, non c'è nessun dibattito né alcuna resa dei conti. L'impressione di alcuni presenti è stata che, pur non d'accordo, si sia deciso di vedere se l'ipotesi di un'apertura a Beppe Grillo potesse reggere prima di avanzare altre proposte. Non è intervenuto neanche Paolo Gentiloni, "montiano" della prima ora, che si limita a un tweet: "C'è di più, abbiamo perso e non solo per la crisi".

La voce che sale dal gruppo bersaniano è più crudele su quel silenzio: "Anche in questo caso si dimostra quello che Bersani definirebbe come una situazione da 'volpe sotto l'ascella': quando il 24-25 febbraio viene fuori la non-vittoria, i dirigenti del Pd assicurano lealtà ma il Pd comincia a guardarsi intorno".

Effettivamente viene in mente che, per alcune settimane, quando infuria la polemica post-elettorale, o quando i 5 Stelle nello streaming ironizzeranno su Pier Luigi, nessun dirigente interviene. "Ma questo è il Pd, questa è la storia del Pd. La tenuta del Pd è zero. No, io mi ricordo quelle giornate lì come giornate di grande gelo. E io pensavo che quando cinque anni prima Veltroni aveva fatto un bagno mostruoso e Berlusconi gli aveva fatto un culo così, Veltroni aveva fatto la conferenza stampa con tutto il partito dietro."

Dopo sole due ore e venti minuti, un tempo inusualmente scarso per un dibattito su una simile "delusione", il coordinamento del Pd dà il suo consenso alla linea Bersani.

Bersani esce dunque dal suo primo appuntamento interno con un nuovo carnet: no a Silvio Berlusconi, sì all'apertura ai 5 Stelle.

La sua posizione, volta ad appellarsi al M5S per un esecutivo su otto punti programmatici – che spaziano dalla legalità, alla moralità pubblica, al lavoro, al sociale, all'Europa, e che coincidono con i maggiori punti del programma dei 5 Stelle –, verrà poi discussa e approvata quasi all'unanimità (un solo astenuto) dalla direzione del Pd del 6 marzo 2013.

Ci sono molti dubbi anche su questa improvvisa unanimità in un partito così diviso. La situazione appare insomma molto fragile.

Lo stesso segretario appare tuttavia sottovalutare la radicalità del sentimento di antipolitica e la profonda insofferenza nei confronti dei partiti tradizionali che animavano il Movimento 5 Stelle. Non capisce fino in fondo che è proprio il Partito democratico con il suo apparato e la sua classe dirigente a rappresentare il partito per antonomasia contro cui si scagliano i 5 Stelle. Un partito accusato dal movimento di essere corresponsabile assieme al centrodestra della situazione di crisi economica che stava attraversando l'Italia, considerato poco credibile, funzionale agli interessi della casta, un partito distante dai problemi della vita quotidiana delle classi più deboli e indifese, che in realtà aveva sempre condotto una falsa opposizione ai governi di centrodestra.

Il suicidio assistito (dal Colle) di Bersani

Il segretario del Pd in versione post-elettorale ha insomma messo insieme una reazione coraggiosa, stilato un programma, su cui ha portato con sé il partito. Si batterà fino all'ultimo per stare in gioco e fare il suo dovere – quello di tentare di dare un governo, e un presidente, al Paese, in quanto capo del maggior partito italiano.

In realtà è un morto che cammina.

Oltre alla freddezza del partito, ha davanti pochi interlocutori. E soprattutto non ha con sé, come si vedrà da subito nelle ore a venire, dopo i risultati, l'unico uomo che potrebbe (e dovrebbe, nella sua testa) aiutarlo: il presidente Napolitano.

Nessuno dei possibili aiuti si materializzerà, e Bersani dal 26 febbraio al 19 aprile, data delle sue dimissioni, sarà esposto a un pubblico percorso di umiliazioni da parte dei suoi nemici. Senza grandi difese in soccorso.

Tutti i malumori e le diffidenze fin qui registrati da parte del suo gruppo si rivelano veri. Il famoso "retropensiero", cioè "il pregiudizio che lui non sia la soluzione della crisi italiana", cova nel partito. Ma soprattutto questo dubbio alberga al Colle, proprio il luogo dalla cui interlocuzione dipende la riuscita del suo progetto di dare un governo all'Italia (e a se stesso Chigi).

Con lui saranno travolte altre personalità, chiamate in causa e sopraffatte dal clima caotico in cui si evolveranno gli eventi.

Comunque Bersani manterrà in tutte queste circostanze grande dignità e abbandonerà il terreno, dopo la sua sconfitta, con altrettanta compostezza. Non molti potranno dire la stessa cosa.

***

Arriviamo qui al punto debole, il vero e proprio tallone d'Achille del progetto di Bersani di guidare comunque questa transizione fuori dallo stallo.

Il suo progetto può essere o meno condiviso dai suoi

amici/nemici/dirigenti del partito. Ma perché esista, lui deve passare attraverso una cruna d'ago: deve avere l'incarico di formare il governo. E questo incarico lo può dare una sola autorità: il presidente della Repubblica.

Arriviamo qui al tema più delicato, anche per chi scrive, che queste diciotto settimane focalizzano: la relazione politica fra il segretario del Pd e il presidente della Repubblica.

La relazione è del tutto in chiaro, altro che complotti.

La prima cosa che salta agli occhi è il tempo che passa fra il risultato elettorale, il 25 febbraio, e il giorno in cui l'incarico arriva dal Quirinale, il 20 marzo, cioè dopo un mese. Peraltro non un incarico pieno, ma solo un mandato esplorativo, che parte in salita. Nessuna avventura per cercare la fiducia in Parlamento, avverte il presidente. Si parte solo se c'è una maggioranza solida.

La pausa di un mese solleva molte critiche e Napolitano risponde piccato: "Reagisco a certe affermazioni infondatamente polemiche" su "presunte lentezze italiane". E cita Israele come caso in cui "per formare il nuovo governo sono necessari 55 giorni". E fa notare che non è trascorso ancora un mese dal voto e che da una settimana si sono insediate le Camere.

Ma nessuna smentita cancella il fatto che il caso Bersani segna ben due eccezioni nella storia repubblicana degli ultimi dieci anni: 1) l'assegnazione di un preincarico – i governi della XVII legislatura (Letta, Renzi e Gentiloni) si sono tutti insediati a seguito di un mandato pieno. La procedura del pre-incarico è la stessa del mandato pieno, ma la differenza è nelle probabilità di riuscita. L'obiettivo del premier *in pectore* in questo caso è quello di avviare delle trattative con le altre forze politiche per trovare un accordo e formare così una maggioranza di governo. In caso di esito negativo una comunicazione ufficiale al Colle sancisce la rinuncia all'incarico. 2) Seconda eccezione: la situazione di stallo. Dopo il tentativo fallito di far nascere un governo a guida Bersani, Napolitano prende atto dello stallo. In una situazione di incertezza politica prolungata, il capo dello Stato può prendere ulteriore tempo convocando i partiti per un secondo giro di consultazioni. In quel caso Napolitano favorì il confronto tra gli schieramenti nominando un comitato bipartisan di dieci saggi, incaricati di elaborare un programma di riforme istituzionali ed economiche attorno al quale riunire una maggioranza in Parlamento. Si trattò di un'operazione di regia nella direzione delle "larghe intese" tra centrodestra e centrosinistra in una fase politica delicata, caratterizzata tra l'altro dalle imminenti elezioni per il presidente della Repubblica stesso e dal muro contro muro tra i partiti. Ma nei tempi così ristretti in cui si venne a trovare la legislatura, la nomina dei saggi apparve anche come un ponte per "prendere tempo" e arrivare alla data della rielezione del presidente della Repubblica. Che quella volta fu la rielezione del presidente in carica.

***

Di che natura sono in quel momento i colloqui che Bersani ha con Napolitano intorno a questo incarico? "A questo livello non lo so. So che Napolitano inizia a traccheggiare con questa argomentazione che lui fa circolare che darà l'incarico pieno a chi dimostrerà di avere i voti sia alla Camera sia al Senato. Questa cosa è abbastanza discutibile perché non mi pare che nella Costituzione ci sia scritto che bisogna dimostrare di prendere i voti. Bisogna andare in Parlamento e avere i voti. Quindi questa chiacchiera a noi ci fa incazzare da subito. Perché noi eravamo convinti – e penso anche lui – che se Bersani fosse andato in Parlamento con una lista di ministri e un programma – come poi si è dimostrato negli anni successivi perché il centrosinistra ha governato cinque anni tra autonomie regionali, senatori a vita – quei dieci voti che mancavano al Senato li avrebbe trovati. Il problema era che quel tipo di incarico significa che praticamente non gli dà le armi per fare le consultazioni vere." Voci che arrivano dagli amici dentro il Pd.

Ma Bersani ne ha discusso almeno con voi? "Ha sempre difeso Napolitano, anche su questo tema: 'Ma io lo capisco, questo è un presidente che se ne sta per andare, se il Parlamento sfiducia me, sfiducia anche lui'. Quindi non vuole esporsi a un voto che sfiducia il premier che lui ha incaricato come ultimo atto. Io non gli ho mai sentito dire una parola di impazienza nei confronti di Napolitano."

Poi c'è un altro dato. "Quando Bersani restituisce l'incarico, il 28 marzo, dopo una settimana, la presidenza di Napolitano sta per scadere e noi ci diciamo: 'Vediamo che fa'. Se avesse dato l'incarico a un altro, c'era forse ancora una possibilità di fare un governo, sennò l'incarico sarebbe rimasto a Bersani, come accadde." Una piccola speranza dunque riprende spazio nel cuore dei bersaniani: "Magari dopo la rielezione, quando ci sarà un nuovo presidente che può sciogliere le Camere, Bersani potrebbe riavere confermato l'incarico". Tuttavia, questa è una speranza vuota.

Invece Napolitano sorprende tutti, nominando un gruppo di saggi. Quale fu la spiegazione di questa mossa che ci si dette al Nazareno? "Guadagnare tempo per arrivare alla scadenza del suo mandato. Passaggio molto brutto."

Ossa rotte

Comunque, quali che siano le condizioni, Bersani si arrotola le maniche della camicia e comincia a lavorare.

La storia di quei giorni la sappiamo tutti. È stata già raccontata molte volte: è una storia di successivi tradimenti e fallimenti. Non racconterò di nuovo la tempesta emotiva di questo passaggio. Anche perché ne è stato scritto molto bene da molti colleghi giornalisti, e in un po' di libri. I miei preferiti sono, per la loro qualità testimoniale, quello di Sandra Zampa, *I tre giorni che sconvolsero il Pd*, Imprimatur editore, e quello di Chiara Geloni e Stefano Di Traglia, *Giorni Bugiardi*, Editori Internazionali Riuniti.

A questo punto di lontananza dalla storia è possibile ormai riorganizzare quei confusi giorni in una lettura più razionale, e ridurre la strategia del segretario a tre punti fermi: 1) dare forti segni di rinnovamento nelle scelte del Pd; 2) dialogare con M5S che del cambiamento è l'interprete e il vincitore; 3) rifiutare, costi quel che costi, un governo con Berlusconi.

Tesi 1 sul cambiamento: sì alla discontinuità, sì alla società civile.

È la primissima fase post-elettorale. Tocca infatti al Pd avere la voce più rilevante, visti i suoi risultati, nel primo passaggio della legislatura, la nomina del presidente della Camera e del Senato. Bersani esercita questo ruolo appieno, scegliendo di non trattare con nessuna delle forze politiche in campo (Pdl e M5S) per lanciare un forte messaggio, aiutato in questo da Nichi Vendola. La scelta cade su Laura Boldrini, ex portavoce dell'Alto commissariato Onu per i rifugiati, eletta con Sel, che ottiene la maggioranza alla quarta votazione. Al Senato passa invece la proposta di Pietro Grasso, ex procuratore nazionale antimafia. La sua candidatura nasce dal rifiuto della lista Monti a un accordo sulla presidenza del Senato. Il Pd si disse disponibile a votare un loro esponente ma Scelta civica non accettò.

Segno dei nuovi tempi. Vengono scartati due politici di

lungo corso del Pd che erano nomi quasi sicuri: Dario Franceschini e Anna Finocchiaro.

L'idea di Bersani era che questa risoluzione avrebbe preparato il terreno a un governo "di cambiamento", che si prefiggesse di trovare in aula i voti necessari. Un'idea destinata a scontrarsi tanto con l'impostazione di Napolitano, quanto con la rigida indisponibilità dei 5 Stelle. Questa linea nei confronti della società civile non è tuttavia nuova. Era già stata messa in atto in Rai, nel novembre 2012, quando si trattò di nominare i membri del Cda. Bersani indirizzò, in quella occasione, una lettera a quattro associazioni: Se non ora quando, Libera, Libertà e Giustizia, Comitato per la libertà e il diritto all'informazione, chiedendo loro di indicare "due candidature per il Cda, noi siamo pronti a sostenerle". Passano infatti Benedetta Tobagi e il giudice Gherardo Colombo.

La scelta fa molto effetto; in alcuni ambienti "radical", dove l'antipolitica ha sempre covato, Bersani riscuote grande simpatia. Tuttavia, come abbiamo anticipato, le mosse non ammorbidiscono i 5 Stelle che sono i veri obiettivi di dialogo di Bersani.

Tesi 2 sul cambiamento: no a Silvio Berlusconi.

Il rifiuto ad alleanze con il Pdl viene tenuto fermo da Bersani. Un no il cui peso è decisivo, e per cui il segretario pagherà un costo molto alto. Dopo l'esperienza di grande coalizione in appoggio di Monti, la via sarebbe stata del tutto aperta, e con un po' di ipocrisia si sarebbe potuto accettare un governo di larga maggioranza Pd-Pdl come governo di "continuità". Berlusconi sarebbe disposto a molte concessioni per farlo: la più importante è Palazzo Chigi per Bersani. L'offerta viene fatta proprio in quell'incontro dove Bersani arriva "senza volpe sotto il braccio", di cui abbiamo parlato. "Sì, gli venne offerto," conferma il dirigente del Pd, parte del gruppo di Bersani.

L'ostinato rifiuto va contro le convinzioni di buona parte della classe dirigente del Pd, ma i fatti sembrano dare, di lì a poco, ragione al segretario.

L'11 marzo a Milano i parlamentari del Pdl scendono in piazza contro i giudici di Milano in protesta contro una visita fiscale per verificare il legittimo impedimento di Silvio Berlusconi. Il ricovero del leader Pdl al San Raffaele gli permette di non presentarsi all'udienza del tribunale dove si sta celebrando il processo Ruby. E il tribunale è proprio quello di Milano. I parlamentari, guidati dal segretario Alfano, marciano dall'Unione del commercio, a piedi, fin davanti al Tribunale di Milano. Poi entrano nel Palazzo, per una "occupazione" di mezz'ora.

Non si erano mai visti rappresentanti della Repubblica forzare le porte di un palazzo di giustizia in nome della difesa di un politico, che è anche il loro leader. L'episodio crea scandalo e soffia ancora di più, in pieno clima post-elettorale, il vento dell'antipolitica, condizionando le dinamiche istituzionali.

Bersani dunque fa la giusta scelta. Vedremo nel prossimo capitolo come questo atteggiamento del Pdl diverrà uno tsunami politico che abbatterà il governo Letta. E come affonderà la tanto voluta "grande coalizione" per cui ha tanto lavorato Napolitano.

Tesi 3 sul cambiamento: apertura ai 5 Stelle.

Il vero cambiamento di posizionamento del Pd potrebbe essere questo. Uso il condizionale, perché per il Pd sarebbe la discesa su un terreno del tutto nuovo. Buona parte dello stesso Pd considera questa scelta un cedimento all'"antipolitica". L'eredità di quello scontro è ancora oggi dentro il Pd.

Troppo nuovo però anche per i 5 Stelle. Per Grillo – preso in giro dall'allora segretario del partito Fassino, con un "si faccia un partito e vediamo quanti voti prende" – potrebbe essere un'occasione unica per entrare al governo con ruoli di primo piano. Ma è troppo presto per il Movimento. Sono a Roma portati dall'onda alta, e a volte sguaiata, dell'indignazione popolare. Hanno dietro di sé una messe di voti come non se ne vedeva da anni. Il loro arrivo fa abbassare di colpo l'età media del Parlamento di vent'anni. Grillo, abile comunicatore, si esibisce in una pièce teatrale di grande effetto: l'assassinio di un uomo morto.

Perché di questo si tratta, quando, il 27 marzo, un Bersani a testa china, accompagnato da un silente ma leale Letta, si presenta all'incontro in diretta streaming con i due rappresentanti M5S per discutere di una piattaforma comune. Il "Bersani, non siamo a *Ballarò*" di Roberta Lombardi (oggi abile assessore regionale del Lazio) non è una battuta, è solo un affondo volgare su un uomo paziente e in minoranza, che con quell'ultimo rifiuto dei pentastellati chiude con una sconfitta il suo tentativo di dar vita al primo governo Pd/5 Stelle. La Rete sguazza però su quella battuta nel solito girotondo di insulti "intelligenti".

Ma come avete fatto, chiedo ai bersaniani, a mandare Bersani da solo allo streaming, senza nessuna copertura, nessuna preparazione, un accordo magari di massima sulle modalità?

Questo è quello che si chiama suicidio assistito.

Nessuno sa bene. "Credo che Bersani lo abbia voluto lui perché i grillini facevano girare che loro non fanno 'colloqui segreti'. Bersani volle anche togliergli un po' l'argomento."

Infatti, l'incontro nasce solo il giorno prima. In tutta fretta viene chiesto agli uffici che ospitano le consultazioni, di preparare camera, collegamento, allora non era facile come oggi "…e puoi immaginare questi funzionari che si sentono chiedere una cosa del genere!". Rimane il fatto che nessuno del caminetto o di altri organi del partito abbia telefonato e detto: "Sei sicuro? Hai bisogno di qualcosa?". Si può dire che in quell'occasione Napolitano avrebbe dovuto intervenire, sia pur in maniera molto soffice, indiretta, e consigliare almeno una forma di tutela dei colloqui? "Assolutamente sì," è la risposta. E non fu da parte del segretario una mossa suicida? "Sì, sostanzialmente. Ma voleva provarci."

Va in frantumi così tutto quello che Bersani aveva in mano. L'incontro sigla l'impossibilità di fare un nuovo governo, e porta il segretario del Pd a tornare al Quirinale e annunciare che la sua esplorazione ha avuto esito negativo. I grillini festeggiano. Pochi immaginano che da lì a qualche anno (cinque esatti, nel 2018, dopo le successive elezioni) festeggeranno per un governo fatto con Salvini, e poi rifatto con il Pd. Officiati entrambi da un Grillo in abito blu che va alle consultazioni al Quirinale.

Bersani ne esce con le ossa rotte. Ma non si arrende: questi emiliani hanno sicuramente il passo lento e ostinato degli amministratori. Per cui, cambia strategia: matura l'idea di andare al governo influendo sull'elezione del prossimo presidente della Repubblica.

L'ingorgo

Mentre si discute di dare un governo al Paese, il tempo istituzionale intanto è precipitato su se stesso.

La presidenza Napolitano scade il 15 aprile e, entro quel termine, da presidente in carica, lui dovrebbe insediare il nuovo governo, che a sua volta dovrebbe poi come primo atto nominare il nuovo presidente. Ma l'impossibilità di formare il governo rende le due date di fatto sovrapposte: è quello che in senso tecnico si chiama "ingorgo istituzionale", e il cui impatto non è da poco. La trattativa che finora è stata per formare un governo diventa una trattativa doppia: la trattativa sul governo diventa anche trattativa sul presidente, e viceversa.

In altri termini chi andrà al Colle è parte decisiva anche del pacchetto di governo. Le implicazioni moltiplicano le ipotesi e rendono un lavoro già complesso (la nomina del governo) un puzzle che, come si vedrà, si rivelerà impossibile e finirà con la rielezione di Napolitano.

La situazione politica e istituzionale entra così in un impasse drammatico, un grande stallo.

In risposta al fallimento di Bersani, Napolitano commissaria tutti. "Congela" il pre-incarico a Bersani il 29 marzo, ma non ne concede ad altri.

Napolitano, si discute, potrebbe dimettersi prima, come hanno fatto alcuni suoi predecessori (Cossiga nel 2002, Ciampi nel 2006), per favorire l'elezione del suo successore. Ma non ne ha intenzione, come fa sapere pubblicamente il 30 marzo.

Le Camere invece si sono insediate e sono nel pieno dei loro poteri, ma non sono pienamente operative (come pure chiedono i grillini) perché manca loro l'interfaccia indispensabile di un governo nel pieno dei suoi poteri e, di conseguenza, una maggioranza e un'opposizione definite, sulla cui base procedere all'elezione dei presidenti di Commissione.

Il 2 aprile Napolitano nomina la commissione dei suoi "Dieci saggi" e auspica "un'ampia intesa tra le forze politiche" sul nome del suo successore. Morale: ha commissariato tutto e tutti (governo, Parlamento, leader politici). Il 5 aprile i giornali raccontano del presidente e della moglie con gli "scatoloni" già pronti. La volontà è di lasciare il Colle, e per sempre, ma vuole anche far intendere quello che desidera come sua eredità politica chiara: le larghe intese.

L'8 aprile Napolitano esalta la stagione della "solidarietà nazionale" tra Dc e Pci ai tempi del terrorismo: il messaggio è chiaro e aiuta le colombe che, nei due principali schieramenti (Letta senior nel Pdl, Letta junior nel Pd), hanno cominciato a lavorare discretamente per le larghe intese.

Napolitano si prende due giorni per decidere cosa fare e i giornali scrivono che lui sta pensando che potrebbe dimettersi. Invece il presidente prende in mano direttamente la situazione. Conduce personalmente nuove consultazioni e incarica dieci saggi di valutare la situazione e formulare proposte per "il programma di un nuovo governo". Procedura mai vista prima.

Parte 4
Bersani cerca un nome per il Colle

In questo ingorgo Bersani ci entra direttamente. Iniziando a sua volta una consultazione interna per dare una strategia unitaria al partito.

Non lo fa solo per generosità o dovere, ma anche per se stesso: se infatti riuscisse a influire sul voto presidenziale, la sua possibilità di mantenere l'incarico (che è ancora in campo) e fare un governo sarebbe realistica. Peraltro, per il presidente occorrono numeri ampi: se li si trovasse, la possibilità di fare un governo sarebbe molto alta. Ripartono così altre consultazioni di fatto, con Pdl e 5 Stelle, per trovare i numeri dell'elezione.

Ma stavolta la strategia del no al Pdl non viene applicata. Per due ragioni. La prima è che l'elezione del presidente, almeno nelle prime tre votazioni, ha dei quorum alti e richiede un accordo largo. La seconda è che la strada del solo accordo con i 5 Stelle era stata precedentemente vanificata dai pentastellati.

Bersani vede Berlusconi, a casa di Enrico Letta. No a Prodi

Girano i nomi di Giuliano Amato, Anna Finocchiaro, Franco Marini. Il 9 aprile un Bersani stanco incontra un felicissimo Silvio, che apprezza la mobilitazione contro i giudici dei suoi rappresentanti in Parlamento, in cui vede il segno di un ritorno di peso dentro l'agone politico. Il 13 aprile, Berlusconi organizza un'altra manifestazione del Pdl a Bari in cui attacca i giudici e dice no a Prodi. Il Pd da parte sua mantiene il veto a ogni governissimo. Bersani si autoesclude dalla corsa alla presidenza del Consiglio, ma esclude anche ogni accordo con i 5 Stelle.

Proprio quei 5 Stelle che fino a cinque minuti prima Bersani aveva inseguito per un accordo sul governo! I cambi di strategia in politica sono veloci. Anche da parte del buon Bersani.

In ogni caso, nella casa di Enrico Letta a Testaccio emerge la possibilità di trovare "un nome condiviso" per il Quirinale fra Pd e Pdl.

Un presidente nominato dalla piazza: i grillini fanno le "quirinarie". Sì a Prodi

Il 12 aprile Grillo e Casaleggio organizzano le "quirinarie", votazioni via web dei militanti M5S, in cui votano quasi cinquantamila persone per indicare il nome del presidente: Bonino, Caselli, Fo, Gabanelli, Grillo, Imposimato, Prodi, Rodotà, Strada, Zagrebelsky. Su Prodi Grillo lancia un amo: "Se il Movimento dovesse scegliere Prodi, noi voteremmo per lui". Alla fine il candidato dei 5 Stelle è il giurista Stefano Rodotà. Ma il nome di Prodi, che resta lontano dall'Italia, rimane nell'aria.

Nuovo incontro con Berlusconi.
Sì a Marini.
Impallinato Marini

Di nuovo Bersani e Berlusconi, il 17 aprile. Viene evocato Amato, ma alla fine, prevedendo un muro contro Amato nella sinistra, il capo del Pdl indica Franco Marini. Sembra fatta. Marini ha anche il gradimento di Lega e Scelta civica. E a Bersani va benissimo. Secondo la legge non scritta di un'alternanza al Quirinale e di un equilibrio fra Colle e Chigi, Marini come cattolico sarebbe perfetto quale successore a Napolitano e Bersani a sua volta sarebbe il perfetto alter ego di Marini a Chigi.

La sera stessa del 17 aprile, al Teatro Capranica, si svolge l'assemblea dei 495 grandi elettori di Italia bene comune, compresi quindi quelli di Sel. Bersani annuncia Marini prima del Cavaliere (o almeno così crede) in modo da non apparire subalterno, ma la sua frase "Quella di Marini è la candidatura più in grado di realizzare le maggiori convergenze…" viene interrotta dai fischi. In realtà Berlusconi, nonostante l'accordo con Bersani, dà lui l'annuncio con un flash di agenzia: "Abbiamo trovato l'accordo con Bersani, votiamo Marini". Quindi la decisione appare come una sua vittoria. O almeno così il Pd cerca di farsi una ragione della contestazione.

Sandra Zampa interviene a nome dei prodiani: "Non voterò mai per uno di quelli che hanno affossato l'Ulivo". Sono contro i "Giovani Turchi" di Orfini, contro è Vendola che addirittura lascia l'assemblea. Ma il meglio di sé lo dà Matteo Renzi, che ha ritrovato la voce del rottamatore: "Votare Marini significa fare un dispetto al Paese. Ce lo vedete Marini con Obama?". Quest'ultima parte della frase ha a che fare con l'inglese. Sul web, dentro il partito, corre infatti l'irrisione del sindacalista abruzzese perché non parla inglese, segno del suo essere un uomo antico. Il che, detto dai noti conversatori anglofoni di casa nostra, è una penosa oltre che gratuita battuta.

"La rivolta che c'è stata su Marini ci ha colto così di sorpresa, anche perché noi la rivolta in casa ce l'avevamo su Amato. Mi arrivavano telefonate: 'Amato no, ti prego'. Il problema era Amato. Quindi il tradimento sarebbe stato designare Amato. Invece è abbastanza sorprendente quello che succede su Marini, e secondo me è un po' eterodiretto. Considera che quello è stato il primo grande movimento social che ha determinato un grande fatto politico. Non era mai successo prima che Twitter e Facebook si rivoltassero contro una cosa della politica." Parla l'ufficio dei comunicatori di Bersani. "Mi ricordo che Di Traglia chiude la telefonata che ha fatto per verificare se questo nome di Marini fosse plausibile e mi dice: 'Senti, butta giù dieci righe di curriculum di Marini perché se stasera ce le chiedono...'. Marini era un fondatore dell'Ulivo. Non sarà stato il più giovane, il più smart, però era un sindacalista, era un cattolico, era il segretario di uno dei partiti che avevano dato vita all'Ulivo e che al di là dei suoi scontri con Prodi... ma chi è che nell'Ulivo non aveva avuto degli scazzi con qualcuno? Marini non è stato anche con Berlusconi, o Casini o altri."

Ci sono altre osservazioni che vengono avanzate al Nazareno, per capire cosa sia successo. "Il gruppo parlamentare era appena stato eletto, ed era composto da molti giovani, venuti fuori dalle primarie che Bersani aveva in parte voluto, in parte era stato costretto a fare."

Sentivano la competizione o la pressione. "Si aspettavano da Bersani un'altra mandrakata, come le nomine di Boldrini e Grasso, nomine che spiazzassero i grillini."

Ma a questo punto il gioco di Bersani è un altro: "Portare a casa un accordo con Berlusconi sul presidente ma senza promettere niente a Berlusconi. Tanto, dopo il nuovo presidente si riaprono i giochi politici perché poi si formerà una nuova maggioranza che comporrà il governo".

I parlamentari invece percepiscono Marini come il presidente dell'inciucio, pensano "che Bersani abbia deciso di tradire, buttandosi con Berlusconi".

I social si imbizzarriscono, "arriva un mail bombing pazzesco sulle email istituzionali dei neodeputati che si spaventano. Gente come Stefano Bonaccini, segretario dell'Emilia-Romagna, bersaniano in teoria, fa il tweet 'FERMATEVI''. Come se ci fosse in corso una tragedia nazionale. Quindi proprio un pezzo di partito che o non capisce o si muove per altre ragioni. Considera tutto il lavoro di logoramento che i renziani hanno portato avanti affinché Renzi facesse il grande elettore, cosa che non stava né in cielo né in terra. Non è mai successo. Il Pd doveva designare il sindaco di Firenze come grande elettore invece di un consigliere regionale, perché? Perché è un politico importante? Vabbe'.

"È colpa anche del gruppo dirigente e Bersani, io do la colpa anche a loro, di non averla saputa spiegare. Quello è un momento di grande difficoltà e anche di ripiegamento di quel gruppo dirigente. Però sta di fatto che questa cosa non si capisce e anzi si capisce male. Di fatto viene affossata a furor di popolo. Cioè il gruppo subisce un condizionamento esterno. A un certo punto Bersani lo dice anche: 'Basta, spegnete questi telefonini. Ma è possibile?'. Poi considera che in questa piazza, a piazza Montecitorio, di fronte al Capranica c'era la manifestazione dei grillini che urlavano 'Rodotà, Rodotà'. Era una situazione anche un po' eversiva."

Erano quattrocento persone in quella sala al Capranica. Tutti eterodiretti? I sospettati ancora oggi sono i dalemiani o i renziani. Ma, stando ai numeri, è più plausibile una naturale convergenza tra insoddisfatti, a partire dagli ex popolari comprensibilmente scandalizzati per l'imprudenza con cui Franco Marini fu mandato al massacro.

***

Marini viene comunque votato dall'assemblea con 222 voti, che sono meno della metà dei votanti. Ma il giorno dopo, il 18, quando inizia la seduta dei grandi elettori a Montecitorio, nessuno è tranquillo.

Il quorum richiesto nei primi tre scrutini è molto alto (675 voti) ma se tutti i gruppi politici che hanno detto di votare Marini (Pd-Pdl-Sc-Lega-altri) confermassero il voto nel segreto dell'urna, non ci sarebbero problemi: sono 739 voti su 1007 i potenziali suoi elettori. Invece, alla conta che segue la prima "chiama", a Marini mancano ben 218 schede: un numero di franchi tiratori mai raggiunto prima. Marini raggiunge 521 voti su 999 votanti, di poco sopra al quorum sufficiente solo dal quarto scrutinio in poi (504 voti). Una terribile sorpresa e un'orribile umiliazione per Franco Marini. Un uomo dalla tempra montanara, uomo di popolo, sindacalista dei migliori tempi della Repubblica. Non lo meritava.

I voti raccontano la dispersione delle scelte dell'aula: Rodotà, che dovrebbe prendere i voti di M5S e Sel, ottiene 240 voti (32 in più), Chiamparino 41 (sono i renziani), Prodi spunta con 14. Risulta chiaro che i 218 cecchini sono del Pd. Il partito di Bersani sceglie la ritirata: fa votare scheda bianca al secondo scrutinio. Come faranno anche Pdl e Scelta civica.

Altra sconfitta bruciante di Bersani. Ma stavolta non è solo. Tutto il Pd brucia. Il partito è in balìa di isterismi e proteste sul web ma anche nei gruppi e nelle improvvisate riunioni. Il segretario comincia a pensare alle dimissioni, secondo i suoi amici. "Secondo me Bersani capisce anche che la sua segreteria a quel punto è finita, ben prima dei 101." Perché? "Perché il suo candidato era Marini. Il candidato che gli avrebbe anche consentito di ripartire come candidato premier, come premier incaricato, avendo una maggioranza istituzionale che poteva consentire di creare una maggioranza politica. Era Marini proprio perché lui aveva fatto l'accordo con Berlusconi, ma una volta eletto Marini poteva provare a fare il governo di cambiamento senza Berlusconi. Però niente, lui capisce che il partito non lo segue su questa cosa. Praticamente non lo ha seguito sul mandato che gli ha dato. Quindi decide di cambiare schema per salvare la possibilità di portare uno del Pd al Quirinale a questo punto".

Nella trattativa, Silvio sembra molto deciso: gli viene proposto un noto e stimato giurista, Sabino Cassese, ma il Cav dice di no a lui e all'altro nome, Sergio Mattarella. Voci insistenti, ma non confermate, parlano di un incontro notturno fra Berlusconi e D'Alema. Il segretario decide di riprendere in mano la trattativa e annuncia a Berlusconi che il Pd voterà Prodi. La trattativa Pd-Pdl si chiude.

Cambio di strategia

La sera in cui viene affondato Marini c'è di nuovo una riunione dei big, ancora più ristretta del cosiddetto "caminetto". Era una sorta di cabina di regia, un'unità di crisi con Errani, Migliavacca, i capigruppo, quindi Speranza e Zanda, Letta e la Bindi. E lì decidono di cambiare schema e quindi di arrivare alla votazione in cui il quorum si abbassa e proporre un candidato che ricompatti il Pd – anche perché la paura che hanno a questo punto è che il Pd esploda, cioè che cominci a votare dieci candidati diversi.

Così viene fuori la proposta di Prodi.

In questo passaggio si incontra un racconto di cui però non trovo conferma, anche se molti lo ripetono a dispetto delle smentite.

"Bersani decide a questo punto di fare le primarie interne proprio per togliere ogni alibi ai deputati, e aveva fatto preparare le schede e l'urna." Quattrocento schede bianche, pronte per essere riempite dai grandi elettori. La sala è sempre l'ex Teatro Capranica.

Telefona a Marini e gli dice, nel suo interesse, che i suoi voti non sarebbero cresciuti.

Poi all'assemblea propone di votare scheda bianca e aspettare il quoziente più basso, e a quel punto di votare un candidato scelto dal gruppo, mutuando il meccanismo delle primarie.

Si sparge la voce che le schede serviranno per vari candidati e che D'Alema e Prodi abbiano persino concordato una modalità: verranno presentati e sostenuti da due grandi testimonial. Bersani per Prodi e Anna Finocchiaro, capogruppo del Pd al Senato, per D'Alema.

Il racconto di uno dei dirigenti: "Il gruppo più ristretto alla testa del Pd sapeva che dopo che Bersani avesse proposto Prodi, la Finocchiaro avrebbe proposto D'Alema. Forse perché avevano preso atto di una volontà di tentare da parte di D'Alema e dei dalemiani. Si sarebbe dunque proceduto a una votazione tra questi due candidati ed eventuali altri che venissero avanzati dal gruppo, proprio con una modalità da seggio elettorale, come si usa nei gruppi quando si elegge il capogruppo." Sta di fatto che non appena viene pronunciato il nome di Prodi parte un'ovazione. Alla Finocchiaro viene nei fatti impedito di parlare e Prodi viene candidato per acclamazione.

Una parte dei grandi elettori inizia ad applaudire, ad alzarsi in piedi. Urlano: "Prodi, Prodi".

Tutti coloro che erano lì in quel momento hanno lo stesso ricordo: la reazione di plauso, Andrea Marcucci, "che è un omone, che dalle retrovie comincia ad avanzare a braccia alte, chiamando la claque. Insomma, c'è proprio una plateale adesione del gruppo a questa proposta di Prodi".

Non è chiaro se Bersani abbia provato a procedere comunque con la votazione. Quel che è certo, è che non ebbe luogo. Convinto anche che Prodi potesse raccogliere un consenso trasversale, pescando tra alcuni settori del centro, a partire dal bolognese Pier Ferdinando Casini, e alcune frange dei 5 Stelle. Anche considerato che Prodi era anche uno che era stato votato nelle loro "quirinarie".

E invece.

La trappola per Prodi accende i motori

Anche i più distratti consumatori di news sanno che il professore è in Mali, Africa, per lavoro. Viene contattato al telefono. "E lo sventurato rispose." Il tritacarne si rimette in moto. Obiettivamente: poteva forse dire no, Prodi? Con quale presunzione, sia pure a fini di autopreservazione, il fondatore dell'Ulivo poteva non sporcarsi le mani, senza portarsi la colpa finale dell'affossamento di quel che restava del suo mondo?

Negli anni il professore, come lo chiamano con più affetto (invece di presidente) i suoi più vicini, ha spesso accarezzato l'idea di ascendere al Colle, ma quasi con pudico imbarazzo. Come Marini, anche Prodi non meritava l'epilogo che tutti ben conosciamo.

D'altra parte tutti lo invocano. Anche se spesso per ragioni opposte.

Bersani perderebbe Chigi nel caso di una salita al Colle di un uomo del suo partito, ma non è del tutto vero, dato che Prodi è un cattolico, e dato che Napolitano venne eletto da un governo di centrosinistra. In ogni caso, che resti o meno in corsa come possibile premier, l'elezione di Prodi, cioè del padre dell'Ulivo, sarebbe una vittoria morale di enorme peso per la carriera del segretario.

Persino Renzi, per una volta, è d'accordo a votare Prodi, come annuncia a Roma ai suoi trentacinque parlamentari, nella cornice del ristorante Eataly di Farinetti, un suo sostenitore. "Si vota Prodi", dunque per i renziani.

In realtà Renzi teme che Prodi presidente potrebbe dare vita, come vuole Bersani, a un governo di legislatura, cosa che consoliderebbe il segretario. Mentre lui intende sfruttare la crisi, terreno favorevole per le sue manovre.

***

È venerdì 19 aprile. Per il Pd è tempo di dar seguito alle proprie decisioni, contestate dai 5 Stelle, che in piazza Montecitorio presidiano il Parlamento. Non si ricorda, a memoria di commentatore politico, un'elezione presidenziale così seguita. Le piazze, le assemblee, i cronisti sui social, le televisioni accese in diretta nelle case delle famiglie italiane.

Per la prima volta l'elezione di un presidente diventa un affare di grande pubblico, e una sorta di show.

Alle 8.15 il Teatro Capranica si riempie dei grandi elettori del Pd. Bersani prende la parola e dice: "C'è un solo candidato, per noi, al Quirinale, vi propongo di votarlo". Applausi a scena aperta, evviva, onorevoli che si alzano in piedi, felici ed entusiasti. È una standing ovation. Una scelta per acclamazione. Alle 8.45 Prodi viene indicato unico candidato, l'assemblea è finita.

Intanto, si sono fatte le 10 del mattino e, a Montecitorio, è iniziato il terzo scrutinio. Il Pd vota scheda bianca anche stavolta, attendendo la quarta votazione, quella decisiva perché basta la maggioranza assoluta, 504 voti, per eleggere il presidente della Repubblica. Pd e Sel hanno 496 voti, ne bastano una manciata in più, da pescare tra i centristi moderati e cattolici dell'Udc, di Sc, del Pdl. Tutto a posto, ancora una volta: il Pd non chiede i voti mancanti, di nuovo fiducioso.

Monti convoca una conferenza stampa lampo in cui conferma che il suo partito voterà Rosanna Cancellieri. I grillini continueranno a votare Stefano Rodotà, che non ha intenzione di ritirarsi. Il Pdl, in modalità scontro aperto, annuncia che al momento del voto uscirà dall'aula (un'altra prima assoluta nella storia repubblicana).

Sarà Laura Boldrini, eletta da pochi giorni, a dare, con voce ancora incerta del suo ruolo, il conteggio finale dei voti. Su 732 votanti Prodi ha 395 voti – 101 in meno della somma potenziale. E vengono evidentemente tutti dal Pd. Rodotà: 213, cioè 51 in più di quelli del M5S; Cancellieri: 78, 9 in più di quelli di Sc; D'Alema: 15, altri: 12, schede bianche: 15.

Mancano i voti del Pd. Un minuto dopo, da Firenze, Renzi dice: "Purtroppo Prodi non è più candidato". Prodi nel frattempo telefona dall'Africa e dice: "Non sono disponibile".

Nasce così la leggenda dei "101"

Si dice che i voti mancanti sono in realtà almeno 120-150, perché alcune schede col nome Prodi arrivano dai grillini. Ma che importa il numero? Il Pd è nel suo momento peggiore: accuse vicendevoli, falsità, sospetti, a lungo tenuti riservati, si rivelano adesso al grande pubblico. L'assemblea quella sera del voto si scioglie tra risate e battute per i grandi elettori, molti dei quali vanno via alla spicciolata. I dalemiani e i renziani sono sotto accusa e si rimbalzano le colpe a vicenda. E si difendono anche, ricordando cosa è successo in assemblea al Capranica, gli accordi non rispettati, il grande bluff organizzato a favore di Prodi. Volontario o meno?

Chi è colpevole, chi sono i traditori? I 101? La domanda eccita tuttora gli appassionati di politica.

Un dirigente vicino a Bersani racconta alla fine tutta la storia dei voti, che abbiamo fin qui riportato, dandone una spiegazione un po' salomonica ma in fin dei conti più politica di ogni altra. "Io non credo alla manovra di D'Alema. Invece vedo degli scontenti – adesso ti dico anche quali – che si espressero prima su Marini ma poi soprattutto su Prodi. Perché la vera vittima poi fu Prodi.

"Quella mattina lì, poi fattela raccontare da Bersani, l'accordo della sera prima era che se fosse nata una discussione intorno al nome di Prodi ci sarebbero state delle primarie interne al gruppo parlamentare del Pd. Insomma, se ci fossero stati altri nomi, compreso quello di D'Alema. Forse D'Alema qualche pensiero ce l'avrebbe fatto, c'era chi lo proponeva.

"Bisogna capire che lo schema Prodi era anche uno schema di stabilizzazione.

"Tieni conto che al pallottoliere e alle relazioni c'era la classica squadra di Prodi: Parisi e tutto il resto. Dunque gente che sapeva contare. Secondo me i 101 erano in buona parte i renziani, buona parte dei Giovani Turchi, che non erano pochi e quel gruppo lì era uscito rafforzato dalle primarie. Poi i giovani, quelli della Cgil..."

Però i Giovani Turchi volevano D'Alema. "Esatto. Ma per i Giovani Turchi, funzionava un doppio meccanismo. Da una parte un'insoddisfazione verso la segreteria Bersani perché si sentivano esclusi. In realtà avevano dei ruoli perché Orlando aveva la delega alla giustizia ma non si sentivano valorizzati. E quindi erano quarantenni, cinquantenni, che volevano farsi spazio. E dall'altra parte guardavano con simpatia a D'Alema. Poi c'era un generale malcontento."

Dunque funzionava così: "Renzi con Prodi non sarebbe cresciuto tanto e inoltre lui voleva mandare a casa Bersani, finirla con l'epoca Bersani. Quindi c'era il no a Prodi perché era la stabilizzazione; poi c'era un no a Prodi perché è meglio D'Alema ma senza pensare al complotto. Perché Prodi comunque aveva un filone critico dentro al Pd, e comunque no a Prodi così la finiamo con Bersani. Però il nodo politico è la stabilizzazione. Anche all'interno della vecchia generazione.

"Infine non dimentichiamoci che Renzi coltivava già allora... – la voce circolava addirittura anche sulla stampa – ma l'ipotesi era irrealistica – una chiamata di Renzi dopo Bersani."

***

In ogni caso, tanti anni dopo, ogni risposta alla domanda sui 101 è irrilevante.

La lezione di quel voto è stata pagata soprattutto da persone cui poteva esser evitato il disastro.

Prodi è stato preso in mezzo dagli odi incrociati di tutte le correnti, ed è stato utilizzato come capro espiatorio, mentre veniva eliminato dalla corsa presidenziale e offeso.

Bersani si è rivelato un pessimo organizzatore, che ha avuto più fiducia nel partito di quanto meritasse. Fugge via da Montecitorio, quella sera. Annuncerà le sue dimissioni alle 22.30, in una *triste solitaria y final* riunione al Capranica, e le formalizzerà il giorno seguente.

Qualcuno applaude, in segno di stima. Il segretario dimissionario trova infine le parole di verità che non ha saputo dire per mesi, preoccupato com'era di tenere insieme il partito: "Non tutti hanno il diritto di applaudire, qui dentro. Uno su quattro di voi è un traditore, e chi ha tradito è meglio che tenga le mani a posto. C'è una pulsione a distruggere, in questo partito, e senza rimedio".

Noi lasciamo qui questo capitolo, che non a caso abbiamo chiamato "Omicidi, suicidi e altre piccole infamie". Lavorandoci ho fatto un'immersione nella doppiezza, fragilità e mancanza di coesione di un partito che pure è stato per anni un caposaldo della politica italiana e che continuerà a esserlo per gli anni a venire. Ma che in diciotto settimane ha per la prima volta esposto senza mediazioni la profondità della sua crisi.

È da questa crisi che nasce la rielezione di Napolitano,

e la nomina al governo di Enrico Letta. Ne parleremo nel capitolo seguente.

Conclusioni
Napolitano e Bersani

Facciamo qui un bilancio sul punto più delicato da affrontare in questa vicenda: il ruolo avuto da Napolitano nel guidare questa crisi – dopo aver esercitato una sicuramente "vigorosa" guida nel favorire le dimissioni di Berlusconi e la formazione del governo Monti.

Sul suo ruolo in quelle poche settimane dopo le elezioni del 2012 ci sono ancora oggi valutazioni molto distanti. La più benevola è che il presidente abbia all'epoca commissariato tutti – partiti, istituzioni, e regole –; la più eclatante è che Napolitano abbia manovrato – dopo l'operazione che portò alle dimissioni di Berlusconi – per essere rieletto, al fine di concludere il suo grande progetto: cambiare il sistema politico italiano con un percorso di riforme istituzionali.

In questo lavoro ho sempre tenuto presente entrambi questi giudizi per vedere quali tracce emergessero.

Le mie conclusioni, basate su quello che ho potuto trovare nelle testimonianze o verificare nelle circostanze, sono che di complotti non c'è traccia.

La figura di Napolitano tuttavia è dominante. E lo diventa sempre più nei successivi sommovimenti del sistema politico. A un certo punto, sul finire della presidenza, il suo interventismo si fa molto accentuato, dovuto anche all'ingorgo istituzionale, a una crisi di governo che cade nel suo semestre bianco, e accavalla l'elezione del nuovo presidente alla nomina di un nuovo governo.

Ma questo agire non è nascosto: Napolitano agisce cioè in coerenza con le sue analisi sullo stato di salute della Repubblica; e con le sue convinzioni profonde su come far uscire il Paese dalla crisi. Queste analisi, e queste convinzioni, sono tutte pubbliche, scritte e pronunciate in tante occasioni: di cui un ultimo esempio è il discorso alle Camere proprio dopo la sua rielezione. Discorso duro e franco, al limite dell'offesa. Analisi che peraltro lo sviluppo successivo della vita politica del Paese non ha smentito, se è vero quello che stiamo raccontando, cioè la progressiva erosione delle istituzioni dopo il fallimento, del 2011 appunto, di vent'anni di bipolarismo.

La domanda vera da farsi è se il vigore del suo interventismo non abbia accelerato tale crisi.

La discussione possibile è se per lui ci fosse un'alternativa alla strada che indicava. O se anche soltanto accettasse suggerimenti in merito.

Su questi passaggi un giudizio è possibile darlo, senza vilipendio. Il caso Bersani, nel post-elezioni del 2012, dimostra chiaramente come il presidente non sia stato disponibile ad ascoltare la via che il segretario del Pd, che pure era il vincitore relativo delle urne, proponeva, ma nemmeno a provare alternative, o facilitare diversi tentativi.

Il risultato fu un lungo percorso inutile perché non portò a nessun successo di Bersani, ma nemmeno dell'area politica vecchia che aveva comunque vinto, o delle nuove che erano emerse col voto.

Al contrario, i risultati elettorali del 2013 appaiono a Napolitano quello che aveva sempre denunciato: un rischio per la tenuta del Paese. Ci sono pochi dubbi che quelle elezioni cambiarono il panorama politico, e accelerarono la crisi dei partiti tradizionali, e delle istituzioni. Come si testimonia, in maniera parziale, in questo libro.

Ma Napolitano aveva una sola soluzione: una fase di grande coalizione che riscrivesse le regole istituzionali per rendere più solido il governo del Paese. Era davvero questa la migliore?

Il tempo successivo proverà che forse era una buona soluzione, ma era nella realtà impraticabile. Dopo aver fatto cadere Bersani, Napolitano scelse velocemente Letta con l'incarico di formare una grande coalizione che facesse le grandi riforme. Peccato che questa grande coalizione si rivelò impossibile e divorò un altro premier, Enrico Letta.

Di questo, nel prossimo capitolo.

3.
Governo Letta.
All'ombra della sfortuna

Parte 1
Il governo che il presidente voleva

"Il mio governo è stato come le montagne russe, un governo che per certi versi, diciamo, non è stato favorito da niente, neanche dal fato. Perché la storia di Berlusconi... la sentenza di Berlusconi, te l'ho detto subito, è stata la cosa che ha fatto subito andare su un piano inclinato tutto e penso che sia stata una cosa che Napolitano non si aspettava, che Berlusconi non si aspettava, che io non mi aspettavo. Francamente nessuno se lo aspettava." Parole di Enrico Letta.

***

Enrico Letta viene incaricato da Napolitano il 24 aprile 2013. Il giuramento è il 28 aprile. Si dimette il 14 febbraio 2014.

Poco meno di dieci mesi. Devastati da una serie di infortuni e sfortune, la maggior parte dei quali non attribuibili al premier, ma all'impossibilità politica di convivere in una grande coalizione.

Eppure una grande coalizione è esattamente ciò che il presidente considera necessario.

Tutto il suo pensiero, il suo operato, dal governo Monti fino alla sua rielezione, è espresso con mirabile rabbia dallo stesso presidente quando in aula avvia il nuovo settennato, fustigando gli stessi membri del Parlamento che lo hanno appena rieletto – un Catone del nuovo millennio.

"Negli ultimi anni, a esigenze fondate e domande pressanti di riforma delle istituzioni e di rinnovamento della politica e dei partiti – che si sono intrecciate con un'acuta crisi finanziaria, con una pesante recessione, con un crescente malessere sociale – non sono state date soluzioni soddisfacenti: hanno finito per prevalere contrapposizioni, lentezze, esitazioni circa le scelte da compiere, calcoli di convenienza, tatticismi e strumentalismi. Ecco che cosa ha condannato alla sterilità o a esiti minimalistici i confronti tra le forze politiche e i dibattiti in Parlamento. [...] Molto si potrebbe aggiungere, ma mi fermo qui, perché su quei temi specifici ho speso tutti i possibili sforzi di persuasione, vanificati dalla sordità di forze politiche che pure mi hanno ora chiamato ad assumere un ulteriore carico di responsabilità per far uscire le istituzioni da uno stallo fatale. Ma ho il dovere di essere franco: se mi troverò di nuovo dinanzi a sordità come quelle contro cui ho cozzato nel passato, non esiterò a trarne le conseguenze dinanzi al Paese."

L'analisi continua con una franca descrizione dell'impasse politico del sistema dei partiti: "Sulla base dei risultati elettorali – di cui non si può non prendere atto, piacciano oppur no – non c'è partito o coalizione (omogenea o presunta tale) che abbia chiesto voti per governare e ne abbia avuti a sufficienza per poterlo fare con le sole sue forze. Qualunque prospettiva si sia presentata agli elettori, o qualunque patto – se si preferisce questa espressione – si sia stretto con i propri elettori, non si possono non fare i conti con i risultati complessivi delle elezioni. Essi indicano tassativamente la necessità di intese tra forze diverse per far nascere e per far vivere un governo oggi in Italia [...]. Il fatto che in Italia si sia diffusa una sorta di orrore per ogni ipotesi di intese, alleanze, mediazioni, convergenze tra forze politiche diverse, è segno di una regressione, di un diffondersi dell'idea che si possa fare politica senza conoscere o riconoscere le complesse problematiche del governare la cosa pubblica e le implicazioni che ne discendono in termini, appunto, di mediazioni, intese, alleanze politiche. O forse tutto questo è più concretamente il riflesso di un paio di decenni di contrapposizione – fino allo smarrimento dell'idea stessa di convivenza civile – come non mai faziosa e aggressiva, di totale incomunicabilità tra schieramenti politici concorrenti".

È il ribaltamento di tutto quello che si è predicato fino a questo punto, a destra come a sinistra: la lotta politica come contrapposizione. Accusata ora di aver portato "allo smarrimento dell'idea stessa di convivenza civile", e alla "regressione" di una politica che non sa riconoscere la necessità di "mediazioni, intese, alleanze politiche".

Di queste si fa carico ora nel nuovo ciclo il presidente in prima persona, nominando "l'unico governo possibile": "Non c'è bisogno di alcuna formula speciale per definire la natura di questo governo: è un governo politico, formato nella cornice istituzionale e secondo la prassi della nostra democrazia parlamentare; è un governo nato dall'intesa politica tra le forze parlamentari che insieme potevano garantire e garantiranno al governo la fiducia nelle due Camere, come prescrive la nostra Costituzione; era ed è l'unico governo possibile, un governo la cui costituzione non poteva tardare oltre nell'interesse del nostro Paese e nell'interesse dell'Europa".

A dispetto del fastidio con cui parla di questa formula, nonostante il suo desiderio di non rimanere intrappolato in discussioni astratte sul tipo di governo, non si può evitare di prendere atto che il passaggio segna un'evoluzione inedita del nostro ordinamento politico.

In primo luogo nel ruolo del presidente della Repubblica che, da rappresentante dell'unità nazionale, diventa motore dell'azione politica di governo, tracciandone scenari, alleanze e linee di azione. Se si aggiunge che questo nuovo ruolo coincide con la rielezione di Giorgio Napolitano, un fatto senza precedenti nella storia della Repubblica, è evidente che la figura del presidente diventa forte e prevalente nella nostra piramide politica.

Giorgio Napolitano rafforzerà poi questo ruolo eccezionale in una consuetudine – intervenendo per sostituire Letta con Renzi, senza aprire crisi che potrebbero portare a elezioni. E Mattarella a sua volta ricorrerà allo stesso sistema quando Renzi si dimette, nominando Gentiloni.

Insomma, cambia il ruolo del presidente del Consiglio, che pur votato dal Parlamento raccoglie questo voto non come accordo lavorato fra i partiti, ma come ratifica di un'indicazione del presidente della Repubblica. Con la conseguenza che i partiti si indeboliscono ulteriormente, così come il mandato degli elettori.

Il governo Letta è dunque un inedito nella storia repubblicana. Nasce con un incarico pieno e un programma già fatto. Ovvero l'applicazione di un accordo Pd-Pdl che il segretario del Pd, che pure aveva vinto le elezioni, non volle usare per andare a Palazzo Chigi. Da "mai alle grandi intese", "mai un governo Pd-Pdl", si passa al primo governo politico nella storia della Repubblica che riunisce ministri di destra e di sinistra. Formula che nemmeno il "compromesso storico" aveva legittimato. Il Partito comunista non partecipò mai a un governo "misto", o, come poi è stato chiamato, "di larghe intese".

***

Eppure, si capisce bene perché Napolitano considerasse Letta l'unica scelta possibile. Per il presidente, il giovane politico ha le caratteristiche per perseguire queste larghe intese – ha un carattere riflessivo e cauto, e una formazione intellettuale centrista ereditata da Andreatta, cioè moderata ma aperta. È un uomo di sinistra ma non quel tipo di sinistra in cui il presidente ha perso fiducia: quella delle derive estremiste che lui vedeva nell'alleanza di Vasto, proposta da Bersani, ad esempio, o nell'accordo con i pentastellati. L'effetto combinato delle affrettate dimissioni di Berlusconi, il malfunzionamento del governo Monti, l'affermarsi di un populismo sempre più antieuropeo aggiunti al fallimento di Bersani, al voto dei 101 e alla sua stessa rielezione sono solo una prova agli occhi del presidente che la soluzione è la costruzione di nuove geometrie "inclusive" della destra.

Purtroppo gli eventi lavoreranno contro questo progetto. Dimostrando che la formula non è fatta per reggere la guida del turbolento cambiamento in corso in Italia.

Un avvio col botto. In ogni senso

"A proposito del governo nato sotto le peggiori congiunzioni astrali," riprende il suo racconto un collaboratore stretto di Letta, "il giorno del giuramento eravamo al Quirinale e il governo stava giurando e si è diffusa la notizia che c'era un attentato, non meglio precisato, a piazza Colonna sotto Palazzo Chigi! I ministri e il presidente furono presi in carico dalla sicurezza. La notizia arriva dalla sala stampa del Quirinale. Sappiamo che era già andato via il sottosegretario Patroni Griffi, Enrico non lo vedo. Tutti gli altri presenti, noi veniamo portati via – fisicamente! Io, pensa, ero con i miei genitori che mi aspettavano sotto, e la sicurezza di Palazzo Chigi, che era in contatto con la segretaria di Enrico, ci chiamò per dire che ci dovevamo far trovare al largo Fontanella Borghese. Mi lasciarono lì i miei, e venne una macchina con due poliziotti armati con il mitra dai due finestrini, e noi tre dietro: io, Debora e, mi sembra, la mia vice, adesso non mi ricordo, certamente io e Debora, e siamo entrati con le sirene spiegate a Palazzo Chigi con questi mitra!"

Ma a dispetto di tutti questi inciampi, due mesi di stallo e anche un attentato, le cose per il nuovo governo vanno rapide.

L'incarico è arrivato con una velocità che prende di sorpresa lo staff di Letta: "A partire dalla rielezione di Napolitano, la sera stessa cominciano a chiamarmi i giornalisti. Enrico non diceva nulla, non dice mai niente. E per i giornalisti diceva: 'No, prendi tempo', 'No no, stempera, sminuisci il mio ruolo'. La sera prima, il martedì, noi eravamo a cena tutti insieme, nessuno immaginava l'incarico, intuivamo qualcosa, ecco. Poi un sito scrisse Amato e io andai a dormire, e di notte uscì la notizia, e credo fu 'Avvenire' a scrivere Letta per primo. La mattina molto presto c'è un messaggio di Enrico: 'Ci vediamo oggi' e poi: 'Ci vediamo alle 13 alla Camera' e lui andò con la sua segretaria, Debora, con la Panda, come si faceva sempre allora, no?". In quel clima di antipolitica, con la Panda personale, va all'incontro con Napolitano per l'incarico. Enrico accetta.

Come è preso l'incarico a Letta dentro il Pd?

Nel capitolo precedente avevamo lasciato Letta nel mezzo del fallimento della premiership di Bersani e della decisione, in un caminetto del Pd, di chiedere a Napolitano di ricandidarsi. Lasciandosi quella sera, ci raccontano i bersaniani, Pier Luigi dice a Letta: "Sai che ora tocca a te?". Glielo dice sulle scale, come un ultimo saluto.

È probabile che Pier Luigi in quei momenti stia soffrendo. Quando ho chiesto a una sua amica: "Pier Luigi è uno che soffre?" mi ha risposto enigmaticamente: "Non lo so, perché quando soffre sparisce dalla circolazione".

In ogni caso nulla di quello che ho sentito, nelle conversazioni per scrivere questo libro, fa pensare che la transizione fra i due sia stata aspra. La sera dei risultati di cui abbiamo parlato, il segretario gli lascia con facilità un vicariato importante in quel momento. Letta da parte sua fa ogni possibile gesto per sottolineare questa armonia.

Raccontano dal suo staff: "La prima cosa che fece preparando il discorso sulla fiducia fu aggiungere di suo pugno una frase 'Permettetemi, prima di iniziare, di ringraziare Bersani, che col suo esempio ha dimostrato il senso antico della parola lealtà, il valore antico della parola lealtà'. Posso garantirtelo io perché lo aggiunse a penna e toccò a me ritornare negli uffici appositi perché aggiungessero anche questo al testo ufficiale. E, se ricordi, a quella frase tutto il gruppo del Pd si è alzato in piedi, Bersani si è commosso, c'erano dei deputati poi diventati sottosegretari di Renzi che piangevano". Di questo applauso siamo stati effettivamente testimoni tutti.

La commozione dentro l'aula, dopo le tante tensioni del passato e anche i colpi dell'attentato a Chigi, è una sorta di serrate i ranghi, una specie di rappacificazione generale.

Letta dunque parte bene. E parte alla Letta, con passo misurato.

Dopo la fiducia, il 30 aprile, inizia un viaggio in Europa. Come aveva fatto del resto Monti. La continuità non è un segno da poco. Letta fa un tour europeo, per dare un segnale contro le molte spinte antieuropee che si avvertono nel Paese – quelle dei 5 Stelle e di una crescente Lega salviniana. Il pellegrinaggio è un silenzioso ma concreto modo di "riparare" la reputazione italiana messa da tempo sotto stress agli occhi degli alleati. Peraltro molti dei leader che visita – Merkel, Hollande, Van Rompuy, Barroso – li conosce già, per i suoi molti incarichi precedenti. L'Europa per Enrico, che ha trascorso l'infanzia a Strasburgo, è una seconda casa. Viaggiare sarà così uno dei suoi strumenti per far politica. Nel corso dei dieci mesi Letta farà nove viaggi (ma potrebbero essere di più, dipende dal metodo con cui si contano – dai più obbligati per un premier ai più singolari, tipo le Olimpiadi invernali a Sochi).

Quasi uno al mese. Qualcuno potrebbe dire che ne ha fatti fin troppi. Almeno un paio di volte si è trovato all'estero in momenti di crisi del suo incarico: era a New York per la settimana Onu, quando arriva dall'Italia la notizia che i ministri del Pdl si sono dimessi. Ed è in arrivo dai Giochi di Sochi (Russia) quando avviene fra Napolitano e Renzi un incontro di svolta che porterà Letta in poche settimane fuori da Chigi.

Ma per Letta questi viaggi sono il suo stile, nonché una *distinctive feature* su come va esercitata la premiership.

Il ritorno di un classico ulivista: il convento

Appena tornato dal viaggio in Europa, per prepararsi a tutte le maxitensioni che covano sotto le differenze di una coalizione così vasta e per certi versi senza un profilo istituzionale serrato, Enrico Letta porta il suo governo in un bel convento, convertito in resort, a Spineto, nel Senese. L'annuncio avviene via tweet: due giorni in Toscana per "programmare, conoscersi, fare spogliatoio".

Il ritiro non è una novità, ma una tradizione nel centrosinistra. Francesco Rutelli, come leader della Margherita riunì più volte i suoi a Fiesole. Proprio l'abbazia di Spineto, scelta da Letta, nel 2010 fu teatro di una riunione organizzata da Pier Luigi Bersani per i parlamentari. Il primato spetta però a Romano Prodi che organizzò il ritiro più famoso, quello del Castello di Gargonza, dove nel '97 chiamò a raccolta politici e intellettuali per il primo anniversario dell'Ulivo. Il fascino del "conclave" ogni tanto è stato sentito anche da Silvio Berlusconi, e Beppe Grillo.

Questo di Letta avviene di domenica e lunedì, il 12 e 13 maggio, "solo ministri", e ovviamente, in tempi di contenimento dei costi, "ognuno paga per sé".

Da lì uscirà la road map decisionale del nuovo esecutivo, ma anche, in termini di immagine, il nuovo volto di un governo in cui si sono uniti destra e sinistra.

È una strana piccola processione davvero quella che si presenta davanti all'edificio dell'abbazia del Nono secolo. Il primo ad arrivare in una Panda (ordinanza dei tempi) rossa è il neo nominato ministro dei Beni culturali Massimo Bray, con sacchetto e libro in mano. In un pulmino tipo transfer per aeroporto arrivano Letta, Angelino Alfano, Dario Franceschini e Maurizio Lupi, che si avviano chini sotto l'ombrello a coppie (miste politicamente), e dietro di loro dal secondo pulmino, in un'altra infornata mix, Emma Bonino, Beatrice Lorenzin, Cécile Kyenge, Gianpiero D'Alia, Mario Mauro, Enrico Giovannini. Delrio arriva dal Nord, e alla spicciolata Maria Chiara Carrozza, Fabrizio Saccomanni, Andrea Orlando. Sotto una doverosa pioggia in linea con la mestizia del viale di cipressi, alle 19 si aprono i lavori del nuovo pensatoio.

Accanto a Letta, al tavolo c'è il suo vice, Alfano, in pieno frullatore di polemiche per aver partecipato, l'11 maggio, alla manifestazione di Brescia a favore di Berlusconi contro i giudici.

Sì, perché già dal 1° maggio il leader del Pdl è stato ripreso dai vari fronti aperti in vari tribunali. Quando si parla di sfortuna, appunto. Ma questa non è sfortuna. È solo la naturale conseguenza delle cose.

La partecipazione alla manifestazione di Brescia di Alfano, ministro dell'Interno, oltre che vicepresidente del Consiglio, e dei ministri Lupi e Quagliariello entra nella discussione del programma, producendo un paio di punti programmatici chiaramente ispirati a favorire la convivenza dentro la coalizione: "Le nostre regole di linguaggio sono improntate sulla franchezza e lealtà reciproca, i ministri si occupano solo di governo", e "i ministri si occupano del governo con un impegno a stare fuori dalle vicende più prettamente politiche e partitiche a partire dalla campagna elettorale per le amministrative".

I primi cento giorni di provvedimenti sono incentrati su Imu, occupazione giovanile, fisco e riforma della politica. Inoltre, una commissione di esperti sarà nominata per le riforme costituzionali. Sarà presieduta dal premier ed elaborerà idee da consegnare ai presidenti delle Camere che a loro volta dovranno approvarle e consegnarle alla Convenzione.

Il governo si tara dunque su un arco temporale di diciotto mesi, cioè un anno e mezzo. Un traguardo che non raggiungerà.

Prima fase: onnipotenza

Ma le difficoltà al momento non si vedono. C'è dentro questo inizio tutta la missione del cambiamento del prossimo decennio, uno sforzo non da poco. Il cambiamento che profila il governo Letta non è così radicale come avrebbe voluto Bersani, ma assume comunque molte delle richieste che uscivano dal voto e dal successo dei 5 Stelle in particolare. Largo ai giovani e alle donne, prova ne è l'età dei ministri e il numero di donne scelte – si noti che anche il centrosinistra espresse molte donne (4 su 9) –; riduzione del gigantismo e dei costi della politica, abolizione delle Province, riduzione del numero dei politici, abolizione del finanziamento pubblico ai partiti; infine, meno tasse, più Europa, ma, soprattutto, la grande riforma, la riforma costituzionale, cui Napolitano aveva sacrificato molto.

Di questo periodo, nei suoi ricordi, Enrico Letta parla come del periodo dell'onnipotenza. "Fu legato al senso di grande coalizione con cui nei primi quattro mesi il governo visse. Fino alla sentenza di Berlusconi avemmo tre o quattro mesi quasi di onnipotenza. Sono stati il periodo nel quale si sono fatte tutte le cose che dicevo prima. Da qui nacque l'idea di dire: 'La riforma la facciamo talmente grande che cambiamo anche il modo di riformare'. E lì fu l'errore perché si sarebbe dovuto invece dire: 'No, la riforma la finalizziamo a questo, questo e quello'." Ma per gli errori c'è tempo.

Ben prima arriva la resa dei conti fra la Giustizia e Berlusconi, l'altro azionista del governo.

Ancora prima della riunione di Spineto, suonano due avvertimenti: l'8 maggio la Corte di Appello di Milano conferma la condanna di Berlusconi a quattro anni nel processo per i diritti Mediaset. Lui assicura subito: "Non farò cadere il governo". Ma il fatto che abbia evocato la possibilità è la prima avvisaglia di quale partita intenda effettivamente giocare. E infatti l'11 maggio il leader Pdl convoca una manifestazione dei suoi, dicendosi vittima della "giustizia tritacarne" come Enzo Tortora.

***

Dopo Spineto il ballo ricomincia: il 13 maggio, Ilda Boccassini mette sul tavolo, già ingombro, la sua requisitoria per la conclusione del processo Ruby.

La magistrata milanese fa cadere parole pesanti nel silenzio dell'aula. Nella villa di Silvio Berlusconi ad Arcore, dice, funzionava "un sistema prostitutivo organizzato per il soddisfacimento sessuale di Silvio Berlusconi". È provato, dice, "oltre ogni ragionevole dubbio". Nessun dubbio, ancora, sul fatto che "Ruby si prostituisse", e che abbia "fatto sesso con Berlusconi", "ricevendone dei benefici". E l'allora premier "sapeva che la ragazza era minorenne". E che la parentela con Mubarak fosse "una colossale balla", testuali parole del magistrato in aula, era perfettamente noto anche ai funzionari della Questura di Milano che dopo il fermo lasciarono andare la ragazza, agendo quindi per assecondare "l'interesse di Berlusconi" e non per presunte ragioni di Stato.

La sera prima, Canale 5 aveva mandato in onda uno speciale mirato a dimostrare l'innocenza del proprietario della rete e leader ora al governo. La pm chiede sei anni di reclusione e interdizione perpetua dei pubblici uffici, cinque per prostituzione minorile e uno per concussione.

Inizia così – e durerà fino a fine anno – un periodo che dal punto di vista politico somiglia a un ingorgo istituzionale, ma applicato alle sentenze che cominciano a fioccare sul leader del Pdl.

Se l'"ingorgo istituzionale" (verificatosi nel dopo elezioni e di cui abbiamo parlato nel capitolo precedente) è il sovrapporsi di due diverse scadenze politiche – nel caso specifico, nel 2013, la formazione del governo e l'elezione del presidente della Repubblica –, durante il governo Letta si forma un permanente ingorgo fra l'agenda politica e istituzionale del Paese, e Berlusconi e i suoi processi.

Seconda fase: prigionieri di Silvio

Nel mese di giugno l'imbuto dell'ingorgo giudiziario si restringe: il 19 giugno la Corte costituzionale respinge il ricorso di Berlusconi sul legittimo impedimento negato dal Tribunale di Milano in un'udienza del processo Mediaset. Il leader Pdl assicura: "Resto fedele al governo".

Il 24 giugno, Berlusconi è condannato in primo grado a

sette anni di reclusione e all'interdizione perpetua dai pubblici uffici, colpevole di concussione per costrizione e prostituzione minorile per il caso Ruby. Il processo, iniziato il 6 aprile 2011 con rito immediato e durato cinquanta udienze, si conclude con una sentenza davvero pesante per Silvio Berlusconi – i giudici gli danno una pena maggiore di quella richiesta dall'accusa. Inoltre è stata stabilita anche l'interdizione legale per la durata della condanna. I giudici hanno poi disposto il trasferimento degli atti alla Procura affinché valuti le presunte false testimonianze rese da molti testimoni. Si tratta di una sentenza di primo grado, che non diventa esecutiva fino al passaggio in giudicato. In seguito il Cavaliere verrà assolto. Ma c'è ragione di temere, a questo punto, per la stabilità del governo Letta.

L'impatto della notizia si sente a Piazza Affari dove Mediaset perde più di cinque punti. Ma, soprattutto, in pochi minuti è sulle home dei principali quotidiani internazionali.

Un mese di fuoco per il Pdl. E anche se i toni della politica sono fino a quel punto ancora non minacciosi, il giorno dopo la sentenza, il 25, Letta e Berlusconi si incontrano.

Una lunga cena nell'appartamento del premier, durata circa tre ore, tecnicamente convocata in vista del vertice europeo del 27 e 28 giugno. Si discute di Europa, del rilancio dell'economia – nell'ordine, questa è la voce che filtra da Palazzo Chigi – ma soprattutto si è chiarito che non c'è volontà da parte del Pdl di far cadere il governo. Vista la scorta con cui Silvio partecipa alla cena – il vicepremier Angelino Alfano e l'ex sottosegretario alla Presidenza del Consiglio Gianni Letta, zio dell'attuale premier –, è ovvio che in campo sono scesi i mediatori e che l'argomento vero dell'incontro è la stabilità del governo.

Le informazioni finali sull'incontro fornite da Palazzo Chigi riguardano i progetti su cui c'è accordo dentro il governo. Interessante che si enfatizzino innanzitutto i punti d'incontro: rivedere in Europa il tetto del 3 per cento per il rapporto tra deficit e Pil, rilancio dell'economia, l'Iva. Non ci sono strappi, ma la discussione è lunga, e il leader Pdl ricorda che non arretrerà sulle misure economiche per le quali ha ottenuto milioni di voti. Attendiamo i fatti, avrebbe detto Berlusconi. Il giorno dopo, il Cdm conferma gli impegni presi durante la cena.

Insomma, risultati in cambio di stabilità: questo è l'accordo trovato. Per il momento Letta ne esce abbastanza soddisfatto. "L'appoggio del Pdl al governo non è da ritenersi affatto scontato e soprattutto non è incondizionato; ma al punto in cui siamo, sarebbe da veri irresponsabili far saltare tutto."

Nella stessa serata, alle 19 un gruppo di pro-Silvio si riunisce intorno a Giuliano Ferrara, che annuncia una manifestazione per il giorno dopo in un breve video dalla sua scrivania al "Foglio", in cui si mette un bel rossetto brillante rosso. "Siamo tutte puttane" è la convocazione per piazza Farnese. Arriveranno sostenitori, ma l'impatto mediatico viene da Francesca Pascale, fidanzata del Cavaliere, che si presenta a sorpresa. "Lei si sente una puttana?" le chiedono i giornalisti, alludendo allo slogan. Pascale "non vacilla", riferisce l'Ansa. "Io non mi sento una puttana e non lo è nemmeno Ruby." Rivela di non aver detto nulla a Silvio: "Se gli avessi detto qualcosa, lui si sarebbe preoccupato e mi avrebbe impedito di venire. Ma penso che per la prima volta avrei disubbidito perché oggi bisogna stare qui". Enigmatico, ma non troppo, arriva anche l'intervento del capo dello Stato: "Serve sempre rispetto e cura delle istituzioni, che sono capisaldi della vita e dello sviluppo di uno Stato democratico e di una società civile degna di questo nome," avverte Napolitano parlando al Cnr. "Le istituzioni," aggiunge, "chiedono che ci sia una qualificazione nella continuità, un continuo sforzo di autocorrezione, ma la continuità è un elemento essenziale. Non è immobilismo né conservatorismo."

Un altro colpo di sfortuna. Arriva dal Kazakistan

Non manca, nel già affollato calendario delle possibili crisi, una *spy story*, o meglio una *extraordinary rendition* che si colloca a metà fra pasticcio e servilismo diplomatico da parte del ministero dell'Interno. E che subito porta alla presentazione di una mozione di sfiducia nei confronti di Alfano da chi a sinistra vuole far cadere il governo.

La storia comincia con un'irruzione di cinquanta persone in borghese – agenti della Digos e della Squadra mobile della polizia romana – in una residenza di Casal Palocco. Si cerca un dissidente kazako, ma in casa ci sono solo una donna, Alma Shalabaeva, e una bimba. Sono la moglie e la figlia di Muxtar Äblyazov, milionario latitante, oppositore di Nursultan Nazarbaev, presidente del Kazakistan, eletto secondo metodi ben poco democratici con il 95,5 per cento dei consensi. L'intelligence del Paese è convinta che Äblyazov si nasconda in Italia, e ne chiede la cattura tramite il proprio ambasciatore il 28 maggio. La richiesta passa per il prefetto capo di gabinetto del Viminale, Giuseppe Procaccini: dunque, uno dei fedelissimi del ministro Alfano.

Fin qui è il solito flop dell'intelligence, peccato che il meccanismo non si fermi. La signora e la bambina vengono portate al Cie (Centro identificazione espulsione), dove resteranno tre giorni, senza cibo per quindici ore dopo la "cattura", prima di essere rispedite, il 31 maggio, nel Paese d'origine, tra le braccia del nemico giurato di Äblyazov. Il 12 luglio il governo revoca l'espulsione della donna e della bambina.

Scoppia il caso. Le opposizioni, Sel e M5S, chiedono le

dimissioni di Alfano, che va in Parlamento a chiarire: "Non ero stato informato io, né i miei colleghi, né il presidente del Consiglio". Il suo capo di gabinetto, Giuseppe Procaccini, si dimette con una lettera in cui dice di aver informato il ministro dell'incontro con l'ambasciatore kazako, per "parlare della ricerca di un latitante". Anche Renzi, in difesa della polizia, si unisce alla richiesta di dimissioni, tracciando un solco pubblico nel suo intervento tra la sua personale "vergogna" per quel che è successo, e l'opportunismo del governo.

Anna Finocchiaro (Pd) sostiene così che "sarebbe un atto di responsabilità istituzionale se Alfano rimettesse la sua delega nelle mani del premier". Stessa richiesta del candidato alla segreteria del Pd, Gianni Cuperlo.

Il caso scava una divisione dentro un Pd che si prepara al voto di nuove primarie l'8 dicembre, con Renzi principale candidato alla carica di segretario, e premier, come da statuto.

Il caso finisce in nulla. Durante la cerimonia del ventaglio Napolitano avverte: in caso di caduta del governo, "potrebbero essere irrecuperabili i contraccolpi sui mercati finanziari e nelle relazioni internazionali". L'assemblea dei senatori Pd decide di votare contro la mozione di sfiducia ad Alfano, con la motivazione: "I fatti descritti non sono tollerabili, ma l'estraneità di Alfano è inoppugnabile".

Decisivo per questa soluzione finale più che l'intervento di Napolitano è, tuttavia, l'intervento di Procaccini che, con le dimissioni, si è assunto tutte le responsabilità del caso.

Un ex ministro del Pdl – che sentiremo fra poco –, parte del governo Letta, di Procaccini dirà: "Ha provato di essere un vero servitore dello Stato".

Resta il fatto che per quella vicenda, ancora aperta dal punto di vista processuale, pagarono solo le forze di polizia.

Ma per il governo è un'altra prova di quanto fragile è il suo equilibrio.

Come fu la convivenza sotto il tetto di uno stesso governo fra un premier Pd e un leader Pdl a rischio di perdere la propria libertà e il proprio onore?

"Berlusconi a un certo punto mi disse: 'Tu devi fare una legge che mi salva' e io gli dissi di no. Il prezzo l'ho pagato lì, col mio rifiuto a fare porcherie." Anni dopo i ricordi di Letta si sono fatti un po' più facili da comunicare. Nelle molte conversazioni con gli amici ha lasciato un racconto molto chiaro di quel periodo.

Lo chiese proprio così l'intervento sulla giustizia, in maniera così diretta? "Nei vari incontri che facevamo, la richiesta politica era quella di dire: 'Questa azione [dei giudici, *N.d.A.*] è una provocazione'." Nel senso che lui sosteneva che quello contro di lui fosse un attacco ad personam? "Sì. 'È un attacco ad personam', quindi è giusto che ci sia un intervento normativo. Ovviamente, dopo vent'anni che avevamo fatto le battaglie contro le leggi ad personam, io gli dissi: 'Guarda, non ci sono margini'. Però gli dissi anche: 'Sbagli se fai cascare tutto, perché questo è uno schema in cui politicamente tu sei comunque dentro. Se fai saltare tutto esci, non pensare che ottieni le elezioni, che le vinci, che torni e che dopo la vittoria ti fai la tua legge. Perché non ci saranno le elezioni'. In questo ho avuto ragione. Nel senso che lui dopo ha fatto saltare tutto, e che ci ha guadagnato? Non ci ha guadagnato assolutamente nulla."

Ma la richiesta che fece a te di intervenire con i giudici pensi l'abbia fatta anche a Napolitano? "Non so francamente quante volte loro si vedessero e si parlassero. Non credo che avessero una frequentazione. Ovviamente ero io a vedere i leader della coalizione abbastanza frequentemente."

Non capisco. Berlusconi si aspettava o no dal governo di larghe intese una soluzione finale alla sua vicenda con la giustizia?

"Detto in sintesi, lui si sentì tradito. Lui pensava di aver fatto un gesto enorme nel far nascere questo governo e nel farlo nascere sostanzialmente senza condizioni. Nel senso che l'unica cosa che aveva chiesto era risolvere l'Imu [toglierla, *N.d.A.*]. Ma alla fine – io l'ho visto nella trattativa sui ministri – lui non ha posto alcuna condizione. I ministri del centrodestra li ho scelti io, di fatto. Ho creato una squadra che a me sembrava la più adatta allo spirito del progetto... una squadra fatta di giovani, di una nuova generazione. Di gente che non aveva conti aperti con storie passate. E alla fine era una bella squadra! Alfano, Lupi, Lorenzin, Quagliariello, tutta gente più che dignitosa, ha fatto un ottimo lavoro. Quindi lui non pose condizioni su nulla."

"Per esempio," continuano i ricordi di Letta, "quando feci la forzatura di mettere Cécile Kyenge come ministro dell'Integrazione – una decisione che agli occhi attuali sembra una provocazione totale, su cui la destra oggi insorgerebbe, nacque un governo con una persona di colore che misi apposta per dire: 'Entriamo in un mondo nel quale l'Italia multietnica deve riconoscersi in questo governo'. Sto dicendo tutto questo per far capire perché, quando arriva la sentenza, lì si sente tradito. Lui, Berlusconi. Quindi reagisce nel modo in cui sappiamo."

La condanna

I primi tre mesi del governo passano dunque faticosamente intrappolati dentro la personale vicenda di Silvio Berlusconi. Ma il peggio deve ancora venire: il 1° agosto il leader del Pdl viene condannato. La Cassazione conferma la condanna a quattro anni di detenzione, rinviando alla Corte di Appello la rideterminazione della durata dell'interdizione dai pubblici uffici. "Un accanimento giudiziario senza uguali," commenta Berlusconi in un video.

Per il leader del Pdl, che per tanti anni è riuscito a difendersi "dal" processo tenendo in piedi un'incredibile carambola di effetti e controeffetti, la condanna è un po' (come effettivamente sarà) la fine di quel gioco. L'atterraggio è rumoroso almeno quanto le polemiche che negli anni questo atteggiamento di Berlusconi ha alimentato.

Con un particolare non secondario. Silvio Berlusconi, a quel punto, è uno degli azionisti del governo; anzi è al governo come partner di un patto pubblico con la sinistra in un governo guidato da un democratico, benedetto e voluto dal presidente della Repubblica Giorgio Napolitano di formazione comunista.

Per misurare il clima in quel momento ci è di buon aiuto l'editoriale che scrive in quella occasione Ezio Mauro, sul suo giornale, "la Repubblica", dal titolo *Le conseguenze della verità*. Il lead è devastante:

> Il falso miracolo imprenditoriale che nella leggenda di comodo aveva generato e continuamente rigenerava l'avventura politica di Silvio Berlusconi ieri ha rivelato la sua natura fraudolenta, trascinando nella rovina vent'anni di storia politica travagliata del nostro Paese.
> Trascinando nella rovina, dunque, non solo Berlusconi ma vent'anni della nostra storia politica.
> La condanna diventa dunque definitiva, il crimine è accertato, e tutto il mondo oggi sa che Berlusconi ha frodato il fisco, la sua azienda, gli altri azionisti e il mercato, per costruirsi una provvista illecita di fondi neri all'estero da usare per alterare un altro mercato, quello delicatissimo della politica. [...] La posta in gioco era arrivare non alla condanna, come abbiamo sempre detto, ma alla sentenza. Dimostrare che anche in Italia vige lo Stato di diritto, e vale la separazione dei poteri. Confermare che per davvero la legge è uguale per tutti, com'è scritto sui muri delle aule di giustizia.

Mauro chiama in causa anche la corresponsabilità della politica tutta:

> Rivelatisi infine inutili anche i "mostri", che hanno menomato il processo ma non sono riusciti a ucciderlo, è scattato il ricatto psicologico su istituzioni deboli e partiti disancorati da ogni radice identitaria.

Il gioco del leader in queste istituzioni è chiaro secondo Mauro: giocare "come sempre da vent'anni tra la tentazione rivoluzionaria di rovesciare il tavolo nell'ultima ordalia e la prudenza democristiana di restare aggrappato al legno del governo come all'ultimo spazio possibile di negoziazione". L'unica salvezza "è leggere con spirito di verità quanto è avvenuto in questi anni e la Cassazione ha certificato ieri", perché

> non è la destra che deve decidere se può restare al governo dopo questa sentenza. È la sinistra. Perché la pronuncia della Cassazione non è politica: ma il quadro che rivela è politicamente devastante. Per questo chi pensa di ignorarlo per sopravvivere avrà una vita breve, e senz'anima".

Questo significa dunque restare con Berlusconi: sopravvivere, "ma per una vita breve e senz'anima". E chissà se questo presagio non abbia trovato un angolo dove piantarsi nella testa del premier, devoto lettore del quotidiano che ha rappresentato l'area democratica per molti anni.

Di sicuro, il metodo scelto da Berlusconi, ben descritto da Mauro, tra il rovesciare il tavolo e restarvi aggrappato come all'ultima speranza, e l'oscillazione continua fra richieste di aiuto e minacce agli alleati avviano una disperante instabilità che fa sì che letteralmente non passi giorno senza che il governo subisca una scossa. Fino alla inevitabile fine.

Il 2 agosto Letta fa appello alla "responsabilità" ("il Paese ha bisogno di essere governato"), ma avverte che "se ci sono le condizioni vado avanti, altrimenti sarò io stesso a spegnere la luce". Berlusconi dice che "il governo deve continuare" ma convoca una protesta di piazza a Roma (il 4). E spera, contemporaneamente, di legare le mani al governo definendo non negoziabile l'abolizione dell'Imu sulla prima casa, che è per Letta un impegno spinoso.

Il Parlamento ha chiuso i battenti per la pausa estiva, ma le false bombe mediatiche esplodono di ora in ora: la più insistente è che si stia negoziando la grazia per Berlusconi. È del resto la voce che ha accompagnato questo governo – altrimenti perché il Pdl, è il ragionamento, avrebbe dovuto accettare un governo con un premier di sinistra?

La voce è così intensa – e offensiva dal punto di vista della identità del governo – che Napolitano il 3 agosto precisa. Dopo aver messo in chiaro che "di qualsiasi sentenza definitiva, e del conseguente obbligo di applicarla, non può che prendersi atto", sulla grazia dice: "Nessuna domanda mi è stata indirizzata": se sarà presentata ci sarà "un esame obiettivo e rigoroso".

Tanto basta ad aprire un altro fronte: Grillo chiede che Napolitano, dopo la nota, si dimetta: "Se Berlusconi sarà salvato, moriranno le istituzioni".

La trattativa possibile entra sul tavolo della politica. Il 16 agosto esponenti del Pdl avvertono che se la Giunta per le elezioni dovesse votare la decadenza di Berlusconi, il governo rischierebbe di cadere. Il capogruppo Pd in Senato Zanda però dichiara: "La legge Severino è chiarissima: non vedo margini di trattativa in Giunta sulla decadenza di Berlusconi". Il 20 agosto dopo un vertice interno del Pdl, Berlusconi chiede a Letta e al Pd "risposte in dieci giorni" sulla sua "agibilità politica", altrimenti sarà crisi di governo.

È chiaro, dopo tanto parlare, che la condizione perché il governo rimanga in piedi è che non venga votata la decadenza di Berlusconi dal suo incarico di senatore. Letta risponde: "Non accetto ricatti". Il 24 agosto, in un nuovo vertice del Pdl ad Arcore, viene approvato un documento in cui si definisce "impensabile e costituzionalmente inaccettabile" la decadenza di Berlusconi. Si definisce così il nuovo Rubicone da attraversare.

Una decisione che dovrà essere presa molto presto, dato che la prima riunione della Giunta per l'immunità sul caso è fissata il 9 settembre. Il relatore è del Pdl, Andrea Augello, e pone subito un voto su tre pregiudiziali, che il Pdl vuole approvate tutte. La Giunta per le elezioni del Senato risponde a giro di posta – il 18 settembre sfiducia Augello e lo sostituisce con Dario Stefàno, che è di Sel.

Nella battaglia scende il Movimento 5 Stelle che pone quella che sarà la vera questione esplosiva: la richiesta che il voto sulla decadenza di Berlusconi avvenga a scrutinio palese. L'intento è chiaro e per i senatori molto insidioso: se si vota in modo palese nessuno potrà dare un assist a Berlusconi nel segreto dell'urna.

È una proposta che fa capire il clima avvelenato, dunque – ma è anche un passaggio dirimente per l'aula: se si vota palese tutti hanno le mani legate alle proprie dichiarazioni pubbliche, e dunque, fatti i conti, Berlusconi è di fatto già decaduto.

Il Pdl risponde calando la carta delle dimissioni in blocco dei parlamentari: "Una forma estrema di pressione sul capo dello Stato," la definirà Napolitano.

***

Mentre tutto questo accade, Letta è in uno dei suoi viaggi – stavolta è in America per la sessantottesima Assemblea generale delle Nazioni Unite. Appuntamento imperdibile per i capi di Stato e di governo, e Letta deve anche intervenire, quando arriva sul telefonino la notizia che la situazione a Roma è precipitata. Nel ricordo di uno dei suoi collaboratori, "la notizia ci arriva sul telefonino mentre camminavamo a piedi in mezzo ai grattacieli". Letta farà comunque il suo intervento e poi prenderanno tutti un aereo. A Roma nessuno passa nemmeno per casa e vanno a Chigi. "Capisci, il governo era morto, finito! Ricordo Alfano che arriva per parlargli e quando esce mi fa un gesto con il viso come a dire: mi dispiace!" Il premier annuncia che andrà a una verifica in aula. E il Consiglio dei ministri, come ritorsione, rinvia l'esame del decreto sull'Iva a dopo il chiarimento. Cioè rimanda proprio l'unica richiesta esplicita fattagli da Berlusconi. I ministri Pdl annunciano a quel punto che si dimetteranno perché è "inaccettabile" il congelamento della decisione sull'Iva.

Dopo un incontro fra Letta e Napolitano, la "verifica" che si presenta al momento come la fine del governo ha una data: il 2 ottobre, cioè dopo quarantotto ore.

Letta si guadagna la fiducia sul campo

Fermiamoci un attimo qui, in questa corsa della locomotiva del governo verso il muro, per chiederci: come si sta comportando Enrico Letta?

Non male, se si considera l'immagine non proprio muscolare che Letta ama proiettare. In quelle ore, invece, continua a rilanciare. Denunciando addirittura l'alleato, invitando gli italiani a "non abboccare". "Berlusconi," spiega un comunicato di Palazzo Chigi, "per cercare di giustificare il gesto folle e irresponsabile di oggi, tutto finalizzato esclusivamente a coprire le sue vicende personali, tenta di rovesciare la frittata utilizzando l'alibi dell'Iva. La responsabilità dell'aumento dell'Iva invece," prosegue la nota, "è proprio di Berlusconi e della sua decisione di far dimettere i propri parlamentari mercoledì, fatto senza precedenti, che priva il Parlamento e la maggioranza della certezza necessaria per assumere provvedimenti che vanno poi convertiti."

C'è anche una coda comica alla rottura. In un "fuori onda" (dobbiamo credere che Silvio abbia dimenticato di avere il microfono acceso?), Berlusconi dice di essere stato informato che Napolitano avrebbe fatto pressioni sulla Cassazione per inasprire il risarcimento dovuto dallo stesso Berlusconi alla Cir per il lodo Mondadori. Il Quirinale definisce "quel che sarebbe stato riferito a Berlusconi una delirante invenzione volgarmente diffamatoria".

La rottura tra i ministri Pdl e il governo si consuma in risposta immediata. Disatteso è anche un invito di Giorgio Napolitano a garantire continuità.

***

È in maniera piuttosto combattiva, dunque, che Enrico Letta si pone da argine alla crisi. Ma da dove trae la sua sicurezza?

C'è sicuramente un elemento caratteriale: il premier che appare tranquillo, al punto da sembrare debole, è in realtà persona piuttosto ostinata oltre che orgogliosa. Inoltre è permaloso (sono aggettivi che hanno offerto di lui i suoi amici e alcuni compagni di partito) e come sappiamo i permalosi possono essere piuttosto reattivi. In questo primo momento di crisi, dunque, il "ragazzo", come ancora viene chiamato dalla vecchia generazione, comincia a mostrare i denti.

Mette in campo una forza inattesa, dunque. Ma da quale rassicurazione viene alimentata? Certamente da Napolitano, da cui dipende in questo momento il suo destino e con cui, come ripete ancora oggi, ha un rapporto speciale, e, a modo loro, affettuoso ("Quando ho avuto l'incarico mi si è avvicinato e mi ha messo le mani sulle due braccia," ricorda a chi gli chiede di Napolitano. “Non fu un abbraccio,” specifica, “ma Napolitano non è tipo da abbracci”).

C’è infine un terzo elemento, molto più terreno, molto più materiale, se si può dire. Un terzo elemento che si scoprirà proprio nella maturazione della crisi. L’arma segreta di Letta sono proprio i cinque ministri del Pdl le cui dimissioni sono la miccia che innesca la crisi: Angelino Alfano, Nunzia De Girolamo, Beatrice Lorenzin, Maurizio Lupi e Gaetano Quagliariello.

Proprio loro. Sorpresa

La sorpresa sarà pubblica nel giro di poche ore. Alla vigilia del voto di fiducia si apprende infatti di una rottura fra il leader del Pdl e i cinque ministri, proprio sulla fiducia.

Letta non accetta le dimissioni dei cinque. E si presenta all’aula con l’appoggio della segreteria del Pd, e, udite, il pieno sostegno anche di Renzi.

Infine, per farla breve, alle 13.30, nei minuti che precedono il voto in aula sulla fiducia al governo, Silvio Berlusconi viene colto dalla lunga lente di un fotografo dell’Ansa, mentre fa il “pallottoliere”. Nell’emiciclo di Montecitorio mostra a Jole Santelli, del Pdl, i numeri annotati su un foglietto: “23 + 34 = 57”. Il che dovrebbe significare che 23 votano a favore del governo ma 34 uscirebbero dall’aula non recependo le decisioni del gruppo.

I conti che pochi minuti prima Alfano ha mostrato a Letta sono persino peggiori: “32 per sfiducia, 24 per uscire dall’aula, 25 per votare fiducia”. Totale “81” senatori del Pdl. E ancora, annota: “Una decina assenti o non schierati”.

Quella che doveva essere la rivincita di Silvio è nei fatti una giornata sanguinosa e anche un po’ imbarazzante per il Pdl. La rottura e capitolazione del Pdl si srotola infatti sotto gli occhi di tutti, media compresi, che la annotano minuto per minuto.

Berlusconi giravolta

Letta arriva in aula nel mood del confronto con la Storia. Fa un discorso accurato e con selezionate citazioni, di Einaudi: "Nella vita delle nazioni l'errore di non saper cogliere l'attimo può essere irreparabile", per chiudere con Benedetto Croce: "Ciascuno di noi si ritiri nella sua profonda coscienza e procuri di non prepararsi, col suo voto poco meditato, un pungente e vergognoso rimorso". L'aula è combattiva, dunque caldissima in entrambe le ali dell'emiciclo. Dedica lunghissimi applausi al discorso e una standing ovation a Napolitano. Il premier afferma due cose che dicono qualcosa ancora oggi: 1) "La stabilità è un valore assoluto", 2) "In uno Stato democratico le sentenze si applicano". Per quanto lo riguarda, fa un'affermazione sul metodo scelto – che è quello giusto specie considerando il modo in cui è nato il governo – "Governo nato in Parlamento, se muore lo fa qui".

Insomma, all'inizio di quel giorno, tutto fa pensare che l'esecutivo Letta, nato come improbabile grande coalizione, nella sua prima crisi ritorna nel più normale solco dello scontro politico. Ma è davvero tutto così? È davvero tutto questo una sorpresa? O non è piuttosto il frutto di una accurata tela politica tessuta con qualche audacia e molta sapienza?

Berlusconi ascolta il discorso di Letta seduto in terza fila nei banchi del Pdl, con la guancia poggiata sulla mano. Si è presentato un minuto prima dell'inizio della seduta, alle 9.59, e nella sua unica dichiarazione si è dimostrato inusualmente conciliante: "Vediamo che succede… Sentiamo il discorso di Letta e poi decidiamo".

Mentre Letta parla e Berlusconi ascolta, in un banco dalle parti alte dell'emiciclo Verdini conta. Questa è la scena che presenta il Pdl. Denis Verdini e Lucio Barani testa a testa – e guarda caso proprio sotto la tribuna stampa – discutono un elenco: potrebbe essere una lista dei senatori che voteranno la fiducia al governo?

Curiosamente, in quegli stessi minuti Letta pronuncia un passaggio che è una specie di controcanto alla politica partigiana. "Il Paese è stremato da mille conflitti, da una politica fatta da cannoneggiamenti continui, da una politica sempre più rissosa, ripiegata su se stessa. È un appello che rivolgo in primo luogo a me stesso: basta con la politica da trincea." E chissà se il senatore Verdini lo ha ascoltato.

L'impegno sulle liste si spiega molto presto. Alla fine del discorso vengono consegnate 23 firme di senatori Pdl-Gal a sostegno della risoluzione della maggioranza. Non è escluso, si dice, che potrebbero aggiungersi altri senatori. Si è formato insomma un gruppo di "dissidenti" Pdl che vanno contro la sfiducia che Berlusconi vuole. Nel lungo elenco c'è un nome che fa ridere tutti: è il senatore Andrea Augello, l'ex relatore del caso Berlusconi nella Giunta per l'immunità, che per la difesa del Cavaliere è stato "dimissionato" dalla sinistra.

Letta ha bisogno solo di 25 voti. Con la presentazione della lista dei dissidenti è dunque a un'incollatura dal raggiungere il quorum. Cosa che sanno bene anche i capi del Pdl.

Da allora è solo una questione di momenti e un po' di riflessioni. Il Pdl si riunisce con Silvio, che fa una blanda dichiarazione: "Decisione comune per non deludere il nostro popolo". Il Gruppo Pdl vota per alzata di mano: nessuno per la fiducia, su una sessantina. Ma alle 11.07 l'agenzia La Presse batte: "Governo, Berlusconi verso la fiducia". Il calcolo da pallottoliere è senza scampo.

Un'altra consultazione con i fedelissimi e la nuova decisione è sulla rampa di lancio. Il Cavaliere decide di intervenire.

Alle 13.41 parla Berlusconi. Ha preso posto in posizione centrale fra i banchi del Pdl e ancora prima che si alzi, quando viene annunciato che ha chiesto la parola, l'emiciclo si zittisce. Alfano si protende in avanti per ascoltarlo meglio. Dopo tanti ultimatum, annuncia la fiducia al governo: "Ascoltati gli impegni assunti dal presidente del Consiglio anche sulle tasse, non senza interno travaglio, votiamo la fiducia". Meno di tre minuti per concludere mesi di paralisi legati al braccio di ferro intorno al governo.

Alle 13.44 il senatore Luigi Zanda, capogruppo Pd, mette una croce sul rapporto fra Pd e Cavaliere: "Oggi si è formata una nuova maggioranza e il voto che si aggiunge ora ha un senso chiaro: nascondere la sconfitta politica che ha un volto chiaro".

La fiducia del Senato arriva dopo appena un'ora. Letta avrà 235 sì e 70 no. Più tardi, alle 21.38, la Camera vota Letta con 435 voti favorevoli e 162 contrari. Il commento rimasto famoso di quelle ore è quello molto blasé di Casini, che incrociando Berlusconi al Senato si congratula per la decisione di votare la fiducia con un "Pensavo che ti fossi rimbambito!".

Ma davvero davvero?

Ma è davvero tutto questo una sorpresa? Questa sequela di colpi di scena non somiglia un po' troppo a una sceneggiata napoletana per non sollevare domande?

Il sospetto lo aveva già lasciato dietro di sé il senatore Quagliariello, ministro per le Riforme, che entrando in Senato risponde alle domande dei cronisti con un sorprendente "È tutto a posto".

Di sicuro a fine giornata le cose stanno meglio di quanto

fossero state per mesi. Letta ha ottenuto infatti un rafforzamento, e contemporaneamente si è tolto dai piedi l'ingombrante Silvio. Silvio a sua volta ha fatto una continua piazzata (intesa come discesa in piazza) per mesi, ha mostrato di pesare nella politica italiana, ma alla fine è rimasto sotto l'ombrello protettivo del governo.

L'anello di congiunzione fra un prima e un dopo è il piccolo ma compatto gruppo che si sta coagulando in una nuova formazione politica guidata da Alfano, che il 15 novembre nascerà anche formalmente dal distacco dal Pdl, il Ncd. Nelle ore della fiducia del 2 ottobre Alfano e Letta stringono per certi versi un patto alla luce del sole: e se il patto fosse stato fatto con il consenso di Silvio? E naturalmente di questo patto non poteva non sapere Napolitano. Peraltro il nuovo gruppo alla testa del governo è compatto per idee – un fermo e istituzionale neocentrismo – e per età – nonostante non siano terribilmente giovani, lo sono di sicuro in termini relativi nei confronti delle precedenti leadership. E il ricambio generazionale in quel momento è di sicuro sostenuto anche da Napolitano. Dunque?

Il dunque è che si dice che tutti sono stati bravi, nel senso che, comunque sia andata, è stata una operazione in cui ognuno ci ha guadagnato. Persino Silvio, benché per il voltafaccia stia scontando una brutta figura, che viene irrisa non poco anche dai media internazionali. Però non ha fatto il passo finale che lo avrebbe portato fuori di scena.

Dal Quirinale, a fine giornata trapela soddisfazione: "Il governo ha superato la prova, vinto la sfida, e innanzitutto per la serietà e la fermezza dell'impostazione sostenuta dal presidente del Consiglio dinanzi alle Camere. Il presidente del Consiglio e il governo non potranno tollerare che si riapra un quotidiano gioco al massacro nei loro confronti".

Naturalmente sono le tipiche ultime parole famose perché nel frattempo il gioco al massacro rimane l'unico che sia in campo. E sta per ricominciare. Contro Berlusconi, ovvio.

Non è finita

Non sappiamo se Silvio avesse messo in conto che il riconsolidamento del governo avrebbe potuto aiutarlo nella battaglia finale contro il suo destino politico; di certo la fiducia data non ha nessun impatto sul suo percorso giudiziario.

Due giorni dopo la fiducia confermata a Letta, il 4 ottobre, la Giunta per le elezioni del Senato vota la decadenza di Berlusconi (che reagisce: "Indegna persecuzione, non è più uno Stato di diritto"). Inizia lì un altro periodo agitato, su cui torneremo più avanti, perché nelle stesse ore l'Italia e il suo governo devono affrontare una nuova crisi. Molto tragica e molto umana: un barcone di migranti clandestini è andato a fuoco al largo di Lampedusa. I morti sono 360, forse di più. Proclamato il lutto nazionale. Appello di Alfano all'Europa, ma gli umori degli italiani non sono clementi nei confronti del governo. Fiducia o non fiducia. Il 9 ottobre Letta, Alfano e il presidente della Commissione europea Barroso vanno sull'isola, e vengono sonoramente fischiati. Due giorni dopo, l'11 ottobre, si rovescia un altro barcone con 50 persone a bordo.

La tragedia segna un attimo di stacco dalle vicende con Berlusconi. Il 15 ottobre il Consiglio dei ministri approva la legge di stabilità da 11,5 miliardi; 3,5 miliardi di tagli alla spesa; 3,2 miliardi di dismissioni immobiliari. Completa revisione delle imposte sugli immobili: si introduce una tassa locale chiamata "Trise". Piccola riduzione del cuneo fiscale. Letta: "Per la prima volta non crescono le tasse".

Tace per lutto, per un po', il Paese. Ma a Roma ricominciano le danze. Il presidente Napolitano fa una richiesta al

Parlamento che, considerato il frangente in cui viene avanzata, appare una mossa molto ambigua. L'8 ottobre in un messaggio alle Camere il presidente chiede "rimedi straordinari" come amnistia o indulto, per risolvere il sovraffollamento delle carceri, una condizione che per l'Italia è "umiliante sul piano internazionale".

L'invito viene colto da tutti per l'impatto che avrebbe sul caso Berlusconi apparendo come la preparazione di una grazia nascosta in mezzo a misure collettive per svuotare le carceri. Non è esattamente una strada percorribile. Ma tant'è. Il M5S pubblicamente parla di "un salvacondotto per Berlusconi". Dura replica di Napolitano: "Hanno un pensiero fisso e se ne fregano degli altri problemi del Paese".

Ma il tema della grazia rimane strisciante, sempre presente. Il 24 novembre il Colle gela il Cavaliere sulla richiesta di grazia in risposta alle pesanti parole pronunciate da Berlusconi la sera prima alla convention dei giovani di Forza Italia. In quella occasione il leader di FI dice infatti di non avere alcuna intenzione di chiedere la grazia al capo dello Stato ma che Giorgio Napolitano gliela dovrebbe ugualmente concedere. L'indomani arriva la dura presa di posizione del Quirinale: "Non solo non si sono create via via le condizioni per un eventuale intervento del capo dello Stato sulla base della Costituzione, delle leggi e dei precedenti, ma si sono ora manifestati giudizi e propositi di estrema gravità, privi di ogni misura nei contenuti e nei toni".

Il 30 ottobre arriva al voto anche la proposta avanzata da mesi dal Movimento 5 Stelle di votare la decadenza di Berlusconi con voto palese invece che segreto per evitare l'azione dei franchi tiratori. Nel corso delle settimane la proposta dei 5 Stelle ha raccolto il favore di diversi esponenti del Pd, e della Lega Nord. Alla fine la Giunta dice sì al voto palese. Decisivo il voto di Linda Lanzillotta di Scelta civica, che alla fine conferma il proprio via libera allo scrutinio palese diventando, in pratica, l'ago della bilancia della situazione. Berlusconi è di fatto fuori dal Senato.

Dopo lo "strappo" del 2 ottobre, quando le colombe erano pronte a tradire il leader e a votare la fiducia, la frattura si fa sempre più insanabile con il passare dei giorni. L'epilogo si consuma in 48 ore: nella notte di venerdì 15 novembre Angelino Alfano annuncia la scissione e la nascita del suo partito, il Nuovo centrodestra, che sostiene il governo Letta e al quale aderiscono tutti i ministri del vecchio Pdl. Il giorno successivo Berlusconi, forte dell'appoggio incondizionato dei falchi, rifonda Forza Italia al Consiglio nazionale del Pdl a Roma. Si sfoga così il malessere di un corpo politico che si è ammalato di fronte alla malattia del suo leader e fondatore.

27 novembre: il Senato vota la decadenza di Berlusconi

Alle ore 17.43 del 27 novembre Silvio Berlusconi non è più senatore. Il Senato vota la sua decadenza con una formula senza emozione del perfetto burocratese istituzionale: "Essendo stati respinti tutti gli ordini del giorno presentati in difformità dalla relazione della Giunta per le immunità che proponeva di non convalidare l'elezione di Berlusconi, la relazione della Giunta deve intendersi approvata," annuncia il presidente del Senato Pietro Grasso.

Alle 17.45 al posto di Berlusconi subentra tal Ulisse Di Giacomo, primo dei non eletti in Molise per il Pdl.

Alle 17.55 la notizia irrompe come "breaking news" su tutti i siti esteri dalla Bbc al "Wall Street Journal", dalla tedesca "Faz" allo spagnolo "El País". Con una crudele asciuttezza: "L'ex premier italiano Silvio Berlusconi è stato espulso dal Senato".

Il 28 novembre, dopo un incontro con una delegazione di FI, Napolitano chiede che il governo, in seguito al cambiamento di maggioranza, si presenti in Parlamento per ricevere una nuova fiducia. Gli sarà data l'11 dicembre.

Pd e Lega votano i nuovi segretari, Salvini e Renzi

Ma una data decisiva irrompe nel calendario politico del governo Letta. In due giorni di seguito vincono le primarie due outsider.

7 dicembre, primarie della Lega Nord per la scelta del segretario: Matteo Salvini (82) prevale nettamente su Umberto Bossi (18). Bassa partecipazione.

8 dicembre, primarie del Pd: vince Renzi (67,6). Gianni Cuperlo si ferma al 18,2 e Pippo Civati al 14,2. Partecipazione vicina ai 3 milioni. Già il 15 di dicembre ci sarà l'Assemblea nazionale Pd in cui Renzi esordisce come segretario – Cuperlo presidente – lanciando una sfida a Grillo (rinuncia del Pd ai finanziamenti pubblici in cambio di collaborazione sulle riforme).

Corsa legislativa di fine anno

La scena politica con questi due nuovi segretari si appresta a cambiare. Il primo che ne sentirà l'impatto sarà proprio il premier Letta. Lo vedremo meglio fra poco.

Intanto il suo governo, liberato dal problema Berlusconi e da quello della maggioranza, prova a recuperare il tempo perso con un rush di finale d'anno approvando tanti provvedimenti.

Il 4 dicembre legge elettorale: la Consulta dichiara incostituzionale il premio di maggioranza e il voto senza preferenze. Motivazioni a gennaio.

Il 6 dicembre Letta va di nuovo da Napolitano per illustrare le prossime mosse del governo.

L'11 dicembre il governo ottiene la fiducia dalla Camera (379 sì, 212 no, 2 astenuti) e dal Senato (173 sì, 127 no). Letta promette riforme "con la procedura dell'articolo 138": meno parlamentari, niente Province, fine del bicameralismo paritario, riforma del Titolo V della Costituzione.

Il 12 dicembre la riforma della legge elettorale passa dal Senato alla Camera. Contrari Ncd, Sc, FI e Lega. Letta rassicura: "Sulle regole si parte da un'intesa coi partiti di maggioranza per poi cercare un accordo più ampio in Parlamento".

Il 13 dicembre con un decreto il governo abolisce (totalmente dal 2017) il finanziamento pubblico ai partiti. Letta: "Ora sono i cittadini che scelgono, con il meccanismo del 2 per mille". Grillo ribatte: "Sono solo chiacchiere".

Alla tradizionale cerimonia per gli auguri di Natale, il 16, Napolitano rivolge un appello per riforme condivise e invita Berlusconi a non cedere a "estremizzazioni" che "possono provocare guasti alla vita democratica".

Il 18, dopo aver visto le immagini sul trattamento degradante di alcuni migranti nel centro di accoglienza a Lampedusa, il commissario Ue agli Affari interni Cecilia Malmström avverte: "Non esiteremo ad aprire una procedura di infrazione".

Il 19 si registrano proteste dei Comuni per la legge di stabilità: Piero Fassino, presidente Anci, parla di una "secca e inaccettabile" riduzione delle risorse. Giorgio Squinzi dichiara che negli ultimi anni l'Italia ha subìto "danni commisurabili solo a quelli di una guerra".

Il 20 la Camera vota la fiducia sulla legge di stabilità. Letta esprime soddisfazione per i risultati del Consiglio europeo: c'è "il bicchiere mezzo pieno" dell'accordo sull'unione bancaria.

Il 23 è approvata definitivamente la legge di stabilità. Fiducia della Camera al decreto "Salva Roma".

Il 24, dopo le perplessità espresse da Napolitano, il governo ritira il decreto "Salva Roma", snaturato da numerosi emendamenti.

Il 27 dicembre il Consiglio dei ministri approva il cosiddetto "decreto Milleproroghe". Con una lettera a Letta e ai presidenti delle Camere, Napolitano chiede il "massimo rigore" sull'ammissione degli emendamenti.

Il 28 dicembre la Fondazione Monte Paschi fa bocciare la proposta del consiglio di amministrazione della Banca Mps di far partire l'aumento di capitale dal gennaio 2014. Rinvio a maggio.

Un anticipo di addio da Napolitano

Il saluto è una vera e propria cavalcata contro il tempo. Ma nel discorso di fine anno il presidente Napolitano continua a porre pressione – è il segno del suo inverno dello scontento. Ci vogliono lungimiranti e continuative scelte di governo, insiste, e una democrazia rinnovata attraverso riforme "obbligate e urgenti" che "restano una priorità", come la riforma elettorale per la quale auspica "la più larga" intesa. Conferma l'impegno assunto alla rielezione: resterà fino a quando sarà necessario e possibile, e fintanto che se la sentirà. "Non un giorno di più; e dunque certo solo per un tempo non lungo." In contemporanea, Grillo tiene un discorso diffuso via internet: molto seguito (ma l'audience di Napolitano sarebbe aumentata rispetto al 2012, nonostante il boicottaggio delle opposizioni).

Per quel che riguarda il governo Letta, la sua storia si può considerare a questo punto finita.

Parte 3
Il terzo uomo, Renzi, si infila fra Letta e Berlusconi

Gennaio fatale

"Quello è il momento più duro," ricorda Letta, per una volta concedendosi l'uso di un termine impolitico ma esplicito: "Casino. Quello è un casino totale". Si riferisce al voto di fiducia, alla rottura dentro il Pdl, alla nascita di Ncd, che pure lo salva. "È a quel punto che si inserisce Renzi."

A quel punto – Berlusconi è fuori dal governo e Renzi è il segretario del partito – si sono creati rapporti di intesa stabile fra Berlusconi e Renzi? "Non credo che fra loro ci fossero all'inizio rapporti particolarmente intensi perché in fondo Berlusconi dà il via libera al mio nome per Palazzo Chigi. Come si sa girava anche il nome di Renzi per l'incarico che poi è andato a me." La circostanza è ampiamente confermata dal campo renziano, come vedremo nel capitolo seguente. "Il rapporto fra loro nasce dopo, dopo la sentenza e la decadenza di Berlusconi. Con una doppia operazione di Renzi. Dice a tutta la maggioranza che sostiene il governo, che in quel momento si sente precaria perché immagina ci possa essere una crisi di governo con elezioni conseguenti: 'Vi porto io alla fine della legislatura, vi garantisco io'. Dall'altra parte recupera Berlusconi, che era all'angolo, perché ce lo avevo messo io, facendolo interlocutore della legge elettorale. È il patto del Nazareno."

La riunione al Nazareno, sede del Pd, che dà il nome all'accordo fra il nuovo segretario e Berlusconi e Gianni Letta, avviene il 18 gennaio. Un avvenimento per il quale i due contraenti scelgono un'accurata regia pubblica – con uno spettacolare arrivo a piedi nel "covo" della sinistra di due sorridenti Silvio e Gianni (Letta). L'accordo è sulla legge elettorale, la riforma della giustizia e le riforme costituzionali. Si sospetta, e le voci girano vorticose, ma mai provate perché questa parte non è scritta, che Renzi abbia dato garanzie "politiche" a Berlusconi in cambio dell'appoggio del suo partito: un accordo salva Mediaset, e una sorta di immunità per Berlusconi. Si dice anche che Berlusconi abbia chiesto, come conseguenza di una eventuale immunità, di candidarsi alla presidenza della Repubblica. Nell'insieme, la nuova piattaforma svuota quella dell'alleanza che è ancora al governo, e ne ripropone i temi in maniera "rafforzata", cioè con un accordo diretto fra due leader e orizzonte molto ampio, invece che via accordo istituzionale, come quello ancora guidato da Letta.

Questa è davvero la conclusione del governo di Enrico Letta.

"Molte di queste cose sono avvenute a gennaio," fa notare l'ex premier.

L'anno inizia con un altro dispiacere. A Letta mancano un mese e quattordici giorni alle dimissioni. Non sappiamo se ne intuisca, o ne programmi, l'arrivo, o se proceda battagliero fino alla fine. Ma un'altra notizia non felice, e per lui determinante, gli arriva addosso: "Molte di queste cose sono avvenute perché Bersani ebbe quel malore il 5 gennaio. Questa è una partita chiave. Quel mese di gennaio gira male così perché Bersani, che era quello più solidamente strutturato su come tenere il partito, il 5 gennaio crolla, ha una emorragia cerebrale. Ricordo quando mi arriva la notizia, poi andai a trovarlo settimane dopo. Dove si poteva andare a trovarlo, a Piacenza. Era out".

Tornerà in campo ancora con la testa fasciata. "Quindi lui sta per un mese e mezzo fuori, dal 5 gennaio, cioè il giorno in cui si sentì male, fino al 25 febbraio. E la sua assenza è determinante." Quando torna Bersani, Letta si è dimesso già da dieci giorni, il 14. "È determinante, sì. Perché Bersani non lo avrebbe mai permesso. Avrebbe lavorato per fare una cosa più consensuale, per spostare l'operazione a dopo le elezioni. Per fare un'operazione che non fosse così brutale."

Tante cose avvengono in gennaio. “È in quel periodo che si inserisce questa abilità tattica di Renzi, duttile, fantastica, che attraversa tutto.” Soprattutto nel rapporto con Berlusconi che a quel punto cercava interlocutori disperatamente e li trova in Renzi. “Mentre invece in me aveva trovato il duro,” precisa Letta.

Tuttavia le chiavi del partito ormai le ha Renzi, e le sue mosse politiche sono del tutto legittimate dalla vittoria alle primarie: “Aveva grande autorevolezza,” riconosce Letta. Ma la vera rottura rimane quella avvenuta prima.

Quando il Pdl si spacca e Alfano e gli altri quattro ministri Pdl creano il Nuovo centrodestra, come abbiamo visto, le cose cambiano. Letta ne è consapevole.

“L’Ncd diventa il pilastro della maggioranza con un numero di parlamentari importante perché vengono via cinque ministri, vengono via non so quanti parlamentari. Quindi è una cosa rilevante. Però è evidente che in quel momento cambia tutto l’equilibrio politico, perché l’equilibrio era basato su due forze importanti: Pd e Pdl che sostenevano il governo insieme a Monti. Nel momento in cui si spacca il Pdl, viene fuori un Ncd che è una cosa di dimensioni simili al partito di Monti, e alla fine il governo è il Pd con attorno due attori minori.”

Renzi accelera subito contro Letta

È in questo contesto che si inserisce la vittoria di Renzi alle primarie. “Nel momento in cui Renzi diventa il capo del Pd, l’equilibrio politico e istituzionale che avevamo costruito viene meno. Di fatto è il Pd che domina. Infatti Renzi, in tutti gli anni successivi, il suo governo (pur nel quadro di un accordo sulle riforme con parte dell’opposizione, ovvero il patto del Nazareno con Berlusconi) l’ha interpretato come una specie di monocolore del Pd. C'erano ministri anche di altri partiti ma nessuno aveva idea che ci fossero questi altri partiti. Era il monocolore di Renzi, punto. Perché era cambiato il quadro politico.

"L'accelerazione però è avvenuta in pochi giorni. Nel senso che la maggioranza era totalmente cambiata dentro il Pd. A me questo lo disse Dario Franceschini, e di Franceschini si può pensare qualunque cosa ma è schietto e trasparente. Io questo lo apprezzo. Dario sinceramente mi disse: 'Il quadro è cambiato, non c'è più altra strada se non quella di assecondare la sua voglia di fare'. Quindi, mi disse anche: 'Piegati anche tu, cerca di stare dentro questa cosa'."

Dopo la riunione della direzione? "No, no. Prima. Settimane prima. Dopodiché io ho sempre risposto: 'Io vorrei semplicemente che le cose si facessero in una logica in cui hanno un senso. Non di fare oggi delle scelte che poi pagheremo dopo'. Ed è quello che è avvenuto."

L'attivismo immediato di Renzi è motivato anche da scadenze molto più pratiche e rilevanti, se si vuole governare, della vicenda interna del Pd: le nomine.

È una coincidenza che il governo Letta sia caduto proprio alla vigilia di una infornata di cinquecento nomine nelle aziende partecipate più importanti dell'economia del Paese? Ed è vero che Renzi, abbastanza presto dopo la sua vittoria alle primarie, si occupa di queste nomine con Letta? La domanda viene sollevata, appena dopo l'uscita di Letta da Chigi, dall'intervista di un grande vecchio, peraltro grande amico di Napolitano.

Spinto fuori per "cinquanta nomine"

Il 15 aprile 2014, cioè il giorno dopo il brusco cambio a Palazzo Chigi fra Letta e Renzi, il giornale online "Formiche.

net" intervista Emanuele Macaluso, uomo franco, spirito critico della sinistra fin dai tempi delle lotte per la terra ai contadini nella Sicilia del dopoguerra, figura di spicco nella storia del Partito comunista italiano e della corrente favorevole a un robusto ancoraggio al socialismo europeo. Macaluso, soprattutto, è molto vicino a Napolitano. La sua intervista crea un'incredibile turbolenza. Alle domande sulle ragioni dello sgraziato cambio di governo risponde delineando una manovra dai profili inquietanti. "Nelle prossime settimane bisognerà procedere a circa cinquanta nomine dei vertici di grandi aziende pubbliche, tra cui Eni, Enel, Poste e altre realtà industriali strategiche. È partita una corsa che Renzi non poteva lasciare nelle mani di Letta. Nell'ambizione sfrenata a governare rivendicata dal numero uno del Nazareno rientra la voglia di protagonismo nell'imminente stagione di designazione dei 'manager di Stato'. Perché il sindaco di Firenze vuole governare anche organizzando il potere diffuso nei gangli economici del nostro Paese." Dunque un'operazione di palazzo che fa capire l'ampiezza, e la preparazione, che c'è dietro il passaggio di testimone. Macaluso parla di "una lotta politica e di potere nel Partito democratico. Scontro che coinvolge gli sponsor di Renzi esterni al Nazareno: imprenditori e rappresentanti della finanza. Una corte già plasmata e ben inserita nel potere economico. Il Palazzo reale, ricordo, non è Montecitorio. I 'Palazzi' dell'establishment sono altrove". Ma è soprattutto il Pd che ai suoi occhi "ha offerto una prova preoccupante. Apparendo come una forza che non ha, sul piano politico e dei rapporti personali, un minimo di spessore. Viviamo forse il momento più basso nella crisi politica e di rappresentanza".

Macaluso fa riferimento a quelle che in gergo vengono chiamate semplicemente "le nomine". Quell'anno, il 2014 in aprile-maggio scadeva il mandato per il rinnovo delle partecipate, ed essendo l'Italia un Paese con un enorme settore pubblico – in Italia circa metà del Pil è intermediato dallo Stato – l'appuntamento è uno di quelli che mobilita ogni volta che arriva, ogni tre anni, tutte le possibili forze in campo. Per un governo, o un leader, è il modo più facile, in particolare in un momento come quegli anni di istituzioni sempre più deboli, per consolidare il proprio potere, nominando i vertici di queste aziende – con un effetto a scendere che arriva alle nomine di circa seicento dirigenti. Quell'anno Renzi si occupò intensamente di questo lavoro, e, prendere o lasciare, impresse un cambio destinato ad avere un grande effetto nella gestione dello Stato.

La forzatura di Renzi fu un atto inusuale, eccessivo?

Non proprio. Le tensioni intorno alle nomine dominano il mondo politico, specie se avvengono in situazioni di passaggi politici. Non c'è nessun galateo su cosa fare: gli inquilini di Palazzo Chigi possono scegliere se procedere alle nomine, in modo da lasciare in posti chiave propri uomini, oppure no.

Il caso forse più esemplare di gestione di tale passaggio fu quello del 2008, dopo la caduta del governo Prodi 2, avvenuta dopo solo due anni. Anche allora erano in scadenza a marzo seicento nomine, e le elezioni dovevano tenersi a giugno. Elezioni da cui peraltro uscì vincitore Berlusconi che formò il suo quarto governo – rimasto in carica dall'8 maggio 2008 al 15 novembre 2011, per un totale di 1287 giorni. Esattamente da dove prende le sue mosse questo libro. Ci fu in quel caso addirittura un appello pubblico da parte del centrodestra al presidente Napolitano affinché queste nomine fossero spostate a giugno. E Prodi, pur essendo in posizione perdente, non piazzò "sentinelle" da lasciarsi dietro, eppure gli sarebbero servite molto. Un altro caso che vedremo sarà quello del governo Gentiloni, che, anche lui alla vigilia di elezioni cruciali, quelle del 2018 in cui il Pd sarà sconfitto da Lega e M5S, decise di confermare solo per un anno le nomine (che pure erano quelle fatte dal suo mentore e predecessore Renzi) – un altro gesto di correttezza istituzionale.

Nel 2014 fra Renzi e Letta la partita si gioca dura, fra i due è un corpo a corpo decisivo per entrambi. Per Renzi non è richiesta scontata perché dopotutto non ha vinto le elezioni ma solo le primarie, e non è dunque premier (o almeno non lo è ancora). D'altra parte anche Letta è arrivato a Palazzo Chigi senza essere stato candidato premier per il Pd. È questa la fragilità che inseguirà tutti i futuri premier italiani: il non avere voti rende Chigi, come si direbbe in gergo industriale, facilmente "scalabile", e questi premier "usa e getta".

Per Renzi la partita nomine è invece vitale, e non solo per rafforzare il proprio potere. È la lavagna su cui intende scrivere la sua piattaforma, un cambio d'asse dello stesso Pd.

Macaluso intuisce bene il significato dell'arrivo del segretario Pd sulla scena politica del Paese: non è solo, quale pure è, un semplice scontro fra vecchio e nuovo, fra gettone telefonico e cellulare della politica, fra congressi e leopolde. È lo spostamento della sinistra su una piattaforma politica della "modernità" in cui i protagonisti non sono più gli operai ma i nuovi precari e la nuova classe media rampante, e in cui l'azione politica viene sostituita dall'esercizio del potere. In fondo è la piena, finale, sia pur tardiva, legittimazione della piattaforma che ha portato Silvio Berlusconi a giocare un ruolo fondamentale nel cambiamento della politica italiana.

È un indubbio segno di rinnovamento, un tanto atteso riconoscimento della modernità. Che è la ragione per cui Renzi raccoglie all'inizio una grande ondata di consensi.

Per capire come viene guardata l'operazione nomine a sinistra, basta leggere come viene raccontata sui giornali dell'anno. L'8 aprile, con il nuovo premier fiorentino saldamente insediato a Chigi, "Repubblica" scrive in merito alle nomine: "Ora la palla è nelle mani del premier. Il rinnovo delle cariche nelle società pubbliche è stato uno dei motivi che ha spinto Matteo Renzi ad accelerare i tempi e provocare la caduta di Enrico Letta. E l'ex sindaco di Firenze ha intenzione di sfruttare al meglio l'occasione che gli è stata offerta per la nomina di oltre seicento amministratori delle controllate dello Stato. Dal prossimo 13 aprile, quando il carosello verrà aperto dalla presentazione dei nomi per il consiglio di amministrazione di Eni, fino alla fine di maggio, una cinquantina di società potranno cambiare i propri vertici. Un'occasione irripetibile per portare volti nuovi alla guida di società che sono in testa alla classifica per capitalizzazione di Borsa e danno da lavorare a migliaia di persone. Da Eni a Finmeccanica, da Enel a Terna, per arrivare a Poste ed Enav, il valzer delle poltrone potrebbe aprire a un ricambio generazionale che si sposa con i volti nuovi del governo in carica".

Dai ricordi di Letta

Conferma tutta questa storia, Letta? "Assolutamente. È tutto vero. E credo proprio che oltre al cambio dentro il Pd, l'altra importante motivazione dell'azione di Renzi sia proprio questa, legata peraltro al cambiamento di segno del Pil che per la prima volta in anni torna in positivo. Se aggiungi un pacchetto di cento nomine, Eni, Enel, Finmeccanica, Terna, Poste e Cassa Depositi e Prestiti, si capisce di che dimensioni è la partita che si gioca."

Letta e Renzi aprirono una trattiva in merito? "Lui disse chiaramente che voleva avere un tavolo, che voleva esserci. Lo disse in tutte le riunioni interne del Pd. Disse con chiarezza che non voleva solo esser consultato, ma essere dentro la partita fino in fondo. Dopodiché, quando ha capito che poteva fare tutto da solo, è andato all'incasso."

C'è stato un confronto tra voi? Aspro o morbido, ma un

momento in cui vi siete trovati nella stessa stanza? "Sostanzialmente no, per il semplice motivo che lui è uno con cui non discuti. Ti rassicura e poi dopo ti pianta il coltello dietro le spalle uscendo dalla stanza. E per me uno che si comporta così diventa una persona non affidabile. [...] Soprattutto lui non accettò il mio metodo. Io avevo impostato, con una direttiva che prese il nome dal mio ministro dell'Economia, Fabrizio Saccomanni, che le nomine si facessero con il metodo 'anglosassone': trasparenza sui conflitti di interesse e un lavoro istruttorio fatto dalle società preposte, i cacciatori di teste, a cercare le persone più qualificate." Solo alla fine la politica sceglie tra nomi tutti fatti dallo screening. Per cui tre o quattro di queste società fecero un lavoro su tutti i consigli. Perché non sono solamente i vertici da rinnovare, ma anche i consigli. Renzi poi quel lavoro lì lo ha eliminato.

Felice di aver fatto la campanella

Da questa distanza nasce anche la spiegazione del gesto che forse ha più lasciato un segno nella memoria collettiva della sfida Letta-Renzi: il passaggio della campanella dalle mani del premier uscente a quelle del successore. Il rito è una cosa per nulla antica, inventata negli anni recenti, a fini più che altro mediatici. È una occasione di (finta) bonomia, in cui nelle intenzioni si incarna il tranquillo passaggio di consegne previsto dall'ordinamento democratico del Paese. I più spettacolari per gesti e sorrisi (e finzione) sono stati i due passaggi fra Prodi e Berlusconi.

Il giorno del passaggio fra Letta e Renzi il cerimoniale si ravviva invece di un vero scambio. Enrico dà la campanella a Renzi, senza guardarlo, senza offrirsi ai fotografi, gliela lascia in mano e va via.

Un vero gesto onesto e liberatorio per un Letta sempre

così controllato. E che nemmeno oggi rinnega, anzi: "Lui non ha mai accettato l'immagine della campanella. Quello scambio doveva servire a celebrare la sua vittoria, pensando che io avrei chinato la testa e avrei accettato tutto. Invece quel gesto lì mi venne abbastanza spontaneo e alla fine sono contentissimo di averlo fatto. Perché è stato il mio modo per dire all'opinione pubblica italiana: 'Sono un uomo delle istituzioni', quindi non ho fatto pazzie, non mi sono incollato alla poltrona di Palazzo Chigi nel momento in cui non c'era più la maggioranza che mi sosteneva. Me ne vado, ma me ne vado facendo chiaramente capire che cosa penso di questa operazione".

La migliore cosa del mio governo

Ma a parte tutte le controversie e le sconfitte, Letta cosa ricorda in positivo del suo periodo a Chigi? Devo dire che le sue risposte mi fanno pensare che alla fine Letta è davvero un politico istituzionale. Il suo orgoglio, dice, è la "direttiva sulle nomine", quella fatta da Saccomanni e di cui abbiamo appena parlato. "Questa per me era una bella cosa, un modo per far sì che la politica non mettesse le mani sulla spartizione del potere. Una seconda è una norma per togliere ai ministri parlamentari il doppio emolumento. Ma di gran lunga la cosa di cui sono più fiero è Mare Nostrum, perché per me quello è stato un gesto di grande dignità del nostro Paese e che Renzi ha chiuso appena è arrivato al governo. Perché la considerava una roba che gli faceva perdere voti a destra."

Gli errori gravi del mio governo

"Quando mi si chiedono gli errori più gravi che ho fatto, rispondo sempre quello: il metodo che scegliemmo per fare la riforma, cioè passare attraverso una riforma dell'articolo 138. Se ti ricordi tentammo, poi non ci riuscimmo, di rendere più semplice la modifica della Costituzione e questo oggettivamente fu un errore perché toccammo il 138, un caposaldo del sistema costituzionale.

"Fu uno dei motivi per cui ci inimicammo una parte di costituzionalismo di sinistra, Rodotà. Tutto quel mondo lì. Ma anche tanti costituzionalisti meno schierati di Rodotà, perché quella scelta fu considerata un modo di attentare alla Costituzione. Oltretutto un certo mondo la viveva ancora peggio perché diceva: 'Voi fate con Berlusconi questa cosa qui. È una roba che non si può vedere'. È stato oggettivamente un gravissimo errore di cui mi sono reso conto quando le cose hanno cominciato a girare male."

La cena cancellata

Infine rompiamo le esitazioni e parliamo della conclusione. Che arriva sotto forma di una cena cancellata.

Era il 10 febbraio. Enrico tornava dalle Olimpiadi di Sochi, Russia, ed era atteso al Quirinale per cena. Invito ufficiale, per cui nelle redazioni era stato allungato il turno di sera. Nel pomeriggio, a sorpresa, le agenzie battono la notizia che Renzi si sta recando al Quirinale. Per farla molto breve: Renzi resta fino a tardi, Enrico non andrà alla cena che, come doveva essere, sarà cancellata. Quattro giorni dopo si dimette. E quarantotto ore dopo Napolitano dà l'incarico a Renzi.

Su questa cena si sono esercitate per settimane ipotesi e leggende dei migliori retroscenisti di Roma. Del resto, il tempismo dice qualcosa: che lì alla cena si sia consolidato il cambio a Palazzo Chigi non ci sono dubbi. Ma cosa esattamente successe, cosa fece cambiare idea a Napolitano, che oltretutto era – ed è rimasto sempre – molto legato a Enrico Letta?

Ma Letta, per quanto io abbia cercato e girato fra i suoi amici, non ha mai parlato di quella occasione. Almeno, non ne ha parlato con nessun estraneo.

Dice cose giuste ma tutte di "politica". "L'umore contro Napolitano si fa a mano a mano peggiore: i 5 Stelle ne chiedono l'impeachment, gira l'idea che, indebolito Palazzo Chigi, si indebolisca il Quirinale e parta l'operazione Renzi-Berlusconi. Perché c'era Berlusconi dietro tutte queste operazioni."

Inoltre, "per quanto mi riguarda la fine era chiara già dai giorni precedenti. A parte perché me lo aveva detto Franceschini chiaramente, giorni prima. Cioè dicendo: 'Guarda, il quadro è cambiato. Ti consiglio di "agevolare" questa situazione, non di "metterti di traverso"'. Quindi lui onestamente me l'ha detto e io ce lo avevo chiaro".

Chiarimento con Napolitano il giorno dopo. Alle 8.30, un "rapido incontro", così commentano le agenzie al Quirinale il colloquio Napolitano-Letta.

"Ma io avevo comunque già le informazioni da dentro il Pd ed erano abbastanza chiare. Decido io di "non piegarmi" ma di cascare in piedi. Se deve essere questa cosa, che sia fino in fondo. Quindi ho aspettato il voto della direzione Pd e mi sono dimesso il sabato."

Della cena fra Renzi e Napolitano daremo ulteriori notizie nel prossimo capitolo.

Letta, in serata, lo stesso giorno delle dimissioni, va a comprare le figurine ai figli. Fra qualche mese sarà a Parigi con un prestigioso incarico a Sciences Po, un esilio "scelto".

La caduta, vista dal campo di Berlusconi

Fin qui ho raccontato lo scontro fra i due protagonisti principali. Tuttavia, come mi è capitato di frequente nella costruzione di questo libro, lo sguardo di altri protagonisti spesso interviene a dare coloritura e senso diverso alle vicende. In questo caso si tratta di un ex ministro del Pdl del governo Letta. Non è contro Berlusconi, non è contro Letta. Ma è un lealista del governo di larghe intese. Non ha nemmeno problemi a parlare con il suo nome.

Questo è il racconto di Gaetano Quagliariello, un racconto che, con le sue precise connessioni, riempie molti vuoti politici e narrativi, traendo un efficace finale per la saga.

"Iniziamo da Napolitano," entra subito nel giudizio del discusso ruolo del presidente. "Lui accetta il secondo mandato ed è evidente che il mandato serve a formare un governo nazionale. Se lo accetti, come conseguenza devi poi accettare anche di farti carico di salvare la maggioranza che hai formato. Cosa che non ha fatto. Napolitano, che è stato descritto da molti come un genio del male [soprattutto a destra, *N.d.A.*], alla fine non è intervenuto, a mio parere, per un eccesso di correttezza e ingenuità."

La convinzione dell'ex ministro nasce da una conoscenza diretta: "Il primo punto della crisi è l'accelerazione dei tempi e del ricalcolo della prescrizione. Mi risulta personalmente che Napolitano non sapesse dell'accelerazione del processo. Quando glielo dico, cade delle nuvole. Allora: o è un attore incredibile, cosa che escludo, oppure quella è un'iniziativa presa al di là di lui.

"Secondo punto, Napolitano avrebbe potuto fare qualcosa sul legittimo impedimento e non su altro".

Non sulla grazia, intendi? "No, la questione grazia verrà addirittura dopo. Prima che arrivi la sentenza. Il legittimo impedimento è da dove nasce l'acutizzazione perché lì c'è la possibilità che la Corte valuti una tempistica che avrebbe fatto scattare la prescrizione. A me risulta per certo che se Napolitano avesse detto qualcosa alla Corte, la Corte si sarebbe adeguata."

È un'affermazione molto forte, che implica una indebita influenza fra presidenza e giudici. Cosa avrebbe dovuto "dire" Napolitano alla Corte? Avrebbe dovuto fare un accenno magari in un discorso pubblico o addirittura il suo doveva essere un intervento diretto?

"Bastava un cenno detto al presidente della Corte di allora. Bastava un cenno," insiste il ministro, "ma il cenno non arriva. Questo è quello che dico quando sostengo che Napolitano si comporta correttamente da un punto di vista costituzionale, ma ingenuamente da un punto di vista politico. Perché se volevi avere quel comportamento è inutile che fai partire quell'ambaradan. Quello, l'esperimento di un governo Pd-Pdl, aveva un senso solo se poi lo conducevi in porto e lì potevi farlo solo con Letta e non con Renzi, come si è dimostrato, e ancor meno con Bersani. Tieni conto che stiamo parlando della primavera-estate 2013, approviamo la bozza della nuova Costituzione con il comitato dei saggi in cui c'era persino la Carlassare, la approviamo all'unanimità (ci sono quattro saggi – io, Violante, Onida e Mauro). Entriamo in campo subito dopo le elezioni: quattro saggi per le riforme istituzionali e sei saggi in materia economico-sociale ed europea. Si forma poi il governo Letta, e prendiamo una decisione che ancora rivendico come giusta: prevedere un iter speciale per le riforme costituzionali. Il 4 giugno viene istituita una commissione di trentacinque costituzionalisti di ogni orientamento politico; il 12 luglio la sua costituzione viene approvata dal Senato all'unanimità. È evidente che se ci fosse stata stabilità governativa, le riforme sarebbero arrivate in porto. Invece tutto si arresta sulla vicenda di Berlusconi.

"Ti ho detto come l'ho vissuta, la parte di Napolitano. Il presidente non è affatto un determinista, come viene presentato. Anzi, Enrico pensava che sarebbe stato difeso di più da lui. Fino alla fine si è comportato pensando che Napolitano gli facesse da scudo. Il mio giudizio sul presidente è ancora oggi chiaro: da un punto di vista costituzionale è stato corretto, ma da un punto di vista politico assolutamente ingenuo. Se dai quel mandato, devi garantire che il leader di quella che è stata l'opposizione e poi ha accettato il governo, poi non venga danneggiato da una sentenza."

Parole che potrebbero apparire ciniche, ma sono risonanti della verità sostanziale di quell'esperimento quasi impossibile delle larghe intese. E altre verità arrivano man mano che la narrazione si allarga al Pdl.

"Dentro il Pdl, fin dal primo giorno della scelta di formare il governo con Letta, c'è stato il partito dei falchi e delle colombe. Che poi erano il partito dell'accordo con Letta o con Renzi, come succederà.

"Quelli che hanno remato contro Letta nel Pdl vicino a Berlusconi l'hanno fatto con una violenza incredibile – e il loro capo era Verdini –, e non lo facevano in nome dell'ideale di purezza che citavano, cioè non compromettersi con quelli di sinistra brutti e cattivi; lo facevano perché ritenevano legittimamente che Renzi desse molte più garanzie a Berlusconi che non a Letta. Questa cosa è stata dimostrata dal fatto che Renzi scalza Letta poco dopo aver siglato il patto del Nazareno. Anzi, quando diventa segretario l'accordo è già pronto."

Ma la scissione dal Pdl, cioè il nuovo partito di Alfano, Ncd, nasce a sua volta con due fazioni dentro. Un'area è convinta che l'accordo costituzionale di un nuovo patto si possa stringere soltanto con Letta, ed è capeggiata da Quagliariello, con una sponda in Letta zio, nemmeno fortissima in verità, e con un certo seguito nei gruppi parlamentari. Quest'area pensa che con Renzi la nuova formazione avrebbe avuto un ruolo subalterno. L'area guidata da Alfano, dentro Ncd, risponde più a una logica di prospettiva personale. Lui tenta fino in fondo di mantenere un accordo con Silvio.

Anche quando Berlusconi gli leva la segreteria del Pdl e dunque anche il governo.

Nel frattempo, ricordo ai lettori e all'interlocutore, dopo il caso Shalabaeva, che si intreccia strettamente con il picco dello scontro intorno alle sentenze dei giudici, Alfano se la cava, ottiene la fiducia, ma è sostanzialmente azzoppato.

"Un po' è così. Lì si dà la responsabilità ad alcuni funzionari, e penso a Procaccini, che dimostra di essere davvero un *civil servant*, ma in fondo Alfano si sente estremamente debole. Capisce più di Enrico che il sostegno di Napolitano non c'è e a questo punto fa un gioco molto audace, si stacca da Berlusconi quando capisce che non ha più niente: né il governo, né il partito, né il futuro."

In che punto della storia inseriresti questo passaggio di Alfano?

"Quando Berlusconi chiede nell'estate le dimissioni dei cinque ministri. Le modalità della richiesta, prima ancora della richiesta stessa, sono scioccanti. Mi ricordo che arriva la telefonata di Ghedini che dice: 'Aspetto le lettere di dimissioni', senza cioè interlocuzione o dibattito. Alfano mi telefona, mi ricordo che ero in un ristorante vicino al ministero perché stavo lavorando e mi dice: 'Ci dobbiamo dimettere', e io rispondo: 'Ma, Angelino, queste cose, in questi termini, non succedono neanche alla corte di Putin. Che vuol dire?'. Chiamo Letta zio e vado da lui e gli dico: 'Io sono disponibile a qualsiasi cosa se vengo convocato e si fa un ufficio di presidenza e si discute di politica'. Ma in questi termini qui è una cosa da camerieri. Poi Alfano si trova in mano lo stesso problema con gli altri ministri e si convince a fare la 'secessione'. Ti ricordo infatti che si tratta di una secessione. E ti ricordo che non si tratta davvero di una secessione. Perché da un punto di vista formale il momento in cui il Pdl viene sciolto da Berlusconi e si forma (riforma, meglio) Forza Italia, formalmente il Ncd non ha aderito al nuovo partito."

Da qui la foto di Silvio che fa il pallottoliere il giorno del voto di fiducia a Letta. "Esatto. Berlusconi mi chiama la sera e mi dice: 'Siamo d'accordo a dare la fiducia', ma Verdini mi dice: 'Siete soltanto nove e stanotte diventate sei'." Quella partita fu giocata in maniera leale però. "Io gli risposi la verità, cioè che non sapevo cosa aveva in mano Verdini e ho assicurato a Silvio che non stavo bluffando. Aggiunsi: 'Se le tue scelte si basano sul fattore numeri, considera quello che ti dico, vista la nostra fiducia reciproca'. Quando va in aula si accorge che Letta aveva i numeri per la fiducia e torna indietro."

Al prezzo di una bruttissima figura.

"Non bella, no, ma ha dimostrato una delle sue doti: è un mago della concretezza, e di fronte alla realtà a costo di fare una brutta figura evitò la capitolazione in aula."

Quanto conta in questa vicenda che Renzi abbia lavorato contro Letta?

"Renzi nel Pdl ha utilizzato in maniera incessante Verdini, anche per ragioni di contiguità territoriale. Ma nella fine di Enrico hanno contato tre cose: 1) che lui [Letta, *N.d.A.*] abbia valutato male fino a dove potesse arrivare l'aiuto di Napolitano; 2) una sottovalutazione del lavoro di Renzi per linee interne. Io mi ricordo che con assoluta lealtà dicevo a Enrico: 'Guarda che ti stanno fottendo'. Renzi a un certo punto infatti gli propone di fermare completamente la riforma per fare un accordo ampio. Io gli dicevo: 'Se ti fermi perdi l'unica carta che hai per sfidarlo sul suo terreno'; 3) la forza che Letta non ebbe di opporsi al voto palese sulla decadenza di Berlusconi. Quello era l'argomento dirimente. Io gli dissi: 'Enrico è sicuro che tu non puoi prender posizione sulla sostanza della questione. Ma il fatto che il tuo alleato, con cui devi fare la riforma della Costituzione, cioè quello che tiene in piedi il governo, venga cacciato dal Parlamento a voto palese è un'altra questione. Qui non si discute se Berlusconi debba o meno decadere. Ma del modo: se il voto palese esiste, esiste per un caso come questo. Per cui basta che tu dica che si deve votare a voto segreto e ti sei messo nella condizione di non poter esser sfiduciato. Sai bene che se ti cade questa sponda, Alfano è già caduto. Pensi davvero che metterti d'accordo con Renzi ti possa far reggere?'."

L'immagine della gestione del potere da parte di Renzi, definita da questo racconto, è devastante per tatticismo e cinismo, noto.

"Io lo direi così, e non ho acrimonia nei suoi confronti: Renzi pecca di provincialismo. Il potere non può esser gestito da un clan di paese, che vi è arrivato senza averne la cognizione. Ma questo è uno dei problemi generali della politica italiana degli ultimi anni. Conte, così spesso attaccato, alla fine ha resistito più a lungo perché ha una concezione meno naif, ingenua, dei suoi predecessori."

Conclusioni
Aveva una chance, Enrico Letta?

Aveva una chance, Enrico Letta? O era vittima predestinata della legge di gravità di un sistema disarticolato? ci siamo chiesti all'inizio promettendovi una risposta alla fine.

Una responsabilità, e non da poco, può essere attribuita allo stesso Letta: quella di non aver mai davvero reagito alle difficoltà, ai malumori e agli stimoli che la realtà gli presentava. Un fatto non solo politico. Letta è persona abituata a sapersi controllare. Un po' per educazione, un po' per diffidenza, lascia poco trasparire quello che sente e che pensa. Ma è indubbio che nei suoi brevi mesi, che cominciano a rotolare via da giugno, cioè dal primo ricomparire delle difficoltà giudiziarie di Silvio Berlusconi, mantiene la strada presa, senza farsi smuovere da nessun impatto.

In parte, questa è una virtù per un leader. Ma fino a che

punto lo è se, nel frattempo, l'intero impianto, di un governo (in questo caso l'accordo con Berlusconi) va a rotoli? E l'impassibilità quanto rappresenta una virtù se dal partito ogni giorno, ogni ora, sale (grazie a un formidabile avversario, Matteo Renzi) un permanente scontento perché il governo è di fatto paralizzato invece che premiato da questa alleanza?

Anche su questo punto possiamo identificare le ragioni di questa scarsa reattività nel fatto che quel partito, il Pd, dopo il collasso della vicenda Bersani/presidenza della Repubblica, è solo i lacerti di un corpo, comprensibilmente sbandato. Ma anche così la lentezza con cui Letta si muove – un governo definito da brillanti relazioni internazionali, dall'attenzione quasi ossessiva alle questioni istituzionali (riforme in testa), e dalla pazienza nel ricucire strappi – è inspiegabile. Al punto di provocare una di quelle frasi che identificano Renzi – "non si può governare con il cacciavite" – e che fanno male perché colgono una verità.

Certo, l'analisi politica non può e non deve trasformarsi in una seduta psicoanalitica. Ma la leadership, specie in un sistema come il nostro che proprio nel decennio di cui parliamo si evolve in chiave sempre più personalistica, attiene moltissimo al fattore umano di chi la esercita.

E, se mi si permette l'azzardo di un giudizio, credo che l'elemento che più frena Letta alla fine sia il suo rapporto con Napolitano: la lealtà totale del premier alla richiesta con cui è stato investito dell'incarico – e la richiesta era soprattutto costruire la grande coalizione, cioè occuparsi del Pd-Pdl innanzitutto, per spianare la strada alle riforme – e la lealtà implicita di ritorno di Napolitano nei suoi confronti. Fino all'ultimo e anche dopo Letta, cioè, si è fidato ciecamente dell'appoggio del Quirinale, del suo stare alle sue spalle, di essere difeso fino alla fine, come ha fatto lui nei confronti del vecchio presidente.

Purtroppo non è così. Napolitano è un politico, e un presidente sulle cui spalle pesa una rielezione, fatta in emergenza e segnata dall'emergenza. Quando sarà il momento, prenderà atto che il tempo di Letta è finito.

Non era un tradimento. Anche se non sappiamo nulla delle emozioni che si agitarono sul Colle, se mai agitazione c'è stata. Era politica. Al suo massimo livello di responsabilità. A ciglio asciutto.

Ma forse era questo il modo con cui ormai si decapitavano i governi. In fondo era successo lo stesso con Berlusconi, Monti, Bersani, Prodi, Marini. Dal 2011 al 2014 un grande capitale politico (e umano) viene bruciato. Tutti i tentativi politici nascono con le trombe e finiscono tra le campane a morto.

A scarsa consolazione per Letta, nessuno dei governi a lui successivi farà una fine meno brusca. Una sorta di ghigliottina metaforica stroncherà anche tutti quelli che sono venuti dopo – Renzi, Salvini, Conte (Gentiloni è un caso a parte in quanto, come nello stile dell'uomo, traghettò con il minimo di rumore la legislatura verso una sorta di derenzizzazione del clima dentro il Pd, portandolo verso il nuovo appuntamento elettorale). A riprova di come la crisi dei ruoli istituzionali (quello del Parlamento e di Palazzo Chigi di cui parliamo) porti fuori controllo lo stesso funzionamento democratico.

Tuttavia, per quel che riguarda Letta, la sua brutale cacciata, sicuramente drammatica, è anche il gesto che, sempre a mio parere, ha reso il suo mandato una storia vera. Non solo un compito ben svolto.

Che è poi la ragione per cui la politica gli ha dato una seconda chance.

4.
Governo Renzi.
Infine arrivò Lui...

Parte 1
Indagine sull'inizio, 2013-2014

"Avremmo dovuto farli fuori tutti!"

Dopo un'ora di insistenze, rimane inevasa la domanda: "Qual è stato l'errore più grave, quello che ha rotto il giocattolo dei gloriosi mille giorni?". Insisto. Guarda da sotto in su, guarda brevemente il suo portavoce, e sbotta: "Siamo arrivati, abbiamo preso dieci persone e gli abbiamo dato dieci schiaffi!". Si ferma.

Non ho capito niente. Cioè? "Quello che ho detto: abbiamo preso dieci persone e gli abbiamo dato dieci schiaffi... cioè li abbiamo solo feriti. Avremmo dovuto farli fuori tutti!" Sono così sorpresa che mi viene da ridere. Ridiamo tutti e tre.

Ribalda, simpatica, l'anima che ha messo insieme, formato e motivato il gruppo di (giovani) uomini e donne che ha occupato la storia politica recente, specializzandosi nella politica del "far ballare il sistema", si rivela con una sincerità che apprezzo. I renziani sono la schiatta politica che con più franchezza ha rimesso al centro del dibattito politico italiano il concetto che la politica è potere, concetto vecchio e caduto in disuso ma solo per un certo ipocrita omaggio al moralismo populista. La politica è potere – ed è inutile girarci intorno. Lo sappiamo tutti, inclusi noi cosiddetti "commentatori", e questi dieci anni ce lo hanno ripetuto in tanti modi, attraverso le storie violente, patetiche, dolorose, di rovina e in alcuni casi di riscatto velenoso e altrettanto rovinoso.

È un percorso di cui i renziani sono, a sinistra, il simbolo più forte. L'intreccio fra il proprio destino e il potere.

Salvo poi presentarsi, sempre loro, paladini di tutti i temi del populismo rinnovatore – rottamazione delle classi dirigenti, rinnovamento delle istituzioni, taglio della classe politica tramite abolizione del Senato, morte alle intermediazioni, distruzione del sindacato e dell'articolo 18, antieuropeismo (anche se moderato) e vaneggiamenti sul nuovo mondo del digitale. Una vera e propria rivoluzione, necessaria e sentita molto dalla base del Pd e dalla società tutta, che ha attraversato il decennio di cui qui scriviamo, il 2011-2022, come si vede dalla parallela crescita in questo periodo di Movimento 5 Stelle e renzismo.

Peccato che questa agenda urti profondamente proprio con l'idea che la politica è potere. Come poi, per strade diverse ma entrambe dure, è toccato capire sia al M5S sia al renzismo. Una contraddizione che, alla fine di almeno cinque anni di successi, è probabilmente diventata il Ground Zero per le due forze politiche.

Uno strepitoso azzardo

Il 17 febbraio 2014 il presidente della Repubblica Napolitano dà l'incarico di formare un nuovo governo a Matteo Renzi, segretario del Partito democratico e sindaco di Firenze. Sono due titoli pesanti in politica: l'8 dicembre 2013 Renzi ha vinto le primarie (le sue seconde) del Pd, con il 67,6 per cento dei voti, dimostrando un forte rapporto con i suoi elettori e il Pd. Ma anche lui, come già Monti e Letta, arriva a Palazzo Chigi come espressione di un partito mai da lui guidato in una elezione politica generale.

Ovviamente, il nome del premier è indicato dal presidente della Repubblica e viene votato dal Parlamento – quello di Renzi è un governo del tutto legittimo, dunque, come quelli dei predecessori, Monti e Letta, essi stessi nominati dal Quirinale senza passare per il fuoco di elezioni generali. In più, Renzi è una figura politica forte, con grande consenso dentro e fuori dal suo partito. Il suo governo, con 1024 giorni, sarà infatti il più duraturo dei sette che attraversano il decennio. E tuttavia alla fine pagherà anche lui la fragilità di non avere dietro di sé la legittimazione del voto politico nazionale.

Anche per Renzi, dunque, come per le altre investiture nate nelle stanze del potere, invece che nelle urne, ci sono molte domande su come si arriva alla sua scelta.

Nel suo caso, visto che l'uomo si muove ormai da parecchio nella politica del Pd, più che una domanda circola una sorta di "leggenda nera". Uno di quegli insistenti pettegolezzi che invadono la capitale e che, come tutti i gossip, ha una sua vaga credibilità proprio nella sua incredibilità: come è possibile che Napolitano, che ha scelto Enrico Letta alla fine di una grande crisi, indicando un giovane uomo molto vicino alla sua cultura e al suo affetto – di Enrico si dice che Napolitano lo consideri un secondo figlio –, lo consegni poi così velocemente al suo peggior nemico, quel Matteo Renzi che da tempo scalpitava per arrivare a Palazzo Chigi? Come tutti i pettegolezzi, anche questo nasce da uno spunto di cronaca.

Il 10 febbraio c'è il già ricordato incontro Renzi-Napolitano mentre Enrico Letta, il cui governo appare indebolito dalla vittoria di Renzi nelle primarie per la segreteria del Pd, è atteso al Quirinale per cena.

Immaginabile è la sorpresa, nelle redazioni, quando una delle agenzie annuncia che Renzi sta andando al Quirinale. Sono le prime ore del pomeriggio, Renzi resterà fino a cena, Enrico Letta non andrà invece al Colle. Il 13 febbraio la direzione nazionale del Partito democratico approva un ordine del giorno in cui si chiede un nuovo governo. Letta rassegna le dimissioni il 14 febbraio.

Roma, attanagliata da inusuali freddi invernali, impazzisce: cosa avrà detto Renzi a Napolitano per ottenere l'incarico? Lo ha forzato, lo ha minacciato, anzi no, gli ha dato un aut aut...? La leggenda nera prende corpo così, confermata poi dal brusco e del tutto esplicito sgarbo con cui Letta passerà la campanella a Renzi durante il cambio di governo.

Ed è lì che nelle pagine precedenti abbiamo lasciato Letta. Anni dopo, quando con insistenza gli farò la domanda sulla scelta di Napolitano a favore di Renzi, non si farà mai travolgere da nessuna cattiveria, come avete letto nel capitolo a lui dedicato. Un atteggiamento che ha mantenuto anche nei sei anni in cui è rimasto a Parigi, nel dorato esilio ma pur sempre un esilio, scelto dopo la rovinosa caduta politica. "Ho sempre avuto il massimo affetto per Napolitano e so che lui lo ha sempre avuto per me," mi disse una volta che ci incontrammo a un convegno. Non una parola fuori posto.

Ma il fatto che Enrico abbia mantenuto la sua dignità non vuol dire che il passaggio non sia stato così brusco da apparire una defenestrazione. E se negli anni passati da quel 2014 la "leggenda nera" è evaporata, come tutte le sciocchezze, si è in compenso capito molto bene l'attivismo che Renzi, appena eletto segretario del Pd, mise in campo, per arrivare subito a Palazzo Chigi, senza attendere la fine della legislatura, convinto che "abbiamo un solo treno e non possiamo perderlo", come racconta un suo amico di allora. Ci ritorno dunque – perché in quei giorni si forma anche l'identità della futura parabola renziana.

Una talpa di successo

Se di inizio bisogna parlare, in questo caso si tratta di inizi-inizi. A Firenze. Dove il giovane Renzi, che ha esordito come presidente della Provincia (i presidenti elettivi delle Province saranno poi aboliti dal suo governo: troveremo questi ironici incroci molte volte nella storia di Renzi) fa il grande balzo di carriera conquistando il Comune nel 2009, orgogliosamente proveniente da tradizione cattolica in territorio "rosso".

La storia del suo gruppo di adepti (non è sbagliato chiamarli così) l'hanno scritta in parecchi. La sua storia politica è quella che qui invece ci interessa, l'incredibile sfida che nasce quando il sindaco di Firenze si presenta nel 2012 alle primarie che perde contro Bersani.

Quelle primarie sono un fotogramma molto interessante del momento in cui il Pd si trova – tra Bersani (l'unico candidato premier che vince dopo il 2011 una elezione politica generale, ma senza ottenere Chigi) e un nuovo populismo innovatore e antisistema che avanza, anche nel Pd.

Nel capitolo precedente abbiamo lasciato il fiorentino a quella sconfitta, che lo fa uscire per un po' dai riflettori.

Ma il giovane Renzi continua a lavorare. Le tracce di quel periodo si possono trovare oggi nella narrativa del gruppo intorno a Graziano Delrio, medico e uno dei politici di grande reputazione oggi, uomo rettissimo, umile. Delrio incontra Renzi, che è più giovane di lui di quindici anni, e ne diventa un seguace. Lo chiamerà sempre Mosè. E anche se le loro strade si sono poi separate e lui, ministro nel governo che non ha mai partecipato alla sarabanda renziana, ancora oggi lo tratta con rispetto.

Il seguente capitolo ricostruisce, attraverso i ricordi degli amici di allora, come cominci a formarsi l'idea di Renzi, del suo gruppo, del suo programma, inclusa la sua ambizione "di essere lui l'incaricato di Napolitano al posto di Enrico".

***

Ripartiamo dalle primarie del 2012, che il sindaco fiorentino perde nettamente. Le chiude, la sera stessa del 2 dicembre, con un bel discorso, di quelli nobili, in cui si "mette a disposizione" del partito. E viene di fatto quasi dimenticato dalla classe dirigente nazionale, presa a quel punto dalle elezioni che avrebbero dovuto mettere fine all'esperimento Monti. Un esperimento che il candidato a Palazzo Chigi, Pier Luigi Bersani, appena confermato dalle primarie, considera ormai un errore.

La partita giocata e persa da Bersani è stata descritta nel capitolo 2. Letta va al posto di Bersani a Palazzo Chigi, come abbiamo raccontato nel capitolo 3.

Renzi lo abbiamo lasciato dunque al 2012. Da lì fino alle nuove primarie, che vince, passa un anno. Cosa ha fatto nel frattempo, come è riuscito a fare il suo ulteriore salto di carriera passando dall'essere il sindaco di Firenze a un personaggio in grado, come succederà, di diventare premier senza nemmeno passare per elezioni nazionali?

Fuori dal radar ferveva l'attività. All'epoca, dopo quelle primarie perse, circolò negli ambienti politici l'idea che il sindaco di Firenze volesse fare un suo partito. A disagio nella progressiva crisi dei partiti, svelata dal fatto che alla fine per un nuovo governo dopo Berlusconi fosse stato chiamato un tecnico, Mario Monti.

Ripercorrendo quel periodo nel racconto di testimoni, pare che effettivamente qualcosa avesse in mente, "ma fu molto calmato dal rapporto con i sindaci, che all'epoca erano ancora il suo riferimento politico," sostiene un primo cittadino che allora faceva parte dell'Anci, di cui era presidente proprio Delrio, e che ha collaborato con entrambi. Nelle pagine che seguono riporterò passaggi di una lunga conversazione con lui, che ho raccolto per la stesura di questo libro.

Nei mesi successivi, mentre il governo Letta inizia i lavori, secondo Delrio, qualcosa di rilevante succede: i rapporti fra Napolitano e il sindaco di Firenze si scaldano. "Napolitano, che di suo non trovava Renzi esattamente un politico col profilo che preferiva, è interessato tuttavia da questo giovane, dalla sua energia e ambizione, in un mondo in cui all'ormai anziano presidente la politica, in particolare la sua parte di provenienza, appare immobile e arresa a un ruolo di irrilevanza. [...] I colloqui tra i due si fanno regolari." Tanto che, come confermano collaboratori di allora di Delrio, "sia pur per un breve periodo, Renzi si convince addirittura di aver una chance di essere nominato direttamente a Chigi".

La circostanza è stata richiamata in molte testimonianze di dirigenti del Pd, riportate nelle pagine precedenti. Ma viene confermata in maniera certa da molti dei renziani della prima ora. Circostanza che fa capire anche quanto sottile e delicato sia stato l'equilibrio fra Letta e Renzi fin dall'inizio. E quanto sulle spine forse comincia a sentirsi Enrico, ben prima di quello "stai sereno" pronunciato poi da Renzi ospite di Daria Bignardi.

La storia che qui ricostruiamo farà capire che il gruppo dei renziani agì tutt'altro che d'impulso.

Conversando con un amico di Graziano Delrio

"Vorrei iniziare correggendo alcuni luoghi comuni. Quello che oggi identifichiamo come gruppo renziano in realtà non esiste prima che Matteo faccia alcune scelte. Nel senso che esisteva un gruppo di persone molto vicine a lui che però svolgevano funzioni di segreteria, legate alla dimensione fiorentina. Invece esiste fin da molto presto un gruppo notevole di persone che si avvicina a Renzi, imprenditori ma anche intellettuali, che dicono: 'Ci vuole una nuova energia per questo Paese che è morto'. Quindi non si può decontestualizzare la questione. Renzi diventa importante perché manca dinamismo nella politica e nella società italiane. La società italiana si sente bloccata. La politica si sente bloccata. Il nostro punto di osservazione... dico nostro perché tutte le storie di Matteo che vengono raccontate, vengono raccontate come un'avventura solitaria di una leadership potente. E questo è sicuramente un aspetto. Ma non va dimenticato che lui all'inizio ha l'intelligenza di tenere da parte il gruppo fiorentino e di appoggiarsi completamente al sistema dei sindaci di cui fa parte, l'Anci [organizzazione di cui al tempo, come abbiamo già ricordato, è presidente Graziano Delrio, che avrà un ruolo importante nella vita politica di Renzi, *N.d.A.*]. Quindi, attenzione, la presa di Roma non implica nessun calcio alla porta, ma è una lenta preparazione per arrivarci."

Quando inizia questo percorso?

"Comincia proprio con le scelte politiche alla fine del 2011. Cioè, alla fine del 2011 Matteo viene all'assemblea dell'Anci. Il candidato di D'Alema e Bersani, che puntano su Emiliano, viene sconfitto con un'operazione dal basso dentro la *comunità* dei sindaci, che elegge presidente Delrio, in quel momento considerato un po' l'erede del popolarissimo Chiamparino. Il gruppo che si forma intorno a Delrio non fa patti col partito, non si concede a promesse, e si gioca la partita. Un'elezione, un metodo, che a Matteo dice molto, il ragazzo è intelligente, e dice: 'Questo gruppo mi può aiutare a diventare una forza nazionale'. Del resto, Chiamparino è tra i primi a sostenere Renzi."

La battaglia a cui fa riferimento la nostra fonte è ben conosciuta ed è un altro frutto avvelenato, dentro la sinistra, della decisione di sostenere Monti. "Il montismo rappresenta per noi del sistema dei sindaci la morte civile. Nel senso che noi, pur capendo l'operazione, nonostante la qualità dell'uomo e la qualità dei suoi ministri, perché questo è fuori discussione secondo me, avevamo però con Monti uno scontro di fondo. Monti coltivava un dissenso marcato e culturale di distanza dagli enti locali. Aveva avviato infatti una forte offensiva contro noi amministratori. Parlo del progetto di legge che abolisce definitivamente le Province, in una sorta di esasperazione dell'atteggiamento di Tremonti. Questo è il punto chiave. All'interno della sinistra che è, sia pur con molti scontenti, acquiescente con Monti, i sindaci sono un gruppo molto combattivo. Facciamo la guerra contro il Patto di stabilità, che bloccava gli investimenti, perché non avevano più i soldi per riparare le strade, per far le cose, per le manutenzioni e così via. Ci bloccavano anche. È lì che nasce politicamente la forza di Renzi."

È un aspetto di cui non si è parlato molto, faccio notare. "No, lo so. Questo è un punto di vista che nessuno racconta. Nemmeno Matteo, perché presto tutta la narrativa intorno a lui tenderà a esaltare il suo talento che spacca tutto. In realtà lui è stato molto più lucido e razionale. Perché Renzi è un politico, non è un emotivo. È lui infatti a scegliere di appoggiarsi a questo sistema. Tanto è vero che prima della campagna per le primarie del Pd del 2012 prevale – questo è fondamentale – la proposta di un gruppo di noi che dice a Matteo di non fare una 'cosa' fuori dal Pd. Perché è vero, allora era molto forte in lui la tentazione macroniana. Molto forte."

"I Nativi", così il mio interlocutore definisce per scherzo questo gruppo di amministratori intorno a Renzi. "I Nativi… cioè gente come me, nativo democratico, nel senso che non sono mai stato né democristiano né comunista… Pur avendo io appoggiato il Partito popolare quando si scinde dalla Dc, quando nasce il Partito popolare, per l'affetto che ho verso la tradizione cattolico-democratica che non è un partito ma è una tradizione, do una mano a Castagnetti a ricostruire in Emilia-Romagna un pezzo del Ppi. E tuttavia, gente come me nasce con l'idea che deve esserci il Partito democratico, non ci deve essere la Margherita, i Ds, e tutto il resto."

Facciamo dei nomi? "Delrio certo; poi Lorenzo Guerini in primis; Angelo Rughetti, che è il segretario generale dell'Anci; Roberto Reggi, il sindaco di Piacenza che è stato il suo coordinatore della campagna, quella del camper. Sono del resto gli uomini che Renzi chiede per le sue primarie [del 2012, *N.d.A.*]. In un certo senso è un gruppo comunista," scherza, "nel senso che siamo tutti allo stesso livello. C'era il presidente che però poteva fare il segretario, tutti molto intercambiabili. Tutta gente che è anche più brava di me. Quindi un gruppo molto compatto, che si mette a disposizione con l'idea di rinnovare il Pd e il centrosinistra. Cioè di dare al Pd una capacità espansiva che Bersani e il suo gruppo dirigente non stavano più dimostrando. Perché Bersani era molto più forte e talentuoso anni prima, ma quando diventa segretario del partito non riesce più. Tu lo ricordi quel periodo."

Una difesa di Bersani è d'obbligo. "È un uomo che è stato molto vittima della teoria della responsabilità di quel periodo… Che poi questo è stato il freno della sinistra in tutti questi anni, anche prima negli anni duemila, in verità."

Continuano i ricordi: "Comunque per noi Matteo rappresentava quel dinamismo culturale e quell'apertura mentale che mancava in quel momento alla sinistra. Perché poi Bersani è stato innovatore in certi periodi della sua vita, fortemente innovatore, e invece da segretario si mette lì e persino nella campagna elettorale del 2013 non dice le cose che poteva dire e che gli avrebbero dato quei 2-3 punti percentuali in più per vincere le elezioni. Cioè non dice nulla sul fisco, o su altri temi su cui avrebbe potuto sfidare Berlusconi da sinistra. Comunque Matteo in quel momento è già su qualche copertina di giornali internazionali perché è il sindaco di Firenze, perché la bellezza, perché la città comunque è ben amministrata. Ha una sua visibilità personale che non dipende da noi. Ma lui sceglie di appoggiarsi a noi per fare un percorso dentro il partito".

Siamo a Monti che è già arrivato, siamo alle primarie del Pd nel 2012. Bersani si candida nelle elezioni del 2013. "Renzi si presenta alle primarie, ma questo percorso io so che lo perdiamo. In quel momento il 'Giglio magico' non c'è, per parlarci chiaro. Il ragazzo [Renzi, *N.d.A.*], devo dire anche con grande umiltà – ed è una parola che scelgo non a caso –, decide di appoggiarsi dunque a un sistema di sindaci, di persone più anziane. Che credono di vedere in lui l'interprete di questa stagione di riformismo moderno della sinistra in questo periodo. Noi partiamo, sappiamo che perderemo, ma c'è il suo talento soprattutto e le cose che abbiamo messo in fila come programma e come idee sul Paese..."

Per esempio, quali idee sul Paese Matteo rappresenta? "La cosa che rende Matteo popolare è che lui capisce che il popolo è stanco di un sistema politico bloccato."

Cioè siamo arrivati alla "rottamazione"? "Certo."

In quel periodo Napolitano non era tanto felice di questa piega degli eventi.

"Napolitano in quel momento era incazzatissimo per queste idee. Perché vedeva in Renzi l'incapacità e l'insensibilità istituzionale. Diceva: 'Ma questo qua viene qui, fa il matto. Come fa? Capito?'. Ma noi essendo sindaci avevamo coscienza di quello che la gente sentiva. Avevamo esattamente la percezione che la gente comune voleva qualcosa di diverso. Quindi a quel punto ce la giochiamo. Alle primarie però va male, perde."

E fa un bellissimo discorso, ricordo.

"Sì, fa un bellissimo discorso. Il discorso della sconfitta dove lui dimostra di aver interiorizzato il tema della comunità politica. Che è un tema tutt'oggi non risolto nel Pd ed è un tema della democrazia italiana, secondo me. Cioè che quando un dirigente politico sa di essere espressione di una comunità politica, capisce che lui stesso ha dei limiti, mi spiego? Cioè sa fin dove può arrivare. Quando un dirigente politico non ha dietro di sé una comunità politica è sostanzialmente libero anche di fare dei danni totali. Tanto è vero che i partiti personali sono negativi esclusivamente per questo. Tu non hai più nessuno a cui rendere conto. Lui lì dimostra di avere coscienza della sua comunità politica. Cioè di far parte di una comunità a cui lui ha dato un contributo e che lui deve ora contribuire a far vincere: quindi noi ci impegniamo per far vincere Bersani. Punto e a capo. Secondo me lui lì assume, come noi avevamo sperato, la statura di un leader nazionale riconosciuto. Quello, per tanti di voi che non lo conoscevano, era il suo momento, e vi era arrivato mentre era tanto giovane."

Insomma, le primarie perse del 2012 lo rendono un grande politico, per un pubblico vasto. Overnight. Secondo la versione dei suoi amici.

Fermiamoci un attimo qui. Perché i movimenti in corso dalle parti del nascente gruppo intorno a Renzi non avvengono senza che i bersaniani se ne accorgano. Ricordo qui intanto un po' di numeri. Il 2 dicembre 2012 Pier Luigi Bersani vince le primarie per essere il candidato premier per il centrosinistra alle prossime elezioni politiche che si terranno poi nella primavera del 2013 con il 60,9 per cento dei voti, mentre Matteo Renzi si ferma al 39,1 per cento.

Intermezzo con una bersaniana doc

"Lo dico subito e chiaro." È una battagliera bersaniana doc a mettere un po' di puntini sulle i prendendo le fila della storia fin qui ricordata. "Quando si parla di lui, tutti usano la frase 'Renzi arriva dentro il partito', ma lui ci è nato dentro il partito, non è che vi arriva da fuori. È uno che ha fatto tutto il curriculum bruciando un po' le tappe. Riepilogo: viene dalla Toscana e diciamo che non è un caso che il renzismo nasca in Toscana. Secondo me ci sono delle colpe enormi dei Ds toscani, che sono veramente l'establishment. Mentre in Emilia-Romagna Bersani, Errani, ma anche il dossettismo di Castagnetti, mantengono un'autenticità di quella storia che prosegue nell'Ulivo e nel Pd, in Toscana c'è stanchezza. Questa regione insomma è governata da un'esperienza politica abbastanza estenuata. I Ds toscani hanno la vocazione da establishment di fare l'accordo sempre con i dorotei della Dc, mai con la sinistra. Quindi anche negli equilibri regionali viene fuori sempre un ex Pci alleato con il peggio della Democrazia cristiana.

"Insomma, è la svolta degli anni settanta del Pci che comincia a porsi il problema di sottrarre voti alla Dc. Dopo gli anni settanta e l'unità nazionale, il Pci diventa davvero un partito conservatore in Italia. Soprattutto dove governa da sempre. La realtà era un po' questa, soprattutto nelle regioni rosse, in quegli anni lì. Diciamo a metà-fine degli anni novanta il Pci, il Pds o i Ds si prendevano il sindaco e ai democristiani davano il presidente della Provincia, perché contava un po' meno, però insomma qualcosa bisognava dargli. Quindi Renzi faceva quel mestiere lì giovanissimo, perché aveva fatto fuori un po' di avversari interni cavalcando sempre questa cosa qui del rinnovamento e non trovando, secondo me, grandissime resistenze, perché appunto i popolari e la Margherita a Firenze non è che avessero chissà cosa. Poi lui fa il primo strappo quando si candida sindaco. Appunto, quello che si dice per il sindaco di Roma vale in piccolo un po' anche per il sindaco di Firenze: quello è un bel palcoscenico, se non sei Nardella. E Renzi vabbe', vince queste primarie [fiorentine, *N.d.A.*] del 2009 contestatissime – si è sempre detto ma mai dimostrato – con i voti di Verdini. Colpa anche di tutti i dirigenti nazionali del partito, delle loro divisioni, ma, insomma, sai, questo è un altro problema della Toscana, che spesso il centrodestra essendoci le primarie ha preferito scegliere il candidato del centrosinistra. Da questo processo, reale, spiegabile, viene fuori come questo ragazzo prodigio però fin dall'inizio fosse circondato da un sospetto di spregiudicatezza. Poi comincia a diventare un personaggio nazionale. Lì incrocia un'onda anti-establishment e grillina. Anche Bersani aveva all'inizio quest'idea, non del tutto giustificata secondo me, che il partito fosse vecchio, che fosse il partito dell'establishment. Tant'è che fece la segreteria di giovani.

"Era un periodo in cui tutti chiedevano al Pd di rinnovarsi. Ma solo al Pd, eh!, come se tutti gli altri partiti fossero stati nuovi, aperti alle donne, aperti ai giovani. E non è vero che Bersani, come si è visto nel trattamento di Renzi, non favorisse il rinnovamento. Poi quando ha fatto questa segreteria di giovani si è visto qual era il materiale umano. L'idea era che questo partito fosse un partito di elefanti. E questo un po' era vero. Bersani governava riunendo una specie di caminetto, che si chiamava 'Coordinamento'. Era un posto dove vedersela con D'Alema, con Veltroni, con Franceschini, con Castagnetti, con la Turco, con la Finocchiaro, con tutti questi qua e Bersani lo aveva voluto istituzionalizzare. Non voleva farlo telefonandogli a tu per tu, però questa cosa passava come qualcosa che scavalcava la segreteria, scavalcava i giovani, insomma. Vero è che se questi, il Coordinamento, non li domi, D'Alema ti comincia a fare il tesseramento parallelo.

"Insomma, quello era il partito dove 'arriva' Renzi. Io mi ricordo che non era solo lui, l'emergente, ma le varie Serracchiani, i vari fenomeni che venivano fuori ciclicamente, Ignazio Marino che faceva sempre un po' il pierino anche se mai rompendo, Civati... quanti astri abbiamo visto sorgere?

Sempre molto pompati in televisione. Quello era un partito dove chiunque alzasse la voce andava in tv, faceva interviste. Qualunque cosa. Perché era l'unico partito con un suo pluralismo, una sua vita interna. Bersani, nella postfazione di un libro, scrive 'Era un partito la cui unità te la dovevi inventare giorno per giorno'. Perché era una conquista. E non c'era direzione nazionale che non fosse preceduta da una raccolta di firme o una petizione o un'intervista in cui qualcuno di questi diceva o 'Bisogna cambiare la legge elettorale perché guai alle liste bloccate' o 'Perché le donne...' o 'Perché il premier non può essere quello che dice lo statuto, bisogna fare le primarie'."

In questa testimonianza amara c'è in effetti una verità profonda: la descrizione di un Partito democratico senza un centro o un principio di autorità. Sostanzialmente una raccolta di individui insoddisfatti e alla deriva nella loro ricerca. Bersani – e questo è un mio parere – è stato un segretario amato e rispettato per le sue qualità umane, da tutti apprezzate; ma era anche, in qualche modo, mai davvero ascoltato, mai un'autorità dirimente. Provo con cautela a formulare una domanda non piacevole: tu pensi che ci fosse qualcosa contro Bersani nel partito, che per esempio la sua bonomia lo facesse considerare un debole, o uno poco all'altezza?

La risposta è cauta: "Allora, Bersani era comunista. Questo penso. Era comunque una personalità che a qualcuno non piaceva. Non piaceva che prendesse il potere, diciamo, e lo dico senza cattiveria. Però il Partito democratico, i Ds sono stati dei partiti molto romani. Tutto il dualismo tra D'Alema e Veltroni... che sono due personalità potenti, entrambe, nei loro pregi e nei loro difetti, no? E poi Bettini, tutto l'ideologismo di Bettini... è stato un partito che se l'è vista sempre tra romani. Quindi alla fine Bersani non era uno di loro.

"Quindi vabbe', questo era il clima. Questo per dire che Renzi non era solo. Quando arriva a Roma trova la porta aperta, come dicevi prima. Lì c'è una cultura politica nuovista, interpretata anche da persone a cui voglio bene, Enrico, con i convegni di 'Vedrò', con i giovani quarantenni e trentenni, con la Giulia Bongiorno superstar e le partite di subbuteo... Quello è il tipo di gente con cui Renzi, arrivato a Roma, era a casa sua".

Dunque un po' di anticomunismo, un po' di nuovismo, un po' di rivalità tra comunisti. Bersani poteva tenere insieme il tutto soltanto vincendo le elezioni politiche.

"Lui ci ha provato. Ma questo qui [Renzi, *N.d.A.*] era già su tutti i palcoscenici del mondo. Anche perché Renzi aveva una rete, ha avuto e ha – adesso sta indagando anche la magistratura su questo – una rete importante di finanziamenti, una rete di relazioni internazionali. Io sono quella che ne sa di meno ovviamente. Ma lo fanno parlare ad esempio alla convention di Obama, e come arriva in America, questo non mi è chiaro.

"Un'altra cosa che mi ricordo è che viene Clinton in Italia, per la sua fondazione, proprio nel pieno delle primarie del 2012 fra Bersani e Renzi. A un certo punto viene fuori che Clinton dovrebbe incontrare Renzi. Questo incontro poi alla fine non si fa. Però questo per farti capire che Renzi era uno che poteva incontrare Clinton. Così come è stato ricevuto dalla Merkel, mentre Bersani quando va in Germania e a Bruxelles prima del voto del 2013 per presentarsi come futuro premier, e nessuno metteva in dubbio questa cosa, viene ricevuto dal ministro Schäuble perché il protocollo esclude che la Merkel possa incontrare un non numero uno... Invece Renzi viene ricevuto dalla Merkel quando è candidato alle primarie e Letta è presidente del Consiglio. Me lo ha raccontato lo stesso Letta – che un giorno vede la Merkel non so dove e lei gli dice: 'A proposito, incontro Renzi. Non ti dà fastidio, vero?' e Letta, ripeto, era presidente del Consiglio. Mentre Renzi, sia pur candidato alle primarie, era solo il sindaco di Firenze!"

E qui arriviamo al punto vero. Facciamo un salto in avanti. "Quando il 13 febbraio 2014, mentre Enrico è ancora premier, c'è la direzione nazionale del Pd, la minoranza non gli vota contro. Perché a quel punto erano tutti diventati superrenziani. Anzi non solo non vota contro la minoranza ma, di più, non vede l'ora che Renzi arrivi al governo."

Con l'amico di Delrio: ripresa della conversazione

Riporto queste opinioni dei bersaniani all'amico di Delrio e Renzi con cui abbiamo parlato prima. Dico che, fra i bersaniani, pare contare molto il fatto che Renzi provenisse da una tradizione anticomunista. E tutto sommato, aggiungo, è vero che la "rottamazione" di Renzi è tutta diretta contro il vecchio Pd, che poi è il vecchio Pci, è in fondo il giro dei dalemiani, o, per esser più precisi, come dicono alcuni, è la vecchia segreteria della Fgci in un certo periodo in cui è cresciuta tutta l'attuale classe dirigente del Pd. E poi è contro personaggi come la Bindi, ma lì si può spiegare con la competizione a sinistra dell'ala centrista.

"Be', diciamo che lui è un'alternativa a quel modello. Sicuramente. Fin dall'inizio. Nel senso che lui, diciamo, è della Margherita. Quindi aveva e ha una distanza culturale, da questo punto di vista non c'è dubbio. Però pesa molto di più, credo, nel suo successo non tanto questa appartenenza ma il fatto che comunque anche la base nostra, la base diciamo di sinistra classica, vede in lui quel dinamismo e quella capacità di parlar chiaro che non c'era negli altri leader. Vede da un lato una riproposizione del veltronismo, nel senso della capacità di aprirsi, e dall'altro anche un linguaggio finalmente nuovo. Perché poi la politica è linguaggio, è parola. Tu hai poco da fare: se non riesci a farti capire dalla gente vuol dire che non hai le idee chiare. Questo è il punto. Quindi sì.

"Però, nel momento in cui si sceglie di stare nel Partito democratico – e questa è una scelta definitiva per il nostro campo –, in quel momento il tema degli ex comunisti diventa secondario. Sale in primo piano l'approccio ai problemi. Matteo ha un altro approccio ai problemi rispetto a Bersani. Ma anche rispetto a Castagnetti. Tutto il mondo cattolico e popolare dalla Bindi a Castagnetti fa fatica con Matteo. Perché per noi c'è il tema dell'azione. Il tema che la politica è azione. Solo quando tu rendi una cosa concreta, allora la rendi anche degna di narrazione.

"Ora, l'azione, per chi viene dalla 'Prima Repubblica', è una questione complicata. Cioè l'azione è solamente la conseguenza di un pensiero depositato, solido ecc. Matteo fa fare invece il salto generazionale. Quella prima stagione è dunque molto bella per noi, perché è una stagione di sconfitta da un certo punto di vista, ma anche di grande considerazione, in cui ti fai vedere e capisci di avere un pezzo di gente con te. Questo passaggio è molto importante per la maturazione di Renzi come leader nazionale, perché prima di allora ancora non lo era. Le primarie del 2012 sono uno strumento che noi scegliamo per farlo diventare un leader nazionale e non un leader da copertina di giornale".

Riprendo il tema della prima sconfitta di questo piano. Renzi non vince le primarie, ma ci sono le elezioni... Voi a quel punto cosa fate, dove siete? Inabissati? In attesa che la crisi maturi per darvi la nuova opportunità?

"Noi siamo tranquilli. Siamo tranquilli perché ognuno di noi fa il sindaco. La politica nazionale non è il nostro centro. Però teniamo la nostra rete di persone, gran parte sono persone giovani sui territori, e continuiamo a esserci. Renzi ogni tanto però interviene nel dibattito, sempre con posizioni originali. C'è calma anche perché si pensa che si vince, dai sondaggi. I sondaggi dicono che vinci. E quindi dici: 'Avremo finalmente un governo di centrosinistra e poi lì daremo il nostro contributo perché sia un governo veramente all'altezza della sfida riformista'."

Ma Bersani non vince, o perlomeno vince male. "Sì, lì c'è un momento di grande crisi, come ricordi. Di grande difficoltà. Enrico sta componendo il governo. Enrico diventa premier perché è il vice di Bersani, quindi non si può andargli contro. Lì succede una doppia cosa. Bersani è sconfitto e pensa di coinvolgere Renzi. Come sai, è un politico intelligente, quindi dice: 'Questo qui ha preso un risultato alle primarie' e si apre un dialogo. A quel punto Letta, che conosce un po' la dinamica di Matteo, del gruppo che lo appoggiava, dice a Renzi che pensa a lui nella composizione del governo. Matteo invece chiama Delrio e gli dice: 'Tu sei l'unico che deve andare a fare il ministro perché sei presidente dell'Anci, sei quello che ha lavorato'. E infatti Graziano entra. Matteo ci chiama e dice: 'L'unico che può fare il ministro è Graziano perché ha l'esperienza ormai per farlo e poi prepara il terreno per noi'."

Be', noto, questa è la prima parte della storia di Renzi: tutti provano a inglobarlo. Lo stesso D'Alema tenta di prenderselo. Mi pare però che nessuno di loro all'epoca avesse capito che "bestia" fosse Renzi.

"Mettiamola così. Io e Renzi da anni non ci frequentiamo più. Ma l'errore che tutti loro commettono, tutti commettono, è di pensare che Renzi non sia quello che in realtà è. Perché Renzi è il bambino che tu vedi nel campo da calcio palleggiare da solo e dici: 'Ma questo è bravissimo'. Non gli ha insegnato niente nessuno, questo qua lo fa naturalmente il palleggio'. Però la cosa che loro non capiscono è che lui è bravissimo sul loro terreno, quello della politica, non dell'amministrazione. Loro pensano che lui abbia il talento non dell'abilità politica, della tattica politica, Matteo invece è un vero talento sulla tattica. Cioè lui li ha tutti fregati. Io ho visto in azione D'Alema, Veltroni, Fassino,

Castagnetti, Bersani. Li ho visti tutti in azione. Ma lui dal punto di vista della tattica politica è bravissimo, li supera tutti. Quindi lo sottovalutano all'inizio perché lo ritengono un emotivo. Un giovane torello. Uno che vedendo il drappo rosso corre. Ma non è vero. Non è così, attenzione. Questa è una grande sottovalutazione di Matteo e questo lo favorisce oggettivamente. Così come Enrico sbaglia, quando va al governo, a pensare che Matteo non possa essere accettato dall'establishment romano. Ed è sincero Enrico quando pensa che Napolitano non darà mai l'incarico a Renzi, perché è vero. Napolitano non vuole dare l'incarico a Renzi, non vuole darglielo assolutamente. Tanto è vero che, dopo il fallito tentativo di Bersani di formare un governo con Grillo, Matteo pensa che Napolitano possa fare il colpo di testa per cambiare le carte in tavola dando l'incarico a lui. A un certo punto Renzi ci pensa davvero. Gli dico: 'Guarda che non succederà, perché so come ragiona Napolitano e non ci sono le condizioni in questo momento'. Ma Matteo continua a crederci."

Perché qualcuno gli manda dei messaggi? Magari non Napolitano.

"Sì, qualcuno dentro quei mondi economici gli dice: 'Ma perché no? Sei un premier giovane, il Trudeau italiano'. Ma sarebbe stato un grande azzardo, e anche per Matteo non sarebbe stato utile. Ancora una volta lì noi ci confrontiamo e diciamo: 'Tu devi essere legittimato dal popolo del Partito democratico. Devi avere dietro una comunità, non puoi essere solo il leader isolato. Perché l'Italia non è questo sistema, non esiste questo sistema. Non siamo negli Stati Uniti. A meno che non ci sia un establishment che ti investe con tutta la sua forza ma in Italia l'establishment non esiste'.

"Quindi lui dopo sta lì tranquillo, in quell'anno lì sostanzialmente. Perché il governo Letta parte il 28 aprile 2013 e cade a febbraio del 2014. In quei mesi ci si mette a preparare le primarie. Il programma, una serie di colloqui con persone con cui costruiamo insieme il nucleo della nostra proposta per le primarie. Così andiamo alle primarie e le vinciamo. Dunque è sbagliato quello che dicevi prima: non c'è una porta che viene scalciata. È una idea che non ritengo corretta. C'è una preparazione lunga che era durata dal 2011, quindi tutto il 2012 e tutto il 2013, per fare in modo che la sua proposta potesse diventare la proposta maggioritaria nel Partito democratico. Questa è stata la discriminante. Perché se Matteo si fosse messo da solo a scassare il sistema avrebbe perso. Questa è la mia idea. Oggi nessuno scassa il sistema da solo."

Napolitano, come seguiva l'ascesa del giovane Matteo dentro il Pd?

"Come dicevi tu stessa, prima ne è infastidito, poi i rapporti fra loro si fanno più interessanti."

Altro salto in avanti: infine Matteo, a poche settimane dalle primarie vinte nel 2013, ottiene l'incarico. Letta esce da Palazzo Chigi: un bel passaggio! Come ve lo spiegate?

"Certo non con colpe di Enrico. Il suo governo diventa fragile quasi subito: la condanna di Berlusconi, la tragedia di Lampedusa, il caso Shalabaeva. Ma soprattutto la mancanza di un'idea forte per il rilancio del Paese. Mentre invece noi avevamo l'ideona, avevamo il dinamismo che ci consente di poter dire: 'Ci siamo'. Enrico inoltre non forza mai sul rapporto con l'Europa."

Questo perché aveva un rapporto con l'Europa anche molto forte.

"Esattamente. Perché il suo riferimento è là, non è qua. Quindi questa è la distanza. Il suo riferimento è là e infatti Napolitano a lungo continua a difendere Enrico dalle critiche dicendo: 'Ma che dici, Enrico parla con la Merkel tutti i giorni. Parla con l'establishment europeo. Mi chiamano per dirmi che è bravissimo. E sì, è bravissimo, parla bene in inglese, sa tenere bene le relazioni ma il popolo sta da un'altra parte'. Noi conoscevamo il rischio che il Paese potesse essere consegnato a Grillo, per questa strada."

Renzi però è anche lui un populista.

"Sì.. Ma non era un populista Togliatti? Non era un populista De Gasperi nei suoi comizi in piazza? Però era un populismo che stava dentro una cornice di una comunità e di una prospettiva democratica. Non era un populismo che voleva scassare il sistema."

Insomma, che succede quel giorno, il 10 febbraio 2013, in cui invece di Letta arriva al Quirinale Renzi, e Renzi ne esce con l'incarico?

"È il contrario. Non è Renzi che ha convinto Napolitano. È Napolitano a chiamarlo. E lo chiama perché Napolitano ha già deciso. Questo è quello che so io. Nel senso che questo è quello che posso dire. Mettiamola così: Napolitano è un uomo di straordinaria capacità politica, quindi le sue valutazioni cambiano, però non cambiano di colpo. Cambiano progressivamente. Quindi io penso che lui, inizialmente molto refrattario, si sia reso conto progressivamente che al proprio interno il Pd si stava sfaldando."

***

Fu dunque Napolitano a mettere fine al governo Letta, secondo l'area renziana. Cercando conferme a questo progressivo cambio di "convinzioni" di Napolitano nei confronti di Renzi, se ne trovano molte. Per esempio un uomo vicino a Gentiloni, l'ex ministro del governo Renzi poi diventato il successore di Renzi a Chigi, dice: "So per certo che fu Napolitano a scegliere di far cadere Letta. Nonostante tutto quello che si dice, fu Napolitano che chiamò Renzi e gli disse: 'È il tuo turno'. In realtà ci fu un esaurimento molto precoce dell'esperienza Letta. Napolitano fu molto colpito dalla vittoria di Renzi in quelle primarie, le seconde. Io ero in segreteria nazionale quando abbiamo vinto le primarie, ed ero molto favorevole a Renzi da tempo".

Cosa esattamente colpì Napolitano?

"La vittoria di Renzi tra gli iscritti. Questo non se l'aspettava. Ho avuto modo di accertarlo di persona."

Non è un dettaglio. In quel momento si pensava infatti che Renzi rappresentasse bene un campo largo di elettori, ma non gli iscritti, un partito che mostrava molta ostilità, almeno a parole, nei confronti dello sfidante della "Ditta".

"Napolitano pensava che la Ditta fosse sotto controllo dei bersaniani e che Renzi raccogliesse l'onda populista fuori. Peraltro Napolitano poi ha sempre detestato macalusianamente le primarie e tutta quella roba lì. Proprio per questo fu colpito da quello che dicevano i dati, dal cambiamento dentro la Ditta. Ti testimonio di persona."

Che Napolitano abbia deciso autonomamente di nominare Renzi il giorno che questi va al Quirinale, mentre Letta è in volo, è dunque oggi una opinione di molti dei protagonisti di allora. E alla fine non si può che esserne convinti. Napolitano non è uomo da essere smosso a colpi di forzature. E nei mesi seguenti non dà segnali di essere scontento di Renzi. Anche se le cose non vanno poi come dovrebbero, sulle riforme. Possiamo dunque essere ragionevolmente convinti, ex post, che Letta abbia davvero perso abbastanza presto una parte fondamentale della fiducia in lui da parte del sistema politico. Inclusa quella del suo Pd.

Il grande sindaco amico di Delrio fornisce un altro pezzo del puzzle che chiude il cerchio: "Poi, diciamoci la verità, che anche sul Colle a questo punto si capisce: non è che tu puoi continuare a sostenere un governo sapendo che un pezzo importante della tua coalizione, un pezzo decisivo a quel punto, perché il Pd è il pilastro della tua coalizione di governo, comincia ad avere malumori. Perché paga il prezzo per l'inerzia".

Infatti. E questo è quello che avviene. Che dopo le primarie, in verità, il Pd tutto cambia velocemente "verso", per dirla con Renzi, e si allinea con il vincitore. Su questo cambio dentro il Pd vale la pena di soffermarsi. Perché è il ritratto di tutta la fragilità di quel partito. Che prima identifica in Renzi un nemico (e non era necessario che così fosse) e poi gli si arrende senza condizioni (e neanche questo era necessario che così fosse).

Smottamento a sinistra, anno 2014

Come dicevo prima, l'arrivo a Palazzo Chigi di Renzi, per caratura di metodo e modi, è un passaggio breve ma molto indicativo di uno smottamento dell'area della sinistra. Uno smottamento che per velocità dà una immagine dell'Italia e del Pd da capogiro.

Tra la vittoria alle primarie e l'arrivo a Chigi, dal 9 dicembre al 13 febbraio, passano poco più di nove settimane. Enrico Letta siede a Palazzo Chigi dal 28 aprile 2013, cioè da poco più di sette mesi (il suo governo finirà il 21 febbraio 2014), e l'appena eletto nuovo segretario del Pd annuncia collaborazione con il governo e ribadisce la fiducia nell'esecutivo in un incontro con Letta a Palazzo Chigi. Il giorno dopo, ospite di Daria Bignardi nel programma *Le invasioni barbariche*, rassicura il premier anche pubblicamente: "Enrico stai sereno, nessuno ti vuol fregare il posto".

Ricordo il timing di questo successo perché da solo dimostra come il tempo sia uno degli strumenti essenziali su cui si misura il sistema Renzi.

Vorrei inoltre ricordare qui una data che non è parte dell'agenda politica, ma sembra esser perfetta come una premonizione: il 1° gennaio 2014 la Fiat annuncia l'acquisto della Chrysler. È una svolta nel destino faticoso della Fiat ed è il trionfo di un uomo, Sergio Marchionne, che, con il suo vestire dimesso e la sua visione globale, è il simbolo di una Italia che non si riconosce più negli schemi destra-sinistra, operai-padroni. Marchionne è l'uomo che è quasi, suo malgrado probabilmente, il manifesto vivente del programma di questo politico nuovo che, tra i primi progetti, ha proprio quello di azzerare, come Marchionne, i sindacati – a partire da quelli poderosi della Cgil e della Fiom (guidati in quel momento da Susanna Camusso e da Maurizio Landini). Marchionne darà la sua "benedizione" a Renzi in molte occasioni, ma in una in particolare, il 30 marzo 2016 a Chicago, dove i due sono le star del forum organizzato dall'Ice (Istituto per il commercio estero). Un evento durante il quale le imprese italiane leader nell'innovazione tecnologica si presentano numerosissime al mercato americano. Marchionne arriva a sorpresa nella sede della Booth School dell'Università di Chicago per salutare Renzi e ribadire la sua fiducia in lui: "Se me lo chiedete, in Italia voterei per Renzi".

Il 2 gennaio Renzi lancia la sua prima iniziativa politica da segretario. È una lettera agli altri leader in cui sollecita l'approvazione delle riforme istituzionali e soprattutto della legge elettorale. Alla base delle proposte c'è "il mandato dell'8 dicembre" (le primarie), come imprimatur del suo nuovo ruolo. L'indicazione non è irrilevante: il segretario non solo è stato eletto, ma il voto ha approvato anche il suo "mandato", che evidentemente non è quello che è stato, fino a questo momento, il programma del Pd.

Per esempio, Renzi indica tre proposte di riforma elettorale: *Mattarellum* rivisitato, sistema spagnolo, "sindaco d'Italia". "Noi su una delle tre siamo disposti a chiudere," dice. Curiosamente, fra le tre non è inclusa e nemmeno nominata la proposta che fino a quel momento era portata dal

Pd: il doppio turno di collegio. Altrettanto curiosamente, nella stessa giornata, il 2 gennaio, Silvio Berlusconi risponde dichiarandosi disponibile. Il 18 di quello stesso mese Renzi riceve Berlusconi e Letta (Gianni) nella sede romana del Pd. Immagini quasi in bianco e nero riprendono di spalle i due mentre varcano l'ingresso del Nazareno e, con non poco sgomento tra i militanti del Pd, si vede Silvio in doppiopetto imboccare le scale impettito e sparire nei piani alti della sede del partito. Una vera e propria conquista dello spazio fisico di agibilità del Pd.

Dopo l'incontro, in cui, secondo il segretario, si è registrata "piena sintonia", viene reso pubblico anche l'elenco dei tre punti. Vi prego di tenerli a mente perché alla fine a questi tre punti si riducono la vittoria e la sconfitta della cavalcata di Renzi.

I tre obiettivi sono: 1) la riforma del Titolo V della Costituzione, cioè la riforma del rapporto Stato-Regioni; 2) la fine del bicameralismo perfetto, cioè di fatto l'abolizione del Senato (una delle due Camere) trasformandolo in una "Camera delle autonomie", con rappresentanti non eletti; 3) la modifica della legge elettorale che il segretario, memore del nomignolo affibbiato alla precedente, il *Porcellum* di Calderoli, presenta battezzata come *Italicum*, che prevede uno strepitoso favore a chi vince – chi raggiunge il 37 per cento dei voti riscuote un premio di maggioranza che lo porta al 55 per cento; oppure chi vince il ballottaggio fra le due coalizioni più votate ha un premio di maggioranza che lo porta al 52 per cento. Come si può vedere, si tratta di superpremi per i partiti più votati – di contro, molto alte sono anche le soglie di sbarramento per i partiti meno forti: liste brevi e bloccate, soglia del 12 per cento per le coalizioni, del 4,5 per i partiti coalizzati, e dell'8 per quelli non coalizzati.

Un meccanismo che falcidia i piccoli e superpremia i grandi. Se ci si aggiunge il bonus di una sola Camera (il Senato nella sua nuova forma non avrebbe più il potere di dare la fiducia) è il sogno di ogni premier che si sente forte – un meccanismo che può garantire anni di assoluto controllo della politica. Di sicuro c'è governabilità in questa formula, ma c'è anche costituzionalità? Vedremo più avanti come si sviluppa questo tema. Ma fin dai primi passi possiamo dire che le riforme e la legge elettorale si svelano come la vera grande scommessa del governo Renzi. La ragione profonda della scelta di dargli il mandato da parte di Napolitano, ormai sfiduciato nei confronti delle lentezze del sistema politico sul rifondare se stesso.

***

Le riforme sono il Rubicone che Renzi attraverserà nella convinzione di andare alla vittoria per rimanerne invece vittima. E visto che siamo di nuovo in vena di citazioni romane, val la pena di tornare al Pd di quei giorni e fare luce su un "complice" insospettabile e imprevedibile di Renzi nel processo che portò alla defenestrazione di Enrico Letta da Palazzo Chigi. Non lo immaginereste, ma è proprio Roberto Speranza. Il giovane ministro che ha tirato la carretta durante l'epidemia del Covid, l'uomo che si è guadagnato la gratitudine di migliaia di italiani, il ministro ragazzo sempre dal tratto buono, è uno dei protagonisti della "congiura" per eliminare Enrico.

Più che una congiura è in verità un atto politico, che culmina in un voto in direzione, dunque alla luce del sole. Ed è preceduto da una lunga, quanto vana, opera di convincimento della sinistra del partito sul premier. "Enrico, devi rilanciare. Così non si può andare avanti. Non puoi restare fermo mentre il quadro politico è in movimento. Prendi un'iniziativa forte e la sosterremo lealmente." In queste parole si condensa la posizione degli ex Ds: se Letta si intesta dal governo un'iniziativa che lo mette in condizione di contendere a Renzi la leadership sostanziale sul nostro elettorato, va sostenuto a fondo. Se continua a tenere un profilo basso e poco combattivo, l'arrivo di Renzi a Palazzo Chigi diventa solo una questione di tempo. E, a quel punto, tanto vale partecipare al processo anziché subirlo.

Comunque valutiate la vicenda, l'allineamento da parte di Speranza al fianco di Renzi e a sfavore di Letta è fondamentale. Perché è il segno di quanto sia cambiato l'umore nel Pd nei confronti di quel Renzi che era stato irriso o criticato come sconosciuto e presuntuoso alla sua apparizione alle primarie del 2012.

L'inconfondibile odore della paura

Il fiorentino quando vince annusa, evidentemente, l'inconfondibile odore della paura. Del resto, la paura e il suo esercizio si rivelano presto uno strumento di lavoro del nuovo segretario – forse il più importante nelle sue mani. La crudeltà come sistema di controllo dell'ambiente intorno. So che sto scrivendo parole dure ma, realisticamente, non è strano dirle. La paura è parte della politica – Renzi in questo senso non è il primo e non sarà l'ultimo a usarla. Dopotutto, terrorizzare i propri avversari è il cuore della campagna che in Italia sta crescendo parallelamente a Renzi: la campagna nobilmente battezzata dai 5 Stelle con l'eco della rivoluzione giacobina, in pratica una minaccia permanente a chiunque non si aggreghi ai nuovi sanculotti. Ma anche alcune frange del vecchio sistema politico erano cerimonieri del governo della paura. Gli Stati in generale, anche quelli democratici e non solo quelli autoritari, sanno come usare la paura alimentandola con circuiti ricatto/obbedienza.

Tuttavia, quello che suona strano di questa passione di Renzi per la strumentalizzazione della paura è che la sua stella appare nell'orizzonte democratico occidentale, in cui da anni le democrazie si sforzano di ridefinire il potere come costruzione di consenso, per poter fronteggiare la netta deriva populista che evoca la figura dell'uomo forte. Non che l'uso della paura, anche nel caso di sistemi basati sulla costruzione del consenso, non esista: viene in qualche modo esercitata per vie più indirette, con pressioni magari più nascoste, magari coperte dal guanto di velluto dei diritti. Questo approccio è il risultato di varie fasi di rivoluzioni sociali che portano il pendolo della politica, dalla fine della Guerra fredda, progressivamente fuori dallo scontro destra/sinistra per andare verso il valore del diritto individuale. E uno immaginerebbe che le nuove forze politiche, quelle di Renzi, ad esempio, o quelle del Movimento 5 Stelle, abbraccino questo tipo di critica al potere.

Invece sia Renzi sia i 5 Stelle, che si presentano come paladini dei cittadini contro le élite e il sistema (cioè il Potere), apostoli dunque rivoluzionari, abbracciano entrambi metodi da sistemi autoritari – Renzi lancia la rottamazione (e cosa vi viene in mente con questo termine? La carcassa di una macchina che viene abbandonata nelle fauci di una gru e sotto la pressa di un distruttore), e i 5 Stelle lanciano l'idea di "aprire il Parlamento come una scatoletta" e di celebrare pubblici processi. C'è insomma più Robespierre che Gramsci in questi neopopulisti dei nostri tempi.

Coerente con le sue convinzioni, il giovane segretario entra a gamba tesa nell'inconscio collettivo del suo partito e degli italiani tutti, mettendo in chiaro di non essere disposto ad alcun compromesso e inducendo due dimissioni di peso.

La prima è quella di un quadro politico che ai suoi occhi appare come un "pesce piccolo". Si chiama Stefano Fassina, ed è un ostinato economista, bocconiano di sinistra. Per certi versi un lupetto solitario, piccolo di fisico ma combattivo nelle sue prese di posizione. Fassina in un'intervista a

"Repubblica" il 4 gennaio chiede un rimpasto di governo "perché l'attuale è la foto di una squadra archiviata dal Congresso Pd". Qualunque fosse l'intenzione di Fassina, la parola "rimpasto", che echeggia un cambiamento di governo, esplode nel Pd. A sera, un Renzi evidentemente seccato da questa sorta di accelerazione risponde ai giornalisti con uno sprezzante "Fassina chi?". Fassina si dimette da viceministro dell'Economia, ed è un preavviso di molte dimissioni a venire.

La seconda testa che cade è quella di Cuperlo, e viene tagliata proprio nella direzione del Pd in cui Renzi presenta la bozza di accordo raggiunta con Berlusconi sulla riforma elettorale.

Cuperlo, che aveva sfidato Renzi alle seconde primarie, è stato nominato presidente del partito proprio dal vincitore, e presiede dunque la riunione della direzione. È lui a presentare la posizione della minoranza interna che non accetta un accordo blindato su un testo già concordato e mai visto dal partito. Il segretario interviene: "Gianni, avrei preferito sentirti parlare di preferenze quando vi siete candidati senza fare le primarie". E lo irride: "Le critiche non sono accettabili se fatte da chi è entrato con il listino". Cuperlo lascia il tavolo della presidenza ma il Giglio magico (allora non aveva ancora quel nome) si fa sentire subito chiedendo le dimissioni di un presidente che "non è in grado di garantire la terzietà". La terzietà è termine che già indica un partito passato dalla competizione interna alle fazioni.

Vanno notati i giorni di queste pubbliche "esecuzioni" consumate via umiliazioni: il 4 gennaio (dimissioni Fassina) e il 21 gennaio (dimissioni Cuperlo). Renzi è stato eletto l'8 dicembre 2013. Nessun riposo, dunque, nessun festeggiamento. Il nuovo segretario non somiglia a nessuno dei suoi predecessori: nessun omaggio pagato alla concordia, nessun rito rispettato. Nasce in quelle ore la prima idea di questo segretario deciso (o crudele?), innovativo (o assolutista?), veloce nel risolvere i problemi interni (o senza scrupoli?).

In apparenza la "crudezza" suscita una valanga di commenti negativi, soprattutto dai commentatori politici che arricciano il naso. Ma, inutile nasconderlo, sulle gradinate si sentono grida di celebrazione. Era tanto tempo che il popolo elettore e le élite insoddisfatte attendevano una "scossa", un uomo "che facesse pulizia", che "facesse le riforme, e ripulisse la politica, costi e uomini insieme". D'altra parte, siamo in pieno 2014, e anche i 5 Stelle stanno facendo un travolgente cammino proprio su questi temi.

Il Pd, irritato (e a questo punto spaventato?) dall'aggressività del nuovo segretario, pure nel profondo avverte le stesse grida di incitamento. Letta regna ancora, ma, come ricorda un suo amico, che ancora è tale, "con una sorta di apatia". Come se "fosse fatalista, o come se preferisse comunque sentirsi nel giusto". E se fosse che Letta con quella che sembrava apatia volesse semplicemente consegnarsi alla dolce morte? viene da pensare. Una sorta di eutanasia?

Certo è che intorno a lui, nel Pd, il punto dove è più esposto, tutti sono attraversati, anche i leader storici, da preoccupazione, timori, disorientamento.

***

Torniamo su Roberto Speranza. Per raccontare il suo ruolo, che è stato importante nel segnare il passaggio di clima dentro il Pd sul governo Letta, userò le parole stesse con cui Speranza racconterà anni dopo a Chiara Geloni – assistente di Bersani, e autrice di vari volumi su quel tempo – nel libro *Titanic, come Renzi ha affondato la sinistra* (edito da PaperFirst), cosa successe. Speranza ha con il nuovo segretario una solidarietà generazionale, e ne è dunque quasi naturalmente un interlocutore. Il suo, racconta, è uno sforzo per evitare proprio che il governo Letta, dopo tanti traumi – il fallimento di Monti, la mancata vittoria alle urne, i 101 –, si schianti, e con esso il Paese e il Pd. Va almeno tre volte a Palazzo Chigi, dove nello studiolo giallo, quello d'angolo su via del Corso, parla in maniera accorata a Letta. "Enrico così non regge," dice al premier quando nel luglio 2013 Renzi va in Germania a incontrare la Merkel, senza averlo avvertito. "Portiamo tutto il peso," esorta Speranza, "Renzi spara addosso a te e a noi ogni giorno." L'idea di Speranza è quella di far aprire la crisi allo stesso Letta, certo che Napolitano lo avrebbe rilegittimato. Ma se è vero quello che Speranza racconta, di sicuro lui non ha percepito il progressivo cambio di opinione di Napolitano di cui ci hanno raccontato. O forse lo ha percepito fin troppo bene, vista la passione che mette in questa mediazione.

È in questo clima che il 13 febbraio la direzione del Pd registra un Renzi che dice: "Usciamo dalla palude". Il documento finale ringrazia Letta per "il notevole lavoro svolto" e rileva "l'urgenza di aprire una fase nuova, con un nuovo esecutivo". Attenti a quella frase: nel gergo della sinistra ex Pci ogni volta che l'espressione "fase nuova" viene usata, è una condanna a morte. È infatti una sfiducia secca per il premier Letta. Sono solo sedici i voti in direzione contro le conclusioni della direzione. Ed è ancora Speranza a parlare con il premier, ma stavolta non ci sono mediazioni.

Letta, il 14 febbraio, si dimette.

Ora, volevo offrirvi un altro dettaglio del metodo Renzi ("la crudeltà come metodo"). Roberto Speranza, il 15 aprile 2015, dunque un anno dopo la sfiducia a Letta, si dimetterà da capogruppo del Pd alla Camera, in dissenso con la decisione del governo Renzi di porre il voto di fiducia sulla nuova legge elettorale, l'*Italicum*. Quel giorno delle dimissioni, una settantina di deputati lasciano l'emiciclo in protesta con le decisioni del governo Renzi. "Tafazzi spara gli ultimi colpi," twitta in diretta il renziano Andrea Marcucci, "ma il Pd questa volta non si fermerà. Serve una nuova legge elettorale, non un'altra seduta di psicoanalisi." Nel Pd lo spazio per i pontieri è sempre più piccolo. Del resto, nel suo intervento in cui chiede che la legge venga votata così com'è, Matteo Renzi l'ha detto chiaramente: "La vita del governo è legata alla legge elettorale". L'aspiratore che ha risucchiato la belligerante ma viva iniziativa del primo periodo del premier si tinge già della premonizione di una fine a venire, legata appunto alle riforme di tutte le riforme.

Le dimissioni di Speranza sono un passaggio di decomposizione vera della tenuta interna del partito. Nel 2017 Speranza lascerà poi del tutto il Pd con la scissione di Articolo 1. Eppure, del rapporto fra Renzi e il partito, Speranza dirà sempre con onestà: "Non possiamo negare che il governo Renzi abbia rappresentato una clamorosa novità e che all'inizio abbia avuto un grandissimo consenso grazie alla sua energia comunicativa, a scelte come quella di fare una squadra metà uomini e metà donne, agli 80 euro. Non ero solo io a pensarla così: la sera del 40 per cento, la sera delle europee, nella foto di gruppo al Nazareno c'eravamo tutti, anche quelli che hanno lasciato il Pd prima di noi".

Come ricordano oggi, invece, quelle durezze iniziali, gli uomini che furono accanto a Renzi?

Uno dei grandi amici di Renzi di allora apparteneva all'area lettiana. Giovane e di origine non comunista, in Emilia-Romagna. Fu tra quelli che intercedettero perché si evitasse di rompere con Letta. "Arrivo al Nazareno una settimana prima che gli venga conferito l'incarico. È un tentativo estremo. Vedo anche Francesco Boccia, che era rimasto nell'area dei lettiani. Sì, eravamo ai primi di febbraio. Io ero già parlamentare. Con Boccia ci diciamo che non dovrebbe essere difficile battezzare una generazione nuova a capo del Pd e a capo del governo. Da Matteo sono un po' accusatorio.

"Vado da Matteo e gli dico: 'Scusami, ma perché aggredire così? Perché dai l'idea che era tutto finalizzato a questo? Perché l'uno-due segretario e premier tradisce la volontà di non passare dalle urne, la volontà di cavalcare una legislatura complicatissima in cui era necessario Berlusconi e un pezzo di centrodestra? In questo modo rinneghiamo quello che abbiamo promesso, deludiamo quelli che ci hanno eletti condannando i trasformismi, gli opportunismi. Secondo aspetto: per uno che non ha una provenienza comunista come me, questa è la prima volta che abbiamo una concomitanza di leader e premier non comunisti, mai successo nella storia del centrosinistra e del Pd, e nemmeno dell'Ulivo, e invece di tentare di aprire una stagione riformista non ideologica la ammazziamo?'. Lui dice: 'Forse non hai capito che l'operazione è già fatta'. A tal punto, dice: 'Mi fai problemi tu e non me li fanno Speranza e Bersani, che sono d'accordo ad ammazzarsi Letta, il loro amico'."

Quindi ai primi di febbraio l'operazione sostituzione Letta era già fatta? "Sì. È stata fatta spiegando al Quirinale che l'unico modo per il quale il Pd poteva continuare la legislatura e le larghe intese, era con un cambio alla presidenza del Consiglio. La versione con meno contenuto retroscenistico è che Napolitano verifica anche il pezzo ostile a Renzi, quello bersaniano, e recepisce che è un via libera vero. Tanto è vero che la famosa direzione finisce con 136 voti favorevoli, 16 contrari e 2 astenuti. I lettiani di stretta osservanza, come Paola De Micheli, Francesco Boccia, Marco Meloni, Francesco Sanna, escono dalla sala. Cioè capiscono che è finita, e tutto il pezzo di Bersani addirittura vota a favore del cambio di governo. Enrico è stato mollato da tutti contemporaneamente. Perché l'irruenza di Matteo era incontenibile. La sua risposta a tutti era che se non si cambia, si tornava a votare. Che tradotta era 'Non facciamo il cambio? Allora si va a votare, e le liste le faccio io'. Con questa modalità lui si fa spazio, fino a mettere tutti davanti al fatto compiuto."

All'appello di questa discussione interna, prima che si schiudano le porte di Palazzo Chigi, manca tuttavia un passaggio fondamentale: l'incontro nella sede del Pd, da cui il nome del "patto del Nazareno", fra Berlusconi e Renzi alla presenza di Guerini e di Gianni Letta. Il patto sigla un accordo su due grandi riforme istituzionali. Ma la sola immagine di Silvio in doppiopetto che attraversa il portone del Pd fa salire le polemiche alle stelle. L'incontro è il 18 gennaio 2014, cioè ventisei giorni prima della direzione che sfiducia Letta. Ma, insomma, provo a sintetizzare con il grande sindaco amico di Delrio e Renzi, il Pd è già (quasi) tutto a favore di Renzi, poi tutti si scandalizzano per la visita di Berlusconi. Siamo ancora di fronte a una nuova sceneggiata? Una sorta di "copertura"? O il Nazareno fa fare un salto a quello che era solo un accordo fisiologico?

"Vero: Silvio va a casa del Pd, e Matteo Renzi fa con lui un patto nuovo perché non da pari: Berlusconi è condannato, è indebolito. Il suo uomo Dell'Utri passerà attraverso la vergogna della fuga in Libano e dell'arresto per rimandarlo in patria. Berlusconi a quel punto fa un patto più che politico – nel senso che ne va stavolta del suo futuro più ancora che delle sue prospettive politiche. Renzi fa un patto con Silvio in cui lui acquisisce le chiavi di casa di Berlusconi."

E se oggi si dovesse dire quale fu la causa della precipitazione del governo Letta è forse qui, in questa nuova realtà. Napolitano pensa – e questo è il pensiero che lo insegue da tempo, fin dall'era Monti dobbiamo dire – che la fine del potere di un uomo che tanto ha condizionato la vita politica del Paese in senso molto lato vada gestita. Non può essere un'alzata di testa o un atto improvviso. Soprattutto non può essere un atto revanscista. L'ossessione del presidente di costruire una larga coalizione è tipica: i governi di larga coalizione sono il segno di un Paese che vuole andare oltre le divisioni interne, un Paese insomma in cui vive una promessa di uno stato di fair play, se non di concordia. Il Berlusconi che va al Nazareno è un uomo con "il cappello in mano" come si dice – e non a caso si sparge anche una voce molto insistita negli ambienti politici che Berlusconi abbia fatto tutto questo anche sperando di avere la grazia in futuro dal Quirinale.

C'è stata una promessa del genere per quanto vaga? La risposta del mentore di Renzi su questo è un "non so, non partecipai a quell'incontro. Ci fu quella discussione, è vero. Sì, mi ricordo. Però sinceramente so che questo era uno degli argomenti che loro tiravano fuori. Che Berlusconi tirava fuori. Non ti so dire esattamente in quell'incontro cosa si dissero, non sono in grado di dirtelo". Ma la posizione del nostro interlocutore non cambia: la chiave per capire il Nazareno è la necessità fortemente sentita di voler ottenere risultati, e il risultato che vuole il segretario è fare una grande riforma di tipo istituzionale. Un bisogno spinto da Napolitano che su questo ha scommesso l'ultimo periodo della sua presidenza. Nella testa di Renzi questo impegno assume anche la forma di "diventare il primo politico in Italia che ha portato il Paese a un cambiamento che nessuno prima è stato capace di fare".

Una frase che incastona bene l'ambizione con cui parte il governo guidato da Matteo Renzi. Passato direttamente da Palazzo Vecchio a Palazzo Chigi. Senza neanche farsi sfiorare, anche lui – proprio lui, il riformatore, occorre dire –, dal desiderio di convocare le elezioni politiche generali. Del resto, si diceva all'epoca, si è votato solo nel 2013! Insomma, grandi riforme sì, elezioni no. Nella direzione del 13 febbraio, quando chiede ai dirigenti del Pd di "uscire dalla palude", tutti sanno di che pasta (dura) è fatto il nuovo segretario, e sanno quali sono le sue priorità.

Un governo magro, giovane e "stronzetto"

Il governo Renzi nasce il 22 febbraio, dopo consultazioni veloci, tra cui non manca un'altra prova di forza del leader: l'incontro via streaming con Grillo, che viene giocato stavolta a parti rovesciate. Se Bersani subisce l'aggressività della Lombardi, Renzi anticipa e dice a Grillo: "Beppe esci dal blog" – uno scambio fra "stronzetti", direbbero i nostri anziani (tra cui io), che sa molto di una pensata fatta in realtà con grande serietà dalla comunicazione del Pd, il cui ruolo sarà molto rilevante nel terremotare ulteriormente i rituali del partito.

Il governo che Renzi presenta al presidente Napolitano, il 21 febbraio, è sicuramente innovativo: è infatti il più giovane della storia repubblicana, età media 47,6 anni, e anche il premier è il più giovane che mai sia entrato a Chigi. Non ha vicepremier, è affiancato da quindici ministri, di cui tredici con portafoglio e due senza. Sedici in tutto, di cui la metà, otto, sono donne: la parità perfetta un'altra prima volta della nostra storia istituzionale. Durerà 1024 giorni, ovvero 2 anni, 9 mesi e 20 giorni, con una stabilità essa stessa quasi unica. Nel suo corso cambiano infatti solo quattro ministri: Federica Mogherini (Pd), sostituita da Paolo Gentiloni (Pd); Maria Carmela Lanzetta (Pd), sostituita dopo un anno da Enrico Costa (Ncd); Maurizio Lupi (Ncd), sostituito da Graziano Delrio (Pd); Federica Guidi (indipendente), sostituita da Carlo Calenda (indipendente). Rassegneranno invece le dimissioni, per motivi diversi, il viceministro Lapo Pistelli (Pd) e i sottosegretari Antonio Gentile (Ncd), Giovanni Legnini, Roberto Reggi e Francesca Barracciu del Pd.

La composizione del nuovo esecutivo non calma tuttavia i sussurri e le grida che ne hanno accompagnato il corso. Uno squarcio di verità viene offerto da uno degli uomini vicini a Napolitano, l'autorevole Emanuele Macaluso che, intervistato da "Italia Oggi", dice: "Letta è saltato per cinquanta manager, Renzi non poteva lasciarli scegliere all'ex premier". È più di un sospetto per il campo di Letta, che con amarezza ricorda ancora oggi, ad anni di distanza, quel passaggio. Ne abbiamo parlato nel capitolo precedente.

L'opinione di Macaluso è ampiamente condivisa dagli osservatori. Entro metà aprile 2014, il governo avrebbe dovuto nominare i vertici delle principali aziende controllate dallo Stato, tra cui le rilevanti Eni, Enel, Finmeccanica, Terna e Poste. Un passaggio sempre molto delicato, in quanto queste nomine costituiscono per un premier un obiettivo rafforzamento della sua squadra – la garanzia che nelle potentissime controllate rimarranno i suoi uomini, per lungo tempo. Per questa ragione il rinnovo viene spesso gestito in maniera "delicata" dall'inquilino di Palazzo Chigi. Dipende spesso dalla sensibilità istituzionale con cui i vari premier decidono di muoversi. Accade così che Prodi, ai tempi del suo governo, rimanda nomine che sarebbero arrivate a scadenza sotto elezioni, per dare al successivo premier eletto la giusta opportunità di farsi la sua squadra. E Gentiloni, che viene dopo Renzi, si trova a dover rinnovare quelle nomine fatte proprio da Renzi, e le proroga di un anno per evitare di mettere il suo successore davanti al fatto compiuto. Insomma, le nomine sono una grande festa della politica. Valgono più queste che la stessa vittoria elettorale, e vedremo come i vari premier le gestiranno.

Nel caso di Renzi, questo discorso vale a maggior ragione. Il gruppetto arrivato da Firenze che, come abbiamo visto, ha già raccolto consensi ben al di là di quanto potesse immaginare all'inizio, ha un disperato bisogno di consolidarsi dentro la capitale. Le nomine sono il mezzo perfetto. Napolitano ha sdoganato Renzi presso le élite politiche. Ma l'accesso alle aziende pubbliche dà a questo passaggio il peso della direzione di fatto dello Stato. E, non ultimo, dà accesso a potenziali fonti di finanziamento. Nulla di illegale e nulla che non sia stato fatto e sarà fatto da tutti. Ma per il nuovo premier è il passaggio dal gruppo di Cavalieri della tavola rotonda (e sapete chi sono Artù e Ginevra in questo caso) alla costruzione del Regno.

Renzi infatti si butta su queste nomine con gusto. La maggioranza assoluta dei nuovi dirigenti delle aziende pubbliche risponde a lui. È un altro dei segni con cui si afferma lo stile del nuovo premier – rinnovamento, comando, decisionismo, e nessuna condivisione con il partito di quello che ha conquistato. Può permetterselo. L'Italia, che è sempre molto veloce a celebrare i vincitori, è sugli spalti, e applaude. In particolare ora che ha conquistato le partecipate, un'intera classe dirigente lo guarda con passione e rispetto: i grandi manager del Paese. Un Paese in piena spoliazione del capitale privato, e in cui dunque la carriera pubblica è sempre un appetibile passaggio o rifugio.

Il 22 febbraio, giorno dopo la presentazione dei ministri, c'è l'orribile scena della campanella. Uno squarcio di verità sui sentimenti che accompagnano questo passaggio – dolore, rabbia, disprezzo, irrisione. Ancora oggi molti dicono che è stata una brutta pagina. È stato invece uno dei pochi atti pubblici attraversati con trasparenza, che rompe la finzione che in politica tutto è sempre ok. Niente è ok per Enrico Letta che, togliendosi la giacca dell'eterno bravo ragazzo, per la prima volta si espone intero, agli occhi dell'intera nazione. Partirà per un lungo, sia pur privilegiato, esilio a Parigi a Sciences Po. Ma la vita (politica) tornerà a risucchiarlo.

Parte 2
I pugni in tasca

Renzi è troppo giovane, nel 2014, per ricordare il film del 1966 (riportato agli onori della memoria a Cannes nel 2021) *I pugni in tasca* di Marco Bellocchio. Ma conosce d'istinto quali sono i gesti della provocazione giovanile.

La sua prima uscita politica da premier è il discorso con cui, il 24 febbraio, si presenta al Senato per chiederne la fiducia. E chi immaginava che si sarebbe presentato un ragazzo serio serio, con mani tremanti, si sbagliava. Matteo Renzi, con la sua faccia da bambino, si alza, e con una mano occupata dai fogli e l'altra a pugno in tasca, sorriso sulle labbra, annuncia ai senatori la loro morte nel momento in cui ne chiede la fiducia. Pronuncia in quel suo primo momento nazionale la più iconoclasta delle molte frasi del suo periodo a Palazzo Chigi: "Vorrei esser l'ultimo premier a chiedere la fiducia a quest'aula". Il perno del governo Renzi, la scommessa intorno a cui ruota, diventa leggibile. I senatori allungano il collo per il cappio, e votano la fiducia con 169 sì e 139 no. In verità, essendo poi i senatori gente che da duemila anni almeno sa che la politica è molto mobile, quel cappio non lo vedranno mai. Anzi, oggi fra loro siede il senatore Matteo Renzi.

Nonostante quella istituzionale sia la più importante, il nuovo governo si propone di realizzare non una ma molte riforme.

Abbiamo detto che Renzi arriva a Palazzo Chigi con le idee chiare e le carte tutte pronte. Questo è visibile da subito. Appena si insedia nello studio del premier fa partire una batteria di proposte che si accumulano quasi giorno dopo giorno sui banchi del Parlamento. Una cavalcata da togliere il fiato. Un alto livello di sfrontatezza, energia, e anche fiducia, investe il Paese.

Vediamo l'elenco delle più importanti:

Riforma costituzionale. Titolo per la comunicazione "Riforma costituzionale Renzi-Boschi", promotori della legge costituzionale in Parlamento. Titolo per esteso "Disposizioni per il superamento del bicameralismo paritario, la riduzione del numero dei parlamentari, il contenimento dei costi di funzionamento delle istituzioni, la soppressione del Cnel e la revisione del Titolo V della parte II della Costituzione". Presentata l'8 aprile 2014, si prefigge, appunto, il superamento del bicameralismo perfetto, cioè la parità decisionale fra i ruoli di Camera e Senato, che obbliga da sempre le leggi a un ritardo con la loro staffetta fra le due Camere. È un problema non nuovo, su cui rimuginano da decenni i costituzionalisti, e che ha ispirato già molti tentativi andati male. La proposta di Renzi presenta una radicale riforma del Senato, che diventerebbe rappresentante delle istituzioni territoriali, con il numero di senatori ridotto da 315 a 100 membri, eletti dai Consigli regionali fra i loro stessi componenti e fra i sindaci. Cinque rimarrebbero nominati dal presidente della Repubblica. La Camera sarebbe dunque l'unica sede che dà la fiducia (cioè esercita funzione di indirizzo politico e di controllo sull'operato del governo). Non c'è dubbio che sarebbe una grande "semplificazione", soprattutto per il premier che dovrebbe rispondere solo alla Camera. La legge prevede poi, come conseguenza anche dei nuovi equilibri, alcune modifiche nel meccanismo di elezione del presidente della Repubblica e di nomina dei giudici della Corte costituzionale; la rimozione dalla Carta dei riferimenti alle Province, l'abolizione del Cnel, modifiche nel rapporto Stato-Regioni. Infine modifiche in tema di referendum popolari, procedimento legislativo e uso della decretazione d'urgenza.

Va aggiunta, separatamente, ma in coerenza con il progetto, la nuova legge elettorale. Passione e dannazione di ogni premier prima di Renzi – la politica italiana tutta convive da quasi vent'anni con la tentazione di ogni nuovo governo di fare una legge elettorale che gli assicuri per sempre la vittoria sui suoi avversari. La Camera dei deputati approva l'*Italicum* il 12 marzo, mentre l'8 agosto il Senato approva in prima lettura la riforma costituzionale con 183 sì, 0 no e 4 astenuti. Come un preavviso di quel che succederà, Forza Italia vota a favore, le altre opposizioni lasciano l'aula al momento del voto. Il resto degli appuntamenti costituirà il tormentone del 2015/2016. Le polemiche sono tuttavia immediate.

Riforma del lavoro. Dopo il calcio di inizio della riforma costituzionale il prossimo giro inizia subito e promette, come sarà, un nuovo grande ballo di scontri. L'altra grande ambizione covata dal premier è la complessiva riforma del lavoro, privato e pubblico – che strizza l'occhio allo scontro finale con i dinosauri del sindacato – che fin dall'inizio della sua carriera politica è il suo cavallo di battaglia. Il 12 marzo 2014 il Consiglio dei ministri ha approvato un decreto legge sui contratti a tempo determinato, il decreto Poletti, dal nome del ministro del Lavoro, e un disegno di legge che propone importanti riforme del mercato del lavoro italiano che prevede, tra l'altro, l'abolizione dell'articolo 18 dello Statuto dei lavoratori, che proteggeva i lavoratori da licenziamenti ingiustificati, introduceva il contratto unico a tutele crescenti, il sussidio di disoccupazione e la tutela delle donne in maternità. È il "Jobs Act", che a settembre approda in Parlamento.

Il 30 aprile, a completare la riforma del lavoro, arriva anche la riforma della pubblica amministrazione, che Renzi annuncia insieme con il ministro della Pubblica amministrazione Marianna Madia. Il Consiglio dei ministri gli darà forma ufficiale il 13 giugno.

Riforme sociali. Nel marzo del 2015 il ministro dell'Istruzione Stefania Giannini presenta la "Buona scuola", mentre nel dicembre del 2014 Andrea Orlando aveva presentato un disegno di legge che prevede la riforma della giustizia civile e di quella penale. La riforma della scuola viene accolta con aperta ostilità dalla maggioranza del corpo insegnante. E aprirà un nuovo fronte contro il governo. La legge verrà tuttavia ugualmente approvata il 9 luglio 2015 dalla maggioranza governativa alla Camera con 277 voti contro 173.

Gli "80 euro". Il 18 aprile 2014 il Cdm approva il decreto legge che prevede la riduzione dell'Irpef per i dipendenti e assimilati che guadagnano fino a 24.000 euro annui. La retribuzione netta mensile aumenta di 80 euro attraverso un credito di imposta a partire dal mese di maggio. Nascono i leggendari 80 euro di Renzi, che saranno la dannazione dei suoi avversari. Accuseranno il premier di assistenzialismo populista, e di manovra elettorale.

Questa seconda accusa è più che un sospetto: le elezioni europee, che sono il primo appuntamento elettivo nazionale a cui si presenta il premier, sono in effetti vicine, il 25 maggio.

Stravittoria

Alla vigilia dell'apertura delle urne, il 23 maggio, Renzi illustra i primi 80 giorni del governo, celebrando gli 80 euro: "Non sono una promessa, sono una realtà, alla faccia dei gufi". Poi chiude la campagna elettorale a Firenze.

Il 25 maggio, le elezioni europee sono un trionfo assoluto, come pochi se ne erano visti negli ultimi anni. 28.991.258 elettori (affluenza 57,22 per cento) si recano alle urne per eleggere i rappresentanti italiani al Parlamento europeo. Il Partito democratico ottiene la maggioranza relativa con il

40,82 per cento dei voti, il Movimento 5 Stelle si attesta al 21,16 per cento e Forza Italia al 16,83 per cento. In concomitanza delle europee, si recano al voto i cittadini delle regioni Piemonte e Abruzzo per il rinnovo del Consiglio regionale. In entrambe le regioni risulta eletto presidente il candidato di centrosinistra, rispettivamente Sergio Chiamparino e Luciano D'Alfonso. L'affluenza alle urne è pari al 66,44 per cento in Piemonte, al 61,55 per cento in Abruzzo.

Quell'asticella, il 40 per cento, rimarrà, nella mente del politico fiorentino, come un metro di misura. Che lo porterà tuttavia, come vedremo, a inseguire una illusione. Ma al momento, per un premier arrivato a Palazzo Chigi senza voto nazionale, è la legittimazione inseguita.

A seguito delle elezioni europee, il governo appare oggetto di bulimia legislativa: tra giugno e novembre, arrivano all'esame del Parlamento decreti e ddl in materia di (per titoli usati in sede di presentazione del governo): competitività e giustizia sociale, revisione della struttura del bilancio dello Stato; tutela del patrimonio culturale, lo sviluppo della cultura e il rilancio del turismo, semplificazione, trasparenza amministrativa ed efficienza degli uffici giudiziari; settore agricolo, tutela ambientale ed efficientamento energetico dell'edilizia scolastica universitaria, rilancio e sviluppo delle imprese, contenimento dei costi gravanti sulle tariffe elettriche; contrasto a fenomeni di illegalità e violenza in occasione di manifestazioni sportive, riconoscimento della protezione internazionale; emersione e rientro di capitali detenuti all'estero nonché, per il potenziamento della lotta all'evasione fiscale, disposizioni in materia di autoriciclaggio; ratifica ed esecuzione della Convenzione europea per la protezione del patrimonio archeologico, fatta alla Valletta il 16 gennaio 1992; l'apertura dei cantieri, la realizzazione delle opere pubbliche, la digitalizzazione del Paese, la semplificazione burocratica, l'emergenza del dissesto idrogeologico e per la ripresa delle attività produttive; degiurisdizionalizzazione e altri interventi per la definizione dell'arretrato in materia di processo civile; modifiche al codice di procedura penale in materia di misure cautelari personali.

"Che cosa ci ricordiamo noi di questo periodo? Un'ascesa irrefrenabile," dice l'amico di Delrio. "Poi il discorso sull'Europa in cui dice: 'Noi siamo i vostri figli, vi obbediamo ma non siamo uguali a voi'." Un discorso borderline antieuropeo. "Non antieuropeo, ma contro il Patto di stabilità. Te l'ho citato prima perché il Patto di stabilità era un'ossessione di noi che eravamo stati sindaci." È sempre il grande sindaco che ci spiega il percorso di Renzi.

Insomma, la prima parte dell'avventura nazionale di Renzi è completa. La fase dell'entrata a Palazzo Chigi si è conclusa con tutti gli onori. Molti sono i nemici del giovane premier ma moltissimi di più sono i fan, gli ammiratori, i supporter. Una delle leggende che si diffonde per Roma, ad aumentare il fascino del cambiamento, è il clima del nuovo Palazzo Chigi. Il premier vive nel palazzo, come la maggior parte dei suoi predecessori, nell'appartamento a disposizione del presidente del Consiglio. Il gruppo che arriva da Firenze però porta con sé nelle auguste stanze la reputazione di essere "vivo", fatto cioè di pizze ordinate fuori, cene serali con interminabili riunioni, insomma una atmosfera da *dorm* americano, dove vigono l'informalità e un'irrefrenabile attività, non priva di un "carrello delle bibite" che ogni tanto qualcuno dei presenti spinge avanti, a portare un sano rinfresco.

Nuovo Palazzo Chigi – trionfo dentro il Pd, divertimento e fucina di consenso

A questo punto vorrei introdurre una nuova voce in questa narrazione. È un uomo dello Stato, viene chiamato a lavorare abbastanza presto a Palazzo Chigi, dove è testimone simpatetico ma non parte del fan club. La sua è una voce che offre, insieme a quella del grande sindaco che abbiamo ascoltato, una prospettiva terza.

È vero, chiedo, che la prima fase del governo Renzi, quella della collocazione sulla mappa e dell'innamoramento si conclude il 25 maggio, con il risultato elettorale?

"In realtà quella data ha un effetto lungo. Un risultato di tali dimensioni! Per capirlo basta studiare i gruppi parlamentari, cioè l'orientamento dei deputati e dei senatori. Se facciamo un passo indietro, all'inizio al Senato i renziani noti erano Marcucci, che lo è tuttora, la Di Giorgi, che non lo è più da tempo, che era stata assessore di Renzi a Firenze, e una certa Isabella De Monte, che probabilmente nemmeno ti ricorderai, ma era proprio nella commissione chiave per le riforme, la commissione Affari costituzionali. Io mi ricordo che era trattata come un'appestata. Come un'appestata. Dagli altri del gruppo Pd, non dagli avversari. Era considerata una specie di nemico interno. Non le facevano sapere le cose. Poi sono diventati tutti renziani.

"Anche alla Camera, raccontava tempo dopo Maria Elena Boschi, i renziani erano pochissimi. Si riunivano i primi tempi, le prime settimane, quasi clandestinamente. E tutti gli altri li tenevano appunto ai margini. Poi è esploso il contagio renziano. Intanto, una volta che la direzione del partito ha dato il via libera alla defenestrazione di Letta, i gruppi parlamentari si sono accodati. Poi ci sono stati i ricollocamenti. Franceschini lo sosteneva, e poi i Giovani Turchi… e tutto avviene in pochissimo tempo. Poche settimane. Poi piano piano arrivano gli altri. Per esempio arrivano quelli che portano una parte, diciamo così, della sinistra da lui sulla legge elettorale. Il capofila di questi era Martina. Infatti poi fu premiato per questo. Includo gli ex bersaniani. Pizzetti, che era senatore e sottosegretario, un bersaniano che invece si schiera con loro proprio sulle riforme. Verducci. Quindi Orfini che poi diventa pure presidente dell'assemblea del partito. C'è stato tutto un rimescolamento. Velocissimo, impressionante."

Questa onda porta a Renzi un vantaggio di consensi indiscussi nel voto parlamentare. Cosa che in soldoni significa che le riforme possono essere approvate. Com'era il giovane Renzi? Il gruppo che arriva lì com'era all'inizio? Lui dove stava? Sempre nello studiolo giallo? "Quello sì." L'ufficio di cui parliamo è quello d'angolo, detto anche la prua d'Italia come lo ribattezzò D'Annunzio per via del suo balcone a loggetta d'angolo che fornisce al premier due affacci, via del Corso e piazza Colonna. Fu il primo "balcone" da cui si affacciò Mussolini quando Palazzo Chigi era la sede del ministero degli Esteri, quello di piazza Venezia solo il secondo. Per molto tempo il premier è stato ospitato in un ufficio nel retro del palazzo, per questioni di sicurezza e di restauri. Prodi e Berlusconi, per esempio, rimasero sul retro. Alla fine dei lavori, nel 1999 lo studiolo ha ritrovato il suo status. È giallo, nel senso che la tappezzeria è la stessa di sempre ma è di un giallo brillante. Con l'effetto di una bomboniera luminosa dalle sfumature d'oro. Vicino a questo ufficio del premier viene stabilito nella nuova geografia renziana quello di Maria Elena Boschi, "nonostante non fosse mai accaduto prima che un ministro dei Rapporti con il Parlamento lo avesse. Maria Elena era lì perché è lei a fare tutto, è la mente più politica e conosce nel merito ogni singolo dossier. [...]

"Ma l'idea era quella di un gruppo di persone su cui il premier può fare affidamento assoluto. Era l'idea. Uno era Sensi, Filippo Sensi. Sicuramente era uno di quelli in cui lui aveva fiducia, tanto è vero che poi lo hanno candidato ed eletto anche se poi lui ha continuato a collaborare con Gentiloni. Peraltro lui aveva cominciato con Gentiloni. Un altro era Marattin. Poi Nannicini. Lo staff vicino, quelli che venivano da Firenze, erano seconde o terze file, insomma, niente di che. Però lo aiutavano più che altro sulle cose proprio pratiche. I nomi adesso neanche li ricordo. Poi c'era Lotti. Aveva un ufficio lì come sottosegretario alla Presidenza, con delega all'editoria, al Cipe e soprattutto come il suo braccio destro per tante cose. Poi sono cominciati i rapporti con la parte di Verdini, con quelle componenti lì un po' ai limiti della maggioranza. Poi ha cominciato a circolare un certo numero di persone estranee. Lui aveva questa idea di coinvolgere persone con nomi un po' altisonanti. Alcune sono durate poco. Uno era Andrea Guerra, quello che veniva da Luxottica e poi è andato a Eataly. Un altro era Cingolani. Un altro ancora era Piacentini, che è stato francamente una delusione. Lui ha lasciato Amazon senza stipendio per la digitalizzazione, e poi ha capito che nell'amministrazione pubblica non si sapeva da che parte iniziare. Obiettivamente. Perché non è proprio così meccanico venire da un'esperienza come quella e fare l'informatizzazione di una macchina complicata come quella dell'amministrazione interna. C'era una serie appunto di persone. Poi c'era 'sta storia della Manzione. Quella in parte è leggenda, in parte è verità. Nel senso che lei effettivamente aveva collaborato con lui al Comune di Firenze e aveva questa origine che l'ha marchiata per sempre, perché faceva il comandante dei vigili urbani. Però insomma è una persona che si impegna molto e di grande competenza e intelligenza. Comunque era di grandissima affidabilità per lui. Siccome era un posto chiave, a lui interessava quello."

Palazzo Chigi come *dorm* di un college americano: è una immagine che serve a descrivere questa atmosfera degli inizi? "Non so. Non ero parte del gruppo che restava sempre lì. Sì, si facevano riunioni anche a ora di pranzo nell'appartamento del presidente, con una lavagna, con disegni, note, in realtà poi parlava sempre lui. Insomma, erano ragazzi, lui stesso aveva meno di quarant'anni."

Il cerchio magico che cos'è?

A proposito di giovani, giro la domanda a un ex amico di Renzi poi allontanatosi da lui. È persona perbene, ed è ancora in politica. "Il cerchio magico è quella bolla che sembra compensare le tue preoccupazioni. La sua è quella di essere sempre considerato e riconosciuto il migliore e di sentirselo ripetere ogni mattina. E la loro è quella di costruire una prospettiva politica alla quale tutti tengono molto ma che può arrivare solo grazie a lui. Siccome io, ma non è una questione di merito o di demerito, avevo il mio percorso, la mia storia, non ne facevo parte."

Il cerchio magico sono la Boschi, Lotti e Carrai? "Il cerchio magico sono Lotti, Boschi e Bonifazi. Carrai e Alberto Miani sono due strumenti che consentono al cerchio magico di esistere e di fare politica. In questo cerchio magico c'è, quasi da subito, una frattura profonda tra Lotti e Boschi. Che poi oggi si sostanzia dal fatto che uno è rimasto nel Pd e l'altra è capogruppo di Italia viva." La frattura era su che cosa? Sul controllo di Matteo? "Sì. Sul quale a un certo punto lui soccombe definitivamente."

Soccombe chi? "Lotti, soccombe definitivamente quando capisce che lui non è più in grado di orientarlo, di condizionarlo. Legittimamente, Matteo ascolta prima di tutto lei, consultava soltanto lei. Motivo per cui se ne andò anche la Bonafè, che inizialmente era parte del cerchio più stretto. Su questo le dinamiche di relazione di chi hai attorno pesano, c'è poco da fare, cioè lei aveva una disponibilità piena. Non metto me nel discorso, perché il rapporto, tra me e Matteo, era un rapporto molto speciale, anche molto chimico. Perché siamo due ragazzoni, perché alla fine ci intendevamo molto."

Ma come avveniva il processo decisionale, in un gruppo così ampio? "Tante volte con Graziano gli abbiamo detto: 'Facciamo un po' di pensatoio, c'è bisogno di qualcuno che al netto dell'elenco dei provvedimenti ti dica come immagini la società tra vent'anni, di persone, di relazioni'. E lui che rispondeva? 'Ho letto un libro che mi ha consigliato Obama, adesso vedo', e, sì, aveva un'idea dell'autosufficienza molto spiccata." Autosufficienza sta per: il potere sono io? "Sta per 'Ci penso io'."

La chiacchiera a questo punto finisce, come spesso con i renziani (o ex) che sono molto simpatici (in genere), in una risata.

Catenaccio Roma

Ma nemmeno questo grande entusiasmo può spezzare il catenaccio di potere che il sistema romano presenta. E anche il Palazzo Chigi di Renzi ci deve fare i conti.

Il sindaco che lo segue dalle prime fasi, amico di Graziano Delrio, racconta gli umori di quel momento: "Ricordo benissimo perché quell'anno è stato l'anno più entusiasmante, anche della mia vita politica. La nostra produzione, la nostra azione, era intensissima. Matteo non era per niente arrogante dal punto di vista amministrativo, cioè ascoltava tutti. Stava attento a tutti. Ma si rendeva conto sempre più che l'analisi che avevamo fatto gli anni precedenti era vera, cioè che il sistema romano era refrattario all'azione e al cambiamento. Se ne è reso conto fisicamente; tanto è vero che a un certo punto noi cominciamo a convocare di persona i dirigenti del Mef a Palazzo Chigi e a litigare su alcuni dossier in maniera pesantissima. Con quel mondo non siamo mai riusciti a connetterci sul piano personale. Però con le litigate si finisce col conoscersi e ci si apprezza di più. Perché noi abbiamo sempre avuto un rapporto di leale franchezza con tutto questo establishment. Gli dicevamo le cose in faccia. Quindi è stato un anno di grande dinamismo e di grandi scontri. Noi eravamo amministratori, lo siamo sempre stati con la testa. Siamo andati lì con l'idea di fare quattro-cinque riforme che cambiavano il volto del Paese. Ricordo distintamente quando buttavamo giù sui foglietti le cose da fare in un bar, di nascosto, in tre o quattro. Nel suo insieme è un momento di grandissimo dinamismo".

Un esempio? "La riforma costituzionale. Cioè della semplificazione. Anche questa nasce non a caso. Ricordo numerosissimi incontri che facemmo nel 2013 con Quagliariello, con Bettini, cioè con gente che veniva a cercarci per dare idee, contributi. Tutti quelli che avevano idee e non trovavano interlocutori venivano da Renzi. Lo vedevano aperto mentalmente."

A questo punto una sintesi si può abbozzare. Gli 80 euro e la riforma del Senato sono i primi due passaggi che costituiscono il consolidamento del nuovo Chigi. "Gli 80 euro rappresentano quello che oggi chiamiamo cuneo fiscale. Punto. Niente misura elettorale." La riforma del Senato risulta essere, invece, ancora oggi, nella memoria di chi ricorda, il grande slam, l'architrave dell'intervento renziano. "Per noi il Senato doveva diventare la Camera delle Regioni e dei Comuni. C'è dentro questo passaggio una profonda idea di autonomia per noi amministratori. Era un'idea di semplificazione drastica del sistema."

***

Tuttavia, queste riforme così ben pensate, preparate, come ci viene raccontato, poi falliranno tutte. Il Jobs Act, come ricordiamo, sarà approvato (il decreto Poletti del 12 marzo e la legge delega del 3 dicembre) ma innesterà una guerra sindacale che da allora non si è mai placata contro quella misura. La riforma della pubblica amministrazione verrà colpita al cuore da una sentenza della Consulta, che individuerà diversi profili di incostituzionalità. E infine, il fallimento di tutti i fallimenti, la sconfitta del referendum sulla riforma costituzionale, che porterà Renzi fuori da Palazzo Chigi.

La storia di questi fallimenti è ancora oggi materia seria di discussione nella politica italiana. E nella sinistra. E si lasciano dietro aperta una eredità su cui non c'è un giudizio univoco: le riforme vennero respinte perché spaccavano le sicurezze della sinistra, come vuole il campo renziano, o erano semplicemente, come vuole ancora oggi la sinistra antirenziana, una sorta di restaurazione di destra di cui Renzi divenne il portavoce?

A queste domande è tuttavia necessario aggiungerne un'altra: quanta parte ha avuto in questo fallimento il modo autoritario, solitario, strafottente con cui Renzi ha gestito le questioni? In altre parole, quanto decisive sono state nella caduta di Renzi la sua concezione e la sua ossessione per il potere?

Un esempio per educare tutti: il Jobs Act

La riforma del lavoro viene annunciata, come abbiamo visto, nel Cdm del 12 marzo 2014. A settembre il governo porta il Jobs Act in Parlamento.

La riforma della pubblica amministrazione viene annunciata il 30 aprile, e approvata dal Consiglio dei ministri il 13 giugno.

L'8 ottobre il Senato approva il Jobs Act con 165 voti a favore e 111 contrari, segnando il primo passo per la legislazione economica più ambiziosa del governo in otto mesi.

Il 26 novembre, la Camera dei deputati approva il Jobs Act con 316 voti.

Nei mesi prima e nei mesi dopo questo voto, si consuma

la rottura fra governo e sindacati, specie la Cgil di Susanna Camusso in accordo con la Fiom dell'astro nascente del sindacato Maurizio Landini.

Ma gli scontenti non sono solo a sinistra.

Durante la discussione generale in Senato, il ministro del Lavoro Giuliano Poletti era stato costretto a interrompere il suo intervento a causa delle forti proteste di Movimento 5 Stelle e Lega. E quasi quaranta membri del Pd si erano astenuti dal voto per protestare contro la riforma. Parte di quell'ala sinistra del Partito democratico guidata dall'ex segretario Bersani.

Tutto questo dissenso è sicuramente fisiologico.

La riforma della legislazione sul lavoro è un ostacolo che si è frapposto a tutti i governi che ci hanno provato, dagli anni novanta. Il primo è proprio il primo governo di centrosinistra guidato da Romano Prodi. Nel 1997 Tiziano Treu, ministro del Lavoro, presenta un pacchetto di nuove norme, arenate alla Camera. Il ministro propone di porre la fiducia. Il fronte sindacale si spacca – Cisl e Uil sono per andare avanti. Cauta la Cgil di Sergio Cofferati, ma chiede che non venga posta la fiducia. La legge entra in vigore il 24 giugno successivo e introduce il tirocinio e il lavoro interinale, fino ad allora vietato da una legge del 1960. Tre anni dopo il segretario confederale della Cisl, Raffaele Bonanni, lancia l'allarme: "Il boom del lavoro interinale e del lavoro atipico in generale rischia di far saltare i criteri di selezione della manodopera che finora hanno governato il mercato del lavoro in Italia".

Inizia così la lunga tormentata storia del lavoro precario usato come sostituzione del lavoro. Una strada difficile che si macchia anche di sangue: il 19 marzo 2002 a Bologna cade il giuslavorista Marco Biagi, ucciso dalle Nuove Brigate rosse. La legge Biagi sarà poi fatta approvare nel 2003 dal secondo governo Berlusconi, ministro del Lavoro Roberto Maroni. La flessibilità, in questo progetto, dovrebbe facilitare l'ingresso nel mercato del lavoro, come anche i contratti co.co.pro, cioè il lavoro a progetto, evoluzione del co.co.co del pacchetto Treu. La Cgil si oppone.

L'unico punto su cui tutti i sindacati sono d'accordo è l'opposizione all'abolizione dell'articolo 18. Nel 2001 uno sciopero unitario risponde alla proposta di Maroni di ritoccare lo Statuto dei lavoratori. Si continua così nel 2002 con scioperi in tutte le città, fino al 23 marzo 2002 a Roma dove la Cgil di Cofferati porta in piazza 3 milioni di persone contro ogni modifica allo Statuto dei lavoratori.

Una mobilitazione sindacale unitaria si vedrà nel dicembre 2011, contro la riforma Fornero.

Era dunque da immaginare che il governo Renzi avrebbe trovato una forte opposizione. La novità è invece nel tipo di campagna che decide di fare il premier – ritagliandosi il ruolo di un avversario diretto, usando un linguaggio sminuente e sprezzante dei suoi oppositori. Insomma, scegliendosi il ruolo del castigatore, e, soprattutto, dell'uomo che si investe del potere di piegare e spezzare i propri oppositori. Nonostante essi rappresentino il popolo che, visto il consenso alle primarie, l'ha entusiasticamente scelto.

La scelta di Renzi è tanto più sorprendente, e tanto più improvvida (come si vedrà in futuro), per il fatto che è arrivato anche lui, come i suoi predecessori, a Palazzo Chigi senza passare per una elezione generale. Non un dettaglio. Il giovane fiorentino dimostra in questo uno spericolato senso del potere. Che ancora oggi appare incomprensibile. Tuttavia, va ricordato che, a proposito di precedenti, il conflitto tra Matteo Renzi e i sindacati non solo non è recente, ma è definitorio della sua identità politica. Quando i futuri rottamatori si riunivano intorno al sito iMille, organizzarono a Roma, nel novembre del 2010, un evento molto identitario: "La necessità di uccidere il padre". Gli attacchi diretti alle sigle sindacali e il sostegno a Marchionne sul piano di rilancio della Fiat erano già allora un quasi programma. Un anno dopo per il primo maggio il sindaco permette a tutti i negozi del centro di Firenze di restare aperti. E motiva la sua scelta attaccando i sindacati che "fatturano centinaia di milioni di euro" e "rappresentano per il 54 per cento i pensionati che hanno uno spazio, ma chi ha 30 anni non lo ha". Sono "la coperta di Linus della sinistra," dirà, mettendo i sindacati al primo posto della nuova casta che deve essere abbattuta (come sosterrà lo stesso Grillo). Si scatena così una guerriglia fatta di scioperi (la prima del Maggio fiorentino, al Teatro della Pergola, all'Azienda di trasporti) e risposte a muso duro dal Comune: "Ok, siamo colpevoli, lo sappiamo: non abbiamo assunto cubiste e parenti di sindacalisti, come accaduto altrove. Però continuiamo a non capire perché fanno sciopero". "Mi hanno eletto i cittadini. Se vorranno mi manderanno a casa i cittadini, non un sindacato in cerca di visibilità."

Alla Leopolda del 2011 i sindacati rispondono a loro volta, assediando la sala dell'incontro. Una delle magliette in vendita in questa sala però porta una scritta che ricorderemo: "I dinosauri non si sono estinti da soli". La Camusso tifa Bersani apertamente nelle primarie del 2012 che Renzi perde. Ma poco più di un anno dopo Renzi, arrivato a Palazzo Chigi, delinea il confine su cui non si passa: "Avremo i sindacati contro? Ce ne faremo una ragione". L'unico momento di interesse per il sindacato sembra essere per il nuovo premier il segretario della Fiom Maurizio Landini, nonostante il personaggio si sia formato in una lotta radicale contro Marchionne, che Renzi ammira. Ma la Fiom è anche contro la Camusso di cui critica i vecchi sistemi e le molte opacità. Al Congresso della Cgil di Rimini Landini rompe con la segreteria e lancia la proposta di un sindacato "casa di vetro", mettendo online il bilancio della Fiom. Il premier dà dunque un'opportunità – il segretario Fiom è a suo modo un sindacalista che risente del clima populista, anti-casta e anti-istituzioni. Ma Renzi non riesce davvero ad agganciarlo: sull'articolo 18 dello Statuto dei lavoratori, ogni raccordo con la Fiom salta. Quello che appare più incredibile in questa surriscaldata atmosfera è che forse condizioni per una trattativa avrebbero potuto esserci. In quel periodo un sondaggio condotto da Ipsos per il "Corriere della Sera" rivela che due elettori su tre del Partito democratico pensano che i sindacati non siano più in grado di rappresentare giovani, precari e dipendenti delle piccole aziende e che si siano ridotti a rappresentare solo i garantiti.

Nel settembre del 2014 l'arrivo in Parlamento che dà il primo via libera al Jobs Act, che supera l'articolo 18, fa rialzare la tensione. Il 16 settembre in aula Renzi presenta il programma dei mille giorni per accelerare sulla approvazione delle riforme. In caso di fallimento, dice, "l'alternativa è il voto anticipato". Si ritorna alla minaccia del nucleare. Renzi, che è politico furbissimo, sa che, per quanto il voto sia per lui un rischio, lo è senza dubbio di più per gli eletti, che a ogni tornata elettorale rischiano di non essere riconfermati. Dinamica di interessi che è ampiamente servita a tenere in piedi legislature ormai politicamente esaurite. Tra il 2008 e il 2021, anno in cui scriviamo, ci sono solo tre elezioni generali mentre si susseguono sette governi e sei premier non indicati, nemmeno indirettamente, da elezioni generali.

La Cgil, il 25 ottobre 2014, porta a Roma in piazza San Giovanni un milione di manifestanti contro il Jobs Act. Presenti molti esponenti della minoranza Pd.

Renzi: "Rispetto il sindacato ma un corteo non ci fermerà". Non è chiaro se si sia trattato o meno di coincidenza, ma lo sciopero coincide con l'edizione numero 5 della Leopolda, dove interviene quasi tutto il governo di Renzi.

La coincidenza viene sfruttata dal sindacato – la Camusso (anticipata da un video ironico in cui la imita Maurizio

Crozza) attacca il finanziere Davide Serra, presente alla Leopolda, "che si permette di dire che bisogna intervenire sul diritto di sciopero" – e la Bindi definisce imbarazzante la riunione a Firenze. Finisce in un litigio in diretta su Sky fra la stessa Bindi e Debora Serracchiani dalla Leopolda. Landini anche fa sentire la sua presenza nonostante abbia deciso per una questione identitaria di non salire sul palco: "Un governo che si dice di sinistra," sottolinea, "non può fare politiche di destra. Questa piazza unisce e non divide, la divisione l'ha cercata Renzi. È una manifestazione enorme, il governo ci ascolti, non faccia accordi solo con Confindustria". Renzi non si scompone e ripete: "Una manifestazione non ci fermerà".

Le proteste che Renzi dovrà affrontare in quell'inverno sono tante: lo seguono ovunque lui vada. A Brescia avvengono scontri in piazza mentre lui parla all'assemblea degli industriali e difende il Jobs Act e attacca ancora i sindacati: "C'è un disegno per spaccare l'Italia". A novembre uno sciopero sociale contro il Jobs Act organizzato da Cobas, Fiom e Sindacati autonomi porta a seri scontri in molte città. A Padova ferito il capo della Mobile, a Pisa gli studenti provano a sfondare il cordone delle forze dell'ordine davanti al palazzo della Provincia, a Napoli c'è il blocco della tangenziale, a Milano dieci studenti hanno avuto bisogno di soccorsi e tre finanzieri sono stati colpiti per lo scoppio di un grosso petardo. A Roma i lavoratori salgono in cima al Colosseo, cancellati 22 voli a Fiumicino.

È vero, il Jobs Act è dopotutto approvato in Parlamento. Ma la domanda iniziale, dopo aver ricordato questo tormentato iter, rimane del tutto rilevante: doveva per forza andare così? Davvero Renzi non poteva scegliere una strada più accorta, meno frontale?

La verità evidente è che la contrapposizione è una scelta. Lo scontro con la Cgil è un altro modo, direbbe von Klausewitz, per fare la guerra. E la guerra è contro la Cgil, così come contro parte del Pd. Spezzare la forza del sindacato rosso è un modo per dimezzare anche la forza del partito, di cui Renzi, premier, rimane comunque segretario. Intervenendo a Brescia alla Confindustria, mentre fuori c'erano gli scontri, ricorda, nel suo discorso, di non essere stato eletto a Palazzo Chigi. Prova di quanto il problema si agiti nella sua mente.

Il suo consolidamento non passa dunque solo per il ruolo di premier, ma per la conquista totale, la resa, anzi, del Pd. Inteso come la parte della componente comunista. Insomma, siamo alla solita storia della fusione a freddo.

Parte 3
2015: Presidenza della Repubblica

L'anno finisce in questo turbine di proteste, in cui si accumula lo scontento di altre organizzazioni di massa e di un paio di partiti che scalpitano contro il governo Renzi: la Lega di Salvini, cui il segretario sta imprimendo una virata di nuovo tipo populista, e i 5 Stelle che in Renzi, nella sua alleanza con Berlusconi e nella debolezza del Pd trovano la perfetta occasione di crescita.

Nelle occasioni pubbliche il giovane premier non si risparmia, risponde come abbiamo visto colpo su colpo e alza sempre l'asticella della sfida.

Ma, fuori dalle luci televisive e dai discorsi nelle occasioni ufficiali, nel suo cuore è forse meno "sereno" di quanto faccia sfoggio. Una volta tornato nel lucore aureo del suo studiolo a Palazzo Chigi, le battaglie pubbliche si allontanano, tornano a essere un rumore di fondo simile a quello delle macchine che passano incessantemente per via del Corso.

Nei palazzi, che si chiamano non a caso "ovattati", la politica è molto più sfumata che nelle piazze. E soprattutto è molto più rilevante. In particolare quella che il giovane premier deve affrontare nel primo mese del 2015: l'elezione del presidente della Repubblica. Lì non sono permessi sbagli. In gioco ci sono l'equilibrio finale del Paese per sette anni e l'equilibrio dei destini di tutti i politici – a partire da quello dell'inquilino di Palazzo Chigi.

Renzi prova a essere pronto e abile nel gestire questo difficile appuntamento. Ma il trionfo che ne ricava nell'immediato si rivelerà un rapporto causa/effetto molto stretto fra quella elezione e la crisi finale che poi porterà alla sconfitta del referendum.

Renzi prepara una sorpresa

È il gennaio del 2015. Tutto sembra andare a gonfie vele per Matteo Renzi. Napolitano ormai è chiaro che sta per dimettersi e la politica ha cominciato da mesi a interrogarsi sul prossimo presidente. Come si sa, l'elezione del capo dello Stato è l'appuntamento più importante del calendario politico. La sua è figura suprema della costruzione della nostra Repubblica. Non ha ruolo di governo diretto, ma è il garante della Costituzione stessa. In qualche modo è il custode ma anche il principio attivo di intervento che bilancia e controbilancia i percorsi della politica. Il mandato del presidente è di sette anni, una lunghezza quasi spropositata – in America il massimo che può fare un presidente, pure espressione di una elezione diretta, sono due mandati, otto anni –, ma è una scelta mirata a far sì che il presidente non venga mai preso dall'attività del governo. Tuttavia il profilo di questo garante è, sia pur in maniera non esplicita, sempre parte di un braccio di ferro fra chi intende eleggerlo: centro, destra, sinistra, e combinazioni varie di alleanze perché la sua elezione è a maggioranza assoluta dell'Assemblea. Deve avere il massimo dei consensi – 505 voti. In epoche di grandi partiti e di forti ideologie e identità pubbliche, la matematica era sempre difficile ma mai impossibile. In tempi più recenti, di puro frazionamento e di crisi dei partiti, il successo coalizionale è molto difficile.

La rielezione di Giorgio Napolitano nel 2013 è la prima grande prova di una eccezione alla regola della non rielezione che dimostra quanto deboli siano i partiti. L'amarezza e la violenza con cui nel suo già citato discorso Napolitano maledice quasi il Parlamento che lo rielegge sono prova di quanta consapevolezza avesse di questa crisi il presidente stesso. La scelta di dare poi a Enrico Letta il ruolo di premier è parte di questa sua rassegnazione all'eccezionalismo delle regole in cui si è caduti. Il fatto che dopo meno di un anno dia a Renzi l'incarico di premier, bruscamente accorciando la vita politica del governo Letta, è un'ulteriore prova del pessimismo con cui Napolitano chiude il suo mandato.

La scelta di Mattarella, nel 2015, si presenta dunque difficile e indicativa. Intanto è la prima prova della solidità del governo di Renzi, che dal suo arrivo nel febbraio del 2014 sembra avere il vento in poppa. Ma come sta a numeri? Infatti, una cosa è la popolarità che ha nel Paese, un'altra è il consenso in Parlamento. Nel suo partito lo scontento, alimentato dalla sua tendenza a guidare con pugno di ferro e suprema indifferenza alle regole del rispetto reciproco, cresce e guarda al voto per il presidente come a un banco di prova. Nessuno d'altra parte ha dimenticato in quel partito l'orrore del voto segreto che di seguito, nelle assemblee ripetute al Capranica, ha affossato sia Marini sia Prodi per la presidenza della Repubblica – il massacro pubblico di due figure sacrali dentro l'Ulivo è rimasto il racconto della violenza e desiderio di vendetta che covano in quel che rimane di quello stesso Ulivo.

Per Renzi è un banco di prova. Amici e nemici lo guardano. Scommesse si accettano. Ci sarà nel segreto dell'urna un altro omicidio, il rifiuto del candidato di Renzi come modo per affossare Renzi stesso? L'uomo è come sempre al massimo della contentezza e sicurezza. Si mostra tranquillo. Il voto è quasi certo. Alla base del suo governo c'è del resto una coalizione ampia, l'elezione è del tutto garantita, dunque. Ma terrà davvero e, soprattutto, è opportuna questa alleanza?

Lasciamo la parola ai ricordi di un uomo che è stato molto amico di Renzi, poi non più, poi lo è stato ancora. Insomma, uno di quegli amici che condividono molto, ma rimangono diversi.

"Noi in quel momento avevamo un accordo con Berlusconi," ricorda. "Le prime votazioni in Parlamento della riforma della Costituzione si fanno infatti con Berlusconi. Ed è in quel periodo che c'è l'elezione del capo dello Stato. Siamo nel 2015. Facciamo un po' di direzioni, un po' di assemblee, un po' di incontri parlamentari e non c'è una soluzione alla sostituzione di Napolitano. Quando Napolitano si dimette, noi cominciamo a ipotizzare chi possa andare al suo posto. La maggioranza in quel momento comprende Forza Italia, quindi devi trovare un nome condiviso con Forza Italia. Giuliano Amato, tutto sommato, ha qualche pezzo del Pd sul quale non c'è intesa ma, al netto di una possibile perdita di qualcosa, hai tutto il pezzo di Forza Italia che lo sosterrebbe. Al punto che – io non ero fisicamente presente – Graziano Delrio, al tempo sottosegretario alla Presidenza del Consiglio, mi dice: 'Hanno raggiunto l'accordo, l'accordo è su Amato. Stanotte vediamo se tiene. Dopo Amato tocca a noi, ci sono personalità del Pd interessate'.

"L'affermazione mi sorprende, ma lui risponde: 'Su questo qui possiamo fare un confronto a cinque o a sei, i presenti quella sera'. Tanto è vero che ci guardiamo tra noi. Delrio sarebbe stata una soluzione – noi ci avremmo messo la firma – non so quanto autorevole, credibile. Addirittura lui diceva che c'era un pezzo di leghisti, Giorgetti, che prendeva in considerazione il suo profilo come sindaco di Reggio, presidente dell'Anci. Quelli legati al territorio. E lui dice: 'Siccome su Amato problemi ci sono, stiamo a vedere'. E Renzi cosa dice? Su Delrio ci riferisce: 'Se salta Amato, Graziano ci segue. Perché su di lui teniamo tutto il centrosinistra e pezzi di centrodestra'."

Ok, quindi era un'investitura. "Diciamo che non c'era l'ostilità di Forza Italia. Su Delrio c'è addirittura una disponibilità della Lega, su quel profilo lì. Graziano la vede. Io non avevo gli elementi per dire quanto concreta fosse quella cosa. Certo che quella cosa ti fa capire che su Amato c'è l'accordo con Berlusconi, ma c'è qualcosa che non va. Perché se si prefigura il 'se salta questo'... sì, è vero, probabilmente per le resistenze di pezzi più della sinistra o di qualche pezzo interno del Pd, ma se Renzi voleva quell'accordo lo teneva. Si supera Amato, non c'è Delrio, esce fuori Mattarella. E la chiusura su Mattarella avviene tra il giubilo dei bersaniani. Che cosa è accaduto, non lo so. Matteo a un certo punto ha tentato in quella chiave di tenere un pezzo più riluttante del partito, però non c'è dubbio che da quel momento Berlusconi rompe, non vota più la riforma con te, non vota più la legge elettorale e comincia l'impossibilità del Parlamento a qualunque tipo di riforma condivisa. È un prezzo altissimo, in rapporto poi al risultato."

Renzi al momento non sembra pensare però al futuro. Mattarella è una scelta che viene acclamata da tutti. Sembra una perfetta soluzione per le qualità dell'uomo – una fiducia che non ha mai perso da parte dei cittadini italiani – ma anche perché sembra che Renzi abbia cambiato schema di gioco. Lui stesso è giubilante e vive il passaggio come se fosse un angolo da cui è uscito con un colpo d'ala. Anche io che scrivo sono una involontaria testimone di questo suo giubilo: mi arriva una telefonata mentre mi aggiro nella bolgia della Camera che commenta l'elezione, ed è proprio il premier. Renzi era incline anche a queste impreviste telefonate, che potevano essere di tutto – dal litigio alle critiche, alle battute di divertimento. Lo faceva con tutti i giornalisti. Il nostro rapporto è sempre stato reciprocamente critico, per cui va subito al sodo, vantandosi: "Hai visto che figata che ho fatto?" dice, felice. "Adesso finalmente tutti i critici del partito dovranno capire che io sono per uno standing chiaro e netto contro Berlusconi."

Le stesse celebrazioni che fa con i suoi più stretti collaboratori. "Lui quasi in maniera liberatoria dice con tutti: 'Avete visto? Sono capace di unire, di tenere insieme. Con buona pace di chi mi accusa di essere divisivo'. Fra l'altro noi siamo molto preoccupati perché Mattarella è siciliano, temiamo che anche ad Alfano non vada bene. E diciamo: 'Se non c'è neanche Alfano torniamo al punto di partenza, se non abbiamo i numeri per fare un governo non abbiamo i numeri per eleggere Mattarella'. In realtà i numeri ci sono ampiamente, Alfano non fece mai polemica né in pubblico né in privato su questa scelta. E c'è l'elezione, per lui liberatoria, di Mattarella. Liberatoria, ma se oggi lo senti parlare di Mattarella c'è da tapparsi le orecchie." Ma questa è una storia che vi racconteremo più tardi.

Tuttavia la rottura con Berlusconi è un frutto avvelenato i cui effetti si sentiranno nei successivi due anni. Di questo è sicurissimo il nostro *grand commis*: "Penso che l'elezione di Mattarella abbia avuto un impatto rilevante sulla maggioranza larga per la riforma costituzionale e dunque sul percorso e il destino delle riforme". Per via indiretta? "No. Almeno per il disimpegno dalle riforme e poi per l'aperta ostilità di una parte del Parlamento, proprio diretta, una rappresaglia per quello che era stato subìto come un vero e proprio rovescio e come un tradimento del patto del Nazareno, che fosse esplicita o meno anche la clausola Quirinale."

***

Restiamo alla elezione di Mattarella. Come ci si è arrivati? Fuori dal Parlamento c'è un'atmosfera infuocata. Le ultime informazioni che si hanno è che grazie al patto del Nazareno ci sia un accordo, sostenuto dai numeri, fra Berlusconi e Renzi, su Giuliano Amato. Perché e come si passa da Amato a Mattarella? Di certo l'atmosfera è molto contro il Nazareno, e i due leader Renzi e il Cavaliere. "In parte quello sì. Amato poi è sempre stato un po' identificato con l'establishment ma anche un po' con i privilegi perché è titolare di tante prebende, pensioni. Ex tutto, ex presidente dell'Antitrust, ex professore universitario, giudice costituzionale. Anche Mattarella è un giudice costituzionale, però insomma Amato è stato un po' bersagliato. Poi anche l'esperienza di governo, la prima nel '92, con il decreto sui conti correnti. Le 'mani nelle tasche degli italiani', non è che proprio godesse di una grande popolarità."

Ma Berlusconi lo considera una garanzia. "Però lì Renzi fa un'operazione fantastica."

Perché con Mattarella spegne il fuoco. "Mah. Alcuni scrissero all'epoca che Renzi pensava fosse un uomo debole. Ma in effetti è stata una vera operazione politica. Anche perché poi ebbe un consenso larghissimo. Quelli che erano contro non hanno potuto certo fare le barricate. Neanche i 5 Stelle che all'epoca erano avvelenati contro tutti."

Ma il Pd secondo te avrebbe sostenuto Amato? "Con il voto segreto non era facile. Dopo la vicenda dei 101, la bocciatura di Prodi. E a dirla tutta, neppure di Amato era garantita l'elezione."

Aggiungi che anche nel caso di Prodi e Amato giocavano

contro alcuni equilibri da rispettare. "Certo, c'è sempre stata un'alternanza in Italia nella successione dei presidenti della Repubblica. Anche se non sempre rispettata in modo meccanico, da un certo punto in poi è l'alternanza cattolico-laico. Napolitano, oltre che laico, era stato anche comunista. Fra l'altro lui, Renzi, viene da lì, viene dalla Dc. Con la tesi di laurea su La Pira. Vero è che Renzi aveva fatto fuori Marini, che pure era una persona di grande dignità, con la storia della rottamazione. Ma Marini rappresentava il passato, il sindacato di una volta. Renzi, ricordiamoci, era in guerra con i sindacati. E Marini era un leader storico della Cisl.

"Amato uguale, peggio che mai perché è stato establishment allo stato puro. Mattarella alla fine ha fatto il ministro con grande dignità, ha anche raccolto il testimone politico di un martire della violenza mafiosa, il fratello Piersanti. E non aveva nemici. E c'erano anche i suoi: la Bindi, che era una di sinistra, e il suo giro erano d'accordo. Così anche Franceschini. Quindi in realtà lui riusciva lì a fare un gioco che ricompattava il partito. Nemmeno alla parte degli ex Ds poteva dispiacere uno come Mattarella, che era stato il vice di Massimo D'Alema a Palazzo Chigi."

Be', Renzi che sostiene un ex socialista proprio non ci stava. "In questo c'è una componente molto umorale, che fa di Renzi una persona non proprio facile. Le vendette, i risentimenti, il voler anche un po' infierire. È una componente che non va sottovalutata."

Credo nessuno l'abbia sottovalutata, alla fine.

Cambio di scenario

L'elezione di Mattarella apre un nuovo scenario.

Dopo Mattarella si capisce che il Pd sul piano istituzionale ha ormai molto poco da giocare. "Infatti lui comincia a rinviare. Comincia anche questa cosa del rinvio, di portare questo referendum il più tardi possibile. Fermarlo è infatti impossibile, visto che i due terzi non ci sarebbero mai più stati. Con la rottura con Forza Italia da una parte e la scissione a sinistra era inevitabile. Quelli addirittura l'avrebbero voluto anche se ci fossero stati potenzialmente i due terzi, facendoli mancare. Perché lui voleva l'appello plebiscitario al popolo. L'investitura popolare diretta come artefice di questa riforma storica e quindi poi per il futuro, anche per proseguire l'esperienza di governo. Ormai si era messo su questa strada un po' bonapartista. È vero questo. Poi però ha cominciato a capire che questo referendum tanto sicuro non era. Quindi ha cominciato a prendere tempo, ma era un circolo vizioso. Perché più tempo passava e più peggioravano le cose e nel consenso. Uno dei passaggi – secondo me, chiave – della sua caduta di consenso è stata la "Buona scuola". Lui poi non è che si è preso direttamente la responsabilità, ha scaricato tutto sulla Giannini, che non era proprio un ministro eccezionale. Tant'è vero che l'unico ministro fatto fuori nel passaggio tra Renzi e Gentiloni è lei. Però la "Buona scuola" per Renzi è stata un colpo fatale dal punto di vista del consenso. Perché gli insegnanti lui li ha proprio presi di mira. Un conto è dire: 'I sindacati non li voglio più vedere', ''sta sala verde, sempre piena di sigle sindacali'; ma se cominci a sostenere e a stabilire con norme che i presidi scelgono gli insegnanti e possono spostarli da qua a là... Capirai, stiamo parlando di milioni di dipendenti pubblici. Una delle figure chiave del sistema italiano e comunque una tradizione elettorale che vota prevalentemente per la sinistra."

Però mi spieghi perché lui si ostina tanto? "Perché lui voleva dare questi messaggi... In certe cose è stato anche risoluto e coraggioso, pure nei dettagli. Per esempio, le ferie dei magistrati. Sembra una sciocchezza, no? I magistrati hanno fatto una mezza rivolta perché gli ha ridotto le ferie da 45 a 30 giorni l'anno. Un attacco all'indipendenza della magistratura! Ma i magistrati non hanno bisogno delle ferie per stare in vacanza. Se vogliono prendersi quattro giorni di vacanza non hanno bisogno di permessi perché non vanno tutti i giorni in ufficio a timbrare il cartellino. Insomma, non è che rovini la vita ai magistrati. Ma il punto è che lui ha fatto una cosa che sembrava un attacco alla magistratura."

Quindi perché l'ha fatto? "Perché lui effettivamente aveva questa spinta, questa convinzione, ad attaccare quelli che una volta si chiamavano i 'santuari'. Un po' per intercettare l'onda dei 5 Stelle. Il tetto retributivo ai dipendenti pubblici, di 240.000 euro. Questo lo ha fatto Renzi. La cosa dei magistrati? Lui diceva ogni tanto: 'Puntiamo un privilegio'."

Quindi si può dire che lui effettivamente contro i privilegi c'è andato? "Certe cose sulle alte burocrazie le ha piazzate. Per esempio nei gabinetti, anche dei ministri, aveva molto marginalizzato i consiglieri di Stato. Tanti dei suoi ministri avevano preso molti consiglieri parlamentari, come me. Il Consiglio di Stato è sempre stato una corporazione, e adesso si è preso una rivincita con tanto di interessi. Mettere a capo del Dagl – che forse è l'ufficio chiave di Palazzo Chigi, quello degli Affari legislativi – la Manzione, cioè una vera outsider che viene da Firenze e che è stata comandante dei vigili, cacciando un consigliere di Stato… Adesso in quel posto, con Draghi, è tornato proprio quello che era stato cacciato ed era stato scelto a suo tempo da Enrico Letta, peraltro uno dei più bravi. Per loro è stato un affronto."

Il caso fatale: la riforma istituzionale

Ma, insiste il nostro interlocutore, quello cui Renzi affida il suo "passaggio alla storia" è un passaggio meno visibile, meno clamoroso di quelli fin qui citati.

Si tratta del modo in cui vengono gestite la riforma elettorale e quella costituzionale. Le decisioni prese sono molto meno pubbliche e per certi versi meno brutali. Ma più sbagliate.

Seguiamo allora il racconto del nostro alto funzionario.

Protagonista di questo secondo scenario è un Renzi che sotto l'involucro di un premier imprevedibile, spiazzante, dal polso saldo, coltiva l'animo di un serissimo uomo di Stato, che condivide un sogno con uno dei presidenti più difficili della storia d'Italia, Napolitano: la grande riforma che lo avrebbe reso "il primo uomo che dopo tanti tentativi falliti avrebbe cambiato il volto dell'Italia".

"Quando volle comunicarmi del mio nuovo, più importante incarico, ero alla vigilia di una breve vacanza, per Pasqua, programmata e organizzata da tempo, in Giordania e a Gerusalemme. Gli dissi: 'Mi dispiace, ma dobbiamo aspettare qualche giorno'. La risposta: 'Non si preoccupi, si goda la sua vacanza, quando torna dovremo cambiare l'Italia'. Mi fece un certo effetto, non era retorico né falso, mi sembrava sincero e assolutamente determinato a farlo."

Rispunta in questo secondo scenario Maria Elena Boschi e il rilevante ruolo che ha avuto nel governo Renzi, in un inedito ritratto politico di un autorevole, forse il più autorevole, rappresentante del governo a Palazzo Chigi. È la fiducia di Napolitano a darle questo suo ruolo. "Napolitano aveva investito moltissimo sulla Boschi. È cosa che posso testimoniare direttamente perché ho dato una mano proprio sulla riforma. Era chiamata quotidianamente dal presidente. Sempre. Ovviamente lei si allontanava sempre se queste telefonate la raggiungevano in presenza di altre persone. Comunque lei diceva l'ultima parola su tutto ed era documentata su tutto fino al minimo dettaglio. Quando era ministro, prima di andare in Consiglio dei ministri, l'ultima parola la diceva lei, su qualsiasi questione. Con lei si facevano riunioni che non erano solo sui rapporti con il Parlamento e sulle riforme, nello specifico le sue deleghe, ma su tutto. Su tutti i provvedimenti che arrivavano in Consiglio dei ministri. Il bollino finale lo dava Maria Elena. Sempre. Quindi era veramente l'alter ego del premier.

"Se gli altri ministri avevano proposte da fare andavano da lei, era come parlare con Renzi. Solo che lei incorniciava con un sorriso un no soave e risoluto, confermato e ribadito fino allo sfinimento. A volte concedeva qualcosa, più o meno quello che aveva messo in conto sin dall'inizio. Nelle trattative, anche parlamentari, era gentilissima e inflessibile, sapeva sempre qual era l'obiettivo e quali le possibilità. Politica, altro che."

Una vera testa politica, dunque? "Sì. Secondo me sì. Secondo me ce l'ha. Ce l'ha perché un po' è una dote naturale, un po' l'ha esercitata da giovane facendo l'avvocato. Ha fatto l'avvocato nel modo più strategico e combattivo, non nelle aule di giustizia, ma nelle trattative con le società, che è molto formativo. Quello che considero un Maestro, un comunista senza pentimenti, Mario Tronti, la definisce un autentico politico in senso weberiano. E io sono d'accordo. Il suo vero difetto lo trovavo nel tono didascalico, un po' da secchiona che ha imparato ogni cosa ed è ansiosa di dimostrarlo. Mentre nell'informalità è spiritosa, ironica, arguta, in questo c'è qualche simmetria con Renzi, in pubblico, a volte è arrogante anche al di là del voluto."

Parentesi chiusa. Torniamo a Napolitano: perché appoggia questo governo? "Aveva una convinzione fortissima che ha mantenuto fino all'ultimo. Fino al referendum sulla riforma costituzionale. Ed è l'unico motivo forse, il più importante sicuramente, per aver accettato anche la rielezione. Del resto lo ha fatto capire bene con il discorso fatto alle Camere riunite. L'energia di Renzi lo aveva convinto. Effettivamente Renzi da questo punto di vista, almeno allora, era una persona che conquistava. Io stesso non ho mai avuto all'inizio una simpatia particolare, anzi, alle primarie avevo votato Cuperlo. La parola d'ordine era 'abolizione del Senato'.

"Non mi entusiasmava, al Senato ho speso una vita professionale. Ma la riforma era giusta e quando l'ho visto all'opera ho percepito anch'io, finalmente, il riscatto del primato della politica, ancora un motivo tipicamente trontiano."

Infatti è il primo annuncio che fa, come abbiamo visto, nella sua prima uscita pubblica andando a chiedere la fiducia al Senato. Ma perché uno come Renzi, grande comunicatore, pieno di vitalità, energia, sceglie un obiettivo così complicato, lontano dalla gente, per giocarsi il suo futuro? "Dunque, la legislatura praticamente inizia da questo punto di vista con la sentenza della Corte che dice che la legge Calderoli è incostituzionale. Questa è l'occasione giusta per fare una nuova legge elettorale, come lui ha sempre voluto, ed è sempre stata la sua fissa, sul modello del 'sindaco d'Italia'. Ed era stato anche confortato da un certo numero di tecnici e di professori, il primo dei quali era D'Alimonte che aveva inventato il doppio turno di coalizione, che si accompagnava a una posizione netta sul Senato: 'Lo tagliamo fuori dal circuito della fiducia al governo con la riforma costituzionale'. Peraltro c'era anche un precedente storico perché la 'legge truffa' del 1953 era solo per la Camera, non era stata fatta per entrambe le Camere. Quindi fa: 'Concentriamoci sulla Camera'. Facciamo una legge per la Camera, al primo turno a chi raggiunge una certa quota. Altrimenti se nessuno la raggiunge c'è il ballottaggio tra i primi due."

La quota qual era? "Il 40 per cento."

Era base coalizionale o di lista? "Era nata di coalizione. E poi dopo il risultato delle europee fa: 'Manco per niente, la facciamo di lista perché il Pd è un partito della nazione' ".

Allora c'era questa convinzione, no? Quindi perché impostare la legge sulle coalizioni e tenersi il condizionamento degli alleati? Le cose alla Prodi, i cespugli di destra e i cespugli di sinistra. Partiti contro partiti. Quindi la prima versione della sua riforma era già così, con il maggioritario del sindaco d'Italia. "Sì, lo schema D'Alimonte."

Quindi si sarebbe passati a un sistema quasi americano, perché se sul piano nazionale tu fai il doppio turno... "Diciamo che forzava, o avrebbe voluto forzare, verso il bipartitismo. Una cosa un po' velleitaria. Perché poi, anche se la legge stabilisce che la lista che arriva prima vince o che vince chi arriva al ballottaggio tra le prime due, nessuno ti può impedire di fare una cosa che con un nome orrendo si chiama 'lista coalizionale'. Per dire, se si fosse cristallizzata la situazione, il centrodestra, invece di fare Forza Italia, Lega e Fratelli d'Italia, avrebbe fatto un'unica lista composta da candidati, che poi si sarebbero divisi nelle liste dei candidati secondo le circoscrizioni. Però il Pd si sarebbe potuto presentare da solo. Poi chiaramente c'era il fattore 5 Stelle, i quali già nel 2013 avevano preso il 25 per cento."

Quanto incide il dato dei 5 Stelle nel fatto che Napolitano prema per questa riforma? "Lui era sempre stato un sostenitore del superamento del bicameralismo paritario e della revisione del rapporto dei poteri tra Stato e Regioni. Ma soprattutto del bicameralismo paritario. Il fatto che poi su questo fosse innestato anche un sistema elettorale, capace di favorire la scelta indiretta del governo da parte degli elettori, non gli dispiaceva affatto."

Su cosa si fondano queste convinzioni di Napolitano? "A un certo punto la sinistra si è innamorata del sistema maggioritario. La sinistra non governerà mai da sola. O governa con forze diverse e opposte oppure dev'essere aiutata da una formula elettorale che ne preservi autonomia e identità e le permetta di ottenere una maggioranza parlamentare in un Paese tradizionalmente orientato più a destra che a sinistra.

Anche io, nel mio intimo, condividevo quell'idea, da uomo di sinistra: un sistema sostanzialmente monocamerale con una legge elettorale maggioritaria avrebbe legittimato reciprocamente gli avversari e permesso ai democratici, in caso di vittoria, di governare con un programma di attuazione costituzionale, di politiche per il lavoro e per i diritti sociali, e – nei miei auspici – con la direzione organizzata del conflitto sociale, dalla parte di chi sta sotto. Questo, non il taglio delle poltrone, era per me il valore della riforma, dissipato in una gestione dissennata. Anche il riequilibrio dei poteri tra lo Stato e le Regioni era giusto e necessario, come hanno dimostrato i momenti di caos istituzionale dell'emergenza sanitaria e fra l'altro avrebbe rimediato ai guasti di una riforma scellerata fatta proprio dal centrosinistra, quella del Titolo V del 2001. Ma il feticismo della riforma per la riforma, in continuità con un trentennio di contorcimenti da apprendisti stregoni sull'ingegneria istituzionale a sostegno di più disegni di potere senza respiro, ha perduto anche chi aveva l'ultima chance di fare davvero una cosa storica, ma l'ha piegata alla propaganda demagogica e alla ricerca del plebiscito, che poi gli si è ritorto contro."

Dunque Renzi arriva a Palazzo Chigi e subito presenta insieme la legge elettorale e la riforma costituzionale. Ricordiamo che una delle primissime cose che fa è andare al Senato a chiedere la fiducia con i pugni in tasca ("L'aveva tuttavia già fatto un presidente del Senato, fra l'altro, nel discorso di insediamento. Scognamiglio. Con molta nonchalance si mise questa mano in tasca dopo aver battuto Spadolini per un voto"). Non era troppo ambizioso come progetto? "Ma la parola d'ordine delle primarie era proprio: abolizione del Senato. Proprio abolizione. Perché voleva dare un'idea di modernizzazione delle istituzioni, far capire come questa cosa del bicameralismo fosse un ferro vecchio che c'è solo in Italia. In più lui, in virtù della sua mentalità da sindaco, voleva trasformare il Senato in una Camera delle autonomie. Lui all'inizio voleva infatti una Camera di sindaci al posto del Senato. Nella prima bozza era 'Camera delle autonomie' ed era formata tutta da sindaci. Poi ha cercato di metterci i consiglieri regionali, ma la sua massima fissazione era che non dovessero essere eletti e che per loro dovesse essere un incarico ulteriore rispetto a quello che avevano. Cioè consiglieri regionali in carica. Napolitano ha dovuto insistere per conservare il nome di Senato della Repubblica, perché lui gli avrebbe cambiato anche il nome."

Quale era il vantaggio che veniva a Renzi da tutto questo? "Intercettare la marea montante dei 5 Stelle. Ridurre il numero, ridurre i costi. E per lui il vantaggio politico era quello di avere una Camera sola cui chiedere la fiducia. Avere un procedimento legislativo più sicuro, anche se non necessariamente più veloce, perché comunque era complesso anche quello. Però più sicuro senz'altro. Per ottenere risultati nella realizzazione del programma di governo. E affermare come elemento propagandistico di aver tolto sostanzialmente di mezzo una Camera elettiva, tolto di mezzo le indennità di altrettanti parlamentari, perché sarebbero stati pagati come consiglieri regionali e come sindaci senza avere ulteriori indennità. Tutti argomenti per intercettare il populismo su cui marciavano anche i 5 Stelle."

Però questo significa anche che lui probabilmente pensava di stabilire in questo modo un rapporto con il territorio che bypassasse Roma. Lui è un sindaco, fa un'operazione per e con i sindaci. Valorizzando i sindaci. "Infatti partiva da quello. In quel momento era molto forte Delrio perché era stato sindaco, presidente dell'Anci. Ha fatto la legge Delrio, l'abolizione dell'elezione dei Consigli provinciali e dei presidenti di Provincia. Lui aveva con Renzi la delega agli Affari regionali, dopo l'intermezzo Lanzetta. Era stato ministro con Letta ed era rimasto come sottosegretario alla Presidenza. Quindi lui su questa cosa effettivamente aveva puntato. Però, da un certo punto di vista, non per questi aspetti più politici, ma per quelli un po' più tecnici, il riequilibrio dei rapporti tra Stato e Regioni a favore dello Stato non era un errore. Come si è visto in questi mesi passati, che sono stati una prova di quanto occorrerebbe riformare. Il suo disegno ridimensionava in modo molto radicale i poteri delle Regioni. Molto radicale."

Naturalmente, siccome nessuno in politica ha l'anello al naso, il rafforzamento straordinario che questa riforma prevede per l'inquilino di Palazzo Chigi lo afferrano subito tutti. E inizia molto presto la narrazione su Renzi e il suo desiderio eccessivo di potere. Che diventerà poi portatore di catastrofi dentro il Pd, ma anche della sua catastrofe personale. Ma questo lo vedremo più tardi.

Un disastro, provocato da un gran successo

Su questo veloce avvio che le riforme prendono in Parlamento arriva un inciampo, quasi un disastro. Nei panni di un grande successo. "È la rottura con Forza Italia per l'elezione di Mattarella", la violazione del patto del Nazareno, come abbiamo visto.

La conseguenza della delusione di Berlusconi e della destra porta alla impossibilità di raccogliere in Parlamento i due terzi del voto, che servono per approvare le riforme costituzionali senza la necessità di chiedere il referendum confermativo. "Io glielo ho sempre detto. Parlavo con Maria Elena, con Renzi raramente. Solo una volta ebbi con lui un colloquio importante, all'inizio dell'estate. Quando sembrava che le cose si mettessero male e lui voleva addirittura tornare all'abolizione secca del Senato. Dicevo alla Boschi: 'Queste riforme o le fai con due terzi, o non vanno da nessuna parte, perché è così. Lo sappiamo per esperienza. E sappiamo anche che sono materie che annoiano tutti. Agli elettori non gliene importa niente delle riforme costituzionali. È difficile mobilitarli. Diventano un fatto politico quando vai a votare a un referendum. Il consenso che avete adesso non è detto che lo conserviate fino ad allora. Manca ancora tanto tempo'. E lei: 'Ah, no, no. Noi due terzi non li avremo mai. Non li vogliamo avere'. Questo lo dissero anche pubblicamente. Cioè: 'Anche se resta l'accordo che c'è con Forza Italia – e quindi i due terzi ci sarebbero – noi faremo mancare i due terzi per poter fare il referendum'."

Che vuol dire "faremo mancare i due terzi"? Mi stai dicendo che avevano progettato di andare al referendum al punto da far venir meno i due terzi anche in caso li avessero? "Sì. Basta che non fai votare qualcuno dei tuoi, ne fai uscire quel che serve."

Sono stupita dalla scelta tattica spericolata. E perché questo azzardo? Il mio interlocutore in compenso è ancora deluso al pensiero di quei colloqui. "Perché? Perché a Renzi non importa dei partiti, lui voleva il rapporto diretto con il popolo e con gli elettori. Alle mie obiezioni ripetono 'Sì, faremo mancare i due terzi e promuoveremo il referendum perché vogliamo la conferma popolare'. Penso: 'Vabbe', contenti voi'. Poi c'è stata la rottura con Forza Italia e Berlusconi per l'elezione di Mattarella, poi la rottura a sinistra con Bersani, D'Alema, Speranza, la scissione. E continuavano ad andare avanti su questa strada di nessun accordo e nessun compromesso."

È quello che in fondo pensava Bersani: che questa riforma avrebbe portato alla creazione di un Renzi/piccolo Napoleone della nostra epoca. Dunque è così? Faccio la domanda. Ma la risposta porta in una direzione completamente diversa. "Sì, però sinceramente io ho un'opinione diversa."

Il mio interlocutore è, se possibile, ancora più irritato

con l'opposizione a Renzi. L'intera vicenda deve aver pesato molto sulla sua esperienza, mi pare. "È la critica, diciamo apparente. Secondo me la loro vera motivazione, quella di Bersani e compagni, non è poi così nobile. Ed è dimostrata anche da una controprova. Perché non hanno fatto tutta questa battaglia finale sull'articolo 18 dello Statuto dei lavoratori. Perché? Perché su quello non sono andati fino in fondo e sulla legge elettorale sì?"

Sull'articolo 18 non hanno fatto una battaglia forte a sufficienza? chiedo. Lui alza le spalle. Evidentemente no. In effetti, sull'articolo 18 non si è arrivati alla rottura e alle scissioni, gli estremi a cui si è arrivati sulle riforme. "È un fatto di ceto politico. Loro avevano capito che così sarebbero stati spazzati via. Spazzati via. E questo non è che proprio depone, secondo me, bene per loro. Per carità, ho la massima simpatia per loro e anche forse una maggiore affinità, anche se sono sempre stato contro le scissioni. Cito Tronti: per difendere i deboli ci vuole una grande forza. Posto che, alla fine di tutta questa vicenda, è difficile dire che anche il Pd ora è una grande forza. Però fare dei piccoli partiti dopo una storia come quella... ma perché? Perché rompere sulla legge elettorale e non rompi sul Jobs Act e sull'articolo 18? Che veramente quella è una cosa qualificante, che toglie la tutela più importante ai lavoratori. Giusto o sbagliato, può anche darsi che sia stato giusto, fare questa cosa. Però perché la battaglia campale fino alla scissione non l'hanno fatta su questo e l'hanno fatta sulla legge elettorale e la riforma costituzionale? È una cosa tutta di ceto politico, ripeto tutta di ceto politico. Perché alla fine qual era la partita? Che loro sarebbero stati esclusi dalle liste e non hanno seguito la via maestra, quella di dare battaglia nel partito per rovesciare una politica ritenuta sbagliata."

Però, obietto, su un tema molto ostico, come le riforme elettorali, sono riusciti a costruire la narrazione che ha poi sconfitto Renzi al referendum. "Questo è vero, infatti è stata vincente con il referendum questa roba. Il combinato disposto, una sola Camera e la legge elettorale che ti dà un potere scarsamente controbilanciato, essendo tu una minoranza. Poi gli ha dato pure ragione ex post la Corte costituzionale che ha dichiarato illegittimo l'*Italicum*. Ma sempre ex post, dopo il referendum, che coraggio! Quindi, certo, ma lì hanno sbagliato loro, dal governo. Primo, a fare il referendum. Personalizzare non va bene. Questo li ha portati a sbattere. Ha fornito degli argomenti formidabili ai suoi avversari, che lui vuole comandare tutto, che controllerà la Camera e che il Senato non conterà niente. Con la legge elettorale controlla tutto lui, così il referendum viene perduto." Lui aveva capito.

E poi ti ricordi i modi? Le sostituzioni degli esponenti delle commissioni in disaccordo con i disegni di legge. "Sì. Alla Camera sostituì i componenti dissidenti della commissione Affari costituzionali. Quasi tutti quelli del Pd."

Poi al Senato anche ne eliminò dieci? "Fece le sostituzioni. Ma non li ha espulsi. Si possono fare le sostituzioni in commissione altrimenti non glielo avrebbero approvato. Certo, ha fatto delle cose abbastanza... come anche mettere la questione della fiducia sulla legge elettorale. Certo non è vietato ma l'unico precedente è quello della 'legge truffa'. Perché c'era ostruzionismo."

Quella passa però, prestissimo. "Passa perché al Senato viene smantellato l'ostruzionismo con un emendamento che ha fatto fuori quarantamila emendamenti. Poi ha messo la fiducia alla Camera. Perché pure lì era ricominciato l'ostruzionismo e a quel punto ha messo la fiducia. Ormai il Senato l'aveva approvata. Al Senato fu approvata a gennaio del 2015. Alla Camera pochi mesi dopo. Due o tre mesi dopo, in primavera."

Salta in scena il canguro

I metodi però rimangono molto spregiudicati e lo dice uno che in parte li ha suggeriti. Nasce qui la ricostruzione di un'abile opera di un grande esperto di quelle nicchie procedurali di cui vivono le grandi vite degli anonimi *grand commis*. L'opera divenne famosa con un nome molto popolare: il canguro.

"La mia parte è stata al Senato. La legge elettorale era diventata motivo di scontro parlamentare, fino all'ostruzionismo dei suoi oppositori. Si prevedeva una valanga di emendamenti e preparai una soluzione: fu chiamata canguro ma non lo era. Il canguro è un modo di votazione regolato: per semplificare una serie di votazioni molto simili tra loro si può andare a salti e tagliare gli emendamenti intermedi. In questo caso, invece, scrissi un solo emendamento da mettere prima di ogni altro, che riassumeva i contenuti del nuovo sistema poi specificati negli articoli. Una volta approvato quello, tutti gli emendamenti in contrasto sarebbero morti come il latino, ma molto più velocemente. Così ne parlai alla Boschi, fu d'accordo e ne informò Renzi. Si decise di tenerlo come arma estrema se il numero di emendamenti fosse stato esagerato. L'altra accortezza che consigliai fu di farlo presentare a un senatore poco noto e non impegnato sulle questioni istituzionali, in modo da non attirare l'attenzione e di scongiurare i subemendamenti. Fu scelto Stefano Esposito, si occupava di trasporti e di alta velocità. L'emendamento lo preparai con la massima cura, doveva essere completo ma conciso, per ridurre la possibilità di subemendamenti e ineccepibile nella definizione della formula elettorale. Gli emendamenti dovevano essere presentati entro l'ora stabilita di un certo giorno, mi pare alle 22: avevamo convenuto che Esposito avrebbe depositato il nostro solo se Calderoli ne avesse presentati in numero esorbitante. Si viene a sapere che il senatore leghista ne aveva preparati solo 40. Incontrai Esposito in un corridoio del Senato: un giovane uomo piccolino, dallo sguardo vivace e intelligente. Gli consegnai la paginetta e mi offrii di spiegare il contenuto: 'Non importa', disse, 'la sostanza la so. Non ne dubitavo. Quindi gli riferii le consegne di Palazzo Chigi: andare negli uffici dove si presentano gli emendamenti qualche minuto prima delle 22, chiedere quanti ne sono stati già presentati, più o meno, e aspettare lì fino all'ultimo con il nostro emendamento in tasca. Se arriva Calderoli con un pacco di emendamenti lo presenti, altrimenti lo butti nel cestino. Lo aspettavo al piano di sotto. Alle 22.15 scende e mi racconta: 'Alle 21.58 ho visto arrivare Calderoli accompagnato da un commesso che spingeva un carrello stracolmo di carte, erano i suoi emendamenti'. Quindi Esposito ha depositato il suo alle 22 in punto. Il giorno dopo Calderoli annunciava che i suoi emendamenti erano 40.000 non 40, ma nessuno ha l'anello al naso. E solo Esposito e pochi altri sapevano del suo emendamento. All'assemblea del gruppo Pd va Renzi in persona e dice che bisogna votare l'emendamento Esposito. Si guardano tutti un po' interdetti: che c'entra Esposito? Non si è mai occupato di legge elettorale! Ancora più sorpresi saranno in aula i senatori degli altri gruppi. Contestazioni, proteste, richieste di inammissibilità dell'emendamento al napalm, senatori della sinistra Pd e fuori Pd inferociti con uno stratagemma diretto a neutralizzare i 40.000 emendamenti di Calderoli, l'autore del *Porcellum*, e con questi anche i loro. Peraltro proprio loro, ormai fieri avversari di Renzi, avevano presentato un altro emendamento permissivo, naturalmente di segno opposto, un regalo insperato da chi ora contestava il modo avendolo praticato contemporaneamente. Quando la loro proposta viene bocciata, com'era prevedibile, realizzano gli effetti del nostro e scatenano un putiferio da legge truffa, ma non erano guidati da Mauro Scoccimarro. Non se la prendono con il leghista e con il suo ostruzionismo estremo che impone una reazione adeguata, accusano Renzi e la Boschi. Pietro Grasso svolgeva le funzioni di supplenza del presidente della Repubblica, si era nell'interregno tra Napolitano e Mattarella. Presiedeva il Senato Valeria Fedeli: fu ferma, brava e intelligente. Ammette l'emendamento, sorretta da rari precedenti di leggi che nel primo articolo enunciano i contenuti dell'intera normativa. Approvato il testo Esposito in una gazzarra infernale, sospende la seduta e dopo un po' dichiara la preclusione di 36.000 emendamenti. Avrebbe potuto dichiararli tutti preclusi ma è stata saggia, non ha voluto infierire, c'era molta tensione. In pochi altri giorni il Senato approva l'*Italicum*. Il commento più singolare l'ho letto su "il manifesto", a firma di Massimo Villone: si scagliava contro il metodo, giudicato oltraggioso per il Parlamento, e alla fine evocava persino le camicie nere. Dimenticava che molti anni prima avevo preparato per lui, relatore su uno dei tanti progetti di legge elettorale, detto Amato-Villone, un emendamento costruito allo stesso modo, per contrastare l'ostruzionismo di Alleanza nazionale e di Rifondazione comunista. Lo aveva presentato di buon grado, il 23 marzo 1999, con molti complimenti per quell'idea brillante. [...]

"C'è un momento ai primi di agosto in cui Grasso comincia a fare il furbacchione. Perché in realtà non c'era la possibilità di ammetterli ma lui si prende una lunga pausa di riflessione, degna di miglior causa, e poi fa capire che li ammette, che ammette tutti gli emendamenti che riaprono la questione, in qualche forma, dell'elezione diretta dei senatori. Perché lì cominciavano loro a fare la battaglia, mentre Grasso strizzava l'occhio a chi lo avrebbe ricandidato e Calderoli se ne avvantaggia. Con un algoritmo sforna due milioni di emendamenti ma anche stavolta lo fermiamo con un solo emendamento che lo beffa. Il proponente è Cociancich e gli contestano persino la paternità dell'iniziativa. I fautori da sinistra dell'elezione diretta dei senatori ancora una volta cavalcano l'estremismo emendativo di cui è artefice il protagonista della peggiore torsione istituzionale della storia più recente, la legge elettorale fatta a maggioranza per contenere la prevedibile vittoria degli avversari, che in un colpo cancellò la legge Mattarella, comunque risultato di un referendum popolare, squilibrando la rappresentanza tra le due Camere e inaugurando le liste bloccate, benzina sul fuoco dell'antipolitica. Così la prodigalità interessata del presidente del Senato e le velleità inconcludenti dei critici da sinistra ottengono solo che non si discuta nel merito.

"C'era Chiti in particolare al Senato, che era stato pure ministro con Prodi, che diceva: 'Questa cosa del Senato la potete pure fare, gli togliete la fiducia, quello che vi pare. Ma non va bene che non siano eletti dai cittadini. In qualche modo i cittadini i senatori li devono scegliere'. Insomma, proponevano l'elezione diretta dei senatori contestuale all'elezione dei consiglieri regionali, la stessa soluzione della riforma Berlusconi di dieci anni prima. Peraltro, come ha detto tante volte in tempi più lontani proprio Massimo Villone, un costituzionalista ora vicino alle loro opinioni, che è stato a lungo senatore e anche presidente della commissione Affari costituzionali, con l'elezione diretta dei senatori contestuale all'elezione dei consiglieri regionali quello diventa personale di risulta di un personale politico già scadente, che è quello regionale. 'Voi fate un Senato di gente di scarto dei consigli regionali.' Che era un argomento abbastanza solido dal punto di vista della sociologia politica. Quindi dicevano: 'Non gli dare la fiducia, non gli dare l'indennità, però falli eleggere contestualmente ai Consigli regionali, ma fai scegliere agli elettori direttamente tra i candidati. O almeno, tra i candidati a consiglieri regionali, dai all'elettore la possibilità di dire che questo può fare il senatore'. Loro avevano questo tema, che non costituiva un grande cambiamento rispetto alla proposta di Renzi. La poteva pure accettare. Però su quello lui era irremovibile."

E perché era irremovibile? "Perché lui aveva questa idea che il Senato dovesse essere una Camera non elettiva, che ci sarebbe stato un monocameralismo sostanziale come in Germania. Lui diceva che il modello era quello di un sistema in cui la seconda Camera rappresenta i territori, questi territori hanno già le loro assemblee elette a suffragio universale e non c'era bisogno di replicare un'altra elezione."

Comunque si trattava di una questione rilevante e chiunque sedesse al governo avrebbe avuto quasi naturalmente la possibilità di controllare tutto il sistema parlamentare praticamente senza contrappesi.

"Sì, questa era l'obiezione. Però era un'obiezione secondo me impropria. Non puoi fondare una critica a una legge sul fatto che poi comanda Renzi. Che comanda uno. Tanto è vero che Renzi aveva sottovalutato che forse tutto questo marchingegno nel breve termine avrebbe favorito i 5 Stelle. Come si è visto pochi mesi dopo a Roma e a Torino. Quando vai al ballottaggio con i 5 Stelle e gli elettori che non sono di sinistra votano per loro, perché non ne possono più del Pd, chi te lo dice che poi non accada anche a livello nazionale?"

Secondo te, il suo ragionamento era che questa cosa lo avrebbe rafforzato? "Sì, certo. Lui era, secondo me, proprio ubriacato dal risultato delle europee."

"Bastava dargli due cavolate"

Questa storia, però, comincia prima. L'impostazione di queste riforme è antecedente alle europee. "Le europee sono presto, nel 2014. Man mano che si gestisce il percorso delle riforme lui non molla niente alla sinistra del Pd sulla legge elettorale. Perché la coalizione elettorale la poteva pure concedere alla fine. Pure Forza Italia a un certo punto l'ha chiesta. E lui niente. Così come non dà niente ai 5 Stelle sulle loro fissazioni di democrazia diretta. Bastava dargli due cavolate, avevo preparato anche gli emendamenti, uno sulla partecipazione dei cittadini e dei portatori d'interessi alle attività conoscitive delle commissioni, anche a distanza, cosa che poi in parte si è anche realizzata, e uno sui referendum propositivi, ma in una forma molto sorvegliata, con delimitazione di materie e filtro preventivo della Corte costituzionale, non quella proposta dai neoqualunquisti nella legislatura successiva, avventurosa e inconcludente, che per fortuna è naufragata. Non dico che con quegli emendamenti te l'avrebbero votata, la riforma, però almeno spuntavi armi alla critica, ma lui zero.

"Per carità, sono ancora completamente d'accordo nel merito con l'impostazione della riforma di Renzi, ma non costava molto concedere qualcosa. Soprattutto non tieni la maggioranza larga, perché la rompi con Forza Italia andando dritto per la tua strada e accontentandoti di Verdini e di Alfano. C'era stato il passaggio sull'elezione del presidente della Repubblica. Quello è stato fondamentale. L'accordo era su Amato. Quando lui tira fuori il nome di Mattarella, per Berlusconi è stato il colpo finale."

È lì che perde di fatto l'approvazione della riforma. "Adesso non si può ragionare solo alla luce di quello che è successo dopo. Insomma, chiaramente su Mattarella nessuno può discutere. È stato un presidente eccellente, forse il migliore della storia, in una situazione difficilissima e imprevedibile. Però per Berlusconi, Mattarella era uno dei quattro ministri che si è dimesso sulla legge Mammì, della sinistra Dc. Mentre Amato veniva da una tradizione cui Berlusconi non guardava con antipatia, era stato un craxiano anche se con la sua autonomia."

La Banca

Ma nel 2015, anno in cui le cose sembrano andare comunque bene, si determina un altro smottamento, i cui effetti avranno un'onda lunghissima, fino al 2017, in pieno governo Gentiloni.

La definizione più precisa di quello smottamento è un uomo (se ne riparlerà varie volte più avanti) che si presenta con assoluta (e perfida) modestia: "Ero l'uomo dei sondaggi". Cioè nel comitato referendario interpretavi i sondaggi per Renzi. "Sì, quelle cose lì. Il primo trauma fu Banca Etruria, il primo trauma fu novembre del 2015. Perché ci fu un chiaro segnale di una cosa che... ora io non voglio entrare nel merito di quella questione, però lì gli italiani reagirono male. Non capirono quella difesa, non capirono. Da quel momento in avanti i sondaggi non si mossero più in alto. Da lì in poi, nel 2016, lui è sempre sceso."

Banca Etruria diviene in effetti sinonimo del cambio di stagione renziano. Il 22 novembre 2015 il Consiglio dei ministri del governo Renzi approva un decreto legge per mettere in sicurezza, "salvare", quattro banche italiane "malate": Banca Marche, Banca popolare dell'Etruria e del Lazio, Cassa di risparmio di Ferrara, CariChieti. Il decreto legge, approvato dal Consiglio dei ministri, "non prevede alcuna forma di finanziamento o supporto pubblico alle banche in risoluzione o al Fondo nazionale di risoluzione". Il decreto entrerà in vigore il giorno stesso della sua pubblicazione, prevista per il 23 novembre 2015. Quella sera arrivò anche il via libera formale della Commissione europea all'operazione.

Il governo è contento, pensa di aver risolto una grana, oltretutto allineandosi alle disposizioni europee. Ma quel giorno inizia forse il momento più difficile del percorso di un governo brillante, giovane, apparentemente intoccabile. La vicenda della Banca Etruria è un dramma umano per migliaia di cittadini che alle banche si sono affidati, e personale anche per alcuni membri del governo. Maria Elena Boschi verrà accusata di conflitto di interessi – il caso della querela per Ferruccio De Bortoli – e Renzi la difenderà con vigore.

La vicenda è nota e accompagnerà lo sviluppo politico dei renziani ben dopo la caduta del loro governo, nel dicembre del 2016. Ci sarà anche una clamorosa coda politica: una mozione del Pd contro la riconferma a governatore della Banca d'Italia di Ignazio Visco. Non solo uno sgarbo a Visco, ma uno strappo istituzionale nei confronti di quel presidente Mattarella per la cui elezione Renzi ha fatto da pivot.

Il caso è sufficientemente pubblico per non essere qui rievocato. Ne parleremo più avanti esaminandone le conseguenze. Ma anni dopo val la pena di coglierlo al suo vero inizio, quando ancora non c'erano onde alzate dalle polemiche, ben prima dei cortei sotto casa di Maria Elena Boschi a Laterina, molto prima di libri e tentativi di sfiducia. Significativo per imparzialità è, a mio parere, un articolo scritto mentre il governo è al suo massimo consenso, da cui si evincono limpidamente le colpe nella gestione di Etruria. L'articolo è del "Sole 24 Ore", scritto da uno specialista del credito, Fabio Pavesi, uscito il 22 novembre 2015, cioè lo stesso giorno in cui il decreto viene approvato. Il titolo è esplicito: *Quattro piccole banche, un filo rosso: la gestione disinvolta del credito*. Quattro piccole storie di crisi bancarie. Quattro piccole banche locali: da Banca Marche all'Etruria, da Carife a CariChieti. Tutte in attesa di essere salvate dopo anni di commissariamenti e cavalieri bianchi in molti casi annunciati e poi dissolti. Se le quattro vicissitudini sono piccole in sé, sono tutte insieme un grave problema per l'intero sistema bancario e per il Paese. Occorrerà mettere sul piatto un intervento sul capitale dei quattro istituti che vale oltre 2 miliardi. Soldi necessari per evitare clamorosi fallimenti. Tutte queste quattro realtà locali hanno molti tratti in comune: quel filo rosso è per tutte una gestione quanto meno allegra e disinvolta del credito. Prestiti a piene mani spesso decisi dai vecchi manager in assoluta solitudine e dati a clienti non meritevoli o peggio ad amici degli amici. La "sana e prudente gestione del credito", come recita il dovere di ogni banchiere, non era di casa in quegli istituti. Ci troviamo già a parlare di responsabilità, ben prima che la battaglia politica si accenda. Il giornalista esamina poi il disastro caso per caso. Ecco Banca Etruria:

> Risale al 2011 la violentissima esplosione dei crediti malati, con la banca che comincia a fare pulizia seria con forte ritardo. E male. Solo i crediti deteriorati netti infatti passano da 1 miliardo del 2011 a 1,6 miliardi già nel 2013. E sono quelli al netto delle rettifiche che si cominciano a fare pesantemente solo a fine del 2012. I crediti lordi sono a quote molto più alte: solo nel 2013 arrivano a pesare per oltre 2,5 miliardi. Moltissimo per una banca che ha impieghi totali per 6,8 miliardi. Oltre il 30 per cento del portafoglio è in condizioni di cattiva salute. Cosa fa il vertice dell'Etruria nel cui Cda siede il padre del ministro Boschi? Decide in qualche modo di contrastare la spericolatissima situazione della qualità del suo portafoglio, compensandola con un'incetta senza precedenti di titoli di Stato. Una vera e propria scorpacciata che attirerà dure critiche da parte di Bankitalia. La banca passa così dal detenere Btp da un valore già alto di 2,1 miliardi addirittura a quota 7 miliardi nel 2013. Il portafoglio titoli triplica in un triennio e finisce per valere da solo la metà dell'intero bilancio della banca di Arezzo. Nessuna tra le banche commerciali ha una posizione così rilevante. Tanto che Banca d'Italia interviene e impone al Cda dell'Etruria di vendere almeno 2 miliardi di quel portafoglio. Già

ma a cosa serve quella manovra? L'effetto primo è di far fare alla banca ricavi da trading per tenere alto il margine d'intermediazione. Dal trading arrivano infatti solo nel 2013 ben 130 milioni di ricavi, ben un terzo di tutti i ricavi dell'istituto realizzati quell'anno. Senza quell'operazione bocciata da Bankitalia il buco di bilancio nel 2013 sarebbe stato di almeno 200 milioni e non di soli 74 milioni come scriveranno a bilancio i vertici della banca. Solo se tieni alti i ricavi comprando e vendendo Btp puoi dissimulare agli occhi del mercato le pessime condizioni del portafoglio crediti, che continua a deteriorarsi a ritmi più alti della media del settore. Si prende tempo, ma la pulizia diviene inevitabile e porta le perdite solo nei primi 9 mesi del 2014 a 124 milioni. Con il capitale sceso a poco più di 500 milioni, sotto la soglia di Vigilanza, e che vale solo un terzo dei crediti netti malati ancora da svalutare, l'Etruria appare di fatto sulla via del dissesto. Inevitabile il commissariamento. Per Carife il dissesto è figlio di due operazioni immobiliari fatte a Milano con ingenti prestiti e ambedue collassate. Vien da chiedersi il perché di quella concentrazione di rischio e soprattutto perché abiurare alla vocazione di banca del territorio. I depositi erano dei ferraresi ma gli impieghi (pericolosi) correvano altrove.

***

Come reagisce Chigi a questa storia, che nel 2016, anno del referendum, avvelena il clima? Risponde un cautissimo *grand commis*. "Maturarono la convinzione, e da quello che ho potuto capire, vedere e ascoltare, avevano ottime ragioni, che dietro ci fosse un atto fatto apposta per danneggiarli. Le misure sulle quattro banche si potevano evitare. Adesso lo dicono tutti che si potevano evitare. E vennero evitate poi per altre banche. Comunque sia su quella vicenda Maria Elena Boschi fu perseguitata nel modo più volgare e si difese con vigore. Quando alla Camera fu discussa la mozione di sfiducia contro di lei, fece un discorso esemplare, politico e umano, anche per quello che disse sul padre."

E chi avrebbe fatto questa manovra ostile? "Una parte della Banca d'Italia. Per questo volevano farla pagare a Visco e a distanza di tempo fecero approvare un documento dal gruppo parlamentare del Pd. Fecero presentare un ordine del giorno che diceva che era meglio non riconfermarlo."

Comunque lui procede. Il 2016 trovo che si trascini su tutti questi eventi qui. È un anno di battaglia. "È ancora un anno di onda forte. A favore, intendo."

Lui dava ancora per scontato che questa riforma costituzionale sarebbe passata? "Fino a un certo punto sì. Poi ho cominciato a capire, da battute che faceva Boschi quando ormai mancava poco al referendum, che qualcosa non andava. Che non ce l'avrebbero fatta."

Quando fanno i comitati per il referendum sono convinti di vincerlo? "No, ma ormai il referendum era obbligato. Non c'era più scelta. Quando non hai i due terzi, o lo proponi tu, o lo propongono gli avversari, o lo propongono le Regioni, o raccolgono 500.000 firme. Lì lo hanno proposto tutti, non si poteva più evitare. Quindi sei costretto. Loro poi per non smentirsi addirittura raccolsero le firme tra i propri deputati e senatori. Hanno cercato a quel punto di portarlo più lungo possibile, infatti arrivò di rinvio in rinvio fino al 4 dicembre 2016. Per un motivo o per l'altro. Prima le elezioni di qua, poi la Corte costituzionale ha rinviato la sentenza sull'*Italicum* e l'ha fatta subito dopo il referendum. C'era tutto un incastro di cose che lo portava sempre più lontano. Però ho sentito da Boschi dire più di una volta: 'Tanto lo perdiamo'. La cosa di Banca Etruria era ormai esplosa, quindi la sua reputazione generale era molto compromessa. Lui cominciava a passare per l'antipatico, non più per il giovane anche se con una certa arroganza."

Però a tutti appariva che il referendum lo stessero cavalcando. "L'avevano pedalato, ma poi gli è sfuggito di mano perché è arrivato nella fase calante."

In che senso? "È arrivato quando ormai il consenso era nella parabola discendente. Che non è una cosa da poco. Poi si è dato fiato e non è stato contrastato in modo efficace l'argomento principale, cioè della combinazione tra legge elettorale e riforma. Parlo della mobilitazione di una parte degli intellettuali e dei giuristi, tutti a sostenere che era una cosa micidiale questa legge elettorale concentrata su un leader e un Parlamento indebolito con una sola Camera. Una sostanzialmente con poteri deliberativi e l'altra neutralizzata in questo ruolo di Camera delle Regioni. Quindi è chiaro che l'argomento era molto facile da semplificare. Lui, invece di contrastare quello, ha continuato a fare la propaganda sul numero delle poltrone. Che secondo me è una cavolata che non interessa a nessuno e che poi non è convincente. Non è che persuade nessuno. Io glielo avevo detto: 'Guardate che in Irlanda, che è un piccolo Paese, hanno fatto una riforma per abolire il Senato, già Camera ornamentale e non elettiva. Ma l'abolizione è stata bocciata dall'elettorato. Perché alla fine all'elettore arriva il messaggio di una concentrazione di potere che non è mai gradita e qui tu togli anche la possibilità di una scelta, non è che ti dice di sì perché hai tolto l'indennità parlamentare a 300 persone. Intanto gli hai tolto una chance di scelta e tra le poche che gli elettori hanno per incidere: eleggere anche i senatori. L'Irlanda sarà anche un piccolo Paese però i legislatori, il governo, sono andati alle urne sicuri di vincere e gliel'hanno bocciata'."

Prove di finale

Proviamo a stringere: all'inizio lui ti era stato molto simpatico, perché era vitale. "Simpatico è una parola grossa, mi aveva convinto perché avevo capito che aveva un'intelligenza particolare e soprattutto perché affermava con tutto se stesso il primato della politica, dopo la stagione sciagurata dell'antipolitica."

Quando si è rotto questo suo tratto magico? Per quanto riguarda il consenso, credo che con questa chiacchierata abbiamo messo a fuoco il processo. Ma dentro di lui? Qualcosa si è mai rotto dentro di lui? "C'è un passaggio che è quello in cui secondo me lui comincia a virare verso la gestione troppo politicista dei movimenti di parlamentari di qua e di là. Si comincia a parlare di ricandidature. [...] Siamo alle fidelizzazioni."

Ma rispetto all'esterno che cos'è che lo danna a un certo punto? Che lo fa star male? "Direi in larga parte la percezione, perché poi c'era pure questa mania dei sondaggi riservati, che non riscuoteva simpatia come un tempo. Dopo l'infatuazione iniziale non riscuoteva più simpatia."

E lui reagisce a questo rilanciando, incattivendosi? "Incattivendosi proprio non mi pare. Gli succede quello che succede alle riforme. Era nel Dna di questa operazione che non potesse essere fatta nella maniera politicista tradizionale. Doveva anzi rovesciare il politicismo e affermare una concezione strategica dell'agire politico.

"Poi, per mantenere questa esperienza di governo, sostenerla e portarla avanti, ricorre anche lui al vecchio vizio politicista. Cioè si è affidato a Lotti e a Verdini che gli portavano i voti che gli mancavano al Senato. Maria Elena Boschi stessa ogni tanto diceva, con ironia: 'Tanto il mio vero partito è Forza Italia. Perché parlo sempre con loro e cerco di ottenere i loro voti o almeno di neutralizzarli'. Si sa che Forza Italia è da tanti anni che favorisce governi di cui non fa parte o fa mancare i deputati e senatori o li fa votare in modo differente. Soprattutto con le assenze c'è una sapiente regia. Perché Forza Italia chiaramente è da tanto tempo che non vuole le elezioni, ecco. Non solo adesso, ma pure prima era così. Quindi questo sistema poi a Renzi ha preso la mano. Perché alla fine c'era questa fissazione di dover raccattare 'sti voti a tutti i costi perché il Senato è sempre ballerino. Quindi poi tutto questo respiro riformatore…"

E lo ha indotto a fare quale errore? "Rendere sempre più asfittica questa azione riformatrice, cioè concentrata su questa riforma di cui non interessava niente a nessuno. Gli unici che ne parlavano lo facevano per aggredirla anche con argomenti tecnici convincenti, che insomma si faceva fatica a difendere una cosa scritta male, farraginosa. Anche se la combinazione tra legge elettorale e monocameralismo di fatto era vera. Quindi gli argomenti critici erano solidi. In più erano praticamente unanimi. Non c'era un giurista conosciuto che non fosse contrario."

Quindi lui davanti a questo si incarognisce psicologicamente? "Sì. Diceva 'i professoroni'."

Ma questo dei professoroni è un argomento che compare fin dall'inizio. Da dove nasce? Perché quelli erano le élite o c'era un complesso di inferiorità culturale? "Secondo me anche questo, sì. Effettivamente loro lo avevano rifiutato all'inizio. Loro avevano un po' questa idea di essere il gruppo di Firenze partito alla conquista dell'Italia. Perché mi ricordo che ogni tanto Maria Elena Boschi raccontava di quando fecero la prima volta le primarie, che le avevano perse, e si erano ritrovati loro tre: lei, Lotti e Renzi, quasi in lacrime. E poi hanno ripreso da zero. Non era retorica, la loro. Era anche una convinzione intima che loro fossero un po' questi ragazzi partiti alla conquista del mondo. Che anche a loro sembrava una cosa enorme, e c'erano riusciti. Poi lui si era dato anche una qualità, come dire, internazionale. Questa cosa con Obama era importante, perché era una figura che più o meno gli corrispondeva."

Senti, secondo te, Renzi si aspettava di riuscire a conquistare Roma così facilmente? "No. Secondo me, pure per loro è stata una cosa inattesa."

Ma chi è che li ha aiutati a fare tutte queste strategie?

Perché da una parte sembrano dei grandi ingenui, dall'altra parte sembrano dei consumati strateghi. "Lo so, infatti, in fondo quello chi è? È uno che ha fatto il sindaco di Firenze, con tutto il rispetto. Però giovane così. Lei è una ragazzina, trent'anni, di professione avvocato. Che aveva fatto? Lotti aveva fatto il capo di gabinetto a Renzi nel Comune di Firenze. Però per la verità poi, messi alla prova, non vanno mica male."

Da dove viene questa loro forza? "Lui ce l'ha, ha proprio quella dote innata della politica. Sì, la sfida. Poi non gliene frega niente. È uno che ha una considerazione di sé talmente alta... Per esempio la storia dell'inglese, no? Perché lui non si pone il problema. Io, che non sono mai riuscito ad andare oltre il livello scolastico, mi vergogno a parlarlo, riesco anche a capirlo e a conversare, ma non ce la faccio. Mi vergogno, perché so che le persone che lo parlano capiscono che sei uno che si sta arrampicando. A Renzi non gliene importa niente, parla pure davanti a una platea con un interlocutore di livello buttando là le sue castronerie in inglese. È uno così. Io sono convinto di questo. Lui preferisce fare il partitino di quattro gatti di cui è il leader e con cui ha il potere di interdizione, fare e disfare governi. Piuttosto che dire: 'Vabbe', adesso ho fatto la mia parte, me ne vado due anni a studiare negli Stati Uniti e poi ritorno'."

Bravo a disfare governi, incluso il suo

E a proposito di disfare governi, vediamo come prese il disfacimento del primo governo che ha mandato a mare: il suo.

Come presero a Palazzo Chigi la disfatta elettorale? "Se l'aspettavano, ma forse non così netta. Il 60 per cento contro il 40 per cento è stato un bel colpo. Però che la bilancia pesasse più dal lato del no che del sì era già chiaro."

E l'umore era? "Pessimo, da caduta dell'impero. Io parlo anche delle persone degli staff, dei dirigenti, di quelli che avevano condiviso un po' questa avventura. Io stesso pensavo che la cosa avrebbe avuto un futuro, non che si sarebbe ripiegata su se stessa in questo modo."

Quindi neanche tu hai mai avuto la sensazione che stesse finendo velocemente? "No, ma neanche dopo. Io non pensavo che finisse così nelle elezioni del marzo del 2018. Mai avrei immaginato un crollo del genere, un crollo di quelle dimensioni e un'esplosione di consenso del M5S fino al 32-33 per cento. Quello veramente è stato... Forse quello mi ha scioccato più del referendum. Portare un partito al 18 per cento. Sì, quello è stato il grande cambio. Proprio la fine."

Come sarà ricordato il suo governo? "Una capacità potenziale riformatrice sprecata. Per mancanza di lungimiranza. Perché non ha guardato oltre l'orizzonte immediato, qui risaliamo proprio alla lezione di De Gasperi, quello della scelta tra il domani e le generazioni future o, per me, di Togliatti, quello del 'veniamo da lontano e andiamo lontano'. Per mancanza di generosità. Sempre ripiegato su se stesso, sul proprio ego. E perché appunto i calcoli in politica non si fanno giorno per giorno. Questa è una mia opinione personale, avendo passato vent'anni a contatto con la vicenda delle riforme istituzionali, ho sempre considerato che quelle non sono mai la priorità. O sono un diversivo oppure sono una cosa che ostacola la vera politica. Non è vero. Anche quando si parlava solo di quello."

Invece la vera politica che avrebbe dovuto fare? "La vera politica è agire sulle dinamiche dell'economia e sul lavoro. Perché quello cambia la vita delle persone. E sull'istruzione. Solo che sull'istruzione lui ha fallito. Sul lavoro ha fatto un'operazione di propaganda, si vendeva questi dati, ma non c'è mai stata l'inversione di tendenza sull'occupazione. Non è che il Jobs Act abbia creato mai posti di lavoro, quindi pure quello è stato un mezzo fallimento. Sulla scuola un disastro. Sull'economia era un po' più condizionato perché era l'epoca in cui si doveva ancora tenere sotto controllo il deficit, quindi non è che si poteva fare proprio chissà cosa."

Però qualcosa ha pure fatto, insisto. "Certo. Il progetto sulle periferie era ottimo ed è stato proseguito con coerenza da Gentiloni, poi ridimensionato da chi è venuto dopo. Le politiche sull'immigrazione erano giuste, si è visto dopo quali sono quelle davvero di destra. Qualcosa con Calenda sull'industria 4.0. E anche la legge sulle unioni civili e quella sul terzo settore, riforme importanti. Poi hanno pesato anche le vicende personali di cui abbiamo parlato."

Come l'hanno presa la fine? "Io non c'ero, nelle stanze di lavoro del premier. Alla conferenza stampa ho visto Renzi fare il suo addio insieme alla moglie. Un tocco americano. Come Obama. Nei momenti clou, c'è la moglie a condividere con te."

Com'era l'umore lì dentro? "Lui secondo me ha fatto un discorso dignitoso. Chiaramente se lo era preparato da tempo, secondo me era proprio preparato. 'Volevo tagliare le poltrone, l'unica che salta è la mia.' Preparato da tempo."

Poi che succede? "Poi nei giorni dopo, subito dopo, c'è stato l'incarico a Gentiloni. Lui si è dimesso. Io pure poi stavo male."

Oggi come definiresti quel che è stato Renzi? "Una bolla."

Conclusioni
Il tormento dell'abusivo, secondo Marco Minniti
Renzi/D'Alema e l'ossessione della legittimità popolare

Queste righe che seguono sono parole di un ex ministro, Marco Minniti, che con vari incarichi ha servito in molti governi del centrosinistra negli ultimi anni. Minniti non ha problemi a metterci il suo nome sotto.

Sono brutali ma rispettose, e, soprattutto, veritiero epitaffio di un periodo.

"Renzi in cuor suo non esclude la via elettorale, perché come vedremo il tema della legittimazione popolare ritorna pesantemente negli ultimi dieci anni. Perché non è vero che coloro che non ne erano investiti non ne sentivano il problema. E su questo attiro l'attenzione su una simmetria assoluta tra D'Alema e Renzi, da questo punto di vista. Perché entrambi arrivano alla guida del governo senza legittimazione popolare ed entrambi la soffrono drammaticamente. Poi vedremo [...] perché sono due personalità forti. L'unico che non la vive drammaticamente è chi non ha personalità. Ma se tu ti ritieni un leader, ti ritieni sfregiato se uno ti dice: 'Sei un abusivo'. Io mi ricordo che Massimo ad esempio non sopportava che Berlusconi gli dicesse che era un abusivo. Ne dicevano di tutti i colori e di peggio, no? In questi periodi se ne dicono anche di peggio. Però ogni volta che Berlusconi andava in televisione e diceva: 'D'Alema è un abusivo', lui si sentiva sfregiato. Al punto tale che fa diventare incredibilmente le elezioni regionali del 2000 come un'elezione politica. Perché è appunto ossessionato dall'idea della legittimazione popolare. Dopo il Kosovo, dopo le politiche sociali di innovazione, dopo che si affronta il tema delle pensioni, lui si considera un leader riformista a tutto tondo. Aveva sfidato pienamente Cofferati al congresso e aveva vinto. Non Cofferati, aveva vinto lui nella sinistra politica. Poi Cofferati fa le manifestazioni di popolo ma lui si sentiva un leader riformista, era l'Ulivo mondiale. Lui fa diventare le elezioni regionali quasi come se fossero una... Lui fa diventare le elezioni regionali delle elezioni di verifica e giudizio sul governo. Va bene? Naturalmente aveva anche i sondaggi favorevoli. E i sondaggi dicevano che noi vincevamo le elezioni regionali. Perché lì c'era un gigantesco fenomeno di illusione ottica, per cui venivano sondate le persone e non i partiti. Per cui, che ti posso dire, in Veneto noi avevamo Cacciari contro Galan. Cacciari era sindaco di Venezia. Nei sondaggi Cacciari vinceva 63 a 33. Nei sondaggi. Alle elezioni vere ha vinto Galan 66 a 33, perché c'erano i partiti. Alla gente non fregava nulla chi fosse candidato, votava Forza Italia. Al punto che vince perfino Storace nel Lazio. Non ti dimenticare mai. Storace, il primo ex fascista che vince nel Lazio, trascina la destra. D'Alema si gioca tutto su quello perché voleva la legittimazione popolare.

"Renzi nel 2016 si gioca tutto sul referendum perché voleva la legittimazione popolare. Il referendum era per lui un surrogato delle elezioni politiche. Per questo mette in mezzo il governo, altrimenti non stava né in cielo né in terra. Che cosa c'entrava il governo, scusami? Una riforma istituzionale, per cui non c'entra il governo. Promossa, sì, dalle forze di governo e tuttavia concordata con Forza Italia, tant'è che alcuni punti fondamentali tu li avevi cambiati perché Forza Italia li voleva cambiare. Quella era una riforma del Parlamento, tu dovevi sottoporla al voto come se fosse una riforma del Parlamento. Tu ci metti in mezzo invece il governo per poter dire: 'Vedete? Io non ho avuto il voto ma ho avuto la legittimazione popolare. Il referendum sono le mie elezioni politiche'. Le europee non erano un voto nazionale, non so se è chiaro. Ma naturalmente le europee hanno contribuito a questa illusione. Ossia, il fatto che prendi il 40 per cento con un solo partito, in uno schieramento leggermente più ampio puoi arrivare a superare il 40 per cento. Quindi l'ossessione della legittimazione popolare nei leader c'è sempre stata. Non l'hanno mai presa sotto gamba."

5.
Governo Gentiloni. Rebecca, la prima moglie

Parte 1
Dentro la crisi dei renziani

Che Gentiloni avesse ereditato il governo, chiavi in mano, da Renzi, è il singolo fatto che immediatamente definisce il profilo del suo governo, ultimo esecutivo della agitatissima XVII legislatura, imprimendogli il marchio dell'esecutivo più sottovalutato della storia di questi ultimi dieci anni. Uso il termine "sottovalutazione" perché, come vedremo in questo capitolo, è usato con consapevolezza dagli stessi attori di quel periodo.

E tuttavia, a distanza meno ravvicinata, quel governo si rivela un esperimento vitale, una sorta di terra di mezzo fra Renzi e Gentiloni, un ircocervo di ambizioni, fra dominio del primo e indipendenza del secondo, in cui la lealtà formale allo stesso credo, il renzismo, fa a pugni con realtà di uno scontro a bassa intensità sulla derenzizzazione.

È alla fine un altro, e anche l'ultimo, scontro per la leadership di una legislatura drammatica costruita intorno al Pd. Ancora lo stesso tema, ancora lo stesso desiderio, ancora lo stesso partito, il Pd, come origine, materia e progetto della stessa ambizione.

***

Il governo Gentiloni nasce nella quasi indifferenza dell'opinione pubblica, intanto perché, a differenza dei suoi predecessori di legislatura, il suo è, in apparenza, un parto semplice e veloce, senza grandi drammi da cui farsi appassionare: passano solo tre giorni, dall'11 al 14 dicembre 2016, fra incarico e fiducia delle Camere. È un governo che giura in fretta, una sera alle 20, come una comitiva che rischia di perdere il treno (be', sì, i treni passano) ed è davvero una fotocopia di quello lasciato da Renzi sotto i colpi della sconfitta referendaria. I ministri più importanti sono quasi tutti riconferme: Andrea Orlando (Giustizia), Roberta Pinotti (Difesa), Pier Carlo Padoan (Economia e Finanze), Marianna Madia (Pubblica amministrazione), Angelino Alfano (passa dagli Interni agli Esteri), Maria Elena Boschi (da ministro per le Riforme costituzionali e i rapporti con il Parlamento a sottosegretario alla Presidenza del Consiglio dei ministri). Entra anche Luca Lotti come ministro dello Sport.

Il tutto fa pensare a un "Renzi-bis", una coda finale di legislatura, creato per salvaguardare gli interessi politici renziani in preparazione delle elezioni di primavera nel 2018.

Una scrollata di spalle generale, dei media e del mondo politico, accoglie così il nuovo premier, pur considerato personalmente "molto abile".

Fra chi sottovaluta il nuovo esecutivo includo me stessa, che in un blog allora scrivevo, a commento dell'insediamento: "Nasce il governo Gentiloni/Boschi, con guardia giurata Luca Lotti davanti all'ingresso. E l'ex premier Renzi nel ruolo dello spirito di Rebecca, la prima moglie".

Il fantasma geloso, stizzoso e invadente di Rebecca, che nel libro di Daphne du Maurier, poi tradotto da Hitchcock in uno straordinario film, cerca di rovinare il secondo matrimonio del marito che l'ha uccisa, facendo impazzire la nuova moglie. Un romanzo dedicato alla gelosia della memoria, un perfetto ritratto anche del ruolo di Renzi nelle stanze di Palazzo Chigi abitate da Gentiloni.

In effetti si avvia a Chigi una affollatissima convivenza, con il nuovo premier affiancato dai due più stretti collaboratori del predecessore. Un uomo e una donna che, dopo le dimissioni del loro leader, non solo non fanno alcun passo indietro, ma acquistano ruoli più incisivi.

Maria Elena Boschi assume la carica di sottosegretario unico alla Presidenza del Consiglio – come Gianni Letta, per capirci, al netto delle deleghe sull'Intelligence, su cui torno tra poco; e Luca Lotti come ministro dello Sport (titolo solo in apparenza secondario) arriva finalmente a sedere nel Cdm, mantenendo le due deleghe pesanti che già aveva come sottosegretario: la prima è il Cipe, il dipartimento per la Programmazione e il coordinamento della politica economica del Consiglio dei ministri, cioè la gestione degli investimenti; l'altra è quella all'Editoria, cioè la gestione dei fondi di aiuto di un settore così in crisi, e così determinante in politica, come quello dei media.

Boschi e Lotti, due fedelissimi di Renzi, hanno dunque un potere di condizionamento dentro la cabina di regia del governo Gentiloni.

Nel contesto di allora, nell'infuocato attimo dopo la caduta di Renzi segnata da una intensa lotta politica nel Paese e dentro il Pd, il governo dell'ex ministro degli Esteri fu considerato una scialba risposta alle passioni di quel momento.

Due strategici "no"

Chi si accorse che in realtà in questo quadro di continuità c'erano delle differenze al momento preferì derubricarle a dettagli. Ma nei fatti ci furono due "no" detti da Gentiloni che segnarono la linea di un potenziale cambio, come poi si è visto.

Il primo "no" fu quello alla richiesta di Renzi di avere le deleghe dell'Intelligence per Luca Lotti. Il controllo dei Servizi è in capo al presidente del Consiglio, ma viene di solito "delegato" (da cui il nome dell'incarico "delega" quando affidato) ad altra figura per evitare un eccesso di potere nelle mani dell'inquilino di Palazzo Chigi. Il controllo dei Servizi di intelligence è infatti un possente strumento di controllo del Paese, nonché delle relazioni internazionali, specialmente nei molti teatri di guerra dove siamo presenti. Nel caso del governo Gentiloni ci si trovava allora anche nel momento della transizione americana tra i democratici e la nuova amministrazione di Donald Trump. E nessuno più di un ex ministro degli Esteri era consapevole degli intrecci pericolosi fra politica e Servizi. Gentiloni, con il consenso del Quirinale, tiene dunque la delega per sé. Renzi vive la scelta di Gentiloni come un affronto. In effetti è una bella tagliata di unghie.

La seconda linea di contenimento dell'influenza dell'ex premier è l'esclusione da ogni ministero del gruppo di Verdini, il Grande Toscano, geniale, roboante tuttofare, autore e garante dei rapporti fra Renzi e Silvio Berlusconi materializzatisi nel patto del Nazareno e oltre. Anche questo è un segnale forte del limite che Gentiloni poneva alla sua lealtà.

È qui che si forma, dal principio, l'ircocervo di cui parlavamo, un governo di stretta continuità renziana che aspira alla rottura col renzismo. Senza mai dichiararlo.

Posizione non facile, considerando che alla fine della legislatura, in preparazione delle elezioni del 2018, Renzi ha lasciato una scrivania ingombra di dossier ingarbugliatissimi: il più importante è la crisi dell'immigrazione che negli anni renziani segna il maggior numero di sbarchi, e che con Gentiloni raggiungerà il suo punto più alto; a seguire, ci sono la legge elettorale, le nomine delle partecipate, lo scontro sul rinnovo del governatore di Banca d'Italia (parte dell'apertissima questione Etruria che ha toccato la famiglia di Maria Elena Boschi) e infine la discussione aperta con l'Europa sul bilancio. In sottofondo si avvertono gli scricchiolii del quadro politico, premonitori della rapida crescita del populismo nazionale, che poi vincerà le elezioni del 2018. Populismo della Lega e del Movimento 5 Stelle.

Su tutti questi temi, Renzi e Gentiloni approderanno alla fine su sponde opposte. In una tensione a bassa intensità, come direbbero gli strateghi militari, che si trasforma di fatto in una derenzizzazione soft, graduale, in vista delle nuove elezioni.

Quello che allora mi apparve, insomma, un governo "grigio" a riguardarlo oggi mi appare colorato da una forte vena di rosso – il colore del "sangue", quello che scorre veloce nelle vene di chi comanda dai grandi Palazzi di Roma, e quello che, inevitabilmente, si versa nella lotta politica.

Riprendere in mano oggi il capitolo del governo Gentiloni, per rivederne a mente fredda il percorso, è un viaggio, spesso molto sorprendente e sicuramente molto intenso, dentro la disillusione dei renziani.

Scelto perché debole

"Forse ci conviene chiudere la finestra," dice l'ex ministro renzian/gentiloniano. Le finestre dei Palazzi romani si chiudono ermeticamente, il silenzio che vi regna dentro è compatto. Le interviste in queste stanze hanno bisogno di raccoglimento.

Che carattere ha avuto quel governo? O meglio, ebbe un carattere quel governo che apparve a tutti solo come una coda del governo Renzi, un governo fotocopia?

"Allora, cominciamo con il definirne la nascita. È il primo governo del presidente Mattarella, ma Gentiloni viene in realtà indicato presidente del Consiglio da Renzi. Renzi non ebbe un ruolo determinante – per come conosco io quella storia – nella scelta di Gentiloni come suo ministro degli Esteri. Lì si mosse Napolitano. Perché allora Renzi adesso sceglie Gentiloni? Avrebbe potuto scegliere Delrio, Padoan, che erano i nomi di cui si parlava. Ma alla fine sceglie Gentiloni: perché lo sottovaluta."

L'affermazione è così franca che le finestre hanno una vibrazione (ma sono certa che si tratta solo del passaggio di un autobus).

"Perché Renzi ha questo limite dell'analisi dei fenomeni politici, cioè sceglie Gentiloni perché Gentiloni non ha parlamentari, Gentiloni non ha una corrente. E lui vede solo quella dimensione della lotta politica, quella politico-parlamentare. Quella del corridoio, quella della corte. Lui non ha smesso mai di ragionare in questi termini. Conosco Renzi dal passaggio da Palazzo Vecchio a Firenze, e sono stato convinto per lungo tempo che lui potesse fare delle cose molto buone sia per l'Italia che per la sinistra. Mi sono sbagliato."

L'ex ministro mi lascia senza parole per questa sbrigativa franchezza, ma continua a parlare veloce, come qualcuno che queste cose le ha dette, o se le è dette, molte volte. O forse vuole solo togliermi dai piedi al più presto.

"Io ci ho creduto a quello schema '*Change Labour to change Britain*'. Pensavo che Renzi dovesse fare quella roba lì e che potesse farla, e ho sbagliato. Lui dunque sceglie Gentiloni perché era quello debole, era quello che alle primarie a Roma aveva preso il 12 per cento e per Renzi quello è. Perché questo è un limite che Matteo spesso ha, non vede la complessità."

Insomma, non fu solo una opinione popolare. Il primo a sottovalutare Gentiloni fu proprio Renzi, eppure avrebbe dovuto conoscerlo meglio, dopo tre anni di governo insieme.

"Sì, esatto. Renzi non vede che Gentiloni, che è un abilissimo politico, aveva costruito forti relazioni internazionali negli anni in cui aveva fatto benissimo il suo ministro degli Esteri – perché quei rapporti Paolo li coltivava fin da quando lavorava con Rutelli. Il presidente Mattarella invece capisce da subito le potenzialità dell'uomo e da subito crede nel fatto – però questo bisognerebbe chiederlo a Mattarella, la mia è una interpretazione – che quello può essere un governo che chiude in maniera ordinata la legislatura. Chiuderla bene, dopo lo scontro politico feroce, dopo un 2016 terribile – perché quello scontro sul referendum fu terribile, e lo dico io che ero convinto che dovevamo farlo – in cui commettemmo una caterva di errori, che solo Dio sa che cosa abbiamo combinato. Ma questo non è il punto. L'errore più grande è stato personalizzare e ridurre una discussione sulla Costituzione repubblicana a una discussione sulla leadership. Una roba folle, stupida secondo tutti i fondamentali: stupida politicamente e poi folle sul piano culturale, ideologico. Una follia. E lì si rompe giustamente il rapporto di Renzi con il Paese. Ricordo molto bene cosa ci dicevano i sondaggi di allora. Da un certo punto in poi questi sondaggi hanno smesso di crescere."

Un governo per chiudere ordinatamente la legislatura

Dunque questa è la definizione che oggi date a voi stessi: il governo di Gentiloni fu un modo per chiudere in maniera ordinata la legislatura? "Sì, provando anche a recuperare terreno sulle politiche, o almeno su alcune. Provare a mettere mano ad alcune emergenze, la principale delle quali fu senz'altro quella dell'immigrazione, perché quello fu un tema che montò tantissimo sotto il governo Renzi e che fu affrontato con grande personalità – diciamo così – dal governo Gentiloni. Con certamente qualche errore ma con una visione d'insieme delle cose. Cercammo di non eludere nessun problema. Pensa soltanto al dialogo e anche al confronto a volte aspro che avemmo con le Ong, con la Chiesa. Insomma, fu una iniziativa politica molto articolata, quella che provammo a mettere in campo. Tanto è vero che Renzi dopo un mese cominciò a soffrire. Lo schema di Renzi era in effetti uno solo: fare la legge elettorale e tornare al voto."

Ecco, siamo arrivati subito alla sindrome di Rebecca. La voglia di Renzi di andare a votare subito dopo le sue dimissioni indica per lui la via più semplice: è un modo per mettere a frutto il favore di quel 40 per cento che lo ha votato al referendum e che evoca il 40 per cento del voto delle europee nel 2014, appena insediato. E poi, diciamo la verità, andare a votare subito è anche un modo per l'ex premier per accorciare la traversata del deserto che tutti i leader caduti sanno di dover intraprendere. Non avendo ottenuto il voto subito, Renzi sceglie come successore un uomo che considera debole. Ma Gentiloni dà prova di essere più resistente del previsto.

Accompagnato com'è da ottime alleanze. Di quelle che Renzi, nella buona società della politica, non è mai riuscito a coltivare.

Parte 2
Il veleno della voglia di votare

Renzi in effetti, ancor prima di dare l'incarico a Gentiloni, prova a non far nascere nessun governo, per andare subito alle elezioni. Inizialmente trova il sostegno di Angelino Alfano. Sui giornali rimbalza la velina di Padoan premier per un mandato breve: sistemare la legge elettorale omogeneizzando l'*Italicum* in vigore per la Camera e il *Consultellum* in vigore per il Senato. Ma sul Quirinale si trova un nuovo presidente, Mattarella, che fa sapere, con la sponda di Franceschini e Zanda, di non essere disponibile a sciogliere le Camere. Sono tre nomi che in quel momento formano una sorta di muro, una vera e propria "corrente del Quirinale" interna al Pd.

Formatosi il nuovo governo, la voglia di elezioni di Renzi non si stempera e avvelena lentamente la vita del partito e del governo.

Fin dalla nascita, dunque, la primavera del nuovo esecutivo guidato da Gentiloni è in buona parte aggravata da questo tema.

Il 25 gennaio 2017 la sentenza della Corte costituzionale che dichiara l'illegittimità costituzionale dell'*Italicum* fa ripartire il dibattito sulle elezioni anticipate. Renzi sostiene di voler usare "l'omogeneizzazione forzosa" delle leggi elettorali per Camera e Senato, frutto della sentenza che colpisce quella della Camera, per portare il Paese al voto in primavera. Il 29 gennaio all'assemblea degli amministratori locali del Pd, riapparendo in pubblico dopo più di un mese, Renzi chiede il voto anticipato.

Gli annunci alimentano, nella minoranza bersaniana, il vento della scissione: elezioni subito equivarrebbero infatti a una "pulizia etnica" nelle liste. Lo stesso giorno in cui Renzi parla agli amministratori, Massimo D'Alema, al Frentani di Roma, annuncia che in caso di precipitazione elettorale la rottura del Pd diverrebbe inevitabile.

Il 9 febbraio, quaranta parlamentari del Partito democratico scrivono una lettera a sostegno di Gentiloni per arrivare alla conclusione della legislatura.

Il 13 febbraio la Direzione Pd risponde a muso duro, approvando a larga maggioranza la mozione renziana che chiede il congresso a breve: "La resa dei conti interna," dice Renzi, "è durata fin troppo: va messo un punto".

Il 16 febbraio Renzi fa appello alla minoranza interna del Pd, che minaccia una scissione: "Partecipi al congresso con regole condivise. Ma se mi chiedono di non candidarmi, allora sappiano che per me questa è una condizione inaccettabile". Inutili persino i tentativi di mediazione di Dario Franceschini.

Nello stesso giorno al Nazareno un incidente fa riesplodere il già precario equilibrio: il ministro Delrio e l'onorevole Meta non si accorgono che i microfoni davanti a loro sono accesi e parlano liberamente. Delrio confida al collega: "Renzi non ha fatto un cazzo per evitare la scissione. Neanche una telefonata. I suoi pensano che, se la minoranza se ne va, poi ci sono più posti per gli altri".

La ragione della rabbia di Delrio è ovvia perché è evidente che la rottura del Pd sarebbe la strada più sicura per rendere quasi inevitabile una precipitazione elettorale. La diffusione del fuori onda interrompe ogni possibile dialogo fra la minoranza e Renzi.

Il 17 febbraio si consuma un altro tentativo: Renzi offre alla minoranza lo slittamento di un mese delle primarie. Per i bersaniani – che ritengono che Renzi voglia un "congresso cotto e mangiato" – la proposta non è sufficiente e continuano a invocare un congresso "vero" che segni "una svolta radicale".

A quel punto le cose hanno raggiunto un punto di non ritorno. Il giorno dopo, il 18 febbraio, la minoranza Pd, guidata da Bersani, dal presidente della Puglia Michele Emiliano e dal presidente della Toscana Enrico Rossi, si riunisce al Teatro Vittoria di Roma e chiede lo spostamento del congresso in autunno e il pieno sostegno al governo Gentiloni fino alla scadenza naturale del 2018. L'accordo fra i tre è tuttavia solo un modo per presentarsi con una proposta all'Assemblea nazionale, convocata a Roma per il giorno dopo, il 19 febbraio.

L'Assemblea nazionale del Pd si tiene nel salone del piano interrato dell'Hotel Parco dei Principi. La situazione è talmente già compromessa che gli scissionisti si prestano in anticipo a collegamenti tv mentre la discussione è ancora in corso. Renzi d'altra parte chiude del tutto alla minoranza: "Peggio della parola scissione c'è solo la parola ricatto". Emiliano, con un clamoroso voltafaccia, disconosce la posizione espressa il giorno prima e invita le parti a fare ciascuna un passo indietro. Ma è troppo tardi, anche per le sue supreme forze di mediazione. Alla fine, il 21 febbraio, Emiliano annuncia che rimarrà nel Pd, mentre il 25 febbraio nasce Articolo 1 – Movimento democratico e progressista (Art1-Mdp), dall'unione degli scissionisti del Pd con gli ex di Sinistra italiana (Si).

Il nuovo partito costituisce immediatamente un nuovo gruppo parlamentare, Articolo 1 appunto, al quale aderiscono parlamentari provenienti principalmente dai gruppi del Partito democratico (tra cui Bersani e Speranza) e di Sinistra italiana – Sinistra ecologia libertà.

Le trame di Renzi per il voto anticipato hanno un'eco lunga nella surriscaldata atmosfera di fine legislatura (che scade nell'inverno del 2018), e finiscono per affiorare anche sui media nel quasi comico complotto raccontato da un peone. Il 2 giugno, durante la tradizionale celebrazione della festa della Repubblica, il Quirinale apre le porte dei suoi giardini a qualche migliaio di ospiti, di ogni professione e di ogni età, che si mischiano con tutti i politici di ogni fede, sotto lo sguardo vigile delle alte cariche dello Stato. Le signore sfoggiano vestiti da garden party, gli uomini impeccabili giacche sotto il sole del pomeriggio, la banda suona gli inni nazionali, insomma, l'aria è un po' quella di una italica Ascot, sete, sudori, bollicine e tacchi che affondano nell'erba.

Nel clima rilassato anche le dichiarazioni e i racconti della politica lo diventano. Ed è in questa atmosfera che lo stesso giorno la celebre firma del "Corriere della Sera" Massimo Franco raccoglie, indirettamente, la storia delle imprese di un peone dei tanti presenti. Franco scrive che il ministro degli Esteri Angelino Alfano conferma la rivelazione di un dirigente Ncd, Sergio Pizzolante, che poi l'ha ripetuta in tribunale, come documentato da Francesca Schianchi su "La Stampa". Secondo Pizzolante, Renzi aveva preparato un piano per far cadere Gentiloni già a febbraio. La manovra era la solita: promesse ai centristi sul sistema elettorale affinché aprissero la crisi.

L'ennesima lettera dall'Europa

Il governo, tuttavia, in quella stessa primavera, ha questioni più serie sul tavolo.

La più immediata è la interlocuzione con l'Europa che, più che mai in quel periodo di rapido sviluppo sovranista, vuole sapere chiaramente da Gentiloni quanto virtuosa rimarrà l'Italia sul bilancio.

Sono anni, quelli prima del Covid, in cui l'Europa usa molto il canale delle lettere –un modo per assicurarsi una comunicazione flessibile e facile da far filtrare.

La più celebre di queste missive, che inizia proprio con un "Caro Primo ministro", è quella inviata dalla Bce all'allora premier Silvio Berlusconi, in data 5 agosto 2011, firmata dal presidente, Jean-Claude Trichet, e dal suo successore all'Eurotower, Mario Draghi. La missiva indica le misure che la Bce chiede/impone all'Italia per "rafforzare la reputazione della sua firma sovrana e il suo impegno alla sostenibilità del bilancio e alle riforme strutturali": dalle liberalizzazioni alla riforma del mercato del lavoro e delle pensioni alla pubblica amministrazione. La lettera ha l'effetto di una disarticolazione della politica nazionale, che anticipa le dimissioni del governo Berlusconi, come raccontato nel primo capitolo di questo libro, e dà il via a una nuova pratica di nomina di premier mai indicati da elezioni politiche generali. Quella prima lettera, rigorosamente definita come strettamente riservata, sarà pubblicata il 29 settembre dal "Corriere della Sera". E dal "Wall Street Journal Europe".

A metà gennaio del 2017, dunque, la Commissione europea avvia un altro giro di lettere, al nuovo premier Gentiloni, cui chiede di "ricevere dal governo italiano una lettera entro il 1° febbraio che contenga un pacchetto dettagliato di impegni specifici" per correggere il deficit 2017. Gentiloni risponde a giro, il giorno dopo, sfoggiando la sua dimestichezza con i rapporti internazionali, aggirando la Commissione, cioè chiedendo, e ottenendo, un incontro con la cancelliera tedesca Angela Merkel.

Con la diplomaticissima cancelliera, con cui il conte Gentiloni conversa in tedesco, contratta una risposta di rassicurazioni ma senza impegni – cioè la solita lettera, che arriverà poi il 1° febbraio, in cui si dice sì all'austerità, ma con "tagli di spesa limitati, con una riduzione delle agevolazioni fiscali, e nuove entrate, grazie alla lotta all'evasione e a un ritocco alle accise". Niente di che. Ma è un elegante modo per mettere un limite a questa pratica delle richieste "europee".

Il premier sa bene, e lo ha di fatto ricordato anche alla sua affezionata Merkel, che l'Italia nuota ormai da tempo in mezzo a crescenti onde sovraniste, gonfiate dall'idea secondo cui l'Europa è la grande colpevole di ogni disagio. Lo stesso Gentiloni esce dal bilaterale sostenendo che l'austerità "a nostro avviso è una fase finita". E rafforza il suo messaggio riportando sul tavolo "la mancanza di accordo dell'Europa sulla questione dei profughi", denunciando cioè i limiti della gestione europea di una grave crisi in cui l'Italia è stata lasciata sola.

Gentiloni, che solleva la questione dei profughi in risposta alle domande europee sull'austerità, è segno dei nuovi tempi.

Prima di procedere in questo paragrafo vorrei introdurvi a un (illuminante) grafico sull'andamento degli sbarchi di immigrati negli ultimi dieci anni. Gli anni del governo di Renzi, 2014-2016, sono stati segnati dai numeri più alti di sempre degli arrivi di migranti. E questa è forse l'eredità più difficile per il governo Gentiloni.

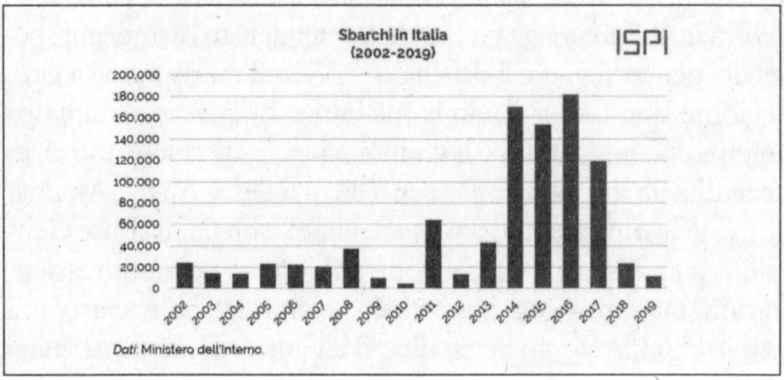

Il sovranismo

I queruli toni dell'Europa che invia lettere si giustificano per molti versi con il timore per la irrefrenabile espansione dei sovranisti – e ha ragione l'Europa a coltivare questo timore. La crisi dei migranti, al suo picco quando Gentiloni si insedia, alimenta una crescita della destra populista, in particolare quella di Salvini, in convergenze molteplici con l'espansione del Movimento 5 Stelle.

Mentre continua il braccio di ferro con Renzi sulle elezioni anticipate, il 3 gennaio, senza nessun clamore, il ministro dell'Interno Marco Minniti si reca a Tunisi per rinnovare l'accordo per rimpatriare gli immigrati "irregolari". Lo stesso ministro invia una lettera ai prefetti richiamandoli a distribuire i profughi in tutti i comuni. È l'inizio di un percorso denso di polemiche che segnerà per l'Italia un nuovo approccio nei confronti dell'immigrazione, ma anche l'apertura di un nuovo fronte interno dentro la sinistra.

In quell'anno di governo, Gentiloni, insieme a Minniti, avvia una nuova politica per fermare gli sbarchi: la parte più famosa di questo nuovo approccio è il memorandum *of understanding*, con la Libia, per rafforzare la cooperazione nella gestione delle frontiere libiche, con il fine di "garantire la riduzione dei flussi migratori illegali". In parole più semplici, l'Italia finanzia la Guardia costiera libica, perché le navi illegali vengano intercettate e riportate a riva. La Guardia costiera è lo stesso corpo che già sfrutta economicamente il traffico di umani che parte dalla Libia. Il patto somiglia dunque a un patto con lo stesso diavolo.

L'accordo viene infatti fortemente contestato da organizzazioni umanitarie, Ong, parte dell'associazionismo e persino della commissaria per i Diritti umani del Consiglio d'Europa, Dunja Mijatovič, secondo la quale il memorandum avrebbe causato l'aumento del numero di migranti costretti a tornare in Libia, Paese nel quale "avevano già sofferto serie violazioni dei diritti umani".

Le tappe con cui si sviluppa questa politica, avviata con la visita del 3 gennaio, sono stringenti, segno della gravità della situazione agli occhi di ministro e premier.

Il 31 marzo al Viminale, dopo due giorni di negoziati, i rappresentanti di sessanta clan libici riuniti dal ministro dell'Interno Minniti firmano un accordo di pace. Il 28 giugno il governo minaccia la chiusura dei porti impedendo alle Ong straniere di sbarcare migranti sul territorio nazionale. Il 4 luglio l'Austria minaccia di spostare mezzi blindati al valico del Brennero per fermare gli immigrati clandestini provenienti dall'Italia. Irritazione di Minniti e Alfano. Il 6 luglio, un vertice dei ministri dell'Interno in Estonia dice "no" all'apertura dei porti europei chiesta da Minniti. Sono invece accolte le richieste italiane in merito a nuove regole per le Ong e a un maggiore sostegno economico alla Libia.

Il 7 luglio si fa sentire Renzi, controcorrente sul tema. Anticipando il suo libro, sollecita ad aiutare i migranti "a casa loro". Il 21 luglio in un'intervista radiofonica il premier ungherese Viktor Orbán anticipa l'invio di una lettera a nome del Gruppo di Visegrád al presidente del Consiglio italiano in cui dà consigli all'Italia su come affrontare l'emergenza migranti: "creare centri di accoglienza fuori dall'Ue" e basta col "ricollocamento compulsivo".

Il 31 luglio il lungo braccio di ferro fra il ministero dell'Interno e le Ong, che il governo ha denunciato come "parte" dell'esplosione degli sbarchi, si conclude con l'accettazione del Codice di condotta chiesto alle Ong per continuare a operare: firmano Moas, Save the Children, mentre Proactiva Open Arms annuncia l'intenzione di sottoscrivere l'accordo. Altre cinque (tra cui Médecins sans Frontières) si oppongono.

Il 2 agosto un successo suggella in Parlamento il nuovo approccio alla questione immigrati: con 328 sì e 113 no alla Camera e 191 sì e 47 no al Senato, le Camere danno il via libera alla missione italiana in Libia ("Non una missione aggressiva ma di sostegno alla fragile sovranità di quel Paese," dice Gentiloni). Dalla Cirenaica, il generale Khalifa Haftar, che non ha accettato l'accordo, minaccia di bombardare le navi militari italiane.

E il 28 agosto, a Parigi, l'Italia coglie un altro successo in campo diplomatico. A un vertice sull'emergenza migranti con Gentiloni, Macron, Merkel, Rajoy e i rappresentanti dell'Ue e di Ciad, Niger e Libia, Macron e Merkel concordano sulla necessità di rivedere il "sistema Dublino" perché oggi "i Paesi cosiddetti 'd'arrivo' sono sfavoriti". Il 13 settembre l'Italia si prende la sua rivincita sulla diffidente Europa. Nel suo discorso al Parlamento europeo il presidente della Commissione europea Jean-Claude Juncker ringrazia l'Italia sull'emergenza migranti: "Nel Mediterraneo l'Italia ha salvato l'onore dell'Europa".

Parte 4
Nella testa (cocciuta) di Minniti

Per Marco Minniti, l'ombroso ministro dell'Interno del governo Gentiloni, c'è un giorno intorno a cui ruota la sua decisione: "Quando il 29 giugno sono arrivati 12.500 migranti in sole 36 ore su 25 navi diverse la situazione si è fatta davvero difficile," racconta alla festa dell'Unità di Pesaro a fine agosto. Quel giorno il ministro era in volo per l'Irlanda, ma, appena viene raggiunto dalle notizie di cui l'informa il ministero, fa girare l'aereo e torna in Italia. "A un certo momento ho temuto che, davanti all'ondata migratoria, e alle problematiche di gestione dei flussi avanzate dai sindaci, ci fosse un rischio per la tenuta democratica del Paese. Per questo dovevamo agire come abbiamo fatto non aspettando più gli altri Paesi europei." E con un po' di ironia aggiunge: "Ora l'Europa ci ringrazia per questo. Il Mediterraneo centrale è tornato al centro dell'attenzione dell'Unione europea". Quanti soldi servono per fermare il flusso migratorio? gli viene chiesto a quella festa: "Almeno quanto è stato speso per la rotta dei Balcani: 3 più 3 miliardi". Quanto ai soldi per la Libia, spiega: "Il traffico di esseri umani è attualmente la principale attività economica in alcune realtà del Paese, a cominciare da Sabrata. Per combatterlo occorre fornire sostegno ai sindaci dalle città libiche costruendo con loro percorsi alternativi che li aiutino a realizzare uno sviluppo futuro diverso e stabile".

Solo a esperienza di governo conclusa, Minniti completa

la sua versione dei fatti e spiega le sue idee su questo nuovo corso che ha sostenuto contro moltissimi critici. Lo racconta il 2 luglio 2018, mentre a Palazzo Chigi siede il nuovo governo nato dalle elezioni politiche del 2018, una coalizione giallo-verde, a guida Conte e vice Salvini e Di Maio. Un governo populista, come si temeva in Europa, che nemmeno il crollo degli sbarchi del 2017 ha potuto fermare.

Di fronte a questo risultato, la politica di Minniti appare ai suoi molti critici ancora di più una inutile crudeltà. La carriera del ministro ne pagherà le conseguenze a sinistra. D'altra parte l'efficacia dei risultati e l'"irregolare" pensiero che Minniti porta dentro la sinistra raccolgono intorno a lui, in epoca di crisi, un ampio favore, che ne ha fatto il ministro più popolare del governo Gentiloni. Nell'articolo del "Foglio" in cui spiega le sue convinzioni – identificate come nettamente avverse a quelle del governo populista e del suo successore Salvini – l'ex ministro argomenta come la sinistra debba lasciarsi alle spalle un altro tabù: il tema della sicurezza. "Una sinistra moderna non può rompere un canale sentimentale con coloro che provano rabbia e con coloro che provano paura." L'immigrazione, dice, è "un problema, che non solo l'Italia e l'Europa ma il mondo intero si trovano ad affrontare ciclicamente assieme ad altre questioni anche più drammatiche o a dossier per così dire di ordinaria amministrazione: le guerre, la povertà, il debito, i dazi". Poi spiega che bisogna contemperare nella soluzione due diritti, quello di chi accoglie e di chi è accolto. Il problema è che la Lega dice ai suoi sindaci di non accogliere nessuno, e nelle regioni leghiste non esiste nessun Cie, i centri di identificazione ed espulsione.

Minniti rivendica di aver sostenuto la Guardia costiera libica – "che in questi mesi ha operato con numeri inimmaginabili in passato: stiamo parlando di decine di migliaia di persone salvate e riportate in Libia" –, e rivendica di avere negoziato una pace fra le tribù libiche, migliorato le condizioni e offerto soldi alle comunità locali per scoraggiare il business del traffico degli esseri umani. Per quanto riguarda la sicurezza e i diritti umani dei migranti, Minniti spiega: "La realtà di oggi è che in questo momento sono presenti a Tripoli l'Organizzazione mondiale dell'immigrazione, le Nazioni Unite, le organizzazioni non governative italiane. Non è solo apparenza: nel momento in cui la Guardia costiera libica fa un'operazione di salvataggio e recupero, e riporta i migranti sulle loro coste, sulla banchina trova personale internazionale con le pettorine azzurre, come quello presente in ogni Paese occidentale, porti italiani compresi". Va però aggiunto che spesso i migranti vengono portati in centri di detenzione dove raramente sono rispettati i diritti umani, oppure venduti ad altri trafficanti di esseri umani. Le stesse agenzie dell'Onu citate da Minniti ritengono che in quanto a rispetto dei diritti umani in Libia non sia cambiato poi molto, negli ultimi mesi.

L'ex ministro non ha mai avuto nessuna convergenza con il suo successore, Salvini – che ripete spesso di voler risolvere il problema dell'immigrazione –, nonostante la sua sintonia con alcuni dei Paesi più ostili ad accogliere parte dei migranti che arrivano sulle coste italiane, come Ungheria e Austria. "Tutto questo sta imprigionando il nostro governo in una gigantesca contraddizione: siamo il Paese più esposto, il Paese che chiede solidarietà, ma contemporaneamente in nome del nazionalismo abbiamo rapporti con chi si oppone a ogni responsabilità condivisa. Il nazionalismo, giova ricordarlo, si definisce nella diversità e alterità con ogni altra identità nazionale. Così i primi a negarci ciò che chiediamo sono quelli ai quali vogliamo ispirarci ed essere alleati, Ungheria e Austria in testa. Ecco, l'attuale maggioranza si trova prigioniera della sua ideologia. Una contraddizione-capolavoro."

Testa dura, testa lucida, il lavoro di Minniti durante il governo Gentiloni lascia in dote all'Italia un calo vertiginoso di sbarchi illegali sulle nostre coste. E un altrettanto vertiginoso senso di colpa: non è che stiamo diventando come la destra? si chiedono molti commentatori, osservatori e cittadini democratici. Non c'è ancora una posizione condivisa su questa politica bifronte. Continua a dividere ancora oggi.

Ma di una cosa è indubbiamente testimone. Il "debole" governo Gentiloni in quella occasione ha dato prova di non essere affatto debole.

Per completezza di informazione, il tanto vituperato memorandum, che aveva durata triennale, nel febbraio del 2020, durante cioè il governo Conte 2, è stato rinnovato tacitamente per altri tre anni, perché né l'esecutivo italiano né quello libico hanno espresso parere negativo al rinnovo.

Parte 5
Denunce e indagini a sinistra

Al mosaico della battaglia politica interna al Pd non poteva mancare il tassello delle inchieste giudiziarie: il 16 febbraio viene indagato per traffico di influenza, in merito ad appalti Consip (Centrale acquisti della pubblica amministrazione italiana), Tiziano Renzi, padre dell'ex presidente del Consiglio. Nel 2022 il caso verrà archiviato.

Un'altra notizia di inchiesta viene data dal "Fatto Quotidiano" nel dicembre 2016: Lotti è indagato per rivelazione di segreto e favoreggiamento. Secondo la ricostruzione dei giornali, l'amministratore di Consip, Luigi Marroni, avrebbe detto ai magistrati di essere stato avvertito da Lotti di un'indagine sulla sua società. Marroni avrebbe ricevuto lo stesso avvertimento anche da due alti ufficiali dei carabinieri. In seguito a queste informazioni, Marroni avrebbe fatto bonificare il suo ufficio da una ditta specializzata che avrebbe trovato alcune microspie. Marroni ha confermato quest'ultimo episodio in un'intervista a "Repubblica", però non ha voluto confermare il coinvolgimento di Lotti né la circostanza che lo ha spinto a cercare delle microspie nel suo ufficio. A ottobre 2022 il processo è in corso.

Il 2 marzo il senatore Denis Verdini (Alleanza liberal-popolare-Autonomie, Ala) è condannato in primo grado a nove anni per il crac del Credito cooperativo fiorentino. Il M5S deposita una mozione di sfiducia contro il ministro Luca Lotti, che era stato coinvolto nel caso Consip: "Alla luce dell'arresto dell'imprenditore Alfredo Romeo, che coinvolge sempre di più il 'Giglio magico' nella vicenda giudiziaria, riteniamo che non sia più tollerabile la presenza di Lotti nell'esecutivo". Il 3 marzo il padre di Renzi, Tiziano, è interrogato dai pm che indagano sul caso Consip. In un'intervista quella sera stessa l'ex presidente del Consiglio dichiara: "Se mio padre è colpevole, merita pena doppia".

La parte della mozione viene risolta presto. Il 7 marzo il Senato ne discute e respinge con 52 voti favorevoli, 161 contrari e 2 astenuti.

E il 10 marzo al Lingotto di Torino Renzi può dare il via con serenità alla convention con cui lancia la sua candidatura alle primarie del Pd. Il 30 aprile le vincerà, con una formidabile maggioranza: dei 1.838.938 votanti, il 69,2 per cento sceglie Renzi, il 20 per cento va a Orlando e il 10,9 per cento a Emiliano.

Il che significa, in soldoni, che Renzi torna a cavallo del partito e sarà lui a fare le liste per le elezioni del 2018.

Il Pd perderà quelle elezioni, ma il riconfermato segretario porterà in Parlamento il maggior numero di suoi uomini (e donne) eletti, di fatto assicurandosi una capacità di controllo indiretto del Pd, che continua ancora oggi, anche dopo la successiva scissione.

Un sistema costantemente agitato

Parlo con un altro ex ministro dell'esecutivo Gentiloni, anche lui ereditato dal governo precedente, ma non espresso dal Pd.

Penso che la sua voce possa fornirci un racconto poco diplomatico sul governo di cui parliamo. E non mi sbaglio.

"Quando Gentiloni va su, al governo, iniziamo a lavorare, e Renzi si mette immediatamente all'opera per 'far cadere Gentiloni e andare alle elezioni'. Ma voglio essere preciso: io lo incontro a casa mia, un giorno – noi avevamo avuto pessimi rapporti, però poi avevo combattuto per il referendum, ci credevo, quindi questi rapporti si erano ristabiliti – e gli dico: 'Guarda, Matteo, io mi iscrivo al Pd, facciamo insieme la campagna elettorale, a me interessa la parte di economia, del resto non me ne frega niente – io all'epoca ero totalmente pre-politico – e facciamo battaglia insieme, insomma, dobbiamo ritornare a parlare in modo più equilibrato delle cose, facciamoci un discorso', e lui mi risponde: 'Sì sì, benissimo, però sappi che il governo Gentiloni deve cadere' e io gli dico 'Ma tu sei scemo!'." L'ex ministro accompagna questa ultima frase con il classico gesto della mano davanti alla fronte con cui si indicano i matti.

"E aggiungo: 'Tu ti sei bevuto il cervello, ma che stai a dì?! Ma poi c'abbiamo il problema delle banche aperte... Monte dei Paschi di Siena... Ma che stai dicendo?'."

Effettivamente, un po' di follia c'è, se l'incontro, come dice l'ex ministro, avvenne "un mese e mezzo dopo" l'inizio del governo Gentiloni.

Ammetterete che fa un po' effetto.

L'attenzione dell'ex ministro torna a me. "Ti voglio far capire cosa è questo mondo. Ti dico una cosa che non ho mai raccontato. A un certo punto la pressione sua [di Renzi,

N.d.A.] per far cadere il governo aumenta, e persone ieratiche, serie, come Delrio, rilasciano interviste in cui dicono 'non so se siamo legittimi' cioè… cose vomitevoli, capito? Vomitevoli!"

Ma scusa, Gentiloni non era stato indicato al governo proprio da Renzi? "Sìììì! Ma lui dopo un mese e mezzo non poteva più vedere nessuno… L'idea che qualcuno stesse a Chigi è la ragione per cui oggi odia Conte, per lui quello è stato un trauma originario, Palazzo Chigi era casa sua! E lasciami aggiungere: in parte io questo lo comprendo."

Rieccoci a Rebecca, penso, e alle sue ragioni!

Questa tensione si trasforma mai, nel vostro periodo di governo, in uno scontro aperto fra i due? C'è mai un incidente?

"Gentiloni non ci litiga mai, si comporta comunque con lui sempre impeccabilmente. Ma questo era il clima, il terrore cieco dei renziani, la guerra quotidiana della Boschi a Gentiloni, ed era la guerra mondiale dei pasdaran di Renzi. Posso dirti una cosa? A Matteo sono incline a perdonare moltissimo perché penso che abbia fatto tante cose buone, ma in quella fase lì ha fatto veramente cose di schifo, e io le ho viste tutte! A Gentiloni gli hanno fatto qualunque cosa!"

E a proposito di "fare qualunque cosa", è il momento di parlare di nomine.

Ancora le nomine.

A marzo del 2017, per l'esattezza, arriva sul tavolo del governo il rinnovo delle fatali nomine che tanto avevano giocato nella decisione di Renzi di far fuori Letta da Palazzo Chigi.

Che farà Gentiloni? Seguirà la linea del suo predecessore di usarle per blindare il suo futuro, le farà nonostante si sia a un anno dalle nuove elezioni, o adotterà il "protocollo Prodi", come chiedono alcuni esponenti del mondo economico e politico? Il protocollo Prodi non è altro che una cavalleresca interpretazione di un non scritto galateo istituzionale che impedisce a un premier in buona coscienza di rinnovare le nomine alla vigilia di nuove elezioni. In questo caso ci vuole davvero tanta buona coscienza, visto che si prevede già nelle elezioni in arrivo una solida vittoria di Lega e 5 Stelle.

Gentiloni, l'eterno mediatore, le nomine le fa, ma alla fine le perde. Il bilancio finale è poco per sé e molto per Renzi. Questa volta gli osservatori hanno un parere unanime: Matteo Renzi è vivo, e vive dentro Palazzo Chigi.

Alessandro De Angelis per "Huff Post" fa un puntiglioso elenco di queste nomine:

> La traccia che lascia anche questa volta il gruppo fiorentino è chiara. Al punto che si indica in queste nomine l'inizio di una nuova marcia del renzismo ben oltre le prossime elezioni politiche. Proprio perché gli uomini chiave nei posti chiave, avendo un mandato di tre anni, le supereranno. Il caso più eclatante è Poste italiane, dove arriva l'ennesimo fiorentino, antica conoscenza di Renzi: Matteo Del Fante, formazione JP Morgan, già direttore generale di Cassa depositi e prestiti e da tre anni amministratore delegato di Terna, la società che gestisce la rete elettrica. L'arrivo di Del Fante fa effetto anche perché appare incomprensibile il cambio di Francesco Caio, brillante manager che in tre anni aveva triplicato gli utili. Nonostante la difesa di Caio del ministro Padoan, il passaggio di Del Fante alle Poste libera la casella Terna.

Proprio su Terna ci sarà una discussione, su cui una fonte di governo fa sapere: "Il quadro delle nomine è pressoché chiuso, il problema è Terna, dove c'è un braccio di ferro tra Renzi e il Tesoro". Renzi vuole per quell'incarico Alberto Irace, al momento "a capo di Acea. Altro 'fiorentino', come appartenenza politica, anche se cagliaritano di natali: ha guidato dal 2009 al 2014 la Publiacqua, società toscana che ha avuto nel Cda Maria Elena Boschi, Erasmo D'Angelis". Alla fine la scelta cade su Luigi Ferraris, che arriva da Poste ed è gradito a Padoan.

Scrive ancora De Angelis:

> Prima della partenza di Padoan per il G20 di Baden-Baden, è stato invece già comunicato ai diretti interessati l'avvicendamento a Finmeccanica, dove l'ex banchiere Alessandro Profumo prenderà il posto di Mauro Moretti, dimissionato non per i suoi risultati, considerati positivi dal mercato e dal governo, ma per la condanna a sette anni in primo grado nel lungo processo sulla strage di Viareggio [al momento la condanna è stata ridotta a cinque in grado di appello, *N.d.A.*]. Un profilo, quello di Profumo, molto 'finanziario' per formazione, alla guida del cuore pulsante delle strategie industriali che in molti ci invidiano. I *rumors*, in ambienti finanziari, parlano di un grande attivismo di Marco Carrai proprio sul dossier Finmeccanica, sia sul fronte amministratore delegato sia su quello della presidenza, ruolo ricoperto da Gianni De Gennaro. Proprio l'ossessione renziana per gli uomini di mercato è stata determinante per l'opzione Profumo, preferito alla soluzione interna che portava a Fabrizio Giulianini, attualmente alla guida dell'area elettronica della difesa di Leonardo-Finmeccanica. Confermati i due amministratori delegati che Renzi aveva scelto nel 2014 per Eni e Enel, Claudio Descalzi e Francesco Starace. E saranno confermati anche tutti i fiorentini: Alberto Bianchi, tesoriere della Fondazione Open, dovrebbe rimanere in Enel, Fabrizio Landi nel Cda di Finmeccanica, Elisabetta Fabbri in quello di Poste. Come tre anni fa, anche se con Renzi che (formalmente) non è più a Palazzo Chigi. Con l'eccezione di qualche critico, come Francesco Boccia, che, fiutata l'aria, a metà pomeriggio chiede formalmente a Renzi e Padoan che 'nessun candidato alle primarie possa incidere nel processo delle nomine'. E si richiama alla 'grammatica' istituzionale del governo Prodi che in un contesto analogo – era in ordinaria amministrazione a seguito della caduta nel 2008 – lasciò l'onere e l'onore delle nomine al governo che a breve avrebbero scelto gli elettori.
>
> Interviene anche il presidente della commissione Attività produttive della Camera Guglielmo Epifani, del gruppo Articolo 1 – Movimento democratico e progressista: "Giusto confermare i vertici di aziende che hanno fatto bene in questi anni e che oggi presentano buoni risultati di bilancio e di strategia. Per lo stesso motivo è in-

comprensibile la sostituzione di Francesco Caio al vertice delle Poste. Interrogativi pone a sua volta la scelta del governo per Leonardo-Finmeccanica, dove c'era bisogno di maggiore continuità dopo tutti i cambiamenti degli ultimi anni e una competenza industriale e tecnologica che Alessandro Profumo, ottimo manager e banchiere, probabilmente non possiede".

Il giro di nomine è una partita che Gentiloni perde, anche perché aveva avanzato nomi su cui si era speso molto, tra cui Elisabetta Belloni, alla presidenza di Leonardo.

Tutto questo richiede un commento. Per cui torno a bussare alle porte delle quiete stanze dell'ex ministro renzian/gentiloniano.

Uno sguardo alla trincea quotidiana

La pazienza in persona, l'uomo conferma il racconto del suo ex collega, la "quotidiana trincea del Chigi di Gentiloni": "Dopo un mese dall'insediamento, a gennaio, effettivamente già si vedeva e si sentiva la pressione di Renzi. Poi ci furono le nomine. Sulle nomine lui provò a premere moltissimo e quello fu il primo banco in cui Gentiloni dimostrò la sua distanza".

Dimostrò la sua distanza, come? Gli faccio notare che quelle nomine furono in perfetta continuità con le precedenti fatte da Renzi. Esito sottolineato pubblicamente da grande delusione a sinistra, e attacchi da destra e dai 5 Stelle.

"Be', il governo confermò Enel ed Eni perché era convinto che fossero bravi tutti e due. Ci fu un cambiamento alle Poste molto voluto da Renzi, però mettendo uno molto bravo che fa ancora il capo di Poste. E ci fu uno scontro su Leonardo notevole." Cioè su Profumo? "Sì. E fu molto arginata la spinta di Renzi sui consigli di amministrazione. Perché si tentò insieme al Mef di fare dei consigli robusti, dei consigli in cui ci fosse una sintonia, un buon rapporto tra presidente e amministratore delegato. Tu sai che anche oggi ci sono un po' di problemi in tutte le società partecipate. Invece si crearono dei contesti di collaborazione virtuosa per queste aziende che poi sono aziende quotate in Borsa."

Devo avere una faccia particolarmente scettica. E l'uomo è troppo abile per non essere cauto persino sulla cautela: "Ovviamente io parlo a mio favore, è chiaro".

Ed esprime improvvisamente in una sola frase il senso di mesi, il senso di un governo: "Al di là dello specifico, di questa o quella storia, il problema vero di quel tempo è stata la conflittualità non dichiarata fra i due uomini. Lo è stato sostanzialmente fino alla crisi su Banca d'Italia. Poi, la conflittualità è esplosa, e non siamo più riusciti a contenerla".

Abbiamo trovato il punto di rottura.

La Banca delle banche

Mercoledì, 1° novembre 2017, Ignazio Visco assume nuovamente la carica di governatore della Banca d'Italia, ai sensi del decreto del presidente della Repubblica del 27 ottobre 2017.

La conferma di Visco è preceduta dal più grave tra gli attacchi che Renzi lancia stavolta non tanto a Gentiloni quanto al cuore delle istituzioni italiane.

La nomina del governatore della Banca d'Italia tocca al presidente del Consiglio, in accordo con il presidente della Repubblica. È un rito di grande peso e di altrettanta discrezione. Su iniziativa del segretario del Pd, il gruppo parlamentare del partito vi si inserisce presentando una mozione assai poco convenzionale: impegna il governo "ad adottare ogni iniziativa utile a rafforzare l'efficacia delle attività di vigilanza sul sistema bancario ai fini della tutela del risparmio e della promozione di un maggiore clima di fiducia dei cittadini individuando a tal fine, nell'ambito delle proprie prerogative, la figura più idonea a garantire nuova fiducia nell'Istituto". La mozione dem (riformulata e leggermente ammorbidita su richiesta del governo, che prova precipitosamente a limitare i danni) viene approvata il giorno della sua presentazione, 17 ottobre, con 213 voti favorevoli, 97 contrari, 99 astenuti. Ad astenersi sono stati i deputati di FI e di Mdp. Dal Quirinale filtra fortissima irritazione. Da Palazzo Koch le reazioni sono dure.

Renzi risponde come fa lui quando muove guerra, rilanciando invece che ammorbidendosi, e in una clamorosa intervista alla "Nazione" del 19 ottobre mette in discussione apertamente la credibilità del presidente del Consiglio sostenendo che non solo Gentiloni sapeva della mozione, ma che era addirittura d'accordo!

Serpeggia quella che, se non stessimo parlando della Banca d'Italia, si chiamerebbe "rabbia". Un alto funzionario si confessa "scombussolato", amici di Gentiloni accorrono in sua difesa raccontando che ancora la sera prima della mozione il premier nel suo ufficio si preparava tranquillo (sì, proprio così, rispunta questo maledetto aggettivo) a rinominare Visco.

Piccoli segnali che ex post rivelano, nella sorpresa suscitata, il carattere e la natura della scelta del Pd di calare sul tavolo delle istituzioni, e della politica, la richiesta di non riconfermare Ignazio Visco. Mossa inattesa e lacerante che segna una prima volta nella storia della Repubblica: costituisce infatti una aperta politicizzazione di una scelta eminentemente istituzionale, cioè del governo e del Quirinale. Una sfida che avvia uno scontro istituzionale che in quelle ore, nelle reazioni del Quirinale e della stessa Banca d'Italia, nonché nel disorientamento della politica, pare destinato ad acutizzarsi.

La sorpresa è, come si diceva, una gran parte dello scontro. Si tratta di una scelta, su cui, beninteso, i partiti hanno in passato sempre fatto sentire la propria voce, ma rimanendo nelle zone informali dei colloqui, nelle aree non ufficiali delle consultazioni. Renzi invece ha scombussolato le regole, le ha trattate come rituali risibili, o comunque facilmente abbattibili, e sicuramente in questo gesto che fa saltare il banco in tavola si riafferma come prima cosa il ritorno del metodo Renzi doc: sorprendere, scioccare, colpire per primo.

Che Renzi abbia una posizione critica su Visco e Banca d'Italia non è una novità. Ma le modalità dell'attacco sono davvero nuove. Per capire meglio è forse utile ricordare i dettagli di quel momento. Renzi, che ha annunciato di essere entrato nella sua "fase zen", come la chiama lui stesso, fase di osservazione, di pacificazione, di riconnessione con il suo *inner-self* che vuole uscire dal politicismo romano per ritornare al dialogo con il Paese, è in quei giorni a bordo di un treno che dovrebbe aiutarlo in questa opera di riconnessione.

Non è tuttavia esattamente zen questo attacco a Visco. Quel treno, che doveva servire al racconto di un giro in Italia, diventa invece scenografia di una vicenda tutta dentro il politicismo romano.

È da una delle carrozze che il segretario Pd si collega con *Porta a Porta*, il 25 ottobre, per dire: "Se Gentiloni lo [Visco, *N.d.A.*] conferma io non condivido". Al governatore vengono addossati "sei anni di disastri, speriamo che i prossimi sei anni siano migliori di quelli trascorsi". È notte fonda, proprio la notte di vigilia della scelta del nuovo governatore. Vedere anni "peggiori è un po' più difficile. Il management in questi sei anni non è stato all'altezza, sfido a trovarne uno che dice il contrario. La commissione d'inchiesta accerterà com'è andata," scandisce il segretario.

E, senza mai citarlo, Renzi risponde anche alle critiche dell'ex presidente Napolitano (a lui dà la sua solidarietà per gli attacchi ricevuti da Alessandro Di Battista), che ha parlato di pressioni su Gentiloni per mettere la fiducia alla legge elettorale: "Non c'è alcuna pressione nei confronti del presidente del Consiglio: il nostro rapporto è adulto, siamo molto amici, su molte cose la pensiamo in modo diverso, ma pensa con la sua testa, è offensivo parlare di pressioni". Il riferimento ce lo ricorderemo per raccontare l'altra rottura fra Gentiloni e Renzi.

Dalla parte di Renzi occorre riconoscere che la mozione gli porta due risultati in una sola semplice mossa: toglie il Pd renziano dalle secche dello scandalo Etruria e in generale dalla questione del *bail-in* che ha danneggiato anche una parte degli elettori di sinistra; e, effetto secondario, tenta di umiliare Gentiloni.

Naturalmente questo passaggio, che rafforza Renzi, ha un costo alto per tutti gli altri: le istituzioni contro cui si mette sono tutte espresse dalla sua maggioranza – un governo espresso dal Pd, un presidente eletto con il voto decisivo del Pd. Queste istituzioni, in un caso o nell'altro, che approvino Visco o lo cambino, lo avranno fatto comunque in accordo o disaccordo con il segretario del Pd. L'uomo che a questo punto potrà dire di aver dettato le condizioni.

È la seconda volta in quindici giorni che questo è avvenuto. La scelta di porre la fiducia sulla legge elettorale, voluta e ottenuta dal segretario del Pd dal governo Gentiloni, è stata un'altra forzatura istituzionale, che avrebbe dovuto essere evitata. E il governo che pure ha ceduto ha fatto sapere questa sua posizione.

Sono le due rotture finali di un'impossibile convivenza fra Renzi e Gentiloni, due uomini ormai separati.

Come ricordano questi passaggi i protagonisti di allora?

Ripulirsi da Banca Etruria

Raccontami un po' meglio questa storia di Bankitalia.

"Sai, dall'inizio, da quando noi siamo arrivati qua, da

quando Paolo ha giurato, mi pare fosse il 12 dicembre 2016, uno dei temi da affrontare fu la questione banche e Visco. Il rapporto con il governatore Visco era buono e mi ricordo che il presidente Gentiloni mi disse: 'Probabilmente dovremo andare a una sostituzione. Va costruita, con calma, istituzionalmente, condividendola con Banca d'Italia – perché in Banca d'Italia il governatore si elegge in un modo per cui se loro dicono di no diventa un problema'. E noi cominciamo a lavorarci in quei mesi lentamente. Il rapporto tra Visco e Gentiloni era molto buono. Il rapporto tra Visco e Mattarella era molto buono."

Tutto molto buono, ma mi stai dicendo che eravate orientati a una sostituzione?

"Esattamente. In quei mesi la si costruì informando sempre Renzi del fatto. 'Guarda, arriveremo a una sostituzione tranquilla, ordinata. Come le istituzioni devono viverla, condividendo con loro.' Mentre noi in questi mesi costruiamo questa trama istituzionale, fatta di rapporti assidui, io vedevo il capo di gabinetto di Visco molto spesso, Visco e Gentiloni si sentivano, collaboravano insieme, lavoravano insieme. Il Quirinale sempre costantemente informato. Che cosa accade? Accade che il Pd approva la mozione contro Visco."

La vicenda appare ancora del tutto viva nel cuore dei renzian/gentiloniani. Il nostro ex ministro prende subito una rapida discesa verso un argomento laterale, ma infuocato: "Sono convinto che quella mozione venne scritta negli uffici della sottosegretaria Boschi, e credo che venga scritta perché Renzi ha sempre voluto recuperare la questione di Banca Etruria. Renzi e Boschi sono un sodalizio politico serissimo e chi banalizza questa cosa non capisce niente. Quei due hanno un'intesa politica, c'è un'intesa intellettuale, è un asse politico. Io a volte mi incazzo".

E questa mi pare sia una di quelle volte. “Secondo me lì c’è un’intesa. Lì c’è un’intesa. Lì c’è un’intesa, Lucia.”

Penso che questa non è la prima volta che nei colloqui per questo libro incrocio la figura e il lavoro della Boschi – e sempre, al di là dei sentimenti che vengono espressi nei suoi confronti, sento che per questa donna c’è anche sempre un rispetto, magari negativo, ma un rispetto che invece Renzi non riceve dai suoi nemici. Decido di chiedere: è possibile che Maria Elena sia la più intelligente dei due? E la più forte, o la figura guida? Questa è la versione che ho sentito da persone che hanno lavorato con loro.

“Me lo sono spesso chiesto anche io. Perché è lo schema del *Macbeth*, no? Dove lei, questo personaggio meraviglioso, è la politica. Lui è il guerriero. È rozzo, è rude. Lei capisce invece i meccanismi della politica, conosce l’animo umano. Lui è un guerriero, lei pianifica, organizza. Me lo sono sempre chiesto se sia così. È lei che capisce di politica? Come in Shakespeare. O è lui? Non lo so. Una risposta definitiva non ce l’ho. Non sarei sicuro del fatto che sia lei quella che pianifica, perché poi lei ha fatto tanti errori.

“Ma il tema della questione è che la commissione Banche la spieghi così. Loro erano convinti di doversi ripulire di questa macchia di Banca Etruria. Ti ricordi quando lei si lava le mani? Le mani sono pulite, ma loro dovevano lavarsi le mani. Non avevano fatto quasi niente peraltro, a mio parere, niente. Loro che avevano fatto? Delle cose banali, piccole cose. Però loro l’hanno avvertita come una macchia da cancellare.”

Piccole cose, dici. Ma è diventata grande nell’immagine pubblica per via dei 5 Stelle. “Per via dei 5 Stelle e per via della totale rimozione iniziale. In quel momento ci fu una reazione emotiva, e non politica, a quella vicenda. E loro hanno sempre cercato di recuperare quel momento lì che avevano perso. La loro convinzione era: ‘Dobbiamo recuperare', e quindi la commissione Banche, e poi portarci Visco, e anche Draghi eventualmente, a essere auditi. Per poter dire: 'È colpa di Visco, non è stata colpa nostra'. Quindi nonostante Renzi fosse informato di tutti questi passaggi per sostituire Visco, scatena comunque la mozione contro di lui. Perché loro volevano recuperare verginità su quel punto."

Ma se Visco stava per scadere e c'era un accordo per non rinnovarlo, perché questo attacco? "Il passaggio è proprio questo: lui scatena il panico, perché intende rendere pubblico che non vuol essere parte della conferma di Visco. Se non ci fosse stata la mozione del Pd contro Visco, noi avremmo avuto un altro governatore della Banca d'Italia. Lui invece vuole che Visco venga confermato perché vuole il nemico. E vuole fare la campagna elettorale anche su quello. Mentre io dicevo a Matteo: 'Matteo, l'espressione 'banco del pesce' non la puoi utilizzare'. 'Banco di nebbia'? Nemmeno. Purtroppo la politica è così. È terribile."

Invece Renzi fa l'opposto, "e in quello c'è Maria Elena Boschi: 'Noi abbiamo bisogno di recuperare su quel punto, abbiamo bisogno del nemico. Se questi ci tolgono Visco noi non possiamo più combattere contro questi. Quindi ci vuole Visco'. E lei, che è molto intelligente, sa che se fa quel casino succede quello che poi succede. Cioè che Banca d'Italia tira su il ponte levatoio, piazza gli arcieri dietro i merli, dietro la fortezza. Di fatto accadde quello... Insomma, mi fermo qui, basta, è finita. Poi sai, noi non è che avevamo un problema con la sostituzione, noi volevamo banalmente gestire in maniera ordinata – ordinata, ancora una volta – la fine della legislatura e produrre una successione ordinata e condivisa".

Faccio notare, a lui come a voi, che dire: "Se lui non avesse fatto l'attacco, noi avremmo avuto un altro governatore della Banca d'Italia" svela scenari diversi da quelli che venivano raccontati. Alla fine fra Renzi e Gentiloni c'era, per ragioni diverse, con maniere diverse, una sintonia sull'opportunità di sostituire Visco?

La risposta misura quanto esili possano essere le distanze di accordi e disaccordi. "Il passaggio, l'istruttoria era stata fatta in maniera molto ordinata e noi vi saremmo arrivati. C'era una terna di nomi, condivisa con Visco e con Mattarella. Si stava andando su un'altra soluzione pacificamente, eravamo tutti d'accordo. Sono testimone io di questa cosa, eravamo tutti d'accordo. Salta tutto per aria perché lui fa quella cosa. Perché lì c'è un attacco. Lì c'è una cosa che innanzitutto non andava portata in Parlamento, perché il Parlamento non si occupa della nomina del governatore della Banca d'Italia. Quindi su questo chi presiedeva la Camera dei deputati sbaglia. Sbaglia. Perché le regole sono tutto in democrazia. Le regole sono tutto in democrazia e il Parlamento non può mettersi a votare degli atti formali così. Può discutere di tutto, ci mancherebbe altro, può fare politica. Invece lì c'è un atto formale. E perché Renzi spinge in questa direzione? Proprio perché lui vuole tenere Visco lì. Vuole rinominare Visco perché lo vuole processare lui con la commissione Banche. Ora a me pare una ricostruzione obiettivamente empirico-fattuale. Perché lui sapeva tutto, Lucia, lui sapeva che stavamo andando a una condivisa e ordinata sostituzione."

Dunque sull'*affaire* Banca d'Italia dobbiamo guardare alle cose con logica rovesciata, per capire. Renzi attacca Visco per farlo rinominare e "processarlo". Gentiloni voleva arrivare a una condivisa sostituzione per evitare questo *redde rationem* pubblico.

E il Pd che ragioni aveva per seguire Renzi fino all'ultima rissa? "Lui il Pd lo teneva in mano. Il gruppo dirigente del Pd ha avuto paura di lui fino alla sconfitta delle elezioni. Ha avuto paura di lui perché lui faceva le liste. E lui diceva: 'Il primo che parla è fuori dalle liste'. Aveva questo modo. Sai, è la congiura dei Pazzi, no? Quando volevano ammazzare i fratelli Medici ma quelli non escono mai di casa. Assaltiamo un palazzo. Ma no, è impossibile. La domenica vanno a messa, allora ammazziamoli a messa. Ma non si può, e perché non si può? E Giuliano lo ammazzano nella cattedrale. Lo ammazzano lì in pubblico. Perché poi la cosa che c'hanno loro – e questa è la cosa di Renzi, no? – è che se un politico in genere produce un assassinio politico, poi cerca di non farsi scoprire. Invece questo ammazza uno, con il sangue si sporca e dice: 'Lo ho ucciso io, eh! Sono stato io'."

Be', si può dire che almeno in questo evocano un certo spirito repubblicano, da uccisione di Cesare. Il valore dell'uccisione pubblica, dell'assunzione della responsabilità. Sono ironica, ovviamente. Ma il mio interlocutore è preso da pensieri più severi. "Certo, assolutamente. Però sono finiti male. Quelli che hanno ucciso Cesare sono finiti tutti male. Gente molto in gamba, però sono finiti male."

Fu questo la rottura centrale, secondo te? "No, quello fu il punto finale. Da lì in poi i rapporti tra Paolo e Renzi saltarono completamente."

Ci fu tra Paolo e Renzi uno *showdown*? "Se c'è stato Paolo non me l'ha raccontato. Se c'è stato un momento in cui si è fatto attaccare il telefono in faccia, Paolo non me lo ha mai raccontato. Però quello è stato il momento in cui di fatto i rapporti si sono interrotti."

Non c'è stato nessun litigio? Maria Elena era negli stessi uffici, come convivevano? "Era dall'altra parte del palazzo, ma i rapporti erano ormai... Poi lei fu – mi spiace utilizzare questa parola – con il presidente del Consiglio..." Si interrompe per un attimo, lungo...

"Eh, be', insomma. Era tutto un tentativo di tenere... È chiaro, noi avevamo Boschi accanto a Gentiloni ed era anche un modo per dire: 'Renzi deve fare attenzione a sparare, perché se sbaglia piglia lei'. Lì succede una cosa grave, che secondo me distrugge ogni tipo di relazione. Lì la Boschi fa un errore politico che è tutto suo secondo me. Perché quella è una cosa che tanti non gli hanno perdonato. Ora, non devo dirlo io ma credo che quella cosa [della mozione, *N.d.A.*] fu vissuta malissimo dal presidente della Repubblica. Io ho avuto l'impressione, parlando con i suoi consiglieri in quei giorni, che il presidente della Repubblica avesse temuto che noi fossimo tutti in combutta con Renzi. E che su questo percorso ordinato, conclusivo della legislatura, che doveva condurre all'obiettivo condiviso con Banca d'Italia di portare a un altro governatore, in realtà non ci vedesse davvero partecipi. La paura era, almeno così mi sembrava, che ci muovessimo funzionalmente agli obiettivi politici di Renzi. Per un po' Mattarella, magari per qualche ora, secondo me se lo è chiesto: 'Non è che questi stanno fregando me?'. Perché questi poi sono renziani. E noi siamo i renziani, non ti dimenticare mai questa cosa."

Non so voi, ma io sono senza parole. Questa apertura continua di scatole cinesi è quasi angosciante. E tuttavia è solo un piccolo spiraglio sulla complessità, l'amicizia, la rivalità, gli specchi e i sospetti che caratterizzano il potere. Sono grata a questo uomo che non conosco bene di essersi così rivelato.

E provo a spingerlo ancora.

Una convivenza opaca

Fu certo una situazione complessa, dico. Tutti voi venivate dal governo Renzi e tutti, incluso Gentiloni, eravate renziani, eppure tutti ormai su diverse posizioni. Persino Mattarella, tu dici, potrebbe essere stato dubbioso su questa convivenza. "Certo, Gentiloni è renziano, i suoi collaboratori renziani. Dovevamo tenere buona la situazione, soprattutto per salvare il Partito democratico che si stava frantumando. Vedevamo, certo, tutte queste contraddizioni, hai perfettamente ragione, ma noi vedevamo anche questa crisi del Pd. Si vedeva nelle grandi aree urbane. Perché la leadership di Renzi, come leader di quel partito, va in crisi quando nelle grandi aree urbane si sfarina la struttura di consenso – una cosa che Renzi non ha mai capito. Perché Renzi era quello che diceva: 'Ah, le elezioni a Napoli? Un problema di Napoli'. Peccando lì di un provincialismo piuttosto insopportabile. Che a me per esempio faceva soffrire molto, come uno che qualche volta veniva ascoltato da lui sulle questioni della politica. Quindi lì Paolo capiva, noi capivamo, che eravamo esponenti di un partito in grande difficoltà e bisognava aiutare il leader in cui noi avevamo creduto dal primo giorno. Perché noi avevamo votato Renzi contro Bersani nel 2012. Ora, io ero uno piccolino, ma Paolo era già un parlamentare. E Renzi ebbe un ruolo importante nel farlo ricandidare nel 2013, anche se Gentiloni ci sarebbe riuscito lo stesso. Renzi fu importante quella volta, fu importante per farlo presidente del Consiglio. Quindi la strategia era 'non dobbiamo litigare'. Ora, io personalmente non ho mai avuto buoni rapporti con Maria Elena, ma è così da quando ci siamo conosciuti nel 2011, non è una cosa recente. Perché, insomma, non ci stiamo simpatici. Succede nella vita. È stato per me un grosso limite non riuscire a creare un rapporto con lei. Quindi era evidente che c'era tensione tra di noi. Però il nostro obiettivo era contenere.

"Il primo trauma del consenso di Renzi fu Banca Etruria, novembre 2015. Perché lì ci fu un chiaro segnale di una cosa che non doveva succedere: gli italiani reagirono male. Non capirono la difesa di Renzi, semplicemente non capirono. Da lì in poi, nel 2016, i sondaggi cominciarono a scendere. E non sono mai risaliti."

***

Cerco conferma di queste affermazioni nell'altro ex ministro non del Pd con cui ho già parlato. Paolo Gentiloni come si sentiva in questa situazione con Renzi? "Paolo si sentiva molto tormentato, però teneva botta. Insomma, era sostanzialmente rassicurante. Dopodiché quel periodo lì è stato... terrificante, perché tu facevi le cose e quello cercava di farle saltare, era proprio pestifero! Lui... la Boschi e tutti quanti."

Ma la Boschi fu messa nel governo perché parte di un accordo? "No, è stata un'idea di Gentiloni, veramente."

Veramente? "Sì, perché Gentiloni diceva 'Più sta dentro l'azione di governo...'."

Certo, certo... "Ma non è andata così... Maria Elena... io lo vedevo: il rapporto tra Maria Elena e i provvedimenti che io portavo era unicamente determinato dal rapporto tra me e Renzi in quell'istante. Qui è chiaro che quella follia ha generato mostri, no? Cioè l'idea che non si candidasse Gentiloni come *front runner*, le liste fatte per punire. Però posso dire una cosa? Te la dico ora, con grande franchezza proprio, tutto quello che ti dico lo puoi riportare. Io lì non credo sia un problema di Renzi, credo sia un problema loro."

Cioè? "Vedi, se io fossi stato nella posizione di Gentiloni, e Renzi avesse fatto le liste per punire me, eliminando i miei, avrei detto: 'Guarda, fai una cosa: domani mattina voglio trovare questi trenta nomi nelle liste – nel caso di Gentiloni erano due, ma diciamo trenta –, se non ci sono, io non sto a discutere qui con la Boschi, faccio una conferenza stampa in cui dico che sono affari tuoi e ti fai tu la campagna elettorale'.

"Voglio dire che nel Pd non c'è mai stato vero coraggio, o un minimo di coraggio, di fronteggiarlo apertamente, e questa è l'altra ragione per cui, in fondo in fondo, diciamo, alla fine Renzi è meglio di tutti gli altri."

Parte 6
La lotta finale per la leadership nel 2018

Prima di arrivare alla conclusione, torno con l'altro ex ministro vicino a Gentiloni lì dove abbiamo cominciato, sul tema della "sottovalutazione". "Gentiloni non ha mai voluto interpretare il ruolo di garante della continuità renziana." Ma la verità di fondo sullo scontro fra Gentiloni e Renzi è alla fine molto molto personale. La si scopre quasi per caso. Come un effetto collaterale dell'ennesima rottura fra i post-renziani: la legge elettorale che, tra lo scandalo un po' di tutti, viene approvata con la fiducia. Torniamoci.

Giovedì, 26 ottobre 2017, il Senato approva in via definitiva il *Rosatellum*. Viene approvato a seguito dell'affossamento alla Camera, tramite voto segreto, del *Tedeschellum*, su cui, sulla carta, si era registrata una convergenza Pd-FI-M5S. Il *Tedeschellum* era coerente con gli interessi del Pd, dal momento che non prevedeva coalizioni. La coalizione di centrodestra raccoglieva, fra gli altri, tre partiti che i sondaggi davano sopra il 5 per cento (FI, FdI, Lega), quella di centrosinistra era tecnicamente inesistente. Oltre il Pd, nessun partito di centrosinistra coalizzabile garantiva un risultato apprezzabile. Non si spiega quindi perché, dopo l'affossamento del *Tedeschellum*, il Pd abbia optato per una legge che, come il *Rosatellum*, prevede le coalizioni, pur se finalizzate esclusivamente all'elezione di un terzo dei due rami del Parlamento. Inoltre, occorre ricordare che il *Rosatellum* venne approvato a prezzo di forzature gravissime, a partire dall'apposizione del voto di fiducia. Va ricordato anche che Enrico Letta, al pari della minoranza, non votò la fiducia.

"Anche Paolo non voleva mettere il voto di fiducia su quella legge elettorale. Quella è una cosa che provammo in tutti i modi a evitare, perché non ci piaceva la legge elettorale, non ci piaceva mettere il voto di fiducia sulla legge elettorale, perché la consideravamo una legge elettorale sbagliata."

E perché Renzi andò su questo modello di legge elettorale? "Perché era convinto che non vincessero gli altri. Che è un errore..."

Altra sorpresa. In piena crescita di Lega e M5S – come dimostreranno poi i risultati elettorali del 2018 – Renzi pensava che non vincessero gli altri? "Sì, sostanzialmente sì."

Questa sì che è una stupidaggine, mi pare. "Però diamogli ragione. Alla fine la destra non ha vinto. È arrivata prima e non è riuscita a fare un governo."

Questo è vero, ma è perché c'erano i 5 Stelle. Quello è il momento in cui si rompe davvero, in pratica, il bipolarismo. E quindi non si potevano fare i calcoli elettorali come prima. "Stiamo facendo un salto in avanti. Restiamo sulla legge elettorale. Quello è anche il momento in cui Renzi mostra tutti i suoi limiti di leadership. Perché in quel momento noi avevamo Gentiloni che era il politico di gran lunga più amato dagli italiani, con un consenso che poteva essere trasposto nell'agone politico, ma questo avrebbe di fatto subito ridotto le potenzialità di consenso di Renzi. Ricordo che vennero fatte delle analisi di voto, e con Gentiloni a capo di una coalizione di centrosinistra noi il 4-5 per cento di punti in più li prendevamo."

Quindi mi stai dicendo che Gentiloni era pronto a scendere in campo? "Lo avrebbe fatto, sì. Lo avrebbe fatto."

Quindi alla fine era questo il nodo fra loro. "Alla fine era questo, ma si era già rotto tutto prima."

La convinzione che Gentiloni potesse guidare la coalizione nelle elezioni del 2018 emerge in una uscita di Prodi del 17 febbraio a Bologna, con un discorso in cui, riportando, come si disse allora, la sua tenda nel centrosinistra, dà una indicazione precisa su chi dovrebbe esserne la guida: Paolo Gentiloni, con il quale il padre nobile del Pd ha scambiato un caloroso abbraccio in favore di macchine fotografiche e telecamere.

Dice Prodi: "Oggi ho rotto un lungo silenzio, perché mi sentivo in dovere di sottolineare l'importanza della scelta e in dovere di sostenere la coalizione di centrosinistra. [...] C'è una certa commozione nel tornare a un'assemblea politica dopo quasi nove anni," prosegue l'ex premier, "e c'è commozione anche, proprio per il riconoscimento a Paolo del lavoro che sta facendo in un momento difficile in cui dobbiamo mostrare un Paese sereno, che ha le idee chiare, che riconosce i propri limiti e i propri meriti nell'ambito europeo e ricostruisce un ruolo per avere una influenza nel mondo, per essere l'Italia che noi vogliamo: sana, forte, rigorosa".

L'ex ministro con cui parliamo è in merito mesto: "Ma erano tutti convinti di questo".

E la candidatura di Gentiloni al governo sale di nuovo quando per pochi giorni a fine maggio del 2018 salta l'accordo giallo-verde. "Ti ricorderai che per qualche giorno saltò l'accordo tra Salvini e Di Maio nel maggio del 2018 e sembrava non nascere più il governo. Era il momento in cui si aprì la questione Savona, l'accordo venne bloccato dal Quirinale. Per qualche giorno saltò tutto e poi fu recuperato. Ma in quei pochi giorni ci si convinse che si sarebbe tornati alle urne. Quattro o cinque giorni, ma Guerini e Orfini si recarono da Gentiloni, e io ero presente a questo incontro, a dire 'Paolo si vota, tu sei il nostro candidato'. Il partito era pronto già prima, erano pronti. Poi glielo vennero a chiedere qua scavalcando Renzi, che a quel punto non c'era più."

Ricordiamo che Renzi dopo la sconfitta devastante del 2018 dà subito le sue dimissioni. Le terze in un anno. Quindi era fuori gioco.

Era il momento in cui Di Maio lanciò l'impeachment di Mattarella. "Esatto, e lo stesso Matteo diceva: 'Vabbe'. Si vota, si vota'. Quindi vennero Orfini e Guerini nell'ufficio del presidente del Consiglio dei ministri, con me presente, a dire 'Paolo tu sei il nostro candidato'. Loro vennero a chiedere e Paolo disse: 'Ragioniamoci, vediamo che fare'.

"Che Paolo dovesse essere utilizzato di più alle elezioni di marzo era una convinzione, a parte il giro stretto di Renzi, di tutti. Franceschini convintissimo di questa linea, per esempio. Il pezzo diessino era convinto di Paolo."

È probabile che per Gentiloni si orientasse anche il settore del Pd che aveva fatto la scissione, aggiungo. "Certo. Ricordati che noi arriviamo qua e Paolo offre a Gianni Cuperlo di fare il ministro dell'Istruzione nel suo governo. Noi da subito proviamo a rimettere insieme il rapporto, la relazione. Lui ha un buon rapporto con Bersani. Da subito. Dobbiamo salvare quell'idea un po' democratica della grande tenda che abbiamo sempre avuto. Dobbiamo stare insieme. È complicato, ma dobbiamo stare insieme, ci dicevamo. Anche per ragioni di tenuta politica e piuttosto introverse, egoistiche. Noi ci rendevamo conto che senza il Pd..."

E se non fosse nato il Conte 2, chi sarebbe stato il leader candidato? "Lì non ci siamo mai arrivati in realtà. Però certo quando saltò la leadership di Renzi molti volevano che Paolo facesse il capo del Pd. Cosa che Gentiloni scelse di non fare, secondo me anche sensatamente, perché non è il suo ruolo. I capi di partito li devono fare quelli che hanno le caratteristiche per fare i capi di partito. Non escludo che se si fosse votato dopo il governo giallo-verde, Gentiloni sarebbe stato il leader del centrosinistra. Però quella volta non glielo vennero a chiedere perché non ci fu tempo."

***

Dopo il giallo-verde e prima del giallo-rosso ci fu effettivamente un interregno in cui proprio il partito era diviso sull'opportunità di tornare al voto. Il nuovo segretario che aveva preso il posto del dimesso Renzi, Nicola Zingaretti, si trovò davanti alla difficile decisione. E voleva votare. “E Zingaretti voleva Paolo capo della coalizione. Però ripeto, a maggio del 2018 in quei pochi giorni di incertezza qui vennero Guerini e Orfini. Che credo fossero Guerini coordinatore della segreteria e Orfini presidente dell’assemblea del partito.”

Possiamo dire che quello fu il momento di maggiore unità del partito, cioè il momento più chiaro della derenzizzazione tentata da Gentiloni?

L’ex ministro accetta la definizione ma non accetta la pace con il passato, in questo mantenendo un filo con Renzi. “Però va detto che i guai del Pd cominciano con la leadership di Bersani. D’altronde non è un caso che il maggiore calo di consenso in termini assoluti avviene tra il 2008 e il 2013. Il Pd passa da 12 milioni a 6 milioni tra il 2008 e il 2018, ma 3 milioni e mezzo li perde nel 2013. Il motivo è che, nonostante ancora reggesse il rapporto con le grandi aree urbane che sono i serbatoi elettorali della sinistra, non solo in Italia, la leadership di Bersani fu una leadership troppo introversa. Che ridusse l’ambizione del Pd.

“Ma per tornare a quello su cui posso aiutarti io. È come ce lo stiamo raccontando, con le difficoltà che aumentano passo dopo passo, le pressioni di Renzi. Poi salta la legge elettorale e lì la situazione non la teniamo più. Non riusciamo più a coprire il fatto che c’è una conflittualità.”

Sconfitta elettorale 2018. E rinascita in Europa

La reazione ai risultati del 2018 qual è stata? Tra voi e Renzi. “Non c’erano già rapporti.”

Siete rimasti sorpresi o no? “Dalla sconfitta no. Pensavamo che il Pd sarebbe sceso, però al 20 per cento. Noi eravamo convinti che le elezioni andassero male, non molto male. Sai, eravamo qua. Il rapporto era completamente saltato tra loro due ormai."

I commenti di Gentiloni in serata? "I commenti furono piuttosto... insomma, eravamo tramortiti dalla sconfitta perché vedevamo che il Pd... cioè quello che noi avevamo visto e provato a fare, cioè salvare il Pd, era andato. Ti ricordi che Renzi non si voleva dimettere, poi c'è stato Martina. Poi il tentativo che abbiamo fatto con Nicola, che è stato un tentativo in cui Paolo ha creduto molto. Mettiamo il più bravo dei diessini lì, il cinquantenne diessino, e vediamo se riusciamo a salvare questa roba. La consapevolezza della sconfitta fu molto profonda. Anche perché ce la intestammo anche noi, pur sapendo che con Paolo saremmo andati meglio. Però, insomma, non c'eravamo riusciti."

Come fa Paolo a riemergere dopo? Perché la storia non finisce lì. È uno dei pochi che è uscito bene dopo il periodo in questo Palazzo, no? "Paolo diventa commissario europeo nel 2020 perché in quell'anno e mezzo a Palazzo Chigi si guadagna la leadership del Pd. Cioè gli riconoscono la leadership, tutti. Paolo era di gran lunga l'esponente politico del Pd più amato dagli italiani, più trasversale. Se la guadagna, tant'è che, come ti raccontavo di quei quattro-cinque giorni in cui sembra non farsi più il governo giallo-verde, vengono qui dal partito a chiedergli di candidarsi. È un'autorevolezza che gli riconoscono tutti per un bel po'. Tant'è che Paolo poi sarà il regista dell'operazione Zingaretti e farà il presidente del partito. Cioè da Orfini si passa a Gentiloni. E poi c'è il rapporto con Mattarella. Fra loro c'è una grandissima stima reciproca."

Hanno stili di lavoro molto simili. "Esatto, e poi le relazioni internazionali. Paolo ha delle relazioni internazionali fortissime, solidissime. America e Germania. Sono cose importanti queste. Il presidente Mattarella era convintissimo che ci volesse un commissario forte e che l'unico che potesse farlo era Gentiloni. Poi Gentiloni quando arriva lì riesce a difendere le deleghe economiche e a non far smontare il portafogli."

Si ferma qui, per ora, la storia di due uomini partiti insieme, Gentiloni e Renzi, e finiti su sponde lontanissime.

Conclusioni
La voluta e ostentata modestia delle élite

Abbiamo iniziato con il fattore sottovalutazione, e in fondo questo elemento c'è stato nei confronti di Gentiloni. Generato soprattutto da un certo suo stile privo di superbia. Una voluta e ostentata modestia. In realtà, Gentiloni è una purissima espressione delle élite italiane, in particolare romane. Una purissima espressione, distillata negli anni. Preparata per governare nei ruoli che Gentiloni ha rivestito.

Il tentativo che percorre il suo mandato è infatti proprio quello per cui le élite sono preparate – tentare di riportare pian piano governi segnati da eccezionalismo in un alveo politico. Il suo esecutivo, percepito, e l'abbiamo visto, come una coda del renzismo, più o meno irrilevante, tentò da renziano la transizione del Pd verso un nuovo patto che ponesse fine all'odissea di quella stagione.

Dopo Monti, Letta, Renzi, Gentiloni è tuttavia l'ultimo premier non eletto di una legislatura a dominio Pd. Le elezioni del 2018 avrebbero pesantemente ridimensionato, con una valanga di voti populisti di Lega e 5 Stelle – reazione anche a quella sfilza di inquilini non eletti –, il peso del Pd.

Ma come vedremo, neppure questa valanga di voti mise fine al vizietto che ormai aveva sedotto la politica italiana:

quello di far salire a Palazzo Chigi anche chi non aveva mai inserito il suo nome in una lista elettorale.

Dopo Gentiloni arriva Giuseppe Conte, che questo consenso lo eserciterà non una ma ben due volte, e con schieramenti politici opposti. Ma di questo parleremo nel prossimo capitolo.

6.
Governo Conte 1.
È stata la mano dell'Europa

Parte 1
Trionfo e sconfitta del populismo italiano, in 14 mesi

Il 4 marzo 2018 dalle urne delle elezioni politiche esce una rivoluzione. La coalizione più votata è il centrodestra (nel quale la Lega, 17,3, alla Camera, supera FI, 14), ma è il M5S il partito più votato (32,7). Netto calo del Pd (18,8).

I numeri beffano tutti gli sforzi in corso dal 2011 di contrastare la vittoria del centrodestra e di emarginare la prepotente affermazione del M5S. Tutti i premier nominati dal Palazzo, tutti gli accordi, le pressioni europee – fra cui rientra quel sorriso sprezzante con cui in conferenza stampa Merkel e Sarkozy umiliarono Berlusconi poche settimane prima delle sue dimissioni – si rivelano in quelle ore non solo inutili, ma, al contrario, finiscono per alimentare lo sviluppo del populismo "sovranista". L'Europa, da tempo inquieta per gli sviluppi politici italiani, inorridisce. Il voto appare come la prima breccia nel cuore del Vecchio continente – dopo il primo scossone rappresentato dalla Brexit –, analoga a quella apertasi in America, l'8 novembre 2016, con l'elezione di Donald Trump alla Casa Bianca.

Il populismo tormenta la politica europea e internazionale. La tradizionale dialettica tra classi, già da tempo messa in discussione, viene rimpiazzata – o almeno questa sarebbe l'idea – dalla presunta contrapposizione fra élite e popoli. È una narrazione che condiziona pesantemente il corso delle democrazie occidentali ormai da quasi un decennio. Nei risultati elettorali del 2018 c'è la sua perfetta rappresentazione: il Pd italiano e le istituzioni europee si trovano nei panni delle élite e i loro detrattori, di destra e non, nel ruolo di rappresentanti del popolo. È una evoluzione della democrazia o un suo arretramento? È una ridefinizione dei concetti di classe così decisivi nella maturazione della dialettica democratica occidentale, o ne è il ribaltamento? Insomma, chi è il popolo e chi è il suo oppressore?

Inizia, almeno per l'Italia, con quel voto, la formalizzazione di un processo di trasformazione dello spazio pubblico i cui esiti finali ancora oggi, all'atto di redazione di questo libro, non sono chiari. Quello che è invece chiaro, ai fini istituzionali, è che nemmeno un voto politico nazionale con risultati così schiaccianti produrrà un governo meno fragile dei precedenti. Anzi.

Il governo guidato da Giuseppe Conte, che inaugura la XVIII legislatura, giura il 1° giugno 2018 e cessa il mandato il 4 settembre 2019, per un totale di 15 mesi. Poco più di un anno, per quanto straordinario, in senso lato.

Non ordinari, da più punti di vista, sono certamente il profilo e le modalità con cui Giuseppe Conte è stato indicato come presidente del Consiglio. Avvocato fuori da ogni circuito politico, viene incaricato dai partiti vincitori di garantire il rispetto di un "contratto" su cui si fonda la coalizione fra due forze politiche, Lega e 5 Stelle, entrambe "antisistema". Ricordiamo che i grillini arrivano all'inaugurazione della legislatura forti della promessa di rivoluzionare le istituzioni politiche, aprendole "come una scatoletta di tonno".

Queste due organizzazioni hanno profili diversi, ma comune è la critica a una Europa indicata come responsabile delle sofferenze dei popoli; comune è, sia pur con sfumature diverse, un sentimento fortemente anti-immigrazione. Le soluzioni che offrono alla profonda crisi sociale e di fiducia nelle istituzioni sono a volte lontane – i 5 Stelle parlano di reddito di cittadinanza, mentre la Lega parla di quota 100 – ma condividono pesanti critiche alle politiche economiche seguite negli anni precedenti. Però se c'è un terreno su cui le due forze politiche si incontrano, è quello di una forte tentazione verso l'uso politico del diritto penale. Il governo che si presenta sulle scene nel 2018 è dunque una inedita compagine, in cui si ravvisano tendenze giacobine e a un tempo corporative. Si fa strada il giudizio per cui uno dei Paesi fondatori della Comunità europea è stato ormai conquistato da chi non esclude l'uscita dalla moneta unica.

Tuttavia, a dispetto della propria carica antisistema, i due partiti si acconciano quanto prima a uno dei vizi proprio del tanto vituperato sistema. Anche Lega e M5S adottano la pratica di indicare un premier il cui nome non è mai passato per una prova elettorale. La pratica così criticata negli anni precedenti, e rivelatasi efficacissima nel rafforzare la critica populista della democrazia "tradita", viene usata senza un battito di ciglia, e anzi riproposta in una formula ancora più evoluta: nominato è un tecnico che in quanto avvocato deve garantire, come in un accordo civile, un contratto politico. La loro interpretazione del ruolo è, in ogni caso, una ulteriore innovazione, nel senso che porta la figura e le regole di ingaggio dell'inquilino di Palazzo Chigi in una dimensione totalmente nuova.

La novità viene criticata, accettata, irrisa o approvata dal sistema e dai cittadini. Interessante è che nessuno dica però che la strada intrapresa devia – seppur non formalmente – dallo spirito più autentico della Carta costituzionale. Il che prova quanto fragile si sia fatta in Italia l'impalcatura istituzionale. È l'intero sistema a uscirne più debole. Debolezza che si riflette sui protagonisti pro tempore, che non a caso non sopravvivono a lungo. Anche le forze antisistema, vedremo, cadranno in anticipo, come tutti i loro predecessori.

Con differenti sbocchi.

L'avvocato premier, quinto inquilino uscito da accordi di palazzo, dopo Monti, Letta, Renzi, Gentiloni, rappresenta nel suo doppio ruolo (garante legale e presidente del Consiglio) una anomalia talmente particolare da riuscire, paradossalmente, a costruire un rapporto proprio con il Paese. Conte si affermerà come forza autonoma, autonomia che gli garantirà una lunga vita. Presiederà un governo formato da due organizzazioni "populiste", Lega e M5S, profondamente ostile alla sinistra; e un governo frutto dell'alleanza tra M5S e il Pd, nemico della prima ora dei grillini. Nel complesso Conte resterà a capo del governo dal 1° giugno 2018 al 26 gennaio 2021, per un totale di 971 giorni. Un record che lo colloca, nel decennio di cui stiamo parlando, sotto Renzi (1024 giorni) e sopra Draghi (616), Gentiloni (536), Monti (529) e Letta (300).

Il cambio di rotta, tuttavia, costerà ai 5 Stelle una grave perdita di consensi e una crisi di identità che durerà per molto tempo.

Matteo Salvini, il leader leghista che di fatto dominerà il governo giallo-verde, attraversandolo trionfalmente, perderà invece di colpo il capitale politico accumulato in una guerra (che come storia sarà appassionante da seguire) contro tutti – a partire dal resto d'Europa –, della cui portata non si è mai probabilmente reso conto fino in fondo.

Insomma, possiamo dire, in sintesi, che queste forze antisistema, non avendo avuto la forza di sovvertirlo davvero, hanno finito per soccombervi.

Parte 2
L'x factor dei premier

Si incontrano il 12 maggio a Milano. "In una specie di albergo con un arrivo alla James Bond negli anni sessanta a Berlino Est." Arrivo sotterraneo. "E devo dire che al primo approccio sembrò un frate francescano col capo coperto di cenere. E non capimmo invece che dietro questo frate francescano di grande umiltà si celava un frate domenicano, un personaggio di ben altra natura."

Il racconto che qui riportiamo è quello che faranno ai loro più stretti collaboratori gli uomini (della Lega e del M5S) che hanno avuto parte nella trattativa per portare Giuseppe Conte a Palazzo Chigi.

Un bravo avvocato, scelto nel corso di un incontro segreto. Una trama – appunto – che sembra scaturire dalla penna di Ian Fleming, ma che gode di un innesto contemporaneo. Parliamo della modalità di selezione seguita, quella del contest.

La macchina arriva nel garage sotterraneo dell'albergo milanese, da cui un ascensore raggiunge direttamente i piani. Nessun passaggio per la hall, nessun testimone. L'hotel del resto è stato scelto proprio perché offre il massimo della riservatezza. L'albergo di cui si parla è infatti grande e anonimo, parte di una catena internazionale, l'NH di largo Augusto, oggi Hotel NH Collection President (guarda caso).

I candidati erano due, uno per ognuna delle forze politiche. Si infilano negli ascensori, diretti alla suite, uno spazio non lussuoso, con una camera da letto e un salottino con "divanetto". Per la "valutazione" c'erano quattro persone, due per la Lega, Salvini e Giorgetti, e due per il M5S, Di Maio e Spadafora. I leghisti giocano in casa, a Milano. Il loro candidato è Giulio Sapelli. Di quell'incontro non sappiamo molto. Sappiamo invece molto del colloquio di Conte.

Il viaggio non sfugge del tutto ai radar dei media. Le agenzie danno conto che il 12 maggio a Milano si incontrano Di Maio e Salvini. Ma i colloqui fra loro due non sono il vero ordine del giorno.

I due candidati alla presidenza del Consiglio non si incrociano, "tra loro c'è una mezz'ora". I due pentastellati racconteranno dopo che, quando incontrano Sapelli, si guardano pensando di aver già vinto: il candidato leghista, brillante e autorevole, è troppo lontano dall'operazione, mentre Conte... "vuoi mettere?".

"Oggettivamente Sapelli, per quanto gli sia riconosciuta una grande cultura, comunque era una scelta difficile. Era chiaro, quando è arrivato Conte, che era già allora perfetto per il ruolo."

I due si avvicendano, senza vedersi. Finiti gli incontri "alziamo le palette". Una battuta densa di ironia, che rimanda all'origine dei 5 Stelle, incubati negli show prima televisivi e poi di piazza di Beppe Grillo.

"La chiacchierata era surreale perché ovviamente queste persone, lui e Conte, sapevano di essere candidate a fare il presidente del Consiglio. È una cosa che, se ci pensi, è assurda. Ti siedi e cominci a raccontare del più e del meno sapendo che stai parlando a quattro persone che stanno lì a valutare la possibilità di darti l'incarico di presidente del Consiglio. Sapelli ci ha raccontato la sua idea di Europa, soprattutto, che è nei suoi grandi temi, le sue grandi battaglie, ci ha raccontato tutta la sua esperienza. Non è che gli si facevano domande. Perché chi veniva lì sapeva già tutto sommato a che cosa doveva rispondere, che cosa doveva dire, quindi lui si è lanciato. E lo stesso ha fatto Giuseppe. Diciamo che ognuno dei due iniziava col raccontare anche come si era avvicinato alla forza politica che lo aveva proposto. Sapelli ci raccontò di come conosceva Giorgetti, prevalentemente Giorgetti, perché anche in quel caso il nome venne fuori da Giorgetti, non da Salvini. Conte raccontò appunto come si era avvicinato al Movimento 5 Stelle. Tenendo entrambi a precisare che non erano organici né l'uno alla Lega né l'altro al M5S. Forse in questo cercando anche di essere visti un po' super partes e quindi di essere accettati. Sapelli da noi, Conte dalla Lega. Alla fine non è che ci fosse molto altro da dire perché tutti e due erano consapevoli che se il rapporto si fosse avviato, poi si sarebbe dovuto scrivere il programma."

***

Nell'albergo milanese si sta in verità concretizzando l'idea che un'alleanza politica possa essere formalizzata in un contratto, su cui viene posto a vigilare un uomo esperto di legge. Le due forze politiche, specie i leghisti, che hanno fatto del rifiuto dei governi tecnici il loro principale terreno di battaglia da Monti in poi, cioè dal 2011, una volta che conquistano una incredibile vittoria nel 2018 (sette anni dopo) indicano anche loro un tecnico. Certo non un tecnico nel senso di Monti e altri precedenti simili – cioè un profilo scelto in virtù di un'indiscussa autorevolezza. L'avvocato Conte è frutto di una scelta dei partiti vincitori – e tuttavia arriva a Palazzo Chigi senza aver mai attraversato la politica. Ci troviamo così di fronte a una continuità col passato che è semmai più accentuata dall'evoluzione di questa figura. Un uomo che non ha mai fatto politica è messo a capo di un governo in cui i vincitori delle elezioni sono suoi vice. Sia chiaro: la Costituzione lo permette, il Parlamento voterà un'ampia fiducia all'operazione – come per tutti i precedenti da Monti in poi. Ma resta il fatto che le forze politiche si escludono dalla tolda di comando di Palazzo Chigi.

Il discorso sul potere non è accademico: nel tempo si vedrà (i leghisti lo scopriranno sulla propria pelle) che il potere va ormai concentrandosi in misura sempre maggiore nelle mani dell'inquilino di Palazzo Chigi. È anche questa la legge della gravità, che invochiamo spesso in questo libro. La domanda vera posta da queste decisioni, e che con gli occhi del poi si rivelerà sempre più rilevante, è attraverso quale processo i vincitori delle elezioni arrivano a tale formula.

Come nasce l'idea del premier garante senza curriculum politico? La risposta è, come vedremo nelle prossime pagine, che la scelta fu l'unica soluzione possibile in un sistema ormai profondamente disarticolato.

Il terzo candidato

Da parte 5 Stelle si ricostruisce il clima che portò alla decisione con poche parole: "Lì a un certo punto, quando si capì che non la spuntava né Salvini né Di Maio, allora si decise. 'Proponete un nome voi, e noi proponiamo un nome'". Se ci pensate, è un'ammissione dell'incapacità di arrivare a sintesi.

Ma se per un movimento privo di radici nella storia repubblicana come i 5 Stelle anche la più radicale delle innovazioni poteva apparire naturale, più sorprendente è che la Lega, partito tradizionale e, sotto la guida di Salvini, sempre più leaderistico e conservatore, abbia accettato questa "reinvenzione" della figura del premier.

Che orientamenti c'erano dentro la Lega su questo? Cioè la Lega è andata verso la soluzione terza convintamente o mantenendo alcune riserve?

Ne parliamo con un ex ministro leghista, che ci accompagna in questa ricostruzione. "A un certo punto si capì che non se ne veniva fuori e si propose: 'Facciamo un momento l'inverso. Cioè il Movimento 5 Stelle propone tre nomi e la Lega sceglie all'interno dei tre nomi'. Noi gli proponemmo

Giulio Sapelli, per raffigurare, più che la persona, l'identikit. Cioè un personaggio solido sotto il profilo economico ma che potesse anche interpretare una visione un po' eterodossa rispetto alle teorie ufficiali. E lì loro proposero una terna: una donna, che mi ricordo era una dirigente del ministero dell'Ambiente, un anziano prefetto e Conte."

Secondo il racconto, Salvini e Giorgetti ragionano sulla proposta in questo modo: "Un prefetto no; onestamente tutto, ma finire la carriera della Lega eleggendo un prefetto no. La donna non la conosciamo. Questo qui è un professore, cioè un professore con dei titoli accademici, incontriamolo". Infatti poi lo si incontrò a Milano. Incontri fra sconosciuti insomma: "Abbiamo ricostruito ex post che lui era stato indicato nel governo teorico del web come ministro della Pubblica amministrazione. Nel governo ombra dei 5 Stelle. Arriva molto probabilmente da Bonafede che aveva studiato Diritto all'Università di Firenze e che quindi lo aveva conosciuto lì. Lui ci disse che in quel momento non aveva un preciso orientamento politico, che sostanzialmente si era messo a disposizione del Movimento 5 Stelle per cambiare questo Paese, per migliorarlo, per fare l'avvocato del popolo. E quindi sostanzialmente su di lui valutammo che non fosse un personaggio politicamente pericoloso".

Da quel che si può capire, l'esame di Conte è più lungo e complicato di quello riservato a Sapelli, che è personaggio pubblico e dunque noto a tutti. Domande sui temi più cari ai leghisti: economia e immigrazione soprattutto. È interessante ascoltare oggi le risposte di allora di Conte.

Sull'immigrazione: "Ah, no, bisogna assolutamente fermare il fenomeno". Sull'economia: "Comunque bisogna cambiare, cambiare l'Europa, questi qui. Dobbiamo indicare di nuovo qual è l'interesse del popolo". Sull'Europa, tema caldo del momento, Conte è molto allineato, ci racconta l'ex ministro: "Esattamente la nostra posizione. Cioè di euroscetticismo e coerente con l'approccio che poi noi volevamo portare con Savona. Tutta la prima versione di Conte era questa. Infatti quando andò al Quirinale per presentare la lista dei ministri e il Quirinale disse 'Savona no, perché ha scritto un libro contro l'euro', Conte replicò: 'Va bene, allora io non posso accettare l'incarico'. Conte tuttavia fa una ottima impressione soprattutto come persona. Dice che 'era consapevole che la sua vita sarebbe cambiata se avesse accettato, quindi se volevamo lui era disponibile, però se non fosse toccato a lui non se ne faceva un problema. Molto umile. Un francescano, proprio".

Inoltre, e anche questo è un dettaglio interessante, se non per l'incontro, per la nostra immaginazione, "Conte è vestito con il suo vestito blu. Sempre vestito così. Come un impiegato di banca di quando le banche erano una cosa seria".

E tuttavia, questo bozzetto iniziale che abbiamo delineato è solo una minima parte della storia del rapporto fra queste due forze politiche. Un accordo così anomalo affonda le sue radici nell'imprevisto risultato elettorale. Nel 2018 vincono due forze politiche populiste/radicali, la cui affermazione, inattesa, porterà l'Italia sulla cresta dell'onda populista che monta in Occidente, e che scuoterà l'Europa e la politica internazionale. Le conseguenze peseranno sullo stesso governo, al punto da concorrere a determinarne la fine.

Vi propongo dunque di fare un ulteriore passo indietro e allargare lo sguardo a tutto quello che le elezioni del 2018 mettono in moto – l'agitazione che circonda la situazione in Italia e, soprattutto, l'allarme che sale a livello internazionale. Il timore è uno solo e covava da tempo – è il timore che portò Monti al posto di Berlusconi, il timore che aveva portato Napolitano a puntare sulla riedizione della coalizione Pd-Pdl, con al centro un Pd sempre più debole e/o spaccato. Manovre clamorose, azzardate o generose, scegliete voi l'aggettivo che più vi aggrada, ma che alla fine invece di consolidare una coalizione capace di garantire stabilità e crescita, finirono per duplicare la forza antisistema del populismo, che si presentava ora con il doppio volto del sovranismo targato Lega e del giacobinismo di rito grillino.

Parte 3
Europa, convitato di pietra

"Il governo nasce in un clima di sospetto da parte di tutti questi mondi e con queste domande di garanzie che vengono fatte su ogni figura chiave. Oltre alle garanzie che ci venivano chieste sulla figura di un presidente del Consiglio." A parlare è ancora l'ex ministro leghista di quel primo governo Conte. Personaggio sbrigativo, come sono i leghisti, e dalla forte impronta pragmatica.

Per la formazione del governo Conte sono necessari 88 giorni. Il tempo più lungo nella storia repubblicana. Un record indicativo delle tensioni che i due gruppi devono superare e delle tante piccole e grandi ingerenze che le due forze politiche devono respingere, o accettare, lungo il percorso.

L'Europa fin dall'inizio mostra la propria insofferenza di fronte al successo del nuovo populismo.

La Merkel, sempre cauta, stavolta interviene subito. Le elezioni sono il 4 marzo e la cancelliera Angela Merkel e il presidente francese Macron aprono subito le danze, il 16, cioè dodici giorni dopo lo spoglio elettorale, esprimendo le loro preoccupazioni per "le elezioni italiane che hanno visto crescere gli estremisti". Fa loro eco il 10 maggio il presidente italiano Mattarella, pure lui di solito assai cauto, che sceglie la cornice dell'Istituto europeo di Firenze per dire che sull'Europa "le teorie sovraniste propongono soluzioni tanto seducenti quanto inattuabili".

"Secondo me in tanti non scommettevano sulla nostra capacità, sul fatto che potessimo formare il governo. Secondo me non ci credevano. E quindi erano là ad aspettare che fallissimo." Chi siano questi tanti che scommettevano contro quel governo non è chiaro. Il discorso con l'ex ministro chiama in causa "regole ed entità che tirano le fila" e "poteri non favorevoli". Di certo c'è che i vincitori sono sicuramente visti all'inizio con una certa diffidenza. "Io penso che dai sondaggi, dai monitoraggi che facevano, avevano intuito che il centrodestra potesse vincere. Avevano però in qualche modo la garanzia e la sicurezza che nell'ambito di questo centrodestra comunque Berlusconi e Forza Italia con tutti i difetti del caso mantenessero la guida. E che comunque il Pd tenesse il punto con una sconfitta onorevole e significativa tale – e queste erano anche le preoccupazioni nostre in qualche modo – da permettere che un governissimo Pd e Forza Italia potesse avere la maggioranza alle Camere. Invece si verifica un mix micidiale e cioè i 5 Stelle sbaragliano il Pd, che esce massacrato. C'è questo successo clamoroso dei 5 Stelle e nella coalizione di centrodestra vince la Lega, che ha per la prima volta il ruolo leader. Da qui l'impasse che segue." Comincia qui infatti un lungo percorso, molto confuso e chiarissimo allo stesso tempo.

La spinta della "resistenza passiva" di Mattarella

Stavolta al Quirinale non c'è Giorgio Napolitano. Sergio Mattarella non è un decisionista, ma non è nemmeno un passacarte. Cominciano consultazioni formali e informali. "Consultazioni interminabili. Diciamo che non c'è da parte del presidente della Repubblica un'attività proattiva come avrebbe fatto Napolitano, ma una sorta di resistenza passiva, io la chiamo così. Cioè non fa nulla per agevolare in qualche modo un governo o della destra o comunque non gradito all'Europa. Dopo questo tira e molla, l'unico governo che alla fine poteva esprimersi e produrre una maggioranza è il governo, se vogliamo, 'sovranista-populista' o comunque anticonvenzionale tra 5 Stelle e Lega. Che erano quelli che avevano vinto le elezioni. A un certo punto alle riunioni tra noi capi sostenni questa tesi: 'La situazione è bloccata; o ci sono le elezioni o il governo è quello che hanno detto gli italiani, che vi piaccia o non vi piaccia, e lo hanno detto molto chiaramente. Questo è il governo di quelli che hanno vinto. Non può andare al governo chi ha perso'. Quindi c'è una sola opzione. Salvini e Di Maio si vedono e si parlano. Decidono in qualche modo di sfidare tutta una serie di resistenze anche all'interno dei partiti e nelle coalizioni e di provare a fare questa cosa."

Il rapporto fra Salvini e Di Maio risulta essere l'elemento decisivo. Occorre infatti tener presente che il connubio tra Lega e M5S non era scontato. Il racconto di un altro ex ministro, stavolta pentastellato, del primo governo Conte, ci aiuterà a far luce su un passaggio – emerso certamente all'epoca nelle cronache, ma non del tutto chiarito. Si tratta del tentativo di formare un governo con il Pd.

Renzi sbarra la strada all'accordo Pd-M5S

Racconta l'ex ministro pentastellato: "Noi siamo arrivati alla Lega perché in realtà Renzi ha fatto saltare il governo con il Pd. Questo va sempre detto. Non si è partiti dalle trattative con la Lega. Con le trattative si è partiti dal Pd e si è cercato di fare il governo con il Pd. E sembrava anche che Renzi inizialmente volesse farlo.

"Il Movimento 5 Stelle era arrivato al 33 per cento dicendo: 'Non governeremo mai né con gli uni né con gli altri. Governeremo da soli'. Cosa che si rivelò impossibile. Quindi quello fu il primo momento della verità. Il momento della consapevolezza che non si era arrivati al 51 per cento, come era ampiamente prevedibile: il Movimento non sarebbe mai arrivato a quella cifra. Il Movimento ne prese atto ma era diviso, sì, tra quelli che assolutamente non volevano il governo con il Pd e quelli che non volevano assolutamente il governo con la Lega. Quindi nessuna delle due cose sarebbe avvenuta in modo indolore, qualcuno avrebbe dovuto fare un passo indietro rispetto ai suoi desiderata".

A dirla tutta, la difficoltà con la Lega era maggiore perché c'era Berlusconi. Anche allora, durante la fase istruttoria delle trattative per formare le alleanze, la questione Berlusconi venne subito a galla. "Ancora oggi Di Maio racconta che lui non ha voluto fare la telefonata a Berlusconi, cosa che lui dice avrebbe potuto procurargli anche la possibilità di fare il presidente del Consiglio. Questo è tutto quello che so.

"Innanzitutto si provò a fare l'accordo con il Pd, e lo raccontammo anche allora. Poi Renzi va da Fazio senza avvertire nessuno, e noi pensavamo che lì avrebbe annunciato che l'accordo era chiuso. Invece un'ora prima, giusto un'ora prima, cominciarono a girare messaggi nelle chat tipo 'Sembra che Renzi faccia saltare tutto e lo annunci da Fazio'. Noi, forse ancora un po' ingenui, dicevamo: 'Ma non è possibile, abbiamo trattato con lui fino a cinque minuti prima. Domani c'è un altro incontro, ci dobbiamo vedere, se fosse andato da Fazio per annunciare che tutto salta, quantomeno ci avrebbe fatto una telefonata prima. Ci avrebbe fatto chiamare da qualcuno prima'. E invece... Ci siamo tutti radunati davanti alla tv a vedere Fazio, e Renzi ha fatto esattamente questo: ha annunciato da Fazio, senza mai chiamare prima noi né avvertire Lotti e Boschi che sapevano della trattativa, che non si sarebbe fatto il governo.

"Pochi giorni dopo l'intervista da Fazio, Renzi spiegò che erano state due le cose a spingerlo a fare questo. La motivazione che ha dato a noi, vera o falsa non lo so, è che c'era intanto una ragione di tipo pubblico: andava in giro e per strada tutti gli dicevano: 'No, il Pd non può fare una cosa del genere, non può portare i 5 Stelle al governo'. La seconda motivazione, forse un po' più plausibile, è che alla fine il suo cerchio ristretto, quindi la Boschi e Lotti, le persone a lui più vicine, era totalmente contrario a questo accordo. Mentre c'era tutto il pezzo diciamo storico del Pd, penso a Franceschini ma anche a tutta la parte dei Ds, che lo spingeva moltissimo verso questo accordo. Perché ovviamente nella loro testa c'era l'idea di normalizzare il Movimento 5 Stelle. Cioè di essere loro, persone – quali loro giustamente si ritenevano – con un senso delle istituzioni maggiore rispetto a quello della Lega, gli interlocutori per portarci al governo."

Quindi a quel punto si è andati a cercare l'accordo con la Lega ed è lì che nasce l'altro problema – chi avrebbe fatto il presidente del Consiglio tra Di Maio e Salvini.

Chiedo all'ex ministro leghista la conferma di questa versione 5 Stelle. È vero che nasce un forte rapporto fra Salvini e Di Maio? Si conoscevano già o si sono conosciuti in quel periodo? Il leghista è, al solito, asciutto: "Prima del rifiuto di Renzi non si sono mai visti, ma a quel punto non c'era alternativa".

Di Maio, va ricordato, in quel momento era il capo politico dei pentastellati e aveva un piccolo ma fidato gruppo di consiglieri (come Vincenzo Spadafora). Il tavolo principale della trattativa fu quello nell'hotel dove si videro i candidati premier. Quando la trattativa si sbloccò venne istituito un tavolo del programma, attorno al quale sedevano quattro-cinque persone per ogni schieramento, ciascuna scelta sulla base dei principali temi oggetto di discussione. La maggior parte delle riunioni si fece in Regione Lombardia a Milano.

Prosegue l'ex ministro: "C'erano sempre due tavoli paralleli. Il tavolo del programma e il tavolo per la composizione del governo. Ogni volta che sul tavolo della composizione del governo si trovavano ostacoli, si rallentava quello del programma. Ovviamente". Ed è lì che si inventarono – un'idea più che altro della comunicazione del Movimento 5 Stelle – il contratto. Il contratto alla tedesca – o almeno così lo raccontarono.

Gli 88 giorni di trattativa per la formazione del governo sono un tour de force, e la diplomazia sotterranea tra le parti ha giocato un ruolo decisivo. C'è qualcuno che guida Di Maio, che dopotutto non è un parlamentare di lungo corso? Il pentastellato: "Secondo me, lì è venuta fuori un po' la verità su Luigi. E cioè che lui comunque, piaccia o non piaccia, ha un talento che non hanno in molti: una capacità di apprendimento, veloce, rapida, una cosa che gli invidio. E poi ha fiuto. Lui e Salvini si sono chiamati direttamente e si sono detti 'Vediamoci'".

Ma come fanno a incontrarsi due leader di così alto profilo senza essere intercettati? "Fu scelto un posto istituzionale, cioè la camera nella cosiddetta 'Sala Siani', credo si chiami ancora così. Che poi di fatto era l'ufficio che utilizzava spesso Luigi. Era una sala nel Palazzo dei Gruppi al quarto piano o al quinto, al quarto credo. Il primo incontro fu certamente lì." E per un paio di volte nessuno se ne accorse: un vero miracolo. "In verità la notizia fu tenuta nascosta per 48 ore. Perché, nel momento in cui si capì che era iniziato il rapporto con la Lega, ovviamente quel luogo fu presidiato, sempre. Sotto il Palazzo dei Gruppi c'era di tutto."

La Lega scarica Berlusconi

Ovviamente, come sappiamo, il primo ostacolo fu l'alleanza fra Salvini e Berlusconi. Come e perché Salvini decise di buttare a mare il Cavaliere? "Questo non avvenne subito. Nel senso che all'inizio i due [Di Maio e Salvini, *N.d.A.*] cominciarono col capire se c'era feeling o meno fra loro. E tutto sommato non fu difficile. Probabilmente sarebbe stato più complicato rendere compatibile Luigi con Renzi. Dal punto di vista umano, ancora prima che politico, ci fu molto più feeling immediato con Salvini che non quanto ce ne potesse essere in genere con il Pd. Forse perché anche tradizionalmente Luigi viene da una storia famigliare e personale per nulla di sinistra. Ma è vero anche che il Pd di sinistra non è che avesse più granché. Soprattutto in quel momento."

Feeling, sintonia, termini poco usati in politica emergono nel racconto sulla nascita del Conte 1. Non è che sarà poi questo un punto debole dell'alleanza, quando le cose non gireranno per il verso giusto? A un certo momento, infatti, la tensione tra i due si riflesse in una tensione ancora più grande che investì il governo. "Per quanto riguarda Berlusconi, per noi era un problema, ma va considerato che in quel momento Salvini era molto più forte di adesso. E aveva un desiderio sfrenato di portare quella Lega, la sua Lega, al governo. Per dimostrare che comunque era finita un'epoca rispetto a quello che era purtroppo diventata la Lega dopo i governi con Berlusconi. Quindi venne tutto abbastanza naturale. Io ritengo che a quel punto Salvini abbia creduto, ma forse con il senno di poi si sbagliava, di potersi liberare con quella occasione definitivamente di Berlusconi ma anche della Meloni. Cioè di diventare il vero partito della destra, magari anche moderata, perché in quello voleva trasformare la Lega. Quindi, tutto sommato, a lui non andava male che noi gli mettessimo come obbligo di tener fuori sia Berlusconi sia poi anche la Meloni." Ragionamento corretto, ma non del tutto scevro di pericoli.

"Se ci pensi," dice il nostro pentastellato, "quella di Salvini fu una presunzione di forza, ma è la stessa presunzione che lo ha motivato poi quando ha staccato la spina del governo giallo-verde. Alla fine il Conte 1 è caduto perché Salvini in quel momento ha pensato di essere più che forte, fortissimo; ha pensato di andare alle elezioni, di stravincere, di costringere nuovamente Berlusconi e la Meloni a tornare con lui e di andare lui al governo come premier con un governo di centrodestra."

Soffermarsi sul tema della percezione della propria forza da parte di Salvini non è affatto un esercizio accademico. L'idea che con la forza si possa ottenere ciò che si vuole è sempre stata una costante nella carriera del leader leghista. Un'idea che, spesso, lo ha portato fuori strada. Ad esempio, l'irruenza con cui ha affrontato la crisi del governo Conte 1 è stata una delle ragioni del suo fallimento.

Un contratto, o forse due

Nonostante i buoni rapporti, la situazione resta dunque di non facile soluzione, secondo l'ex ministro leghista. "La squadra di governo andava formandosi ma il presidente del Consiglio rimaneva appeso. Salvini ambiva a quel posto, ma si rendeva conto che l'altro partito era più forte. Di Maio voleva farlo a sua volta, ma Salvini non glielo voleva concedere perché non gli sembrava la figura giusta. Si conoscevano ancora poco, però devo dire che con tutte le diffidenze del caso la cosa è partita. Alla fine abbiamo registrato un buon feeling su un non detto che aleggiava sin dall'inizio, e che poi è arrivato sul tavolo. Abbiamo deciso: 'Noi il governo lo facciamo, ci giuriamo eterna fedeltà fino alla morte. Proviamo a fare il famoso contratto'."

Si arriva faticosamente a questo punto alla selezione di Conte come garante/premier. Il 15 maggio l'"Huffington Post" pubblica una bozza del "contratto" di governo cui si sta lavorando. Vi si scrive di "poter uscire dall'euro" e di "ritiro delle sanzioni alla Russia". Di Maio e Salvini non negano che la bozza è autentica, ma affermano che è un "testo superato". Superato non tanto, visto che la bozza, cartacea, come richiesto da me (in quell'anno lavoravo all'"Huff Post") aveva anche, come tutte le bozze al lavoro, la data e l'ora dell'ultima revisione: il 14/05/2018, ore 9.30 – cioè il giorno prima della sua pubblicazione, il 15/05/2018. La diffusione del testo provoca reazioni, alcune delle quali francamente eccessive – sulle verifiche delle fonti (fatte), sulle modalità delle consegne, di cui però la migliore è che il contratto sarebbe stato apposta dato a un "piccolo" sito perché non ben versato nelle sottigliezze della politica europea. Insomma, un'operazione per gonzi. Il giorno dopo sale lo spread fra titoli di Stato italiani e Bund tedeschi (150). Gli analisti attribuiscono la crescita alle indiscrezioni sulla bozza di "contratto".

In realtà per quel che valse poi nel corso del governo futuro, la pubblicazione del contratto funzionò soprattutto come termometro della volatilità del clima interno ai due contraenti. Non ci voleva infatti molta fantasia per capire che il testo fu portato a conoscenza dell'"Huff Post" da un milanese, nel caso un imprenditore, che non amava quella alleanza. Una buona parte della Lega infatti era imbufalita. Più realisti i pentastellati, fra cui il nostro interlocutore che racconta: "Io ricordo che in riunione commentai la pubblicazione del contratto dicendo: 'O è qualcuno dei nostri che lo vuole far saltare, o qualcuno della Lega'. Non poteva essere diversamente".

I 5 Stelle sul contratto erano tranquilli. Alla fine era un loro strumento e ne capivano meglio l'impatto: "Il contratto era proprio un'idea del M5S, che iniziò a scrivere la bozza. Poi quella bozza doveva essere rivista con la forza politica con cui avremmo deciso di fare il governo. Quindi il tavolo con la Lega venne fatto perché ci era chiaro che alla Lega non poteva andar bene tutto quello che avevamo scritto in quel contratto. Perché il contratto? Era per giustificare anche al nostro elettorato che saremmo andati al governo solo con chi avrebbe accettato quello che sostenevamo noi. Però poi alla fine non fu neanche così [ride il pentastellato, *N.d.A.*], perché alla fine in quel contratto c'era scritto l'universo mondo, come nello stile del M5S. Ma quando ci sedemmo con la Lega, molti di quei punti vennero edulcorati, modificati, perché bisognava ovviamente arrivare a un testo condiviso. E ovviamente, questo va anche detto, i punti forse più critici, veramente più critici, di dissenso tra le due forze politiche non vennero affrontati in maniera approfondita ma lasciati un po' così". E infatti, i punti su No Tav e le grandi opere in genere divennero, più tardi, ragione di rottura.

Più difficile far accettare a un partito tradizionale come la Lega uno strumento simile. L'ex ministro leghista esordisce con un: "Fu un casino, quel contratto fu un casino. Come al solito l'alunno indisciplinato e maldestro cerca di copiare dal secchione. Copiammo quello che fanno in Germania naturalmente. In modo penoso… Partì questo gruppo di lavoro in cui i vari responsabili delle diverse aree di interesse cominciarono a buttar dentro tutte le pazzie reciproche. Con un criterio: si salva ciò che è minimo comune denominatore e ciò che non è minimo comune denominatore, seppur importante, non rientra nel contratto di governo. Questo governo, dunque, farà soltanto le cose su cui siamo d'accordo e non quelle su cui non siamo d'accordo. Tanto è vero che sulla Tav c'è stata una formulazione così ambigua che, come successe poi, non si poteva fare nulla se non continuare sulla vecchia strada. Mentre su alcune cose c'era pacifica condivisione, come sul Mes, su cui eravamo in totale disaccordo rispetto alla versione ortodossa dell'Europa. Quindi, con varie e successive elaborazioni, prende forma questo contratto di governo, che comunque conteneva delle cose. Almeno su questo avevamo votato il governo. Il governo Conte 2 invece non fece neanche il programma".

Si può dunque dire che fin dall'inizio fu la Lega a sentirsi stretta? "Certamente sì. Nel senso che non tutti erano d'accordo. Poi queste cose le decide sempre Salvini e lo fece anche allora. Io all'inizio ero perplesso, in seguito cambiai idea. In merito a questo dibattito, è rimasta scolpita nella memoria di vari leghisti una cena del partito, cui partecipava una dozzina di persone, e durante la quale Giorgetti disse: 'Guardate, in questa situazione in cui non si capisce un cazzo, secondo me ha deciso il popolo. È una cazzata? Può darsi ma il popolo si è espresso contro le élite e chi ha vinto le elezioni siamo noi e loro. Siamo obbligati a farlo. Abbiamo il dovere di farlo. Perché se torniamo a votare l'esito non sarà più questo'."

Comunque la pubblicazione del contratto ebbe anche il merito di indurre i contraenti a smussare le affermazioni più dure: quelle sull'uscita dall'euro, ma non solo. La proposta più sorprendente, e per certi versi più esplosiva, è contenuta a pagina 4 delle 39 del documento: la creazione di una struttura parallela al Consiglio dei ministri, il Comitato di riconciliazione, sede in cui regolare i dissensi nella collaborazione fra le due forze politiche o prendere nuove decisioni. Un organo decisionale (che infatti decide con maggioranza a due terzi) non previsto dall'ordinamento della Repubblica e la cui formazione, per quanto "informale", rischia di compromettere gli equilibri istituzionali.

È bene ricordare il contesto in cui si rincorrevano proposte di questo tipo. Due giorni dopo la pubblicazione del contratto, il leghista Claudio Borghi, a proposito del Monte dei Paschi di Siena, dichiara: "Lo Stato azionista deve ridefinire la *mission* e gli obiettivi dell'istituto di credito in un'ottica di servizio", e le azioni dell'istituto crollano in Borsa dell'8,8 per cento. Altro che bozza di contratto!

Nonostante tutto, il 23 maggio Mattarella affida l'incarico di formare il governo a Conte. E il premier in pectore, che accetta con riserva, giunto sotto la luce dei riflettori, esce dall'ombra con un passaggio di grande effetto.

Disinvolto, percorre le grandi sale del Quirinale, accanto ai consiglieri del presidente, e fa un breve discorso (otto minuti) che lascia il segno. Brillante o mediocre, come preferite, ma non banale: "Sono professore e avvocato, ho perorato cause di varie persone e ora difendo l'interesse degli italiani a tutti i livelli, dialogando con le istituzioni Ue e con gli altri Paesi. Mi propongo di essere l'avvocato difensore del popolo italiano".

Una definizione che ha poco a che vedere con la tradizione democratica italiana. Ma è pur vero che si tratta di un messaggio efficace e aiuta le persone a comprendere cosa diavolo è andato a fare lì quel signore che nessuno ha votato. Il primo passo è ben misurato.

Ora la partita è fra l'avvocato del popolo e il Quirinale sulla lista del governo. Una partita non facile.

Il Quirinale, ancora

La palla torna sempre al Colle. Al di là della personalità di chi siede al Quirinale, che sia un interventista come Napolitano o un uomo cauto come Mattarella, il ruolo del presidente nel percorso di formazione del governo è tutt'altro che marginale. Specie in questa curvatura della nuova legislatura in cui si lavora all'accordo fra forze percepite come una minaccia al sistema.

Mattarella agisce con calma e senza cambiare rotta, senza mai pressioni dirette. Infatti nessuno dei leader dei due partiti vincenti ha un cattivo ricordo del Quirinale, tutti rammentano il filo sottile su cui si camminò.

"Non c'erano pressioni," ricorda l'ex ministro leghista. "Il Quirinale diceva che la figura del presidente del Consiglio doveva essere una figura politica che rappresentasse la coalizione. E quindi quando arrivò per la prima volta il nome di Conte, ci fu da parte del Quirinale molta freddezza. Della serie 'chi rappresenta costui?'. Al netto del curriculum accademico, che garanzia politica c'è dietro un nome come questo? Quindi devo dire che inizialmente Mattarella fu molto freddo su quest'ipotesi di un terzo nome che non fosse uno dei due partiti. Non so se questo facesse parte della strategia di resistenza passiva di cui ho parlato prima. Cioè un ultimo tentativo per non far partire nulla. Anche perché se saltava quell'accordo si andava a votare. Oppure se effettivamente avesse delle riserve sul fatto che un governo così colorito, multicolore, così strano e innovativo, senza una figura politica forte come presidente del Consiglio non sarebbe potuto andare avanti."

Mattarella aveva riserve chiare, che fece capire, tuttavia non si prestò a forzature, non fece mai un nome, neanche indirettamente, ai leader dei due partiti. "Mai. A noi diceva sempre: 'Se ci pensate bene qualcuno c'è'. Ma non è mai andato su nessuno."

A parlare con i pentastellati si ha invece l'impressione che il Quirinale in quel momento fosse più di un interlocutore. "Il Quirinale ci fu sempre, in tutte le fasi ovviamente. Nel legittimo espletamento della sua funzione. Naturalmente, guardava al tutto sempre con grande paura, anzi, più che con paura, con grande attenzione perché capiva che non era facile comporre quel governo. Se ricordi, sono passati mesi prima della composizione del governo. C'è stato un momento in cui veramente si è avuta la percezione che forse non saremmo riusciti a fare insieme nulla né con il Pd né con la Lega. E quindi si cominciò a parlare di che altro tipo di governo potesse essere fatto eventualmente. Il che fu poi ciò che diede l'accelerazione finale. Cioè a un certo punto, dopo il tentativo con il Pd andato male, dopo il tentativo con la Lega che stava per naufragare – come d'altra parte è successo qualche anno dopo con l'arrivo di Draghi –, ci furono dei segnali molto chiari da parte del Quirinale: 'O fate un governo o io devo prenderne atto e trovare altre soluzioni'." Quella soluzione sarebbe stata per il Movimento 5 Stelle una débâcle totale, dopo aver preso il 33 per cento.

Mattarella esce pubblicamente su un possibile cambio di approccio. Il 7 maggio, a seguito di nuove consultazioni al Quirinale, il presidente della Repubblica prende atto dell'inesistenza di una maggioranza di governo ed espone la linea che intende seguire: subito un governo "neutrale, di servizio", in carica fino a dicembre per gestire le urgenze economiche, e che ceda il passo a un governo "politico" nel caso si formi una maggioranza che lo sostenga.

La proposta dà effettivamente un'accelerata. M5S e Lega dicono di no, Berlusconi fa un "passo di lato" proclamando la sua disponibilità a consentire la formazione di un governo M5S-Lega, Davide Casaleggio annuncia che l'accordo a cui stanno lavorando M5S e Lega "dovrà passare al vaglio del voto online", il 12 maggio c'è l'incontro Salvini-Di Maio per la definizione del programma di governo (quello in cui viene presentato Conte), mentre Mattarella torna sulle sue intenzioni e – anche se con il tono dolce che gli è caratteristico – dice ancor più chiaramente che è stufo (questa è una affermazione mia, non del presidente, ovvio) e rievocando il mandato di Luigi Einaudi alla presidenza della Repubblica, afferma che "il capo dello Stato non è un notaio". A quel punto, il 13 maggio, Di Maio e Salvini hanno capito che il Quirinale fa sul serio, chiamano il Colle e comunicano di essere "pronti a riferire su tutto".

Ovviamente non è finita qui. La lista dei ministri richiede una seria valutazione da parte del Quirinale, che si riserva una pratica raramente usata per vie ufficiali: Mattarella mette un veto su un ministro per le sue posizioni sull'euro. Si tratta del professor Paolo Savona, e il Risiko riparte.

Caso Savona

Conte, accettato come primo ministro, porta al Colle il 25 maggio la lista del suo governo. C'è anche Paolo Savona all'Economia, il cui caso è già aperto. Savona è un economista di peso, indiscussa figura di grande autorità e legami nel sistema italiano. È tutto meno che un outsider. Ma è, da molti anni, molto critico nei confronti della Germania e dell'euro. Alla verifica, Conte troverà un muro da parte del presidente della Repubblica. Per Savona è No.

È il primo ostacolo del presidente del Consiglio, la sua prima prova del fuoco dalla nascita dell'alleanza. "E quella volta si comportò in maniera molto leale," ricorda l'ex ministro leghista, "dicendo che questa era la scelta della coalizione. Ma Mattarella mette in chiaro, in un discorso, che sulla nomina dei ministri 'il presidente non può subire imposizioni'." Si apre una pagina molto sgradevole per la Repubblica: Di Maio chiede l'impeachment di Mattarella e Salvini chiede l'immediato ritorno al voto. Ma il mite Mattarella fa sentire anche lui il peso delle sue decisioni, e il 28 maggio, tanto per essere chiaro, scarta e affida a Carlo Cottarelli l'incarico di formare il governo. Un governo che prepari nuove elezioni. Nel caso Cottarelli non ottenga la fiducia, il voto è previsto per dopo agosto, cioè di lì a quattro mesi. Un'iniziativa che prende in contropiede i partiti mettendoli di fronte alle proprie responsabilità.

La sensazione è che il caos stia per esplodere, sa di prove generali di fallimento del Paese. Il M5S annuncia manifestazioni di piazza. Lo spread fra titoli di Stato italiani e Bund tedeschi arriva a superare i 320. Ma la neonata coalizione incassa, fa buon viso a cattivo gioco. Le trattative riprendono. Preciso come il mercurio in un termometro, lo spread scende. Il 31 Cottarelli rimette il suo mandato, Mattarella riaffida l'incarico di presidente del Consiglio a Conte, e la nuova lista dei ministri vede Savona agli Affari europei, all'Economia Giovanni Tria, Salvini ministro dell'Interno, Di Maio ministro del Lavoro e dello Sviluppo, ed entrambi vicepresidenti.

Il governo giura il 1° giugno, e ancora prima del voto di fiducia (il 5 e il 6), l'impaziente coalizione muove i suoi primi passi e i leader, ciascuno a modo proprio, celebrano i rispettivi risultati.

Il M5S, guidato dal molto politico Di Maio, sceglie di fare, il 2 giugno, una manifestazione a Roma per affermare "Ora lo Stato siamo noi". Ma nulla di che, una cosetta da bravi ragazzi che festeggiano la laurea prima di iniziare il loro primo lavoro.

Salvini è, come sempre, interprete di gesta molto più plateali. Nel suo perenne girovagare per il Bel Paese, che attraversa in lungo e in largo indossando felpe con il nome della località visitata, sceglie una location di sicuro effetto: il 3 giugno va in visita all'hotspot di Pozzallo, dove promette di fermare "il business dei migranti", ma aggiunge: "La nostra non sarà una linea dura ma di buon senso, conserveremo quanto di buono ha fatto Minniti". La linea consiste in nuovi centri di espulsione e accordi con i Paesi africani. Non manca la gaffe sulla Tunisia che suscita polemiche ("esporta spesso e volentieri galeotti"). A stretto giro, la Tunisia convoca l'ambasciatore italiano dopo le dichiarazioni di Salvini. E non risparmia neanche l'immancabile minaccia di querela a Saviano. Insomma, il 3 giugno ha già messo in chiaro il fulcro del suo programma di governo.

Di Maio risponde incontrando il giorno dopo i rider, i fattorini in bici che consegnano cibi d'asporto, simbolo – secondo il ministro – di una "generazione senza tutele".

Conte entra subito nel ruolo istituzionale

Giuseppe Conte attende il 5 il voto del Senato e fa il suo discorso, che diverrà un classico di equilibrismo politico, in cui abbondano novità di lessico e di proposte: rivendica la definizione di "populista" ("se è l'attitudine ad ascoltare i bisogni della gente") e di forza "antisistema" ("se significa introdurre un nuovo sistema che rimuova vecchi privilegi e incrostazioni di potere"). Poi anche lui si lancia nell'attività – nel suo caso partire per il Canada e incontrare Trump. Al G7 emergono per la prima volta le ambiguità di fondo che hanno segnato la nascita del governo. Se è vero che sostiene il presidente degli Usa Donald Trump ("Sono d'accordo. La Russia dovrebbe rientrare nel G8"), finisce poi per sottoscrivere la posizione comune con Francia, Regno Unito e Germania che non prevede aperture a Mosca. Nonostante tutto, l'incontro con il presidente Usa, cui ne seguiranno altri due, avvia un buon rapporto fra Trump e Conte, che sarà in futuro funzionale alla sconfitta di Salvini e alla sopravvivenza di Conte stesso. Come dice anche il nostro interlocutore pentastellato: "Questo governo, essendo visto come parte del centrodestra, sicuramente ci aiutò a creare rapporti con l'America di quel momento. Con l'America di Trump. Dopodiché Conte coltivò moltissimo sin dall'inizio tutte le relazioni internazionali. E di questo lui andava sempre molto fiero. A un certo punto cominciò a scriversi messaggini con la Merkel! Una cosa che esibiva sempre con grande piacere".

In effetti nel solo mese di giugno Conte, come tutti i suoi predecessori ma nel suo caso la missione è più importante, si dedica a contattare il maggior numero possibile di leader mondiali. L'obiettivo è rassicurare e sopire i molti sospetti tra i quali è nato il governo giallo-verde.

Dopo il G7 in Canada (8-9 giugno), riceve l'11 giugno a Palazzo Chigi il segretario generale della Nato Jens Stoltenberg. Il 15 giugno vola a Parigi in visita ufficiale al presidente Macron, e nei giorni successivi incontra a Berlino Angela Merkel; riceve a Palazzo Chigi il ministro degli Esteri indiano, il presidente del Niger (rilevante per la questione immigrati) e il presidente del Consiglio europeo, Donald Tusk. Il 22 giugno riceve a Palazzo Chigi il vicepremier e ministro degli Affari esteri del Qatar, Mohammed Bin Abdulrahman Al Thani. Il 25 giugno rivede Macron (e siamo in piena crisi della chiusura dei porti decretata da Salvini). Il 28-29 giugno, Conte partecipa al Consiglio europeo a Bruxelles.

Insomma, in poche settimane i tre uomini al vertice del nuovo governo imboccano ognuno la strada che ne segnerà il tragitto dentro la coalizione: l'abilità pragmatica di Conte che cerca di tenere insieme molte cose tra loro in contraddizione, il desiderio di Di Maio di dimostrare la credibilità dei 5 Stelle in un ambiente "adulto" e la passione di Salvini per la politica di piazza e capace di parlare alla pancia delle persone. È il ritratto di una leadership politica i cui percorsi individuali sono così diversi che le rotte non si incroceranno quasi mai.

Convivenza da stress a Palazzo Chigi

Il 6 giugno, dopo aver ricevuto la fiducia alla Camera, entra a Palazzo Chigi l'avvocato. O il professore. Il titolo si alterna spesso. A fiducia piena ottenuta dopo 88 giorni, Conte si insedia nello studiolo d'angolo la cui tappezzeria gialla abbiamo imparato a conoscere nei capitoli precedenti. Un ambiente insieme modesto e regale con il suo doppio affaccio ad angolo su piazza Colonna e via del Corso, denso di sfumature dorate.

A Palazzo Chigi non ci sono uffici per i vicepremier, carica sempre esistita ma non esplicitamente prevista dall'ordinamento. D'altra parte i due sono stati nominati in ministeri di serie A: Di Maio, la cui immagine è legata al Sud e al reddito di cittadinanza, ne ha scelti addirittura due: il Lavoro e lo Sviluppo economico. L'altro vicepremier Salvini atterra nel ministero dei suoi sogni, quello dell'Interno, un palazzone dominante su uno dei sette colli di Roma, il Viminale. Salvini si cuce addosso fin da subito l'immagine del fustigatore inflessibile di tutto ciò cui hanno accesso le passioni (*sic!*) del Paese: eccolo che si distingue nella caccia ai nemici dell'Italia, siano essi gli spacciatori dei casermoni popolari, o gli immigrati illegali, specialmente se aiutati da organizzazioni presuntamente legate alla sinistra.

Palazzo Chigi rimane dunque presidiato dal ticket costituito dal premier Conte e dal sottosegretario alla Presidenza Giancarlo Giorgetti. Un'interessante nuova coppia. Che sembra essere fatta da numeri due, i quali però si riveleranno decisivi.

Giorgetti è l'eterno secondo della Lega, in realtà sempre ombra e guida riluttante (in apparenza) del primo. Alto, di fisico imponente, questo varesotto è uomo di governo, forse l'unico che la Lega può davvero sfoggiare. Ironico, flessibile, intelligente, conosce da anni ogni angolo dell'amministrazione dello Stato. Il suo nome viene fatto più volte come ministro dell'Economia. Ma alla fine plana a Palazzo Chigi, nell'importante ruolo di sottosegretario alla Presidenza del Consiglio. Di fatto, diventa l'uomo che gestisce tutto il traffico decisionale dell'esecutivo – è dunque l'uomo che garantisce alla Lega una vera presenza a Palazzo Chigi.

Giorgetti non è amato dai 5 Stelle, che lo considerano un uomo troppo legato ai poteri forti, al vecchio establishment. A sua volta, Giorgetti non ama per nulla i 5 Stelle, che gli paiono un branco di incompetenti con strane idee e progetti in testa.

Come si vede, non è che l'alleanza parta sotto i migliori auspici.

Uno dei primi problemi pratici è, come sempre a Palazzo Chigi, a chi tocca la delega ai Servizi. Ricordiamo che di solito va a un "delegato" scelto dal premier, per evitare un eccesso di potere nelle mani del presidente del Consiglio.

La "delega" la vuole Salvini come bilanciamento di Conte. "Di Maio dice di no, troppo potere. Chi la prende? Tu, me, no, sì, bum: i due la lasciano al presidente del Consiglio, temporaneamente. Poi naturalmente Conte si appassionerà alla delega e non la mollerà mai più. Con problemi per tutti." A raccontare è uno dei grandi funzionari che dalle retrovie di Palazzo Chigi coadiuvano il Consiglio dei ministri.

La decisione si rivela presto un boomerang nei rapporti fra alleati: Conte sceglie nel dicembre 2018 come capo del Dis Gennaro Vecchione, un suo amico personale.

Come e dove si vede questa influenza di Conte tramite i Servizi? Risponde l'ex ministro leghista: "Il presidente capisce pian piano che questo strumento può servirgli per metterlo al riparo nei rapporti con i media ad esempio. Casalino, che nasce come espressione dei 5 Stelle ma che col tempo diventa di fatto un uomo di Conte molto più che del Movimento, è l'altro asse importante del potere dentro Palazzo

Chigi. Giorgetti è in questo senso una sorta di contropotere". Anche perché dal sottosegretario passano tutti i brogliacci di quello che arriva in Consiglio dei ministri, incluse le correzioni.

Questa tensione sarà almeno in un caso pubblica. È il caso diventato nel gergo dei cronisti "della manina", titolo perfetto per un giallo. Le presunte ingerenze negli atti di governo da parte dei funzionari di Palazzo Chigi costituiscono un pezzo della narrazione populista del governo del popolo osteggiato da "i cattivi", cioè la vecchia classe dirigente – in questo caso l'alta burocrazia governativa. In questo senso, si dovrebbe parlare di manine, per le tante volte che saranno chiamate in causa. Spesso per giustificare errori commessi invece dai governanti.

Punizione e penitenza. La Russia in Conte

A proposito di errori, prima di chiudere questa carrellata sull'inizio dell'esperimento giallo-verde, mi piacerebbe soffermarmi ancora un po' sulla figura di Giuseppe Conte. O meglio sul suo primo discorso programmatico. Quello dell'avvocato del popolo viene prima, all'accettazione dell'incarico. Faccio riferimento al discorso perché l'uomo dimostrerà di avere un talento per il *public speaking*. Saranno proprio i discorsi la sua arma più efficace in varie circostanze. Di sicuro, con le parole riesce a trasmettere l'immagine voluta, più consona alla sua personalità e ai suoi scopi. Anche a costo di ricorrere ad affermazioni azzardate e a volte "politicamente scorrette".

Ne è un esempio il discorso del 5 giugno per l'insediamento del governo. Della durata di oltre un'ora, contiene il profilo valoriale ed emotivo del nuovo populismo italiano. Un populismo che Conte rivendica ed elogia, in cui ribadisce che l'Unione europea è la casa dell'Italia, confermando anche la linea dura su sbarchi e rimpatri.

Ma il dettaglio più sorprendente è l'orizzonte nel quale Conte colloca queste sue osservazioni. C'è molta Russia, infatti, in questo discorso di ventiquattro pagine con cui si apre la nuova legislatura. E non è la Russia attuale verso cui va senza infingimenti la simpatia del governo, ma la Russia classica, del tormento. La Russia delle cupezze pre-rivoluzionarie da cui la Rivoluzione eredita il senso della colpa e della punizione. Alle prime battute (p. 4), scomoda Dostoevskij e Puškin, per definire il populismo come "attitudine della classe dirigente ad ascoltare i bisogni della gente". La citazione è quella di un celebre discorso tenuto nel 1880 per l'inaugurazione del monumento a Puškin a Mosca, in cui Fëdor Dostoevskij dice dello scrittore: "Prima o dopo di lui nessuno scrittore russo si è mai unito, così intimamente e fraternamente, con il suo popolo".

C'è molta Russia soprattutto come struttura intellettuale di lettura del potere e del suo cambiamento. Una visione pessimista e trionfante insieme, nella definizione del cambiamento che arriva come "la fine dei vecchi privilegi e incrostazioni di potere" (p. 5), nella sua rottura con le prassi dei satrapi del passato, e l'umiltà del presente potere che nasce: "Abbiamo apportato un cambiamento radicale rispetto a prassi che prevedevano valutazioni scambiate nel chiuso di conciliaboli tra leader politici, perlopiù incentrate sulla ripartizione dei ruoli personali; noi inauguriamo una stagione nuova, non nascondendo le difficoltà e le rinunce reciproche nel segno della trasparenza e della chiarezza nei confronti degli elettori" (p. 3).

È una lettura consapevole, quella del premier, della rottura con gli schemi passati (destra e sinistra che siano, dice) per mettere al centro il cittadino, "il riconoscimento dei diritti e delle libertà fondamentali della persona".

Gli atti riparatori per i torti subiti sono, nel discorso, un lungo elenco di buone intenzioni: redditi di cittadinanza, pensioni minime e tutto il repertorio delle promesse. Ma dal momento che le coperture finanziarie sono incerte, gli impegni che appaiono più concreti e di più prossima realizzazione sono quelli che sembrano alludere all'uso politico della giustizia.

E qui, sì, c'è la grande Russia – nell'idea che una nuova èra nasce sotto l'egida della retorica della punizione come trionfo del diritto degli umili.

La parte sulla giustizia è in effetti la più articolata delle ventiquattro pagine: contiene una lunga lista di interventi la cui drasticità – come il Daspo ai corrotti, la chiusura del business della solidarietà (*sic!*), gli agenti sotto copertura – è lo strumento della mano dello Stato (e forse di Dio) non solo per riequilibrare i torti (come giustizia vuole) ma anche per infliggere punizioni esemplari a chi ha sbagliato.

Il cambiamento, si legge a pagina 6, è "una giustizia rapida ed efficiente e dalla parte dei cittadini, con nuovi strumenti come la class action, l'equo indennizzo per le vittime di reati violenti, il potenziamento della legittima difesa. Metteremo fine al business dell'immigrazione, cresciuto a dismisura sotto il mantello di una finta solidarietà, combatteremo la corruzione con metodi innovativi come il 'Daspo' ai corrotti e l'introduzione dell'agente sotto copertura".

Continua il premier in merito agli strumenti con cui saranno risarciti i torti ai cittadini: "[...] la semplificazione e la riduzione dei processi, l'abbassamento dei costi di accesso alla giustizia, il rafforzamento delle garanzie di tutela dei diritti e degli interessi dei cittadini. Inaspriremo le pene per il reato di violenza sessuale. Assicureremo la certezza della pena, onde evitare che i cittadini onesti perdano fiducia nella giustizia. Aumenteremo il numero degli istituti penitenziari. Riformeremo anche la prescrizione che deve essere restituita alla sua funzione originaria, non più ridotta a espediente per sottrarsi al processo" (p. 12).

Il reato si espande, sotto questo anelito di giustizia. Per esempio sul conflitto di interessi: "È un tarlo che mina il nostro sistema economico e sociale fin nelle sue radici, e impedisce che il suo sviluppo avvenga nel rispetto della legalità e secondo le regole della libera competizione. Soggetti, che sono istituzionalmente investiti dell'obiettivo di perseguire interessi collettivi e che dovrebbero improntare le loro iniziative a una logica imparziale, in realtà vengono sovente sorpresi a perseguire il proprio tornaconto personale. Rafforzeremo la normativa attuale in modo da estendere le ipotesi di conflitto fino a ricomprendervi qualsiasi utilità, anche indiretta, che l'agente possa ricavare dalla propria posizione o dalla propria iniziativa. Occorre rafforzare inoltre le garanzie e i presìdi utili a prevenire l'insorgenza di potenziali conflitti di interessi". Insomma, mi pare si possa dire che la definizione di interesse personale è talmente ampia e vaga che ognuno di noi ne sarà portatore (e dunque denunciabile) anche senza saperlo. All'elenco manca solo "*the walk of shame*". La punizione pubblica dei peccatori.

Persino la flat tax viene inquadrata in una ottica di peccato e punizione. "Le grandi società che operano nello spazio transazionale riescono a nascondere le loro ricchezze nei paradisi artificiali (*sic!*), mentre le piccole aziende e i piccoli contribuenti rimangono schiacciati da un'elevata pressione fiscale" (p. 16). E la stessa flat tax diviene il modo per evitare il reato: "Solo così si potrà pervenire a una drastica riduzione dell'elusione e dell'evasione fiscale [...] mentre per i grandi evasori occorre inasprire l'esistente quadro sanzionatorio amministrativo e penale al fine di assicurare il carcere vero per i grandi evasori" (p. 16).

Di tutto il discorso, questa parte è la più rilevante. Non

costa niente e sembra fatta apposta per lanciare nelle fauci degli scontenti la spettacolarizzazione delle sanzioni.

La parte che più lascia perplessi è la riproposizione, buttata lì fra le altre, di quella che non si può definire altrimenti che "delazione". Il mezzo più antico, ma anche il più efficace, e il più pericoloso: "Saranno maggiormente tutelati coloro che dal proprio luogo di lavoro, sia esso pubblico o privato, denunceranno comportamenti criminosi compiuti all'interno dei propri uffici" (p. 12).

Lo si può chiamare solo delazione, uno strumento che rischia di alimentare tensioni e sospetti proprio fra quei cittadini della cui integrità ci si vuole fare interpreti. La delazione è nella storia del Novecento (per non andare troppo indietro nel tempo) la pietra angolare della costruzione di tutti i regimi autoritari. In Russia, appunto, ma anche in Germania, e in Italia tanto per limitarci agli esempi peggiori. Posso qui fare una citazione visto che il nostro premier non vi si sottrae: in merito al rapporto fra autoritarismo e regimi violenti andrebbero riletti i romanzi dello sfortunato scrittore Hans Fallada, in cui si racconta spesso come la povera vita dei tedeschi venisse sventrata da odi e invidie private che diventavano nella delazione un modo per sopravvivere, ma anche per accettare un sistema di controllo. Qui non ci si vuole avventurare in parallelismi storici, né avanzare paragoni con contesti ed epoche radicalmente differenti. Si vuole però richiamare l'attenzione su una piega potenzialmente pericolosa che andava consolidandosi.

È dunque troppo scomodare la Russia, la delazione, la punizione, la Giustizia con la maiuscola? Quello che si pensa di queste proposte è per certi versi discutibile e insieme irrilevante. Il discorso del primo ministro è importante per capire l'ispirazione culturale del nuovo governo, che si vanta di essere appunto così nuovo da non avere precedenti.

Conte racconta un Paese diviso in una maggioranza destituita di diritti, rovinata negli anni da abusi e privilegi del potere di pochi contro i molti. Un Paese di ingiustizia e oppressione. E su questa fotografia di chi siamo è difficile essere in disaccordo. Una narrazione che ha chiaramente portato a un consenso di voti e di emozioni forti come poche volte nella storia della Repubblica. Un voto che bisogna assolutamente rispettare. Ed esigenze cui bisogna assolutamente rispondere.

Ma lo strumento di una vigorosa giustizia contiene l'alto rischio di un vigoroso esercizio del controllo e della pena: la punizione come trionfo finale della rettitudine. Che poi spesso nella storia abbiamo visto trasmutarsi in un sistema di controllo e di paura, che in nome dei Molti ha dato il potere supremo di nuovo ai Pochi.

Alla fine di questo discorso, la classe politica italiana ed europea è ancora più allarmata.

Parte 4
Il Capitano che odiava le navi

È un Capitano che non ama le navi. Le rive del mare sono la sua trincea, il luogo da cui scruta l'orizzonte, in attesa di navi da cui difendere il suolo patrio.

Fin qui abbiamo parlato soprattutto di Giuseppe Conte. Ma una volta che l'avvocato si insedia a Palazzo Chigi, non sarà lui a dare l'impronta al nuovo governo giallo-verde.

Matteo Salvini, ministro dell'Interno e vicepremier, monopolizzerà il governo giallo-verde dal primo minuto. D'altra parte, non c'è gara. Il presidente del Consiglio e Di Maio sono alle prime armi della politica istituzionale. Salvini invece vi arriva come leader di lungo corso, la cui presenza pubblica si è già consolidata.

Fino a che non cadrà in curva, vittima di un eccesso di

presunzione e approssimazione, che lo ha portato a sottovalutare e in alcuni casi calpestare sensibilità nazionali e internazionali. Fuor di metafora, in un governo in cui si sentiranno varie accuse nei confronti di anonime "manine", cioè di interferenze esterne al governo (un tipico argomento "antisistema" delle forze sovraniste) Salvini sarà attivamente contrastato dalla "grande mano" di una Europa che, sfidata dal populismo, reagisce e riesce a metterlo fuori gioco.

***

Il metodo con cui Salvini conquista la leadership della compagine di governo potremmo definirlo "di piazza e di governo", parafrasando il più noto "di lotta e di governo", un tempo usato dalle sinistre.

Un metodo che contraddistingue l'operato di Salvini fin dai primi passi del Conte 1, addirittura fin dal dibattito parlamentare sulla fiducia. Il Consiglio dei ministri, come abbiamo visto, ha giurato nelle mani di Mattarella il 1° giugno e avrà la fiducia delle due Camere il 5 e il 6. Il 5 al Senato Conte, nella prima indicazione di come intende interpretare il suo ruolo, tenta la "istituzionalizzazione" del "populismo" che in Italia, e soprattutto in Europa, è tacciato di avere caratteri eversivi. Come vedremo, è una ottima intuizione che gli garantirà lunga vita, a discapito di Matteo Salvini.

Mentre il neopremier muove i primi passi, Salvini è già altrove. Letteralmente. Il 6, in attesa del voto a Montecitorio, passa come il vento al Viminale, va alla Camera e si accomoda fra i banchi dei leghisti invece che in quelli del governo (a proposito di populismo) e tocca, dettaglio interessante, all'appena insediato presidente della Camera, il pentastellato Fico, richiamarlo alle regole: "il ministro Salvini deve sedersi tra i banchi del governo". Alle ore 16.46 il ministro dell'Interno se ne va; mentre parla Conte, durante la replica, una ventina di minuti dopo che ha iniziato, fa una uscita che non si può non notare: per spostarsi ha costretto i ministri Moavero Milanesi, Tria, Bongiorno e Grillo a scalare di un posto per non lasciare un vuoto accanto a Conte. Arriva a Brindisi in un tripudio di popolo e terrà un comizio in piazza Vittoria con i vertici di Lega Puglia, per sostenere il candidato sindaco Massimo Ciullo, su – e cos'altro? – i migranti e la necessità di chiudere i porti.

Il 7 torna a Roma e alle 19 presiede il primo Consiglio dei ministri, in assenza di Conte che è volato al G7 in Canada, un Cdm durato appena tre quarti d'ora, concluso con il rinvio alla settimana seguente della decisione politicamente più attesa: la nomina dei sottosegretari.

A guardarsi indietro, quei due giorni già tracciavano l'intero percorso che avrebbe fatto Salvini al governo.

***

La prima nave si profila all'orizzonte del Capitano il 10 giugno con un nome molto New Age, la *Aquarius* di Sos Méditerranée e Medici Senza Frontiere. Ha 629 profughi a bordo. Il ministro dell'Interno e vicepresidente del Consiglio non concede l'autorizzazione a fare ingresso in un porto italiano. *Aquarius* è al momento l'unica nave di una Ong presente nel Mediterraneo. Dei 629 a bordo, 123 sono minori non accompagnati, 11 bambini e 7 donne incinte. Tutti i migranti sono stati soccorsi in una stessa notte tra un sabato e una domenica, in sei diverse operazioni di salvataggio e un trasferimento nell'arco di nove ore, tutte sotto il coordinamento della Guardia costiera italiana. Un paradosso.

Quando Salvini tuona contro lo sbarco, ed è il primo caso del governo, la coalizione agisce come un sol uomo – nel caso che poi non si dicesse che i pentastellati erano meno "tosti" della Lega – e il ministro delle Infrastrutture Danilo Toninelli affianca il ministro dell'Interno. La nave, dopo la solita tribolazione, viene presa in carico dalla Spagna, dove può infine sbarcare il suo carico di disperati, a Valencia.

La *Aquarius* è ancora in navigazione verso la Spagna quando il 16 giugno il Capitano vede comparire all'orizzonte ben due navi, la *Lifeline* armata dalla omonima Ong tedesca, e la *Seefuchs*, ancora al largo della Libia. Su Twitter manda un messaggio chiaro, anzi un editto rivolto alle Ong: "Sappiano, questi signori, che l'Italia non vuole più essere complice del business dell'immigrazione clandestina, e quindi dovranno cercarsi altri porti (non italiani) dove dirigersi. Da ministro e da papà, lo faccio per il bene di tutti".

Infine anche questi 230 migranti vengono sbarcati a Malta. Il governo non ha nemmeno un mese di vita e la reputazione di Salvini è già alle stelle.

Alle stelle è già, anche, l'allarme dell'Europa. Il primo a fischiare il fallo è il presidente francese Macron – "Italia cinica sui migranti". Macron non ha un grande esempio da dare sul trattamento dei migranti, tuttavia non risparmia critiche severe: "I populisti? Li vedete crescere come una lebbra. I nostri vicini dicono le cose peggiori e noi ci abituiamo". Merkel invece fa una proposta costruttiva sui problemi posti dal nuovo governo: superare il trattato di Dublino con un "nuovo approccio solidale" e fondi Ue per il reddito di cittadinanza. Conte ringrazia (ma non è questa già una dissociazione dalla coalizione?). Ma il 20, prima del vertice di Bruxelles sulla questione migranti, Conte e Salvini annunciano che l'Italia non ha intenzione di ratificare testi preconfezionati da Francia e Germania.

L'atmosfera si surriscalda con la Francia; Macron non disdegna a sua volta un po' di (più elegante) populismo: "In Italia non c'è crisi da sbarchi". Entra in campo Di Maio:

"Macron è il nemico numero uno". Fra l'Italia e la Francia la tensione c'è da un po', sia pur in maniera strisciante, su numerosi dossier, da Fincantieri alla Tav, ai numerosi interventi della gendarmeria francese che respinge i migranti verso l'Italia.

Per pareggiare l'impeto sovranista di Salvini nei confronti di Macron, nasce nel gennaio-febbraio del 2019 una delle più "divertenti" iniziative della politica estera italiana del primo governo Conte – quella di Di Maio e Di Battista, che si recheranno in Francia per solidarizzare con i gilet gialli, in vista delle elezioni europee di maggio del 2019, provocando il ritiro dell'ambasciatore francese da Roma. Purtroppo fra i personaggi incontrati dai due giovani politici italiani ci sono tipi un po' sopra le righe – autori di minacce e di violenze – e il viaggio stesso sarà poi rinnegato da Di Maio. Quando Macron nel novembre del 2021 verrà in Italia per firmare il Patto del Quirinale, con il governo Draghi, Di Maio, ironia della storia, presenzierà come ministro degli Esteri. I due, Macron e Di Maio, si saluteranno cordialmente. Così va la vita.

La tensione con l'Europa non è comunque questione da poco. Alla vigilia del 28 giugno, prima dell'inizio del Consiglio europeo a Bruxelles, Conte sbatte anche lui il pugno sul tavolo, ventilando la possibilità di porre il veto italiano sulle decisioni che saranno prese. Ma il Consiglio europeo, saggiamente, raggiunge un accordo sulla questione dei migranti. Centri di accoglienza e identificazione dei migranti saranno allestiti su base "volontaria" in ogni Paese.

Un successo del governo, una sorta di primo incasso che nell'esecutivo viene attribuito alla forte critica nei confronti dell'Europa. Anche se dentro il M5S la linea non è del tutto gradita. Fico, in quegli stessi giorni in visita all'hotspot di Pozzallo, interviene: "Io non chiuderei i porti".

***

A forza di chiudere porti, nella rete rimane a luglio una nave italiana, per l'esattezza la *Diciotti* della Guardia costiera italiana.

Salvini ha appena concluso una trionfale edizione di Pontida in cui lancia come forza europea la "Lega delle Leghe", promettendo: "Governeremo 30 anni". Per cui, forse sotto l'euforia del momento, perde un po' di lucidità.

La nave *Diciotti* della Guardia costiera ha preso a bordo un gruppo di 67 migranti già sfiniti, recuperati dal rimorchiatore *Vos Thalassa* davanti alle coste libiche. Il comandante aveva chiamato la Guardia costiera segnalando una situazione di "grave pericolo" per l'equipaggio, tutto composto da italiani, "minacciato" da alcuni migranti soccorsi all'arrivo in zona di una motovedetta libica che li avrebbe riportati sulle coste africane. Di qui la richiesta di intervento e trasbordo sulla nave *Diciotti*.

Viene deciso che sbarchi a Trapani. A bordo ci sono uomini della capitaneria di porto e della polizia di Stato. Ma Salvini non fa eccezioni: "Su quella nave c'è gente che ha minacciato e aggredito. Prima di concedere l'autorizzazione attendo di sapere nomi, cognomi e nazionalità dei violenti dirottatori che dovranno scendere dalla nave in manette".

In quel momento fra Conte, che ha ottenuto dall'Europa un primo buon risultato, e Salvini c'è molta sintonia. "A breve assumeremo iniziative italiane per dare continuità alle conclusioni del vertice Ue di giugno," dichiara il presidente del Consiglio arrivando al vertice Nato di Bruxelles.

Entrata nel porto di Trapani intorno alle 15 del 12 luglio, la *Diciotti* viene fermata da Salvini e lasciata in attesa per ore. I migranti, accalcati alle ringhiere della nave, sono un pugno nello stomaco per l'opinione pubblica, tanto da provocare l'intervento del capo dello Stato. Chiama Conte. Ponendola delicatamente, le agenzie fanno sapere che il presidente "avrebbe sottolineato" la situazione dei minorenni, delle donne e delle persone con problemi di salute che si trovano a bordo; e mettendo in evidenza anche tutta la delicatezza di un "caso" che non sembra avere precedenti. Giuseppe Conte in serata annuncia l'inizio dello sbarco. Dal Viminale a questo punto trapela "stupore" per l'intervento di Mattarella e "rammarico" per la scelta della Procura di non procedere ad arresti sulla *Diciotti*, ma solo due indagati in stato di libertà per violenza privata aggravata.

***

A fine luglio è la volta della *Open Arms*, con 87 persone a bordo. Il 7 agosto, dopo una settimana in mare e ripetuti rifiuti a concedere lo sbarco da parte di Malta e Italia, la nave va in Spagna.

Ad agosto c'è un nuovo caso *Diciotti*. Questa volta a bordo ci sono 177 migranti e Italia e Malta si rimbalzano la responsabilità. Il 22 agosto (dopo cinque giorni di navigazione e due nel porto di Catania) vengono sbarcati 29 minori, mentre tutti gli altri devono attendere il 25 per metter piede a terra. Questa volta viene indagato e poi accusato di sequestro di persona aggravato lo stesso Salvini.

Ci saranno poi molte altre crisi legate agli sbarchi, ma a noi interessa soprattutto arrivare fino a questo agosto. Soprattutto per segnalare come Salvini abbia di fatto preso in ostaggio la appena nata coalizione: la sua agenda è di fatto l'unica che il governo ha.

Tuttavia la vicenda *Diciotti* apre una prima crepa dentro il neonato governo. Intanto perché il premier, che pure mesi dopo, quando Salvini dovrà affrontare la Giunta per l'autorizzazione a procedere, si schiererà con il suo ministro sostenendo che "fu una politica del governo tutto", si trova per la prima volta allineato al Quirinale. Portandosi dietro sia il ministro M5S responsabile dei porti, Danilo Toninelli – il quale autorizza l'arrivo a Trapani della nave che aveva rischiato di rimanere a lungo in mare –, sia Luigi Di Maio, che difende l'operato di Mattarella: "Io credo che se il presidente è intervenuto bisogna rispettare le sue decisioni".

Sullo sfondo è già possibile vedere, dunque, le possibili tensioni tra il titolare del Viminale e il Colle.

***

In conclusione, un po' di dati. Alla fine del capitolo faremo vedere i grafici della popolarità del ministro dell'Interno nel suo percorso populista. Il lavoro è stato fatto dalla società di Pagnoncelli ed elaborato appositamente per questo libro.

Ma val la pena anticipare che il giudizio positivo sul ministro dell'Interno nel periodo di cui abbiamo fin qui parlato, dall'elezione di marzo ad agosto, va da un sostanzioso favore del 42 per cento iniziale a un picco del 60 per cento proprio in questa estate del 2018.

L'operazione dunque paga per Salvini, ma restano alcune domande.

La prima: quante crisi ci furono nei pochi mesi del governo Conte 1? E fu diverso dal Conte 2?

Rispondono alcuni dati non contestabili.

Dal grafico a pagina seguente, elaborato da Matteo Villa dell'Ispi (Istituto di studi politici internazionali, che citiamo spesso come fonte) si vede bene la differenza fra Conte 1 e Conte 2. A partire dal 28 giugno ci sono ben 51 "crisi in mare" – di cui 28 durante il Conte 1 e 23 nel corso del Conte 2 (senza Salvini). Nella lettura dei dati va considerato che il

Conte 2 è più lungo del precedente ed è dominato dal Covid. Un elemento è però chiaro: il numero medio di giorni trascorsi in mare dalle imbarcazioni con a bordo persone soccorse si è dimezzato, scendendo da 9,8 a 4,1.

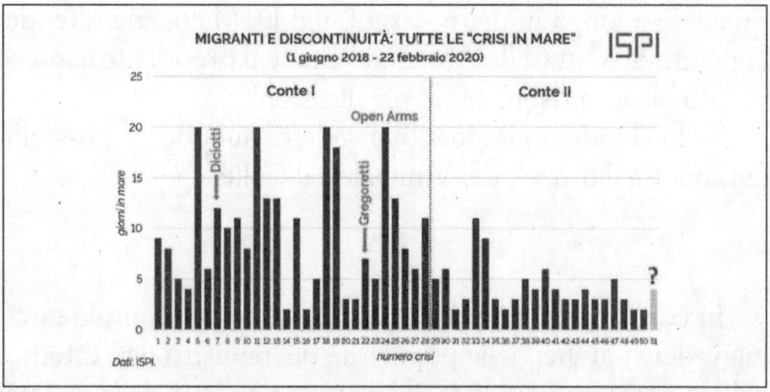

***

La seconda domanda è: era davvero giustificata l'emergenza dichiarata da Salvini? Un altro grafico dice un fermo "no". La situazione ereditata da Salvini dal suo predecessore Minniti, come si vede dal grafico sotto, non è per nulla allarmante come veniva descritta dal leader della Lega. A riprova dell'intensa carica strumentale del discorso pubblico di Salvini all'epoca. Gli sbarchi calano drasticamente, del 75 per cento, durante il mandato del ministro dell'Interno Marco Minniti, passando da circa 200.000 migranti a circa 45.000. Con il ministro Matteo Salvini il calo è proseguito, anche se a una velocità inferiore, scendendo fino a meno di 10.000 sbarchi l'anno. Sia chiaro, quando si parla di immigrazione la domanda da farsi è sempre "quante vite abbiamo salvato da morte sicura" e mai "quanti ne sono sbarcati". Tuttavia, ricordare queste cifre è utile per evidenziare lo iato tra la narrazione leghista e la realtà.

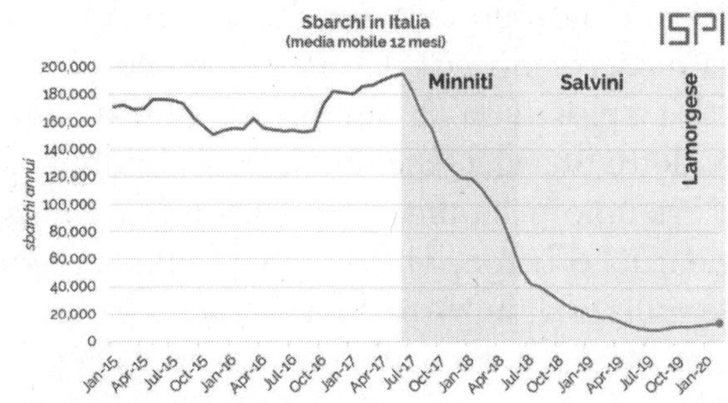

Fonte: elaborazioni ISPI su dati Ministero dell'Interno.

***

Infine ecco l'elenco delle inchieste aperte nei confronti delle Ong, che dà un'idea dell'impatto che i porti chiusi hanno sulle operazioni di salvataggio. In tutto dal 2015 al settembre 2019 ci sono 15 casi (le inchieste sono 18 perché in alcuni casi sono state doppie).

Ong (caso)	Dove	Aperta	Chiusa	Esito / Stato
Sea-Watch	Italia	aprile 2017	giugno 2018	Archiviazione.
Open Arms (Golfo Azzurro) e Jugend Rettet	Italia	maggio 2017	giugno 2018	Archiviazione.
Jugend Rettet (Iuventa)	Italia	agosto 2017		Indagini preliminari. Associazione a delinquere stralciata (a marzo 2018).
Open Arms	Italia	marzo 2018	maggio 2019 (Catania)	Nave sequestrata (marzo - maggio 2018). Indagini preliminari (Ragusa) + archiviazione (Catania).
Mission Lifeline	Malta	giugno 2018	gennaio 2020	Processo. Primo grado: multa di €10.000. Appello: assoluzione.
Sea-Watch (Sea-Watch 3)	Malta	luglio 2018		Nave sequestrata (luglio - ottobre 2018).
Aquarius	Italia	novembre 2018		Nave sequestrata (novembre 2018 - gennaio 2019).
Sea-Watch (Sea-Watch 3)	Italia	gennaio 2019		Nave sequestrata (gennaio 2019).
Mediterranea (Mare Jonio)	Italia	marzo 2019	gennaio 2020	Nave sequestrata (marzo 2019). Archiviazione.
Mediterranea (Mare Jonio)	Italia	maggio 2019		Nave sequestrata (maggio - agosto 2019).
Sea-Watch (Sea-Watch 3)	Italia	giugno 2019		Capitana agli arresti domiciliari, poi rilasciata (giugno - luglio 2019). Nave sequestrata (giugno - dicembre 2019).
Mediterranea (Alex)	Italia	luglio 2019		Nave sequestata (luglio 2019 - oggi).
Open Arms	Italia	agosto 2019		Nave sequestrata (agosto 2019).
Mediterranea (Mare Jonio)	Italia	settembre 2019		Nave sequestrata (settembre 2019 - febbraio 2020) e €300.000 di multa.
Mission Lifeline (Eleonore)	Italia	settembre 2019		Nave sequestrata (settembre 2019 - oggi) e €300.000 di multa.

I numeri sono importanti perché dal 2015 le operazioni di ricerca e soccorso (Sar) nel Mediterraneo centrale sono cambiate. Si è passati da un periodo in cui le operazioni Sar erano condotte prevalentemente da assetti pubblici (inquadrati per esempio nella missione italiana Mare Nostrum, o in quelle europee Triton, Themis e Sophia) a un sempre più frequente utilizzo di imbarcazioni private, operate in massima parte da organizzazioni non governative (Ong).

A molte di queste inchieste è seguito il sequestro delle imbarcazioni impiegate dalle Ong. Cumulativamente, i sequestri sono durati 45 mesi e si sono concentrati soprattutto nei mesi estivi, quelli in cui in genere aumentano le partenze dalle coste libiche e, contestualmente, la necessità di operare salvataggi in mare.

E Di Maio?

È ora di volgere lo sguardo all'attività dell'altro vicepremier, giovane ministro del Lavoro e dello Sviluppo economico, nonché capo politico del partito.

Di Maio, molto legato a Salvini, pure cerca di non seguirlo sul suo terreno, anche se un po' flirta con la retorica populista. Cerca uno spazio su dossier specifici, si concentra sulle misure a firma M5S da approvare. Dossier che appaiono come la ricerca di una patente di "competenza" governativa. Su di lui infatti tende a scaricarsi il peso della battaglia politica che infuria contro il governo populista giallo-verde. Le polemiche all'interno del mondo politico, ma anche dei social, vertono sulla incapacità di tutta la classe politica M5S. Curiosamente, questi sbeffeggi non sono solo parte del vocabolario della sinistra radical chic, ma arrivano anche dalle fila della Lega, che nella sua base non segue la conversione salviniana e la vede piuttosto come una tattica per divorare il M5S.

Anche da questo si capisce quanto sia forte (dentro il governo) la competizione per il controllo (del governo). Una tensione che alla fine si insinuerà anche nel rapporto fra i due amici/alleati Matteo e Luigi.

La competizione si evince proprio dalla rotta "populista" che, in un primo momento, prende anche Luigi Di Maio. Il pentastellato ha già avviato la ridefinizione della sua immagine come lontana dalle sceneggiate, e dai comizi e invettive, del populismo leghista. Però in questo clima li abbraccia.

Di Maio segna un punto il 2 luglio, quando il Consiglio dei ministri vara il cosiddetto "decreto Dignità" che modifica le norme sui contratti a termine: "Smontiamo il Jobs Act".

Il 12 luglio, quando a seguito dell'intervento di Mattarella viene consentito lo sbarco a Trapani della *Diciotti*, il M5S festeggia davanti a Montecitorio l'approvazione, da parte dell'ufficio di presidenza della Camera, della delibera per il ricalcolo dei vitalizi. Il 15 luglio fa la sua prima apparizione la cosiddetta "manina", su cui ci siamo soffermati qualche pagina fa.

La prima manina che Di Maio invoca ha però nome e cognome, quello del presidente dell'Inps Tito Boeri, accusato di aver inserito all'ultimo momento nella relazione tecnica al decreto "Dignità" la stima sulla perdita dei posti di lavoro. Salvini non perde l'occasione per cavalcare la polemica e chiede le dimissioni di Boeri.

Il presidente dell'Inps è uno degli uomini simbolo della precedente stagione di governo. Ma soprattutto è il rappresentante di una istituzione, l'Inps, che i 5 Stelle vogliono assolutamente controllare perché è da lì che si gestisce la loro più importante misura sociale, simbolo del nuovo governo: il reddito di cittadinanza.

Durante l'audizione alle commissioni Lavoro e Finanze della Camera, Boeri risponde prontamente, quasi con fare piccato, affermando che le stime dell'Inps sulla perdita di posti di lavoro per il decreto “Dignità” erano state inviate al governo il 6 luglio: “Bastava sfogliarla [la relazione, *N.d.A.*] per capirne i conti”.

Con il voto del 7 agosto sul decreto “Dignità” si apre di fatto la stagione della finanziaria: cioè la vera stagione della verifica con l’Europa. Sotto la voce “grandi opere” iniziano ad affiorare le divisioni più profonde dentro la coalizione. Nel M5S ci sono i pareri contrari alle realizzazioni della Tav (Treno alta velocità) e del Tap (Trans Adriatic Pipeline). La Lega chiede invece di portarle avanti. FI sollecita la Lega: “Salvini dimostri di tener fede alle politiche di centrodestra”.

Insomma, ci sono i presupposti per uno scontro intestino. Ma la storia, nella sua tragica e inevitabile realtà, riporta tutti sul pianeta Italia.

Il crollo del ponte Morandi

Il 14 agosto, in un mattino di pieno sole, la voce di un uomo che riesce solo a ripetere un urlo “Mio Dio, mio Dio” sveglia il Paese sulla più incredibile, evitabile e colpevole, tragedia dell’Italia repubblicana. Il ponte Morandi di Genova, orgoglioso simbolo dell’audacia, visione ed eleganza dell’Italia del Secondo dopoguerra, crolla. Se ne va di colpo, senza un tremore, senza un preavviso: semplicemente viene meno e porta con sé le macchine che vi stanno transitando. Muoiono 43 persone, tra donne, uomini e bambini, gente che a quell’ora va al lavoro.

C’è un prima e un dopo, in Italia, il crollo del ponte Morandi. Da quel momento, in molti guarderanno con inquietudine a ogni acquedotto, a ogni strada sopraelevata, a ogni cavalcavia. La ragione non è solo emotiva: si scoprirà dopo il Morandi una moltitudine di potenziali tragedie, di un Paese che, autocompiaciuto dei propri successi, se ne frega di ogni dovere pubblico. Il ponte Morandi è in gestione da anni a una azienda privata, la Atlantia della famiglia Benetton. Uno status quo frutto della fase delle grandi privatizzazioni, condotte in virtù dell'idea che il Paese fosse legato dai lacci e lacciuoli di un eccessivo protagonismo statale.

Il crollo del ponte, la tragedia, è insomma, nella stagione del populismo di governo, l'amara dimostrazione che il successo delle forze antisistema origina anche dall'indebolimento dello Stato e dalla rapacità del mercato. Tra le tante drammatiche conseguenze che avrà, il crollo del viadotto sul Polcevera è un atto che suscita un moto di ostilità verso la grande proprietà e la classe politica, che viene fischiata e di cui si invoca la "punizione". Fischi veri, quali quelli che ricevono i rappresentanti di quel Pd che ha per decenni governato la città. Applausi invece alla maggioranza giallo-verde, che quel giorno, il 18 agosto a Genova, riceve conferma del favore di cui gode: Genova la rossa decreta il punto più alto di consenso a un governo populista.

E tuttavia, la maggioranza non porterà a casa grandi vantaggi da questa dolorosa ondata di simpatia per il governo giallo-verde.

Se la critica alla gestione passata può sembrare infatti simile, diversissime sono le soluzioni che perseguono i due partner di governo. La decisione finirà, come molte altre, molto presto incagliata nelle differenze. Sullo sfondo del disaccordo del resto c'è una delle più serie divisioni fra quelle che albergano a Palazzo Chigi. Su cosa fare riguardo alle opere pubbliche ci sarà sempre una profonda distanza di vedute, e sarà proprio questa differenza a colorare anche la rottura finale del governo nell'agosto del 2019.

Del resto pochi giorni prima del crollo, come abbiamo detto sopra, sulla stampa vengono ampiamente riprese le divisioni interne alla maggioranza proprio sulle grandi opere, Tav e Tap.

Subito dopo il crollo, tale divisione nella maggioranza

emerge con maggiore nettezza. Il 17 agosto il governo annuncia di aver avviato l'iter "per revocare la concessione ad Autostrade". Il 19 in un'intervista al "Corriere della Sera" il ministro delle Infrastrutture Toninelli dichiara che nazionalizzare le Autostrade sarebbe conveniente. Il 20, Giorgetti della Lega esprime perplessità sull'ipotesi di nazionalizzazione delle Autostrade: "Non sono persuaso che la gestione diretta dello Stato sia di maggiore efficienza".

Tutto questo avviene nel clima di scontro sui migranti di cui abbiamo parlato fin qui, con il procuratore di Agrigento che iscrive nel registro degli indagati Salvini per il secondo caso *Diciotti*, per sequestro di persona, arresto illegale e abuso d'ufficio. Mentre Salvini incontra a Milano il premier ungherese Orbán. Per il leader della Lega, "siamo vicini a una svolta storica, inizia un percorso per un'Europa diversa".

L'ultimo giorno di questo caldo mese di agosto l'agenzia di rating Fitch conferma la valutazione BBB dell'Italia ma avverte: "livello relativamente alto di incertezza politica".

***

Nonostante Fitch e le altre previsioni economiche internazionali, l'ondata di simpatia nei confronti del governo, rafforzata dalla reazione al crollo del Morandi, dura a lungo. A settembre vengono così approvate due misure che sono ancora oggi ricordate come emblematiche dell'era giallo-verde – e che sono una risposta molto drastica, fattuale, alle preoccupazioni europee.

Il 6 settembre viene approvato il ddl "anticorruzione". Tra le misure il Daspo, che nel dopo-ponte Morandi stabilisce il divieto di ottenere appalti dalla pubblica amministrazione per i condannati per corruzione (perpetuo per condanne sopra i due anni).

A fine mese, il 24, il governo approva all'unanimità il "decreto Salvini" su sicurezza e immigrazione. Il provvedimento prevede la revoca della cittadinanza in caso di condanna definitiva per terrorismo e la sospensione della domanda di asilo in caso di condanna in primo grado.

Sono due misure – una a testa, come contratto vuole. Ma come in tutti i matrimoni, non mancheranno dissidi e mal di pancia. I 5 Stelle si ritroveranno agganciati alle politiche radicali sulla sicurezza della Lega.

Salvini invece sarà inchiodato da un problema che per ora si muove sullo sfondo del suo trionfo politico. Il Tribunale del riesame dispone, il 24 di questo stesso settembre, il sequestro "delle somme di denaro depositate sui conti intestati o riferiti alla Lega Nord" fino al raggiungimento di 49 milioni di euro. Non facciamo nessuno spoiler se ricordiamo che questa storia anticipa un'altra accusa, l'anno successivo, a Salvini, sempre su questioni di denaro. Parliamo dei supposti finanziamenti illegali alla Lega da parte della Russia. Il versamento dei fondi non sarà mai provato, ma la vicenda sarà il suo inciampo definitivo.

Parte 5
Finanziaria populista

Inizia l'autunno, e, come sempre, è la peggiore stagione di ogni governo. Autunno vuol dire legge di bilancio, cioè decisioni su sacrifici e benefici che lo Stato riserva ai cittadini. Una stagione sempre molto agitata, in cui si misurano, confrontano e ancor più spesso si scontrano le forze politiche e sociali, oltre che le lobby economiche più disparate. A Roma, con tutti i senatori e deputati presenti, l'atmosfera diventa pesante.

Nel caso del governo giallo-verde queste dinamiche culmineranno nel primo vero scontro – attivo, esplicito, pericoloso – con la Commissione europea, un governo per il quale, ricordiamolo, i protagonisti dello scontro avevano indicato in prima battuta come ministro dell'Economia Paolo Savona, noto critico della moneta comune, bocciato (caso rarissimo) dal presidente Mattarella. Al suo posto è stato scelto Giovanni Tria, un uomo pragmatico (in politica vuol sempre dire non radicale) e dalla personalità tranquilla. Un ex socialista che non arriva dalle fila delle forze politiche che formano il governo.

Ciononostante, l'Europa attende guardinga la Nota di aggiornamento al Def. Il testo prevede un deficit al 2,4, nonostante si sapesse che a Bruxelles non avrebbero tollerato più del 2 per cento. I mercati all'annuncio reagiscono nel loro tipico modo: il Ftse Mib (Financial Times Stock Exchange Milano Indice di Borsa), il più rilevante indice azionario della Borsa italiana, segna un -3,72. Lo spread con i titoli tedeschi va a 267 e ricomincia a salire. Mattarella scomoda, come spesso fa, la Costituzione: "La nostra Carta, all'articolo 97, dispone che occorre assicurare l'equilibrio di bilancio e la sostenibilità del debito pubblico".

La caccia al governo giallo-verde è ufficialmente aperta

Il 3 ottobre c'è la conferenza stampa per la presentazione ufficiale del Def: deficit al 2,4 nel 2019, al 2,1 e all'1,8 nei due anni successivi.

Contro le scelte italiane reagiscono, uno dopo l'altro, Juncker, il 5 ottobre con una lettera Valdis Dombrovskis, vicepresidente della Commissione Ue, e Moscovici, commissario per gli Affari economici e monetari. Tutti esprimono "seria preoccupazione" sulla "deviazione significativa dal percorso raccomandato dal Consiglio".

All'Europa dà una mano dall'Italia – in cui è scoppiata la

polemica fra europeisti e non – l'Ufficio parlamentare di bilancio, che stima una crescita dell'1,5 del Pil reale come "eccessivamente ottimistica". L'Europa formalizza una sorta di anticipazione di condanna in una lettera della Commissione europea: "Il bilancio mostra una deviazione senza precedenti nella storia del Patto di stabilità".

Salvini replica a modo suo: "Noi tiriamo dritto" perché gli attuali commissari "fra sei mesi verranno licenziati da 500 milioni di elettori". E a Roma incontra Marine Le Pen, leader del Rassemblement National francese: "Lavoriamo a un programma comune da anni".

A metà ottobre il governo approva decreto fiscale e documento programmatico di bilancio. E Moody's, a giro, abbassa il rating dell'Italia: BAA3. Fiammata dello spread che arriva a toccare 340.

La matassa si imbroglia

Il peso dello scontro con l'Europa comincia a essere avvertito in Italia, non solo sul piano della valutazione economica.

Nonostante il governo risponda in maniera ribalda, lo scontro produce un'ondata di nervosismo generale, o forse solo di incertezza. Il fatto è che comincia ad accavallarsi dentro e fuori le stanze del governo una serie di altri conflitti. Tutti peraltro destinati ad avere un impatto sulla tenuta della coalizione.

Il picco è raggiunto in ottobre, un ottobre in rosso, ma non rivoluzionario. In una singola data, il 17 del mese, si accumula una serie di indizi – sul momento appena notati, ma densi di significato se visti con sguardo retrospettivo.

Nella politica italiana si rileva quel giorno una dichiarazione di Di Maio che nel corso della discussione del decreto fiscale, collegato alla manovra, accusa: "Il testo arrivato al Quirinale è stato manipolato" da "una manina politica o tecnica". Le norme riguardano il condono e lo scudo fiscale per i capitali all'estero. L'accusa è fatta in tv a *Porta a Porta*. Se il testo non tornerà alla sua forma originale, Di Maio annuncia, "noi non lo votiamo".

È il terzo caso di "manina" che i 5 Stelle denunciano. Il primo, quello per cui accusano il presidente dell'Inps Tito Boeri, per aver inserito 8000 esuberi nel decreto legge "Dignità", e il secondo è l'inserimento di 84 milioni per la Croce Rossa, all'insaputa del ministro Giovanni Tria. Ma stavolta il caso punta direttamente a Palazzo Chigi, e in particolare al potere alternativo che vi vive sotto il nome di Giancarlo Giorgetti – da sempre guardato con sospetto dai pentastellati per essere "un uomo di potere". L'accusato stavolta è direttamente lui, e divampa il fuoco che covava da tempo a Palazzo Chigi nella convivenza forzata fra i due partiti.

La Lega risponde a muso duro. Precisa che Giorgetti non era presente, che il lunedì sera ha lasciato prima la riunione del Cdm in cui è stato approvato il decreto fiscale, non è rimasto fino al voto finale e non ha neanche firmato il verbale conclusivo. Salvini non le manda a dire: "Noi siamo gente seria e non sappiamo niente di decreti truccati, stiamo lavorando giorno e notte sulla riduzione delle tasse, sulla legge Fornero e sulla chiusura delle liti tra cittadini ed Equitalia". È forse il primo vero scontro fra i due vicepremier – che in quei primi mesi hanno contenuto il loro livello di tensioni, anche grazie, come tutti ancora oggi ripetono, al "loro ottimo rapporto di amicizia".

Curiosamente, nel giorno della polemica, e ce ne ricorderemo dopo questa circostanza, Matteo Salvini è in Russia.

In quelle stesse ore un'ondata ben più insidiosa di discredito colpisce l'Italia. Ci parla di una storia d'amore decisamente finita.

Arrivano i risultati dell'Eurobarometro e il nostro Paese risulta il più euroscettico del continente.

La rilevazione dell'Eurobarometro ha posto ai cittadini europei il seguente quesito: se domani ci fosse un referendum sull'appartenenza del vostro Paese all'Unione europea, cosa votereste?

Le risposte sono queste:

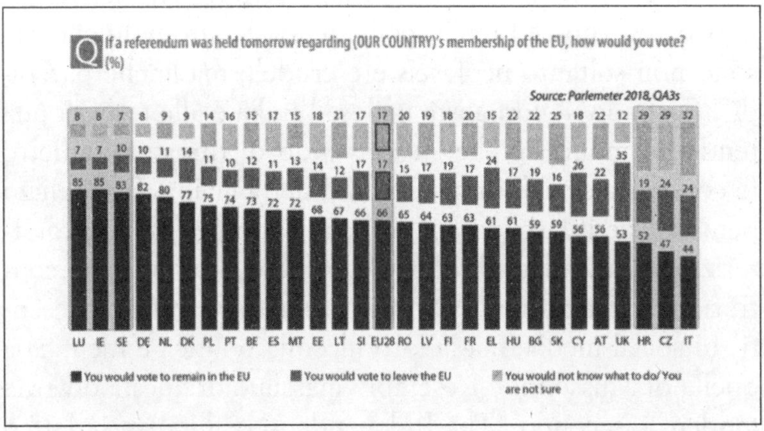

La fiducia nella moneta unica rimane alta, il 65 per cento degli italiani si dichiara a favore dell'euro, ma se domani ci fosse un referendum sulla permanenza dell'Italia nell'Unione europea, il 44 per cento degli italiani voterebbe per rimanere, il 24 per uscire e il 32 per cento sarebbe indeciso. Dietro di noi solo l'Ungheria e la Repubblica Ceca, appartenenti al Gruppo di Visegrád. Paradossalmente, i cittadini del Regno Unito, alle prese con una logorante trattativa sull'uscita dall'Ue, sono più europeisti di noi. Il 53 per cento vuole rimanere in Europa, il 35 per cento vuole uscire. I relatori dell'Eurobarometro spiegano che la trattativa sulla Brexit ha convinto molti cittadini degli altri Stati membri a temere i rischi di un'eventuale uscita dall'Ue. Infatti, i livelli medi di europeismo sono aumentati. Nel complesso, il 66 per cento dei cittadini europei voterebbe a favore dell'Ue e solo il 17 per cento sarebbe contrario.

La stampa internazionale non ce la fa passare. Il 17 ottobre è una valanga di titoli, di cui il più "soft" è *L'Italia sta diventando uno Stato fascista*.

"The Independent" di Londra batte la nota di inizio, a firma del suo vicedirettore Sean O'Grady, che scrive: "Il nuovo governo dell'Italia sta mettendo in atto politiche che sono non soltanto neofasciste e crudeli, ma anche pazzoidi". Secondo il giornalista inglese l'Italia è alla testa di una tendenza mondiale che sta cercando di riportare indietro le conquiste sociali in materia di libertà civili: "È sbagliato pensare che il fascismo sia un fenomeno del passato caratterizzato da leader addobbati di ridicole uniformi. Al contrario i fascisti moderni vestono casual e sono molto presenti sui social media; ma la loro filosofia politica è identica a quella di Mussolini". L'esempio massimo di questa odierna tendenza, secondo "The Independent", è l'italiano Matteo Salvini: "Leader a lui simili governano non soltanto in Italia ma anche in Polonia, in Ungheria e nella Repubblica Ceca; sono vicini alle stanze del potere in Austria e in Danimarca; avanzano in Francia, in Germania e in Svezia. Questa ondata populista," conclude l'articolo, "è estremamente pericolosa: rappresenta una seria minaccia per quell'armonia dell'Europa che è stata conquistata e forgiata nei settant'anni trascorsi da quando i fascismi europei invasero il continente cercando di convincerne i popoli che loro avevano tutte le risposte".

"Süddeutsche Zeitung", da Monaco di Baviera, titola: *L'Ue non può trascinarsi dietro l'Italia per anni.*

"Bloomberg", da New York, ci dà già per persi: *Spread o meno il Paese è già sul baratro della spirale del debito.* "A prescindere dal braccio di ferro tra il governo italiano e l'Ue in merito alle proiezioni di deficit e dall'aumento dello spread tra i titoli decennali italiani e quelli tedeschi, i rendimenti delle obbligazioni sovrane italiane hanno già raggiunto il punto per cui l'onere connesso al debito da 2700 miliardi si espanderà a un ritmo superiore alla crescita economica." "Bloomberg" cita Richard McGuire, responsabile della strategia dei tassi presso Rabobank, secondo cui il rendimento ponderato dei titoli di debito italiani dovrebbe calare almeno dal 3,21 per cento attuale al 2,63 per cento, affinché la Penisola sfugga al rischio di una spirale del debito.

"Handelsblatt", da Berlino: *Un procedimento contro l'Italia è inevitabile.* "L'Italia, il Paese con il secondo debito più alto nell'area dell'euro, vuole porre fine al consolidamento fiscale. È quanto emerge dal progetto di bilancio che l'Italia ha presentato appena in tempo la notte di martedì a Bruxelles. La Commissione europea si trova ora in una situazione estremamente spiacevole. Il capo della Commissione Ue Jean-Claude Juncker e il suo commissario economico Pierre Moscovici hanno trattato molto generosamente l'Italia negli ultimi anni, ma la Commissione non avrà ora altra scelta che proporre un procedimento per disavanzo eccessivo nei confronti dell'Italia."

"El País", da Madrid: *Juncker prepara il terreno per respingere la manovra dell'Italia.* "Come previsto, l'Italia ha lanciato la sua sfida all'Unione europea, inviando alla Commissione un progetto di bilancio che viola le regole comunitarie. I colloqui delle ultime settimane tra Bruxelles e Roma 'non hanno dato i frutti sperati', tanto che l'esecutivo Ue si trova ora di fronte a uno scenario inedito: ovvero respingere il bilancio di un Paese membro. Il presidente della Commissione europea, Jean-Claude Juncker, ha avvertito martedì il governo di Giuseppe Conte che i suoi conti violano le regole stabilite dal Patto di stabilità e di crescita e lo ha esortato a rispettare le regole, anticipando così l'intenzione di Bruxelles di chiedere a Roma di rivedere la bozza della manovra. La coalizione formata dal Movimento 5 Stelle e dalla Lega, nel preparare il testo, ha deliberatamente ignorato gli avvertimenti che il vicepresidente Valdis Dombrovskis e il commissario agli Affari economici, Pierre Moscovici, avevano lanciato oralmente e per iscritto. La Commissione aveva concordato con la seconda economia più indebitata nella zona euro un aggiustamento strutturale dello 0,6 per cento del prodotto interno lordo. Invece, il bilancio approvato da Roma ha aumentato il deficit per il 2019 al 2,4 per cento del Pil. Ciò suppone un deterioramento del disavanzo strutturale dello 0,8 per cento, inaccettabile da parte della Commissione europea."

"Handelsblatt" (di nuovo): *L'appartenenza dell'Italia alla zona euro è seriamente a rischio*. "Theo Waigel avrà ragione alla fine? A metà degli anni novanta, l'ex ministro delle Finanze aveva messo in guardia dall'ingresso dell'Italia nella zona euro, perché considerava il Paese finanziariamente inaffidabile. Ma l'allora cancelliere liquidò tutte le preoccupazioni: un membro fondatore dell'Unione europea deve aderire all'unione monetaria fin dall'inizio, dichiarò Helmut Kohl. Kohl ha così gravato i successori di un peso sempre più difficile da portare. Il debito dell'Italia è cresciuto costantemente fino a circa il 132 per cento del Pil. Al momento dell'introduzione dell'euro, nel 1999, era ancora al 120 per cento del prodotto interno lordo."

Ma è il "Times" di Londra a dare l'indicazione del sospetto che colora tutti questi articoli. Il titolo è una notizia: *Salvini va a Mosca e chiede la fine delle sanzioni.* "L'Italia è tornata a criticare le sanzioni dell'Unione europea contro la Russia perché secondo i leader di Roma hanno pesantemente danneggiato le aziende italiane che hanno perso miliardi di euro." Nella guerra in corso sulla Russia, il quotidiano inglese dà ai suoi elettori due notizie: "Il presidente del Consiglio Giuseppe Conte e il ministro dell'Interno Matteo Salvini entrambi compiranno due separate visite a Mosca". Il corrispondente da Roma del giornale inglese, Tom Kington, racconta che Conte si recherà a Mosca il 24 ottobre prossimo e nel corso della visita è previsto un incontro con il presidente russo Vladimir Putin. (L'Ue aveva imposto sanzioni alla Russia nel 2014 per l'annessione della Crimea e le avrebbe rinnovate nel gennaio dell'anno che arrivava.)

Ma è Salvini quello che prende di mira. Kington ricorda che "Salvini è già stato in Russia nello scorso mese di luglio per incontrare il ministro dell'Interno russo con cui ha discusso di cooperazione nel campo della cyber-sicurezza e questo proprio mentre i Paesi alleati dell'Italia stavano accusando il Cremlino di essere responsabile di una serie di attacchi informatici contro l'Occidente". E dà notizia che "il leader della Lega di estrema destra Salvini, che è anche vicepremier, oggi mercoledì 17 ottobre guiderà una delegazione di imprenditori italiani che parteciperà a una conferenza a Mosca organizzata dall'Unione degli industriali russi".

Ricordate la data citata: 17 ottobre. Il giorno dopo, il 18, avviene a Mosca l'incontro fra uomini della Lega vicini a Salvini e uomini vicini a Putin che discuteranno di un finanziamento illegale da parte della Russia a Salvini. La rivelazione è dell'"Espresso", confermata più tardi con un video della discussione dal sito americano BuzzFeed.

Alla luce di queste successive svolte, gli attacchi dei quotidiani citati assumono un colore di consapevole anticipazione.

Due giorni dopo, il 19 ottobre, la Commissione boccia la manovra (perfetto il tempismo dei giornali europei) e dà tempo fino al lunedì per modificare la legge di stabilità. Draghi scomunica la linea del governo. Lo spread è a 327, come nel 2013. Caos.

Finanziaria sovranista

Il 18 ottobre c'è un vertice Ue dedicato a Brexit, immigrazione e sicurezza. Ci si aspetta che in quella sede venga affrontata anche la manovra italiana, la cui bozza, approvata nel Consiglio dei ministri, è stata spedita a Bruxelles due giorni prima dell'incontro. Conte alla vigilia del vertice Ue informa il Paese con un discorso al Senato. La valutazione della manovra che il presidente presenta è trionfalistica: "L'Italia è fondatore Ue e contributore netto: forte di questa posizione andiamo a Bruxelles con una manovra economica di cui siamo orgogliosi e su cui vogliamo dialogare senza pregiudizi. L'austerity non è più percorribile". Ma le conclusioni sono molto serie: "L'appartenenza all'Europa è parte irrinunciabile del programma di miglioramento della condizione socio-economica dei cittadini italiani ed europei". Una cautela che da sola basta a equilibrare i toni di Salvini.

In ogni caso, cautela o no, il giorno dopo il vertice la manovra italiana finisce sotto accusa. I leader europei dicono stop alla flessibilità per l'Italia.

Il presidente Jean-Claude Juncker ci va pesante ricordando quante volte all'Italia è stato perdonato: "In passato la Commissione è stata accusata di essere generosa col bilancio italiano. I Paesi si sono raccomandati di non aggiungere flessibilità alla flessibilità. Negli ultimi tre anni l'Italia ha speso 30 miliardi di euro". E il presidente francese, Emmanuel Macron, pur con i suoi dieci anni consecutivi di procedura per deficit eccessivo, punta il dito sul pericolo populista in Italia: "Il caso italiano, attraverso l'ascesa dei populismi cui abbiamo assistito, è l'emblema di questa crisi" dell'Ue su solidarietà e responsabilità, in quanto "l'Italia è stata vittima della mancanza di solidarietà finanziaria durante la crisi" e di "solidarietà sulla crisi dei migranti". Durissimo il primo ministro olandese, Mark Rutte: "Sono molto preoccupato dalle proposte ambiziose presentate dal governo di Roma, vanno contro il Patto di stabilità, aumenteranno il deficit, invece di diminuirlo".

Un paio di ore dopo arriva la lettera della Commissione all'Italia, in un momento caotico per la politica.

Intanto a Roma è in corso un incontro fra Tria, ministro dell'Economia, e lo stesso Moscovici. E contemporaneamente divampa la polemica sul decreto fiscale e la manina sollevata da Luigi Di Maio.

La lettera contiene una condanna chiarissima: la manovra mostra una deviazione "senza precedenti nella storia del Patto di stabilità", sia per il fatto che contempla una espansione vicina all'1 per cento – mentre il Consiglio aveva invitato l'Italia a una correzione fiscale –, sia per una deviazione dagli obiettivi pari all'1,5 per cento. Alla luce di questi fattori, si profila "un non rispetto particolarmente serio con gli obblighi del Patto". Si conclude avvertendo che c'è un "rischio particolarmente grave di *non-compliance* [mancato rispetto, *N.d.A.*] degli obblighi di bilancio previsti dal Patto di stabilità e crescita". E fissa una scadenza: l'Italia ha tempo di dare una risposta ai rilievi entro lunedì 22 ottobre, cioè quattro giorni dopo.

Nel primo pomeriggio, il premier con un post su Fb la difende laconicamente: "È la normale interlocuzione che avviene tra Commissione e singoli Stati membri. Note di questo tipo arriveranno anche ad altri Paesi; prevedibilmente: Spagna, Francia, Portogallo". Ma al dunque non si abbandona a sbruffonate: "Ci aspettiamo quindi osservazioni e rilievi che stanno per arrivare e ai quali siamo pronti a replicare".

Purtroppo i mercati non sembrano pensarla allo stesso modo, vista la salita dello spread. La maggioranza giallo-verde è alle prese con il "caos manina" che il vicepremier Luigi Di Maio ha scatenato sul decreto fiscale. Ma il caos sembra più generale.

***

Il richiamo era inevitabile. Come spiega pacatamente Bruxelles: "La Commissione ricorda che in passato l'Italia, nonostante fosse inadempiente sulla regola del debito, non era stata messa sotto procedura di infrazione perché si era impegnata a ridurre il deficit: ora questo non è più possibile perché l'Italia ha deciso di ampliare il disavanzo e rinviare sine die l'obiettivo di medio termine [il pareggio strutturale, *N.d.A.*]".

Ma il punto più difficile della vicenda è che il governo italiano non si ritrova a fianco nessuno. Nemmeno dal campo degli alleati. Nemmeno, va aggiunto, dal più radicale, in quel momento, dei nazionalisti europei, il giovane cancelliere austriaco Sebastian Kurz, "alleato" di Salvini e presidente di turno dell'Unione europea. La sua presa di posizione è anzi, forse, la più drastica: "Non abbiamo comprensione per il bilancio dell'Italia, non pagheremo certamente le promesse elettorali e populiste degli altri".

Il *De profundis* arriva dal presidente della Banca centrale europea Mario Draghi, con un asciutto testo che a leggerlo oggi suona come una profezia: "Sfidare le regole europee non porta una maggiore prosperità, ma comporterà un alto prezzo per tutti".

In effetti è una strada senza uscita, quella imboccata dall'Italia. Una violazione così plateale delle regole europee avrebbe significato indebolire lo stesso principio di autorità su cui si basava la fondazione dell'Ue – dunque dimostrare che l'Europa non esiste.

Il governo procede quindi e non sembra comprendere davvero questo suo isolamento. C'è una sottovalutazione dei reali rapporti di forza in Europa. E una sottovalutazione di quello che è in movimento a Bruxelles. Molti dei leader europei, fra cui soprattutto tedeschi e francesi, prendono atto e da quel momento si attrezzano a fare seriamente i conti con il governo populista italiano. Un avvertimento muto. Che Matteo Salvini, forse troppo preso dal suo tour permanente, non afferra. Una distrazione che sarà alla base della sua caduta.

Conte trova il suo ruolo

A differenza di Salvini, il presidente del Consiglio, forse perché avvocato, dimostra di cogliere meglio degli altri questi pericoli, e scende in campo nella parte che fin qui ha dimostrato di saper giocare – quello della camera di compensazione fra un governo sostenuto dagli italiani, ma fuori dagli schemi, e le regole d'acciaio delle istituzioni europee.

In questo ruolo Conte – anche lui grande appassionato di abiti impeccabili e logiche sottili – è da tempo stato capito e adottato dall'Europa come interlocutore. Nella difficile circostanza della finanziaria, paga in effetti (con un aiuto sostanziale del tanto accusato ministero dell'Economia e Finanza guidato da un'altra testa poco calda, quella del ministro Tria) l'investimento che Conte ha fatto sulle relazioni internazionali fin dai suoi primi passi a Palazzo Chigi.

Il 22 ottobre, rispettando la scadenza data, Tria risponde alla Commissione europea: "Qualora i rapporti tra debito, deficit e Pil non dovessero evolvere in linea con quanto programmato, il governo si impegna a intervenire adottando tutte le necessarie misure affinché gli obiettivi siano rigorosamente rispettati". È una offerta di non belligeranza.

Ma la Commissione, a giro di posta, il giorno dopo, il 23, invia con precisione le modifiche che vuole, rimandando al mittente il ramo d'ulivo: "I chiarimenti ricevuti non sono convincenti per far accettare il deficit al 2,4". Interviene Mattarella, Di Maio critica il presidente della Banca centrale europea Mario Draghi, Standard & Poor's conferma il rating dell'Italia (BBB) ma l'outlook passa da stabile a negativo.

Il 30 ottobre, nuova lettera della Commissione europea al governo: "Nonostante la riduzione prevista del rapporto debito/Pil, non si prevede che l'Italia soddisfi *prima facie* il parametro di riferimento relativo all'adeguamento del rapporto debito/Pil nel 2018 e nel 2019". Pochi giorni dopo, l'8 novembre, la Commissione rincara la dose: comunica le previsioni sulla crescita (1,2, non 1,5 come previsto dal governo) e sul deficit (2,9, non 2,4) dell'Italia nel 2019. Moscovici ricorda che "non possiamo non far rispettare le regole".

La risposta italiana mostra che il governo è sceso a più miti consigli: i saldi e le stime di crescita della legge di bilancio "restano invariati", ma nel 2021 il rapporto debito/Pil diminuirà grazie alla vendita di immobili pubblici. Eh già, ritornano gli immobili, scappatoia e rifugio di ogni bilancio fallito. Lo spread infatti continua a salire – tocca i 336 punti, livello che non si raggiungeva dall'aprile del 2013.

Conte è a questo punto l'obbligato mediatore fra Commissione, ministero dell'Economia e governo. La posa che assume è quella di chi vuol rassicurare: "Ci sarà un'accelerazione degli investimenti e la rimodulazione in Parlamento di alcuni interventi. Ma senza alterare ratio e contenuti". Tesse la tela con continuità.

A fine novembre si vede a cena con Juncker, e in ultimo si dice "rasserenato" sulla possibilità di un dialogo con le istituzioni europee e di "evitare la procedura di infrazione".

Di nuovo a Palazzo Chigi, il governo stesso accoglie il nuovo tono. Esclude "retromarce", ma si dice pronto a "ritocchi sulle spese". È un segnale positivo. Che viene confermato in un vertice, il 1° dicembre, tra Conte, Tria e Juncker durante il G20 in Argentina. È ancora Conte a comunicare un altro passo avanti: "L'Italia non si pone contro l'Europa. Una procedura d'infrazione non conviene né all'Italia né all'Europa".

Di fatti è una inversione a U, o, se preferite, una resa.

Una resa, certificata il 12 dicembre, a malapena mascherata per salvare (almeno un po') la faccia con gli italiani. Dopo un incontro con Juncker a Bruxelles, Conte annuncia una modifica nella legge di bilancio per evitare la procedura di infrazione: il deficit, che nella bozza originale era del 2,4, diventa improvvisamente del 2,04.

Numeri, numerini, bacchette magiche, una cosa da Harry Potter – è l'unica cosa che viene in mente. La giravolta è comica, non si ride solo perché sarebbe peggio solo del piangere. Si sprecano le ironie, ma tutto sommato, meglio essere ridicoli che espulsi dall'Europa.

L'ultima resa, per chiudere la questione, è un vertice nella notte tra Conte, Di Maio, Salvini e Tria per rispondere alla Commissione sulle coperture. Alla fine il governo annuncia di aver trovato "nelle pieghe del bilancio" le coperture per portare il deficit al 2,04. Guarda un po': "nelle pieghe del bilancio"! Che sbadati.

***

Non che la classe politica abbia badato troppo a questo sviluppo, dal momento che negli stessi mesi è stata impegnatissima a litigare e votare provvedimenti molto discussi. Passa la legittima difesa (oltre ai partiti di maggioranza anche FI e FdI votano sì).

Manifestazioni dopo il via libera del governo al Tap: i manifestanti contrari al gasdotto bruciano le bandiere del M5S. A Torino viene approvato dal consiglio comunale un ordine del giorno che chiede di bloccare i lavori della Tav Torino-Lione. Ma viene convocata una contro-manifestazione dei cittadini a favore della Tav. Dichiarazione di Salvini a favore delle "grandi opere": "Tutte le opere si faranno. Il Mose, il Tap, il Terzo valico, la Pedemontana [...]. Si va avanti. Punto". Sulla Tav Torino-Lione "lasciamo che finisca l'esame costi/benefici" ma "penso che alla fine si farà".

La Lega tiene anche il punto contro il reddito di cittadinanza, che, secondo Giorgetti, "ha complicazioni attuative non indifferenti".

Intanto in Camera e Senato viene approvato un discusso e discutibile ddl "Sicurezza". Così discutibile che il presidente della Camera abbandona l'aula prima del voto e lo spiega con durezza: "Se la mia assenza al momento della votazione è stata interpretata come una presa di distanza dal provvedimento, avete interpretato bene".

Dunque, l'anno non si conclude certo sotto i migliori auspici.

C'è poco da festeggiare ma la Lega convoca una manifestazione a Roma, durante la quale Salvini chiede "mandato di andare a trattare con l'Ue non come ministro ma a nome di 60 milioni di italiani". La Lega incontra una delegazione delle associazioni "Sì Tav" ricevute a Palazzo Chigi da Conte e Di Maio. Salvini e il sottosegretario alla Presidenza del Consiglio Giorgetti vedono al Viminale i rappresentanti delle imprese. Per Boccia (Confindustria), è "la prima volta da sei mesi che questo governo ci ascolta".

Il 18 il governo annuncia il raggiungimento dell'intesa con l'Europa per evitare la procedura d'infrazione sulla manovra.

Al netto del discorso di Mattarella, l'anno è finito.

A luci spente nella notte europea

La battaglia sulla finanziaria sembra archiviata dall'accordo trovato. Ma avrà le sue conseguenze perché, prima ancora che le cifre, il governo ha sbagliato la sua analisi politica sull'Europa. Che non è poco per chi è alla guida di un Paese. Alla prima verifica dei rapporti di forza, il saldo dello scontro fra governo di Roma e Bruxelles si rivela un pietoso isolamento.

La coalizione giallo-verde ha sbagliato tutta la sua narrativa sul rapporto fra Italia ed Europa.

Intanto, la linea del governo insiste sulla minimizzazione dei moniti europei e dei segnali di insofferenza che arrivano da Bruxelles. Si sostiene con sicumera che l'Italia non avrebbe subìto nessuna conseguenza nel violare le regole di bilancio. Gli argomenti principali usati per sostenere questa teoria erano: 1) l'Italia non è affatto messa così male, perché al suo debito pubblico alto corrisponde un altissimo risparmio privato; 2) l'Italia è uno dei Paesi fondatori, dunque a differenza della Grecia "*is too big to fail*"; 3) l'Europa non potrà rifiutare un dialogo sulle conseguenze dell'austerità, visto che il problema esiste per tutti gli Stati membri. Tutte idee con un fondo di verità, ma declinate nel modo sbagliato e con un approccio controproducente.

Ma il più insidioso dei ragionamenti che sostengono l'ottimismo del governo va al di là della finanziaria. E chissenefrega anche della bocciatura – ragionano i giallo-verdi: l'Europa stessa cambierà, perché le prossime europee daranno la maggioranza alla rivolta sovranista di tanti Paesi. I leader europei attuali – continua il ragionamento – sotto scacco fin da ora, come si vede dalla loro aggressività nei confronti delle critiche, non farebbero mai qualcosa di così "feroce" come punire un grande socio dell'Unione qual è l'Italia e un governo votato dalla metà degli italiani. La battaglia non vinta nella trattativa sarà vinta nelle urne: nuovi eletti, nuove maggioranze, nuove regole. L'Italia in questo racconto/sogno era già, con il suo governo populista d'ispirazione, modello di come si cambia il mondo.

Con questa pia illusione nei cuori, l'ingloriosa sconfitta nel braccio di ferro della finanziaria viene accantonata dall'Italia. Ma, come vedremo, rimarrà ben impressa nella memoria dei leader europei.

Parte 6
Veleni e sospetti

Era Giancarlo Giorgetti la manina evocata da Di Maio? Anni dopo si dà per scontato che fosse lui l'obiettivo del leader del M5S quando nell'autunno del 2018 accusò una manina di aver inserito un condono nel decreto fiscale? Anni dopo, tuttavia, c'è anche la libertà di rivangare dal sottosuolo vicende politiche ormai concluse.

Per cui amici molto stretti oggi raccontano: "La famosa manina non era Giancarlo Giorgetti. No, no, no. Era quella del presidente del Consiglio Conte. Sì, Conte". Secondo questa versione, Giorgetti lo disse a Di Maio perché se la prese quando sentì il vicepremier M5S parlare di denuncia: "Guarda, io sono qua ad aspettare che vai in Procura della Repubblica". Così gli disse.

Ah! Quindi la manina di cui si narrava alla fine era Conte? "Eh già. Le manine di quelli che cambiano i provvedimenti e fanno entrare i condoni e fanno entrare queste cose qua" non erano né della Lega né di un funzionario. Erano dello stesso presidente del Consiglio.

È una versione inedita e incomprensibile. Ma tu hai delle prove? chiedo. "Certo. Quando verranno a raccontare balle in aula, dirò: 'Guarda'."

Dunque cosa successe? "Mentre con il capo del Dagl, con il segretario generale, veniva redatto il testo finale questo qua [Di Maio, *N.d.A.*] aveva cominciato a sparare in tv dicendo che qualcuno aveva cambiato il testo già approvato. Il problema era che il testo finale approvato era lì e rispetto a quello che era entrato c'erano già delle modifiche fatte da qualcuno. E non era stato né il sottosegretario come pensavano loro, *né il sottosegretario in combutta con i dirigenti.*"

Quindi? "Quindi niente. Io pubblicamente non ho detto un cazzo."

A loro [M5S, *N.d.A.*] nemmeno hai detto nulla? "A loro ho fatto sapere che avevano sbagliato stanza."

E loro che hanno detto? "Anche loro all'inizio pensavano che Conte fosse una persona in buona fede e che facesse i loro interessi. Poi pian piano con il tempo hanno capito che Conte si faceva fondamentalmente i suoi."

È una versione cui è difficile credere. La riporto però perché fa capire in mezzo a quale mare di veleno, alla fine del 2018, a sei mesi dall'inizio del governo, navighi l'esperimento populista.

Tuttavia, oggi, con lo sguardo di poi, davvero possiamo immaginare che le tensioni sul programma, fra i diversi stili di lavoro, fra i diversi obiettivi, siano state la ragione della fine improvvisa e anticipatissima di un governo che aveva uno straordinario numero di voti e uno straordinario desiderio di governare?

Il fatto è che quell'esperimento è troppo ambizioso per

essersi arenato su questioni di gestione – quale dopotutto è il dissenso su provvedimenti e obiettivi.

Non che questi dissensi non siano stati tanti. E non solo all'inizio, ma anche nel corso del 2019, il nuovo anno in cui i giallo-rossi entrano dopo la finanziaria. A gennaio, il 17, a dispetto di tutte le tensioni interne, la maggioranza giallo-verde delibera le due misure bandiera delle due forze politiche – il reddito di cittadinanza e quota 100. Una prova che, per quanto forti, le tensioni rimangono gestibili.

Ma la pace è molto breve. Meno di un mese dopo si litiga sui termovalorizzatori, tema che rimane però sospeso, così come l'ecotassa sulle auto, voluta da M5S e osteggiata da Lega. Poi segue la rissa sulle trivellazioni in mare (Di Maio vuole bloccare le concessioni rilasciate nello Ionio, Salvini replica: "Non possiamo far finta che il mondo si sia fermato"), e quella sulla flat tax, altra battaglia di bandiera della Lega.

Tuttavia raramente i provvedimenti o gli interventi sui temi che tengono alta la popolarità di Salvini (quello sull'immigrazione e quello sulla sicurezza) diventano terreno di scontro. I 5 Stelle sono, ad esempio, molto cauti, al punto da sembrare consenzienti, sul territorio in cui Salvini è dominante. Come dimostra la solidarietà a Salvini nel caso *Diciotti*, il voto al decreto "Sicurezza", cui il presidente Fico si è pubblicamente sottratto. Ancora a gennaio del 2019, ad esempio, in merito a un'altra nave, la *Sea-Watch*, che viene lasciata per oltre due settimane al largo senza poter sbarcare, Di Maio interviene con un post su Facebook, post fatto con l'accordo di Conte e che esprime princìpi opposti a quelli di Salvini, ma senza mai citarlo. La responsabilità viene data a Malta e all'"egoismo degli Stati europei": "Per me nessun bambino con la sua mamma può continuare a stare in mare ostaggio dell'egoismo di tutti gli Stati europei. Malta faccia sbarcare subito donne e bambini da quelle imbarcazioni e li mandi in

Italia. Li accoglieremo. Siamo pronti ancora una volta a dare, come sempre, una lezione di umanità all'Europa intera".

La tagliola delle elezioni europee

C'è una sorta di timore in tutto questo, paura che il governo cada, una subalternità psicologica al leader leghista? Ma alla fine, come sempre, la politica presenta il conto.

In questo caso il conto sono le europee a maggio. Un appuntamento che è la prima conta post-elezioni politiche e dunque anche il primo bilancio del rapporto di forze dentro il governo. I due leader avvertono la necessità di marcare le proprie posizioni. Ma più i due fanno emergere le rispettive identità, più diviene evidente che sono molto lontane tra loro. E se un contratto può avvicinare obiettivi materiali, non può, sfortunatamente per il governo giallo-verde, avvicinare le idee.

È così il vento identitario che raffredda il clima positivo in cui era stato redatto il contratto.

A Verona, il 30 marzo la Lega guarda con favore all'iniziativa del senatore Pillon sulla famiglia. Il conservatore con il papillon viene invece attaccato da Di Maio che dice che a Verona si sono radunati "i fanatici con l'odio verso il prossimo e la discriminazione". (Salvini replica: "Se parlare di mamme e papà vuol dire essere sfigati, io sono orgoglioso di esserlo. Odio? Sì, fuori c'è odio. Di Maio sbaglia piazza".)

La Tav diventa, nel dibattito interno del governo, il simbolo forse più evidente della differenza di prospettive. Per il M5S fermarla significa sancire la volontà di passare da un'economia basata sul cemento a uno sviluppo eco-rispettoso. L'esatto contrario per Salvini e tutta la sua *constituency* delle piccole industrie del Nord. Sulla Tav man mano che si avvicina il momento della decisione, si moltiplicano le tensioni dirette tra Salvini e Di Maio. A marzo Di Maio assicura ai parlamentari M5S di "non essere disposto a mettere in discussione il no", e Salvini per la prima volta formalizza l'idea che forse è possibile una crisi: "Se i 'no' diventano troppi, il governo non va avanti. È la crisi? Se c'è il 'no' alla Tav, vado fino in fondo".

Da questo momento in poi, si balla sull'orlo del precipizio. Luigi Di Maio, che dà prova di avere un intuito notevole, è il primo a portare la polemica sul terreno della collocazione europea. "Mi preoccupa questa deriva di ultradestra a livello europeo con forze politiche che faranno parte del gruppo con cui si alleerà la Lega, che addirittura, in alcuni casi, negano l'Olocausto." Una dichiarazione fatta per suonare bene alle orecchie dei leader europei. Salvini risponde con il solito menefreghismo: "Questa gente che cerca fascisti, comunisti, nazisti, marziani, venusiani… i ministri sono pagati per lavorare. Se invece di polemizzare si lavorasse di più, si sbloccassero cantieri fermi, l'Italia sarebbe un Paese migliore".

Il 25 aprile, a proposito del decreto "Sicurezza-bis" presentato da Salvini, Di Maio ricorre all'artiglieria pesante: ribadisce l'orientamento antifascista del Movimento e ripropone la questione morale, sul sottosegretario ai Trasporti Armando Siri. Un sfida foriera di crisi.

Il fiume del consenso 5 Stelle si ritira. Lega primo partito

Purtroppo per Di Maio e Conte, la presa d'atto dell'impossibilità di governare insieme alla Lega si rivela tardiva. Le elezioni europee sono un nuovo terremoto – come tutte le precedenti consultazioni. La Lega trionfa, è primo partito con il 34 per cento, il Pd con la guida di Zingaretti, sale al 22,7 per cento (contro il 18,8 delle politiche). Ma soprattutto incassa il sorpasso sui 5 Stelle, che con il 17,1 sono praticamente dimezzati rispetto al 32,7 delle politiche (netto il calo anche rispetto al 21,2 delle ultime europee). Nei numeri c'è qualcosa di magico: sono l'esatto rovesciamento del rapporto di forza fra Lega e M5S definito dalle politiche dell'anno prima. Il risultato destabilizza il governo. Le reazioni al voto dei tre leader della coalizione, Salvini, Di Maio e Conte, da sole rappresentano quanta acqua sia ormai passata sotto i ponti in un solo anno. E dimostra anche quanto diversi siano diventati i tre rispetto a un anno prima.

La notte che segue i risultati elettorali è quella che ci apprestiamo ad analizzare.

Salvini misura la sua forza

È nella notte di via Bellerio che il leader riesce a essere se stesso e a parlare liberamente, come ci racconta per "Repubblica", il 27 maggio, il giornalista Carmelo Lopapa.

> "La gente sta dalla nostra parte e adesso si fa come diciamo noi," dice a porte chiuse Salvini, al primo piano della sede della Lega. "Eravamo al 6 per cento alle europee del 2014, al 17 solo un anno fa: se qualcosa è cambiato, è grazie a questo signore che ha chiuso i porti." Scenderà in sala stampa all'una di notte e ripeterà per tre volte che "in Italia non cambia nulla, da oggi si torna a lavorare, non chiedo una poltrona in più". Ma ovviamente una tale inversione di forze ha già creato un diverso panorama. Con Giorgetti e Fontana, raggiunti nello studio di Bellerio dall'economista della Lega Claudio Borghi, Salvini discute dell'"inevitabile crisi", che inizia non a caso dalla eliminazione di Conte. "Andare avanti per quattro anni con il premier espressione del terzo partito è un problema loro, non sarò io ad aprire la questione o a scatenare la crisi. [...] Non ne faremo una questione di poltrone, ma di programmi sì, eccome, voglio un'accelerazione sulle cose da fare, quello lo pretendo." Cosa vuol dire lo spiegherà sempre a loro, nel

chiuso della stanza, prima di presentarsi alle telecamere. Significa che "se Luigi vuole andare avanti, allora andrà aperta la fase due, quella del fare". Ovvero, del fare quel che chiede la Lega. "Perché siamo il primo partito," ripete Salvini. "Bisognerà però vedere a quel punto – *è il ragionamento degli uomini di governo che lo stanno ascoltando* – se loro reggeranno alla pressione." Anche perché saranno dettate, quasi imposte, condizioni capestro agli alleati che, per dirla con un ministro, "hanno trascorso gli ultimi due mesi a insultarci illudendosi così di conquistare più voti". La Lega passa adesso all'incasso. Se crisi poi sarà, di fronte al Niet dei grillini, saranno "loro" ad assumersi la responsabilità. "Non voglio sentire più scuse: in settimana il decreto "Sicurezza-bis" dovrà essere approvato in Consiglio dei ministri", è la priorità in cima alla lista del capo del Viminale. Seguita a ruota dalle intese sulle autonomie regionali, finora respinte dal ticket Conte-Di Maio. E poi la Tav e le altre opere pubbliche, sulla scia del successo in Piemonte. Per non dire della flat tax, perché "alla tassa unica al 15 per cento per lavoratori dipendenti e famiglie non rinuncio," detta ancora il leghista, "per me sarà la priorità". Ma per quella bisognerà attendere la manovra 2020, dopo l'estate.

Prima di allora, il governo dovrà superare il terremoto di questo post-voto. Anche se Salvini giura che non cambia nulla, col voto di ieri muta la geografia politica del Paese. Lega e Fratelli d'Italia, anche senza Berlusconi, arrivano a sfiorare la soglia del 40 per cento. Quella che, legge elettorale e proiezioni alla mano, alle politiche garantirebbe la maggioranza in Parlamento. Se il vicepremier leghista decidesse di staccare la spina avrebbe i numeri per puntare dritto su Palazzo Chigi. Da solo o quasi.

Ma alla fine Salvini, che in camicia bianca nottetempo annuncia che è il "momento della responsabilità per la Lega primo partito", batte molto meno sulla "rivoluzione" che sognava di portare in Europa.

Il successo di Marine Le Pen consolida l'asse sovranista italo-francese, ma la cordata non sfonda come avevano pronosticato i leader delle destre ritrovatisi sul palco di piazza Duomo il 18 maggio. I popolari e i socialisti soffrono ma non tracollano, e creano una maggioranza dando vita a una Commissione europeista. I sovranisti restano confinati all'opposizione. Il governo giallo-verde italiano ne esce più debole e isolato. Ma questa è un'altra storia. Da quel momento, la resa dei conti si apre a Roma.

I 5 Stelle tacciono. I vertici 5 Stelle, scioccati dalle dimensioni della sconfitta, si eclissano per tutta la notte. Luigi Di Maio non parla davanti alle telecamere, ma fa sapere: "Abbiamo pagato l'astensione al Sud. Ora testa bassa e lavorare, ma restiamo pur sempre l'ago della bilancia". Poi manda a Salvini un messaggio di "complimenti sinceri".

Il Pd vede una strada d'uscita. Soddisfazione nel Pd. Aria di festa al Nazareno, con Zingaretti e Gentiloni che si fanno fotografare insieme, sorridenti. In conferenza stampa, Zingaretti dice: "Salvini è il vero leader di un governo pericoloso. Noi siamo pronti alle prossime elezioni politiche". E assicura: "Ora il governo è ancora più fragile".

Conte prende atto di se stesso. Lontano da Milano il vero minacciato dal terremoto, Giuseppe Conte, riflette anche lui sul corso da prendere, come ci racconta Tommaso Ciriaco, su "Repubblica":

> Piove su Roma per una domenica intera, come stesse arrivando l'inverno. Toglie luce anche all'appartamento del presidente del Consiglio, a due passi dal seggio elettorale di via Giulia, nel cuore del centro storico. Poco prima di pranzo il premier si affaccia fuori dal suo rifugio, ma soltanto per "mettere un segno" – come dice ai cronisti –, per votare sul futuro del suo esecutivo. Poi di nuovo in fretta a casa. Fuori, da domani, sa bene che c'è chi proverà a impallinarlo. "La Lega pretenderà che io garantisca i nuovi equilibri. Altrimenti mi chiederà di lasciare." Quando a metà pomeriggio l'avvocato del popolo "dimezzato" capisce che il tracollo grillino può davvero trascinarlo a fondo, promette che mai si trasformerà in un sacco da boxe. "Io ho un mio stile," confida in privato, perché ufficialmente invece parlerà soltanto stasera, "e non starò fermo a farmi massacra-

re. Se riusciremo a fare le cose, benissimo. Altrimenti sarò il primo a trarne le conseguenze." Giuseppe Conte sembra ricordarlo a se stesso, più che ai suoi consiglieri. Dopo un anno già difficile, da premier a sovranità limitata, adesso scorge all'orizzonte giorni tormentati. "E nessuno sa," ammette, "come questa storia andrà a finire." Conte prende a quel punto una decisione che cambierà il gioco dentro il governo, e fra lui e Salvini: "Dovrò giocare d'anticipo con Salvini", ecco la linea. Sa che il leghista parlerà, minaccerà, agirà da capo assoluto dell'esecutivo. E che lo farà affondando la lama sui punti più dolorosi per i grillini, quelli che nonostante le resistenze del Movimento sono scolpiti nella pietra del contratto di governo: flat tax e autonomie. È la "fase due" dell'esecutivo, quella che Conte considera l'ultima spiaggia e spera di inaugurare già nei giorni successivi per evitare una crisi.

Non è più tempo di battaglie di bandiera, insomma, ma di un bagno di realismo. In cui la Commissione, proprio il punto su cui Salvini è debole, gioca un ruolo centrale. Non a caso Conte ha già in calendario per il martedì seguente la domenica elettorale una visita a Bruxelles, per il vertice informale con gli altri leader sulla nuova Commissione Ue.

E in Europa il quadro che si vede è del tutto diverso. L'Internazionale sovranista non ha sfondato. Il leader della Lega fa sapere di aver sentito Viktor Orbán e Marine Le Pen, ma ammette che "ci attende un periodo economico complicato". L'insuccesso sovranista promette al governo giallo-verde un futuro ancora più isolato in Europa. Salvini tuttavia non pare accorgersene.

Quando comincia tutto a girar male?

Torniamo ai due testimoni che ci stanno accompagnando. È interessante capire da loro, soggettivamente, quando e come hanno percepito questo logoramento di rapporti.

La versione dei 5 Stelle. Parla l'ex ministro M5S. "Io ne sono straconvinto. Il logoramento è cominciato nel momento in cui Salvini ha assaporato, e i suoi in particolare, l'ebbrezza del potere, della gestione, della possibilità che aveva in mano. Perché loro sono arrivati al governo con una fame, una sete di potere, che la metà basta. Noi in questo eravamo molto più ingenui. Perché era la prima volta che ci trovavamo lì. Per cui era molto più facile fregarci. Cioè quando bisognava decidere dei nomi, le scelte, le cose. Loro invece ci arrivavano con una voracità perché non ci dimentichiamo che dietro Salvini, appunto come dicevo prima, c'era tutta la parte che da tempo aveva gestito le nomine e le cose con Berlusconi al governo e quant'altro. Quindi c'era un desiderio enorme, e la Lega cominciava a prendere sempre più forza. Giuseppe era oggettivamente sotto questo aspetto un punto di equilibrio perché comunque cercava sempre di impedire che Salvini facesse un passo più lungo della gamba. Quindi secondo me, a un certo punto, lui ha avuto la netta sensazione, come dicevo prima, che tutta quella roba che stavamo gestendo insieme se la poteva gestire da solo." Insomma è stato tutto un viaggio in solitaria di Salvini? "Lui ha avuto un momento totale – lo vedevi anche dagli incontri – di esaltazione. Sembrava tutto girasse a suo favore e quindi secondo me lui ha avuto semplicemente la percezione, che poi ha riconosciuto, sollecitato dai suoi, di poter fare a meno di noi. Cioè di poter smettere di dover trattare la roba con noi."

Quindi la questione No Tav, la questione dell'immigrazione non sono state alla fine meno rilevanti di quello che appariva? "No, non credo. Sono state un pretesto. Ovviamente. Ma quello che è finito proprio male è il rapporto umano. Nel senso che alla fine non c'è stata una trattativa neanche sulla chiusura. Noi dalla sera alla mattina abbiamo capito che loro stavano staccando la spina. Nel Movimento c'era chi diceva 'Non lo farà mai. Non lo farà mai ad agosto'. Ed erano la maggior parte. Lì forse fu anche la nostra inesperienza."

La versione della Lega. Parla l'ex ministro leghista: "Conte inizialmente fa veramente l'avvocato tutore del contratto. Cioè non prende esplicitamente la parte degli uni o degli altri quando inevitabilmente ci sono dei bracci di ferro. Lui cerca sempre in qualche modo di mediare, di rinviare, arte in cui è maestro. E ha un effetto mitigatore nel conflitto. In una prima fase lui svolge questo tipo di ruolo, con un timore reverenziale per la politica che non capisce molto. Non ha neanche una segretaria, lui, però pian piano poi si prende gente in gamba. Casalino capisce che, lavorandoci sopra, Conte può diventare un personaggio mediatico che piace all'italiano medio democristiano e pacifico. E quindi lui comincia a diventare un personaggio autoreferenziale.

"Diventa prima di tutto un personaggio politico e qui è la costruzione di Casalino nella proiezione verso l'esterno. Assecondando l'ego naturale di Conte, diciamo evidente, comincia a capire che parlando ai giornali, parlando in televisione... Casalino ci lavora sopra. E così lui diventa un terzo partito all'interno della coalizione. I 5 Stelle, la Lega e lui. La prima che coglie la nuova situazione, da femmina evidentemente, è la Bongiorno. Che dice: 'Attenzione, questo qua è pericoloso'. Un po' prima di noi. La ribalta definitiva sono le elezioni europee del 2019. Lì lui, che è cresciuto come personaggio pubblico, capisce che il suo destino non dipende più dai 5 Stelle ma da se stesso. A un pranzo mi fa un discorso della serie: 'I 5 Stelle sono finiti politicamente e quindi bisogna fare qualcosa d'altro. Dobbiamo anche riequilibrare eventualmente la squadra, ci sta il rimpasto. Tu pensi che Salvini faccia saltare tutto?'. Io, come pure a Di Maio, gli dissi: 'Guarda, Salvini dovrebbe far saltare tutto ma non farà saltare tutto'."

Ma tu avevi rapporti con Di Maio? "Assolutamente sì."

Non ha mai lavorato contro di lui alle sue spalle? "No. Ma a Di Maio gliel'ho detto; quando lui è arrabbiatissimo con Salvini perché fa saltare il governo, io lo chiamo e gli dico 'Vediamoci un attimo'. Con Salvini lui non parla, per capirci. Gli dico: 'Guarda, il governo è saltato per colpa di Salvini ma il responsabile numero uno non è Salvini, è quell'altro. E ricordati una cosa, tu dici che Salvini non è stato coerente e che ti ha tradito pugnalandoti alle spalle. Ma Salvini ha dimostrato un comportamento che politicamente a mio giudizio non è giustificabile quando dopo le europee ha voluto tenere in piedi questo governo. Avrebbe dovuto mandarti affanculo. Quindi questo non te lo devi dimenticare'. Però vabbe', lì era incazzato come un toro. Anche per come era avvenuta la rottura e tutto il resto. Però alle elezioni europee Conte non è più una roba dei 5 Stelle e comincia a seguire un suo disegno politico che passa anche sicuramente nella ricerca di formare un suo gruppo."

Cosa fa esattamente per costruire questo suo disegno? "In giro per l'Italia comincio a sentire gente che riceve telefonate da Conte: 'Che cosa ne pensi di qua, di là, di sopra, di sotto'. Lui si preparava il terreno per quello che sentiva che poteva accadere. Però Salvini, dopo le elezioni, dice di andare avanti, di non volere i posti – altro errore, perché loro erano disponibili a concederci tutto quello che volevamo pur di restar lì – e dice: 'Voglio solo che alcune cose vengano fatte: Tav, riforma della giustizia ecc.'. Comincia a tirare fuori quelle cose su cui i 5 Stelle all'epoca non erano disposti a transigere. Però, tieni presente che prima di questa svolta delle elezioni era tutto un braccio di ferro ma la sintesi si trovava sempre, e il caso più eclatante fu l'accordo finale sulla legge di bilancio del 2018, con il famoso 2,4 per cento che diventa 2,04 per cento di deficit, che poi diventa 1,8 per cento in consultivo.

“Ma il fatto è che quando c’erano dei casini Salvini e Di Maio si trovavano in una stanza e li risolvevano. I casini non si sono più risolti quando, oltre a Di Maio e Salvini, si è messo di mezzo anche Conte. E allora lì sono cominciati i problemi. O meglio l’incapacità della coalizione, che a questo punto era tripartita, a trovare soluzioni ai problemi. E poi c’è stata l’escalation.”

Quanto ha contato in questa escalation, come la chiami tu, la questione delle navi, la questione degli immigrati? “No. Sugli immigrati alla fine ci sono sempre venuti dietro. Anche nell’ultimo caso, la famosa *Gregoretti*. Alla fine tutti questi, Toninelli, la Trenta, lo stesso Conte, magari non condividevano, ma per salvare la poltrona accondiscesero anche allora. Anche se lì c’erano i primi vagiti della crisi.”

Dunque il momento preciso che tu indichi per l’inizio della crisi qual è? “A parte la Tav, a parte le cose che non andavano avanti, a parte l’autonomia del Veneto e della Lombardia che tutte le volte venivano rinviate, questa situazione di continuo e perenne rinvio di tutto diventava insopportabile a Salvini nella misura in cui si sentiva investito dalla volontà popolare di fare le cose. Quindi lui perde interesse. Io avevo suggerito subito ‘Rompi e ridefinisci i rapporti di forza’. Lui invece voleva rimanere coerente e fedele al patto che aveva fatto con Di Maio. Per questo Di Maio sbaglia. E a tutti i costi voleva portare avanti il governo anche se si vedevano chiaramente i segnali di decomposizione dei 5 Stelle e il protagonismo di Conte.”

Quindi qual è il punto di caduta? “Ci fu un Consiglio dei ministri. L’insoddisfazione e il nervosismo di Salvini cresceva, però lui non voleva rompere. Noi tutti, tutti quanti, eravamo invece convinti che bisognasse farlo, perché tutti gli imprenditori, i sindacati, tutti quanti dicevano di mandarli al diavolo. Salvini non voleva rompere. Io andai avanti a dirgli: ‘Guarda che secondo me questa roba qua va tagliata… Si sta chiudendo la finestra. Dopo se tu non chiudi la finestra adesso,’ glielo dissi all’inizio di luglio, ‘non si chiude più. Tra la riforma del numero dei parlamentari e l’arrivo della legge di bilancio sei chiuso, blindato. Alle elezioni non andrai mai più’.”

Salvini l’indeciso si alza e va al Papeete

“Salvini però è in sofferenza. Non è convinto. Tanto è vero che arriviamo ai giorni fatidici in cui facciamo un Consiglio dei ministri sulla riforma della giustizia che dura 9 o 10 ore. Inizia il primo pomeriggio, e la Bongiorno e Conte, perché Bonafede non sapeva di che cosa parlava nonostante fosse sua la riforma, ingaggiano una sfida a sciabolate in punta di diritto. Mi dico che quello sarebbe stato l’ultimo Consiglio dei ministri che si sarebbe fatto. Perché il livello di acidità era enorme. A questo punto Salvini se ne va dicendo: ‘Vabbe’, volete fare tutto voi’. E va al Papeete. Che cosa succede? Io me ne vado in montagna. Lui va al Papeete e là arriva la corte dei miracoli, vanno lì tanti parlamentari, sottosegretari, qualche ministro. Io chiedo loro: ‘Che cosa sta pensando? Che cosa si deve fare?’. ‘Mah, oggi ha detto che rompe, poi dopo diceva che non rompe’. Si torna all’inizio di agosto, c’era la votazione sulla Tav. L’ultima votazione in assoluto. E lì secondo me il vero errore è stato quello di farlo a Camere chiuse. Sento la Bongiorno, che fa: ‘No, no. Ha deciso, rompe. Ha detto che rompe’. E io: ‘Ma quand’è che rompe? Si alza adesso prima del voto in aula e rompe?’. ‘No, ma adesso ha detto che lo fa.’ Votano la Tav, e non rompe. Poi chiama un po’ di persone e dice: ‘Ah, ho deciso che rompo. Domani rompo’. E io penso: 'Ma come? Se hai deciso devi andare dal presidente della Repubblica, devi dirlo a Conte, devi dirlo a Di Maio'."

Si innesca lì, secondo l'ex ministro leghista, una catena di errori, forse dovuti all'inesperienza, perché se Salvini avesse presentato la mozione di sfiducia in tempo, con il calendario parlamentare non a ridosso della chiusura, Conte non avrebbe potuto salvarsi. Invece la Lega incassa la Tav, e poi Salvini il giorno dopo con le Camere chiuse annuncia la sfiducia. "Parte la resistenza passiva di Mattarella. Il secondo errore è che a un certo punto va da Conte a dirgli 'Io ritiro la fiducia' e Conte gli dice 'Pensaci su, mettiamoci d'accordo. Non dire niente a Di Maio'."

Conte dice questo? Il racconto si fa sempre più sorprendente. "Sì. E io gli dico: 'Come, Matteo? Come, non dire niente a Di Maio? Ma cavolo, tu hai fatto il governo con Di Maio. Chi cavolo è Conte? Non ha un voto. Devi chiamare Di Maio, devi dirglielo'. Lui: 'Sì, sì. Ora lo chiamo'.

"Tutto questo avviene mentre Salvini stava andando a Sabaudia, dove c'è il famoso discorso dei pieni poteri. Poi qui ci sono diverse versioni della chiamata, se l'abbia fatta o non l'abbia fatta. Cosa si sono detti. A me Di Maio ha detto una cosa, Salvini me ne ha detta un'altra. Non c'ero, non posso dire quale sia la versione ufficiale delle cose."

Ma la versione dei due qual era? "Salvini dice che era stata una telefonata soffertissima. Di Maio dice che gli ha mandato un messaggino e basta."

Caspita, proprio opposti. "Io non lo so. Nel frattempo Conte si mette in azione. Va al Quirinale, il Quirinale gli dice: 'Pensaci su due giorni'. Nel frattempo le Camere sono chiuse. Parlo con Salvini e gli ricordo che a fine mese c'è il vertice... 'Questo qua vuole tirare avanti fino al vertice di Biarritz. Se ci riesce è finita lì. Lì finisce, non ce la fai.' Lui decide di andare da Mattarella. Nel frattempo parte una misteriosa trattativa, attraverso misteriosi ambasciatori, tra Salvini e Di Maio che non si parlano mai. In cui Salvini dice: 'Mah, rimettiamoci insieme a Di Maio'. Di Maio dice no. Sì, no, boh. Il Quirinale naturalmente ci sguazza in questa cosa qua: 'Quindi non siete sicuri della crisi?'. Passano altri due giorni. Penso che ormai siamo fottuti.

"L'unica chance per la rottura a questo punto è la dimissione di tutti i ministri. Davanti alle dimissioni di tutti i ministri, anche se è Ferragosto non può non esserci un governo. Il Parlamento deve essere riconvocato. In dieci giorni si dimettono i ministri e qualcosa deve succedere. Mattarella deve fare qualcosa."

La speranza era questa. Ma in realtà non succede. "Uno di noi fa una telefonata al Quirinale, che fa sapere: 'Allora, se si dimettono i ministri dobbiamo preparare l'interim'. Come l'interim? Se si dimettono i ministri, sette ministri, una componente del governo, non c'è più il governo. Che interim?"

L'ex ministro leghista dice di aver sentito a quel punto "puzza di bruciato. Lì secondo me era già partito e si era messo in moto il serpentone contro di noi, che poi passava dall'Europa. Sicuramente agli Stati Uniti non gliene fregava niente. A Trump. Non perché non appoggiasse noi, ma perché non gliene fregava assolutamente nulla di questo fatto. In Europa divenne invece chiarissimo, così come a tutti quelli all'interno dei 5 Stelle e del Pd che erano contrari, per logica e buon senso, a soluzioni improvvisate. Tutti loro furono redarguiti.

"Tieni conto che con Zingaretti io a metà luglio ci avevo parlato. Gli avevo detto: 'Guarda, qui le cose vanno male. Voi che cacchio fate se noi facciamo la crisi?'. Lui fa: 'Che devo fare? Andiamo alle elezioni ché io nel Pd devo mettere in ordine le cose. Quindi noi non saremmo disponibili a fare nient'altro'. Poi uno può mantenere la parola o non mantenere la parola. Zingaretti mi pare che sia famoso per non mantenerla".

Quindi poi Salvini ha fatto un pasticcio alla fine? "No, non è stato un pasticcione. Si è sempre fidato."

Di chi? "Di Zingaretti, di Mattarella, si è fidato anche di Conte. Perché quando tu vai su e stai dentro due ore e mezzo da Conte e poi decidete di tornarci su domani mattina... è finita, mi dispiace."

È successo davvero? "Sì. Salvini se ne andò e la cosa rimase appesa una notte. Io poi non so più che cosa si dissero il presidente della Repubblica e Conte quella notte. Però sicuramente cominciò la contraerea."

Insomma, tu pensi che da parte di Salvini sia stata solo inesperienza? "Sì. Ma non è mai stato convinto fino in fondo. Alla fine anche per le pressioni nostre e di tutto il mondo che ci sta attorno è arrivato alla conclusione di farlo. Però c'è stata sicuramente inesperienza da parte nostra nella gestione della crisi."

***

E c'è stato forse anche altro. Un fattore umano che non ha funzionato. Una inusuale vittima della politica a quel livello. "Lì credo sia stata la sconfitta umana per Luigi più forte. Io non dimenticherò mai la faccia di Luigi in quei giorni, perché era una sensazione condivisa anche da noi. Perché lui pensava veramente di aver costruito anche un rapporto umano con questo signore. Con tutti i distinguo del caso, con tutte le difficoltà del caso. E invece lì Salvini non ha salvaguardato neanche il rapporto umano. Cioè alla fine questo governo è saltato senza che Salvini facesse neanche una telefonata a Luigi."

Questo è tutto quel che rimane nella memoria dell'ex ministro 5 Stelle.

Parte 7
La mano tedesca

Dopo aver parlato tanto di quali furono gli errori che hanno portato alla fine anticipatissima del primo governo populista italiano, a chi guardi la vicenda dall'esterno un errore appare più grave di altri: aver sfidato l'Europa.

L'Unione viene descritta dal governo giallo-verde, fin dall'inizio, come impotente, incapace di prendere decisioni importanti, impegnata a compiacere i suoi nemici pur di esistere. Quella stessa Unione si rivela invece poi, nei confronti della leadership italiana di quel periodo, tutt'altro che remissiva. Inflessibile sulla difesa delle regole, sprezzante per molti versi, non disponibile a mettere in discussione le proprie ragioni di fondo.

Il fatto è che da quando, a giugno, il governo del cambiamento ha siglato il suo contratto, il panorama intorno all'Italia è velocemente cambiato. L'Europa, ai tempi della nascita del governo giallo-verde, è in crisi. Nel lungo addio della Brexit, il quadro politico inglese si è profondamente lacerato; dalle elezioni tedesche la Merkel è uscita ridimensionata; il presidente francese Macron, bersaglio preferito dei sovranisti italiani, vede scendere i propri consensi. L'ostilità anti-Ue degli Usa di Trump e della Russia di Putin ha isolato l'Europa minandone l'autorevolezza.

Ma, proprio per questo, nel momento in cui la classe dirigente europea capisce che a essere in gioco è la propria sopravvivenza, serra i ranghi. Alla prima verifica dei rapporti di forza, il saldo dello scontro fra governo di Roma e Bruxelles è netto. Basti pensare che la Commissione ha dato alla coalizione giallo-verde meno flessibilità di quanto ne abbiano avuta sia Renzi che Gentiloni.

La macchina italiana è apparsa insomma in corsa a luci spente nella notte antieuropea. E nemmeno quando inizia una fase ancora più delicata, in fondo alla quale comincia a profilarsi una crisi dello stesso governo, Palazzo Chigi accende i fari.

Ma davvero il governo cade sulla Tav e su Siri?

Il 20 agosto finisce il governo giallo-verde. Finisce in baraonda, molto a sorpresa, come frutto di un'inspiegabile svolta nell'evoluzione di questo esecutivo.

Fino a quel 20 agosto il governo giallo-verde è la storia di un grande successo di Salvini, che nell'estate di cui parliamo, quella del 2019, sfiora il gradimento del 40 per cento. È la stessa storia che fin qui ho raccontato anche io in queste pagine.

Ma, tra la sorpresa generale, alla fine Salvini esce sconfitto. Non solo non si va alle elezioni come lui voleva, ma Conte si riconferma presidente del Consiglio di un nuovo governo, con una maggioranza politicamente diversa, quella fra M5S e Pd.

La spiegazione di tutti – a caldo, ma consolidatasi nella narrazione di quel momento, come abbiamo visto dalle memorie di ex ministri di Lega e M5S – è che alla fine il leader leghista abbia sbagliato mossa per un errato calcolo, per un misto, cioè, di improvvisazione e presunzione.

Tutto vero, ma sarebbe una lettura riduttiva. Grande peso, nella rovinosa caduta di Salvini, lo ha avuto la sconfitta in un braccio di ferro che fin dall'inizio lo ha opposto all'Europa. Proprio quella Europa che il leghista aveva sbeffeggiato e minacciato, additato come un'istituzione debole e inconcludente, si è rivelata più forte di lui. L'ingloriosa uscita di scena di Salvini è la prima resa dei conti fra il populismo italiano e le istituzioni europee. Una sconfitta che fa da monito a tutti coloro che avevano preconizzato o sognato il nuovo secolo populista. Una caduta che ancora oggi Salvini sta pagando.

In queste conclusioni vi accompagnerò nella dimostrazione di questa tesi.

***

Rivediamo intanto quello che, finora, in questa ricostruzione abbiamo imparato.

Salvini non improvvisa la rottura del governo; anzi è sicuro di voler liberarsi dei 5 Stelle per andare alle elezioni e vincere da solo.

Tuttavia sappiamo anche che non era pienamente convinto. Lo dimostra l'andamento erratico della gestione della crisi: ha esitazioni, rompe troppo tardi, cioè quando le Camere sono chiuse per le ferie, poi torna indietro, cerca di ricucire, offre persino a Di Maio la guida del governo.

La domanda è: perché tutte queste mosse irrazionali?

Si può avanzare una risposta: forse perché un uomo con il suo forte istinto politico, a dispetto del successo visibile, "è inquieto perché sente altro, avverte che qualcosa non gira per il verso giusto", come dirà più tardi un suo alleato di governo?

E non c'è molto da arrovellarsi per capire questa inquietudine: è lo scandalo dei fondi russi alla Lega, una sorta di spada di Damocle sulla testa del leghista. Lo scandalo incombe da mesi sulla sua vita politica – almeno da febbraio, quando "L'Espresso" ha pubblicato la prima puntata. E viene rilanciato da un audio che ha ricevuto il sito americano BuzzFeed ai primi di luglio. Ma le denunce vanno ad assommarsi alle accuse ricorrenti di manipolazione di fondi, quale quella su 49 milioni mandati in Lussemburgo che inseguono i leghisti. In quella estate del 2019, mentre Salvini progetta un nuovo voto, e il suo partito, dopo le elezioni europee di maggio, freme per "fare le scarpe" ai 5 Stelle, lui appare sotto sotto incerto.

Il caso dei fondi russi

Il 10 luglio 2019, alle 18, il sito americano BuzzFeed annuncia di essere in possesso di una registrazione del colloquio a Mosca in cui si discute delle modalità per erogare fondi al partito di Salvini. È lo stesso colloquio di cui aveva parlato "L'Espresso" sei mesi prima. Ma stavolta c'è un'incontrovertibile prova: un audio.

"Sei uomini si incontrano per una riunione di lavoro la mattina del 18 ottobre dell'anno scorso (2018), tra il rumore di tazzine nell'opulenza delle colonne di marmo dell'iconico Hotel Metropol di Mosca, per parlare di progetti mirati a una 'grande alleanza'.

"I sei uomini – tre russi e tre italiani – si riuniscono sotto la spettacolare volta dipinta della lobby, avendo anche loro in mente un'operazione storica. Formalmente stanno trattando un accordo per una partita di petrolio; il vero scopo è quello di indebolire le democrazie liberali e formare una nuova Europa nazionalista allineata con Mosca."

L'audio, secondo la trascrizione pubblicata dal sito, racconta come i sei uomini discutano con cura i vari modi per poter "inviare segretamente" ("*to covertly channel*") decine di milioni di dollari dalla Russia per colui che è definito "il più forte leader europeo di estrema destra".

La conversazione registrata dal sito americano riprende e conferma in maniera definitiva le inchieste dell'"Espresso" nel racconto degli inviati Giovanni Tizian e Stefano Vergine, pubblicato il 24 febbraio 2018, parte di un libro di Laterza, *Il libro nero della Lega*, dedicato al lato oscuro della organizzazione di Salvini. I due inviati, informati da una fonte, sono presenti nella stessa sala dell'incontro del 18 ottobre, con tanto di foto prese segretamente.

Il piano discusso è quello di una falsa vendita di 3 milioni di tonnellate di gasolio tramite un'azienda italiana (nell'audio si parla di Eni, che smentisce subito) per sostenere con un finto scambio commerciale i sovranisti alle vicine europee.

Come dicono gli stessi autori dell'inchiesta dell'"Espresso", "il condizionale è in questo caso d'obbligo perché non sappiamo se l'affare sia stato concluso".

Salvini si attaccherà proprio a questo "non ho visto un rublo" per la sua difesa.

L'audio, si viene poi a sapere nel giro di poche ore, è già da tempo nelle mani del procuratore aggiunto Fabio De Pasquale e dei sostituti Sergio Spadaro e Gaetano Ruta del Dipartimento reati economici transnazionali. Sono loro ad aver aperto un fascicolo d'indagine già a febbraio quando "L'Espresso" documenta il primo incontro, come abbiamo visto sopra. Viene ipotizzato il reato di corruzione internazionale, e finisce nel registro degli indagati il nome di Gianluca Savoini, il leghista presidente dell'Associazione Lombardia-Russia, che i giornali russi definiscono "il consigliere" di Matteo Salvini. (A settembre del 2022 il lavoro dei magistrati di Milano è ancora fermo perché Mosca ha ignorato tutte le rogatorie arrivate dall'Italia.)

Insomma, l'affare è a questo punto diventato troppo grosso perché si possa fare finta di niente. In Parlamento le opposizioni chiedono una commissione di inchiesta. Salvini dice che andrà a rispondere a un question time, salvo poi sfuggire all'impegno.

La cosa interessante è che davvero il trasferimento della partita petrolifera non si trova – insomma, i soldi non sono mai arrivati.

Ma l'audio del sito americano fuga ogni dubbio, rivelando una vicinanza politica imbarazzante a un certo sottobosco politico russo. E dalle inchieste che sia "L'Espresso", sia altri, come *Report*, hanno continuato a condurre, viene fuori nei mesi successivi una fitta rete di personaggi vicini a Putin che lavorano non solo con Salvini ma con le maggiori figure del sovranismo europeo.

Per dirla con Marco Minniti, predecessore di Salvini al Viminale, la questione non è il finanziamento ma quello di "una possibile soggezione del ministro dell'Interno, Matteo Salvini, nei confronti della Russia". Minniti inquadra la posta in gioco di quel che succede a Mosca. "In Russia si sta certamente giocando una importante e delicata partita con l'Europa, Matteo Salvini ricopre la massima carica dello Stato in materia di sicurezza nazionale; per questo il ministro deve venire a chiarire in Parlamento, non in diretta su Facebook."

Ci siamo: Salvini è parte di un nuovo "grande gioco" politico fra Russia ed Europa. Non è lui il problema, ma il suo ruolo nella costruzione di quello che, anche nel colloquio riportato da BuzzFeed, i russi con cui parlano i salviniani definiscono come il progetto di "indebolire le democrazie liberali e formare una nuova Europa nazionalista allineata con Mosca".

Questo ruolo di Salvini e dell'Italia per suo tramite nei rapporti con la Russia lo abbiamo già incontrato in questo libro. È nel riferimento al 17 ottobre, giorno in cui la stampa internazionale scatena sul nostro Paese le accuse di star riportando la nazione in mano al fascismo, e il "Times" di Londra dava notizia che Salvini in quello stesso giorno era a Mosca, in anticipo di pochi giorni su un'altra visita dei vertici italiani nella capitale, guidata da Giuseppe Conte. Salvini era dunque a Mosca il giorno prima dell'incontro del Metropol.

Ora, è certo che il corrispondente italiano (Kington) del "Times" sia molto, molto bravo – e dunque non è strano che abbia dato la notizia. Ma è anche significativo che tutte le testate che abbiamo citato siano uscite – da diverse capitali europee, lo stesso giorno – con un allarme sulla deriva a destra dell'Italia. Se non vogliamo immaginare che qualche fonte ufficiale abbia dato l'allerta ai media, possiamo sicuramente capire da questa piccola vicenda quanta sensibilità ci fosse nei maggiori giornalisti internazionali, con che occhio preoccupato guardassero al pericolo di destra che montava in Italia.

***

È proprio la nascita dell'alleanza su cui si fonda la nuova legislatura europea che mostra le prime conseguenze dell'attenzione europea all'Italia.

Dalle urne non esce un consenso maggioritario per popolari e socialisti. I popolari, prima delle elezioni, danno segnali di prudente apertura ai sovranisti. Il loro *Spitzenkandidat*, il bavarese Manfred Weber, è il nome giusto per aprire un dialogo con la destra. Ma il piano di "assimilare "il fronte sovranista viene superato dalle urne.

Il risultato elettorale complessivo del voto di maggio consente alle forze europeiste di isolare i nazionalisti. Salvini è nel mezzo di questi blocchi. Dopo tre vertici, tanti ce ne vogliono, il 2 luglio viene designata alla carica di presidente della Commissione europea Ursula von der Leyen, popolare tedesca come Weber, che ha però la missione di costruire una coalizione di centrosinistra che tagli fuori i sovranisti. Ex ministro della Difesa, molto vicina alla industria militare, la von der Leyen si rivelerà una pedina fondamentale contro i sovranisti. Mentre Salvini ragiona sul da farsi – è al governo in Italia ma il suo cuore è con il fronte degli esclusi – la futura presidente annulla all'ultimo minuto l'incontro con il capogruppo leghista a Strasburgo Marco Zanni. Uno schiaffo in pieno viso, che nelle ovattate stanze dei palazzi comunitari è inusualmente brutale e dunque molto esplicito. Salvini è per l'Europa un nemico.

I 5 Stelle invece votano a favore della von der Leyen, incassando così la vicepresidenza che sarebbe dovuta andare (per numero di eletti) alla Lega. Una piccola ricompensa per questo loro voto che si rivela determinante.

La rottura della maggioranza del governo italiano si è consumata in Europa prima ancora che in Italia. Ed è chiaro che va a Conte il merito di aver portato i pentastellati nel campo del governo di Bruxelles.

Conte: 1 – Salvini: 0.

Conte invita poi il suo vicepremier Salvini a nominare il commissario italiano, che tocca alla Lega, ma il leghista getta la spugna e non fa nomi. Alla fine – grazie alla nascita del nuovo governo – sarà Gentiloni. Altro errore leghista.

Conte: 2 – Salvini: 0.

***

Salvini ha giocato male questa partita, ma forse anche a causa di un altro deludente evento che l'ha preceduta: il viaggio a Washington del vicepremier, il 17 giugno, programmato per capitalizzare sul fronte delle relazioni atlantiche la grande vittoria alle europee di maggio.

In Italia ci si aspetta molto da questa visita – e in Europa la si osserva con attenzione. Dopotutto sono i grandi giornali americani (fra cui "Time Magazine", che mette Salvini fra i cento uomini più influenti del mondo) a considerarlo un leader "alla Trump". C'è chi, come Ajello sul "Messaggero", evoca la missione oltreoceano di De Gasperi nel 1947, dopo la quale al ritorno in Italia allontanò ogni ipotesi di governo con il Pci.

In Italia si è quasi certi che Trump salderà le sue relazioni con il leghista antieuropeista convinto. Ma il viaggio non va esattamente così. Salvini vede Mike Pompeo, segretario di Stato, e il vicepresidente Mike Pence. Probabilmente avrà dato spiegazioni sulle mille e contraddittorie alleanze dell'Italia giallo-verde a trazione leghista – Putin innanzitutto, ma anche tutte le altre "stranezze geopolitiche", agli occhi di Washington, del governo populista, come la forte relazione con la Cina e il Venezuela; ed è probabile che qualcuno a Washington ricordi ancora il vecchio amore per Saddam e per Miloševič, esaltati dai ruspantissimi leghisti all'epoca della guerra con la Jugoslavia negli anni novanta.

Qualunque cosa sia accaduta a Washington (e la Lega terrà un impenetrabile riserbo in merito), non succede l'unica per cui il viaggio viene fatto: un incontro con pacca sulle spalle col presidente Trump e suo tweet finale.

Non un buon segno.

Trump invierà invece un tweet all'Italia qualche settimana dopo, nell'agosto della fine del governo, per sostenere "Giuseppi" – investendolo con questo viatico a capo di un nuovo governo.

Conte: 3 – Salvini: 0.

Una manovra contro Salvini è in atto. Di chi è la regia?

A questo punto possiamo tornare a BuzzFeed. L'audio è pubblicato il 10 luglio, cioè sei giorni prima del voto che porta a capo della Commissione europea, con il contributo anche dei 5 Stelle ma non della Lega, Ursula von der Leyen.

Qualcuno della Lega avrà pensato male guardando a questo "tempismo"? Da dove arriva questo audio? Di chi è la manina che l'ha passato a BuzzFeed? E perché proprio ora?

E a qualcuno della Lega sarà anche venuto in mente di mettere in relazione lo scandalo sollevato dal colloquio a Mosca sulle promesse di finanziamento con un altro scandalo molto simile, che appena prima delle elezioni europee aveva bruciato – attraverso la diffusione di un altro video compromettente – Heinz-Christian Strache, vicecancelliere d'Austria, leader del partito FpÖ?

Il video pubblicato da "Der Spiegel" e "Süddeutsche Zeitung" è molto compromettente. Racconta un incontro di sette ore, nell'estate un po' sbracata di Ibiza, tra il vicecancelliere austriaco e il suo braccio destro Johann Gudenus, che si lasciano andare, fra una bevuta e un'altra, a elogi del sistema del premier ungherese Viktor Orbán di controllo della stampa.

Li ascolta e li segue una signorina, sedicente nipote di un oligarca russo, Aljona Makarowa, che si offre di investire circa 250 milioni di euro per acquisire quote della stampa austriaca, in particolare del quotidiano "Kronen Zeitung", con soldi in nero di provenienza ignota. Strache non sta nella pelle alla prospettiva e fa promesse: "Se lei acquisisce la 'Kronen Zeitung' tre settimane prima delle elezioni e ci mette al primo posto, possiamo parlare di tutto". Poveri politici: la donna è solo un'esca e l'incontro è una trappola. Ne riparleremo tra poco.

Va dato atto che i due politici si dimettono subito, non senza sottolineare che il video è del 2017, cioè di due anni prima, e che dunque la trappola è stata preparata e costruita con lungimiranza. Fatta scattare nel momento giusto: prima delle elezioni europee di maggio su cui i sovranisti avevano riposto molte delle loro speranze. "Der Spiegel" e "Süddeutsche Zeitung" confermano che il video è del 2017.

Nella discussione riportata i due austriaci e la ragazza

parlano anche di forme di finanziamento “discutibili” per il FpÖ (Partito della libertà). E la mente va subito all’incontro della Lega all’Hotel Metropol.

Insomma, tutto ci riporta a quel momento della storia europea, al momento in cui il sovranismo alza la testa e si sente vincente. Salvini in Italia è al suo massimo di gradimento. E va ricordato che entrambe queste trappole hanno richiesto preparazione e abilità. Sono tutte un lavoro da professionisti, insomma.

È un complotto? Un’ingerenza? Una manovra? Un allineamento delle stelle? C’è davvero in quel momento, come hanno ripetuto i leghisti, anche più moderati, un’operazione contro la Lega? E chi la avvia, chi la mette in atto? Ancora oggi non c’è una risposta certa a queste domande, in quel luglio del 2019 ho lavorato un po’ a questo tema, recandomi lì dove le cose che avvengono in Occidente si sanno tutte, è che non a caso è anche lì dove poi il video di BuzzFeed viene pubblicato: gli Stati Uniti. Il risultato del lavoro fatto viene pubblicato su Huffington Post, sito per cui allora lavoravo, il 23 luglio 2019 – mai stato smentito. Dietro il Russiagate, secondo le opinioni da me raccolte, si vedevano i segnali di un nuovo attivismo dei Servizi tedeschi contro i sovranisti, di un diverso modo di interpretare la propria leadership sul Vecchio continente da parte di Berlino, di un’America decisa a non lasciare campo a Putin.

La manina tedesca nella nuova guerra fredda ai populisti

Washington. La manina che più efficacemente potrebbe aver lavorato contro i sovranisti italiani sarebbe tedesca. Nel quadro di una “riattivizzazione” a tutto campo della strategia della Germania per difendere l’Europa dal risorgente nazionalismo, e dalla Russia di Vladimir Putin – un’uscita dal tradizionale schema della leadership “riluttante” che ha caratterizzato la Germania nel dopoguerra. Passo intrapreso con il consenso/conoscenza della Francia e della Gran Bretagna, nonché degli Stati Uniti, a dispetto delle affermazioni di rutilante simpatia che il presidente americano Donald Trump ha sempre espresso nei confronti del leader russo Putin.

Questa è la storia che circola tra le due sponde dell'Atlantico in risposta alla sola domanda che interessa fuori dall'Italia sul caso Salvini/Mosca: chi ha incastrato il leader della Lega, vicepremier e ministro dell'Interno italiano? Domanda non da spy story – anche se, come vedremo, di spy story è tutto il tono della vicenda – ma di pura politica.

La vicenda dei rapporti Lega/Mosca, comunque la si voglia interpretare, fuori dall'Italia ha colpito perché segnala alle élite della politica estera occidentale la necessità, dopo le recenti elezioni per il governo di Bruxelles, di fare i conti con il nuovo assetto interno dell'Europa e dei rapporti inter-atlantici. Nei sensibilissimi think tank americani, o nelle sfere dei professionisti della politica globale, alcune novità sono state immediatamente registrate. Va detto anche che, al momento, alla domanda su chi abbia incastrato Salvini nessuno ha risposta certa, ma solo serie ipotesi.

E ogni ipotesi sull'attuale Europa ha un solo possibile inizio: la Guerra fredda, che ha forgiato l'Unione attuale, e di cui memoria, passioni e strumenti costituiscono ancora oggi la struttura di fondo.

Quello che gli europei hanno oggi come influenza politica e come agibilità operativa nel continente ricalca in buona parte infatti, ancora, le tradizionali aree di influenza delle varie nazioni, in alcuni casi quelle di radice imperiale, e più di recente, dopo la Seconda guerra mondiale, quelle economiche e culturali. Così la Francia mantiene ancora una infrastruttura, anche di intelligence, in Africa e in parti del Medio Oriente francese, la Gran Bretagna gioca alla grande in Medio Oriente e nell'area subcontinentale dell'Estremo Oriente, l'Italia è a casa in parti del Nord Africa, e la Germania ha una sorta di "signoraggio" ereditario sui Paesi dell'Est europeo.

Il campanello d'allarme che avverte di un nuovo clima in Europa suona proprio nella capitale di uno Stato simbolo, un luogo che è stato un passaggio cruciale del conflitto europeo del secolo scorso: l'Austria. Il 17 maggio di quest'anno, a poche ore dal nuovo voto europeo, per il quale le urne si aprono dal 23 al 26, viene reso pubblico un video che riguarda il politico più discusso e più in ascesa dell'Austria, Heinz-Christian Strache, leader del partito di estrema destra, il Freedom Party. Nel video, girato nel 2017 in una villa di Ibiza,

Strache e un suo collega parlano per sei ore di donazioni illegittime al partito, con una donna presentatasi come la nipote di un oligarca russo, che vuole influenzare la politica austriaca con il suo denaro. La donna vuole comprare il 50 per cento di un grande giornale austriaco, per aiutare il Freedom Party. Strache, che si impegna a darle in cambio ricchi contratti di Stato, tira in mezzo anche il sovranista Viktor Orbán, dicendo di voler "costruire un panorama mediatico" come quello in Ungheria – in ammirazione della politica di chiusura dei media in quel Paese.

L'incontro è una trappola. Il video viene passato ai media tedeschi e in poche ore porta alle dimissioni di Strache, cancella l'Austria dalle elezioni europee e distrugge il governo austriaco, che si avvia a nuove elezioni nel settembre.

Per molti versi la vicenda sembra una storia molto locale, di un Paese da sempre attraversato da una forte corrente di estremismo di destra. Ma la lezione nel cuore dell'Europa centrale viene ben capita. Il Freedom Party di Strache è stato fondato da un neonazista e si dichiara amico della Russia. Il giovane cancelliere Sebastian Kurz forma una coalizione con questo partito, nel 2017, ricevendo molte critiche, comprese quelle dalla Germania, nell'idea che i conservatori moderati possano a loro volta servire a moderare, con l'inclusione nel governo, i neonazi.

Strategia che fallisce miseramente. Ma il potenziale impatto dello scandalo accende l'attenzione internazionale su quel che può accadere nel resto dell'Europa. Alina Polyakova, esperta di questioni di estrema destra per la Brookings Institution di Washington, scrive sul "New York Times" che la vicenda prova che gli estremisti non possono essere moderati, anche quando entrano al governo. "Altri politici europei che si trovano a confrontarsi con una destra estrema dovrebbero capirlo. A fronte di tutta la retorica di sovranità nazionale regolarmente celebrata da Marine Le Pen, Matteo Salvini e altri leader populisti, la caduta di Strache prova che tutte queste idee sono solo copertura di opportunismo e ipocrisia."

Che i populisti siano un pericolo da fermare è un'idea che assume una forte valenza proprio intorno a quello scandalo, nelle ore immediatamente a ridosso dell'apertura delle urne per le europee.

Chi c'è dietro quella trappola? Molti parlano degli stessi russi, ma altri vi vedono un ruolo tedesco – magari non di organizzazione, ma certamente di facilitazione. Sono i giornali tedeschi che riverberano lo scandalo, il tema del pericolo populista; ma è soprattutto Vienna a far scattare l'associazione con la Germania. Dire Austria ha avuto a lungo il significato, ed è vero ancora oggi, di dire Germania. Dalla tragica avanguardia antisemita della "Notte dei cristalli" nel 1938, alla guerra pericolosa e sottile degli anni della Guerra fredda, appunto. L'influenza della Germania è ancora oggi molto estesa nei Paesi dell'Est – Visegrád è il gruppo di nazioni che ricalcano ancora la vecchia zona di influenza dove Germania e Russia hanno fatto patti o guerra. I rapporti fra Russia e Germania sono nella storia europea fra i più stretti: persino nella divisione creata dal Muro, quando la Germania era il cuore e il confine di un conflitto per la sopravvivenza di due modi di vedere l'Europa, questi rapporti sono rimasti intrecciatissimi. Proprio per questo, nella Guerra fredda gli inglesi e gli americani in prima fila contro la Russia si sono sempre basati sulla struttura operativa, intesa come uomini, conoscenze, contatti, costituita dalla rete tedesca – spesso delle due parti della Germania. Nella stessa leadership attuale dei due Paesi c'è l'imprint di questa storia. La cancelliera Angela Merkel è cresciuta nella Ddr ed è da sempre "sospettata" (ma non si sono mai trovate le prove) di aver lavorato come informatrice della Stasi, il servizio di intelligence della Germania dell'Est; l'attuale presidente Putin ha trascorso un'importante parte di carriera come ufficiale dei Servizi segreti sovietici con il grado di tenente colonnello del Kgb, dal 1975 al 1991, in residenza (dal 1985 al 1990) anche lui nella Ddr, a Dresda utilizzando un'identità di interprete come copertura. Come poi da lui raccontato, la notte della caduta del Muro passò il tempo a bruciare migliaia di carte di documenti ufficiali del Kgb. Putin parla tedesco, e per comunicare fra loro Merkel e Putin usano questa lingua, in un rapporto stretto in termini di uso reciproco, ma ugualmente conflittuale, che simboleggia nelle carriere parallele dei due forti leader il senso di quanto profondo e quanto radicato (nel senso di profondità delle radici) sia ancora oggi lo snodo Europa-Russia.

L'8 luglio, meno di due mesi dopo la tempesta austriaca, arriva un'altra pubblicazione, quella degli audio di un gruppo di leghisti che, suppostamente a nome della Lega di Matteo Salvini, tratta un finanziamento illegale con dei russi a tutt'oggi non identificati. La trattativa non va in porto nemmeno questa volta, come non era andata in porto quella di Ibiza. Le somiglianze con il caso austriaco sono però sorprendenti: i due avvenimenti sono la fotocopia l'uno dell'altro. E il parallelismo non va perso.

La Lega si difende dallo scandalo, sottolineando l'aspetto geopolitico della trappola, cita i Servizi, parla dei francesi, della massoneria. Gli avversari della Lega evocano la possibilità che gli stessi russi avrebbero tradito il proprio alleato – per fare un favore all'America, per scaricare un alleato che ha tradito le aspettative. Ma la storia che siano gli stessi russi è in parte troppo contraddittoria. Seguendo invece la pista della "operatività" e del "cui prodest", si arriva molto più vicini a una pista più politicamente fondata.

Naturalmente toccherà ai giornalisti dell'"Espresso" raccontare a fondo un giorno questa storia da loro scoperta con tenacia e audacia – e c'è bisogno di queste due virtù per aver fatto l'impeccabile lavoro che hanno fatto. Ma se dei giornalisti sapevano, a maggior ragione è probabile che anche l'intelligence straniera che opera in Russia sapesse e tenesse sotto controllo i protagonisti italiani, ben noti nelle vicende russe per posizioni e attività. E in Russia operano tutti i Servizi occidentali, ma tra questi il tedesco rimane comunque quello con maggiore agibilità nella ex Oltrecortina.

Che si tratti di un trojan, di microspie, di doppi fili e doppi agenti, lo sapremo mai? Si può però dire con certezza che l'operazione è il secondo atto in due mesi di una trappola ostile costruita contro i sovranisti d'Europa.

La trappola stavolta viene resa nota per vie americane, BuzzFeed e "New York Times". E non è audace sostenere che è questo il passaggio che serve: laddove la questione austriaca era molto europea, il rapporto con Mosca di Matteo Salvini, vincitore delle elezioni europee e astro nascente del nazionalismo europeo, ci porta dritti dritti agli americani, oggi alleati del leader leghista tanto quanto Putin. E la domanda che si pone è: Washington sapeva o meno? Gli Usa sono stati protagonisti o solo spettatori? E sono stati contenti o meno? Questa è la seconda parte della storia, che è appena iniziata.

"La struttura stessa dell'intelligence è oggi profondamente interdipendente. Per ragioni di globalizzazione e di tecnologie, tutti sanno tutto di tutti," commenta un esperto di queste materie. "La Germania non potrebbe politicamente agire da sola, perché nel corso di tutta la Guerra fredda, in quanto avamposto dello scontro con i sovietici, ha sempre lavorato insieme a inglesi, francesi e americani." Tutto ciò che è avvenuto è avvenuto con la conoscenza e l'approvazione in chiaro o meno di un po' tutti.

Gli americani, dunque. Ma non è forse l'amministrazione Trump amica di Salvini e dialogante con Putin?
Questa definizione, che dal nostro lato dell'Atlantico è un'opinione indiscussa, a Washington non è invece tale. John J. Hamre, uno dei maggiori esperti Usa di difesa, presidente e Ceo dal 2000 del Csis (Center for Strategic and International Studies), alla domanda su questo intreccio apparente di contraddizioni sul caso Metropol/Lega, è abbastanza chiaro: "Trump dice e fa cose che tuttavia a livello di politica estera non hanno la stessa rappresentatività". Parere su cui si ascoltano opinioni simili all'Atlantic Council, dove il programma sulle relazioni fra Europa e Usa è affidato al francese Benjamin Haddad, che nel 2017 a Washington rappresentava En Marche di Emmanuel Macron. Ma sul lato opposto dello spettro politico americano, si sentono valutazioni non distanti: a pranzo con Grover Norquist, si può ascoltare il carismatico fondatore e leader del think tank considerato più influente oggi a Washington, Americans for Tax Reform, l'uomo che ha inventato la flat tax, un reaganiano della prima ora, amico e compagno di avventure in America Centrale del colonnello Oliver North (proprio lui, il protagonista della campagna a favore dei Contras). Norquist ha incontrato Salvini nel recente viaggio del leader italiano, e del nostro vicepremier ha una opinione ottima. Ma sul rapporto Russia/Usa non ha nessuna incertezza, nemmeno lui: l'America non sta con Putin e non intende lasciare via libera alla Russia in Europa.
La distanza fra l'amministrazione, cioè fra gli uomini che formano la politica, e il presidente, sembra uno dei punti assodati di questo panorama washingtoniano. In particolare si indicano il percorso e le opinioni del segretario di Stato Mike Pompeo, ufficiale dell'esercito americano e da gennaio 2017 ad aprile 2018 direttore della Cia. Nel suo discorso davanti al Congresso durante le *confirmation hearings* accusò Barack Obama di aver invitato la Russia in Siria, e così descrisse la politica di Mosca: "Si è di nuovo imposta con metodi aggressivi, invadendo l'Ucraina, minacciando l'Europa, e non facendo nulla per aiutare la distruzione e sconfitta dell'Isis".
D'altra parte, sottolinea Hamre, per andare alla sostanza di questa relazione basta guardare la Nato: a dispetto di tutte le polemiche e le proteste di Trump con gli europei, "la Nato non è stata smantellata. Semmai rafforzata". In sintesi, dice il presidente del Csis: "Pompeo è un uomo della vecchia scuola di politica estera americana. Un conservatore che su Putin e sulla Russia ha idee molto chiare. Il fatto

che ci siano tra superpotenze necessità di buone relazioni, come ha sempre sostenuto, non vuol dire far rientrare Putin in Europa dalla porta di servizio".

"La porta di servizio", la definizione è una ottima sintesi per descrivere bene il punto intorno a cui sembra ora svilupparsi la situazione in Europa e sull'asse atlantico: sul rapporto con la Russia è in corso nel nostro continente un marcato cambio di percezione e, forse, di decisioni.
Il rapporto fra Putin e i nazionalisti europei – a lungo probabilmente sottovalutato o, comunque mal analizzato dalle leadership europee, nell'ultimo anno, in mezzo alle spoglie dell'indebolimento della Ue (tra Brexit e la crisi dei modelli Germania e Francia) – ha finito con il diventare una sfida frontale alla sovranità europea, i nazionalisti visti come la quinta colonna, la "porta di servizio" appunto, attraverso cui la Russia rientra in Europa. Vincendo alla fine, in una specie di mano di ritorno, quella Guerra fredda che invece aveva perso.
Le vicende e le opinioni che fin qui si raccontano sembrano puntare ora a una reazione europea. Reazione di intelligence, ma anche politica. "L'Europa ha combattuto per difendersi, negli ultimi anni, interpretando il ruolo di guardiana dei parametri di Maastricht," dice Hamre. "Nel caso l'intelligence europea avesse deciso di avere un ruolo attivo nel contenimento dei sovranisti, saremmo di fronte a un cambio di approccio." In attacco invece che in difesa.
Se poi questo approccio fosse guidato dalla Germania ci troveremmo di fronte a una seconda novità: l'attivazione sul campo di una potenza che dall'epoca della fine della Seconda guerra, in rispetto del suo tragico retaggio, si è sempre tenuta fuori dai conflitti aperti, in puro supporto del campo anglo-americano.

Immaginiamo dove ci potrebbero portare questi cambiamenti.
Intanto, la scena politica sembra ampiamente appoggiare questa ipotesi di una Germania che allarga il proprio campo di azione. La partita giocata da Angela Merkel nella formazione del governo della Unione europea è stata innovativa, e forse non va considerato un caso il peso che la Difesa ha avuto in questo disegno: Ursula von der Leyen, oggi presidente della Commissione Ue, è stata a lungo ministro della Difesa, e il ministero della Difesa è la scelta della Germania per la delfina della Merkel, Annegret Kramp-Karrenbauer. Che il primo atto della presidente von der Leyen sia stato quello di non in-

contrare Salvini e di allontanare i voti leghisti è un altro segno di una lotta che si sposta dal controllo delle spese delle nazioni alla sfida diretta. Così come inequivocabili sono state le parole della cancelliera, nei primi giorni del nuovo governo europeo, sul tema oggi più sensibile – il nazismo e il pericolo di una destra che ritorna in Europa. Nel discorso di commemorazione del fallito attentato ad Adolf Hitler, Merkel ha collegato l'evento al presente della Germania: "Questo giorno ci ricorda non solo chi agì nel 20 luglio 1944, ma tutti coloro che si sono opposti al regime nazista. [...] Oggi siamo ugualmente obbligati a opporci a tutte le tendenze che cercano di distruggere la democrazia. Compreso l'estremismo di destra".

È questo l'inizio di un nuovo ruolo della Germania in Europa, una leadership che si schiera contro i sovranisti, che non si nasconde più (anche perché non c'è più spazio per farlo) dietro la funzione tecnica del guardiano di Maastricht? Un ruolo più schierato ideologicamente, compensato magari da una versione più soffice nelle trattative con i vari Paesi? In questo senso, l'asse coltivato in Italia con il presidente del Consiglio Giuseppe Conte sulla trattativa per la procedura di infrazione, andata a buon fine, fa pensare non solo a una alleanza anti-Salvini, ma anche a un'anticipazione di politiche di alleanze che spaccano i fronti dentro ogni territorio nazionale.

Qualunque sarà il futuro, questa Germania non più molto "riluttante" è un segnale che l'Europa non ha intenzione di smobilitare, e che con i sovranisti si prepara a uno scontro. "Europe is kicking back," dice John Hamre.

L'Europa reagisce. E il calcio, viene da aggiungere, potrebbe far partire una seconda tranche di Guerra fredda. Anzi freddissima, a giudicare da questi primi colpi iniziali.

Fin qui quanto scritto nel luglio 2019. Un mese dopo, il 20 agosto, il cerchio si chiude. Salvini è all'angolo. Al G7 di Biarritz Conte, in teoria premier dimissionario con gli scatoloni fatti, riceve una sostanziale incoronazione a proseguire a Palazzo Chigi, una volta scaricata la Lega. È il momento del famoso tweet di Trump. Conte su quella scena mostra tutta la sua abilità annullando – senza cedere a protagonismi – anche la conferenza stampa finale. C'è chi potrebbe ricordare che in Italia i Servizi fanno capo a Palazzo Chigi, non al Viminale. E c'è chi potrebbe anche ricordare l'intensa guerra sulla delega ai Servizi fatta da Renzi a Conte nella fase finale della caduta del governo Conte 2.

Illazioni, ipotesi. Ma se la politica si giudica dai risultati, non possiamo dimenticare come si è conclusa la vicenda. Conte si conferma premier alla guida di una diversa maggioranza. Arriva a quel passaggio con una spregiudicata e audace gestione della crisi, ribaltando il ruolo fra accusatore e accusato. Mettendo Salvini – che accusa il premier e i 5 Stelle di aver fallito gli accordi e la gestione del governo – nei panni del colpevole del fallimento del governo che Salvini stesso denuncia.

È una strategia del "ribaltamento" quale quella seguita da Conte dopo la vittoria di Salvini alle europee. Strategia preparata con vari passaggi audaci, come presentarsi al Senato per rispondere al posto di Salvini alla richiesta del Parlamento di dare chiarimenti proprio sui rapporti con la Russia. Un modo semplice ed efficace per sottolineare di fatto la responsabilità di Salvini.

Il 20 settembre è così Conte a sopravvivere e a dare vita a un secondo governo da lui guidato. Il governo Conte 2, il sessantaseiesimo esecutivo della Repubblica italiana, il secondo della XVIII legislatura, inizia il 5 settembre e rimane in carica fino al 12 febbraio 2021, per un totale di 527 giorni, ovvero un anno, 5 mesi e 8 giorni.

Anche il Conte 2 verrà interrotto bruscamente da una crisi, sostituito da un altro premier non eletto dalle urne.

Ma del passaggio dal Conte 1 al 2 parleremo nel capitolo seguente. Per ora possiamo segnalare che in quel settembre 2019, la guerra Salvini-Conte si conclude nettamente a favore del premier, mentre per Matteo Salvini è l'inizio di una caduta da cui ancora oggi non sembra essersi ripreso.

Conclusioni
(per gente che ama i numeri)
La verità su Salvini: il giudizio degli italiani

Il Papeete, quell'immensa zuppiera estiva di mare sabbia drink musica ragazze dignitari e amici, è l'inizio della fine di Matteo Salvini, non solo negli ambienti politici, ma anche nel favore di un popolo che a lui guardava da mesi con simpatia.

La crisi del governo Conte 1, che è di quella stessa estate, agosto 2019, è il primo drastico calo di favore popolare che il leader leghista subisce.

Lo dicono incontrovertibilmente i numeri del prestigioso Istituto di indagini, Ipsos, guidato da Nando Pagnoncelli.

Nel corso della scrittura di questo libro ho chiesto a Pagnoncelli di elaborare, appositamente, una sequenza storica delle loro rilevazioni, che indicasse il rapporto fra il gradimento per Salvini e le preoccupazioni degli italiani. A partire dalla vittoria delle elezioni politiche del 2018. La richiesta era mirata a comparare la lettura della politica con quella dei cittadini. Il lettore può trovarla sul sito dell'editore Feltrinelli: https://bit.ly/3fp8npL

Il risultato è devastante. Dopo un picco di popolarità legata alla sua politica "dei porti chiusi" contro le navi Ong, un anno dopo, nonostante la vittoria alle europee della Lega il favore popolare è già in discesa. E la discesa fa il suo primo drastico salto in giù proprio nell'arco temporale che va dal Papeete alla crisi del governo Conte 1. Continua a scendere nel tempo attestandosi al 30 per cento dall'aprile 2020. Dove lo seguiamo, in queste tavole, fino all'ottobre 2021.

Vediamo la ricerca in dettaglio.

Le ragioni della delusione. Nelle tavole numero 2, 3 e 4, appare chiaro che Salvini gode di un favore molto più ampio dell'area leghista.

Alle elezioni politiche del marzo 2018, il numero di coloro che votano Lega è inferiore a quello di chi ha un giudizio positivo sul suo leader: la Lega ottiene il 17,4 per cento e Salvini ha il 42 per cento di gradimento.

Il divario si accorcia man mano, con il procedere del Conte 1.

La tavola 4 racconta che il gradimento traina anche l'area di chi voterebbe Lega. In particolare quando Salvini tocca il picco del 60 per cento tra giugno e ottobre del 2018 e le due curve tendono a essere sempre più vicine.

Va notato che, come abbiamo scritto, questo è il periodo in cui il vicepremier/ministro dell'Interno muove guerra alle navi delle Ong, con la politica dei "porti chiusi".

Alle europee, tuttavia, nonostante il voto ribalti il rapporto fra i due alleati al governo portando la Lega al 34,3 per cento, raddoppiando il M5S, le schede nelle urne e il favore per Salvini sono in calo. Il giudizio sul leader è già al 51 per cento. Siamo nel maggio del 2019.

La tavola 5 spiega bene questi cambiamenti di trend.

Il gradimento di Salvini si capisce se si guarda al rapporto fra le sue posizioni e le preoccupazioni del Paese.

La tavola 5 mostra che, mentre il problema dell'economia e dell'occupazione rimane stabilmente il primo problema per gli italiani nel corso dell'anno, si inseriscono prepotentemente nella vita sociale altre ragioni di incertezza. Il gradimento per Salvini comincia la discesa proprio nell'estate che sembra quella della sua incoronazione. L'estate del Papeete, come dicevamo, che è poi anche l'estate che si conclude con la crisi del governo giallo-verde, il Conte 1.

Come mostrano i grafici della tavola 5, a un certo punto la corsa in giù di Salvini si incrocia con quella in su degli italiani che sono preoccupati del "funzionamento delle istituzioni". Siamo nel settembre del 2019, a crisi di governo appena avvenuta.

A gennaio del 2020 una nuova ragione di preoccupazione sostituisce tutte le altre. Ha un colore rosso fiamma, ed è la sanità. È arrivato il Covid. Che da quel momento, fino al picco massimo del 70 per cento, nel marzo 2021, soppianta tutte le altre.

Nella tavola 6 si vede che il gradimento di Salvini segue fedelmente l'andamento delle percezioni degli italiani solo su due questioni: immigrazione e sicurezza. Che però scendono verso la parte bassa dello spettro dell'allarme.

Negli ultimi anni il consenso del leader leghista si assesta dunque quasi stabilmente intorno al 30 per cento.

Nelle più recenti elezioni, quelle del settembre 2022, che hanno portato al governo la coalizione di centrodestra, il calo del consenso del leader leghista si conferma drammaticamente. La Lega ottiene l'8,8 per cento, ampiamente superata da Fratelli d'Italia di Giorgia Meloni al 25 per cento. È vero che il consenso del leader non corrisponde a quello del suo partito, ma ricordiamo che all'appuntamento elettorale precedente, le europee del 2019, la Lega si era attestata al 33 per cento. Numeri eloquenti.

7.
Governo Conte 2.
Game Changer

Parte 1
Nascita di un patto

Uscito dalla crisi del Conte 1 con una mossa da statista – quella mano condiscendente sulla spalla di un Salvini stravolto, non si sa se dalla rabbia o dalla repulsione di quel contatto –, Giuseppe Conte entra trionfalmente in un governo Conte 2 in alleanza con il Pd, l'odiato partito di Bibbiano.

Il 5 settembre, alle ore 10 giura al Quirinale nelle mani del capo dello Stato, entrando ufficialmente in carica. Il 9 settembre ottiene la fiducia alla Camera dei deputati con 343 voti a favore, 263 voti contrari e 3 astenuti. Il 10 settembre è la volta del Senato con 169 sì, 133 no e 5 astenuti. Il 13 settembre, il Consiglio dei ministri nomina 42 sottosegretari, di cui 10 assumeranno le funzioni di viceministri.

Sarà un governo breve – 509 giorni, il Conte 1 ne dura 445 – ma dai riflessi lunghi sul sistema politico.

L'impatto maggiore che avrà sulla politica italiana è quello di essere nato da un accordo fra due forze che fino ad allora erano state in competizione. Il rapporto fra il Movimento 5 Stelle e il Partito democratico segna dunque un nuovo asse nella politica italiana, è un vero e proprio *game changer*. I cui riflessi si sentiranno, in positivo e negativo, anche dopo la caduta del governo Conte 2.

Sulla base di questo (inatteso) accordo, la legislatura inizia a passo di marcia. Alcuni dei fatti più rilevanti in termini di definizione del governo avvengono quasi immediatamente. Per sostenere Conte nasce il partito Italia viva di Renzi, che lascia il Pd; la Nota di aggiornamento al Documento di economia e finanza, che prepara la finanziaria del 2019, a rischio ritardo per via di un governo settembrino, viene presentata subito, a conferma dell'armonia interna all'esecutivo; e c'è poi il "colpaccio" per i 5 Stelle dell'approvazione della riforma che porta al taglio dei parlamentari.

Tre mesi dopo l'insediamento, tuttavia, arriverà la pandemia. Il Generale Covid entra in campo stravolgendo ogni cosa, sostituendo, anzi diventando, "la" politica.

L'Italia è fra i primi Paesi colpiti e in forma grave. Da quel momento la sanità, la salute pubblica, la paura dei cittadini e le migliaia di morti domineranno la vita della nazione. Il governo ha un solo compito e un solo pensiero.

Per Giuseppe Conte sarà il momento definitorio della sua carriera pubblica: nella lotta al virus coglierà i suoi più rilevanti successi e commetterà i suoi più gravi errori. Il primo dei suoi successi è il modo in cui si rapporta al Paese, accrescendo la propria popolarità. Il secondo è portare a casa, dopo la negoziazione con l'Europa, i 209 miliardi di euro del pacchetto di aiuti per il Covid. I fondi saranno una benedizione, ma anche l'inizio della fine dell'esecutivo.

Attrazione Pd

L'effetto più lungo che il Conte 2 avrà sul sistema politico, un effetto che si avvertirà e peserà anche nella vita del governo Draghi che gli succede, è il patto Pd/M5S su cui si forma il governo. Come si giunge a questo accordo, e cosa ci dice delle due forze politiche che lo siglano, è dunque forse il punto più interessante da cui partire.

L'interesse nei confronti del Movimento 5 Stelle è sempre stato nell'agenda del Pd. Dall'affermazione elettorale nelle amministrative 2012 dei pentastellati, i dem guardano, analizzano e sono tentati dal Movimento. Partito forte, ma in lento e costante calo di consensi, dalla fine dei vent'anni di alternanza Prodi/Berlusconi, il Pd sa bene che dentro il voto ai 5 Stelle confluisce molta dell'insoddisfazione dei suoi elettori. E soprattutto sa che i pentastellati costituiscono il tanto cercato rinnovamento delle forme della politica. La tentazione per il Pd di intrecciare le sue fila con quelle del Movimento si manifesta subito: il segretario Bersani cercherà addirittura di istituzionalizzare l'operazione provando a formare un'alleanza per costituire insieme il governo dopo le elezioni del 2013 – come abbiamo raccontato in dettaglio nelle pagine di questo libro.

È presto. L'operazione non parte nemmeno, per l'ostilità dei 5 Stelle che, freschissimi di vittoria, si godono la purezza di un partito che intende sfondare il sistema esistente, di cui il Pd è, per loro, il primo nemico, per l'ovvia legge della prossimità. Tuttavia, quando si presenta la possibilità di formare il governo Conte 2, il Movimento, stavolta, non oppone molte resistenze. È vero che dentro i pentastellati c'è sempre stata una corrente pro-sinistra, parallela a quella favorevole alla destra. Ma il fatto più convincente per i 5 Stelle è che, quando si arriva alla crisi del governo Conte 1 con Salvini, nel 2019, molta acqua è già passata sotto i ponti. Alle elezioni del 2018 si sono imposti con il 32 per cento, ma alle europee del 26 maggio 2019 il Movimento è crollato al 17 per cento, minimo storico dal suo ingresso in Parlamento nel 2013, passando dai 10,7 milioni di voti delle politiche dell'anno prima a circa 4,6 milioni (-58 per cento). La gravità della disfatta è visibile dai Comuni: se, nel 2018, il Movimento era stato prima lista in 3915 Comuni, quasi il 50 per cento del totale, nel 2019 il numero si riduce al 13 per cento, con appena 1038 Comuni su 7915.

Abbiamo già raccontato come questo calo – accompagnato dal successo nelle stesse elezioni del 2019 da parte dell'alleato Lega, che supera, letteralmente raddoppiandolo il Movimento – acceleri l'esplosione della già malconcia unità interna del governo Conte 1.

All'appuntamento con il Conte 2 dunque i politici pentastellati in apparenza sono ancora gli stessi arrivati a Roma con lo zainetto, ma nei loro occhi si è spenta l'irrisione con cui si guardavano intorno. Ora è gente che vuole restare al governo – perché nel frattempo ha capito che le istituzioni sono più resistenti (e meritano più rispetto) delle scatolette di tonno –, e sono dunque prontissimi ad allearsi con il Pd. Il prezzo che pagheranno, perché in politica c'è sempre un prezzo, in quel momento non sarà altissimo. Tuttavia costituirà il punto di partenza di una distinzione fra "governisti" e "radicali" che si proietta fino alla rottura interna che nel 2022 ferisce a morte il Movimento.

Nel Pd, in questo secondo giro, dopo la sconfitta di Bersani, la situazione è meno complicata. Bersani infatti aveva dovuto scontrarsi con forti resistenze interne – parte della stessa sinistra storica dei bersaniani, che viene dall'area ex Pci, parte della Margherita, i renziani, i laici ipereuropeisti, e gli scettici, i rancorosi, i battaglieri e gli insoddisfatti. Al punto che, nel tempo, le relazioni fra i due partiti diverranno di volta in volta una cartina di tornasole dei rapporti di forza soprattutto dentro il Pd.

Ma in quel momento, quando si tratta di dare continuità a un altro esecutivo Conte dopo la rottura con Salvini, i dubbi sono meno forti della tentazione di tornare al governo.

Anche per il Pd infatti è passata molta acqua sotto i ponti da quando Bersani ci aveva provato nel 2013. Nei dieci anni di cui stiamo parlando in questo libro, cioè dalla fine del bipolarismo dell'Ulivo con Berlusconi, e la crisi dei partiti che ne è seguita, il Pd ha trovato una nuova identità, quella della "responsabilità nazionale". Da Monti in avanti il Partito democratico ha abbracciato con convinzione il ruolo di "stabilizzatore" di un sistema fragile (ed effettivamente lo era), diventando la principale pedina di un rafforzamento del Quirinale nel costruire audaci architetture di governo, del tutto esenti dai risultati del voto, nel tentativo di rafforzare un ordine che non c'era più. Soluzioni di fatto "tecniche" anche quando attuate con politici, come abbiamo raccontato fin qui. La ragione offerta per questo eccezionalismo che diventa pratica è la salvezza dell'Italia dalla destra. Una politica di allarmismo che diventa una quasi ideologia, che trasforma il partito "di lotta e di governo" in un partito dello stare al "governo a tutti i costi".

Quando il governo giallo-verde del doppio populismo, nonostante tutti questi sforzi, si afferma, nel 2018, il senso di smarrimento e di sconfitta in Italia e in Europa è grande. L'occasione di formare un governo, con un leader che è stato alleato di Salvini, ma lo ha giubilato al momento giusto, non viene lasciata passare. E il Pd, che le elezioni, ricordiamolo, le ha perse, ora abbraccia questa nuova occasione con la perfetta buona coscienza di chi ancora una volta "deve salvare il Paese dalle destre".

In questo senso, la formazione del Conte 2, è un *game changer*: l'alleanza fra il Pd e un partito populista introduce una nuova variante alle molte già esistenti nel sistema. Con effetti duraturi.

***

La narrazione del Conte 2 comincia da questi cambi di percorsi, cioè da come nasce l'accordo. E da quale materia pesante e insieme friabile lascia sul terreno, che, come vedremo, peserà poi sul destino dello stesso governo. Che sarà breve, e cadrà con stupefacente velocità.

Ascoltiamo due voci, una del Pd, un'altra dei 5 Stelle, di due uomini che hanno vissuto da dentro queste vicende, e sono stati parte delle scelte. Il primo, del Pd, è parte degli organi dirigenti del partito. Il secondo è ministro del Conte 2. Vi troverete molti spunti avvincenti, sulla trama di quelle ore e di quei mesi – riunioni segrete, forme di cinismo, e di incertezza, giuste e false preoccupazioni. Insomma, la storia vissuta da chi la racconta, che, come sempre, è più viva nel ricordo che nelle elaborazioni astratte successive.

Parte 2
Due testimoni, due punti di vista

Le memorie di un dirigente Pd – segreteria Zingaretti

Il governo Conte entra in crisi in maniera precipitosa, e senza avere in mano nessuna soluzione. Di fatto la sua caduta appare piuttosto come una rimozione, ed è ancora non completamente spiegata. Al punto che i suoi difensori parleranno di "conticidio", che sta per un assassinio pianificato. In questo caso, dai "poteri forti" che avrebbero voluto Draghi. È stato sbagliato per il Pd imbarcarsi in questa avventura rivelatasi più fragile di quel che forse si immaginava?

"Partiamo con ordine, dalla cronistoria dei fatti. Iniziamo da quell'estate del 2019 in cui avviene la crisi del governo Conte 1. Poche altre volte abbiamo avuto un cambio, quasi uno scatto, di scenario in un arco di tempo così ristretto come in quelle settimane. Sembra tutto inspiegabile. Se non con una motivazione che adesso vediamo insieme. Il clima del luglio 2019 era quello di un Paese segnato da una fortissima ascesa di consensi, di immagine, di egemonia di Matteo Salvini. La Lega ha in quel momento percentuali di voto altissime, ha avuto un ottimo risultato alle europee dove noi ci siamo tutto sommato difesi, ma certo l'exploit di Salvini è impressionante. Se pensi solamente che l'anno prima Berlusconi si era permesso di competere con lui sulla leadership del centrodestra, nel rapporto su chi avrebbe avuto più voti: un anno dopo sostanzialmente Salvini ha triplicato i voti rispetto a quelli di Forza Italia. E doppiato quelli del M5S. Nel clima politico interno alle Camere – io non ero in Parlamento però mi ricordo un po' il clima dell'epoca – eravamo ancora ai ferri non corti ma cortissimi tra noi e i 5 Stelle. Erano le settimane di 'quelli di Bibbiano'. Noi eravamo quelli dell''attentato alla democrazia rappresentativa'. Insomma, era un clima veramente incandescente. E si arriva così – potrei sbagliare la data – ad agosto. Credo che sia il 9 agosto. Salvini è a Pescara. Secondo me per una dinamica, che conosco un po', psicologica dei leader politici in cui l'exploit può sfociare in una sorta di delirio di onnipotenza – questo anche nel campo nostro è accaduto – fa un comizio in cui annuncia la crisi aperta con i 5 Stelle e scendendo dal palco si lascia andare a quella battuta impropria."

"Chiedo agli italiani se ne hanno voglia di darmi pieni poteri per fare quello che abbiamo promesso di fare fino in fondo."

"Sì, 'pieni poteri'. E lì c'è un primo scarto che riguarda un po' la percezione e un po' anche il fatto che viene alimentato questo scarto: vogliamo davvero consegnare il Paese a questo? Subentrano due settimane, forse meno. Conte riferisce al Senato il 19 agosto, ed è la scena che tu ricorderai. Conte si siede nel banco del governo. Salvini con un primo gravissimo errore di grammatica persino politica si siede al suo fianco. E la prossemica in politica ha un'importanza vera. Anche perché Conte parla verticalmente in piedi e massacra, randella pesantemente Salvini che è seduto. Quindi stabilisce un vero e proprio dominio sull'altro."

Poi, a un certo punto, gli mette anche una mano sulla spalla.

"Esatto. Alle spalle dei ministri, di Conte, ci sono i leghisti. Fra tutti ricordo la Bongiorno. Con quasi una sorta di 'siamo qui a controllarti', no? E in verità Conte fa quel discorso che serve moltissimo a lui per distinguersi da Salvini, rivendicare una sua autonomia e mettersi in qualche modo in una posizione diversa."

"Questa è la prima rottura di Conte, anche se la prima la fa Salvini."

No, intendo anche la rottura di Conte con se stesso. Perché lui è sempre stato un leader topino che faceva l'avvocato e improvvisamente si trasforma in leone.

"Diventa leone, per la prima volta. Perché non lo avevamo mai conosciuto in questa veste."

E fa un discorso che non è proprio nei suoi toni. Tanto è vero che non riesce a leggerlo in alcuni passaggi perché è enfatico. Al punto che io sospetto che qualcuno a sinistra glielo abbia scritto. Magari qualcuno del Pd?

"Siamo ancora molto lontani dalla foto con Bettini. Non c'è ancora lì nessuno dei nostri. In quelle giornate dal 9 di agosto in poi, noi al Nazareno [nome della sede nazionale del Pd, *N.d.A.*] entriamo in un clima di mobilitazione permanente."

Quindi tu non sai come Conte maturi questo cambiamento?

"No. Secondo me in parte con la convinzione di poter sopravvivere..."

Però lui è andato al Quirinale prima della seduta in Senato. Qualcuno al Quirinale deve avergli detto qualcosa. Perché in questo momento la crisi viene gestita dal Colle. E qualcuno lassù avrebbe potuto dirgli "è finita" e invece lo rimanda senza ancora un accordo in Senato.

"Tu mi dici del Quirinale, sicuramente lì la regia del Quirinale c'è stata e ci arriviamo. Ma tu tieni conto che c'è stato immediatamente, a crisi appena aperta, un riflesso d'ordine del gruppo dirigente del Partito democratico. Proprio immediato. Cioè la battuta di Salvini viene vissuta e in parte utilizzata come l'argomento forte per ragionare su qualcosa che fino al giorno prima si considerava impossibile sotto tutti i punti di vista: mettere in sicurezza la legislatura facendo coincidere l'idea della sicurezza della legislatura con l'idea della sicurezza della democrazia italiana. 'Non possiamo consegnare l'Italia a Salvini, a uno che vuole i pieni poteri.' Ora il punto di fondo qual è? Che siamo ancora nella fase antecedente alla mossa renziana. Ti ricordo che noi parliamo del momento in cui non c'è la scissione di Italia viva. Renzi è un dirigente a pieno titolo del Partito democratico, per quanto azzoppato e indebolito, però con un solido controllo della maggioranza dei gruppi parlamentari, che rispondevano a lui. Zingaretti è segretario ma tutto sommato non è ancora, e non lo sarà mai nemmeno nei mesi successivi, in grado di imporsi con una sua specifica e propria azione. Siamo in una sorta di limbo, di interregno. 'Non dobbiamo, non possiamo, non vogliamo andare a votare', è l'altra reazione del Pd. Ma la chiave per non andare a votare ancora non c'è. Nessuno scenario di governo istituzionale, di larghe intese, cioè le cose che sono arrivate dopo. In quelle giornate non è nella sede fisica del Nazareno che si costruisce il caminetto ma è in via xxx [omettiamo l'indirizzo per rispetto della privacy, *N.d.A.*] a casa di Luigi Zanda, dove si svolgeranno tre o quattro appuntamenti. La presenza è variabile, ma sostanzialmente il nocciolo degli incontri è composto dal padrone di casa, che offre anche qualche bene di conforto."

Gli incontri avvengono di sera o di pomeriggio?

"Mattina o pomeriggio."

E sono delle vere riunioni politiche, solo spostate lì.

"E sfuggono all'attenzione dei giornalisti, quasi sempre. Perché c'è un clima di sostanziale riservatezza."

I partecipanti chi sono?

"Zanda, Zingaretti, Franceschini, Gentiloni, Martina, che all'epoca era ancora nel gruppo dirigente, Paola De Micheli, Piero Fassino, io, Andrea Orlando e poi potevano aggiungersi alcune variabili a seconda della riunione."

Questo per sfuggire a Renzi tutto sommato, visto che è l'unico assente?

"Per sfuggire a Renzi e per non dover formalmente convocare il caminetto che consideravano un po' troppo rischioso."

Be', poi la discussione sarebbe diventava ufficiale.

"Esattamente."

Chi prese la decisione di vedersi lì?

"Zingaretti insieme con Zanda."

Sì, perché lavoravano molto strettamente loro due.

"Quindi veniamo alla geografia interna di quelle giornate, di quelle settimane. Premessa: se qualcuno diceva delle cose mentendo, cioè avendo un retropensiero, io questo non sono in grado di dirlo. Io ti riferisco la geografia che era in qualche modo pubblica tra di noi. Perché lì c'è già una distinzione rispetto al cosiddetto 'partito del Quirinale', che tu hai definito tale, nel Pd. Il principale sponsor del 'governo comunque' – dal punto che è stata la prima e unica volta nella mia vita che l'ho visto animarsi e agitarsi anche in un confronto dialettico – era Dario Franceschini. In assoluto."

Sponsor del governo?

"Del governo con i 5 Stelle. Con lui c'erano una serie di aspiranti ministri, convinti di essere già in procinto di arrivarci. Parlo di Orlando."

De Micheli?

"De Micheli sicuramente. Lo stesso Martina, Fassino.

Fassino è dell'area di Franceschini, quindi erano su quella lunghezza lì. Contrari al governo erano – almeno formalmente – Zingaretti, Zanda e Gentiloni."

Sì, questi tre nomi li ho. Tu dov'eri?

"Io ero perplesso. Perplesso, tendenzialmente contrario. Non mi convinceva l'operazione in sé. Tieni conto, ma questa è solo una parentesi, che Orlando uscendo da quella riunione disse a uno dei presenti: 'Dobbiamo fare un governo dove rinnoviamo integralmente la nostra delegazione, tu dovrai essere il più anziano che entra'. Perché non ero mai stato al governo, e poi quando arriviamo alla composizione del governo Orlando insiste perché io entri. Rivado al Senato dove lui sta trattando con Conte la composizione e mi offre due ministeri. Ma io dico di no."

Sai che di questa offerta fatta a te, credo sia stato scritto anche nel calendario politico? Così tanto per confermare.

"Comunque non mi convinceva il governo."

Bettini era ancora fuori a quel punto.

"Bettini non c'era. Attenzione, però, Bettini secondo me tutti i giorni parlava con Zingaretti due ore al giorno. Mattina, pomeriggio e sera. Però non lo esibivano nella dimensione pubblica."

Lui, Bettini, era d'accordo fin dall'inizio con i 5 Stelle?

"Non lo so. Secondo me costruisce dopo quel rapporto con i 5 Stelle."

E D'Alema in tutto questo?

"Non c'era. Era fuori. D'Alema naturalmente faceva il tifo, posso supporre. Però non c'era."

Insomma, nel Pd era contro il governo chi voleva andare a votare subito, no? Come Salvini.

"Esattamente. Arriviamo al passaggio che sblocca la situazione obiettivamente. Cioè quando Renzi convoca la conferenza stampa al Senato e annuncia il suo cambio repentino, facendo retromarcia. 'Me ne hanno dette di tutti i colori, mi hanno denunciato la famiglia, mi hanno insultato, ma io antepongo l'interesse del Paese." È incredibile. Perché poi nessuno si ricorda le cose ma l'argomento fondamentale che Renzi utilizza, ti ricordi quale fu per fare il governo? Mica i 'pieni poteri', sì certo sullo sfondo c'era quello. Ma lui argomenta dicendo che soprattutto bisognava disinnescare l'aumento dell'Iva. L'argomento che di colpo diventa – come poi sarà il Mes, quando farà invece cadere lo stesso governo Conte, il tormentone: 'Bisogna disinnescare le clausole di salvaguardia che aumentano il punto dell'Iva'. Vabbe'. A quel punto quando Renzi apre questa diga viene giù l'ira di Dio. Perché Franceschini si sente sufficientemente coperto nella sua richiesta e Zingaretti è sostanzialmente schiacciato da quelle due posizioni, e gli è impossibile a questo punto opporsi. Chi mantiene sino all'ultimo un atteggiamento di esplicita perplessità data dalla contrarietà è Paolo Gentiloni. Tanto che nell'ultimo incontro, ci sono già i tavoli programmatici..."

Sempre da Zanda?

"No, l'ultimo incontro si tiene nella stanzetta, nell'ufficio di Zingaretti al Nazareno. È un incontro un po' casuale. Ci sono Zingaretti, Orlando, Franceschini, Gentiloni, forse Zanda, sì anche. Io entro e c'è uno scambio... ecco qui come ti dicevo poco fa, ho visto Dario animoso come non mai e c'è uno scambio dialettico e politico tra Gentiloni e Franceschini molto aspro. Dove l'uno dice all'altro, Gentiloni a Franceschini, 'Vabbe', facciamo 'sto governo, poi tra sei mesi abbiamo consegnato l'Italia all'onda del populismo'. Perché quella era la preoccupazione di chi era contrario, cioè che facessimo un governo rattoppato, raffazzonato con questi 'scappati di casa' come li chiamava Renzi e che avremmo aperto una valanga per Salvini, che a quel punto avrebbe fatto l'opposizione su tutto e ci avrebbe messo all'angolo. Gli risponde Dario con un altro argomento politico: 'Forse tra sei mesi, invece, abbiamo salvato il Paese, la democrazia italiana... se invece tra sei mesi andiamo a votare con Salvini che va a Chigi vengo io a dirti che fine ha fatto la democrazia grazie alla resistenza e a questa operazione politica'. A un certo punto quando si fa l'accordo, il Pd ragiona così, che deve esserci un posto per ciascuno. Alla fine si giunge con un clima di grande riservatezza su questo punto, all'indicazione del commissario europeo nella persona di Gentiloni. Per lui è un po' una via d'uscita, oltretutto va a fare il commissario agli Affari economici e monetari. Quindi va a occupare una casella assolutamente notevole. Tra entrare in un governo Conte-bis o andare a fare il commissario europeo per cinque anni non ha avuto dubbi. E la cosa si sblocca, e nasce il governo."

Mi stai dicendo che Gentiloni era il punto più forte di resistenza all'accordo?

"Direi di sì. Insieme con Zanda. A questo punto ci sono due elementi di cui devi tenere conto: uno è che c'è una competizione nel gruppo ristretto su chi debba guidare la delegazione del Pd nell'esecutivo. Quello è un ruolo a cui punta Franceschini ma è anche un ruolo a cui punta Orlando che era il vicesegretario di Zingaretti. E siccome hanno vinto i democristiani su tutta la linea da anni a questa parte prevale naturalmente Franceschini. A quel punto Orlando..."

E Zingaretti non aveva possibilità?

"In quella fase no. Non era nella condizione. Probabilmente in quella fase non ha nemmeno forzato per andare lui al governo. Tieni conto che avrebbe dovuto dimettersi dalla Regione. Non c'era ancora l'accordo con i 5 Stelle in Regione Lazio, la Lombardi non era assessore. A quel punto viene offerto a Orlando un ministero di peso, non so se lo Sviluppo economico o qualcosa del genere, e lui invece un po' piccato ritiene che, essendo Franceschini capodelegazione, lui sceglie di rimanere al Partito. Dove tutto sommato faceva le funzioni di segretario vicario, perché Nicola era molto impegnato in Regione. Però, e qui c'è l'altro elemento di cui tener conto, stiamo parlando di un governo dove, a parte la De Micheli, il giovane Provenzano, Guerini che andava alla Difesa, lo stesso Dario alla Cultura, non c'è stata la corsa per entrarci. Ma per una ragione: il sentimento diffuso, il senso comune, anche dentro il gruppo dirigente era che fosse un governo fragile e a termine. Cioè nessuno scommetteva né su questo Conte in grado di assumere una funzione così rilevante dal punto di vista anche comunicativo, del rapporto con il Paese e l'opinione pubblica, né tantomeno si immaginava che potesse essere un governo di durata così prolungata e soprattutto caratterizzato da scelte di impatto e di efficacia, come alcune poi effettivamente prese da quell'esecutivo. E lì tutto sta a capire che poi c'è uno spartiacque decisivo che è la pandemia."

Esatto.

"Renzi avrebbe voluto far cadere il governo a febbraio dell'anno successivo. Cioè pochi mesi dopo."

Cioè già nel 2020?

"2020. E farlo cadere sulla prescrizione di Bonafede. Ma non ce l'ha fatta. Non ce l'ha fatta perché? Perché Codogno glielo ha impedito. Quando arriva la pandemia, coglie impreparati un po' tutti – non dico il governo in quanto tale, ma noi sicuramente. Ti dico questo: Codogno è il 21 febbraio del 2020 – controlla le date –, il 22 febbraio, il giorno successivo all'Auditorium di via della Conciliazione Nicola convoca l'assemblea nazionale del Pd. Fa la sua relazione. Prima viene eletta presidente Valentina Cuppi, poi Nicola fa la sua relazione dove il tema della pandemia ancora non si chiama tale. Io intervengo citando la pandemia ma era molto laterale. Poi intervenne anche un medico che dice di stare attenti, però siamo tutti stretti, pigiati. Siamo ancora fuori. Un mese dopo l'Italia è chiusa. Ma non è quel momento lì. La settimana dopo, mi ricordo, Nicola va a Milano e fa l'aperitivo e si ammala. A quel punto è cambiato completamente lo scenario. Il governo diventa intoccabile. Roberto Speranza comincia ad andare settimanalmente da Floris a dire quanto siamo conciati male, chiudono tutto l'11 di marzo o il 12, le canzoni al balcone e le file ai supermercati, le mascherine, i guanti. Entriamo in un film diverso. Un'altra pellicola. Questo consente al governo di rafforzarsi notevolmente e però senza risolvere alcuni nodi che erano strutturali, di fragilità di quella compagine. E torniamo alla tua domanda iniziale: perché cade?"

Con l'ingresso del Covid al governo, è il caso di dirlo, a questo punto io fermerei il racconto, passando a quello parallelo del pentastellato. Per poi riprendere entrambi quando inizia la seconda fase del Conte 2.

Memorie di un ex ministro M5S, e il suo senso per la inevitabilità

Le memorie dell'altra parte del governo sono quelle di un ministro M5S del governo Conte 2. E riprendiamo la questione dell'inizio.

Il Conte 2: come nasce?

"Cominciamo allora dal Pd. Come nasce, vabbe', lo sai già che il primo incontro tra Luigi [Di Maio, *N.d.A.*] e Zingaretti l'ho organizzato io. Loro due non si conoscevano. Si sono sentiti al telefono e poi abbiamo deciso di organizzare. Devo dire, forse anche un po' scaramanticamente Luigi mi disse 'Facciamolo comunque da te'. Quindi si videro da me."

Quindi tu sei stato testimone della formazione di entrambi i governi?

"Sì e non so se questo un giorno sarà ricordato come un merito o come una cosa che sia meglio dimenticare. Lì è nato, diciamo. Il rapporto tra i due è stato subito molto positivo."

Non si conoscevano?

"No, no. Zero. Si erano sempre solo sentiti al telefono, basta. Sempre per fare il governo. Poi però ovviamente il vero motore di tutta questa operazione è stato Franceschini. Di quel governo lì sicuramente è stato lui. Oltre a Zingaretti che era poi il segretario. Anche se Renzi dice 'L'ho fatto nascere io', sì, lo ha fatto nascere lui nel senso che non si è opposto. Però in quel momento non c'era altra possibilità, dunque si prende un merito che non ha di fatto. Perché non si poteva fare diversamente."

Che data era quando si incontrano?

"Il governo è caduto ad agosto? Quindi sarà stato sicuramente ad agosto. Perché poi il nuovo governo si è fatto il 5 settembre."

Però lui, Zingaretti, giurava a quel tempo di voler tornare a votare, no?

"Sì, però mi sa che era l'unico all'interno del Pd. Anche perché era congeniale al suo progetto politico andare a votare. Probabilmente, se fossimo andati ad agosto a votare Zingaretti dopo non si sarebbe neanche dimesso. Sarebbe stata un'altra storia. Invece effettivamente quella roba lì non ha aiutato lui; ma lui in quel momento non rappresentava il volere delle varie anime del Partito democratico che invece assolutamente non vedevano l'ora di ritornare al governo e di farlo con noi. Con l'obiettivo più o meno dichiarato, più o meno vero, di normalizzare il Movimento 5 Stelle. Sì, magari questo qualcuno lo pensava davvero, qualcuno del Pd. Però io direi che soprattutto o quantomeno sullo stesso piatto della bilancia c'era la volontà di ritornare al governo e di non andare a delle elezioni che sarebbero potute essere devastanti."

Di Maio era convinto di andare con il Pd?

"Come sai, non era mai stato convinto neanche all'inizio. Cioè quando tentammo la prima volta con Renzi. Con il senno di poi, Luigi oggi dichiara che alla fine l'esperienza di governo con il Pd è stata nettamente e qualitativamente superiore a quella con la Lega. Su questo c'è poco da girarci attorno. Ma all'inizio, credo sicuramente che lui sia stato molto più diffidente di quanto non lo fosse stato con il governo precedente; poi però si è ricreduto e ha capito che aveva interlocutori diversi. Sai, la differenza sostanziale è che con Salvini, forse ce lo siamo detti anche l'altra volta, si era creato – può sembrare assurdo visto il personaggio – un rapporto umano anche positivo. Perché l'uomo, al di là del personaggio, è una persona... gradevole. Però insomma, sì. Comunque anche generazionalmente si era più vicini e forse anche perché la stessa storia della Lega e di Salvini sono comunque per certi aspetti più simili a quella del Movimento di quanto non lo sia la storia di un partito tradizionale come il Partito democratico che a sua volta era l'insieme di Ds e Margherita. Quindi anche con figure all'interno molto ingombranti in tutti i sensi, pure in positivo, che hanno una loro forte identità e una loro età anagrafica. Invece con Salvini c'era sicuramente più sintonia determinata dal fatto che le storie comuni pregresse erano sicuramente per alcuni aspetti più simili. Perché venivano comunque da un movimentismo, da una sorta se vuoi anche di populismo, di non-organizzazioni. Benché poi la Lega rispetto a noi avesse comunque una bella organizzazione territoriale. Quindi all'inizio sicuramente credo che l'impatto con il Pd sia stato meno positivo di quanto poi si sia rivelato."

All'inizio Luigi chiedeva di fare il vicepremier, no?

"Sì, ma lì alla fine non si capì niente. Più che chiedere di fare il vicepremier – perché poi Luigi non si è mai impiccato a questa richiesta – il problema era di cercare di capire come condividere una cabina di regia. Perché si era ormai capito che non eravamo più alla prima esperienza, in cui il premier, Conte, si faceva consigliare volentieri. In questa seconda esperienza cominciava a essere evidente che la cabina di regia a Chigi sarebbe stata molto più autonoma se non si fossero create le condizioni per avere formalmente delle persone che potessero in qualche modo sostenere, indirizzare e aiutare le attività del premier. In altre parole, mentre all'inizio ovviamente Conte, che era stato messo lì da noi, diceva 'Ditemi quello che devo fare', in quel momento invece si capiva che era cambiato un po' tutto. E quindi si doveva creare anche un luogo istituzionalmente riconosciuto dove condividere le politiche del governo, e quindi si pensava che avere a Palazzo Chigi oltre al premier due vicepremier potesse servire a questo. Cosa che poi, come sai, non fu. Perché poi alla fine si decise di non farlo e va bene così."

Conte che faceva nel frattempo? Mentre c'erano queste trattative.

"Conte? Nulla fondamentalmente. Nel senso che seguiva da molto lontano. Sia nel primo che nel secondo governo. Vabbe', il primo seguì zero, ma neanche nella formazione del secondo governo ha avuto nella formazione un ruolo attivo di protagonismo. Se ci pensi, l'unica volta in cui Conte è sceso in campo lui personalmente, dicendolo un po' alla berlusconiana maniera, è quando ha provato l'operazione dei responsabili. Abbiamo visto poi come è finita."

Però è innegabile che Conte improvvisamente trova la nota giusta per uscire dalla crisi che Salvini provoca nel governo Conte 1. Diciamoci la verità, non è mai stato brillante nelle manovre parlamentari, no? Invece in quel caso messo alle strette da Salvini sale al Quirinale, il Quirinale lo rimanda indietro, lui va in aula e fa questo discorso napoleonico a Salvini. E diventa il personaggio decisivo della politica italiana. Tanto da potersi permettere un secondo governo con una coalizione di segno completamente opposto. A cosa si deve questa sua brillante iniziativa?

"Però non è andata così. Nel senso che lui quell'operazione l'ha fatta ma si era già abbastanza consapevoli che si stava lavorando con il Pd. Cioè non è che Conte si è svegliato e ha avuto l'idea brillante di andare a fare l'operazione anti-Salvini."

Ah, si stava già lavorando con il Pd? E da quando?

"Secondo me dal giorno stesso della caduta del governo. Cioè quando è caduto il governo, nessuno – almeno di noi vicini a lui e a Luigi – ha pensato 'si va al voto'. È stato proprio quasi contemporaneo dire 'Vabbe', si ritorna lì dove avevamo lasciato il rapporto con il Pd l'altra volta', cioè prima di fare il governo con la Lega."

Mi stai dicendo che c'erano già degli ambasciatori al lavoro? C'erano già dei fili che si stavano tessendo?

"Non perché si pensasse che il governo potesse cadere. Perché a dire la verità fino all'ultimo tutti erano convinti che Salvini non avrebbe staccato la spina. Però certo non c'è stata neanche una settimana di sbandamento per capire che fare; un minuto dopo l'apertura della crisi già erano tutti al lavoro per pensare a un'altra soluzione. In quel momento poi era evidente che anche il Quirinale non volesse andare alle elezioni. Eravamo in agosto."

Secondo te il Quirinale ha dato una mano a Conte guidandolo in questo passaggio?

"Insisto, nel frattempo si stava già lavorando a fare un altro governo."

Sicuro?

"Ma sì. Non alla luce del sole, sicuramente. Però ti ripeto, un minuto dopo che è caduto il governo con Salvini, nessuno ha pensato che si sarebbe andati al voto. Tutti quelli che hanno potuto iniziare a creare collegamenti per evitare questa ipotesi, lo hanno fatto. Io non ricordo una volta in cui noi alla fine del primo governo Conte abbiamo detto: 'Vabbe', è finita. Adesso si ritorna al voto'. Non ti dimenticare che Salvini aveva fatto quella roba perché dice di aver avuto rassicurazioni da più parti che si sarebbe andati al voto. Di sicuro Zingaretti gli aveva detto: 'Non ti preoccupare, non faremo un'altra cosa'. Del Colle non so. Renzi da parte sua diceva: 'Non ti preoccupare, andiamo al voto'. Poi è rimasto fregato, e non dopo un mese. Anche perché ti ricordo che il nuovo governo questa volta – mentre la prima volta ci abbiamo messo quattro mesi – è nato dopo quattro settimane. Quindi è stato tutto immediato. Probabilmente i primi contatti con il Pd per dire 'Allora, che facciamo?' sono avvenuti ventiquattr'ore dopo la crisi, insomma con il cadavere ancora in casa."

E i contatti sono quelli di cui tu ci hai detto, fra Zingaretti e Di Maio?

"Quello con Zingaretti è arrivato formalmente poco dopo che si sono avviati i rapporti fra tutti quelli che nel Movimento 5 Stelle conoscessero qualcuno che avesse un minimo di peso politico specifico nel Pd."

In particolare?

"Franceschini."

D'Alema è stato mai sentito? D'Alema è stato un grande ammiratore di Conte.

"Sì, però dopo. All'inizio credo che neanche si conoscessero. Quindi questa è tutta roba che è avvenuta dopo. Io credo che lì il tema all'inizio sia stato soprattutto invece un altro. Cioè il fatto che mentre si prendeva consapevolezza che si sarebbe fatto il governo con il Pd, non era chiaro chi lo avrebbe guidato. Perché ti ricordo che nei primi giorni, – anche per voce del tuo carissimo amico Rocco Casalino – pareva che Conte non fosse più disponibile a rimanere a Chigi. Diceva: 'Io ho fatto quell'operazione, ho detto a Salvini quel che dovevo dire. Non sono disponibile a fare altre cose'. Anche lì hanno cambiato idea in pochissimo appena hanno visto che c'erano le condizioni per fare il governo con il Pd e che era difficile trovare il nome per Chigi. Perché si ripeteva con il Pd lo stesso inghippo che era già successo nella formazione del governo con Salvini. Cioè: Salvini o Di Maio? Zingaretti o Di Maio? Va bene, nessuno. E allora un'altra volta è tornato in auge lui. Però tu mi chiedevi che faceva lui nel frattempo. Niente. Aspettava che noi risolvessimo il problema e sciogliessimo la matassa."

Da parte vostra chi sono stati i più attivi? A parte Luigi. Tu, ad esempio, a chi ti sei rivolto?

"Il mio contatto ovviamente era Dario Franceschini. Anche perché lo conoscevo dai tempi della Margherita. Ma all'epoca c'era ancora Luigi al quale tutti riconoscevano una leadership forte, quindi tutti si sono fidati di Luigi. E attorno a Luigi erano sempre gli stessi. Bonafede, Fraccaro, Spadafora. Con più o meno contatti all'interno del Pd."

E quando viene nuovamente coinvolto Conte?

"Quando le cose sono più o meno fatte. A quel punto però diventa chiaro che rispetto al primo governo è più difficile fare la lista dei ministri. E a quel punto c'è stata un'evoluzione interessante: il presidente Conte dimostra che ha imparato il mestiere, quindi si è messo a mettere in pratica questa esperienza. È intervenuto, ad esempio, come si è visto, fino all'ultimo su tante cose che poi non sono andate o stavano per non andare come si voleva. Esempio, il problema del sottosegretario alla Presidenza del Consiglio – sembrava che non dovesse essere Fraccaro. Ricorderai il problema del ministro dell'Interno perché si voleva un tecnico e la soluzione si trova con un gioco di sponda tra il Quirinale e Palazzo Chigi. Si sceglie la Lamorgese. È insomma avvenuta una serie di cose che hanno dato sicuramente meno margine alle forze politiche di quanto ne avessero avuto quelle che componevano il primo governo."

Ho capito bene che stai dicendo che Conte è stato trattato nel suo secondo governo quasi come un tecnico? Come un'entità più terza di quello che era prima?

"Più come terzo, non come un tecnico. Nel senso che lui aveva iniziato a fare molta più politica di quanto ne avesse fatta prima. Nonostante fosse ovviamente ancora in quota 5 Stelle lì lui cominciava a rivendicare un suo spazio. Che è stato, se ci pensi, un passaggio premonitore di quello che sta succedendo adesso. Perché poi alla fine di spazio politico lui se ne prende anche tanto. Quindi sì, è stato terzo più che tecnico. Ha cominciato sempre più a ritenersi terzo. Se vedi anche le posizioni politiche, le scelte fatte durante il Conte 2, non sono sempre state – come era molto marcatamente evidente durante il governo con la Lega – scelte nettamente figlie del Movimento 5 Stelle. Forse perché lui anche culturalmente si ritrovava di più nell'area Pd. Perché comunque ovviamente viene da quell'area politica lì. Quindi se ci pensi il paradosso è che poi forse in questo secondo governo lui si sia sentito quasi più attratto culturalmente parlando dal nostro alleato che non da noi. Per cui la cosa che posso dire di questa seconda esperienza di governo, prima che cadesse ovviamente, è che a volte è successo che abbiamo dovuto far presente a Conte di non essere un punto di equilibrio, né essere, come pure noi speravamo ogni tanto, un po' sbilanciato più verso di noi che verso gli alleati. In questo secondo governo lui era sicuramente molto più sbilanciato nei confronti del Pd che nei confronti del Movimento."

Il Pd quando si innamora di lui?

"Il rapporto fin dall'inizio è stato abbastanza positivo, lo è stato sempre."

Ma a un certo punto lo scelgono come loro leader, che è un bel po' di più che un rapporto positivo.

"Ma dai, quella roba quanto è durata? Alla fine poi nessuno ha più parlato di lui come federatore del centrosinistra. Adesso che lui ha scelto di fare il capo del Movimento 5 Stelle, il Pd rimane diviso su di lui. Quindi il Pd si era innamorato credo soprattutto nel momento in cui ha capito che con lui poteva avere un rapporto privilegiato. Mentre all'inizio lo guardavano con la diffidenza dell'uomo messo lì dai 5 Stelle, quando hanno capito che anche culturalmente lui dialogava molto più facilmente e volentieri con loro che non con noi, ovviamente ci hanno messo il cappello su. Non è che se ne sono innamorati."

Ma è stato solo Bettini o è stato un bel pezzo di Pd?

"Prima di Bettini hanno iniziato quelli che poi sono diventati gli esponenti di governo. Era chiaro anche nell'alchimia delle dinamiche interne al Consiglio dei ministri che lui avesse ormai con i rappresentanti del Pd un rapporto assolutamente privilegiato. Soprattutto con alcuni di loro, con Gualtieri in modo particolare e anche con lo stesso Franceschini ovviamente. Quindi secondo me loro non è che si sono innamorati improvvisamente, sono sempre scelte che hanno dietro un perché. Nel momento in cui hanno visto che tutto sommato lo potevano portare più dalla loro parte che non dalla nostra gli hanno subito messo il cappello e hanno annunciato 'Eccolo qua'. Ora che, come dicevo, lui ha scelto un'altra strada [il colloquio è avvenuto nel 2022 e si riferisce alla scelta di Conte di assumere la guida del M5S, *N.d.A.*], i commenti su di lui sono già più tiepidi."

***

Mi fermo qui per ora. E facciamo un bilancio. Cosa ci raccontano questi due uomini? Che il Conte 2 nasce di fretta, in mezzo a doppi, tripli giochi fatti di competizione, e dei tanti desideri di un ceto politico stremato e frustrato per non riuscire a stabilizzare l'incertezza del Paese (e la propria).

La nascita del governo Conte 2 è la prova degli "spiriti animali" che vivono in politica. Ma il tutto è tenuto insieme anche da una ragionevole aspirazione a fare la cosa giusta. La politica è dopotutto il momento più alto dell'assunzione di responsabilità in nome di una nazione. Non c'è dubbio che porsi il problema della continuità di un governo per il Paese, evitargli l'ennesima crisi dopo tante che si sono susseguite, è una giusta preoccupazione sia per il Pd che il M5S. Ma non c'è dubbio neanche sul fatto che dietro la nobile aspirazione vive una altrettanto forte pulsione della politica a riprodurre se stessa. Perché la politica è potere, è forza, è controllo, e, non ultimo, un gioco eccitante.

Il governo Conte 2, il patto Pd/M5S, ha alle sue origini questo impasto di sacro e profano. Non è il primo governo che nasce così e non sarà l'ultimo. Il problema è che questo impasto è portato a disfarsi. E anche velocemente. Il Pd infatti tende sempre – è parte della sua convinzione di essere un esperimento migliore degli altri – a stancarsi presto di appoggiare un esperimento che non è il suo e alla fine, anche nel caso del Conte 2, rimane non molto coinvolto. Non appena all'orizzonte si profila una nuova possibilità, anche questo accordo politico si disfa. La nuova possibilità si chiama Mario Draghi. Il suo arrivo rompe definitivamente il rapporto fra Conte e il Pd. E lascia una scia di veleni e risentimenti il cui effetto si irradierà su tutto il governo dell'ex governatore della Bce. E sullo stesso destino del M5S.

Vediamo le tappe di questa evoluzione.

Parte 3
Il Generale Covid

L'inizio della legislatura, visto l'accordo chiuso con una certa facilità, è spedito. Il 19 settembre, alla Camera e al Senato si formano i gruppi parlamentari di Italia viva guidati da Matteo Renzi. Sono il risultato della scissione dal Pd che ha permesso di dare il via al Conte 2. È un pasticcio politico, però: da una parte questi gruppi ridurranno l'operatività del Pd, divenendo di fatto il più influente "azionista" dell'esecutivo; ma, dall'altra, questa posizione di forza nei confronti del governo espone il governo stesso a una fragilità eccessiva. Infatti il Conte 2 morirà per la stessa mano di Renzi, che ne ha permesso la formazione. Finirà con un semplice sgambetto quando Italia viva vorrà, cioè quando il governo Conte 2 sarà in fase calante, indebolito.

Il 30 settembre, Conte e il ministro dell'Economia Roberto Gualtieri (uomo dell'area del Pd, quella ex Ds, che ha appoggiato da subito l'accordo con il M5S, arrivando a vedere in Conte un "federatore" delle due forze) presentano in conferenza stampa la Nota di aggiornamento al Documento di economia e finanza, che prepara la finanziaria del 2019, già in ritardo. Sarà infatti approvata dalla Camera sul filo del rasoio ma senza problemi. Il 24 dicembre alle 4.44 del mattino.

A ottobre il "colpaccio" del M5S che dà un forte carattere pentastellato all'accordo col Pd: la Camera approva in via definitiva con 553 sì e 14 no la proposta di legge sul taglio dei parlamentari che il Pd non ha mai molto amato, e che accetta per segnare la svolta. La legge è infatti molto popolare perché, nel clima di antipolitica del momento, taglia la Casta, le spese, e sembra rafforzare il Parlamento. Gli effetti si vedranno alla prima tornata elettorale, proprio quella del settembre 2022, dopo la caduta anche del successore al Conte 2, il governo Draghi.

Ordinatamente sembra andare anche l'impatto politico dentro i partiti di governo. A gennaio, il 22, Luigi Di Maio si dimette da capo politico del Movimento 5 Stelle, e da capo delegazione del Movimento al governo. La reggenza viene assunta da Vito Crimi. C'è un'aura di calma ed efficienza in questo primo periodo. Poi arriva il Covid.

La storia della pandemia è una storia troppo complessa per poter anche solo pretendere di riassumerla qui. Ci sono inoltre molti temi, e molte considerazioni e ancora molto lavoro di inchiesta da fare per arrivare a una valutazione approfondita su come sia stata gestita l'emergenza sanitaria.

Non ci provo neppure, dunque. Ma possiamo di sicuro ripercorrerne i passaggi più rilevanti, quelli in cui la vicenda Covid si innesta e impatta sulla politica.

***

L'arrivo del virus ha la forma di una cavalcata, inarrestabile e senza pausa. Il 30 gennaio il presidente del Consiglio tiene una conferenza stampa in cui dichiara che sono stati accertati per la prima volta in Italia due casi di persone infette dal coronavirus, due turisti cinesi in vacanza a Roma che vengono ricoverati allo Spallanzani. È la prima volta che incontriamo lo storico istituto che ci farà compagnia per alcuni anni a venire. Il 31 gennaio, il Consiglio dei ministri decreta lo stato di emergenza nazionale della durata di sei mesi per rischio sanitario connesso al coronavirus. Il 6 febbraio il Cdm decide di istituire un coordinamento per valutare gli effetti economici, culturali e sociali a seguito della diffusione del coronavirus. Il 21 febbraio, un trentottenne ricoverato in terapia intensiva presso l'ospedale di Codogno, fa emergere due focolai di infezioni da coronavirus in Italia, uno in Lombardia e un altro in Veneto, nel Padovano, dove si registra anche la prima vittima. Da allora l'epidemia si diffonde velocemente e il governo italiano mette in quarantena oltre 50.000 persone residenti negli undici Comuni del Nord Italia più colpiti. L'8 marzo, sempre con decreto, il presidente del Consiglio stabilisce che la "zona rossa", per contenere il contagio da coronavirus, viene estesa fino al 3 aprile a tutta la Lombardia e ad altre 14 province. La riapertura delle scuole e delle università slitta dal 15 marzo al 3 aprile. Tra le misure restrittive il decreto prevede: spostamenti permessi solo per comprovati motivi di lavoro e salute, divieto di eventi che prevedano assembramenti di persone e chiusura di palestre, piscine, centri benessere, musei, centri culturali, cinema, teatri, stazioni sciistiche e nel fine settimana anche dei centri commerciali. I bar e i ristoranti potranno rimanere aperti fino alle 18 rispettando la distanza di sicurezza di un metro. Il giorno dopo, su richiesta sia dei partiti di maggioranza che di quelli di opposizione, con un ulteriore decreto il presidente del Consiglio Giuseppe Conte estende le restrizioni della cosiddetta "zona rossa" a tutto il territorio nazionale. "Non ci sarà più una zona rossa, non ci saranno più zona uno e zona due, ma un'Italia zona protetta. Saranno da evitare gli spostamenti salvo per tre ragioni: comprovate questioni di lavoro, casi di necessità e motivi di salute." L'Italia intera è in lockdown. Il 21 marzo, l'epidemia si aggrava, soprattutto in Lombardia. Si registrano 53.578 casi positivi e 4825 morti. A quel punto sono chiuse tutte le attività produttive non essenziali. Viene sospeso anche il campionato sportivo su richiesta del ministro dello Sport Vincenzo Spadafora.

Il salto di qualità del Conte 2 avviene in questa emergenza. La pandemia porta per il governo sfide del tutto impreviste: l'approvvigionamento di materiali che mancano del tutto, la ricerca dei vaccini, i lockdown che si ripetono invece di finire, e la crisi economica e psicologica di una popolazione che comincia a scivolare verso l'esasperazione sociale e politica. Abbiamo oggi dimenticato quanta paura, quanto sgomento, e quanti uomini e donne abbiamo perso in quel periodo. Presi dalla morte o persi psicologicamente. L'Italia da allora non è più la stessa. E i costi umani li continueremo a pagare a lungo in futuro. Ma se dobbiamo ricordare quel periodo e valutarlo, non va perso il senso di quello che eravamo allora. Il Paese ha dato prova del suo coraggio e della sua unicità culturale, quando eravamo, nella primavera del 2020, gli "appestati" dell'Occidente, un Paese chiuso dentro le sue frontiere, le sue case, senza nessuna cura, minacciato da un virus non controllabile.

Allora abbiamo stretto i denti e siamo andati avanti.

Sotto questo stress il sistema cambia, e così Conte. Intanto il governo assume, per forza di cose, uno stile più verticale, meno collettivo. La necessità di prendere decisioni mai affrontate prima, e di farlo in velocità, tende a concentrare il potere in un vertice ristretto e operativo. Inoltre il rapporto con i cittadini diventa una funzione necessaria e determinante in momenti così drammatici.

Alleati e oppositori guardano a questa virata "personalista" del governo Conte, che, nel clima di emergenza Covid, appare ogni giorno più accentuata. Guardano e non sono contenti.

L'avvocato del popolo entra quasi con naturalezza in questo ruolo di accentratore di funzioni. Sceglie una dimensione metapolitica, quella che meglio lo interpreta, un avvocato con la sua aria perbene, neutrale, con il suo discorrere senza retorica. Un ruolo che gli calza come uno dei suoi vestiti sartoriali, e in questo ruolo ispira fiducia. Il suo primo successo nell'era Covid è così la veloce crescita di popolarità.

È questa l'Italia dei balconi da cui si canta, e quella che ritorna a guardare alle sue istituzioni per avere aiuto. Denaro intanto, per essere aiutati a superare il blocco di ogni attività. Ma anche l'Italia che rivaluta le sue istituzioni – nei primi mesi del Covid il nostro Paese mostra disciplina, compattezza e solidarietà che vengono guardate come a un modello. Credo che nessuno possa oggi negare lo sforzo che l'avvocato, il suo ministro della Sanità Speranza e il suo comitato di medici abbiano saputo sostenere per "consolare" i cittadini.

Non durerà ma per un breve momento ci sentiremo forti, se non fisicamente, moralmente.

Non durerà, dunque. Alla ricaduta nel Covid, e nei lockdown, dopo una prima estate che, si sperava, spazzasse via il virus, si ripresenta con asprezza la frattura di quanto di comunità era stato ritrovato nei primi mesi. Un senso di sgomento davanti alla durata del fenomeno innesca dubbi molto forti nella popolazione, soprattutto sulla gestione dei vaccini, che arriveranno solo a fine anno e comunque non saranno in prima istanza sufficienti. Il pasticcio vaccini è ampiamente dovuto all'Europa, che si muove col solito passo pesante della burocrazia. Ma lo sgomento della popolazione dà fiato al primo vero scontento visibile contro Chigi.

Comincia a farsi sentire l'opposizione dei NoVax, che in realtà è la voce di una opposizione politica della destra, incistata dentro il passaggio di governo fra il Conte 1 e il Conte 2. Gli ex alleati del Conte 1 infatti non hanno mai digerito, come ovvio, la rottura con Salvini. Ancor meno, come è altrettanto ovvio, il passaggio di Conte nel campo della sinistra. Lega, FI e l'astro nascente FdI, dentro e fuori il Parlamento, abbracciano di fatto la causa NoVax nella versione edulcorata della lotta alla trasformazione autoritaria cui porta la politica delle restrizioni sociali, l'uso molto rigido del lockdown con cui l'Italia combatte la pandemia. È una opposizione frastagliata, perché gli uomini di questi stessi partiti che però governano regioni e città sono spesso dalla parte del governo, in quanto obbligati a dare risposte più concrete e meno ideologiche delle loro organizzazioni. Il periodo della pandemia segnerà infatti un grande ritorno di protagonismo politico dei sindaci e dei governatori regionali. Fatto che prova definitivamente l'utilità di queste istituzioni. Ma che accelera in qualche modo un'ulteriore diminuzione del peso dei partiti.

Tuttavia lo scontento circola anche nelle fila degli attuali alleati, come ci racconterà il dirigente Pd intervistato, e che lasceremo di nuovo parlare tra poco. Nelle fila del Pd si riflette sulla virata "personalista" del governo Conte, e sul suo decisionismo, che è tanto più forte quanto maggiori le scelte nel clima di emergenza Covid.

Affiorano intanto i molti temi di divisione che il Conte 2 fatalmente si porta dentro dall'inizio. La riforma della giustizia, cioè lo scontro su Csm, sui tempi dei processi, ma soprattutto sulla prescrizione. L'utilizzo del Mes, che in particolare Italia viva, la formazione di Renzi, vuole chiedere all'Europa per utilizzarlo nell'ottica di una riforma della sanità, sempre osteggiato dai 5 Stelle. Altra discussione in campo, che viene da lontano, il reddito di cittadinanza. Renzi, sempre lui, lo definisce "una vergogna senza fine per come è stato fatto". Il reddito è apprezzato da molti del Pd, almeno ufficialmente, ma sotto sotto considerato da riformare.

Una pagina ampia di questo scontento è scritta da Renzi, ancora lui, ma troverà eco dentro il Pd: la questione della delega ai Servizi segreti, che Conte ha tenuto per sé invece che affidarla a una "autorità delegata", cioè un soggetto "terzo", come spesso (ma non sempre) viene scelto da Chigi per evitare sospetti di fare dell'intelligence un uso personalistico. Il Pd è in merito cauto nel montare polemiche ma non è contento. Il sospetto che circola è che questa decisione sia parte proprio del progetto di rafforzamento del primo ministro.

E qui va ricordata la ragione sottesa a tanti dubbi degli alleati: il peso delle partite internazionali in cui si collocano l'Italia e il suo premier. Durante il Conte 1, ha un peso dirompente, come abbiamo ampiamente scritto nel capitolo precedente, la scelta di Salvini a favore della Russia. Dirompente al punto da aver portato alla fine del governo giallo-verde. Il presidente del Consiglio in quel caso è stato determinante nel correggere la rotta presa dal suo esecutivo, stabilendo un forte rapporto con le classi dirigenti europee. Ma non era forse anche lui "simpatizzante" di Putin, si chiedono alcuni? Non si tratta dello stesso premier che durante il suo secondo governo dà il permesso a una missione russa di venire in Italia per "aiutare" (con sfilate di bandiere rosse sui mezzi di trasporto) il nostro Paese? Che missione era quella? Il 22 marzo 2020, 104 persone, tra cui militari, 28 medici, 4 infermieri e 2 epidemiologi russi portano su 9 aerei mezzo milione di mascherine e qualche ventilatore. Ma passano due mesi a fare ricerche in Italia. Che missione era, con quali scopi? Due anni dopo, nel 2022, durante la crisi per l'occupazione russa dell'Ucraina, la vicenda è stata di nuovo riportata alla mente dalle insinuazioni contro politici italiani fatte dal direttore del dipartimento europeo del ministero degli Esteri russo, Aleksej Paramonov. E che dire di un'altra (precedente) missione in Italia nel settembre del 2019 del ministro della Giustizia di Trump William Barr, autorizzato da Conte a intervistare i vertici dell'intelligence italiana? L'incontro, molto inusuale perché i ministri stranieri non hanno accesso ai vertici dei Servizi di un'altra nazione, avviene a piazza Dante. Barr parla con Gennaro Vecchione, nella sede della Dis, presenti anche i vertici della nostra intelligence estera (Aise), Luciano Carta, e quella interna (Aisi), Mario Parente. La storia mai spiegata risale poi all'attenzione generale nella primavera del 2022, sempre a traino della guerra in Ucraina. Nel frattempo il governo è cambiato, e a Chigi siede Mario Draghi. Insomma, contro Salvini e le sue relazioni pericolose con Putin si schierano tutti, ma qual è veramente il luogo dove poggiano i piedi dello squisito (di modi) avvocato?

Con l'elezione di Biden, nel novembre del 2020, tutto poi va un po' fuori sincrono in Italia e in Europa. I rapporti atlantici si aggiustano a velocità vertiginosa da Trump ai dem, per cui i partiti si muovono con attenzione su queste problematiche. In particolare, come si può immaginare, il Pd, che è il guardiano dell'ortodossia europeista.

A proposito di Vecchione, uomo fedelissimo di Conte, la sua nomina alla Dis solleva molti malumori per la sua eccessiva prossimità. Ma i malumori peggiorano quando il presidente del Consiglio si tiene la delega ai Servizi, alimentano il dubbio anche nei suoi migliori alleati che voglia controllare a proprio favore il potere di queste relazioni.

Delega sì, delega no: Renzi ne fa alla fine, nelle settimane precedenti alla crisi, un vero e proprio tormentone. E quando Conte si deciderà a passare la delega (la darà all'ambasciatore Benassi) sarà troppo poco e troppo tardi: è il 21 gennaio 2021 e la crisi del governo Conte (dimissioni il 26 gennaio) è già cosa fatta.

***

Eppure, è probabile che nessuna di queste differenze, più o meno chiare, più o meno striscianti, avrebbe avuto la portata per far cadere un governo, senza la forza di impatto di un evento scatenante. In questo caso l'arrivo di una montagna di denaro sull'Italia, il pacchetto di aiuti che l'Europa mette a disposizione dei Paesi per la ripresa post-Covid.

Ma ridiamo la parola ai protagonisti di allora. Lasciamo che siano loro, che hanno vissuto quei momenti, a raccontarci la fine.

Intervista al dirigente Pd

Quali erano i nodi di fragilità?

"L'esempio è il Pnrr. Perché alla fine il governo non ha retto? Perché obiettivamente la prima versione del Piano era scritta male. E chi l'ha scritta? Noi. L'hanno scritta Amendola e Gualtieri. E noi abbiamo difeso quella cosa sino a quando è stato possibile. Però obiettivamente io non credo nel complotto, in qualche potere. Il governo aveva goduto dei – e lo dico tra virgolette, perché so che è una parola impropria – 'benefici della pandemia'. Cioè l'aveva rafforzato, la pandemia aveva fortificato quella maggioranza. L'aveva resa inattaccabile. È come quando entri in tempo di guerra, e non fai cadere il governo in tempo di guerra. Però a un certo punto l'azione del governo si è rivelata sostanzialmente immobile. Il governo è rimasto abbastanza paralizzato e qui però c'è un elemento. Anche questo mi permetto di dirti di tenerne conto nel modo in cui tu vorrai: è Renzi che fa ancora una volta il burattinaio, per cui si sapeva dall'autunno che lui a gennaio avrebbe aperto la crisi ritirando le due ministre e tutto quello che è successo. Ma non è che il Pd nei mesi autunnali, a partire dal suo segretario e dal vicesegretario, abbia fatto le barricate per impedire che questo accadesse, ha scelto un'altra linea. Che è quella di considerare il governo sostanzialmente non all'altezza. Questo era il senso. Tra di noi si diceva, ce lo dicevamo. Ci sono dei messaggi di whatsapp di Nicola che Renzi ha pubblicato nel suo libro, che non è proprio elegante nella forma, con Nicola che gli scrive: 'Se andiamo avanti così ci vengono a prendere con i forconi a Natale'. Delle cose così. Quindi qual era la logica del gruppo dirigente del Pd? Mandare avanti Renzi considerandolo un matto, un pazzo che comunque fa casino e porta lui alla crisi. A quel punto nella convinzione di poter in ogni caso costruire una maggioranza diversa, liberarsi di Conte o eventualmente tenere anche Conte ma rimpastare la compagine. Perché Nicola e soprattutto Andrea [Orlando, *N.d.A.*] ritenevano che a quel punto fosse giusto e necessario rimpolpare la nostra delegazione, rafforzarla e andare con una diversa compagine ministeriale alle elezioni, quando ci sarebbero state. Il tentativo era quello di dare vita a questo elemento di continuità nella discontinuità – cioè la crisi la voleva anche il Pd, questo ti sto dicendo – e si trascina sino a fine gennaio del 2021 con una riunione secondo me surreale del comitato politico, che è un organismo di una quarantina di persone. In remoto ovviamente. Dove prima Dario Franceschini e poi Goffredo Bettini, che intanto è diventato sempre di più l'uomo forte della segreteria Zingaretti, che tratta direttamente con Conte, teorizzano con argomenti..."

A questo punto, scusa, Franceschini ancora sosteneva il governo?

"Sì. Questa riunione avviene dopo che Renzi ha aperto la crisi. Renzi apre la crisi il 12-13 gennaio credo, con la conferenza stampa. A quel punto Dario e a seguire Goffredo intervengono in questa riunione del comitato politico facendo l'elogio dei 'responsabili' e dei 'costruttori'. Motivandolo con il ritorno a una dimensione proporzionale. Nel proporzionale i governi si fanno in Parlamento e quindi non sono trasformisti, sono espressione di una libera rappresentanza degli interessi popolari, bla, bla, bla. E siamo a babbo morto. Perché il Quirinale – ma qui tu avrai più elementi e lo sai meglio di me – ha già deciso che quel governo non può fondarsi su questo. Che non possiamo gestire i duecento e passa miliardi sulla base di due sgarrupati che al Senato votano con noi, che sia la moglie di Mastella, che sia Ciampolillo, che sia la Polverini. A quel punto..."

Lì è scattata l'influenza dell'Europa, che mette sempre bocca nei momenti chiave.

"Ma il Pd nel suo gruppo dirigente sino all'ultimo ha pensato di poter invece chiudere la partita nell'altro modo, cioè raffazzonando tutto. Mi ricordo che rimasi colpito io per primo, cioè persino io, quando ascolto una sera dalla Gruber Orlando, e siamo già a crisi conclamata, che a proposito della domanda secca 'Ma un governo guidato da Draghi voi potreste sostenerlo?' lo esclude risolutamente dicendo 'Possono anche mandarci Superman ma non voteremo mai un altro governo che non sia guidato da Giuseppe Conte'. Che è un'affermazione che naturalmente se la fai sapendo che potrebbe ritorcersi contro di te, stai molto attento. Quindi c'è una certa convinzione che si potesse approdare a una soluzione Conte-ter."

Però questa convinzione veniva dal fatto che il Pd continuava a pensare che avrebbe potuto dominare politicamente Conte? Perché quello che descrivi dimostra che non c'era una particolare fiducia o amore nei suoi confronti.

"Sì. Secondo me lì conta molto la figura di Bettini. Premetto che io non ho mai conosciuto Giuseppe Conte. Non ci ho mai parlato nella mia vita, non gli ho mai stretto la mano. Ma per caso, insomma, Bettini mi invitò a fare due chiacchiere con lui e lo andai a trovare a casa, e davanti a me lui intrattenne una amabilissima conversazione con Conte."

Ma c'era anche Conte?

"No, no. Al telefono. Però era evidente un grado di confidenza, di consuetudine nel rapporto tra i due. Tanto che quando si prefigura lo scenario del Conte 3 gli assetti prevedono Conte a Chigi – questo Renzi lo sapeva –, Andrea vicepremier, l'altro vicepremier Bonafede, con Bonafede che va all'Interno e Orlando che va forse alla Giustizia, e Bettini sottosegretario alla Presidenza del Consiglio con delega ai Servizi. E a quel punto Renzi dice no. Ora, Lucia, che in tutto questo ci siano state anche posizioni di categorie economiche, di un pezzo del Nord, di amministratori leghisti che hanno detto: 'Non metteteci in una condizione drammatica perché qui bisogna salvare il Paese'..."

Era il momento in cui era attivissimo per Draghi anche Giorgetti, che è l'uomo che ha costruito Draghi perché da tempo gli ha fatto una volata pazzesca.

"Assolutamente."

Giorgetti non voleva neanche Salvini premier, lui proprio dall'inizio pensava che fosse sbagliato.

"La ricostruzione a grandi linee è questa."

Poi arriva Draghi. In qualche modo diretto o indiretto il Pd viene avvertito?

"Certo che sì."

Chi viene contattato e chi deve poi sbloccare la situazione per Draghi? D'Alema ha detto, ed è stato anche scritto, che fu addirittura contattato da Draghi prima che fosse presa una decisione.

"Di questo con Massimo non ho mai parlato. No, lì c'è una questione per me ancora un po' confusa che riguarda il rapporto di Nicola con il capo dello Stato. È stato un rapporto faticoso. Questo a me l'ha detto sempre il segretario del mio partito. Un rapporto faticoso. Perché? Sostanzialmente perché... ma questo è già il punto di caduta terminale... perché mentre Nicola non ha forzato la mano per entrare nel Conte 2, avrebbe forzato notevolmente la mano nella prospettiva di un Conte 3 che lo coinvolgesse direttamente e in alternativa, cioè in subordine, nel governo Draghi. Lui voleva entrare nel governo e mi sembra di aver capito che è stato disincentivato severamente dal Quirinale. Con la motivazione che, se entrava lui, entrava anche Salvini. E il Quirinale non voleva."

Ma lui in che ruolo voleva entrare?

"Sai, era il segretario, entrava comunque come capo delegazione del Pd con un ministero di peso. Poi Draghi non ha voluto vicepremier, quindi poteva anche non essere vicepremier formalmente. Però entrava il leader del Partito democratico nel governo di salvezza nazionale. A quel punto lasciava la Regione nelle mani del vicepresidente, aveva impostato bene il lavoro sulle vaccinazioni, poi andavano a votare e potevano anche dare la Regione alla Lombardi volendo, in un accordo con i 5 Stelle. Quindi gli tornava abbastanza. E quando lui ha preso atto che il capo dello Stato gli ha detto di no, a quel punto ha lasciato entrare Orlando con quella mossa secondo me pessima di mandare al governo i tre capicorrente uomini. Con l'effetto che ha prodotto sulle donne. A quel punto secondo me Nicola ha colto la palla al balzo per..."

Quindi Franceschini, Guerini e Orlando.

"Quindi area dem di Franceschini, base riformista che ha la maggioranza dei gruppi parlamentari e la sinistra presunta che poi è molto ceto politico. Tutti sono ceto politico. A quel punto Nicola si è visto in qualche maniera ridotto, stretto. Diciamoci la verità: lui è stato eletto dalle primarie del marzo del 2019 su una linea politica che è naufragata dopo tre mesi. Lui viene eletto su una linea di alternativa al Movimento 5 Stelle, costruiamo il fronte nella logica del tripolarismo'."

Lui sostiene che ha avuto pressioni da tutti, anche dal papa dice per scherzo. Mancava il presidente degli Stati Uniti.

"Sì, sì, su questo nessun dubbio."

Quindi lui si è sentito sminuito lì, usando il tuo termine, e poi l'altra cosa è che dice che c'erano accordi per il Conte 3. Che erano tutti d'accordo e poi però quando si è trattato di dover trattare con il presidente della Repubblica lui è rimasto solo. Quello è stato il momento in cui ha detto "Be' insomma, non si può fare". Perché per lui era una seconda volta, hai capito?

"Sì, due volte la sua linea è stata smentita. Esatto. Questo può essere che abbia pesato. A quel punto io ho un colloquio con lui dopo la vicenda dei tre ministri uomini e lui mi dice questo, venti giorni prima di dimettersi: 'Abbiamo due possibilità: o mi dimetto e si fa chiarezza oppure rilanciamo su un piano diverso la linea politica'. Io gli ho detto: 'Scordati di dimetterti perché non è che ti ammazzi, ammazzi tutti noi. Uccidi una stagione. Poi, sai, significa che consegneremo questi anni con le chiavi del condominio. Invece facciamo una cosa diversa, convoca l'assemblea nazionale, lavoriamo assieme su una relazione molto forte politicamente. Rilanci l'asse e ti riposizioni'. Facciamo la direzione il lunedì pomeriggio, la coda della direzione sulle donne. Io intervengo e faccio un intervento di questa natura. Vado a sedermi, ricevo un whatsapp di Bettini che dice 'Intervento perfetto, bravissimo', un whatsapp di Nicola che dice 'Grazie, spero di essere all'altezza'. Il giovedì pomeriggio alle quattro si dimette con un messaggio Facebook: 'Mi vergogno del mio partito'. Non è più venuto in una sede di direzione politica, la direzione o l'assemblea, è andato dalla D'Urso, in quel clima. A quel punto io gli ho parlato e gli ho detto: 'Vabbe', senti. Possiamo ancora recuperarla questa cosa. Fammi capire però. C'è uno spazio?'. Perché mi ero venuto convincendo che tutto questo ambaradan lui lo avesse fatto – e se fosse stato così lo avrei persino compreso – per andare in Campidoglio. Fare un'operazione. Perché a fronte del fatto che l'abbiano fatto nero in due passaggi e che era fallita la segreteria, Veltroni docet, vai in Campidoglio e diventi il sindaco di Roma, sei dopo il capo dello Stato, il capo del governo e un paio di ministri la figura istituzionale più importante. Becchi il Giubileo, la rinascita della capitale dopo questo disastro di Virginia. Mi pareva una cosa logica. E lui secondo me ha tentato. A un certo punto è successo che la Lombardi, l'altra 5 Stelle in giunta regionale, gli ha detto: 'Se tu vai a Roma scordati che noi reggiamo qua il moccolo e andiamo a votare in Regione'."

Ma dicevi, scusami, che il Pd fu avvertito di Draghi? All'ultima ora?

"Be' no, all'ultima ora no. Sostanzialmente secondo me era chiaro dal giovedì. Da quando il presidente incarica Fico. L'incarico a Fico era un incarico teso a dire 'La chiesa è chiusa'. Serviva a dire 'Conte è archiviato'."

Ma Draghi? Chi sapeva di Draghi?

"Non lo so, forse Nicola per primo. Penso. Però questo non te lo so dire."

Torniamo indietro, all'approvazione del Pnrr. Sei d'accordo con chi dice che Conte aveva sbagliato il progetto?

"Scritto male. E questo era il giudizio anche di un pezzo del gruppo dirigente del Pd. Mi sono ricordato di una cosa. Nell'autunno ti ricordi che ci sono i tavoli programmatici a Chigi? Dove si siedono, fanno quello sulle istituzioni e sulle riforme istituzionali che va nel nulla, su quello sulle questioni sociali tutto sommato fanno un po' di ammuina, ma quello è un modo di tirare la palla lunga per arrivare alla crisi. Non c'è stato lì uno scatto. Lì anche Conte secondo me si è un po' seduto sugli allori del consenso, della popolarità. Perché non è stato più in grado di dare un'impronta dalla fine dell'estate. Perché l'estate del 2020 è l'estate dell'apparente ritorno alla normalità, no? Poi c'è la botta della Sardegna, però tutto sommato si riapre, anche gli indici di contagio e i morti erano meno di ora. C'era un po' il senso di 'Vabbe', ragazzi, il peggio è alle spalle' e lui si è un po' adagiato su questo. Invece che rilanciare con forza l'azione del governo. Poi certo, ha ottenuto i risultati che ha ottenuto nella trattativa europea."

Ecco, tu credi che l'abbia fatta bene, lui, la trattativa europea?

"Guarda, questo è quello che mi è sempre stato detto. Poi io penso una cosa che tu sai meglio di me, cioè che se si è arrivati a quel risultato magari lui potrebbe aver giocato la sua partita ma il merito finale è dell'accordo tra Merkel e Macron. Non si fa un'operazione di questo genere senza la Germania e senza la Merkel, che evidentemente ha preso atto che non c'erano alternative a una soluzione di questo genere. Guarda che sbloccano gli eurobond, che è una cosa su cui la Germania aveva giurato eterna contrarietà sino a qualche mese prima."

Parla l'ex ministro M5S

Il Conte 2 comincia il 5 settembre e a febbraio siamo già in lockdown. Cinque mesi o poco più, poi cambia tutto con il Covid. Che succede in quei primi cinque mesi?

"Succede molto poco, si fa la finanziaria, sì. Poi si gettano le basi di tante cose. Ormai tutti erano convinti che quel governo sarebbe durato fino alla fine della legislatura. Anche quando facevamo le battute, mi ricordo a Natale quando ci siamo fatti gli auguri, non c'era quel clima che c'era sempre un po' con la Lega, la sensazione di non sapere cosa poteva succedere da un momento all'altro. Il Pd da questo punto di vista ti dava proprio la tranquillità di dire 'Noi dal potere non ci leviamo manco se viene l'epidemia'. E infatti è arrivata."

Per esempio si può sostenere che la sua crescita come premier sia parallela all'emarginazione di Luigi? Il quale si gioca un partita intelligente perché va alla Farnesina, uno di quei classici posti specialistici, dove gli ambasciatori hanno il loro club, il loro linguaggio, le loro cose, e Di Maio capisce che è un posto dove non puoi fare il politico generico e si mette a fare il ministro della Farnesina. Cioè si inventa una vita da ambasciatore, un passato che non ha mai avuto. Il che ti dimostra la capacità di Di Maio di aderire alla politica. Ma nello stesso tempo è quello il momento in cui Di Maio inizia a perdere ruolo dentro i 5 Stelle a favore di Conte.

"Sì, sì: vanno insieme la sua notorietà e l'emarginazione di Luigi. La notorietà di Conte è prevalentemente dovuta alla pandemia. Non dimentichiamoci che per mesi lui è stato l'unico che monopolizzava tutto il sistema mediatico per fare le sue giuste conferenze stampa, comunicazioni alla popolazione, con la popolazione impaurita, disorientata, che non sapeva che cosa stava succedendo. Ancora oggi se vedi anche i commenti sui social, la gente gli dice: 'Sei stato la nostra luce durante la pandemia'. Cioè lui comunque, a ragione o a torto, è un riferimento per i cittadini comuni che all'improvviso si vedono chiudere tutto – i figli a casa che non vanno a scuola, le attività ferme –, che accendono la tv e si trovano il presidente del Consiglio."

Quello è il momento in cui l'Italia ha avuto 130.000 morti. Siamo seri. Forse c'è più da spiegare sul suo ruolo che chiamare in ballo la consolazione.

"Lì il presidente del Consiglio – e lo dico io, che a volte sono un po' critico con lui – quella fase l'ha gestita stando venti ore al giorno a lavorare, quattro ore forse dormiva, sette giorni su sette tra la Protezione civile, Palazzo Chigi e quant'altro. Quindi in quel momento lui si è fatto comunque molto conoscere e molto apprezzare da una buona parte della popolazione."

Quando realizzaste che era una pandemia? Le dimensioni del virus. Come impattò emotivamente sul M5S la pandemia?

"Sul Movimento non lo so, sulla squadra di governo è stata una roba... Io mi ricordo come se fosse adesso la prima riunione che lui convocò alla Protezione civile. C'erano pochi ministri, non c'eravamo neanche tutti. Non si capiva. Non si sapeva. Quindi era una questione soprattutto di smarrimento. La difficoltà proprio a capire che cosa dovevamo affrontare. Sai, da quel momento in poi è stato un crescendo. Noi non avevamo un precedente, lui ci informava del fatto che i suoi confronti con gli altri leader del mondo non davano nessuna certezza di alcun tipo. Quindi è stato tutto un navigare a vista continuo. Quelle non sono state tante giornate, è stata un'unica giornata iniziata e mai finita. Anzi, è finita quando è finito il governo. Perché veramente non ne uscivamo. E anche ad agosto quando qualcosa si era riaperto, a luglio, però era evidente che sarebbe stato solo momentaneo. Quindi non abbiamo mai potuto mollare la presa."

Chi è stato il ministro più bravo con cui lui ha lavorato? Speranza?

"Con cui ha lavorato di più?"

Durante la pandemia, il ministro che più lo ha appoggiato.

"Sulla parte sanitaria soprattutto loro due. Lui e Speranza. Loro due erano proprio un tandem costante, lo vedevi. Era anche giusto così. Poi lui lavorava molto sul criterio dei capidelegazione. E Speranza era un capodelegazione, poi

Franceschini, poi Luigi, che però dopo che si dimise da capo politico si dimise pure da capodelegazione e subentrò Patuanelli. Poi avevamo la Bellanova."

Come mai Di Maio si dimise da capo politico?

"Come mai? Be', la pressione – ti ricorderai – interna al Movimento sul fatto che bisognava assolutamente cambiare strada. Come dire, è stato anche un gesto raro per qualcuno che fa politica, mettersi da parte. E dire che comunque con quelle dimissioni si voleva provare ad aprire una strada nuova per il Movimento. Poi se ci pensi questa strada è durata sedici mesi di reggenza del mitico Vito Crimi, per poi arrivare di nuovo a Conte. Però col senno di poi credo che Luigi abbia fatto comunque bene perché in quel momento la pressione era così forte che se lui avesse deciso di rimanere sarebbe stato peggio."

Cosa gli rimproveravano?

"Tutto. Gli rimproveravano tutto. Un appuntamento come al solito elettorale, ma la critica era montata da troppo tempo, era più che altro una insofferenza per uno che stava facendo bene. Cioè era un'insofferenza per uno che aveva fatto due governi, che era rimasto a fare il ministro."

Però questo era nato già prima della pandemia.

"Sì, certamente. Sai, chi esercita la leadership poi alla fine ha per ovvi motivi dei nemici. C'era questa voglia di cambiare nel Movimento e poi Luigi ha detto 'Vediamo che cosa succede. Vediamo che cosa si può fare in un Movimento in cui il leader è un altro'. Ha aperto la strada al percorso. Se ci pensi, forse, se non si fosse dimesso all'epoca, oggi non avremmo neanche Conte. C'è tutto un percorso che invece Luigi ha aperto e consentito e ha guardato non tanto poi da lontano perché poi ha continuato a seguire passo dopo passo l'evoluzione del M5S. Sicuramente con meno responsabilità e anche con la possibilità di essere comunque ancora lì a consigliare ma senza dover apparire come è stato fino a quel momento."

Nella pandemia Conte si porta Arcuri. È stato bravo o no? Buona scelta?

"Non lo so. Non conosco Arcuri. Questo è un dato. Non lo so, nel senso che le due persone su cui evidentemente il presidente ha scommesso più di altre sono state sicuramente Arcuri e Vecchione. I cui risultati e lavoro io non so valutare perché veramente non ho elementi per farlo."

Ma perché Vecchione era così importante?

"Conte aveva deciso di tenere per sé la delega."

Ma l'ha pagata cara questa delega. Voglio dire, ha avuto tante critiche che davvero forse non valeva la pena.

"Conte diceva sempre una cosa – che in realtà è vera, però poi in pratica tutti quanti si sono trovati in quella situazione e non hanno fatto come ha fatto lui –, cioè lui diceva: 'Alla fine se io do la delega a un sottosegretario in ultima istanza rispondo comunque io. Perché questa per legge è una prerogativa del presidente del Consiglio che può delegare, ma quella delega non è una delega in bianco. Comunque è una delega che poi controfirmo per qualunque operazione, per qualunque cosa. Tanto vale che la gestisca io'. Con questo stesso criterio tanti altri suoi predecessori hanno invece delegato, compreso Draghi, però lui all'epoca riteneva che dovesse fare così come assunzione di responsabilità. Quindi è ovvio che avendo deciso di fare questa cosa doveva anche scegliersi il direttore della Dis. Su quello non ci fu proprio trattativa."

Andiamo alla fine. Nel suo libro *Conticidio* [*I segreti del Conticidio*, PaperFirst, 2021, *N.d.A.*] Travaglio sostiene che ci siano stati non uno, ma ben quattro tentativi di uccidere Conte, e che quindi fin dall'inizio lui sia stato destinato a essere vittima. Nello specifico poi dice che Conte alla fine cade perché arrivano i 209 miliardi e di fatto a quel punto viene estromesso dal governo affinché non abbia tutto quel potere di gestione. Secondo te quali sono le cose che hanno indebolito Conte? Io credo ci siano pochi dubbi sul fatto che quando arrivano i 209 miliardi e lui comincia a fare un po' di confusione – tipo gli stati generali, la task force guidata da lui – in Europa matura sfiducia nei suoi confronti. Cioè gestire i soldi è una professione e non era la sua. Però non può essere solo questo. Qual è stata la decisione, il passaggio che più ha indebolito Conte?

"Guarda, io sarò uno di cui si dirà un giorno che non ha mai capito la politica. Però dentro ci sto e certo le cose che dico non me le sono fatte raccontare. Ero presente quando queste cose accadevano. Ho imparato che dietro queste grandi teorie di complotti, che come dici tu in parte poi possono essere anche vere, però c'è sempre poi una roba semplice semplice che accade e che però è la vera cosa che fa saltare tutto. Sì, ci sarà stata anche l'Europa che era perplessa, ma lì è saltato semplicemente il rapporto con un alleato della maggioranza che fino all'ultimo minuto lo ha sfidato, e dall'altra parte c'è stato qualcuno che riteneva che questo alleato, cioè Renzi, non sarebbe andato fino alla fine. Hanno giocato proprio con il fuoco entrambi. Perché l'uno si riteneva talmente forte a livello internazionale che non avrebbero potuto farlo fuori e l'altro è un pazzo totale – anche se stiamo registrando non fa niente – che invece fosse anche solo per il piacere personale di vedere l'altro a casa era evidente dall'inizio che stesse giocando sul serio. Non stava bluffando. Per cui a tutti i tentativi, che ci sono stati perché su questo chi dice il contrario dice una cazzata, da parte di Renzi di ricomporre la cosa, l'altro ha sempre deciso di non accettare. Magari anche a ragione perché non voleva cadere nel ricatto, non voleva cedere altre posizioni, non voleva fare il rimpasto, quello che ti pare. Però fatto sta che se noi avessimo trattato le minacce di Renzi in modo serio probabilmente oggi saremmo ancora al governo. Poi tu mi dirai che ci sarebbe un governo sotto il ricatto di Renzi, vabbe' però oggi tanto non c'è proprio il governo. Quindi era una scelta."

Quindi Conte si è sopravvalutato e l'altro ha portato davvero fino in fondo la sua sfida. Però nella caduta di Conte c'è stato un tentativo che probabilmente è stato una toppa peggiore del buco: cercare i responsabili…

"Sì, perché nel momento in cui – scusa se ti interrompo – ti sei reso conto che quello lì faceva sul serio, è venuto fuori quello che abbiamo già detto: Conte non voleva assolutamente andare via dal governo, perché voleva continuare a gestire anche questa fase del Recovery Plan e quant'altro. Per cui in quel momento si è aperto a qualunque cosa pur di restare lì. Ma queste operazioni non le fai così in dieci minuti e non le fai quando ormai ti è franato già il terreno sotto i piedi."

Inoltre il Partito democratico a quel punto già lo aveva mollato.

"Sì, sì. Ripeto, era già franato il terreno sotto di lui. Eravamo proprio in ritardo e soprattutto quella roba lì lui l'ha fatta gestire da gente che ha dimostrato – come era evidente – di non avere alcun tipo di esperienza a fare questa roba qua. Cioè le trattative per trovare i responsabili sembrano delle cazzate, ma le devi pure mettere in mano a qualcuno che le sa fare. Chi è che ha trattato per conto di Conte questa roba qua? Casalino, Turco e Benvenuti, l'assistente suo di Chigi. Io dicevo 'Guardate che…' e loro: 'Ah, no, sarà una roba che non hai idea. Anzi dovremo a un certo punto fermarci perché se sono troppi poi diamo troppo nell'occhio'. Cioè io ero contento, no? Perché dico 'Vabbe', resteremo ancora al governo'. Ma ti giuro, tornavo tutte le sere a casa dicendo: 'Questi non ce la faranno'. Ma non pensavo poi che sarebbe andata addirittura così male. Nel senso di male in maniera plateale, senza arrivare ai numeri minimi per poter dire che ci abbiamo provato. Quindi praticamente ha fatto gestire quelli, cose che capitano quando perdi il controllo della realtà. Nel senso che lui ha pensato veramente: 'Nessuno mi dirà di no'. Perché questo si diceva a quelle riunioni. Che 'nessuno farà cadere il governo, tutti mi diranno di sì'. Ma tutti chi? Quindi un doppio errore, non aver voluto trattare con Renzi... e poi che fai? Non vuoi trattare con Renzi? Io lo posso anche capire che tu dici 'Con questo non ci voglio avere a che fare'. Ma non ti vai a mettere nelle mani di quattro disgraziati che comunque sono anche peggio. E comunque se lo fai, almeno fallo bene. Invece ci hai provato e ne esci pure male. Cioè, alla fine se uno vuole analizzare veramente con un minimo di lucidità la storia politica, non la storia istituzionale di Conte, le cose di cui si è occupato lui sono sempre state un fallimento. Nella storia istituzionale, cioè come presidente del Consiglio, ha lavorato bene e ha fatto l'impossibile in un momento storico complicatissimo. Ma delle operazioni politiche, la maggioranza, il tentativo di mettere gente sua al primo governo, i rapporti con Renzi, i rapporti con questi scappati di casa e quant'altro non gliene è mai riuscita una. Per questo sono molto dubbioso sulla sua capacità di portare avanti un progetto nuovo per il Movimento 5 Stelle."

Il Pd però gli aveva dato una forte mano, non trovi?

"Io credo che alla fine non ci abbia più creduto nessuno. A me non sembra."

Zingaretti diceva che loro a un certo punto avevano trovato un accordo per difendere Conte.

"Un accordo con chi?"

Dentro il Pd, dicendo "O Conte o morte".

"Quanto è durato? Due giorni. Guarda, il giorno dopo che è caduto Conte si è capito che già si stava lavorando. Perché come per il primo governo anche questa volta nessuno ha mai creduto per un istante che caduto il secondo governo Conte si sarebbe andati al voto. Nessuno. Neanche chi diceva: 'O Conte o morte'. Quindi ancora una volta, come fu per il precedente governo, il minuto dopo c'era già qualcuno che lavorava a quello che sarebbe dovuto accadere. In questo caso non io. In questo caso noi come Movimento non abbiamo più avuto una leadership su questa roba. Però è evidente che un minuto dopo c'era già chi stava lavorando Draghi."

Come giudichi tu il comportamento di Fico in quel periodo?

"Fico sicuramente ha lavorato affinché si facesse il governo Draghi. Questa è una cosa che non sa nessuno ma è una cosa su cui nessuno ti potrà mai smentire."

Cioè ha lavorato per il governo Draghi? Perché si è messo d'accordo con le istituzioni?

"Ma certo. Perché nessuno voleva a livello europeo, a livello di Quirinale, andare al voto in quel momento. Sarebbe stato impossibile. Quindi quando si è capito che non si poteva ricomporre con Renzi, non si poteva ricomporre con i responsabili – li chiamavano in un altro modo, i 'volenterosi'? Quello che è –, ovviamente nessuno ha pensato che si sarebbe andati alle elezioni. Conte è stato mollato in un attimo. Perché la verità è che l'unica cosa che si era capita era che il nuovo governo sarebbe nato al cento per cento senza Conte, cioè che il problema vero a quel punto era Conte."

Quando si è capito questo?

"Anche lì non è che sia passato molto. È stato fatto qualche tentativo con questa storia dei responsabili. Nel momento in cui si è capito che non si faceva niente, che il presidente della Repubblica non voleva andare alle elezioni, a quel punto sarebbe andata bene qualunque cosa. Il problema è che anche noi come Movimento abbiamo sbagliato a fidarci troppo di Conte che diceva: 'Sto gestendo io in prima persona questo passaggio'. Quando noi gli chiedevamo: 'Facci capire. Chi sono questi con cui parli? Dove stanno? Quando li incontri? Vuoi che venga qualcuno di noi?', ti ricordi? Chi era che all'ultimo minuto arrivò che stavano votando la fiducia? Quel tizio. Quello dove stava? Stava a parlare con Rocco e Conte. Quindi poi lui, Conte, tutto così contento dice: 'È arrivato all'ultimo perché stava parlando con me. Tutto a posto'. Poi quello fa marcia indietro perché Berlusconi lo aveva chiamato. Insomma, che figura..."

Vuoi dire che alla fine lui non è uscito in piedi. È uscito strisciando contro i muri.

"Esatto. Ti ripeto, la cosa che oggi nessuno dice – perché ovviamente in questo momento c'è il Conte-pride – è che quando lui si occupava delle operazioni politiche non una gliene è riuscita. Possiamo dire che abbia lavorato bene come presidente del Consiglio, sì. Secondo me, sì. Avendolo anche visto, oggettivamente, in quel momento, in quel contesto storico, in quella situazione. Ma con delirio di onnipotenza è arrivato alla fine, quando all'inizio del Recovery Plan si doveva cominciare a gestire questa roba e non si è capito più niente. Però secondo me il dato vero è che la politica non te la inventi. Lui ha altre doti. Altre inclinazioni. Un'altra indole, anche per la sua professione. Vediamo. Se adesso si fiderà e si affiderà anche a un gruppo di persone del Movimento e non penserà di fare quello che voleva fare con il secondo governo Conte. Cioè 'arrivo io, faccio piazza pulita, metto i miei e faccio quello che dico io'. Perché se è così secondo me resterà lui e altri cinque e nel giro di poco tempo porterà al 7 per cento il Movimento. Se invece lui arriva con uno spirito inclusivo, con una voglia di unire e di valorizzare chi all'interno ha un po' di esperienza e di storia magari ce la caviamo anche questa volta."

Parte 4
Alla guerra del Recovery Fund

Come ben raccontano i nostri testimoni, l'arrivo degli aiuti dall'Europa cambia ulteriormente il gioco politico.

Il tessuto dell'alleanza si fa ogni giorno più fragile, e si rompe non appena il diavolo ci mette la coda. Il diavolo in questo caso si presenta sotto la forma di una dote di fondi messi a disposizione dell'Italia, di proporzioni mai viste dopo il Piano Marshall. Il 23 aprile, il presidente del Consiglio annuncia in conferenza stampa l'intenzione da parte dell'Ue di istituire un "Recovery Fund" che aiuti economicamente i Paesi europei maggiormente colpiti dall'emergenza coronavirus, soprattutto l'Italia e la Spagna. La proposta viene appoggiata anche dalla Francia. A maggio, il 27, è la presidente della Commissione europea Ursula von der Leyen ad annunciare il piano, chiamato "Next Generation Eu", per far fronte all'emergenza coronavirus: 750 miliardi, di cui 500 a fondo perduto e gli altri 250 in prestiti. All'Italia spetterebbe la parte più corposa.

Il negoziato che porta a casa la pioggia di miliardi è condotto da Conte in prima persona, autore di una maratona con, dal 17 al 21 luglio, un Consiglio europeo straordinario che traduce le ipotesi in un dettagliato accordo. Conte deve vincere i dubbi dei soliti Paesi "frugali" (Olanda, Austria, Danimarca, Svezia e Finlandia). Frugali ma anche accorti perché in cambio dell'accordo sulla somma per l'Italia, ottengono un incremento dei *rebates*, ovvero gli sconti alla contribuzione del bilancio europeo di cui già beneficiano. Alla fine, c'è l'accordo e all'Italia va effettivamente una fetta consistente dei 750 miliardi, ovvero 81 miliardi di sussidi a fondo perduto e 127 miliardi di prestiti. Viene introdotta una forma di controllo (*emergency brake*) da parte della Commissione europea su come saranno impiegate le risorse Ue dai singoli Stati.

Per Conte è il maggior successo della sua carriera politica. L'Italia ha fatto a Bruxelles la parte del leone. Un successo in senso vero, cioè non di immagine, ma misurabile, concreto agli occhi dei cittadini, e attribuito al suo diretto intervento. Questo è il momento, forse il punto più alto dell'intera sua carriera politica, ma sarà anche il risultato più difficile da gestire.

In qualche modo il suo punto di caduta, se, come scriverà Marco Travaglio nel suo libro, *I segreti del Conticidio*, uscito il 29 maggio 2021: "La fine di Giuseppe Conte è legata al Recovery Plan". Nel senso che il potere che deriva dalla gestione di quell'ammontare di fondi innesca una battaglia politica che porterà alla caduta del governo: i partiti, già ampiamente sospettosi della scalata personalistica dell'inquilino di Chigi, non intendono esserne tagliati fuori, giustamente.

Peraltro il presidente del Consiglio in qualche modo commette, forse malconsigliato, o forse troppo inorgoglito, alcuni passi falsi. Il 22 luglio informa il Parlamento di questi esiti straordinari, e, visto che tutto è andato bene, decide di portare in aula anche la proroga al 31 ottobre dello stato d'emergenza. In molti, e non solo nell'opposizione, vedono rosso di fronte al suo reiterato ricorso ai decreti (Dpcm), anche in una materia delicata come il prolungamento dello stato di emergenza. Una eccezione diventata prassi, che conferma la gestione sempre più personalistica di Chigi.

E sempre per restare sulla deriva personalistica, un mese prima della conclusione della trattativa europea, Conte si fa prendere un po' la mano dall'entusiasmo e mette in piedi una sorta di organizzazione/celebrazione del Recovery ancora prima che sia stato finalizzato.

Dal 12 al 21 giugno convoca gli Stati generali per aprire un dialogo nazionale sulle decisioni da prendere. L'intenzione è buona ma il risultato è di quelli che vanno decisamente storti. Il titolo richiama gli Stati generali francesi di epoca pre-rivoluzionaria – formati dall'assemblea generale dei rappresentanti di clero, nobiltà e "terzo Stato", la borghesia. Il primo a convocarli è Filippo il Bello il 10 aprile 1302 nella cattedrale di Notre-Dame a Parigi. La scelta evoca però un'ambizione ancora più regale, visto che l'ultima volta che vennero convocati fu da Luigi XVI per affrontare la crisi finanziaria che stava distruggendo la Francia, e la data di convocazione ha una sinistra eco, quel 1789 anno fatale.

Un altro picco di insensibilità lo si sfiora nella scelta della sede. L'incontro per discutere del futuro dell'Italia avviene nel Casino del Bel Respiro, un elegante edificio costruito dal 1664, conosciuto anche come Casino di Allegrezze, in quanto luogo di svago per eccellenza della famiglia Pamphilj. Da vari anni il Bel Respiro è in uso alla presidenza del Consiglio come sede di rappresentanza per le visite di capi di Stato. Tutti i presidenti del Consiglio ne hanno avvertito la seduzione. Craxi cercò di farne la residenza personale del presidente del Consiglio (sconfitto dalla protesta, tra gli altri, di Giulio Carlo Argan e Antonio Cederna), Berlusconi vi ospitò Gheddafi che vi piantò la sua tenda beduina, Renzi vi andava da solo a leggere e prendere il sole.

Ma nei giorni del Covid, l'uso del palazzo accende le ironie e gli attacchi. In quei giorni sfila così nelle auguste stanze la classe dirigente globale, tutta la Commissione europea, e tutto il governo italiano, accompagnati da professori ed esperti di livello indiscusso.

Peccato che manchino proprio quegli italiani che avrebbero dovuto essere coinvolti. L'opposizione di destra non va, sostenendo che le discussioni sul Recovery si fanno a Chigi, non nei saloni delle feste. I sindacati non sono entusiasti, la Confindustria di Carlo Bonomi è molto critica. Le forze politiche della maggioranza vengono coinvolte quasi all'ultimo minuto. Frizzi e lazzi sui giornali e sui social per la durata di ben quasi dieci giorni – e in questi casi la lunghezza appare in tutto il suo vuoto. "Neanche fosse Sanremo" è la più comune delle battute. Conte nelle conclusioni cita lo scrittore Alessandro Baricco, presente all'incontro, con "un raggio di azione allargato all'impensabile".

***

In autunno la battaglia sui fondi europei è in pieno svolgimento. Il Pd comincia ad andare oltre i mugugni per dar piena voce alla sua insoddisfazione. Cresce la richiesta di chiarimenti, anche su base di sollecitazioni europee – Gentiloni è il commissario all'Economia e si fa sentire. Il Pd chiede di vedere le carte e comincia a circolare la voce insistente che il progetto non è più di pochi fogli, come dice anche il dirigente Pd intervistato per questo capitolo. Si parla di un Mattarella inquieto sul destino di questo progetto che a quel punto si identifica con il destino stesso del nostro Paese.

La disputa è centrata su come dare forma al piano e soprattutto a chi farlo gestire; insomma, la *governance*, come amano dire nel bastardizzato inglese internazionale anche i nostri politici, diventa il terreno di battaglia. Fra Renzi e Conte scoppia la rissa, con il leader di Italia viva che chiede spiegazioni e un allargamento della gestione. Si parla di partecipazione (in politica si traduce "quote di partito"), di un eventuale rimpasto. La proposta di Conte sul tavolo è una cabina di regia, le cui dimensioni sono talmente complesse – 300 tecnici e 6 supermanager – da essere più o meno respinta all'istante.

Ci sarà una coda di questa polemica durante tutto il governo Draghi che, secondo i sostenitori di Conte, fa una task force di gestione quasi delle stesse dimensioni. Da allora c'è un infinito dibattito sulle differenze tra i due progetti. In effetti tra i due la differenza è il tipo di ruolo di Palazzo Chigi nell'intero progetto e l'allocazione delle risorse. Mi limito qui al tema della *governance*: Conte aveva rimandato a un decreto *ad hoc*, mentre Draghi ha incardinato il coordinamento centrale al ministero dell'Economia. Sul resto vedremo nel prossimo capitolo.

A dispetto di tutte le tensioni, il 12 gennaio, il Consiglio dei ministri, riunito in tarda serata, approva il Piano nazionale di ripresa e resilienza (Pnrr), che definisce la destinazione d'uso dei fondi e prestiti del Next Generation Eu spettanti all'Italia. Il piano viene approvato all'unanimità, con la eccezione delle ministre di Italia viva Bellanova e Bonetti in protesta contro il fatto che il governo non intende ricorrere al Mes. Due giorni dopo Matteo Renzi annuncia il ritiro degli esponenti di Italia viva dall'esecutivo, aprendo la crisi.

Anche se, alla fine, nonostante la grande rumba intorno ai fondi europei, la crisi vera e propria viene innescata da un grande classico fin dall'inizio dello scontro fra i 5 Stelle e il sistema: la giustizia.

Coda avvelenata – lo schema anti-Salvini

Giuseppe Conte, che in questo anno dimostra, come si è visto, molta più abilità di quel che gli venga riconosciuta da amici e nemici, realizza a questo punto che la crisi è inevitabile e prova a dare una svolta alla situazione guidandola lui. In fondo, prova a ripetere lo schema applicato alla crisi con Salvini.

Comincia sondando le acque. Il 18 gennaio va in aula a Montecitorio per provare a vedere il suo livello di forza. Fa comunicazioni sulla situazione politica e pone la fiducia sulla risoluzione di maggioranza per verificare l'appoggio parlamentare all'esecutivo. La Camera vota la fiducia con 321 voti favorevoli, 259 contrari e 27 astenuti (i deputati di Italia viva). Anche il Senato conferma la fiducia al governo con 156 voti favorevoli, 140 contrari e 16 astenuti (i senatori di Italia viva).

Sotto la buona notizia della doppia fiducia si cela però la cattiva notizia: il governo ha la maggioranza relativa, ma non quella assoluta di 161 voti. Potrebbe bastare in circostanze normali, ma c'è una tagliola all'immediato orizzonte, la decisione su quello che è forse il più insanabile punto di differenza dentro la maggioranza: il voto previsto per il 27 o 28 gennaio sulla relazione del ministro della Giustizia Bonafede riguardo alla prescrizione. Senza la maggioranza assoluta non passerà.

Piuttosto che cadere sulla giustizia e in aula – trasformando la crisi in una caduta non sanabile, il 25 gennaio Conte annuncia le sue dimissioni per il giorno seguente. Il 26 sale al Quirinale, dove rassegna le dimissioni nelle mani del presidente della Repubblica, rimanendo in carica per il disbrigo degli affari correnti.

La mossa è abilissima. Conte potrebbe avere un incarico ter se riuscisse intanto a usare le consultazioni per trovare i numeri di una nuova maggioranza, raggiunta con un gruppo di "volenterosi" – dando prova sofisticata di quanto sia cambiato il gergo dei 5 Stelle su un'operazione di palazzo che in altri tempi sarebbe stata considerata fatta con "venduti" e ora invece è affidata a "volenterosi". Purtroppo come ci ha raccontato l'ex ministro 5 Stelle intervistato, di volenterosi non ce ne sono molti. Si rivelano un'illusione di Conte, forse l'ultima di una lunga fila.

La crisi prende la narrativa di una commedia dell'assurdo, con vari protagonisti sullo stesso palcoscenico, ognuno con il medesimo discorso: risolvere la crisi.

Mentre Conte cerca i suoi "volenterosi" che dovrebbero sostituire il gruppo di Italia viva, il presidente Mattarella apre le consultazioni e alla fine dà al presidente della Camera un incarico per esplorare se c'è possibilità di un governo con la stessa maggioranza. Fico è un pentastellato, e se c'è malizia in questa scelta da parte di Mattarella non la sottolineeremo accettando il fatto che l'incarico è dato non alla persona ma al ruolo che ricopre.

Lì fuori, tuttavia, tutti hanno capito. Fico proprio in quanto 5 Stelle è l'uomo che con più delicatezza (cioè suscitando meno dubbi sulla sua decisione) può staccare la spina a Conte.

Fico infatti ritorna al Quirinale il 2 febbraio e dice che non ci sono le condizioni per un governo di continuità.

Mattarella invia davanti ai giornalisti il suo consigliere per la Stampa e la Comunicazione Giovanni Grasso, che senza neanche un foglietto in mano fa il più breve e più inatteso annuncio delle crisi recenti: "Il presidente Sergio Mattarella ha convocato per domani mattina il professor Mario Draghi", poi gira sui tacchi e se ne va. Il giorno dopo, il professor Mario Draghi accetta con riserva l'incarico di formare un nuovo governo. È il 3 febbraio 2021.

Conclusioni
Una fine che nessuno ha cercato di evitare

Cade un governo, nella confusione. In ultimo si fa fatica anche a capire se i passaggi sono stati quelli giusti. Al di là dei dettagli, la fine appare uno strappo lento, su cui mai nessuno è intervenuto, proprio del patto fondativo Pd/M5S.

Il Pd è entrato nel governo lasciando indiscussi i patti di collaborazione, salvo poi, anche sotto le pressioni delle divisioni interne su Conte e la sua leadership, iniziare a staccare la spina a un esecutivo da cui si sente sempre più escluso. Conte viene sempre più avvertito come un uomo con un progetto personale molto forte, con l'idea di fondare un suo partito. E la drastica mossa di rottura con Salvini, rivista alla luce di questi sospetti, appare al Pd anche la massima prova di un uomo molto ambizioso.

È innegabile d'altra parte, come si è visto dopo la fine del suo governo, con la scommessa sulla conquista della leadership del M5S, che Conte, l'uomo mite e quieto del primo periodo del governo giallo-verde, effettivamente coltiva una grande ambizione. E perché no? Di questo non gli va fatta una colpa, considerando che la politica vive di grandi ambizioni. L'unica responsabilità che l'avvocato sembra avere è, a mio parere, aver sottovalutato il Pd. I dem che sono sempre divisi, litigiosi, tattici, sono tuttavia la classe politica più resiliente (come il Pnrr) del panorama italiano. E hanno un punto di forza: davanti a una messa in discussione della loro supremazia, sanno accantonare le divisioni e sanno rispondere alle sfide. Spessissimo le vincono.

Conte e il suo gruppo, arrivati con innocenza e speranza a Roma, dopo anni di apparente dominio della politica nazionale, si sono sentiti forse troppo sicuri della propria forza e della propria abilità. Negli anni i pentastellati non sono diventati, secondo la narrativa corrente, più radicali o più governisti. In realtà, sempre a mio parere, sono diventati troppo arroganti – della loro bravura, della loro capacità di dominio dell'elettorato, e della loro comunicazione – per prendere sul serio le avvisaglie dei rovesci della loro sorte.

Questa è, come a ogni fine capitolo, la mia opinione. La fine del governo Conte, come ho cercato di raccontare, è avvenuta effettivamente senza che nessuno, alleati e non, abbia cercato di evitarla. Per molti sostenitori questa sorta di indifferenza è la prova di un complotto dei "poteri forti". La guerra in Ucraina darà molto fiato a queste tesi. Ma il complotto finora non è stato dimostrato. Al momento, dunque, la caduta del governo è soprattutto la prova che il premier Conte ha sottovalutato quello che stava succedendo, e che le risposte da "vaffa'" a chiunque dicesse che le cose non andavano bene non hanno aiutato né Conte né tutti gli altri a capire. Il Pd, d'altra parte, quello pieno di buona volontà di Zingaretti, e quello sornione di Letta, è sopravvissuto a questa "disgrazia" di Conte, abbracciando Draghi, e provando ancora una volta la sua prensile natura. Ma senza guarire, anche dopo la fine del governo Draghi, da quella sorta di subalternità rassegnata con cui guardano a Giuseppe Conte e a quel che rimane del Movimento 5 Stelle.

8.
Governo Draghi. Rancore

Parte 1
Tutti eccetto Draghi

"Sai qual è il punto? Il punto è che questa cosa è viziata dall'origine."

La "cosa" è l'evento che rimane ancora senza nome. Come sempre le finestre di Palazzo Chigi hanno la cattiva abitudine di tremare. Variano i tempi, i capi dei governi che qui lavorano, ed è certo colpa di un bus che passa su via del Corso, ma l'effetto è sempre quello di una gelida sottolineatura delle parole che si dicono qui dentro.

La "cosa" è l'elezione del presidente della Repubblica, tutto l'intricato percorso che ha portato a un'inattesa sconfitta, che mesi dopo nessuno a Chigi ha dimenticato.

"Questa cosa nasce il lunedì [24 gennaio, *N.d.A.*], il *kick off* è ovviamente preceduto da chiacchiere e discussioni. Nasce perché il capo del centrodestra Matteo Salvini, lo [Draghi, *N.d.A.*] chiama e gli dice: 'Ti voglio eleggere presidente della Repubblica'. Quindi si dispone subito uno schema, che si era capito già nei mesi precedenti, cioè che il centrodestra avrebbe fatto la proposta."

Chi parla è uno del gruppo di uomini che il presidente del Consiglio Mario Draghi si è portato a Palazzo Chigi. Infatti ricorda tutto con precisione.

"La formalità della cosa è questa. Quel lunedì mattina, il 24 gennaio, avviene il contatto che è coerente con una serie di conversazioni a mezza voce. E con me era stato qualcosa anche di più che a mezza voce. Il discorso è più o meno questo: 'Ok, io sono il capo del centrodestra. Primo problema: devo convincere tutto il centrodestra perché c'è freddezza su questa proposta', e parliamo dell'elezione di Draghi al Quirinale, 'c'è freddezza in Forza Italia. Il secondo problema è che deve poi essere accettata dal centrosinistra'. Perché ci deve essere un'ampia maggioranza o salta tutto. Così nasce. Con il centrodestra che si intesta la proposta."

È primavera, al momento di questo incontro. Da gennaio del tempo è passato. È ora forse, anche per chi ne è stato travolto, di iniziare a elaborare quegli eventi.

***

Cielo sereno e neppure tanto freddo, nel pomeriggio del 24 gennaio. La formazione dei "quirinabili" scende in campo sotto l'occhio della nazione – mai prima un'elezione del presidente della Repubblica ha avuto tanta curiosità e tanta partecipazione del pubblico. Un interesse che è esso stesso indicazione di quanto sia cambiato, nel decennio di cui parliamo (2011-2022), il ruolo del presidente. Da figura lontana e terza (anche se non siamo sicuri lo sia mai stato) la debolezza dei governi e del Parlamento ne hanno ingrandito e appesantito il ruolo. Dopo la rielezione di Napolitano – che ha preso le notevoli "iniziative" di cui si è parlato anche in questo libro, presiedendo, nel decennio di cui parliamo, al cambiamento di ben tre governi (Monti, Letta, Renzi) – e la rielezione di Mattarella – che con le sue maniere più pacate pure ha battezzato quattro governi (Gentiloni, Conte 1, Conte 2, Draghi) –, l'idea che si sia approdati a un presidenzialismo di fatto non è più un tabù. E l'aria nel Paese è quella di un interesse che somiglia a un'elezione diretta.

Nell'aria circola, non a caso, anche l'idea di una rielezione di Mattarella, dopo quella di Napolitano. Due strappi sostanziali alla Costituzione (discutibile che sia uno "strappo", dicono gli esperti, ma chiamatelo come volete, siamo a due eccezioni di seguito che certamente formano una quasi regola).

***

I grandi elettori, 1009 fra deputati, senatori e rappresentanti delle Regioni, si presentano al primo appuntamento, il pomeriggio del 24 gennaio, inconsapevoli portatori di una lista di candidati. Una lista costruita, ci racconta uno di questi elettori, non sul nome per cui voti a favore, ma sul veto contro chi non vuoi far passare: "La sintesi migliore per capire come è andata è fare la lista dei veti con cui i leader politici si presentano alla partenza della corsa," dice questo grande elettore.

Vediamo dunque il quadro dei nomi ai blocchi di partenza, e dei veti da cui la corsa di ciascuno di loro è gravato.

Amato.

"Veti irremovibili di Salvini e dei 5 Stelle, più Travaglio. Amato purtroppo, secondo me, non è mai stato in partita."

Ci sono poi tre donne.

"Severino, sì di tutti fuorché di Berlusconi. Cartabia sì di tutti, fuorché dei 5 Stelle. Belloni sì/ni di tutti, tranne Leu, Italia viva, metà 5 Stelle e Forza Italia."

Casini.

"Sì di tutti, veto di Salvini e di Conte, però non irremovibile. Il problema, secondo me, è che era molto più forte il veto di Salvini che non quello di Conte, che ci si acconciava. Perché Salvini? Perché Salvini aveva già posto il veto su Draghi, e aveva addosso il fiato del Nord: per la *constituency* elettorale della Lega, se gli metti Casini davanti agli occhi è come agitare un drappo rosso. È il potere romano inciucione."

Mattarella.

"Ovviamente veti di nessuno, non lo voleva solo la Meloni, che però poi si è convinta facile facile. Ufficialmente non lo voleva neanche Salvini, ma hai visto che si è convinto anche lui facile facile."

Infine Draghi.

"Veti di tutti tranne: Letta, Renzi, che non ha messo il veto ma non lo voleva, e i centristi. Tutti gli altri non lo volevano. Inclusa buona parte di Forza Italia. Che non lo voleva, per tenere alto l'onore più che la candidatura di Berlusconi, per cui davvero non c'erano possibilità."

Dunque questi erano i veri quirinabili.

Amato, le tre donne, Draghi, Casini e Mattarella.

"L'unico che ci è arrivato davvero a un passo era Casini. Che sarebbe stato la nostra fine." Come si può capire da questa annotazione, la nostra fonte è di centrosinistra.

Tradotta, questa sfilza di veti incrociati si può presentare così: tutti eccetto Draghi.

***

Fin dall'inizio, insomma, era tutto chiaro, ma nessuno ha voluto vedere o ammettere.

L'evento avrebbe dovuto essere fenomenale, un'elezione per celebrare la fine di dieci anni di turbolenze politiche, segnando un nuovo equilibrio: Mario Draghi, il più "capace", il più "famoso", il più "influente" degli italiani, al Quirinale, e un governo nuovo che, sulla base dell'acquisito funzionamento di una larga maggioranza, avrebbero portato a una elezione "ordinata" di fine legislatura.

Il presidente del Consiglio è il candidato naturale, e alla

vigilia dell'elezione dovrebbe dunque essere anche l'unico. Chi più di lui, chi meglio di lui per salire al Colle più alto?

L'ipotesi non è un segreto, essendo stata persino inserita (con non poca mancanza di garbo nei confronti del presidente ancora al Quirinale, e ancora in carica, e alla fine, come vedremo, saldamente in carica) come *job description* nella sua nomina a presidente del Consiglio. Draghi ha ricevuto una missione cruciale per il Paese: togliere dalle mani di un Parlamento incapace, nella sua frammentazione, la redazione del Recovery Plan, e approvare le riforme necessarie per accedere a quasi 200 miliardi di euro messi a disposizione dall'Europa. Chi se non lui, dunque?

Con queste premesse, la mancata elezione diventa uno straordinario fallimento. Tanto più grave perché voluto e preparato da un sistema di partiti e da un Parlamento che evidentemente, quando si tratta della propria sopravvivenza, è tutt'altro che incapace.

Oltre che un fallimento, la sua non elezione è tuttavia anche un disvelamento.

Rivela cosa c'è sotto la super-retorica dei complimenti, rivela il rancore accumulatosi negli anni nelle vene di un sistema politico in sfascio. In quanto tale accorcia (come del resto volevano i non elettori di Draghi) la vita del governo stesso.

Mario Draghi è un uomo troppo abituato ai grandi giochi per non capirli e per non saper affrontarli. Quando capisce che la partita del Quirinale è persa, non dà alcun segno di inquietudine, riesce a staccare prima, addirittura andando a casa per il weekend, e sarà il primo dalla sua campagna a inviare a Mattarella gli auguri per la rielezione. Torna nel suo ufficio a Palazzo Chigi con un sorriso, e si impegna in una campagna di "colloquio con il Paese". Mai uno stress sul suo volto che con gli anni somiglia sempre più a quello di un pericoloso anfibio.

Ma sei mesi dopo, alla prima grana seria, darà le dimissioni e le reitererà anche dopo la solita sarabanda dei coccodrilli italiani, densa di alti lamenti e inviti a restare. Il sessantasettesimo esecutivo della Repubblica, il terzo e ultimo della XVIII legislatura, in carica dal 13 febbraio 2021, termina il 21 luglio 2022. Diciassette mesi in tutto per un governo che avrebbe dovuto segnare la svolta nella storia d'Italia.

Lasciandosi alle spalle una domanda: è davvero questa l'ultima tappa di Mario Draghi?

E ora concentriamoci sugli eventi di quei giorni.

Parte 2
Revenant. Un esercito di ex

La seconda settimana di gennaio, a poche ore ormai dall'inizio dell'elezione del tredicesimo (ma sappiamo che resterà il dodicesimo, e questo non è uno spoiler) presidente della Repubblica, Roma si riempie di persone.

Nei quattro chilometri quadrati del quadrilatero dei palazzi del potere, il loro arrivo è come un fiume che si ingrossa lentamente. Sul letto del fiume, uno strato di ciottoli modellati dal tempo. Strati di classe dirigente usata e bruciata. Quel che rimane di dieci anni di governi fragili, irregolari, e brevi. Un esercito di ex.

Sono loro la chiave per capire il risentimento che darà forma all'elezione del presidente, anno 2022.

Un numero ci fa capire tutto di quel che succederà.

La Repubblica Italiana ha avuto *trenta* presidenti del Consiglio. Dalla prima legislatura, che data 8 maggio 1948-4 aprile 1953, hanno presieduto diciotto legislature, l'ultima delle quali è quella che si chiude con le dimissioni di Draghi: quindi per alcuni più di una.

Il numero che ci serve è questo: di questi trenta, dieci sono in vita. Il che è una perfetta indicazione di come si fa serrato il ciclo di nomina e di caduta dei capi del governo. Dal 1996, anno in cui l'Italia passa al bipolarismo, al 2011, dimissioni di Berlusconi, si avvicendano quattro premier: Prodi, Berlusconi, D'Alema, Amato.

Dal 2011 al 2022, il periodo del default istituzionale, di cui ci occupiamo in questo libro, ci sono sette governi e sei premier: Monti, Letta, Renzi, Gentiloni, Conte (due governi), Draghi.

Non tutti loro voteranno, nel gennaio 2022, per il nuovo presidente perché alcuni di loro, quattro, non sono più parlamentari (D'Alema, Amato, Berlusconi, Prodi) e gli ultimi due (Conte e Draghi) non siedono in Parlamento.

In soldoni tutta questa spiegazione si legge così: un terzo dei premier dell'intera storia italiana, all'elezione presidenziale del 2022, è vivo, vegeto, influente, e operativo.

È un panorama unico nella nostra storia politica: in questa elezione voteranno un'enorme quantità di persone e forze politiche, che hanno avuto accesso al potere e vi sono rimaste per poco tempo – ma vi operano ancora dentro, ciascuna con il proprio numero di azioni, e il proprio chip di influenza.

Insomma, sul Quirinale questa volta si concentra una quantità senza precedenti di conti aperti da saldare, di rivincite da cercare, e speranze da afferrare.

Non che non sia sempre così. L'uomo che siederà nel Palazzo dei papi ha nelle sue mani uno dei poteri più veri della moderna democrazia – la capacità di "influenzare" (nel tempo la parola si è poi tradotta in *moral suasion*) il corso degli eventi. In Italia, Paese in cui vige un sistema parlamentare, il presidente è "solo" il guardiano della Costituzione, ma questo ruolo ha un'enorme latitudine – latitudine che nel corso del decennio trascorso si è allargata a un attivo decisionismo.

Un'evoluzione istituzionale che ha portato il Paese sull'orlo del presidenzialismo, o perlomeno sull'orbita esterna di tale esercizio – con Napolitano in maniera più vigorosa, con Mattarella in maniera più sommessa – sfociato in ben due rielezioni. Un'ipotesi che all'inizio, con Napolitano, è stata considerata una "rottura", che la "ragion di Stato" del decennio ha poi portato ai più miti consigli di un'accettazione motivata con "la Costituzione però non nega apertamente che si possa fare". Di tutto questo abbiamo a lungo parlato. Per cui chi ci segue ricorderà il trauma della rielezione di Napolitano, e tra poco vedrà la rielezione anche del mite Mattarella. Dunque, la fragilità del decennio ha trasformato in una potentissima arma quello che, a lungo sia pur non sempre sinceramente, è stato raccontato come il "sussurro del Quirinale".

Se battaglia c'è stata prima, questa elezione del 2022 si presenta come una guerra a pieno titolo.

***

Per capire il numero e l'umore delle truppe, bastava circolare per Roma in quella vigilia.

Dietro il migliaio di uomini e donne che arrivano nella capitale con in mano il potere della scheda, ci sono numerosi altri uomini e donne a crescita esponenziale.

Dei premier sappiamo, ma nel primo cerchio subito dopo di loro ci sono gli uomini e donne che sono quasi diventati premier ma non ce l'hanno fatta. Ognuno di loro potrebbe forse rifarcela, dipende da chi sarà scelto per il Quirinale. Ci sono poi i partiti, con il gruppo di ex segretari il cui numero è variato negli anni, a volte più velocemente dei governi – insieme ai leader di nuove formazioni nate da scissioni o arrivate in Parlamento dal nulla. Una veloce girandola, dietro cui c'è l'altrettanto folto gruppo di aspiranti segretari di partito che non hanno invece mai raggiunto il consenso necessario e che ora sperano in un nuovo giro. Chissà.

Gli ex premier e altre personalità, tra cui proprio alcuni ex segretari di partito, si sono trasformati nel tempo in "riserve della Repubblica" e intorno ai loro nomi gira una attività diplomatica di numerosi ammiratori e collaboratori. Di Amato, Prodi, D'Alema, Berlusconi, ma anche Veltroni, Casini e, perché no, lo stesso Conte, fresco ex di Chigi. Ci sono poi i magistrati. Gente che ha ben servito il Paese. E di nuovo, perché no?, le donne, il cui impatto súlle istituzioni ha cominciato a sentirsi, con una *short* (ma densa) *list* di senatrici della Repubblica, ministri, ex giudici della Corte costituzionale, prominenti figure del Parlamento come la presidente del Senato Casellati. Ognuna di loro muove un mondo, delle idee, e altri uomini e donne.

Dietro gli ex premier e le grandi personalità si posiziona poi una schiera imponente di ex ministri ed ex aspiranti ministri. E si sa che una volta ministro, si può sempre tornare ministro. Sono il fianco più molle del voto presidenziale: sono esattamente sotto la prima fila e dunque esposti, ma nel loro ruolo di supporto degli ex premier sono moneta sonante di scambio. Così tanto sonante che spesso rimangono in nuovi governi, mentre il loro premier originario ne esce.

Dietro ancora, lo sguardo si apre alle poltroncine di Camera e Senato. Molti dei votanti sono presenti da tanti anni da essere ognuno/a un gruppo di influenza in sé, che peraltro viaggia nel Paese e arriva dritto dritto sui territori, nelle grandi e piccole città. Il voto e le speranze di ciascuno di questi sono mirati al futuro.

Le loro attività si indirizzano verso il basso, dove si connettono con il gruppo di grandi elettori, sindaci e presidenti di Regione, imperatori nel proprio territorio ma spaesati fuoriclasse nella capitale.

E alla base di questa piramide alimentare del potere ci

sono i peones, i tanti inascoltati e sconosciuti parlamentari che vivono nella marginalità. E sono i più allertati di tutti dal momento che nel loro cuore sanno che alle prossime elezioni non ce la faranno a entrare in un Parlamento che è stato dimezzato dal numero attuale, alla cifra secca di 600. Ma vuoi vedere che un buco si trova? sussurra loro la speranza.

Nel complesso l'esercito che è convenuto a Roma è composto da uomini e donne, con ancora i morsi dell'ambizione, la rabbia della sconfitta e la voglia accecante di una seconda occasione. Un esercito di *revenants* che vive in un incerto mondo di mezzo e si rifiuta di sparire, di consegnarsi all'oblio.

Vorrei precisare che questa della piramide alimentare del potere non è una descrizione sprezzante. La politica, ho imparato, è una delle attività più difficili.

Dentro il carapace di velluti e privilegi con cui si presenta, si nasconde un alto prezzo di ansia, incertezza, solitudine e paura. La politica, nella sua trasformazione finale che abbiamo visto in questi dieci anni, è un mestiere più che un'arte. Un mestiere che consiste spessissimo nel cercare di restare con la testa fuori dall'acqua di fronte all'incertezza e all'inadeguatezza. O, semplicemente, di restare in vita.

Perché anche nella più vile operazione politica c'è una forza – quella di dare forma alla realtà. Una volta perso il ruolo, questa forza che svanisce lascia negli umani un vuoto permanente, come una sorta di cacciata dal paradiso terrestre.

Ogni giornalista che ha percorso i corridoi dei Palazzi istituzionali ha imparato a vedere gli sguardi vuoti di chi si sente fuori dal gioco, l'ansia della falsa allegria con cui si viene rassicurati che va tutto bene, o gli sguardi che lancia intorno, sopra l'orlo di una tazzina di caffè, chi deve tenere sotto controllo l'andirivieni.

Il nome che sarebbe uscito dalle urne per il Quirinale, nel

2022, poteva essere di ciascuno di questi 1009, un biglietto verso la salvezza o una precipitosa discesa verso l'esclusione.

***

Un nome, ogni nome avrebbe accontentato tutti loro, in un senso o nell'altro. Eccetto un unico che non sarebbe andato bene a nessuno: Mario Draghi, appunto.

La sua elezione al Quirinale infatti non avrebbe aiutato la causa di nessuno di loro, essendo lui un estraneo al sistema. Draghi è un uomo nuovo, dunque sconosciuto ai più, un uomo che non deve nulla a nessuno perché non eletto, arrivato a Palazzo Chigi da tecnico, un uomo non di parte perché ha dietro di sé una maggioranza fatta di quasi tutto il Parlamento. In più un uomo che arriva con il compito di aggiustare il Parlamento, votato cioè in estrema emergenza per fare quello che il Parlamento non ha saputo fare. Nei fatti, un insulto vivente alla classe politica. Lo stesso profluvio di lodi a SuperMario è una costante irritazione per questa classe politica, insultata per anni dai giornali, e improvvisamente posta di fronte a un uomo per il quale i media sembrano spesso rimanere a corto di superlativi.

Infine va messo in conto, a parziale giustificazione dell'umore dei politici, che l'uomo non è esattamente un simpaticone. Vero, chi lo conosce bene sa che ha un grande senso dell'umorismo e sa essere di grande compagnia e, a volte, di improvvisa generosità.

Ma quanti lo conoscono? L'uomo coltiva con ossessione il proprio isolamento, i suoi amici si muovono in sfere irraggiungibili, dall'economista premio Nobel alla Janet Yellen segretario al Tesoro americano.

Insomma, Mario Draghi è stato accettato come inevitabile alternativa al default, ma, sotto l'obbligato consenso a una soluzione del Quirinale che pare un intervento sull'orlo del precipizio, il presidente del Consiglio è vissuto come un "usurpatore", nonché un "commissario".

Nella mente di tutti i politici c'è un precedente, dieci anni prima, quello del tecnico Mario Monti, arrivato anche lui tra i complimenti e finito, in qualche modo, espulso dal sistema. Tutti i commentatori nazionali e internazionali sottolineano la differenza fra i due, personale, politica e di natura del governo. Ma si tratta, agli occhi della classe politica, di due tecnici, alla fin fine. E, sempre a questi occhi, appare anche più offensivo il fatto che dopo dieci anni la politica, con il ricorso a un altro tecnico, venga definitivamente delegittimata.

Nel cuore di questo mondo c'è un solo sentimento, che unisce destra e sinistra, alto e basso, competenti e incompetenti, contro questo trattamento: un enorme, sordo rancore contro Mario Draghi.

Sarà il sentimento che forse ricorderemo come il più vivo colore dell'ultimo governo della XVIII legislatura.

Draghi dunque inizia la settimana quirinalizia senza avere nessuna chance, nemmeno una. E il peggio è che molti di coloro che non lo voteranno mai copriranno questo rifiuto fino all'ultimo con parole di pura ipocrisia.

Parte 3
O capitano! Mio capitano!

Parlare di guerra intorno al nome del nuovo presidente della Repubblica è, ovviamente, un'esagerazione, ma solo in parte.

Lo scontro è senza risparmio di colpi, e di colpi di scena. Ma quello che più fa pensare alla guerra è il ruolo prominente di un manipolo di capitani nel guidare disciplinate truppe.

Prima di entrare in Parlamento, più precisamente alla Camera, dove si voterà tutti, e dove, a ricordare l'esistenza del Covid, domina una sorta di baracchino rosso, passaggio obbligato dei votanti per tenere le distanze, vediamo i capitani schierati sul campo, le loro truppe, gli ufficiali e le segrete carte.

Matteo Salvini

Il Capitano per definizione arriva al 24 gennaio solidamente in piedi ma anche altrettanto solidamente rintronato. È dal 5 settembre 2019 sbalzato fuori dall'area di governo da Giuseppe Conte, un uomo che aveva sempre sottovalutato, arrivato al suo posto da fuori della politica, e trattato da lui con il signoraggio di chi si sente padrone di casa. Il suo vero interlocutore nel governo giallo-verde era Luigi Di Maio.

La sorpresa della fine del governo Conte 1 di cui si sentiva (e in cui agiva da) padrone sembra non averla mai smaltita. I suoi indici di gradimento continuano a viaggiare ai livelli minimi raggiunti all'epoca del Papeete. A questo va aggiunta la sorpresa del governo Draghi, piombatogli addosso, con il peso di avere dentro alcuni dei suoi migliori uomini leghisti – da Giorgetti al gruppo di testa dei governatori. Una situazione che mette sotto pressione l'indole stessa del Capitano, che è al suo meglio nella versione agit-prop, e che deve invece misurare parole e modi per non scuotere il governo con i suoi leghisti dentro. Su di lui, inoltre, gravano dal momento della crisi del governo giallo-verde le stesse ombre che portarono a quella crisi: la *connection* con la Russia di Putin. Di cui non ha mai reso conto (cosa che portò appunto alla crisi), e che presto diventerà una pressione quasi insostenibile dopo l'invasione dell'Ucraina da parte delle truppe di Putin. Il 24 febbraio, cioè un mese dopo l'inizio della tornata dell'elezione per il Quirinale.

Alla elezione del presidente della Repubblica Matteo Salvini arriva dunque con la necessità di ristabilire il suo ruolo di *player*, come rappresentante del suo partito, come parte della prima fila di leader che guideranno l'elezione, infine come guida indiscussa del centrodestra la cui composizione è cambiata, con il successo di Giorgia Meloni.

Approfittando del ricovero di Silvio Berlusconi, Salvini assume il ruolo di "esploratore" del centrodestra per guidare la sfida del Colle. Si lancerà infatti nella mischia fin da subito con una straordinaria energia (ma questo non è nuovo per lui), che manterrà per tutto il periodo del voto; ma anche con la straordinaria ambizione di essere il *kingmaker* del nuovo Colle. L'elezione è dunque per lui una seconda chance per la sua leadership. E non si presenta facile. Silvio Berlusconi ha in mente di giocare la partita per sé. E Giorgia Meloni ha a cuore soprattutto l'idea di portare il Paese al voto per approfittare dell'onda a suo favore che si sente salire a destra. La leader di FdI è contro la rielezione di Mattarella, ma anche contro l'elezione di Draghi. Vedremo cosa riuscirà a ottenere Salvini da questo gioco incrociato.

Giorgia Meloni

È al suo primo appuntamento pubblico nazionale, in cui dovrà dare prova del suo successo. Finora questo successo la avvolge come un'aura, facendo di lei la "*golden girl*" della politica italiana, ma rimane per ora provato solo dai sondaggi.

Sarà dunque la sua prima prova di grande politica, nonché un tuffo nel grande mare dell'opinione pubblica.

Giorgia Meloni è già un fenomeno, nazionale e internazionale. Si parla solo di lei a destra – nel bene e nel male. Ha già ottenuto insomma, il potere della grande visibilità e interesse che segna i leader.

Ma, nell'occasione dell'elezione per il Quirinale, viene fuori anche l'abilità con cui ha costruito l'operazione che guida, rimanendo sostanzialmente al margine della politica, in posizione di attesa, come le consente il ruolo di opposizione scelto nel governo Draghi. La sua è una posizione sostanzialmente cauta e un po' attendista, ma non laterale. L'opposizione la rende capace di entrare nelle questioni che si aprono con posizioni nette, e dunque facili da comunicare in un mondo politico, quello della destra, che non sa bene come giostrarsi tra l'appoggio a Draghi e la non sintonia con lui. La chiarezza della Meloni le ha fruttato nei mesi passati uno straordinario premio di consenso nel mondo radicale e populista del centrodestra. È un problema evidente per Salvini, ma anche per Berlusconi, che continua a sostenere Draghi, ma sta stretto nel corsetto dell'uomo di sistema del Ppe. Una posizione incerta, dunque, quella della coalizione di centrodestra, in cui Giorgia potrebbe facilmente finire a fare la parte del vaso di coccio. Ma la "ragazza" (copyright Silvio Berlusconi) non fa errori.

Se Salvini scende in campo in modalità iperprotagonismo, lei rimane nella sua posizione laterale, con una sola idea, e chiara: "voto subito" dopo il nuovo presidente. E se la rielezione di Mattarella avviene, al secondo punto, andare alle elezioni, si arriverà molto presto. E anche se non deriva da una sua diretta azione, sicuramente riesce a intestarsela. Alla sua prima prova nazionale, riesce a non farsi travolgere, dunque. Il che è più di quanto altri possano dire.

Silvio Berlusconi

È un Cavaliere, non un Capitano. Non guida direttamente le fila, altri lo fanno per lui. Ma il suo titolo onorifico è il simbolo dello status speciale con cui si presenta all'elezione presidenziale. Ricordiamo che non voterà, essendo decaduto dalla carica senatoriale a causa di una delle condanne nei suoi numerosi processi. La sua presenza, però, è imprescindibile. Tanto per dire: tutti sanno che nel suo cuore, e in quello di molti dei suoi sostenitori, il Quirinale è al primo posto. È il desiderio di coronare gloriosamente una carriera di alti e bassi; ma soprattutto è la sfida finale alla sua stessa vita, segnata da un'ambizione senza paure e senza limiti. L'uomo è provato da molti acciacchi e da un partito all'8 per cento, quasi svanitogli tra le mani, attraversato da una tentazione di fughe continue, incluse quelle di suoi fedelissimi/e. La sua figura rimane *larger than life*, con il suo cerchio magico, la sua nuova compagna bionda, la figlia, la lucida Marina, che sotto sotto lo tiene su un percorso chiaro. Il giro di Silvio Berlusconi è invecchiato. Ma le sue ambizioni, e il suo patrimonio, no. Berlusconi è dunque un formidabile protagonista, giusto essendo se stesso. Incluso, gran finale, il fatto che dovrà seguire il tutto dal letto dell'ospedale San Raffaele, iconografia di un leader che non smantella.

La sua voglia di salire al Quirinale terrà tuttavia inchiodato il centrodestra che si muove su un filo che non può spezzare: scegliere un presidente senza far apparire lui come scartato. Non ci sarà questo pericolo; l'attivismo un po' disordinato di Salvini e le esitazioni nella settimana del voto mantengono il Cavaliere al centro del gioco. A lui arriveranno le telefonate di altri leader, di candidati, e controllerà tutto quello che bolle in tutte le pentole del suo reame. Farà forse due errori – emarginare Gianni Letta, molto a favore di Draghi, e rimanere troppo sui suoi sogni. Nessuno dei quali, nemmeno quello della presidenza del Senato, si realizza.

Tuttavia nel misterioso Mondo del Cavaliere, i sogni sono lunghi. Un nuovo giro si prepara dopotutto, con un Mattarella riconfermato.

Anche per lui è la prima prova muscolare di una nuova fase della sua vita. Presidente del Consiglio fra il 2013 e il 2014, sfiduciato dal suo stesso partito a favore di Renzi e tornato su richiesta unanime di quello stesso partito come segretario del Pd nel marzo 2021, Letta è bravo ma è anche un fortunello. Secondo il famoso andante di Prodi che per riuscire in politica c'è bisogno anche di "fortuna" oltre che di bravura. Fortunato perché la vita gli ha dato due possibilità, la presidenza del Consiglio e la segreteria del Pd, senza mai aver vinto alcuna elezione diretta, nemmeno quella interna. Come ex premier è parte del passato ma non è un *revenant*, un abitante della terra di mezzo. L'elezione presidenziale del 2022 è tuttavia il primo banco di prova vero della sua abilità di leader.

La rivalità Renzi/Letta è una delle costanti della politica italiana del decennio, un fattore che ha molte volte strappato la tela del Pd, ma è soprattutto un *morality tale* sulla politica, e sul Partito democratico che sembra specializzato negli anni, alla fine di quel che rimaneva del Pci poi diventato Pds, in faide interne ed esterne. Faide che ha poi trasportato dentro l'Ulivo che pure doveva esserne il superamento.

Letta, uomo a sangue freddo, assesta il primo colpo a questa leggenda, rifiutandosi di riaccendere la competizione con Matteo Renzi, nel frattempo uscito dal Pd ma ancora padrone del Pd indirettamente, con il controllo dei suoi gruppi parlamentari.

Letta lavora con un suo percorso ed è, come si diceva, fortunato, perché il suo ritorno in Italia coincide con il governo Draghi. Un uomo con cui Letta ha confidenza e comunanza di percorsi intellettuali e interessi. Per dirla semplice: per provenienza, studi e interessi politici sia Letta sia Draghi possono a pieno titolo essere definiti élite europea.

Politicamente, per il nuovo segretario del Pd questo significa che il suo percorso si sovrappone quasi a quello, e agli scopi, del governo Draghi. Questo gli darà un peso e un'autonomia di azione dal suo stesso Pd.

Le elezioni presidenziali sono dunque per Letta una via maestra. Draghi parte vincitore e Letta è il suo facilitatore.

La messa alla prova per il dem avviene quando la vicenda si ingarbuglia per Draghi. Letta ne esce bene, muovendosi fra lealtà al premier e lealtà a Mattarella, su cui lavora sottotraccia dall'inizio. Ma una domanda finale rimane: avrebbe potuto fare di più per sostenere Draghi? In fondo anche nel suo partito c'è una buona parte che non ha sostenuto il premier. I prossimi mesi lo diranno.

Giuseppe Conte

Il percorso di Conte è invece chiaro, ma non facile. Nessuno, in particolare lui, ha dimenticato l'applauso con cui è stato salutato dal personale di Palazzo Chigi, affacciato a guardarlo dalle finestre mentre lasciava il Palazzo alla consegna a Draghi. Un applauso che ha consolato Conte (ed eccitato il suo portavoce Casalino) perché riportava materialmente in campo la sua popolarità nel Paese. E spingeva il progetto di un partito dell'ex premier.

La strada tuttavia per l'avvocato non è stata facile. Nei pochi mesi passati da quell'uscita da Palazzo Chigi il M5S ha subìto un vero e proprio collasso. Di tutti i leader, Conte dunque è colui che arriva all'appuntamento con l'elezione presidenziale con la missione più chiara di tutti – uscirne con una netta rivalsa. E ovviamente la rivalsa più chiara è una sola: la sconfitta del suo successore, l'inquilino attuale di Palazzo Chigi, Mario Draghi. Anche a costo, come succederà, di riaprire un asse proprio con l'uomo che ha affossato, Salvini.

Matteo Renzi

L'ex asso della politica italiana è spesso odioso ma non è mai banale. Di questo giro presidenziale si ricorderà una sua battuta: "Con Mattarella muovevo 400 elettori, ora ne muovo 40". Frase crudele su se stesso, ma assolutamente realistica nella valutazione dei rapporti di forza politici. Nel 2015, l'elezione di Mattarella fu il capolavoro politico di un Renzi seduto a Palazzo Chigi, padrone del Parlamento e di buona parte della opinione pubblica italiana. Nemico diretto di un Movimento che da diverse posizioni ne sfida la popolarità, i 5 Stelle di Grillo, riesce a portare al Quirinale un impeccabile uomo che la sinistra si può intestare. Una mossa generosa nella scelta del personaggio, ma anche nella rinuncia a un "uomo proprio". La mossa azzeccata servì anche a far uscire il giovane premier, arrivato in maniera rocambolesca a Palazzo Chigi, dal suo angolo di "estraneo" e a consolidare il suo ruolo. Fu uno dei suoi momenti più alti.

Questa volta però Renzi sa che non ha nessuna possibilità di ripetere il colpaccio. Troppa acqua sotto i ponti, e troppi errori da parte sua. La sua delegazione in Parlamento si è drasticamente ridotta, così come la sua popolarità.

Eppure Renzi non perde mai un'occasione. Sa di poter contare in ogni caso sulla sua creatività di battute, scarti improvvisi, che ne fanno un protagonista tattico delle battaglie. Insomma, anche Renzi ha un suo gioco nel grande gioco. Di Draghi è il più sfegatato sostenitore. Ma nel suo cuore c'è un uomo molto più vicino alla sua formazione e alle sue alleanze: Pier Ferdinando Casini.

L'appuntamento al voto, il 24 gennaio, parte sotto un cattivo presagio. I principali quotidiani puntano non tanto sull'inizio delle votazioni per il Quirinale, ma sull'Ucraina. "In allerta 8500 soldati Usa. Biden chiama gli alleati europei." Le Borse fanno un capitombolo. Fra un mese esatto, il 24 febbraio, saremo immersi nel primo conflitto armato in Europa dalla fine della Seconda guerra mondiale. E l'ex Jugoslavia?

La partita elettorale nasce ingabbiata dalla matematica. Per dirla con le parole del maggior esperto italiano di flussi elettorali, il professor Roberto D'Alimonte, "Non c'è nessuna maggioranza solida: serve un leader non di parte", è il titolo della sua analisi sul "Sole 24 Ore".

Che non ci sia nessuna maggioranza solida per l'elezione del presidente è un calcolo che da solo dovrebbe svelare lo stato reale delle cose.

Passiamo la parola alla matematica.

Il governo Draghi è seduto su una maggioranza che è la più ampia degli ultimi dieci anni. Alla Camera i voti favorevoli al nuovo governo sono stati 535, 56 i contrari e 5 gli astenuti. Dunque circa l'89 per cento dei deputati sostiene il governo.

A Palazzo Madama, che è decisivo per tutti i governi, perché lo scarto fra maggioranza e voti necessari per la fiducia è spesso risicato, i senatori che hanno votato Draghi sono 262, 40 i contrari, 2 gli astenuti (16 i senatori che non hanno partecipato al voto perché assenti o in missione). Il governo può dunque contare su una larghissima maggioranza, con uno scarto di oltre 100 voti rispetto alla soglia della maggioranza assoluta (161). Va ricordato che la causa materiale che portò alle dimissioni del governo precedente, il Conte 2, che pure aveva alle spalle il più numeroso gruppo in Parlamento, fu proprio la sua perdita di capacità di raggiungere questa maggioranza in Senato.

La maggioranza di Draghi è molto composita, come quella di Monti dieci anni prima. Maggioranze di tale tipo sono caratteristiche dei governi tecnici, cioè slegati dalla politica. Ma fra i due il governo più recente ha una forte caratura politica: a differenza del governo Monti, l'esecutivo Draghi ha rappresentati all'interno del Consiglio dei ministri tutti i principali partiti che fanno parte della nuova maggioranza.

Dunque è un fatto indiscusso che siamo di fronte a una esperienza parlamentare solida.

Come mai allora nell'atto più politico e più rilevante cui possa trovarsi di fronte un Parlamento, l'elezione del presidente della Repubblica, manca la maggioranza? La risposta è una sola: la maggioranza che sostiene Draghi è pura fantasia. La settimana quirinalizia parte così in mezzo a una menzogna rivelata ma non affermata: il governo Draghi poggia sulle sabbie mobili.

***

Nel racconto di questa decisiva settimana ci fanno compagnia le memorie di un protagonista di questi giorni. È del campo Pd. Il suo racconto ci spiega la cronaca.

"Io farei in realtà cominciare la settimana quirinalizia dalla settimana pre-quirinalizia, con la bomba che è stata la gestione della malattia di Berlusconi. Che è interessantissima. In sostanza, una prova di successione e un tentativo di detronizzazione anticipata. Nel senso che la Ronzulli e Tajani hanno un po' velocizzato il trapasso di Berlusconi. Si sono fatti interpreti di una linea che per quanto ho capito – il famoso comunicato di quando lui stava malissimo – non era esattamente quella di Berlusconi.

"La settimana inizia così. Dopo il colpo di teatro di Berlusconi che non partecipa alla riunione del sabato, che avrebbe dovuto essere il vertice allargato di Forza Italia per concordare una linea. Quella giornata finisce con lui che dice che rinuncia al Quirinale, ma poi si vedrà che non è così.

"Sostanzialmente da lunedì a giovedì tutto ruota intorno a questa frizione dentro il centrodestra, sulle volontà di Silvio. Che poi si trasforma nel centrodestra che rivendica il diritto di fare da solo il capo dello Stato. Un caos, insomma, che diventa anche molto complicato da gestire in termini di percezione dell'opinione pubblica. Non si riusciva a impostare un dialogo con loro perché insistevano che il diritto di proposta per primi spettasse a loro.

"Diritto che, voglio sottolinearlo, sia Renzi che Conte gli riconoscevano. Non si capisce perché, dal momento che anche D'Alimonte [sul "Sole 24 Ore", *N.d.A.*] sostiene che alla fine, se anche Renzi fosse stato con il centrosinistra, avremmo avuto più voti noi.

"I primi tre giorni si consumano in questo modo, con il tentativo di forzatura da parte della destra e sostanzialmente noi del Pd che diciamo di no a tutti i nomi non bipartisan."

Qual era la strategia di Letta?

"Enrico le carte le teneva bassissime. La verità vera è che la strategia del Pd non la sapevano neanche i ministri. Io credo che Enrico abbia capito la lezione, cioè non dice tutto a tutti. Informati erano le capogruppo e il suo staff. Il metodo del segretario era semplice: arrivare a togliere tutti i petali della rosa del centrodestra e rimanere sui nomi che secondo lui dovevano essere considerati perché bipartisan.

"Però senza dire niente. Perché lui non ha mai bocciato nessuno. Se li avesse bocciati sarebbe stata una contraddizione sul suo metodo. La strategia per noi era insomma che quelli super partes, non divisivi e autorevoli per noi andavano tutti bene. È vero che lui ha detto sì alla Belloni ma non specificamente alla Belloni: lui ha detto sì alla lista sul tavolo nella famosa riunione del venerdì sera in cui c'erano la Belloni, la Cartabia, la Severino. Ancora Amato c'era sul tavolo, perché ogni tanto Enrico lo rimetteva, e Draghi che veniva rimesso anche lui. Noi sapevamo che, il venerdì, Draghi era una pistola scarica ormai. Però tutti lo sapevano, quindi rimaneva come potenziale minaccia per Conte, Casini e Mattarella."

Interessante questa notizia che il venerdì il Pd considera Draghi "una pistola scarica". Ma fermiamoci qui, per ora.

Lunedì 24 gennaio, primo giorno, primo scrutinio

Salvini propone a Draghi la presidenza la mattina. E la sera lo ha già cancellato. Asse Salvini-Conte

Iniziamo il racconto da dove avevamo lasciato Salvini, cioè nelle stanze di Palazzo Chigi, come ci ha raccontato la nostra fonte lì dentro.

Il mattino del lunedì 24 gennaio, il leader della Lega si presenta al Palazzo per incontrare il presidente del Consiglio e offrirgli la presidenza della Repubblica. Il leghista è lì con l'incarico di gestire le trattative per il centrodestra.

Alle 12, la notizia della sua visita a Palazzo Chigi diventa pubblica, con uno scoop dell'Ansa. Non è ufficialmente confermata, solo un "no comment", ma scatena ugualmente una reazione nervosa nel corpo elettorale. Si mette in moto una girandola di incontri e telefonate.

Una circostanza imprevista colora infatti di particolare interesse questo incontro a Palazzo Chigi fra Salvini e Draghi. Il giorno prima, la domenica mattina, Silvio Berlusconi è stato ricoverato al San Raffaele. Un evento che a questo punto sembra cambiare tutto il quadro delle opzioni in campo. Per prima cosa sgombra il tavolo dalle ambizioni di Silvio Berlusconi.

Non è del tutto chiaro però se davvero il leader forzista

si sia davvero fatto da parte. Il 23 era in realtà la data fissata per un vertice, molto allargato, di Forza Italia per decidere proprio sulla fattibilità della candidatura di Silvio Berlusconi. Il vertice tuttavia non inizia per ore, e senza spiegazioni. Le voci sono effettivamente quelle di un ricovero – confermato poi proprio dal dottor Zangrillo, medico di fiducia di Berlusconi. Ma in quel pomeriggio circolano invece voci che sia in corso una riunione ristretta intorno al leader forzista. Finalmente, in serata, Ronzulli e Tajani presentano una nota in cui il Cavaliere/presidente sembra abbandonare ogni ambizione, "chiedendo a tutti quelli che lo hanno proposto di rinunciare a indicare il mio nome per la presidenza della Repubblica". Il dubbio è legittimo, visto che l'ambizione di Berlusconi rimarrà come una nube sull'orizzonte dei primi tre giorni di voto.

Tuttavia, la rinuncia sembra andare nella direzione di una nuova possibilità per la candidatura di Mario Draghi.

Il primo a muoversi dopo l'incontro con Salvini è infatti proprio il capo del governo (mossa in realtà azzardata, e non è chiaro perché qualche suo consigliere non lo abbia fermato da questo coinvolgimento in prima persona), che avvia una serie di contatti e colloqui telefonici con i leader dei partiti, tra cui Conte e Letta. Leader che a loro volta si affrettano a contattare Salvini, per fissare con lui degli appuntamenti. I due non sapevano nulla, nonostante l'ufficioso accordo di consultazioni fra i rappresentanti dei partiti.

Letta e Salvini si vedono negli uffici alla Camera di Enrico Letta, verso le 14. Gli orari si conoscono bene e li citerò dove è possibile perché danno da soli il senso di quanto intrecciata sia la trama della sfida quirinalizia. Fra i due il colloquio è lungo e descritto ai media come "cordiale". Letta non appare preoccupato ma (ci si può fidare di Salvini?) è di sicuro prudente: "Si è aperto un dialogo," dice soltanto, a caldo.

In giornata Salvini incontra anche Conte.

L'intreccio di colloqui dà speranze al fronte draghiano.

Giorgia Meloni approva: "Il colloquio è un bene". Giorgetti, grande sostenitore del premier, è soddisfatto.

Ma la conclusione della giornata è negativa.

Salvini la termina infatti con la convinzione, come dirà a Letta, che "non ci sono possibilità che Draghi venga eletto". Insomma, nel giro di poche ore Salvini passa dal "Draghi presidente" al "Draghi non ce la fa". Decisivi, nel formarsi di questa opinione, sono gli incontri che il leghista ha avuto in giornata.

Conte, il leader dei 5 Stelle, che da qualche settimana ha ripreso un contatto con il leghista proprio ai fini della elezione, nell'incontro con Salvini gli dice che non ha nessuna intenzione di votare Draghi. Il M5S controlla 230 voti, la maggiore delegazione in Parlamento. Nel tempo ha subìto molti abbandoni e il numero non è più quello, ma l'area M5S, nonostante la partecipazione al governo Draghi, rimane attraversata da forti mal di pancia nei confronti del premier. Gli stessi mal di pancia di Forza Italia, che può contare su 130 voti, mentre Fratelli d'Italia, unico partito fuori dalla grande coalizione di governo, ha 58 schede. Effettivamente i numeri non sono favorevoli all'inquilino di Palazzo Chigi.

Ma la posizione di Conte prova anche quanta illusione ci sia nel Pd a proposito dell'alleanza con i 5 Stelle.

Più interessante del rifiuto è tuttavia l'argomento con cui Conte motiva questo rifiuto: la necessità di "preservare la continuità dell'azione di governo, perché non possiamo trascurare che ci sono famiglie, imprese, cittadini che ci guardano e non possono pensare che prima ci fermiamo per il Quirinale e poi per formare un nuovo governo". Da buon avvocato introduce l'argomento che vincerà la causa: quel "non ci si può fermare per fare un nuovo governo" ha forte eco in altri partiti. Viene subito sostenuto da tutto il centrodestra, che vuole essere però sicuro di avere, in cambio del trasloco del premier, un proprio governo. Insomma, Conte getta le basi di quel che i partiti vogliono: un accordo preventivo con Draghi su chi sarà il nuovo premier in cambio dei voti per il Quirinale.

Alle 16.33 Renzi, come sempre il più franco, mette in chiaro questa opinione che circola: "Per eleggere Draghi serve accordo su governo del dopo". Draghi al Quirinale, dice, "è una delle ipotesi in campo ma sta in piedi solo in un quadro di accordo politico. L'elezione del presidente della Repubblica non può essere un gesto di risulta tecnocratica ma è una scelta politica e prevede un accordo sul governo del dopo. Draghi è una ipotesi in campo, non è la sola".

La favola del grande consenso intorno al presidente del Consiglio si rompe, anche pubblicamente.

La richiesta che fanno i partiti apre una questione spinosissima. Un presidente del Consiglio che, per avere i voti per il Quirinale, tratta sul nome del nuovo capo del governo dopo di lui, che toccherà a lui nominare non appena arriva sul Colle, appare una condotta censurabile sotto il profilo della correttezza costituzionale. Draghi, che è meno sprovveduto di quel che si pensa, si irrigidisce immediatamente e il suo rifiuto nei fatti gli eviterà di macchiare la sua reputazione.

Nonostante la proposta in mattinata al premier, Salvini conclude così il lunedì 24, cancellando Draghi e proponendo "una rosa di nomi". Il centrodestra unito "offrirà non una ma diverse proposte di qualità, donne e uomini di alto profilo istituzionale e culturale, su cui contiamo ci sia una discussione priva di veti e pregiudizi". Cambia anche il commento del segretario Pd a fine giornata, che ora attacca la destra: "Da giorni scarica su Draghi le sue divisioni o il suo bisogno di riscatto. Di certo l'Italia non può permettersi di perderlo, al Colle o anche a Palazzo Chigi. Va tutelato".

Quando questo cambio di passo avviene, Draghi è ancora assorbito dai colloqui che ha avviato con i leader politici.

Si fermerà, come abbiamo detto, di fronte alla richiesta dei partiti di fare con lui, prima del voto, un accordo sul prossimo governo.

***

Fin dal primo giorno dunque è evidente che i problemi non sono solo tra i due fronti, ma dentro ciascuna alleanza. Letta e Conte non sono uniti nel sostegno a Draghi; la destra rimane comunque sospesa alla pur irrealizzabile ambizione di Berlusconi (che comunque è difficile mettere da parte) e alla divisione con Meloni, che è l'unica fuori dal governo Draghi ed è anche contraria all'elezione di Mattarella.

Salvini finisce la sua prima giornata suonato un po' come l'asino del proverbio, metafora di chi si trova a dover giudicare, per cui le tante voci da ascoltare sono alla fine più un disturbo che un aiuto.

Nelle prime ventiquattro ore la sua strategia passa così da un solo nome secco al "massacro" dei nomi: metterne fuori tanti, senza timore di bruciarli, fino a che non se ne trovi uno su cui converga il maggior consenso.

Per Draghi, alla fine del primo giorno, è chiaro che pur essendo il grande atteso, ha una strada in salita.

***

La seduta di voto finisce alle 20, con 672 schede bianche. Il numero che serve a eleggere un presidente. Peccato che siano senza nome. Ma è proprio questo il messaggio che vogliono veicolare: la maggioranza c'è, manca solo il nome.

Alle bianche si aggiunge un altro pugno di voti per vari altri nomi, come indicazioni di preferenze: 36 a Paolo Maddalena, 16 a Sergio Mattarella, 7 a Berlusconi, 9 a Cartabia,

6 a Bossi. Due voti a testa per Amato, Casellati, Conte, Giorgetti. Molti fra questi nomi torneranno diverse volte.

Martedì 25 gennaio, secondo giorno, secondo scrutinio

"Liberi tutti." Fioriscono le candidature. Casini e Frattini. Asse Letta-Renzi

Nelle prime ore del mattino del 25 gennaio parla un signore che ha colto subito la situazione: Draghi è archiviato e siamo al "liberi tutti".

Pier Ferdinando Casini, uno tra i candidati alla presidenza della Repubblica più accreditati, nonché uno che di politica parlamentare ne mastica da bambino, scende in campo pubblicando su Instagram una sua foto da giovane, responsabile dei giovani democratici cristiani. "La passione politica è la mia vita!" Non molto sottile. Ma comprensibile.

Il vero protagonista del secondo giorno è tuttavia il sospetto. L'incontro del giorno precedente, non chiarito, echeggia ancora. Salvini e Draghi hanno forse aperto una trattativa per definire un nuovo governo, o magari un rimpasto? Il sospetto agita gli elettori, ed è così pressante che i delegati leghisti riuniti con il leader fanno una vigorosa smentita: "Non è in corso alcuna trattativa tra il senatore Matteo Salvini e il presidente del Consiglio Mario Draghi a proposito di un presunto rimpasto. È infondato e irrispettoso per il senatore Salvini e per il presidente Draghi immaginare che in questa fase siano impegnati a parlare di equilibri di governo. A proposito di Quirinale, il senatore Salvini è al lavoro su alcuni nomi, donne e uomini, di altissimo profilo. Nessuna confusione né perdite di tempo". Dunque, niente Draghi.

Sospetti ce ne sono anche dentro il Pd, ma nei confronti di Conte. Il cui accordo con il Pd rimane da mesi sospeso in un purgatorio di divisioni interne allo stesso M5S. Dopo la caduta, Conte si muove in maniera attenta e per ora imprevedibile: nel mondo politico è stata notata ad esempio la ripresa di un colloquio, dopo mesi di freddezza, tra lui e Salvini. Il periodo del disgelo viene collocato già intorno a Natale, una data in cui, approfittando delle feste, gli incontri fra i leader, inclusi quelli fra Letta e Salvini, sono stati molti.

E nel Pd i nemici di un accordo con i 5 Stelle temono ora che l'ex premier offra a Salvini il fianco (cioè i voti) per eleggere un candidato di destra contro un candidato di accordo anche con la sinistra.

***

La mattina del 25 gennaio appunto, un'altra indiscrezione alimenta la rabbia Pd. Si viene a sapere che nell'incontro del giorno precedente Salvini e Conte hanno fatto l'ipotesi Franco Frattini. Le chat grilline si riempiono di messaggi dei dem, più o meno di questo tono: "Se leader M5S fa sponda con Salvini, si va a votare e 5 Stelle scompare". I dem sono così furiosi che ne parlano anche ai giornalisti. Il timore è che il ritorno di questo asse significhi che i voti per un eletto del centrodestra ci sono tutti.

Molti dei dem ricordano ai giornalisti che la domenica precedente (il 23), nel corso dell'assemblea M5S della sera, Conte aveva detto: "A differenza di Pd e Leu, non abbiamo remore a considerare una candidatura che venga dal centrodestra". Posizione confermata, il martedì di cui parliamo, da Riccardo Ricciardi: "Nessun veto sui candidati di centrodestra, se ci propongono persone veramente di alto profilo istituzionale", dice il vicepresidente M5S.

Si aspetta un chiarimento che dovrebbe arrivare nel vertice già fissato alle 15 tra Letta, Conte e Speranza.

Quello che più irrita immediatamente la sinistra, in merito alla proposta di Franco Frattini, non ha a che fare con il suo curriculum, che è di tutto rispetto – peraltro, il 14 gennaio è stato appena votato presidente del Consiglio di Stato. Ma, in questi primi giorni di annunci di guerra, uomo non esattamente di fede atlantista.

Non è proprio così. Frattini è stato due volte ministro degli Esteri in due governi Berlusconi, in tempi in cui la vicinanza a Putin era uno dei capisaldi della politica estera del Cavaliere. In quel contesto, Frattini era considerato uomo in grado di "ammorbidire" con gli Usa la posizione italiana.

Ma nel gennaio 2022 risuonano soprattutto le parole di lode per la missione russa nel primo periodo della pandemia – quella avvenuta durante il Conte 1, raccontata nel capitolo a esso dedicato in questo libro – ringraziata per "gli aiuti generosi del presidente Putin". Inoltre, intervistato poco prima dal sito Formiche.net sulle crisi internazionali, Frattini aveva suggerito una curiosa ricetta: "Su Ucraina, Libia e Sahel l'Italia bussi al Cremlino".

***

Contro Frattini scende in campo un'insolita coppia del Pd, Letta e Renzi, due nemici che si ritrovano d'accordo, e che in questo senso sono la perfetta risposta alla coppia Salvini-Conte, anche loro due nemici che si ritrovano d'accordo.

Quello che si muove intorno a Frattini è un meraviglioso piccolo giro di danza, che ci dice tutto ciò che dobbiamo sapere del cinismo che anima la corsa presidenziale. Le due coppie spesso faranno sponda.

"Ma non è un accordo, per nulla," si schermisce la fonte Pd. "I due si usano, Renzi e Letta si usano reciprocamente per far fuori Frattini e poi per far fuori la Casellati."

Fanno un lavoro di sponda, però.

"E prima Renzi e poi Enrico lo seccano dicendo che serve un profilo atlantista. Mi ricordo che il giorno dopo, il mercoledì mattina, tutti i giornali segnalano queste dichiarazioni parallele dei due. Tutti si fanno e ci fanno domande. Ma ovviamente non si trattava di spirito di collaborazione con Enrico Letta, perché la collaborazione con Letta era funzionale alla sua strategia. Idem per Enrico."

Fra i due nessun accordo. Salvo dunque quello di "fare sponda". La differenza mi sfugge.

"Sono due democristiani. Democristiani moderni. Che conoscono un pochino la teoria dei giochi. Enrico la teoria dei giochi l'ha studiata tutti questi anni a Parigi, ma alla fine la teoria è anche solo un'arguzia di base, non che la devi studiare. Comunque sia, fatto sta che si sono usati. Su Frattini ovviamente per il profilo internazionale dell'Italia. Con la guerra alle porte in Ucraina era veramente una follia. Va però ancora appurato se è proprio vero che Conte abbia davvero provato a fare asse su Frattini. La mia impressione è che Conte si sia mosso soprattutto per far cadere il governo, e prendersi la sua rivincita contro Draghi."

I due ex nemici (lasciamo indovinare a voi quale delle due coppie) si aiuteranno ancora sulla Casellati. Ma si divideranno su Casini e sulla Belloni. Però, la tattica è tattica.

"Segato Frattini, il centrodestra fa una conferenza stampa surreale presentando tre nomi: Pera, Nordio e la Moratti. Il centrosinistra fa un altro vertice e, di nuovo dai 5 Stelle, viene la proposta di fare una contro-rosa ma noi non ci pensavamo per niente."

Fatto sta che alla fine il centrodestra fa un vertice, di notte, ed è un delirio. Il giorno dopo, il mercoledì 26, annunceranno di puntare sulla Casellati. Sarebbe interessante capire come siano arrivati a proporre la Casellati.

Quel mercoledì inizia quello che Enrico definisce come il piano inclinato.

***

È chiaro a questo punto che gli schieramenti sono davvero molto mobili, poco coesi. Chiaro anche che il nome di Draghi non aggrega, anzi divide.

Nel pomeriggio due separate riunioni aprono il confronto interno a centrodestra e centrosinistra.

Nella riunione del centrodestra Salvini e i suoi danno segni di essersi già lasciati alle spalle, dopo sole ventiquattro ore, non soltanto il nome di Draghi ma anche l'idea di un candidato di convergenza con il centrosinistra. La destra è tentata dal prendere nelle proprie mani la sfida, ed eleggere un proprio candidato. "Il centrodestra oggi è di maggioranza nel Paese, ci aspettiamo che il candidato possa essere espresso da noi. Il centrodestra farà cinque-sette nomi di alto profilo. Non ci devono essere veti su questi nomi, altrimenti significa che non c'è alcuna volontà di dialogo." La sfida lanciata alla sinistra ha a che fare con la quota di "democrazia" che le scorre nel sangue: accetterà un candidato di destra se è persona di "alto profilo"?

Non è chiaro – parole di D'Alimonte sul "Sole 24 Ore" – in base a che titolo il centrodestra avanzi questa richiesta, dato che al momento – e questo è quel che vale prima del voto – non hanno da soli i numeri. Ma l'idea è partita, e circolano vari nomi, i già ricordati Letizia Moratti, Marcello Pera, Carlo Nordio. Non Franco Frattini – e non per le proteste di Renzi e Letta, ma perché in quanto candidato di FI sarebbe alternativo a Silvio Berlusconi, ed è uno sgarbo che non si può fare nonostante la "rinuncia" del Cavaliere. Non c'è neanche Pier Ferdinando Casini, pur molto nominato nel giro degli elettori, perché la destra lo attribuisce alla sinistra (siamo certi che Casini ne riderebbe, ma forse amaro).

In questo clima, Tajani si prende il compito di ratificare anche ufficialmente che l'idea di Draghi, se mai c'è stata, è già archiviata: il premier deve restare a Palazzo Chigi, dice in chiaro, "per un governo di unità nazionale che sconfigga il Covid e metta in campo il Pnrr". Poi si apprenderà che è andato a dirlo personalmente anche a Draghi, a Palazzo Chigi.

A questo punto, è un "liberi tutti". L'accordo fra leader per un candidato unitario non c'è più.

+Europa e Azione lanciano Marta Cartabia. Europa verde e Sinistra italiana portano il senatore Luigi Manconi. M5S-Pd-Leu sono per presentare una rosa di candidati.

Alla fine il centrodestra formalizza la sua rosa: Letizia Moratti, Carlo Nordio e Marcello Pera. Della presidente del Senato Elisabetta Casellati circola il nome, che è un nome forte, ma non viene presentata perché "attualmente è presidente del Senato e quindi ha già una carica alta", dice Salvini.

Sul nome Casellati inizia in quelle ore un percorso che è finora rimasto inspiegato. Salvini la esclude per "proteggerla", cioè per preservarne il valore e presentarlo come poi è successo? Oppure perché non la vuole? Le vicende successive non spiegheranno.

Il centrosinistra registra il cambiamento, l'addio a un nome condiviso, e valuta come rispondere alla rosa del centrodestra, magari opponendo una rosa di centrosinistra, in un vertice pomeridiano con Letta, Conte e Speranza. Alla fine il segretario Pd dichiara: "Nomi sicuramente di qualità e li valuteremo senza spirito pregiudiziale". Commento neutro. Commento cauto.

La sinistra risponde dunque evitando di andare subito alla rissa. Non è timidezza. È una tattica di Letta, su cui molti peraltro non sono d'accordo, ma su cui è seguito con convinzione dal partito. Alla destra che si sta prenotando il ruolo di *major player*, il segretario può scegliere di rompere, scontrarsi. Ma sceglie di assentire senza impegno.

Diverrà la sua cifra per l'intero periodo del voto – un attendismo in cui gioca di rimessa con l'avversario. Come spiega uno dei suoi senatori, "la sua strategia è quella di non dire mai sì ma neppure no, in attesa che cadano a uno a uno tutti i petali della rosa della destra". Per certi versi è l'arma esattamente opposta alla frenesia di Salvini che fa nomi, nomi, nomi, senza mai fare bingo. Con il rischio di schiantarsi. Che poi è esattamente la speranza del segretario del Pd.

Alla destra che accusa Letta di freddezza, il segretario risponde: "Io non ho mai detto che il centrodestra non fosse legittimato ad avanzare nomi. Parlavo di nomi che non fossero super partes".

Giorgia Meloni è contenta della dichiarazione: "Da Letta una buona risposta, un passo in avanti". Conte prende la stessa posizione di Letta, di dialogo: "Il centrodestra ha il diritto e il dovere di presentare proposte. Le valuteremo". Ma è il primo a precisare che fra questi nomi non c'è Draghi: "È il timoniere del governo, non ci sono le condizioni per fermare i motori".

Una giornata di tatticismi, dunque. Si è arrivati nel giro di due giorni al rischio palude.

***

Secondo scrutinio, seconda fumata nera. Raffica di schede bianche, 572, il nome di Mattarella che rimane presente, insieme a quello del magistrato Maddalena. Chissà, ci si chiede negli ambienti politici, se la rottura non possa ridare fiato a un accordo su Draghi.

Interessanti due cose. Che di Draghi non si parli più, ma anche che la sinistra non ne faccia il nome. Anzi, non fa alcun nome.

La seconda votazione, senza sorpresa, considerato il livello di caos, vede di nuovo vittoriose le schede bianche: 527 sui 673 voti necessari all'elezione. Tra i nomi scritti sulle schede, quello di Sergio Mattarella (39 preferenze) e del candidato degli ex M5S Paolo Maddalena (39 voti). Nessuno per Draghi. Segnali di fumo. Domani si tornerà in aula alle 11.

Per un bilancio di fine giornata si incontrano Letta e Tajani e poi Letta, Speranza e Conte. I leader escono con dichiarazioni inutili.

"Domani è il giorno chiave," dice Letta. Conte: "Non è il momento del muro contro muro".

Mercoledì 26 gennaio, terzo giorno, terzo (unico) scrutinio. Il piano inclinato

"Nella settimana, il mercoledì, prima della famosa virata sulla Casellati a un certo punto Salvini sparisce. Sparisce per diverse ore. Nessuno sa dove sia. La Meloni chiama Enrico e gli chiede: 'Sai dove sta Matteo? Perché non lo trova mai nessuno'. In quel pomeriggio lui è andato sicuramente da Draghi [ma Palazzo Chigi non ha mai confermato, *N.d.A.*], è andato da Casini ed è andato da Cassese. E a tutti e tre Salvini ha fatto capire che erano i suoi candidati.

"Mercoledì sera secondo me Draghi pensava di essere al Colle. Perché Salvini giocava le sue carte in questo modo. Diffondeva la voce, pensava di avere così più potere negoziale.

"Mercoledì sera i renziani hanno brindato a Casini a piazza di Pietra. La sera dentro il Pd quelli che volevano Casini hanno chiesto a Letta se era disposto a fare il blitz su Casini. Letta gli ha risposto di no, si sarebbe piuttosto fatto saltare in aria. Si sarebbe pure dimesso secondo me, figurati.

"Alla fine questo sistema dei veti incrociati è la chiave

per capire la vicenda del Quirinale. Ed era un sistema anche molto condizionato dai bluff.

"Nello stesso giorno Salvini ha detto a tre persone di volerle portare al Quirinale. Enrico è tornato e diceva: 'Stasera ci sono tre persone che pensano di fare il presidente della Repubblica. Draghi, Casini e Cassese'.

"Povero Cassese," conclude in tristezza retrospettiva il nostro raccontatore.

***

La storia di Casini è la più rilevante delle molte che si intrecciano in quel periodo. Non solo perché il politico è stato davvero l'unico in corsa, ma perché è significativa del tipo di compromessi che erano pronti dietro la facciata degli alti princìpi.

"Dal mio punto di vista solo un candidato è stato a un millimetro dal Colle, ed era Casini. Perché i veti su Draghi di tutti, e in particolare di Conte, di metà Pd e di una parte della Lega, erano insuperabili. I veti su Casini erano invece assolutamente superabili ed Enrico poiché non poteva dire di no sarebbe stato costretto a dire di sì," dice il nostro dem.

***

Il giorno prima, martedì – quello del "liberi tutti" ricordiamolo –, si era chiuso su tre nomi fatti dal centrodestra: Letizia Moratti, Marcello Pera e Carlo Nordio. Subito respinti in blocco da un vertice di centrosinistra. Con un quarto possibile: quello della presidente del Senato Maria Elisabetta Alberti Casellati, inserita in un primo momento nelle proposte del centrodestra e poi tolta. Il centrodestra appare dunque fermato dalla sconfitta della sua rosa.

Ma non è uno stato di quiete. Al contrario, come ogni volta che una iniziativa cade, le speranze di un voto a favore di Draghi si impennano. E molto hanno a che fare con una ripresa di iniziativa dello stesso premier. Segnale interessante alla vigilia del quarto voto, l'indomani, il giovedì, in cui si abbassa il quorum per l'elezione del presidente.

Draghi ha ricominciato evidentemente a tessere la tela, che aveva fatto cadere il lunedì di fronte alla confusione che circondava il suo nome, e di fronte al rifiuto opposto da alcuni dei leader.

Il mercoledì il presidente lascia almeno due volte, durante lo scrutinio, Palazzo Chigi: una volta a metà mattinata, poi di nuovo nel primo pomeriggio. Nessuna fonte ufficiale conferma che abbia visto Sergio Mattarella, anche se l'indiscrezione circola con una certa sicurezza.

Gli altri incontri del premier, secondo voci, sarebbero con Matteo Salvini, che dovrebbe aver incontrato nel suo ex ufficio alla Banca d'Italia (ma Palazzo Chigi smentisce seccamente la circostanza), ed Enrico Letta. Entrambi hanno il pallino in mano per il loro schieramento.

Il segretario dem anticipa a Draghi che chiederà un tavolo per avviare le trattative con il centrodestra, cosa che effettivamente fa a metà pomeriggio. L'auspicio è che, tenendo vivo il filo, sfumino blitz su candidati di parte, come l'eventuale forzatura su Elisabetta Casellati.

L'obiettivo, così almeno sperano i supporter del capo dell'esecutivo, è trattare fino alla quinta votazione e poi annunciare insieme un accordo bipartisan sull'elezione dell'attuale premier al Colle.

È una possibile strada, però non appare molto praticabile. Draghi si muove, Letta incontra, Salvini scompare. Ma l'incertezza rimane tutta perché sono molti in campo a muovere varie iniziative, e molti fili.

***

Da Montecitorio arrivano indiscrezioni, fondate, di contatti di alto livello tra Dario Franceschini e i vertici di Forza Italia, con l'obiettivo di favorire il bis di Sergio Mattarella o l'ascesa di Pier Ferdinando Casini. Nemmeno dalla Lega arrivano decisioni.

Persino l'ovattato quartier generale a Palazzo Chigi ha capito che l'insistenza con cui i partiti chiedono al premier di restare al suo posto è una posizione che pesa nella trattativa per sbloccare Draghi. Per lui rimangono molte voci. I governatori (o almeno alcuni) del Carroccio preferirebbero vedere Draghi al Quirinale, ma come dice ad alcuni politici del Pd Luca Zaia: "Lo volete davvero lì? Allora dovete proporlo voi del Pd". Giancarlo Giorgetti è quieto.

***

Due possibili scenari alternativi a Draghi prendono corpo esattamente questo stesso mercoledì. Uno: strappo vincente del centrodestra su Casellati; due: una rivincita del "partito dei partiti" che promuova Casini al Colle.

Sulla Casellati è difficile una vera candidatura perché né il Pd né i 5 Stelle potrebbero accettarla – donna, e di grande esperienza, ma di fatto simbolo di tutta la traiettoria del berlusconismo.

Su Casini è in atto un discorso diverso. Nonostante il consenso che si sta costruendo intorno a lui, una parte del Pd, più la Lega, vede nell'ex giovane Dc il ritorno della vecchia politica.

Ma questo ritorno della "vecchia" politica di cui è figlio Casini, agli occhi di altri, anche dentro lo stesso Pd, prende un significato positivo: è il "riscatto" della politica.

Forza Italia lo pensa di sicuro, e se Silvio Berlusconi si convincesse a far confluire i suoi voti su di lui, lo voterebbe. Nel Pd l'area di origine democristiana, con Franceschini, sostiene la candidatura di Casini ed è pronta ad aprire una trattativa con Forza Italia per farlo eleggere. Per Casini, poi, c'è il poderoso Renzi, che ama il gioco della elezione del presidente – suo è meritatamente il colpo di aver guastato tutti i giochi nel 2015 portando al Colle Mattarella. Oggi la scelta di Renzi è Casini, proprio per quel "torniamo alla politica" che echeggia fra i molti scontenti in Parlamento.

Insomma, quel mercoledì, vigilia della quarta votazione, Forza Italia è al centro del gioco su ben tre candidati – potrebbe essere decisiva per Casini, per Draghi e, perché no?, ancora per lo stesso Silvio.

Molti, come Renzi e Franceschini, si rivolgono ai dirigenti di FI. A un certo punto lo fa lo stesso Draghi che cerca di nuovo al telefono Silvio Berlusconi.

Non è la prima volta. Berlusconi è ricoverato, ma stavolta riesce a contattarlo "attraverso la sua chirurga", ci dice una fonte di Chigi.

Ma altre fonti che lavorano per Casini negano che il contatto Draghi/Berlusconi sia avvenuto. Corre anzi voce che il Cavaliere abbia la tentazione di convergere su Casini se si aprisse davvero per lui la prospettiva di essere nominato senatore a vita.

Controvoci a favore di Draghi fanno invece sapere che il premier avrebbe fatto dire a Casini di non avere alcun veto sulla sua candidatura.

***

È un momento delicatissimo per l'inquilino di Palazzo Chigi. Il rischio di essere inghiottito e macinato dalla stessa mola di questo enorme gioco è altissimo. Ma la ruota è in movimento e l'esposizione è inevitabile. Per il terzo voto del mercoledì vengono calati i candidati: Pier Ferdinando Casini, Giuliano Amato e anche il premier Mario Draghi. Indicazioni stavolta del centrosinistra.

Salvini, a proposito di cortesia istituzionale, boccia subito Draghi, con l'argomento, diventato una verità dimostrata, che non può lasciare il governo, pena il caos nel Paese: "Avremmo settimane di confusione, un problema per l'Italia, con la crisi economica, sanitaria".

Va di nuovo così tutto in vacca. A pochi minuti dall'inizio del terzo scrutinio, Pd, M5S e Leu confermano dunque l'indicazione della scheda bianca e così fa il centrodestra, dopo essersi riunito alla Camera – presenti Matteo Salvini, Giorgia Meloni, Antonio Tajani e Maurizio Lupi.

Alle 11 inizia la terza votazione. Alle 15.22, a spoglio concluso, si conta una nuova valanga di schede bianche. Il quorum dei due terzi non è stato raggiunto. Ma il nome di Mattarella continua a comparire ogni volta con un leggero aumento. E tra i nomi più votati stavolta c'è anche quello di Guido Crosetto, ex deputato e tra i fondatori di Fratelli d'Italia. È il segnale di FdI che sono stufi della paralisi. Di tempo da perdere ne è tuttavia rimasto molto poco.

Una osservazione sulle scelte dei primi tre giorni: l'iniziativa è stata tutta lasciata alla destra. È questa coalizione a fare nomi su nomi, e Letta e il centrosinistra, incluso Conte, si sono limitati a bruciarli. Letta, valutano a Palazzo Chigi, con la sua strategia di "far cadere i petali della rosa", non è mai entrato ancora nel vivo di una battaglia su Draghi. E i 5 Stelle faranno di peggio.

Si fa vivo a un certo punto anche Beppe Grillo che sostiene in un messaggio – lui che aveva dato il via libera al governo Draghi – di non aver mai parlato con Giuseppe Conte di Mario Draghi presidente della Repubblica. In nome della "stabilità per l'attuale esecutivo". È la fine anche ufficiale della unità di posizioni, la separazione va verso una formalizzazione. Letta e Conte incontreranno infatti in giornata separatamente i propri gruppi parlamentari.

All'appuntamento con la quarta votazione di domani, la prima in cui il quorum per eleggere il presidente della Repubblica scenderà a quota 505 preferenze, il fronte di centrosinistra arriverà dunque su posizioni diverse.

***

Ma attenzione, il mercoledì inclinato verso la sconfitta di Draghi non è ancora finito.

Dopo la votazione, ci sono ancora molte ore di luce e di buio. E Matteo Salvini, che una ne fa e cento ne pensa, non si ferma. Ha avuto una nuova idea per il voto decisivo del giorno dopo.

Nel pomeriggio "Il Foglio" dà notizia che ha contattato il costituzionalista Sabino Cassese, nel tentativo di trovare sul suo nome un accordo con il centrosinistra. Secondo ulteriori dettagli Salvini è andato a parlargli raggiungendolo nella sua casa ai Parioli.

Il nome del giudice Cassese si aggiunge così a quelli di Pier Ferdinando Casini, e Mario Draghi sullo sfondo, insieme al bis di Sergio Mattarella. Il nome della Casellati sembra tramontato, per il muro alzato dal centrosinistra.

Insomma, dopo la nuova fumata nera che certifica un Parlamento balcanizzato fra centrodestra e centrosinistra, le decisioni rimangono a un punto morto.

Giovedì 27 gennaio, quarto giorno, quarto scrutinio
Fumo nero sul "momento magico"

La quarta votazione dovrebbe essere un momento magico. Lo è stata per Gronchi, Napolitano, Mattarella. È il giorno in cui il quorum scende a 505 voti (nei primi tre scrutini è fissato a 673), ossia il 50 per cento più 1 rispetto al totale dei parlamentari (1009).

Con qualche tenue speranza, e una qualche trepidazione, i media e i grandi elettori si sono preparati all'appuntamento. Peccato che non sappiano che i nomi di ieri sono stati già tutti bruciati.

***

Per quel che riguarda Draghi, su cui si appuntava l'onda lunga di una certa speranza dei suoi supporter dovuta alla telefonata del giorno prima con Berlusconi, FI e Palazzo Chigi sminuiscono il contatto a uno scambio di cortesie fra persone che si stimano, ma nessuno ci crede. Si attende infatti ancora per un po' di ore che il vertice del centrodestra, convocato in mattinata, possa ufficializzare la scelta di Draghi. E che Salvini possa intestarsi proprio la scelta del premier.

Ma Draghi è stato bruciato il giorno prima proprio da Salvini che ha detto no e, cosa più rilevante, ha detto no, come abbiamo raccontato, anche Conte, con l'appoggio di una telefonata di Grillo.

Saltato nel frattempo anche Casini, bollato dalla destra come uomo eletto dalla sinistra.

Il nome di Cassese fluttua ancora un po', ma più che altro per la curiosità che l'operazione suscita nei media.

Quello che sta succedendo è chiaro: le coalizioni sottoposte al peso delle scelte stanno cedendo ancor prima della stessa (supposta) maggioranza di governo. Quella stessa che, ricordo, dovrebbe essere il piedistallo su cui poggia il governo dei migliori.

I partiti prendono atto

Vista la situazione di paralisi, per il quarto voto Italia viva, M5S, Pd e Leu scelgono scheda bianca. Il centrodestra va per l'astensione, "per consentire ai grandi elettori di tutti i gruppi di superare veti e contrapposizioni – e convergere per dare all'Italia un nuovo presidente della Repubblica". Giorgia Meloni scalpita e si arrabbia per la prova evidente che la sua richiesta di rompere gli indugi e trovare un nome su cui convergere viene bellamente ignorata.

Il quarto scrutinio inizia alle 11, e finisce prestissimo, come prestissimo finirà la conta, visto che gli elettori astenuti sono tanti, e le schede sono dunque molto poche.

Non è nemmeno una fumata nera. È una barzelletta. Se non fosse per Sergio Mattarella che a ogni votazione rimane lì, stavolta con 166 voti. Il resto schede bianche.

Le "peccatrici". Casellati. Belloni

Il tempo di riprendere fiato e la marcia ricomincia. I valorosi resistenti di questa attraversata del deserto, i parlamentari, non sanno che stanno per subire un'ennesima, e stavolta devastante, polemica sull'ennesimo nome che sarà bruciato.

Il voto somiglia a questo punto, per chi è nominato, a una sorta di *walk of shame*, un termine che si traduce come "la camminata della vergogna", cioè una situazione in cui una persona deve camminare sotto gli occhi di tutti, in una condizione di imbarazzo. Nello sport è spesso usato per indicare quando un giocatore fallisce e va fuori campo ricoperto da insulti; ma il più pieno significato ha a che fare con le donne, e il loro imbarazzo in alcune situazioni da "peccatrici". Stiamo parlando di uomini e donne, perché vale per tutti loro nelle dure circostanze di questa elezione. Non è forse però un caso se l'esame più insistito è quello riservato a due candidate donna.

La prima è la presidente del Senato, Maria Elisabetta Alberti Casellati. Figura nota, e da giorni dentro e fuori la lista di nomi.

La seconda è Elisabetta Belloni, capo della Dis, la direzione dei servizi di intelligence. Donna di grandi virtù, brava, capace, discreta, fuori dalla "pazza folla". Figura anglosassone nella caciara romana dove gli alti e bassi gradi dello Stato, come i mercatini rionali e le boutique di grandi firme, convivono mischiandosi continuamente. Bionda non appariscente, arriva a piedi al lavoro ogni mattina, e nei weekend raggiunge il marito e i suoi amati cani nella loro casa di campagna in Toscana.

Il nome accende anche i cuori del Pd che, dopo tanti no, a sorpresa manda un segnale positivo sul suo nome, definendolo una "soluzione onorevole".

Del resto Belloni è un nome che gira da tempo ogni volta che si arriva a nomine di alto rango nello Stato. Più di una volta il suo nome è uscito per Palazzo Chigi. Mattarella la ama molto, e la Farnesina, da dove proviene, anche. Conte invece no, si smarca subito: "I nomi li faccio nelle sedi opportune".

Ma Salvini ha una nuova terna, in cui la Belloni non c'è: Franco Frattini, Sabino Cassese e l'ambasciatore Giampiero Massolo, ex direttore della Dis.

A sera inoltrata, nuovo colpo di scena: il centrodestra fa sapere di aver trovato l'unità sul nome del presidente del Senato, Maria Elisabetta Alberti Casellati. L'iniziativa è di Forza Italia la quale, stufa, prende nelle sue mani la situazione e prova la forzatura su un proprio nome.

Per il centrosinistra il nome è una provocazione, come ha ripetuto ogni volta che nei giorni precedenti è comparso. Nuovo assetto di guerra: si convoca un vertice tra i leader di Pd, M5S e Leu, e, per il mattino dopo, un incontro delle delegazioni dei tre partiti. Letta twitta: "Proporre la candidatura della seconda carica dello Stato, insieme all'opposizione, contro i propri alleati di governo sarebbe un'operazione mai vista nella storia del Quirinale. Assurda e incomprensibile. Rappresenterebbe in sintesi il modo più diretto per far saltare tutto".

Insomma, nello stesso giorno il destino porta due donne a essere "bruciate" su pubblica piazza.

Venerdì 28 gennaio, quinto giorno, quinto e sesto scrutinio

Svolta su Mattarella e doppi e tripli binari.
Il primo voto affonda la presidente Casellati

Nel quinto giorno il centrodestra va in pezzi. La coalizione, uscita esausta dal giorno precedente, decide di tenere fermo lo strappo e dunque conferma la proposta di convergere sul nome della presidente del Senato Casellati.

Una decisione che per Letta "è un modo per far saltare tutto". Per Salvini è il segno che il suo rapporto con la coalizione si è eroso.

È l'unico nome che viene fatto. Il tempo, del resto, stringe perché il mandato di Sergio Mattarella scade il 3 febbraio.

È un rischio ma la presidente Casellati ha molto voluto questa scelta, convinta da un ampio giro di esplorazione nel centrodestra e fuori di avere i voti. La presidente conta per il suo obiettivo su 70 voti di franchi tiratori. Le servono 505 schede, dal quarto voto in poi, cioè la maggioranza assoluta invece dei due terzi iniziali, ovvero 673.

Il voto tuttavia si inchioda su quota 382, cioè meno anche di quelli su cui può contare la sua coalizione. Un momento non piacevole per la presidente che con dignità presiede al conteggio della propria sconfitta.

La sua delusione, causata dai suoi stessi amici, risuona amara per tutti. È la prova di quanta bassezza circoli in quell'aula, una prova del clima cinico e avvelenato di cui si nutre la Bestia elettorale.

Ed è la prova che il centrodestra è andato in pezzi. Parte la resa dei conti. C'è la caccia ai franchi tiratori. Lega e Fratelli d'Italia puntano il dito su Forza Italia (dal quale proviene Casellati) e i partiti minori. Fonti Lega fanno sapere che i loro voti sono andati "compatti" a Casellati. FdI, per bocca di Ignazio La Russa, sfida la coalizione: "Dove sono i franchi tiratori? Scegliete voi, non certo in Fratelli d'Italia e credo nemmeno nella Lega. C'è qualcuno che se ne frega dei valori del centrodestra". Giorgia Meloni aggiunge: "Fratelli d'Italia, anche alla quinta votazione, si conferma come partito granitico e leale. Anche la Lega tiene. Non così per altri. C'è chi, in questa elezione, dall'inizio ha apertamente lavorato per impedire la storica elezione di un presidente di centrodestra".

Scintille si accendono tra Ignazio La Russa e Giovanni Toti in Transatlantico.

La coalizione del centrodestra che aveva fin qui guidato l'assalto al Colle è implosa.

***

Anche il centrosinistra si riunisce, sempre negli uffici del Pd alla Camera, per valutare cosa stia succedendo. Enrico Letta, Giuseppe Conte e Roberto Speranza, presenti anche i capigruppo. Interessante è che anche questa volta, nonostante la secca bocciatura della Casellati c'è posto per 46 preferenze per Sergio Mattarella.

A vuoto. La sera porta Belloni

Alle 17 si torna a votare, è il secondo voto del giorno, il sesto in ordine di calendario.

Al sesto scrutinio, il secondo della giornata, il centrodestra, in piena riflessione sulla sua tattica, si astiene, di nuovo. M5S, Pd e Leu sono orientati a votare scheda bianca.

Stavolta, sotto astensione e scheda bianca, si sente quasi

solo parlare di Mattarella. Anna Maria Bernini, capogruppo al Senato di FI, in corso di votazioni annuncia di aver aperto una interlocuzione con il centrosinistra, dice "vediamo". Si comincia a pensare che una interlocuzione possa avvenire solo sul nome di Mattarella. I dem hanno un'asticella per leggere la marea che sale a favore di Mattarella, 300 voti: "Se Mattarella va oltre i 200 voti, è chiaro che sarà un segnale che non potrà essere ignorato". In maniera casuale circola il nome di Pier Ferdinando Casini, e come terza, ma sempre più improbabile, rimane l'opzione Mario Draghi che nessuno al momento si sente di escludere.

Il pomeriggio è ravvivato da una notizia: fonti leghiste informano il "Corriere della Sera" che il segretario del Pd Letta è stato visto entrare a Palazzo Chigi, e poi rientrare nel suo ufficio.

Letta vede anche Salvini e Conte. Poi parla con i giornalisti: "Se serve siamo pronti a discutere tutta la notte o anche per tutta la giornata di domani per arrivare a una buona soluzione. L'importante è che tutti capiscano che da questa partita dobbiamo uscire tutti vincitori, non ci può essere un solo vincitore". Letta si è detto "ottimista", anche se "non molto ottimista". Poi ha aggiunto: "Bisognerà trovare un nome, un uomo o una donna, all'altezza di Mattarella. Ci sono varie opzioni".

Salvini, forse ispirato da Letta, fa anche lui dichiarazioni (siamo ormai intorno alle 8 di sera): "Sto lavorando perché si possa avere come presidente una donna presidente in gamba".

Il pensiero di tutti va a Elisabetta Belloni, al vertice dei Servizi segreti, il cui nome era già trapelato nei giorni scorsi. La Belloni troverebbe anche il gradimento di Fratelli d'Italia. E anche quello del M5S. Conte aveva parlato poco prima di Salvini: "Ho l'impressione che ci sia la sensibilità di Salvini, spero di tutto il Parlamento, per la possibilità di una presidente donna, il M5S lo ha sempre detto".

Mentre chiude la sesta votazione, il Pd fa trapelare i nomi femminili su cui si sarebbe discusso nel vertice a cui hanno preso parte Letta, Conte e Salvini. Si starebbe trattando su Elisabetta Belloni e Marta Cartabia. La numero uno dei Servizi segreti e la ministra della Giustizia entrano così nella rosa dei possibili candidati spendibili, assieme ai nomi entrati nel rosario quotidiano: Sergio Mattarella, Mario Draghi, Giuliano Amato e Pier Ferdinando Casini.

Alla fine il centrosinistra, insomma, mette tutto in tavola.

Ma l'ipotesi Belloni ha il potere di risvegliare la competizione, che rapidamente si trasforma in uno scontro di tutti contro tutti. Cioè dentro le stesse alleanze e gli stessi partiti. È una rissa finale, che in qualche modo serve a raffreddare la temperatura e a portare finalmente all'unico candidato che ha sempre avuto voti. E chi? Mattarella, ovvio.

Come nasce e perché questa rissa finale va dunque raccontato più da vicino perché è l'episodio che svela tutte, e tutte insieme, le tensioni della settimana. Il nome della molto celebrata e davvero capace Belloni si rivela alquanto divisivo.

Il momento chiave del venerdì nasce con la bocciatura di Casellati e il "sequestro" di Conte

Tutto parte proprio dalla bocciatura della Casellati. Che ci viene raccontata dalla fonte Pd. Il partito in questa vicenda, mentre la destra si arrabbia, si presenta al voto con una "audace" tattica per far fallire l'elezione della Casellati. Il Pd è infatti convinto che i 70 franchi tiratori per la Casellati siano offerti da Conte a Salvini – e che dunque debba essere messa fine a questo ripetuto asse fra i due. Come racconta la nostra fonte, "il rischio Casellati c'è sempre stato. Bisognava isolare Conte da Salvini, e togliergli qualsiasi tipo di tentazione. Io ho visto i messaggi dell'inizio di quella manovra. Il centrodestra aveva calcolato di avere 450 voti e poi, visto che erano incerti, sostenevano di aver fatto l'accordo con Conte su 70 franchi tiratori. Quindi nella loro testa la possibilità di eleggere la Casellati era concreta. Si fondava tutto su questa spinta, in una parte del mondo contiano, a tradire l'alleanza giallo-rossa, andare con Salvini e far cadere il governo. Molti di questi volevano solo far cadere il governo".

Conte e Salvini, ricordiamolo qui, si erano lasciati malissimo nel 2019. A maggior ragione, le mosse congiunte dei due nella settimana di elezione del presidente vengono molto notate dentro il Pd, dove si allarga il sospetto di un accordo non solo tattico fra loro. Secondo la nostra fonte "non si deve pensare che i leader si siano sentiti solo la settimana quirinalizia. Enrico mi ha detto di aver visto quattro volte Salvini di nascosto tra Natale e l'inizio della settimana del Quirinale. Così come Enrico ha visto Salvini, Conte avrà visto Salvini. Tutti loro avranno visto Draghi. Tutte queste cose ci sono state ma non sono state intercettate dai media. C'è stata una certa bravura a tener coperte le tracce in questa vicenda, per una volta".

Comunque, e qualunque sia la ragione di questa alleanza, il Pd per mettere i bastoni fra le ruote al piano Casellati che nasce dall'accordo fra i due leader, si inventa un ostacolo per rallentare il tutto, e fa quello che fra loro, come una battuta, chiamano il "sequestro" di Conte!

Naturalmente l'uso del termine "sequestrare" è ironico. Serve solo a sottolineare come si facciano stretti i tempi. È questo il momento in cui "il piano inclinato" del mercoledì, si inclina del tutto.

"È la mattina di venerdì quando il Pd 'sequestra' Conte. Alle 9 c'è una riunione del vertice giallo-rosso, nella Sala Berlinguer. Ci sono Letta, Speranza e Conte. In quella stessa mattinata quando il centrodestra annuncia la candidatura della Casellati, in attesa della chiamata del voto che inizia alle 11, Salvini convoca Letta e Conte per annunciarlo anche formalmente a loro. Letta e Conte erano però in questo vertice a tre, con Speranza.

"Enrico comunica al suo staff di prendere tempo fino alle 12. Black out informativo. Tutti erano dentro, Conte stava dentro e non poteva entrare nessuno.

Ma proprio nessuno nessuno, nemmeno Casalino, che verso le 11 viene a prelevare Conte per portarlo da Salvini. A forza di insistere, riesce a entrare e dice: 'Guardate, ci stanno aspettando, dobbiamo andare. Giuseppe, andiamo?'. Ed Enrico fa: 'Rocco, Giuseppe sta parlando con noi, quindi adesso no', e Speranza insiste: 'Rocco, le esigenze di comunicazione vengono dopo'. Conte stesso replica: 'Questo non è il momento, giocatela un po' così', e lo fa uscire.

"Si fanno le 11. Enrico aveva dato indicazione di tenere il silenzio fino alle 12. In tutto questo, i parlamentari del Pd, a parte un nucleo ristretto, non sapevano niente. Pensa quanto si sono fidati. Enrico il giorno dopo, il sabato mattina, glielo ha detto: 'Vi ringrazio per aver avuto fiducia in me perché se io fossi stato al posto vostro avrei pensato chissà che cosa pensa il mio generale'."

Alle 11.36 esce una nota congiunta dal vertice del centrosinistra che indica la scelta di voto: "entrante non votante", che significa che tu entri e non prendi la scheda.

"Infatti. Per questo bisognava mettere il controllore. Noi abbiamo messo Fiano, che è fisicamente enorme. E lì ti accorgi che il Pd è un partito. Tutti, funzionari compresi, aiutano. Ed era tutto legittimo: parte delle tattiche parlamentari. Fatto sta che a quel punto la Casellati era morta, dal nostro punto di vista. Anche perché è arrivata in porto la nostra tattica su Mattarella. Il primo giorno di voto sono stati parlamentari sparsi che hanno votato Mattarella. Poi dal secondo giorno, quindi dalla seconda votazione in poi, con Verini che si raccordava con Enrico, abbiamo cominciato a far crescere i voti di Mattarella. Ma il nodo vero era quella mattina.

"Enrico a un certo punto lo spiega proprio. Aveva creato una interlocuzione con i centristi di Quagliariello e con Forza Italia, con la Carfagna e questi qui, per arrivare a fare in modo che ci fosse un segnale su Mattarella da destra. Dal momento che la mattina del voto a Casellati, Pd, 5 Stelle e Leu non votano, era chiaro che i voti di quel giorno su Mattarella sarebbero venuti tutti dalla destra."

L'accordo si è rivelato di successo.

"Enrico ci ha detto che se fossero stati tra 40 e 50, si sarebbe andati poi su Mattarella. Se fossero stati sotto i 40 sarebbe toccato andare su Casini. Perché nella sua testa tutti gli altri nomi sarebbero stati impallinati dai veti incrociati. Così durante il voto alla Casellati, noi pensavamo ai voti a Mattarella, erano 46, e quindi la nostra strategia si è focalizzata: dritti su Mattarella. Poi dopo inizia il pomeriggio più pazzo del mondo."

Un pomeriggio da pazzi

Continua il racconto della fonte Pd.

"Venerdì, alla prima chiamata, fallisce il tentativo Casellati. Per me Salvini va un po' in crisi. Fa una conferenza stampa di grande confusione. Esce, poi ha detto che scherzava, dicendo 'mi ha chiamato Letta'. Falso.

"Un incontro tuttavia poi si organizza a tre: Conte, Salvini ed Enrico. Esce fuori lì la lista di sette nomi [quelli già citati, *N.d.A.*]. Ed Enrico dice: 'D'accordo, li verifico con i miei gruppi, fermo restando che la condizione è l'unità della maggioranza'.

"Lascia il vertice, esce fuori. E Salvini fa una conferenza stampa improvvisata, e dice che si va verso una donna, perché nella lista c'erano tre donne. Conte non so se in buona fede o in cattiva fede entra nel panico e quindi cerca di anticipare Salvini sul nome, per prendersene il merito e fa il nome della Belloni. Dopo un po' di ore la conferma sembra venire da un tweet di Grillo: 'Benvenuta Signora Italia, ti aspettavamo da tempo'. Nel Pd scoppia il casino.

"Tieni conto che questi parlamentari erano stati per giorni a pensare che Enrico non avesse un piano B rispetto a Draghi. Orlando andava a dire a tutti che avevamo solo una carta. Lui voleva Amato, ma Amato da parecchio era morto nella nostra testa. Quindi vanno tutti nel panico.

"Enrico però sapeva da subito che non sarebbe passata la Belloni, su cui c'era il veto di Renzi e di Forza Italia. Quindi era del tutto impossibile arrivare alla Belloni per tutto quello che ti ho detto prima sulla lista portata il venerdì sera. Lui aveva detto 'per me vanno bene tutti, la mia condizione è che ci sia l'unità della maggioranza'. Quindi non c'era uno specifico sì a Belloni. Ma il casino non si ferma. Enrico, come sai, non aveva detto fino in fondo la sua strategia ai ministri. Arriva dunque il confronto anche sul sì o sul no alla Belloni. Guerini, per motivi che devi capire tu perché io non lo so, si mette proprio di traverso. Grida, lite e tutto quello che trapela.

"Carlo Calenda abbraccia subito il nome Belloni: 'Voteremmo Belloni con convinzione'.

"Matteo Renzi si schiera invece subito contro un candidato al Quirinale che è anche capo dei Servizi segreti. E in merito non ha torto quando afferma: 'La stimo, ma il capo dell'intelligence in carica non può diventare presidente della Repubblica, se non lasciando tutti gli incarichi e candidandosi davanti a tutti i cittadini. Domattina proporremo di non votarla'."

Mentre lo spoglio del secondo voto di giornata è ancora in corso, i toni si fanno da stadio.

Forza Italia si unisce a Renzi sulla Belloni. Ma anche da sinistra arriva un tondo rifiuto. Leu: "Belloni? Inopportuna. Con tutto il rispetto per la competenza e la capacità di Elisabetta Belloni," riferiscono fonti vicine al partito, "in un Paese democratico è assolutamente inopportuno che il capo dei Servizi segreti diventi presidente della Repubblica. Allo stesso modo non è accettabile che la presidenza della Repubblica e la guida del governo siano affidate entrambe a personalità tecniche e non politiche".

Riprendiamo con il nostro narratore: "Viene convocata una riunione di vertice giallo-rosso nel pomeriggio, Enrico non va. La Serracchiani si scontra con Conte dicendo che quello non è il metodo giusto perché effettivamente tutti pensavano che i 5 Stelle ci volessero mettere con le spalle al muro. In questa riunione del pomeriggio, quando tutti litigavano sulla Belloni, Enrico neanche c'era. Siamo sempre al venerdì. Lui era al telefono con Berlusconi. Sono uscite delle 'grida dalla riunione' hanno scritto i giornali, ma lui era al telefono con Berlusconi per fare un tentativo. Sulla Severino. Il punto qual era, di questo tentativo? Che lei andava bene a tutti, ma mancava Berlusconi. Devo dire la verità, a Berlusconi gli si può chiedere veramente tutto, ma la Severino era per lui un cazzotto in faccia".

Ma perché la vicenda Belloni solleva tanta rabbia e un tale scontro?

"Effettivamente il clima nel vertice, dove era assente Enrico, è molto teso. Ma la veemenza era sul metodo, non sul nome, perché questo tentativo appariva doloso, come se Conte e Salvini volessero mettere tutti noi con le spalle al muro costringendoci ad andare sulla Belloni – su cui era difficile effettivamente dire no – facendo così saltare tutto il nostro schema. Saltava cioè l'unità della maggioranza. Per questo hanno reagito in quel modo furente Renzi, e poi Di Maio, e il Pd era spaccato, insomma non era solo Enrico.

"All'ennesimo vertice, in questo caso serale, c'erano i capigruppo, Conte, Speranza ed Enrico Letta. Era il venerdì sera, credo alle 8. Vertice giallo-rosso convocato di urgenza e passo indietro di Conte. Dopo il vertice non c'era più la Belloni."

La ritrovata unità dei giallo-rossi al costo di cancellare la Belloni non è così facile a venire come dice chi ci racconta. A tarda sera, mentre è in corso il vertice dove Conte farà il passo indietro, dal Pd e altri settori politici sale un malumore rabbioso. Contro Conte e Salvini che per la seconda volta (la prima è stata l'indicazione congiunta di Frattini) scelgono insieme un nome, quello della Belloni, appunto. Se l'indomani all'assemblea del mattino del Pd sarà portato il nome della Belloni, dicono fonti dal Nazareno interpellate dall'AdnKronos, "ci sarà uno scontro epico". Sul nome del capo dei Servizi si registra una frenata trasversale nelle componenti dem, scrive AdnKronos, "all'interno dei gruppi parlamentari e anche nella compagine ministeriale". Il disappunto è "sul nome della Belloni, non su Letta".

"Conte cerca l'asse con Salvini. E Frattini e ora Belloni... Basta," ha chiosato un parlamentare di peso. Sempre dal Nazareno dice che dopo la batosta di Salvini su Casellati, si era giunti a stringere il confronto su una rosa strettissima: Pier Ferdinando Casini, Mario Draghi, Sergio Mattarella.

"E Conte che fa? Con Salvini riapre i giochi, ma come si fa?" E se anche l'ipotesi Belloni dovesse uscire di scena, ormai la fiducia in Conte è ai minimi, ha rimarcato l'AdnKronos, dopo aver intercettato fonti vicinissime al Pd. Più di un parlamentare dem si sta chiedendo: "Ok togliamo Belloni dal tavolo, ma togliamo anche l'asse Salvini-Conte o no? Perché se lo schema è questo, tolta Belloni comunque, vanno avanti così".

Una parte del Pd insomma è arrivata a legare i nomi di Belloni all'accordo Lega e 5 Stelle che ha escluso il Partito democratico. Una trattativa parallela al tavolo a tre fra i principali leader del governo. Interviene anche Luigi Di Maio con un duro tweet: "Trovo indecoroso che sia stato buttato in pasto al dibattito pubblico un alto profilo come quello di

Elisabetta Belloni. Senza un accordo condiviso. Così non va bene, non è il metodo giusto". È forse la più drastica distinzione fin qui fra Conte e il ministro degli Esteri. "Belloni è una mia amica. Ma dai Servizi segreti non si va al Quirinale: chi non lo capisce non ha cultura istituzionale, è cresciuto col senso istituzionale di un Gormita. Sarebbe un precedente gravissimo." Le parole echeggiano quelle di Renzi. Per Forza Italia parla contro Belloni direttamente Silvio Berlusconi. L'intervento dice bene la distanza esistente in merito anche dentro il centrodestra.

Effettivamente, la tensione intorno al nome è stata fortissima. Come la spiega, la nostra fonte?

"Me la spiego come una guerra dei Servizi. Non ci sono altre spiegazioni. La Belloni era gradita a Palazzo Chigi. Questo lo sapevamo pure noi. Lei era gradita anche a Draghi. Secondo me lui con lei al Quirinale sarebbe restato. Una parte consistente del Pd la voleva. Ma non è vero che tutti i ministri non la volessero. Franceschini e Orlando con diverse gradazioni se la sarebbero presa. Spingevano molto i gentiloniani e i veltroniani. Lo stesso Verini ci stava, diceva che il giorno dopo il Paese si sarebbe innamorato di lei. Un po' il prolungarsi delle polemiche è il frutto di chi ha perso."

Alle 21.05 si può considerare tramontata sul nascere l'ipotesi Elisabetta Belloni, inutilmente buttata nel frullatore.

Ma alla fine, questo non importa più. Possiamo fermarci qui sull'orlo del sabato. Perché la politica alla fine non è mai un problema di relazioni personali.

L'argomento contro Belloni, occorre dire in un bilancio finale, era del tutto fondato: non si può portare il capo dei Servizi al Quirinale. È una inammissibile violazione delle garanzie di tutela di cui vive la democrazia.

In questo senso la manovra più azzardata è stata quella di farne il nome: un vertice composto dai leader di tutti i partiti non poteva non sapere che facendone il nome invece che farla eleggere l'avrebbe esposta a ogni polemica. L'avrebbe insomma bruciata. E se fosse stato questo il vero scopo? Per fortuna di tutti, Elisabetta Belloni è sopravvissuta alla tempesta. Una donna preparatissima e capace, ancora al servizio della Repubblica.

Notte fra venerdì e sabato

"Io so che nella notte ci sono state telefonate, anche tra Conte ed Enrico, in cui Enrico gli ha spiegato che a parte il fatto che sulla Belloni non si riesce, gli ha detto 'ma tu davvero vuoi essere promotore di un nome che è contro Mattarella?'. Credo lo abbia convinto.

"Enrico va via verso l'una, c'erano i soliti giornalisti d'agenzia sui divanetti, si mette un po' con loro e gli dice 'come chiude la giornata: il set di oggi è che Forza Italia è uscita dal centrodestra – a un certo punto Tajani è andato a contrattare da solo – e che noi lasciamo prevalere la saggezza del Parlamento'. Questa è la Roma di Fellini.

"A quel punto la scelta del Pd era fatta. Sempre nella notte del venerdì ci stanno telefonate con tutti. Tra cui Letta e Conte sulla Belloni, i nostri ministri che a questo punto si mettono tutti a telefonare per Mattarella. Primo fra tutti Franceschini, per questo ti dico che è stato molto corretto. Bisogna ammetterlo. Io vado a letto convinto che l'unica vera alternativa è che nella notte Renzi possa fare un colpo da maestro non so come per portare Salvini su Casini e a quel punto si sarebbe tornati daccapo.

"Però invece facciamo la riunione sabato alle 8 con i gruppi, clima rilassatissimo. Enrico fa un discorso che ti mando, se vuoi, ho l'audio. Lui pensa di aver chiuso su Mattarella. Applausi quando dice di lasciar prevalere la saggezza del Parlamento. Dice anche quel 'Grazie che mi avete creduto perché avete avuto fiducia in me' e poi se la prende con quelli che fanno uscire cose durante questi incontri.

"La riunione finisce alle 8.25 e lui sale negli uffici per vedere Speranza e Conte e in tre confermano Mattarella. Poi vanno al tavolo con tutti, dove si vedono per la prima volta riuniti i partiti tutti insieme. Lì avviene la scena plateale di cui ti ho già detto: ci sono formalmente Conte, Salvini, Letta, Tajani, la Ronzulli c'era pure, poi c'era Toti, Renzi e Speranza. Renzi si siede e dice Casini. Enrico fa così [un gesto di rifiuto, *N.d.A.*] e se ne va, e Salvini dice no. Questo è."

Dunque dobbiamo concludere che Salvini ha salvato la situazione dal riaprirsi.

"Sì, e soprattutto è stato lui anche a dire di essersi inventato Mattarella. La situazione è salva, l'accordo raggiunto. Gli strascichi brutti alla fine sono stati solo sulla Belloni."

Sabato 29 gennaio, sesto giorno, settimo e ottavo scrutinio. Il trionfo di Mattarella

Sesto giorno di votazioni per il presidente della Repubblica. Si vota due volte.

Il settimo scrutinio, il primo della giornata, si conclude con 387 voti per Mattarella. L'ottavo voto, il secondo della giornata, rielegge il presidente in carica.

Della fine di questa storia non scrivo nulla. Non ci sono dettagli che serva sapere. I pezzi del puzzle cadono tutti al loro posto. Le forze politiche mandano una delegazione, chiedono umilmente al presidente la sua disponibilità, gioiscono quando la concede. Tutte le famiglie felici si somigliano, diceva Tolstoj.

Una ovazione sale dall'aula non appena il quorum è raggiunto, non si sa se per sollievo o gioia. Inclino per il primo.

La soluzione è quella che più rassicura e meno scuote: Mattarella è un uomo che ha dimostrato di sapersi muovere impeccabilmente nei suoi panni in ogni circostanza, e ne ha certo dovute affrontare. Draghi può restare a Palazzo Chigi, dicendosi che lo schema che lo ha portato lì ne è uscito confermato. Il Parlamento ha preso i classici due piccioni – non ha cambiamenti da affrontare, e non ha dovuto assumersi responsabilità divisive.

La pace sembra tornare sovrana, stando a quelli che sostengono queste conclusioni.

Se non fosse che le verità svelate non sono cancellabili: la maggioranza per Draghi non esiste più, e l'odio che il premier ha provato sulla sua pelle durante il voto è come un genio della lampada che, uscito, non si riesce più a far tornare indietro.

L'impatto vero di questo sgradevole passaggio istituzionale si sentirà fra pochi mesi.

L'odio per Draghi

Ultima domanda al mio interlocutore. Ma tu diresti che in questa vicenda si è avvertito quasi un clima di odio verso Draghi?

"L'odio? Questo pure Enrico me lo ha detto… Ma Draghi era eccome praticabile. Se ci fosse stato tutto il Pd unito."

Se il Pd fosse stato tutto unito, Draghi ce l'avrebbe fatta? Sicuro?

"Tutto unito, in modo compatto, sì. Ne sono abbastanza convinto di questo. Ovviamente era anche necessario che Renzi non avesse finto di sostenere Draghi e ci fosse venuto dietro davvero. Enrico ha avuto l'impressione di essere solo su Draghi, a parte Giorgetti e Di Maio. Perché – e questo è un dato su cui Draghi dovrebbe riflettere – per motivi o personali o di destini, non so, tu giravi per il Transatlantico e respiravi l'odio verso Draghi. I giornalisti tifavano per lui. Ma gli altri… e non erano solo i peones contro, anzi. Un po' di peones avevano capito una verità, cioè che forse un Draghi al Colle tutelava la legislatura mentre questi nomi che giravano no."

Parte 5
Bilancio del governo Draghi

Siamo, alcuni mesi dopo gli eventi che abbiamo fin qui raccontato, di nuovo a Palazzo Chigi. Da dove è partito il racconto che forma questo capitolo. Un capitolo irregolare rispetto alla struttura del libro: ogni governo ha avuto un racconto fatto dalla sua scansione temporale in linea retta – inizio, svolgimento, fine, conclusioni. Ma ogni narrazione ha la sua forma, e quella che riguarda il governo Draghi non può essere scandita da questa progressione. Per il governo Draghi, al contrario, è la scansione tradizionale che è mancata.

Nato in circostanze straordinarie, è stato poi definito da numerose intersezioni esse stesse straordinarie come la sua nascita – una pandemia fuori controllo, la debolezza cronica delle forze politiche dopo dieci anni di governi privi di chiare maggioranze e chiare indicazioni di voto e, infine, la guerra in Europa.

Un tecnico abituato a vivere nell'ordine di un lavoro in cui i numeri sono anche previsioni, Draghi è stato sfidato da circostanze impreviste. Non che non sapesse di tempeste globali e di rischi sistemici: il suo salvataggio dell'euro (non ripeto la formula divenuta ormai stucchevole) è ciò che ha dato prova della sua tenuta sotto estrema pressione. Ma il governare è un atto collettivo. E lo è anche quando si ha un incarico in cui svetta la delega avuta da una maggioranza assoluta. Ognuna delle sfide che si sono presentate – e quella della guerra in Europa è la più grave e con gli effetti collaterali più lunghi – mette sotto stress questa vasta maggioranza. Così ampia da essere per forza esposta a farsi male: c'è sempre infatti una parte o l'altra del Parlamento, dei partiti cioè, che è scontentata da qualche misura.

Il governo Draghi sembra procedere per strappi.

Il suo maggior contributo è il Pnrr, che viene sottratto alla vaghezza dei progetti precedenti, e reso materia politica con l'incasso di due tranche (più un anticipo) dei soldi europei. Mentre le riforme, per l'opposizione di varie forze, non hanno lo stesso successo. L'esempio più lampante è quello delle concessioni pubbliche: la più osteggiata di tutte – quella delle aree balneari – passerà solo grazie a una sentenza inappellabile del Consiglio di Stato, dalle cui fila provengono il sottosegretario di Draghi, Roberto Garofoli, Roberto Chieppa, segretario generale, e Carlo Deodato, capo del Dagl. Tre presidenti di sezioni del Consiglio di Stato ai vertici amministrativi di Palazzo Chigi – circostanza che non si era mai verificata prima.

Avviene così per la pandemia. Uno dei primissimi interventi che fa il nuovo premier è quello di sostituire Domenico Arcuri, e nominare al suo posto il generale Figliuolo a commissario contro il Covid. Il cambio funziona, l'intervento accelera la campagna vaccinale sul Covid affrontata col pragmatismo di un equilibrio fra riaperturisti (Salvini, Meloni) e rigoristi (Speranza, Franceschini). Ma certo lo smantellamento dell'organizzazione precedente è una "smentita" del lavoro di Conte. Così come lo è stata l'insistenza a riaprire le scuole mentre il sindacato non voleva.

Sulla gestione dei conti pubblici il governo Draghi continua a fare il deficit necessario ad affrontare la pandemia finché è possibile. Ma, quando il vento ha cominciato a girare in direzione contraria, ha tenuto il punto e ha stretto la cinghia della spesa, senza deprimere la crescita.

Paradossalmente, i problemi più grossi si sono manifestati sulle questioni di vera gestione, che, in rapporto alla vastità di altre emergenze, si potrebbero definire "micro". A riprova della scarsa tenuta di una maggioranza troppo eterogenea.

Sul fisco, le resistenze della Lega hanno impedito di andare fino in fondo sulla riforma del Catasto. La delega fiscale (ovvero la riforma complessiva del fisco) è naufragata poco prima di arrivare fino in fondo in Parlamento. La tassa sugli extraprofitti delle aziende energetiche, scritta malissimo e finita con ricorsi di massa delle aziende. Sul superbonus, il governo tecnico ha sempre osteggiato la misura bandiera dei 5 Stelle, oscillando tra attacchi frontali alla misura e mediazioni al ribasso che hanno alimentato la confusione. Sul mercato del lavoro e le pensioni ha fatto numerose aperture di tavoli con i sindacati che però non hanno portato alcun risultato concreto. Ha comunque ritoccato "quota 100" riducendone i costi.

Ma il ruolo in cui Draghi è stato misurato come "unico", quello che è stato cucito dalle circostanze sulle sue spalle e su cui non ha avuto nessun predecessore e nessun modello, è stato quello del "leader in tempo di guerra".

Personalmente credo che questo ruolo lo abbia giocato con il senso delle circostanze. Che significa una cosa precisa: in tempo di guerra gli uomini/donne che si trovano in quel momento alla guida di un Paese hanno due strade – sottrarsi alle scelte e rifugiarsi in discorsi vaghi in cui si cerca di tenere insieme tutto senza decidere nulla o assumersi il rischio di mettersi in prima linea con le scelte per il proprio Paese.

Se questa è la definizione della leadership in tempo di guerra, Mario Draghi certamente non ha evitato di assumersi le proprie responsabilità.

Ha fortemente voluto inserire se stesso (e dunque il Paese) nel gruppo di testa in Europa (il viaggio a tre sul treno è rimasto il simbolo di quel tentativo); è andato avanti nel delineare una linea netta fra l'Europa e i suoi nemici; e ha infine fatto la scelta più pericolosa che un leader nel dopoguerra possa fare: firmare l'invio di armi in un territorio di guerra.

Una scelta quest'ultima che, probabilmente, ha segnato la frenata finale del suo governo – con dimissioni conseguenti.

Ma è sulla crisi del gas, seguita alla guerra, che ha mostrato di avere visione.

Ha valutato in tempo il ricatto russo, e ha spinto l'Eni a trovare fornitori alternativi (in Africa, ma anche dal Tap) per mettere in sicurezza gli approvvigionamenti. Ha imposto l'acquisto di due rigassificatori, su cui ha vinto (per ora) anche la resistenza della Meloni (il cui partito esprime il sindaco di Piombino). Sul tetto al prezzo del gas, ancora in discussione mentre scriviamo, forse non otterrà nulla ma la proposta è stata di sicuro così efficace da aver spaccato l'unanimismo europeo.

Il fallimento dei fallimenti tuttavia è stato il passaggio che meno è dipeso da lui: la mancata elezione alla presidenza della Repubblica. Un passaggio che – ne abbiamo tutti i segnali – era dal premier desiderato, ma non necessariamente ritenuto fattibile. Il problema è che il modo, e i modi, dello scontro che accompagna quell'elezione procurano un danno irreversibile fra Palazzo Chigi e la classe politica. I sei giorni di voto hanno svelato la fragilità della tela del consenso maggioritario intorno a lui. Ne ha svelato l'isolamento, e la solitudine.

A dimostrazione del peso che quel passaggio ha avuto, le dimissioni arrivano il 21 luglio, sono passati solo sei mesi dal voto.

Sono dimissioni volute. Se avesse deciso di mediare con i 5 Stelle e il centrodestra avrebbe potuto continuare. Ma il discorso durissimo che pronuncia al Senato era già il discorso di un premier che sapeva che sarebbe stato comunque disarcionato. Anche questa è stata, se così è stata, una onorevole scelta.

In questo senso i sei giorni del voto per il Quirinale sono una storia drammatica di rivelazioni. Sulle persone, sugli scopi e le ambizioni della politica. Una storia che segna un prima e un dopo, e che abbiamo appunto scelto di raccontare come il pivot di diciassette mesi di governo Draghi.

Manca solo, a questo racconto che si avvia alla conclusione, la versione in soggettiva. Torniamo dunque ora a Palazzo Chigi, alcuni mesi dopo il fallimento della elezione al Quirinale. Incontriamo l'uomo che ha dato l'avvio a questa storia dicendoci nel primo capitolo che Salvini arriva a Palazzo Chigi, il lunedì della settimana del voto, e offre a Draghi la presidenza della Repubblica. Riprendiamo da lì. Ascoltiamolo.

Conclusioni
La versione di Chigi.
L'assedio, le ambiguità, il muro finale

"La candidatura nasce perché lui non si tira fuori. In quella famosa conferenza stampa di fine anno, quella del 'nonno'. Eppure, se non l'avesse fatta, sarebbe stato piuttosto clamoroso. Lui non dice 'io non sono disponibile', che è la frase che avrebbe dovuto dire secondo alcuni. Lui non la dice fondamentalmente perché non la vuole dire, capiamoci. Io ero anche preoccupato delle conseguenze di quella frase se l'avesse detta. Perché finché lui sta qua, deve essere così forte da poter fare anche il papa, potenzialmente. Se tu invece ti dichiari non sufficientemente forte per fare il presidente della Repubblica o il papa, allora tu sei anche un po' meno forte a fare il presidente del Consiglio."

Certo, sarebbe stato come dire di essere di passaggio. "Sì, certo, come dire che non sei un fatto strutturale del Paese, che sei di passaggio, appunto.

"Detto ciò, al di là della mancata 'non disponibilità', la cosa [la candidatura, *N.d.A.*] nasce sulla base di un ragionamento che sta in piedi perché non puoi eleggere un presidente della Repubblica in questa legislatura senza almeno la Lega o i 5 Stelle. Perché Lega e 5 Stelle insieme fanno la metà dei grandi elettori. Quindi la cosa parte dalla Lega, parte dal centrodestra. Freddezza di Forza Italia. Andiamo col tentativo di conquistare il centrosinistra. Sul centrosinistra le premesse erano quelle per cui tu avevi Letta favorevole, Guerini favorevole, Di Maio favorevole e quindi anche lì andava costruito un allargamento del consenso."

E poteva esserci, con la Lega a fare da perno. "Draghi dà a Salvini ventiquattro ore e Salvini lo porta a spasso per due giorni. Già martedì sera la cosa comincia a puzzare. Comincia a puzzare innanzitutto la convinzione sua [di Salvini, *N.d.A.*] di fare questa cosa, cioè il fatto che per la prima volta la Lega si possa intestare un presidente della Repubblica e che questo presidente possa essere Mario Draghi. Quello è il primo problema. Secondo, cominciano a emergere cose che all'inizio potevano sembrare virtuose, cioè il rapporto fra Salvini e Conte, e poi si capisce che questo rapporto con Conte non veniva sviluppato per portare Draghi al Quirinale. Veniva sviluppato non si capisce bene per cosa. Il caos. È evidente che Salvini non aveva una strategia. Mentre Renzi aveva un piano A (Casini) e un piano B (Draghi), e Letta aveva svariati piani B, Salvini evidentemente il piano A non ce lo aveva. Ha gestito questa roba senza avere uno schema strategico."

Però lunedì, questo è un dato di fatto, lui dice a Draghi all'inizio della settimana elettorale: "Noi portiamo te". "Gli dice: 'Io voglio eleggerti, so che la Meloni ti vota, devo far fronte alla freddezza di Forza Italia e c'è il tema del governo. Bisogna garantire il governo. Ti ricordi il tema del governo?'."

Questo è il punto. L'offerta del leghista a Draghi si accompagna all'apertura di una trattativa su chi fa il prossimo governo? "Non lo avrebbe mai fatto Draghi. Glielo ha detto subito."

Per sua fortuna. "Un governo nuovo deve andare in

Parlamento a prendersi la fiducia. Lì vennero fuori, questo è importante, dei difetti di funzione. Dei difetti originari di questa compagine di governo. A partire, perdonami la ripetizione, dalle compagini dei partiti. Lì venne fuori tutto il malcontento di Forza Italia, ad esempio. La quale Forza Italia alla nascita del governo Draghi avrebbe presentato una terna di ministri completamente diversa da quella che poi è passata. La terna originaria erano Bernini, Ronzulli e Tajani. E invece poi lì... un eccesso di *hybris*... non lo so che cosa sia stato... vengono fuori Brunetta, Carfagna e Gelmini."

Questi sono i più vicini alla sinistra...

"Alla sinistra e a Gianni Letta. Un grandissimo errore contrariare Forza Italia: ha lo stesso numero di parlamentari del Pd, è molto grosso come gruppo parlamentare, è molto impattante, al Senato è più pro Lega, alla Camera un po' meno."

Quanto ha pesato su Salvini il fatto che lui dovesse comunque qualcosa a Giorgetti? Sappiamo che Giorgetti ha lavorato anni alla creazione di un governo Draghi. Dunque la proposta di Salvini a Draghi, in realtà, poteva essere una mossa interna per compiacere una parte del suo partito?

"Io ti posso dire che le disponibilità a votare Draghi erano da leader secco di Salvini. C'era un lavoro giorgettiano a volte anche un po' scomposto, perché il tema del semipresidenzialismo da lui lanciato fu un grande errore politico. Ma la disponibilità a eleggere Draghi veniva anche dai capigruppo di Camera e Senato leghisti, da tutti i presidenti di Regione, veniva anche da molti uomini vicini a Salvini. Perché alla fine anche agli elettori della Lega il candidato non dispiaceva."

E dunque il Giorno 1 del voto c'è questa proposta/promessa a Draghi, e quando fallisce? "L'argomento che ha utilizzato Salvini è la salvezza di Forza Italia." Perciò Draghi chiama Berlusconi? "Proviamo a chiamarlo ma Berlusconi è irraggiungibile, è schermato da Ronzulli. Arriviamo a parlare con Berlusconi giorni dopo grazie alla chirurga [*sic!*] che lo ha operato."

Dunque quando l'avete raggiunto era ancora in ospedale. "Sì, era ancora in ospedale. Tra il weekend e l'inizio di quella settimana. Poi viene Tajani qui. Era il giovedì, se non sbaglio, questo devo verificarlo. E Tajani dice: 'Noi non ti voteremo mai, il problema è fare un governo'."

Quindi tutti aspettavano che in cambio del voto lui si accordasse sul prossimo governo. "Sì, e lui ha sempre risposto 'Ho sempre detto pubblicamente che andare a votare [dopo l'elezione presidenziale, *N.d.A.*] è una iattura, che ci vuole un governo e che faremo un governo. Se poi voi volete che io vi dica chi fa questo o chi fa quello, non si può fare'."

Loro volevano il nome del premier? "Giustamente non glielo ha dato."

Se lo avesse fatto, sarebbe stata una storia che lo avrebbe macchiato per sempre. "Be', andavi su al Quirinale con una macchia sul vestito che ti saresti portato per sette anni. Non ci ha pensato minimamente. Anche nelle discussioni delle settimane precedenti, il tema è sempre stato 'Che volete? C'è la Costituzione, queste cose non si fanno'."

Ma lui voleva fare il presidente? "Lucia, se non avesse voluto farlo avrebbe espresso la sua indisponibilità."

Però, voglio dire, chi gli ha messo in testa che lui potesse fare questo passaggio? Val qui la pena riassumere per chi legge la difficoltà di fare un tale scambio. L'articolo 84 della nostra Costituzione stabilisce infatti che "l'ufficio di Presidente della Repubblica è incompatibile con qualsiasi altra carica", il che significa che se Draghi fosse stato eletto al Colle, avrebbe dovuto dimettersi da presidente del Consiglio prima di assumere la nuova carica, lasciando vuota la poltrona a Palazzo Chigi. Aprendo così un periodo di instabilità. Oppure l'elezione del presidente della Repubblica e quella del nuovo presidente del Consiglio (e a cascata il rimpasto di governo) vengono decisi a tavolino da Draghi e dai partiti prima dell'elezione del presidente della Repubblica. Questa ipotesi sarebbe una grave forzatura nel processo di scelta del presidente della Repubblica. Operazione molto difficile. Quante erano le probabilità concrete che questo avvenisse? Zero, come si è visto. "Lo schema prospettato, con il centrodestra che si convince e che sostiene la proposta e poi il Pd che va dietro, era credibile. Ma aveva un peccato. Peccava di un eccesso di razionalizzazione del processo. Quello è stato il peccato. Per fortuna noi qui siamo sempre razionali. La nostra grande virtù è essere razionali. Draghi, per esempio, ha capito che tra martedì sera e mercoledì mattina era finita. Non c'era più candidatura. Perché martedì sera, dopo quarantotto ore senza nessun elemento tangibile che questa cosa andasse da qualche parte, era chiaro. Poi lui ha parlato con Berlusconi. Mercoledì. Questa 'cosa' è dunque durata realmente due giorni. Tra venerdì pomeriggio e venerdì notte si riattiva, perché a un certo punto, quando naufraga la Belloni, si riattiva da destra, con Giorgetti, la Meloni; ma noi con il Quirinale avevamo già chiuso, e quel venerdì abbiamo fatto un percorso diverso."

Il percorso ha a che fare con la rielezione di Mattarella. "I primi colloqui tra gli staff di Mattarella e Draghi, sulla eventuale disponibilità di Mattarella, cominciano già venerdì mattina; ma gli staff si sono parlati tutti i santi giorni di quella settimana. Già venerdì pomeriggio i due presidenti si sentono; la mattina di sabato poi si vedono a margine della cerimonia di nomina di Amato presidente della Consulta, e Mattarella chiede a Draghi di chiamare lui tutti i leader di partito per verificare la disponibilità a votare per lui – Mattarella, insomma, gli intesta in qualche modo la gestione dell'operazione –, a differenza di quanto fece Napolitano che pretese per la sua rielezione la processione di tutti i leader di partito su al Colle. Draghi torna subito a Chigi e telefona a tutti dicendogli (ma senza fare una proposta) di votare Mattarella per il bene del Paese e per salvare la maggioranza – telefonate tutte brevissime. In definitiva, il ruolo dei partiti è stato quasi nullo tra venerdì e sabato, anche se alcuni continuavano a fare riunione per portare candidati in votazione la mattina di sabato per farli crescere e capire se sarebbero potuti uscire eletti nel pomeriggio – è il caso per esempio dei casiniani".

E il caso Belloni come lo hai valutato? "Mi mancano dei pezzi. Lei è bravissima, io sono molto di parte con lei. Lo ammetto perché sono molto affezionato a Elisabetta. Penso sia tra le cinque persone migliori di questo Paese." Forse è stato un errore metterla lì? "Elisabetta Belloni al Dis è stata una delle migliori scelte del governo Draghi: Elisabetta sarà la grande riformatrice e modernizzatrice dei Servizi e risolverà uno dei nodi più complessi del sistema-Paese. Se fosse rimasta alla Farnesina, avrebbe forse dato meno pretesti ai suoi avversari per non volerla al Quirinale, ma comunque non sarebbe bastato, e al Colle lei non sarebbe ascesa: l'odio che alcuni hanno verso di lei precede il suo arrivo al Dis. Noi l'accettavamo volentieri, eh. Ma era una candidatura fragile. Forza Italia non la voleva." Come viene fuori il nome? "Viene fuori sull'asse Salvini-Conte, più Conte che Salvini. Essendo questo l'ennesimo paradosso di questo personaggio incredibile. Perché quando noi togliamo Vecchione e mettiamo la Belloni, io mi ricordo le urla di Conte al telefono. Le urla.

"Comunque lasciamo perdere, quella roba lì nasce male, la roba di Elisabetta è subito fragile. Poi Renzi come al solito... Renzi avrebbe voluto eleggere Casini, lui era straconvinto di eleggere Casini." Sì, e il venerdì ci vanno molto vicini.

"Sabato mattina fanno le riunioni per eleggerlo, quando Draghi e Mattarella si sono già parlati. C'è un momento che è divertente. Draghi torna qui sabato mattina e chiama i leader per dirgli che bisogna salvare la maggioranza, il Paese, e bisogna votare Mattarella. Nel frattempo Renzi faceva le riunioni con Franceschini per votare Casini. Sono due esplorazioni simultanee. Volevano votare Casini la mattina, portava 200 voti, e lanciarlo in quella del pomeriggio. A quel punto tutto un pezzo di destra disordinata dice: "Noi mettiamo Draghi", così fra Draghi e Casini alla fine vince Draghi. Però Draghi aveva già capito. Di quella settimana complicata, in cui noi usciamo sconfitti, la coda la gestiamo però molto bene. Perché non cadiamo nell'illusione di poter rientrare in gioco e gestiamo un'uscita ordinata, che è quella che ci consente di rimanere qua."

Quindi martedì Draghi era ancora in ballo, mercoledì capite che è finita. "Tra martedì e mercoledì. Già martedì sera era come se già lo sapessimo. Perché dopo due giorni Salvini non dice nulla. Mercoledì è chiaro che questa roba non sta più in piedi. Due giorni da incubo. Perché incubo? Perché vediamo che c'è un tentativo di distruggere Draghi, cioè di fare una cosa contro Draghi. Quindi iniziano due giorni pesanti da mercoledì pomeriggio."

Voi non ve lo aspettavate? "Alcune cose non le avevamo viste. Primo, l'asse Salvini-Conte, che sapevamo esistere ma non sapevamo che fosse uno degli assi prevalenti. Questo è uno. Secondo, il comitato Casini. Il comitato Casini è stato affascinante, devo dire, perché è stato l'unico barlume di politica di questa settimana. Casini era il vero attacco a Draghi. E sono stati bravissimi. Mentre in Parlamento non è mai stato così forte, Casini a un certo punto è cresciuto moltissimo sui giornali, in televisione. Alla fine poteva spuntarla, e sarebbe stata una cosa contro Draghi. Quello era lo sfondamento, il commissariamento di Draghi. Era la vecchia politica, la Prima Repubblica. Insomma, tra mercoledì pomeriggio e venerdì mattina c'è il timore di prendere una sberla..."

Lui di che umore era su questo? “Cattivo. I giorni immediati sono stati brutti.” Invece quando è cominciata l’uscita? “Venerdì, venerdì pomeriggio.” Infatti lui venerdì andò a casa abbastanza presto. “Mi pare venerdì pomeriggio. Si era capito che ci si poteva salvare. Lui è stato bravo perché non ha ceduto alla tentazione di rientrare in gioco, perché non sarebbe rientrato in gioco.”

Avete poi fatto una riunione su questo risultato? “No, chiacchiere. Parlavamo tantissimo. Quello è stato il punto di svolta in cui ci siamo trovati. Poi vediamo se andremo avanti in questo governo bizzarro. Però quello è stato il momento della svolta. Ci siamo sentiti tutti i giorni.”

Game over. Torniamo a quel momento. “A un certo punto, venerdì già in mattinata, ma fu chiarissimo il pomeriggio, abbiamo avuto la prova che Salvini non è che stava fregando noi, Salvini stava fregando se stesso. Non riusciva. Sai quando comincia a dire Cassese, Massolo, era evidente che non c’era più nessuno che dava le carte. Il mazziere aveva perso il mazzo.”

E Letta si è comportato abbastanza bene? “Sì, si è comportato bene perché non ha mai detto no. Letta era per tutti i nomi fuorché la Casellati. Tutti. Cioè Amato, Casini, Belloni. Tutti. Cassese. Tutti. Tutti i nomi che uscivano, lui diceva di sì. A parte la Casellati. Tant’è che sulla Belloni lui è rimasto spiazzato perché a un certo punto gli si è scatenato il partito contro.” Stiamo parlando di Letta Letta? “Sì. In questa partita c’è stato solo un Letta, perché all’altro Letta, Gianni, non hanno fatto toccare palla.”

Sottrarre Gianni Letta al negoziato ha significato nei fatti eliminare la possibilità di costruire davvero un confronto fra parti, se non una mediazione. Il mio interlocutore non risponde direttamente. Ma risponde, non evita la questione. “Gli è stata inibita la possibilità di parlare con Berlusconi. Gianni Letta non ha parlato con Berlusconi in quei giorni ed è uscito completamente fuori dai giochi. Per Forza Italia hanno giocato Tajani e Ronzulli."

Silenzio. Pesa la domanda. Sul futuro. La domanda sulla fine.

"Io non sono ottimista, ma il voi non è ancora maturo qua. Io non ho ancora capito bene il presidente che cosa vede. Il presidente non vuole essere logorato e non vuole intestarsi una sconfitta sul Pnrr. Io sono manifestamente pessimista perché mi pare che questi signori... i gruppi dirigenti dei partiti sono convinti che quale che sia lo sviluppo della situazione, si salveranno. È la pulsione di morte freudiana, proprio quella al di là del principio di piacere, che li anima fortissimo. L'istinto. Cioè a loro non gliene frega niente del Pnrr. Loro non sopportano di non poter gestire il potere. Loro sono stati estromessi quest'anno dalla gestione del potere. L'idea di non toccare palla su Fincantieri, Invitalia, Snam ecc."

Adesso comincia la stagione delle nomine... "È cominciata. A fine marzo. Li fa impazzire.

"Sai, dopo le elezioni ci sarà l'Eni, l'Enel, Leonardo, Poste e tante altre. Quindi sarà un problema capire quando piazzi le elezioni. Perché ammesso e non concesso che questo governo vada avanti e non si voti prima, se voti l'anno prossimo... Io sono pessimista, non vedo le condizioni affinché questi ci vengano dietro. Su certe cose non possiamo non chiudere tassativamente perché verremmo meno a degli impegni presi sul Piano. Faccio l'esempio del Pnrr, se a giugno non soddisfa gli accordi presi, invece di darti tot miliardi, te ne danno il 20 per cento in meno."

Ma Draghi ha davvero intenzione di lavorare ora un po' più con il Parlamento e i leader politici?

"Lui secondo me è sincero in questo. Questo lo abbiamo fatto. Il governo è andato sotto sull'Ilva, ma quella è una questione parlamentare. È una questione politica."

L'Ilva di Taranto? "Sì. Quella è tutta politica, che c'è di tecnico? Io non sono ottimista."

Deve comunque mettere a terra, come dite voi ormai, la finanziaria. "Sì."

Non è detto che prima di dicembre lui possa andarsene e a quel punto è comunque fisiologico che se ne vada perché ci sono le elezioni. "Però Lucia, se loro votano contro... Ora c'è il 'concorrenza', i balneari, una cosa semplice insomma [frase sottolineata da un sorriso ironico, *N.d.A.*], se loro pigliano quel decreto e lo modificano in Parlamento, la crisi avviene il giorno stesso. Un uomo di 74 anni con quella storia non si può sputtanare," chiude con fermezza.

E il futuro di questo uomo quale sarà, il pensionato? "Il pensionato." Il nostro interlocutore è arrivato alle risposte secche, di chi ha detto tutto.

Perché dovrebbe fare il pensionato, i tempi non sono giusti per cose internazionali? "Lui cose internazionali non le vuol fare mi sembra." Cose europee? "Mi pare che non le voglia fare." Sembra anche a me.

"Sull'Italia, sai... l'anno prossimo, questa sciocchezza che si ripete domandandosi se ci sarà ancora Draghi, ancora... sciocchezze, proprio. L'anno prossimo, ammesso che vi si arrivi, bisogna capire quando si vota. Lì si pone la questione delle nomine." Non si potrebbero rimandare le nomine? chiedo. "Quelle quotate non le puoi rimandare, hanno dei termini di legge. Siccome la legislatura naturalmente finisce a fine marzo perché le Camere sono iniziate il 23/24 marzo, secondo la legge, che dà 70 giorni di tempo per votare, saremmo a 70 giorni da fine marzo. Mi pare che Pasqua sia a metà aprile, per quanto uno possa andare veloce si vota diciamo a fine aprile. Poi per quel che riguarda la formazione del governo, di solito anche quando c'era un chiaro vincitore il governo lo facevi in un mese. In sintesi, per consentire al nuovo governo di fare le nomine bisognerebbe anticipare un pochino lo scioglimento delle Camere, sennò toccherebbe farle a noi per forza."

Realizzo a questo punto che le nomine non sono in realtà quello di cui parliamo, le nomine stanno lì per indicare altro.

Mi stai dicendo che potreste lasciare a settembre o ottobre? chiedo. Il presidente lascia pronto lo scheletro della finanziaria e dice "fatti vostri" e va via? È una possibilità?

"Però, a mio parere se arrivi a settembre a quel punto non te ne vai, secondo me. Non puoi andare. A settembre/ottobre non puoi andare via perché lasci il Paese nell'instabilità e il presidente è una persona responsabile. Dunque, o te ne vai adesso e voti a giugno." Pausa. Pausa. Pausa.

"Poi sai, se ti fanno l'assalto finale mirato, lo fanno adesso. Non te lo fanno dopo."

Finisce qui. Esco dal palazzo nel freddo della prima primavera romana. Saluto i carabinieri. Vado al posteggio del taxi. Ho una sorta di stordimento da notizia: Palazzo Chigi si sente sotto attacco. Proprio sul terreno che considera di più stretta competenza: il governo. La loro sensazione è che stiano provando a indebolirlo, per cacciarlo. Che un tranello parlamentare sia a ogni angolo. Messo di fronte a un'impossibilità di continuare a governare, a quel "fare le cose" di cui ha sempre parlato, Draghi prenderà atto. E mi hanno dato anche la data.

Impeccabile nell'agenda, da buon banchiere, Mario Draghi si dimette il 21 luglio. In ritardo di venti giorni sul giugno indicato.

***

Dopo le dimissioni, a luglio, torno a contattare la mia fonte a Chigi: "Siete stati lucidi nel prevedere il futuro," gli dico. "Di fatto, sì, ed era una previsione facile. Sono stati mesi di aggressivo sbarramento, hanno provato in tutti i modi a non farci lavorare, come un gruppo intento a smantellare una macchina, vite dopo vite."

Una sciarada tra fiducia e reali intenzioni, in cui nelle ultime ore prima della fine del governo, persino il buon Freud mette un dito, con una clamorosa gaffe involontaria.

Questo è il racconto delle ultime ore prima dell'annuncio delle dimissioni. Draghi lascia il 21 luglio, che è un giovedì. "Il martedì sera alle 19 c'è un incontro a Chigi che abbiamo costruito con varie telefonate, dopo un incontro la mattina fra Letta e Draghi. C'è tutto il centrodestra: Salvini, Tajani, Cesa, Lupi. Tajani è il capodelegazione di fatto perché parlerà sempre lui. Salvini fa un breve intervento ma non parla più di Lupi e di Cesa. Ed è proprio Tajani che in apertura farà un'improvvida gaffe. Esordisce: 'Presidente, nessuno ha mai messo in dubbio la tua malafede'.

"E da lì comincia una situazione surreale. Quello che vogliono è essere sicuri che la data del voto del 2023 sia marzo; il presidente dice: 'Per me va benissimo, ma non spetta a me decidere'. Loro insistono e lui si arrabbia e si irrigidisce, come gli succede. Si passa alla seconda questione: 'Va bene, Mario, noi ci stiamo, ma se Conte alla fine vota, noi usciamo lo stesso'. Lì abbiamo capito che volevano far cadere il governo. Punto. Dunque martedì sera, 19 luglio, avevano già deciso di affondare. Il giovedì mettono fuori la mozione Calderoli, non concordata con tutta la maggioranza, e chiedono il rimpasto, ma anche il cambio di indirizzo politico: è un atto di sfiducia completo. Era tutto così, un continuo tentativo di bloccarlo. Le dimissioni? Siamo stati cacciati."

Nemmeno l'uomo che ha saputo fronteggiare il default economico dell'Europa è sopravvissuto al collasso del sistema politico italiano.

Ringraziamenti

Questo libro è un lavoro di tante persone che, nel corso di tre anni, hanno dedicato tempo, intelligenza, e voglia di mettere in ordine la confusione dei nostri giorni. Politici, giornalisti, costituzionalisti, amici, Dan e Antonia la mia famiglia, Tommaso Sasso, Alessia Dimitri e Paola Olivieri, e la grande casa Feltrinelli, in celebrazione del mio affetto per Inge.

Indice

9 Introduzione. Il fantasma di Catilina

9 Roma, piazza Madama, Senato. "Inquilinus civis urbis Romae"
16 Roma, piazza Montecitorio, Camera. Novembre 2011
23 L'Italia nelle braccia di Giorgia

27 1. Governo Monti. L'esecutivo che doveva salvare l'Italia e invece la consegnò al populismo

27 PARTE 1. IL PRIMO PREMIER CONCORDATO CON L'EUROPA
27 Complotto?
29 La maledizione del calendario
31 Monti era una risorsa. Complotto? Solo fumo
34 Spread, che?
42 Complotto no, trauma sì

45 PARTE 2. L'INIZIO VISTO DA CHI NE FECE PARTE
45 Napolitano esamina progetti
48 Un pranzo alla Bocconi
52 Nel frattempo, nel Pd. Tutto bene con Monti?
58 Governo tecnico con pieni poteri politici. Un Bersani perplesso?
61 Un Pd fragile. La foto di Vasto
62 Un populismo che nasce nell'élite e poi passa al popolo

64 PARTE 3. IL GOVERNO MONTI SI INSEDIA, A SOVRANITÀ DIMEZZATA
64 Trionfo
67 Lacrime
68 Trattative per la riforma elettorale, eterna irrisolta

70 PARTE 4. ALLE PRESE CON LA POLITICA
70 Il governo Monti tra riforme e proteste
73 Mr Monti goes to Washington. "Time magazine": Quest'uomo può salvare l'Europa?
75 La rivolta della politica. Articolo 18, ddl Esodati
76 Un governo sceso dall'Olimpo

78 PARTE 5. UN LUNGO ADDIO
78 Tensioni fra due uomini, e fra tagli e sviluppo

83 PARTE 6. SORPRESA! UNA LISTA MONTI

88 CONCLUSIONI. INAPPUNTABILE SUL FRONTE TEDESCO
89 Il "Club Med" batte Merkel, secondo Tonia Mastrobuoni

94 2. Non governo Bersani. Omicidi, suicidi e altre piccole infamie

94 PARTE 1. DICIOTTO SETTIMANE DI CAOS

97 PARTE 2. LA VOLPE SOTTO L'ASCELLA
98 Due leader speranzosi
100 Le primarie. Per osare l'impresa
104 La tecnocrazia contro Bersani, o "il retropensiero"
106 Al voto, al voto
108 Ma la sinistra "si mise in libertà"
110 Una campagna elettorale "sconcertante"
111 Risultati

112 PARTE 3. L'IMPLOSIONE
113 Sorpresa urne
115 Al Nazareno una zattera con un po' di naufraghi. I primi passi di Enrico verso l'ascesa
120 La sincerità come i gradi militari
123 Il suicidio assistito (dal Colle) di Bersani
127 Ossa rotte
132 L'ingorgo

134 PARTE 4. BERSANI CERCA UN NOME PER IL COLLE
135 Bersani vede Berlusconi, a casa di Enrico Letta. No a Prodi
135 Un presidente nominato dalla piazza: i grillini fanno le "quirinarie". Sì a Prodi

136 Nuovo incontro con Berlusconi. Sì a Marini. Impallinato Marini
140 Cambio di strategia
142 La trappola per Prodi accende i motori
144 Nasce così la leggenda dei "101"

147 CONCLUSIONI. NAPOLITANO E BERSANI

150 3. Governo Letta. All'ombra della sfortuna

150 PARTE 1. IL GOVERNO CHE IL PRESIDENTE VOLEVA
154 Un avvio col botto. In ogni senso
155 Come è preso l'incarico a Letta dentro il Pd?
157 Il ritorno di un classico ulivista: il convento
159 Prima fase: onnipotenza
161 Seconda fase: prigionieri di Silvio
164 Un altro colpo di sfortuna. Arriva dal Kazakistan

166 PARTE 2. SILVIO CONDANNATO E DECADUTO
167 La condanna
172 Letta si guadagna la fiducia sul campo
174 Proprio loro. Sorpresa
175 Berlusconi giravolta
177 Ma davvero davvero?
179 Non è finita
181 27 novembre: il Senato vota la decadenza di Berlusconi
182 Pd e Lega votano i nuovi segretari, Salvini e Renzi
182 Corsa legislativa di fine anno
184 Un anticipo di addio da Napolitano

185 PARTE 3. IL TERZO UOMO, RENZI, SI INFILA FRA LETTA E BERLUSCONI
185 Gennaio fatale
187 Renzi accelera subito contro Letta
188 Spinto fuori per "cinquanta nomine"
192 Dai ricordi di Letta
193 Felice di aver fatto la campanella
194 La migliore cosa del mio governo
194 Gli errori gravi del mio governo
195 La cena cancellata

196 La caduta, vista dal campo di Berlusconi

202 CONCLUSIONI. AVEVA UNA CHANCE, ENRICO LETTA?

205 4. Governo Renzi. Infine arrivò Lui…

205 PARTE 1. INDAGINE SULL'INIZIO, 2013-2014
206 Uno strepitoso azzardo
209 Una talpa di successo
211 Conversando con un amico di Graziano Delrio
216 Intermezzo con una bersaniana doc
221 Con l'amico di Delrio: ripresa della conversazione
228 Smottamento a sinistra, anno 2014
232 L'inconfondibile odore della paura
237 Come ricordano oggi, invece, quelle durezze iniziali, gli uomini che furono accanto a Renzi?
241 Un governo magro, giovane e "stronzetto"

244 PARTE 2. I PUGNI IN TASCA
247 Stravittoria
249 Nuovo Palazzo Chigi – trionfo dentro il Pd, divertimento e fucina di consenso
253 Il cerchio magico che cos'è?
254 Catenaccio Roma
256 Un esempio per educare tutti: il Jobs Act

262 PARTE 3. 2015: PRESIDENZA DELLA REPUBBLICA
263 Renzi prepara una sorpresa
269 Cambio di scenario
271 Il caso fatale: la riforma istituzionale
278 Un disastro, provocato da un gran successo
282 Salta in scena il canguro
286 "Bastava dargli due cavolate"
288 La Banca
293 Prove di finale
296 Bravo a disfare governi, incluso il suo

298 CONCLUSIONI. IL TORMENTO DELL'ABUSIVO, SECONDO MARCO MINNITI. RENZI/D'ALEMA E L'OSSESSIONE DELLA LEGITTIMITÀ POPOLARE

301 5. Governo Gentiloni. Rebecca, la prima moglie

301 Parte 1. Dentro la crisi dei renziani
303 Due strategici "no"
305 Scelto perché debole
307 Un governo per chiudere ordinatamente la legislatura

308 Parte 2. Il veleno della voglia di votare
312 L'ennesima lettera dall'Europa

314 Parte 3. Un ministro di guerra per i migranti
314 Il sovranismo

317 Parte 4. Nella testa (cocciuta) di Minniti

320 Parte 5. Denunce e indagini a sinistra
322 Un sistema costantemente agitato
326 Uno sguardo alla trincea quotidiana
327 La Banca delle banche
330 Ripulirsi da Banca Etruria
336 Una convivenza opaca

339 Parte 6. La lotta finale per la leadership nel 2018
343 Sconfitta elettorale 2018. E rinascita in Europa

345 Conclusioni. La voluta e ostentata modestia delle élite

347 6. Governo Conte 1. È stata la mano dell'Europa

347 Parte 1. Trionfo e sconfitta del populismo italiano, in 14 mesi

351 Parte 2. L'x factor dei premier
354 Il terzo candidato

357 Parte 3. Europa, convitato di pietra
358 La spinta della "resistenza passiva" di Mattarella
359 Renzi sbarra la strada all'accordo Pd-M5S
363 La Lega scarica Berlusconi
364 Un contratto, o forse due
368 Il Quirinale, ancora
371 Caso Savona
373 Conte entra subito nel ruolo istituzionale

375 Convivenza da stress a Palazzo Chigi
377 Punizione e penitenza. La Russia in Conte

382 PARTE 4. IL CAPITANO CHE ODIAVA LE NAVI
392 E Di Maio?
394 Il crollo del ponte Morandi

397 PARTE 5. FINANZIARIA POPULISTA
398 La caccia al governo giallo-verde è ufficialmente aperta
399 La matassa si imbroglia
401 L'Europa invia la cavalleria della stampa estera
406 Finanziaria sovranista
409 Conte trova il suo ruolo
413 A luci spente nella notte europea

414 PARTE 6. VELENI E SOSPETTI
417 La tagliola delle elezioni europee
418 Il fiume del consenso 5 Stelle si ritira. Lega primo partito
419 Salvini misura la sua forza
422 Quando comincia tutto a girar male?
427 Salvini l'indeciso si alza e va al Papeete

431 PARTE 7. LA MANO TEDESCA
432 Ma davvero il governo cade sulla Tav e su Siri?
434 Il caso dei fondi russi
439 Una manovra contro Salvini è in atto. Di chi è la regia?
441 La manina tedesca nella nuova guerra fredda ai populisti

450 CONCLUSIONI (PER GENTE CHE AMA I NUMERI). LA VERITÀ SU SALVINI: IL GIUDIZIO DEGLI ITALIANI

453 7. Governo Conte 2. Game Changer

453 PARTE 1. NASCITA DI UN PATTO
454 Attrazione Pd

458 PARTE 2. DUE TESTIMONI, DUE PUNTI DI VISTA
458 Le memorie di un dirigente Pd – segreteria Zingaretti
467 Memorie di un ex ministro M5S, e il suo senso per la inevitabilità

476 PARTE 3. IL GENERALE COVID
480 Un Conte verticale

484 Intervista al dirigente Pd
491 Parla l'ex ministro M5S

500 PARTE 4. ALLA GUERRA DEL RECOVERY FUND
505 Coda avvelenata – lo schema anti-Salvini

507 CONCLUSIONI. UNA FINE CHE NESSUNO HA CERCATO DI EVITARE

509 8. Governo Draghi. Rancore

509 PARTE 1. TUTTI ECCETTO DRAGHI

514 PARTE 2. REVENANT. UN ESERCITO DI EX

520 PARTE 3. O CAPITANO! MIO CAPITANO!
521 Matteo Salvini
522 Giorgia Meloni
523 Silvio Berlusconi
525 Enrico Letta
526 Giuseppe Conte
527 Matteo Renzi

528 PARTE 4. UNA MENZOGNA RIVELATA MA NON DICHIARATA
531 Lunedì 24 gennaio, primo giorno, primo scrutinio
536 Martedì 25 gennaio, secondo giorno, secondo scrutinio
543 Mercoledì 26 gennaio, terzo giorno, terzo (unico) scrutinio. Il piano inclinato
549 Giovedì 27 gennaio, quarto giorno, quarto scrutinio Fumo nero sul "momento magico"
553 Venerdì 28 gennaio, quinto giorno, quinto e sesto scrutinio
565 Sabato 29 gennaio, sesto giorno, settimo e ottavo scrutinio. Il trionfo di Mattarella
566 L'odio per Draghi

567 PARTE 5. BILANCIO DEL GOVERNO DRAGHI

571 CONCLUSIONI. LA VERSIONE DI CHIGI. L'ASSEDIO, LE AMBIGUITÀ, IL MURO FINALE

583 Ringraziamenti